葫芦岛年鉴

HULUDAO YEARBOOK

2010

(总第11卷)

葫芦岛市人民政府主办

深圳出版发行集团
海 天 出 版 社

葫 芦 岛 经

省委书记王珉到葫芦岛经济开发区调研

市委书记陈晓琨到开发区调研

市长孙兆林到开发区调研

入区企业——渤海造船

入区企业——东宝集团

济　　开　　发　　区

省长陈政高到葫芦岛经济开发区调研

市人大主任张东生到开发区调研

市政协主席郑宏伟到开发区调研

入区企业——海擎重工

基础设施——综合服务楼

葫 芦 岛 市

市政府副市长 公安局长 潘春吉

市公安局遵循警务是第一生产力宗旨，深入企业调研为企业保驾护航

公安交警严格交通管理，打击整治交通不法行为

高考期间，市公安局干警亲临现场为高考保驾护航

机动车假牌、假证集中公开销毁大会

公　　安　　局

市委书记陈晓琨到公安一线视察工作并慰问公安民警

市长孙兆林到公安机关视察并指导工作

政府副市长、公安局长潘春吉到人民群众中了解民情、体察民意

打击刑事犯罪，保护人民生命、财产安全，赢得百姓拥护

公安机关始终保持严打刑事犯罪高压态势，为全市社会稳定打造良好治安环境

核心价值观教育文艺演出

葫芦岛市

慕宁代检察长在市四届人大一次会议上作工作报告

全市检察机关反渎职侵权工作会议

全市检察系统公诉业务培训班

市检察院举办职务犯罪预防展览

市检察院领导走访贫困群众

人民检察院

深入学习实践科学发展观动员大会

公正执法 保驾护航

开展举报宣传活动

市检察院出庭公诉“602”专案

全市检察机关迎国庆书画绘画摄影展览

葫 芦 岛 市 中

党组书记 院长 柴学伟

省法院院长王振华与全国和省人大代表座谈

市法院科学发展观分析检查评议暨党课教育大会

市法院与各民主党派、工商联、无党派人士座谈会

打黑除恶专项行动

级 人 民 法 院

全市法院工作会议

市法院加强民意沟通新闻发布会

市法院中层领导述职测评大会

市法院巡回法庭

葫芦岛市两级法院2010年迎新春联欢会

葫　芦　岛　市

党组书记　局长　杨翠杰

深入企业调研

2009年工作总结表彰暨2010年工作部署大会

局团委和市青年文明号单位走访建昌县贫困家庭学生，为贫困家庭学生送温暖

“爱岗敬业一我与财政共发展”演讲比赛

财　　政　　局

领导班子成员

“三八”节省财政厅和市财政局主要领导及全体女干部共同座谈

开展学习实践科学发展观活动动员大会

省财政厅领导祝贺全省财政妇女干部“三八”节快乐

颁发优秀个人证书

葫　芦　岛　市

党委书记 局长 姜海山

福彩中心慈善总会资助贫困家庭大学生仪式

第二批深入学习实践科学发展观活动动员大会

社区低保专干岗前培训班

民　政　局

全市民政工作会议

葫芦岛市“白内障慈善复明行动”启动仪式

市慈善总会义工总队开展首次行动

走访慰问城市低保户

慈善情暖万家

葫　芦　岛　市

党委书记 局长 伊效民

交通运输部李盛霖部长参加辽宁滨海大道通车仪式，并视察我市滨海大道

省长陈政高视察我市公路建设

市质监站利用弯沉仪对在建公路质量进行检测

滨海大道市区段

交　通　局

全市交通工作会议

葫芦岛市滨海大道主体工程竣工典礼

魏峰副局长座客行风、政风热线直播间

危货应急救援模拟演练

2009年全市1066个行政村全部通油路

市交通局办公楼夜景

葫　芦　岛　市

局长王志兴当选我市第三届环境科学学会理事会理事长

全市环境保护工作会议

工作总结大会

深入学习实践科学发展观活动动员大会

环境保护局

团结向上领导集体

检查组来到中冶葫芦岛有色金属集团检查环保情况

操作技能考试现场

纪念“六·五”世界环境日活动

弘扬五四精神永保战斗青春为主题的登山活动

葫芦岛市人力资

葫芦岛市高校毕业生就业洽谈会

葫芦岛市受灾地区劳务输出洽谈会

2009年春风行动政策咨询现场

工作人员向群众讲解医疗保险政策

外国专家现场指导棚菜种植技术

源和社会保障局

学习实践科学发展观活动动员大会

“走进辽宁工程技术大学”现场招聘会

葫芦岛市第三届职业学校技能大赛总结表彰大会

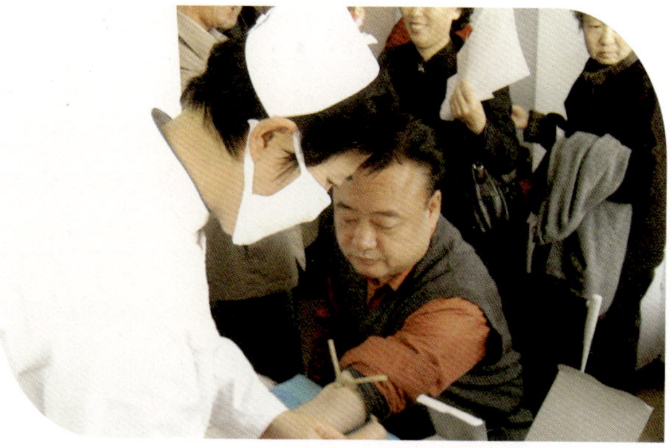

尊重人才、关爱人才，我局组织为各类专家进行身体检查

为农民工发放拖欠工资现场

葫芦岛市住房和

党委书记 主任 刘旭东

全运会体操比赛

五里河桥夜景

8.8全民健身日

龙湾大街北延公路建设

城乡建设委员会

2009葫芦岛房交会

荣获全国文明单位称号

廉租住房（西苑花园、河畔花园、丽景国际、山城露园）

五里河景观

体育休闲广场

葫芦岛市安全

党组书记 局长 石宝利

国家总局副局长梁嘉琨到我市调研

省安全生产督查组到我市进行督查

开展学习实践科学发展观活动动员大会

安全生产月活动，走进企业，送安全文化用品

生产监督管理局

市委书记陈晓琨带队到渤船重工有限责任公司检查安全生产工作

春节前夕市长孙兆林带队检查烟花爆竹经营网点安全销售情况

张海平副市长带队检查我市地方煤矿安全生产工作

安全生产月咨询日

争创十大安全生产忠诚卫士演讲比赛

第三届全运会市安监局代表队方阵

葫 芦 岛 市

市委副书记崔枫林、常务副市长裴伟东到市局走访

党组书记、局长何心田座客电台直播间，接受政风、行风监督

深入学习实践科学发展观，推进国税工作

开展培训，提升队伍素质

学习弘扬雷锋精神，把雷锋精神融入税收工作

国 家 税 务 局

深入企业了解税源变化

全面落实税收优惠政策

推行政务公开，营造和谐征纳环境

开展文娱活动，增强队伍凝聚力

开展税法进校园活动

葫 芦 岛 市

党组书记 局长 丁礼峰

市委书记陈晓珵亲切接见省地税局局长张玉文率领的调研组一行

全市地方税收收入分析调度会

签订责任状

党组书记、局长丁礼峰带领机关干部进村入户结“穷”亲

地方税务局

省地税局党组书记、局长张玉文到葫芦岛市局拓展中心视察工作

党组副书记、副局长郝云阁到绥中电厂调研

市地税系统基层局领导班子述职述廉

政务公开宣传，开展政策咨询

市地税局机关干部积极开展“送温暖、献爱心”扶贫帮困捐助活动

葫芦岛市工商

党组书记 局长 刘双立

全市工商系统工作会议

全市工商系统“融资扶企”工作启动仪式

刘双立局长参加广播电台3.15走进直播间

刘双立局长颁发葫芦岛市第一张流通领域食品安全许可证

行 政 管 理 局

葫芦岛市打击传销专项整治“百日行动”动员大会

刘双立局长做工作动员报告

刘双立局长参加政务公开“政务访谈”栏目

3.15宣传日

葫芦岛市首届知名商标商品展示会

辽宁省电力有限公

总经理 傅景伟

领导班子成员研究部署工作

省公司总经理燕福龙来我公司调研

支援北京国庆六十周年保电人员欢送会

电力设施保护宣传月活动启动仪式

司葫芦岛供电公司

党委书记 聂盛伟

傅景伟总经理深入工区检查指导工作

供电公司一届三次职代会暨2010年工作表彰会议

开展冬季培训

庆祝建国六十周年文节演出

绥中发电有

总经理 杨晓东

省长陈政高来绥电视察

辽宁省委副书记张成寅视察绥电

设备部调节班荣获工人先锋号

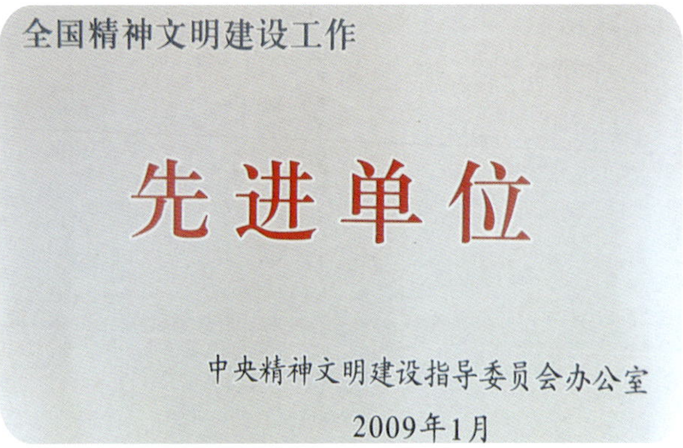

荣获全国精神文明建设工作先进单位称号

限责任公司

党委书记 刘猛

3号机组一次并网成功

二期工程发电机抵达绥电

1号机组A级检修

举办安全伴我行演讲比赛

国庆升旗仪式

国庆节职工演出

四季活动职工拔河比赛

劳动节文艺演出

渤海船舶重工

董事长 总经理 李天宝

为挪威航运公司建造的163000吨原油

为中国科学院建造的“实验1号”科学考

省长陈政高到公司视察慰问

渤船重工核电工程奠基

有限责任公司

市委书记陈晓琨、市长孙兆林陪同省委书记王珉到公司视察

平面流水线

为长航南京油运公司建造的297000T超大型原油船交船

为百国盛环球航运公司建造的320000吨原油船

中国移动通信集团辽宁

领导班子成员参加2009年工作会议

与市电视台共同举办“圆梦2009·说出您的心里话”活动，向福利院、光荣院、孤儿院、困难户送春联和福字

我公司联合铁通公司与中国武警8624部队签署战略合作协议，为其提供综合信息化解决方案

举行“庆祝建国60周年、葫芦岛建市20周年暨葫芦岛移动客户过百万”大型回馈演出

与市旅游局共同举办“中国移动3G杯·2009葫芦岛旅游形象大使大赛”活动，宣传3G业务

有限公司葫芦岛分公司

李景春副总经理到我公司调研

开通第一个TD基站，并打通第一个TD视频电话

为辽宁工程技术大学通信专业的毕业生提供社会实践平台

工会走访困难员工，送去公司的关爱和问候

在“心动辽宁·爱心操场”活动中，我公司向山神庙小学捐赠价值三万元的体育器材

2009年新春联欢会，全体员工用歌声和舞蹈憧憬明天，畅想未来

葫 芦 岛 市

区委书记 支剑峰

打渔山园区规划效果图

旅游景点灵山寺

滨海大道连山段

设施农业蔬菜大棚

连　　山　　区

区长 柴文海

东城沿河小区

区医院全景效果图

世纪高中

宏运百货

葫　芦　岛　市

区委书记　唐联众

省长陈政高视察东宝集团

会见外商

海上海商务酒店

多宝鱼养殖基地

龙　港　区

区长 闫庆礼

鑫龙湾生态园

锌达实业

渤船钢构

葫　芦　岛　市

区委书记 孟兆林

市委书记陈晓琨到南票调研

2008年—2009年大事记图片展

宝丰石化

荣获2008年度创建平安县（市、区）活动中被评为平安区

南　　票　　区

区长 张飏

2009年夏季就业洽谈会

第五届全民运动会

小流域治理

设施农业

葫　芦　岛　市

市委书记 孙志浩

哈尔滨红光锅炉总厂有限责任公司兴城分公司开工奠基庆典

辽宁亚鹰钢结构幕墙有限公司开工奠基

风力发电

临海产业区道路设施建设

兴 城 市

代市长 于学利

古城雪景

SOD苹果

高层建筑

兴城海滨

葫 芦 岛 市

县委书记 田树槐

省委书记张文岳视察绥中

九门口长城

新农村建设

绥　中　县

县长　罗建彪

省长陈政高视察绥中

滨海经济区服务中心

滨海经济区公路

杨　家　杖　子

开发区工委书记 管委会主任 郑子清

用工洽谈

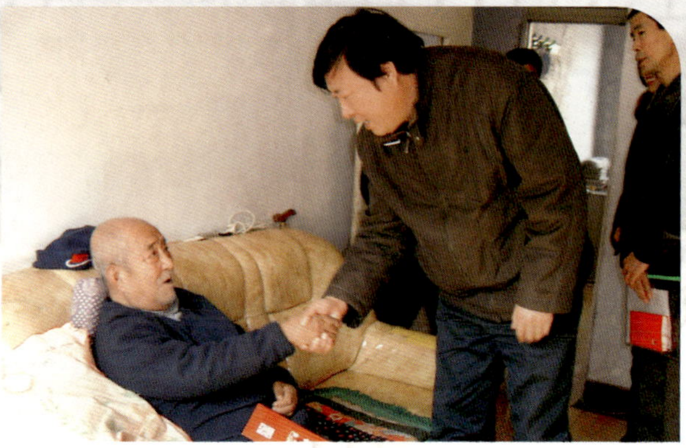

走访慰问贫困户

莲花山铸造车间

莲花山圣水寺

经　济　开　发　区

市委书记陈晓琨视察开发区职业学校

莲花山隧道

莲花湖

国庆60周年演出

葫芦岛市委党校

常务 副校长 孙世奎

学员研讨

市委党校2010年春季学期开学典礼

组织学员到开发区调研

教学综合楼

常务副校长孙世奎为第三期县处级领导干部素质能力进修班授课

葫芦岛市国土资源局

张凤民局长走进电台直播间参与行风热线节目

全局深入学习实践科学发展观活动动员大会

全市土地管理工作调度会议

张凤民局长参加土地日宣传活动

张凤民局长参加探矿权挂牌出让

张凤民局长到矿山企业现场检查指导

葫芦岛市旅游局

党委书记 局长 苏英生

领导班子成员

葫芦岛人游葫芦岛启动仪式

2009葫芦岛首届旅游形象大使

龙回头海滨一角

世界文化遗产九门口水上长城

葫芦岛市住房公积金管理中心

全省公积金统计工作座谈会在我市召开

机关党建工作开展有声有色

扶贫帮困到农户

丰富多彩的文体活动

服务大厅

综合楼

葫 芦 岛 市 残

理事长 邰玉华

市领导观看残疾人职业技能竞赛作品

召开全市残疾人工作会议

走访白内障复明术后患者

走访农村残疾人“个体创业带头人”

疾 人 联 合 会

领导班子研究工作

举办首届残疾人职业技能竞赛

实施“阳光家园计划”

志愿者开展助残活动

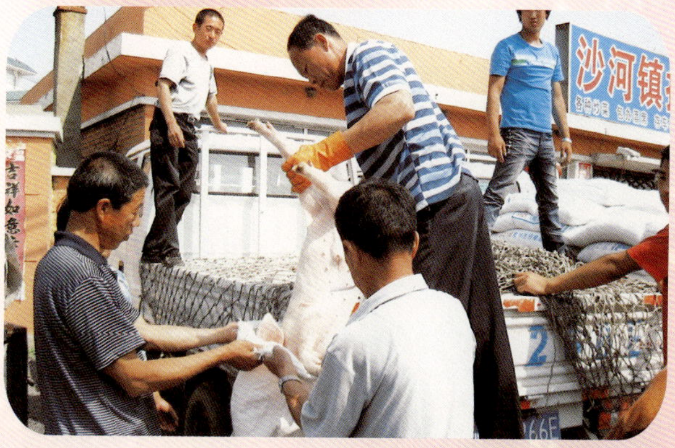

开展残疾人专项扶贫

葫　芦　岛

董事长 党委书记 赵恩纯

行长 曹立兴

监事长 纪检书记 工会主席 雷明祥

市委书记陈晓珉，葫芦岛银行董事长、党委书记赵恩纯为葫芦岛银行揭牌

行领导陪同市长孙兆林、副市长石文光为葫芦岛银行沈阳分行选址

葫芦岛银行行长曹立兴荣获2010年“辽宁五一奖章”

葫芦岛银行“女性职业化形象设计之化装造型”讲座现场

银 行

葫芦岛银行股份有限公司第二届董事会第四次会议

银企座谈会

绥中长丰村镇银行股份有限公司第一届股东大会

葫芦岛银行强健体魄共建葫行第三届羽毛球比赛

葫芦岛银行总部2010年迎新酒会

中国人民银行葫

党委书记 行长 王利民

为中小企业融资，获得企业盛赞

组织召开全市银行行长联席会

全行工作会议

“发展低碳金融，倡导低碳生活”活动

芦岛市中心支行

"七一"党员活动

荣获"社会治安综合治理先进单位"称号

改善农村支付服务环境宣传活动

召开金融形势和货币政策通报会

国库管理知识宣传活动

中国工商银行

党委书记 行长 陈海林

行领导走访网点

行领导到绥中滨海经济开发区考察

职代会投票

员工晨会

葫 芦 岛 分 行

行领导班子成员

行长陈海林为“职工之家”揭牌

电子银行业务技能比赛

员工写作兴趣小组表彰会

新年联欢会

中国农业银行葫芦岛分行

党委书记 行长 张冀忠

党委书记、行长张冀忠陪同市政府和省行领导到市分行营业部视察

党委书记、行长张冀忠座客葫芦岛人民广播电台《新闻直播间》

网点转型后市分行营业部开业典礼

全市农行支行行长暨党建工作会议

葫芦岛分行“庆元旦迎新春”文艺汇演

中国银行葫芦岛分行

党委书记 行长 王辉

省中行行长王建宏与市长孙兆林签约

远达集团为中行赠送锦旗

中行董事长肖钢来我市考察

向扶贫单位捐赠

新网点主义建设结硕果

举办个金知识竞赛

举办“牵手中行 财富殿堂”答谢会

中国建设银行股份有限公司葫芦岛分行

工作会议暨纪检监察会议

与广电公司数字龙卡签约仪式

个贷中心网上抵押签约仪式

电子银行业务知识竞赛

电子银行直销团队

“拥抱春天”联欢会

赴建昌老大杖子乡捐资助学

创建平安网点防火演练

广发证券葫芦岛龙湾大街营业部

总经理 金力

综合办公楼

前台

散户大厅

大户室

中户室

中天证券葫

总经理 李伟东

服务中心

前台人员办理业务

整洁宽敞中户室

芦岛营业部

大楼外观

散户大厅

大户室

兴 城 市 农 村

党委书记 理事长 李刚

省联社、办事处领导到兴城调研

接受辽宁卫视记者采访

军企共建

支农杯篮球赛

信用合作联社

兴城联社一季度工作安排暨三定工作动员大会

颁奖现场

李刚理事长深入农村农业大棚现场调研

办公大楼

营业部大厅

绥中县农村

党委书记 理事长 王文志

理事长王文志到风雹重灾区
大王庙镇了解农户受灾情况

信用社为农民发放种粮直补资金

组织青年职工开展征求社会意见活动

绥中县信用联社营业部储蓄、结算营业大厅

信用合作联社

省联社理事长都本伟来我县下乡开展支农工作调研

服务送到农户蔬菜大棚

信用社干部职工到养鸡场了解养殖户生产经营情况

绥中县小庄子信用社办公楼

环境整洁、设施一流的绥中镇信用社南门口储蓄所大厅

葫芦岛市科学技术协会

开展农产品进超市活动

市科协综合办公楼

开展科普进校园活动

开展“趣味教学”主题科普展活动

开展全国科普日活动

葫芦岛市自来水工程总公司

总经理 肖志新

鑫源自来水管业有限公司开业

青年文明号组织清除沿街小广告活动

建国60周年防恐应急演练

赴营口鲅鱼圈考察调研

CBD分水施工现场

葫芦岛市信息中心

主任 孙秀岩

葫芦岛市信息中心是葫芦岛市政府专门的信息服务与信息管理部门，由市发展和改革委员会代管，为副县级事业单位。

其主要职能是：研究制定全市信息服务业的长远战略、总体规划和发展目标；指导全市信息服务业健康发展。

负责对全市经济和社会发展形势进行监制、预测、分析、研究国民经济和社会发展中的突出问题，为市委、市政府提供经济和社会发展的对策建议。

负责葫芦岛市党政信息网建设，具体包括方案拟定、实施监督和运行维护。

负责“中国葫芦岛”门户网站的管理、建设、运行和维护，逐步实现互联互通，资源共享。

负责对县（市）区、市直部门的信息机构建设进行业务指导与协调；推进电子政务发展。

信息中心目前所做的主要工作：

一是信用体系建设数据交换平台：是信用体系建设的核心组成部分，主要建设目标就是要实现“三库、一站、一平台”。“三库”是指企业、个人、政府信用数据库，最终要通过这些数据针对一个企业或个人提供一份详实、可靠的信用评估报告，供决策部门参考和使用；“一站”是指“信用葫芦岛”网站，目的在于宣传信用知识、创建守信环境、褒扬诚信企业、惩治失信行为；“一平台”是指信用数据交换共享平台，目前已经利用政党内网与国地税、工商、监制等30个信源单位实现联网，并与省信用数据交换中心互联互通。目前的主要工作就是要尽快充实和完善三个数据库。

二是党政信息网应用平台：经过10年的建设和发展，已经形成以市政府大楼、市委大楼、劳动大厦为主要节点的党政机关重要网络基础设施，目前连接部委办局56家，上网应用计算机3200台，是党政机关干部工作、学习、承载办公业务不可缺的网络平台。

三是“中国葫芦岛”政府门户网站：在市政府的直接领导下，历经几次改版和完善，已经成为党政机关政务公开的平台、网上办事的窗口、社会公众与政府沟通的桥梁，也是对外宣传葫芦岛的重要媒体。在近3年全国640个地级市政府网站绩效评估中分别排名46、34、24位。

四是行政审批电子监察应用平台：主要功能是对39个政府职能部门中的242个行政审批项目实现网上审批，对审批过程实现电子监察，同时对审批中心、医保、社保、房产、交警等10分中心办事服务大厅进行在线视频监控。目的就是提高政府办公效率、促进廉洁、透明服务型政府的建设。

数据交换中心

葫芦岛市城乡规划设计院

院长 吴小舜

组织专家评审

深入现场勘察设计

葫芦岛市城乡规划设计院主要负责区域规划、城乡总体规划、各专项规划、控制性详细规划、城市设计、修建性详细规划等规划设计。配合各行业主管部门编制各行业规划。

负责园林城市规划有关问题的专题论证研究；负责外环境规划设计和景观规划设计；负责公园及广场、水系及河道整治、城市及名胜风景区、人居环境、道路景观及景观建筑等施工图设计。

参与城乡各项大中型项目的可行性研究，编制规划选址可行性研究报告。

承担市政工程施工图设计，从事建筑工程施工图设计。

负责政府委托的城乡发展的专题论证及研究，负责市委、市政府交办的规划设计任务。

协助规划行政主管部门提供城乡规划年度发展计划，提出出让、转让地块的规划条件图。

五四青年节组织登山活动

组织参观学习接受爱国主义教育

葫芦岛市图书馆

馆长 贺森林

图书馆军营图书流动站

葫芦岛首届读书节

送书下乡

文化大讲堂 听取全国政协常委葛剑雄教授专题讲座

图书馆服务宣传周

葫芦岛市公安局

政务公开防控支队支队长张泽光接受服务经济建设记者采访

深入企业现场服务为企业保驾护航

工作协调会议

七一前夕支队领导，走访社区看望了老党员施宝山，送去了慰问金，并祝节日快乐

春节前夕支队领导走访慰问贫困群众

公共安全防控支队

人民警察核心价值观教育动员会

防控支队政委赵锦利走访联系户

组织全体党员重温入党誓词

政务公开 开门纳谏 走进社会宣传日活动

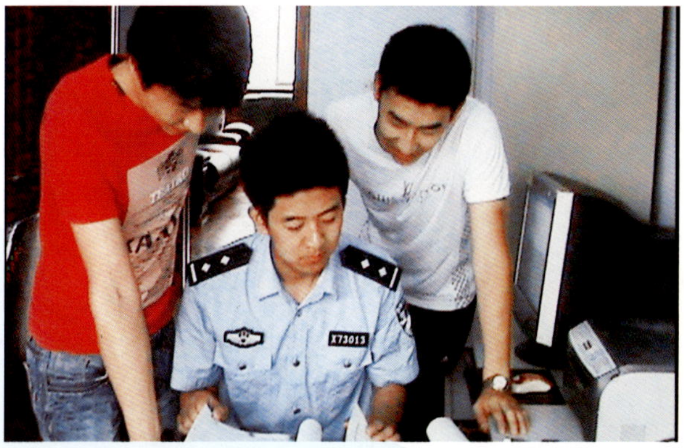

现场办案

葫芦岛市社会福利院

院长 王志祥

民政部领导来我院视察

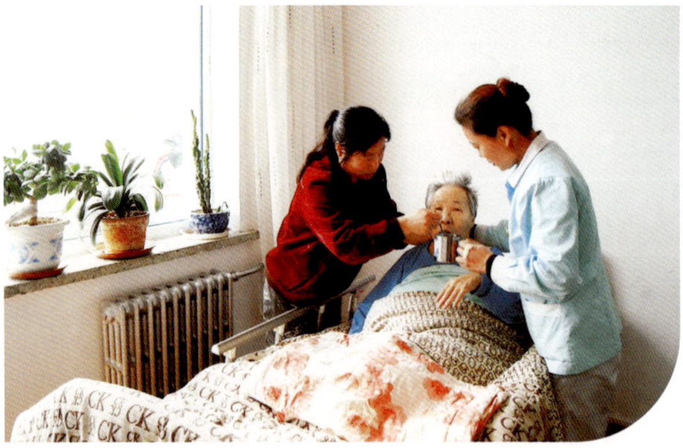

精心护理待养员如亲人

孤残儿童庆“六一”游园活动

庆“七一”篝火晚会

福利院综合楼

辽宁省复员军人康宁医院

党委书记 院长 孟庆生

领导班子成员

患者晨练

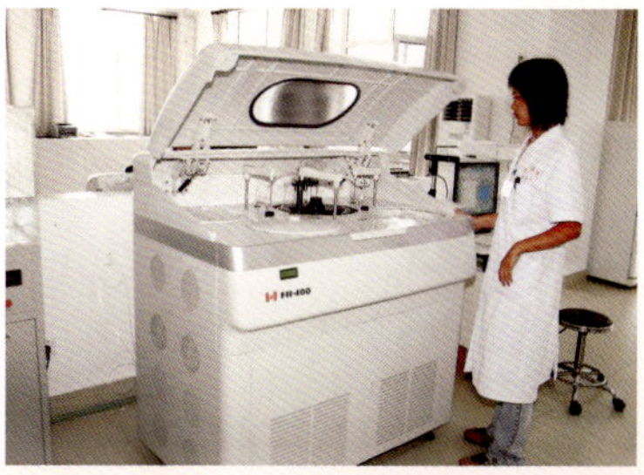

全自动生化分析仪

50周年院庆

综合办公楼

中国电信葫芦岛分公司

总经理韩殿宽做工作会议报告

公司领导班子成员

与绥中运管局签属全国唯一一家物流车辆综合信息管理平台协议

举办3.15维权宣传日

中国电信集团公司是特大型国有通信企业，中国最大的综合信息服务提供商，拥有全球最大光纤通信网络和中文信息网，覆盖全国城乡、通达世界各地。中国电信股份有限公司葫芦岛分公司（简称:中国电信葫芦岛分公司）是中国电信在葫芦岛市行政区划内设立的电信企业,下辖5个县(市、区)分公司和9个部门，拥有低碳科技“天翼3G互联网手机（133、153、189）”、“我的e家”和“商务领航”三大客户品牌和“互联星空”、“号码百事通118114”等众多业务和产品品牌。光纤通信和3G移动网络已覆盖城市、县区和乡镇，移动电话网络覆盖全市城乡。“绿色天翼、建康3G”产品因其拥有超快网速、超低辐射（绿色环保）、超强保密的“三超”特性，得到了广大客户的认可，成为低碳经济的主要推动力。

省公司领导来我公司调研

综合办公楼

兴城市人民检察院

检察长 张学军

领导班子成员参加视频工作会议

街头法律宣传

深入农村扶贫帮困

办公大楼

绥中县人民检察院

检察长 宋书海

检察风彩

接受新闻媒体采访

法律宣传

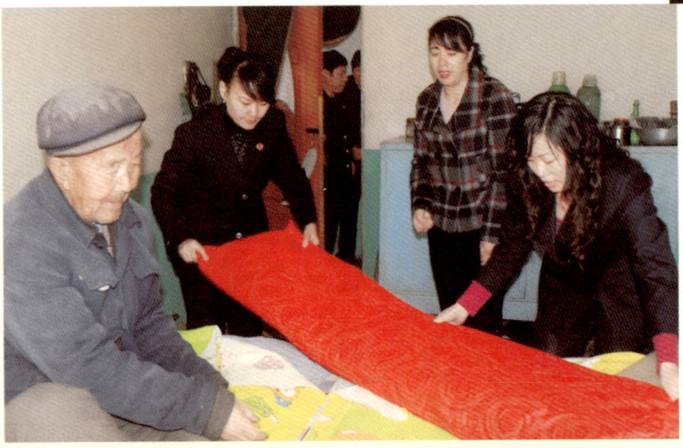

干警走进敬老院慰问老人

丰富多彩的文体活动

绥中县财政局

县领导年终走访慰问财政干部

办公大楼

绥中县乡镇财政干部岗位资格考试培训班

财政系统2009年总结表彰暨2010年工作安排会议

全面提升财政干部业务素质能力知识培训

庆七一文艺演出

建昌县财政局

党组书记 局长 黄克宽

局机关开展"创先争优"活动暨庆祝建党89周年大会

2010年财政工作会议

财政局深入开展学习实践科学发展观活动，局党组班子带领全局中层干部深入乡村扶贫帮困

支农资金整合支持的设施农业蓬勃发展

准军事化管理的矿产品捡斤站成为财政系统的一道亮丽风景线

锦 西 工 业 学 校

校长 何安平

锦西工业学校国家级重点中等职业学校
暨省级焊接品牌专业揭牌仪式

焊工实习车间

钳工实习车间

车工实习车间

实训楼数控车间数控车床

葫芦岛市一职专

校长 李学军

微机室

图书馆

网络教室

阶梯教室

教学楼

葫芦岛市连山区世纪高级中学

校长 牛毅峰

教学楼

龙背山下成人礼

校园文化石

学校感恩节

阅览室

葫芦岛市实验小学

校长 戴志强

省市领导到实验小学检查指导

著名演员六小龄童来我校参观

校领导集体

聂卫平来我校参观

第六届校园文化艺术节

葫芦岛年鉴

HULUDAO YEARBOOK

2010

（总第11卷）

葫芦岛市人民政府主办

深圳出版发行集团
海 天 出 版 社

图书在版编目（CIP）数据

葫芦岛年鉴. 2010 / 葫芦岛市地方志工作办公室著
. -- 深圳：海天出版社，2010. 11
ISBN 978-7-5507-0030-7

Ⅰ. ①葫… Ⅱ. ①葫… Ⅲ. ①葫芦岛市-2010-年鉴
Ⅳ. ①Z523.13

中国版本图书馆 CIP 数据核字(2010)第 220675 号

葫芦岛年鉴 • 2010
HULUDAONIANJIAN • 2010

出 品 人　陈锦涛
出版策划　毛世屏
责任编辑　刘　晖
责任技编　钟愉琼

出版发行　海天出版社
地　　址　深圳市彩田南路海天综合大厦 7-8 楼(518033)
网　　址　http://www.htph.com.cn
制版印刷　北京联兴盛业印刷股份有限公司
开　　本　889mm×1194mm　1/16
印　　张　21
字　　数　800 千
版　　次　2010 年 11 月第一版
印　　次　2010 年 11 月第一次
本册定价　150.00 元

《葫芦岛年鉴》（2010）

主　　编　孙兆林　葫芦岛市人民政府市长

副 主 编　裴伟东　葫芦岛市人民政府常务副市长

陈利世　葫芦岛市人民政府秘书长

市人民政府办公室主任

张志会　葫芦岛市人民政府办公室副主任

执行主编　邹锦凯　葫芦岛市地方志工作办公室主任

编辑校对　聂志弦　姜　宽　徐忠义　张　军　张　涵

打字排版　徐忠义　陈　妍

编 辑 说 明

一、《葫芦岛年鉴》(2010)是由葫芦岛市人民政府主办，葫芦岛市地方志工作办公室具体组织编纂的综合型、权威性大型资料工具书。《葫芦岛年鉴》(2010)以马列主义、毛泽东思想、邓小平理论和“三个代表”重要思想、科学发展观为指导，坚持实事求是、秉笔直书的原则，旨在全面、系统、准确的记述2009年葫芦岛市社会经济发展和政治文化建设等方面的基本情况，重点反映全面建设小康社会及社会和经济发展、建设和谐社会所取得的成果，同时为各级决策者提供依据，为社会提供广泛的信息，为编史修志积累资料。

二、《葫芦岛年鉴》(2010)体例分为篇目、分目、条目三个层次,设特载、大事记、概况、中国共产党、人民政权、人民政协、民主党派·工商联、人民团体、政法、军事、农业、开发区、工业、旅游、城乡建设、环境保护、交通、邮电、葫芦岛口岸、商业·外贸、财政·税收、金融·保险、经济管理、科学、教育、文化、卫生、体育、社会生活、县(市)区建设、先进人物、统计资料共32个篇目、202个分目、1163个条目，共计80万字，彩页88版。

三、《葫芦岛年鉴》(2010)为更好地体现地方特色，在本卷年鉴中增加了葫芦岛市“一线八区”建设内容；落实市领导批示，增加市直机关2009年获国家及省以上奖项的先进单位和先进个人名单。

四、《葫芦岛年鉴》(2010)统计资料由葫芦岛市统计局提供，各条目中的数字由各单位提供。由于统计口径、范围的不同，有些数字可能不一致，使用时敬请注意，凡涉及国民经济、社会发展的有关数据，均以市统计局公布的为准。

五、《葫芦岛年鉴》(2010)所刊载的稿件均由市直各部委办局、各县(市)区、驻葫中省直各单位等相关单位提供。各部门撰写(撰稿人名字附在文末)的稿件、上报的数字均经单位主管领导审阅，市志办对文字稿编辑和总纂后，经撰稿单位再次审阅、复核，最后经市委、市政府领导及年鉴编委会终审后付梓印刷。

六、《葫芦岛年鉴》(2010)的编辑出版，是全市各方面鼎力合作的结果，是集体智慧的结晶，在年鉴编辑出版工作中得到市委、市政府和各个部门、县区领导的大力支持，在此，我们谨向关心支持葫芦岛年鉴事业、为年鉴编纂出版付出辛勤劳动的单位和个人表示衷心感谢！

目　　录

特　　载

大事记

概　　况

中国共产党

人民政权

人民政协

民主党派 工商联

人民团体

政 法

军　　事

农 业

开发区

工　　业

旅　　游

城乡建设 城乡规划

环境保护

交　　通

邮　　电

葫芦岛港口 口岸

商业 外贸

财政 税务

金　融

经济管理

科　　学

教 育

文 化

卫 生

体　　育

社会生活

县（市）区建设

先进集体和先进人物

统计资料

索　　引

TABLE OF CONTENTS

PEOPLE ORGANIZATION

POLITICS AND LAW

MILITARY AFFAIRS

AGRICULTURE

DEVELOPMENT ZONE IN HULUDAO CITY

INDUSTRY

TOURISM

URBAN AND RURAL CONSTRUCTION

ENVIRONMENT PROTECTION

COMMUNICATION

特　载

确保经济社会持续较快发展

全面完成“十一五”各项任务目标

——在市委三届十二次全会暨全市经济工作会议上的报告

陈晓琨

（2009年12月21日）

各位委员、候补委员、同志们：

这次全会的主要任务是，结合贯彻落实党的十七大、十七届四中全会和中央经济工作会议以及省委书记王珉视察我市时的重要讲话精神，总结2009年工作，部署2010年任务，动员全市各级党组织和广大党员干部群众抢抓机遇，乘势而上，坚持好中求快、快中求好，掀起大开发、大开放、大发展的热潮，确保经济社会持续较快发展，全面完成“十一五”各项任务目标。下面，我受市委常委会委托，向全会报告工作。

一、2009年工作总结

今年以来，市委、市政府带领全市人民，以学习贯彻党的十七届四中全会精神和开展深入学习实践科学发展观活动为动力，抢抓东北振兴和辽宁沿海经济带上升为国家战略等重大历史机遇，积极应对国际金融危机带来的严重冲击和影响，全力推进经济、政治、文化、社会建设和党的建设，各项工作都取得了新的成绩。

第一，全力以赴保增长，经济企稳回升向好的局面已经形成。全市各级党委、政府始终把保持经济平稳较快增长作为首要任务，全面加强对经济工作的领导，坚持季分析、月调度，市几个班子领导包重点园区、重大项目和重点工作，市、县两级领导干部和机关干部帮扶规模以上重点企业，有效遏制了经济增长下滑，出现了企稳回升向好的势头。**一是**各项主要经济指标保持了“十一五”以来两位数以上的增长水平。预计地区生产总值实现486.9亿元，同比增长10.5%；全社会固定资产投资实现317.3亿元，增长45%；社会消费品零售总额实现198.7亿元，增长18.4%；地方财政一般预算收入实现37.3亿元，增长18.7%；实际利用外资6200万美元，增长19.1%；引进内资119亿元，增长58.6%；城镇居民人均可支配收入和农民人均纯收入实现15300元和5600元，分别增长10%。**二是**沿海开发开放势头强劲。沿海“一线七区”规划面积230平方公里，开发建设起步区100平方公里，其中60平方公里实现“七通一平”。累计完成固定资产投资170亿元，引进项目338个，总投资规模1082亿元。其中建成和在建项目196个，总投资规模238亿元。“一线七区”进一步完善了领导体制、规划编制，突出主题概念招商，明确产业定位，招商引资、项目落地、基础设施齐头并进。**三是**重点项目和重大基础设施建设取得新进展。今年全市规划5000万元以上重点项目212个，总投资规模1621亿元，已开工项目142个，总投资规模498亿元，其中亿元以上项目开工52个，总投资规模423亿元。渤船重工第二个30万吨船坞、绥中电厂二期、南票电厂二期、锦化TDI、山东盛大压力容器等一批重点项目相继建成或投产。滨海公路提前建成通车，葫芦岛港总体规划编制完成，绥中石河港区煤炭码头一期工程开工建设，柳条沟港区三个散杂泊位主体工程完工，青山水库有望年底开工，锦西石化千万吨炼油、兴城核电等项目正在全力推进。**四是**县域经济快速发展。预计县域生产总值、财政收入、固定资产投资和规模以上工业增加值同比分别增长20%、21.3%、64.9%和58.4%，均超过全市平均增长水平。加大农业结构调整和发展设施农业力度，全年新建省级设施蔬菜小区2878个、畜禽标准化养殖小区324个，实现了大旱之年农民遭灾不减收。全市行政村通油路工程提前一年完成“十一五”规划任务。完成安全饮水工程268项，15.6万群众受益。**五是**服务业拉动作用明显。预计服务业增加值实现196.4亿元，同比增长13%。新建农家店330家，覆盖率达到80%以上。“家电下乡”活动有效推进。接待国内外游客1100万人次，实现旅游总收入75.46亿元，增长59%。房地产开发面积和商品房销售额分别增长34%和49%。**六是**民营经济日趋活跃。全市民营企业达到11.3万户，新增2260户。预计民营经济增加值完成204亿元，增长15%；实现利润和上缴税金分别增长12%。**七是**各项改革不断深入。锦化机集团与中航黎明成功重组。新一轮政府机构改革全面启动。事业单位分类改革和文化体制改革等不断推进。集体林权制度改革提前完成。**八是**城市建设和节能减排取得新成果。完成了龙湾大街北延路改造、五里河桥拓宽改造等重点工程。集中开展了城市环境综合整治，美化、绿化、亮化工程大力推进。4座污水处理厂投入使用，完成减排项目36项，万元地区生产总值能耗降低4.6%，化学需氧量和二氧化硫排放分别比2005年下降9.3%和23.2%，提前一年完成“十一五”减排目标。

第二，千方百计保民生，发展振兴成果更多惠及了广大人民群众。一是全力抓好就业工作。实现实名制就业、实名制劳务输出分别为5.1万人和6.1万人，普惠制就业培训和农村劳动力转移培训共达8.4万人，全面超额完成省定年度指标。保持了零就业家庭动态管理为零，城镇登记失业率控制在4.21%以内。**二是**社会保障体系进一步完善。全市在职职工基本养老、医疗、失业、工伤、生育保险及城镇居民医疗保险参保人数分别达到30.6万人、43.3万人、25.4万人、25万人、17.1万人和25万人。城镇居民基本医疗保险参保率和新农合参合率分别达到86%和92%。**三是**大力推进社会救助体系建设。全面提高了企业退休人员基本养老金和城乡低保标准，为全市城乡低保户和低保边缘户及困难家庭发放助学、取暖和生活救济金2.86亿元，惠及17万人。**四是**大力推进住房保障体系建设。完成廉租住房保障6234户，其中完成货币补贴3850户，实物配租2384户。新开工及结转棚户区改造面积56.5万平方米，总投资规模11.9亿元。**五是**大力发展社会事业。开工建设九年一贯制学校19所。全面落实“两免一补”政策，惠及农村中小学生23.7万人，免除城市义务教育阶段4.9万名学生的学杂费。市中心医院新病房大楼建成投入使用。甲型H1N1流感得到有效防治。

第三，加大力度保稳定，营造了有利于发展振兴的良好社会环境。一是全力做好国庆安保工作。层层落实安保工作责任制，充分发挥了“环京护城河”作用，圆满完成了省委提出的“五个坚决防止”和“两个不能出”的任务目标，我市被评为全省国庆安保工作先进市。**二是**以解决信访突出问题为重点，加大了矛盾纠纷排查化解和集中解决信访积案力度。化解省交办积案174件，结案168件，结案率91%。全市党政领导干部接待群众来访当场解决问题474案次4337人次，息访410案次3603人次。**三是**全力做好社会治安综合治理工作。进一步健全了以领导责任制、部门责任制、责任追究制为基本框架的综治工作责任体系，在实现争创全省综治工作先进市“三连冠”的基础上，荣获了全国综治工作优秀市称号。**四是**全力做好安全生产和突发事件应急处置工作。安全生产事故起数、死亡人数和经济损失分别下降28.3%、38.8%和19.4%。

第四，昂扬向上聚合力，文化建设和民主政治建设取得新的成绩。一是加强宣传思想工作和文化建设。围绕庆祝建国60周年和建市20周年，举办了系列宣传文化活动，提高了舆论引导力和对外影响力。**二是**深化群众性精神文明创建活动。开展了首届道德模范评选表彰和城乡共建活动，城乡共建率达到80%。双拥工作通过了新一轮创建活动中期验收。**三是**加快民主政治建设进程。进一步加强和改善了对人大、政协工作的领导，认真做好统一战线工作，充分发挥了工会、共青团、妇联等群团组织作用。

第五，学习实践重实效，党的建设全面加强。一是兴起了学习宣传贯彻落实十七届四中全会精神的热潮。强化了各级党委中心组学习和理论骨干培训，组织了市、县、乡三级千人宣讲队伍深入基层宣讲。**二是**圆满完成了第二批学习实践活动，第三批学习实践活动正在扎实有效推进。精心组织开展了“党员干部走进千家万户”、“解难题促和谐”、“环保攻坚惠民”、“市领导和市直部门帮扶重点企业”、“千名专家下乡进村入户解难题保增长”等五项主题实践活动，全市12309名党员干部与困难家庭进行了“一对一”帮扶，共捐现金360万元，捐物折款246万元，帮助解决实际问题7000余个。专家服务团共为农民解决生产技术难题2245个，培训农民10万人。**三是**大力加强领导班子和干部队伍建设。全年共培训县级领导干部和后备干部116人，村党支部书记培训面达到100%。采取民主推荐、择优任用的方式，共调整干部191人，其中提拔任职52人，交流调整73人。进一步加大了对干部的量化考核力度，出台了《对县（市）区党政领导班子和主要领导干部贯彻落实科学发展观情况进行监督检查与考核评价的实施办法》。**四是**以整顿机关纪律作风为重点，促进发展环境不断改善。继续深化“真情服务基层、优化发展环境”主题实践活动，全面推行了行政机关服务承诺制、限时办结制和首问负责制，对影响发展环境的典型案件进行了公开处理。**五是**大力推进反腐倡廉建设。以落实党风廉政建设责任制和惩防体系建设规划为重点，全面加强了领导干部的廉洁自律，着力解决以权谋私、借机敛财、奢侈浪费等突出问题。全市各级纪检监察机关共受理初核案件线索243件，立案142件，结案243件，处分党员干部273人。

在充分肯定成绩的同时，我们必须清醒地认识到，在全市经济社会发展和党的建设中，还存在一些不容忽视的问题。**一是**国际金融危机对我市工业、矿山企业冲击较大，部分重点骨干企业产品市场低迷，价格下滑，企稳回升的基础还不牢固。**二是**我市的经济总量偏小，一些主要经济指标还落后于省内条件相似的部分兄弟市，特别是县域经济发展不够充分，民营经济在经济总量中所占比重较低，服务业发展相对滞后，对外开放没有大的突破，各级财政支撑经济社会发展的能力还不强。**三是**涉及群众切身利益的问题还没有得到根本解决，社会事业发展相对滞后，对经济社会发展的适应性和服务能力较弱。**四是**社会不和谐、不稳定的因素依然存在，一些长期积累与现阶段新生矛盾和问题交织在一起，维护社会和谐稳定的任务还比较艰巨。**五是**部分领导班子和领导干部的政治素质、能力水平有待提高，发展激情、责任意识和敬业精神不强，与科学发展、全面振兴的要求还不相适应，加强和改进新形势下党的建设还有许多工作要做。

二、2010年全市经济社会发展的主要任务

2010年是全面完成市三次党代会和“十一五”规划提出的各项任务目标的收官之年，也是为“十二五”发展和全面振兴奠定基础的重要之年。做好2010年的工作，对于全面完成“十一五”任务目标和确保“十二五”高起点开局具有至关重要的意义。

做好明年的工作，我们要正视面对的挑战和压力。一方面，国际金融危机影响依然存在，还有许多不可预见的因素；另一方面，目前经济企稳回升的基础还不牢固，积极变化和不利影响并存，确保经济社会持续较快发展仍面临着诸多困难和考验。但是，我们更要看到加快发展振兴的难得机遇和有利条件。**一是**中央经济工作会议确定要保持宏观经济政策的连续性和稳定性，继续实施积极的财政政策和适度宽松的货币政策，对进一步扩大内需、加大投资拉动十分有利。**二是**辽宁沿海经济带上升为国家战略，我市的沿海开发开放进入国家层面和省重点支持区域，省委、省政府对我市大力支持和寄予厚望，帮助我们谋划布局、争取项目和协调资金，使我们备受鼓舞和激励。**三是**我市支柱产业已出现企稳回升向好的态势，各重点经济区和县域经济发展势头强劲，特别是随着一批重大项目的落地和建成投产，发展后劲明显，振兴前景看好。只要我们保持昂扬的发展激情，坚定信心，扎实工作，就一定能够确保全市经济社会持续较快发展，全面完成“十一五”各项任务目标。

明年全市工作的总体要求是：**以科学发展观统领经济社会发展全局，认真贯彻落实党的十七大、十七届四中全会和中央经济工作会议精神以及省委、省政府的工作部署，抢抓东北振兴和辽宁沿海经济带上升为国家战略等重大历史机遇，牢牢把握扩内需、调结构、促转变、惠民生这条主线，坚定不移地实施工业强市、项目支撑和沿海开发开放战略，坚持好中求快、快中求好，进一步掀起大开发、大开放、大发展的热潮，确保经济社会持续较快发展，全面完成“十一五”各项任务目标，为“十二五”发展和全面振兴奠定坚实基础。**

明年全市经济社会发展的主要预期目标是：**地区生产总值和财政一般预算收入分别增长15%以上；全社会固定资产投资增长30%；社会消费品零售总额增长17%；实际利用外资和引进内资分别增长30%；外贸出口增长15%；城镇居民人均可支配收入和农民人均纯收入分别增长10%；城镇登记失业率控制在4.3%以内；万元地区生产总值能耗降低4.4%；主要污染物排放量削减2%。**

实现上述目标，重点要抓好以下三个方面的工作：

（一）推动科学发展上水平，重点在调结构促转变上下工夫

第一，加快推进沿海经济带开发开放。一是进一步完善规划，优化布局。各重点园区要明晰产业定位，突出特色，发挥优势，尽快形成产业集群。始终坚持集约、节约用地的原则，进一步提高单位面积投资强度和产出率，确保园区的可持续发展。要严把入区项目质量关，严格控制高污染、高能耗项目入区，严格控制占地多、就业少、税收低的项目入区。**二是**始终坚持把招商引资和项目落地作为园区的生命线与核心任务。继续突出主题概念招商和产业集群招商，落实招商引资责任制和有效的奖惩措施，学习绥中县招商引资工作经验，选调精兵强将，定人、定点常年驻外招商，不惜千方百计、千言万语、千辛万苦、千山万水，确保招商引资的成功率。招商引资不仅要面向生产类、地产类项目，也要注重引进包括贸易型企业在内的服务性项目，实现多点开花。**三是**抢抓机遇，多方融资，加快推进基础设施配套建设，满足项目入驻条件。北港工业区要在加快推进现有大项目建设的同时，着力在打造新能源装备制造基地上有新突破；龙港船舶修造园区要在船舶总成配套和海洋工程上有新突破；高新区要在加快北方聚氨酯基地建设上有新突破；兴城临海产业区要在区港一体化上有新突破；龙湾中央商务区要加快推进“一场五馆”建设，在尽快启动南北两翼新奥集团和首创集团签约项目上有新突破，明年要形成建设高潮；绥中滨海经济区和连山打渔山工业区要在扩大项目入驻总量上有新突破。

第二，加快推进重点项目和重大基础设施建设。坚持传统产业升级与新兴产业培育并重，以项目建设推动产业结构调整、促进发展方式转变。明年规划实施亿元以上重点项目145个，总投资规模1761亿元。**一是**着力打造产业集群。继续依托石油化工、有色金属、船舶机械、能源电力等特色支柱产业，加大技术改造和拉长产业链的力度，促进产业结构向集约化、高级化和精深加工转变。依托重点工业园区，大力发展以先进装备制造业、船舶配套和海洋工程、新能源、聚氨酯材料、数字信息等为重点的新兴产业，加速建设新型产业基地。**二是**着力推进锦西石化千万吨炼油、兴城核电、中冶集团镍钴冶炼、大唐热电和渤船核电装备等重点工业项目，确保明年全部开工。**三是**着力推进绥中石河港区煤炭码头一期及后方集疏运体系、柳条沟港区二期及疏港铁路、兴城临海产业园港区、青山水库、猴山水库、葫芦岛至建昌高速公路等重大基础设施建设项目。

第三，加快做大做强县域经济。围绕实现县域经济三年倍增计划和有效解决“三农”问题，保持县域经济大发展、快发展的强劲态势，力争明年县域生产总值增长26%，财政一般预算收入和固定资产投资分别增长30%。**一是**以园区建设为载体加快发展县域工业，进一步提升工业在三次产业中所占比重。兴城、绥中、连山、龙港四个县（市）区要充分发挥沿海优势率先发展。建昌县要依托矿产资源，搞好精深加工，突出抓好城东工业园区建设，在基础设施建设和引进资金、项目落地上有新突破。南票区要充分利用经济转型政策，抓紧推进循环经济园区和综合产业园区规划建设，重点发展煤炭、电力、建材三大产业。杨家杖子经济开发区要发挥列入国家经济转型示范区的优势，抓好四个工业园区建设，加快推进投资亿元以上的重点工业项目。**二是**大力调整农业结构，加快推进农业产业化。全年新增省级设施蔬菜小区4550个、标准化畜牧小区135个。培育壮大以优质特色农产品生产加工销售为重点的龙头企业，拓宽农民就业和增收渠道。着力改善农村生产生活条件，全面推进新农村建设。**三是**把大力发展非公有制经济和中小企业作为县域经济的主导力量。完善政策激励机制，创造公平竞争环境，充分利用当地资源、市场和劳动力优势，鼓励农民创业，扶持个体工商户，大力发展各具特色的“草根经济”和劳动密集型企业，促进农民工就近就业和返乡创业。扶持发展潜力大、带动辐射广、吸纳就业多的民营企业做大做强。加快中小型企业信用担保体系建设，扩大农户小额信用贷款和农户联保贷款的覆盖面。

第四，加快发展服务业。一是加快服务业结构优化升级。全力推进龙湾中央商务区、新老城区及县域大型商业设施、大型批发市场建设，提升商业发展水平。进一步扩大农村消费，深入实施农村“万村千乡市场工程”，连锁经营店覆盖95%的行政村。**二是**大力发展临港物流产业。加速柳条沟港区和石河港区物流基地建设，逐步成为辽西蒙东重要的物流基地。**三是**加快发展旅游业。充分利用辽宁滨海大道贯通的优势，同省内沿海各市及周边地区联手打造无障碍旅游新格局。加快推进兴城古城开发保护，启动菊花岛整体开发。确保全年旅游业各项指标分别增长20%以上。**四是**加快发展房地产业。既满足本地群众住房需求，又扩展外埠市场，全年房地产投资、开发面积、销售面积和销售额分别增长15%以上。**五是**大力支持发展金融服务业。通过政策扶持、环境支持，吸引国内外金融、保险、证券等金融机构来我市落户或设立分支机构，为经济社会发展提供有力支撑。

第五，加快推进城乡环境建设和节能减排工作。一是坚持建设、改造和管理并重，不断完善城市功能。加快城市美化、绿化、亮化，加强小区物业管理，继续治理城乡违章建设，实施城市综合执法一体化，提高城市管理效能。深入整治城市交通秩序，实施城乡交通一体化，扩大城市公交覆盖面。进一步提高城市供水、供气、供暖等公用事业服务水平。**二是**坚持城乡基础设施统筹规划，合理布局，同步实施。突出沿海县（市）区、重点经济区和中心镇的规划建设，构筑以市区为中心、县城为依托、重点经济区和中心镇为节点的城镇体系，加速推进城镇化。建立健全与推进城镇规划相适应的户籍、培训、就业、社会保障、社会管理等综合配套改革政策，加强基础设施配套建设，提高城镇产业集聚和吸纳劳动力的能力。**三是**加强环境保护和生态建设，抓好节能减排工作。重点推进以滨海大道为主轴的沿海景观带、绿化带建设，加快城乡绿化步伐，严格控制滨海大道沿线规划，坚决杜绝违章违法建设。抓紧淘汰高污染、高耗能的落后产能，大力发展循环经济和节能环保产业。提高对资源的控制力，加大对重要水源地的保护力度。加快污水处理厂、垃圾处理厂建设，实现生活污水和工业污水集中处理、达标排放，着力改善城乡人居环境。

（二）确保人民群众得实惠，进一步加大重点民生工程推进力度

第一，着力抓好城乡统筹就业工作。坚持把就业作为民生之首，加快建立创业带动就业、市场主导就业、政府促进就业、个人自主就业相结合的新机制，鼓励支持劳动者自主创业和自谋职业，提高稳定就业率。重点完善面向困难群众和高校毕业生等群体的就业帮扶制度及被征地农民就业政策，加强职业技能培训和公共就业服务，确保零就业家庭动态管理为零，新增实名制就业4.1万人以上，有组织培训和有组织劳务输出分别达到5万人以上。

第二，着力抓好社会保障体系建设。扎实推进城镇社会养老保险扩面工作，完善企业职工基本养老保险市级统筹制度，确保企业养老保险扩面参保人数达到31.5万人以上，新增1万人。城镇职工医疗保险参保人数达到44.8万人，参保率达到95%。城镇居民医疗保险参保人数达到28.3万人，参保率达到90%以上。新农合参合率达到95%以上，资金使用率达到85%以上。加快推进建昌县列为全省8个农村养老保险试点工作，让54万农民享受养老保险。

第三，着力抓好住房保障体系建设。加大普通商品房、安置房、经济适用房和廉租住房开发建设力度，完成廉租住房租赁补贴4941户，廉租住房实物配租2835户，确保完成廉租住房保障7776户。加快推进棚户区和“城中村”改造，确保完成5万平方米以下棚户区改造任务。

第四，着力抓好扶贫帮困工作。重点做好城乡困难家庭、下岗职工、失业人员、孤寡残幼等基本生活保障工作，千方百计为困难群众解决好基本住房、大病就医、子女上学和冬季取暖等实际困难。进一步完善城乡最低生活保障、城乡居民医疗救助、农村五保等社会救助制度，全市农村最低生活保障标准上调10%左右。实施40个村扶贫开发“整村推进”项目，确保5万人稳定脱贫。

第五，着力抓好社会事业发展。继续落实好农村义务教育“两免一补”和城市义务教育免学杂费政策，加快农村中小学校危房改造，新建九年一贯制学校10所，确保完成市三次党代会提出的九年一贯制学校建设和农村中小学校布局调整任务。大力发展职业教育，加快实训基地建设，全面推进职业教育信息化建设进程。加快社区卫生服务体系和乡、村卫生机构建设，切实提高城乡基层医疗卫生服务能力。高度重视和全面做好甲型H1N1流感防控工作。

（三）凝聚智慧力量促和谐，为加快发展振兴营造良好工作氛围和社会环境

第一，强化社会管理，维护和谐稳定。一是以全力做好元旦、春节“两节”期间及全国、全省“两会”期间的安保工作为重点，层层落实维护社会稳定第一责任。认真总结借鉴奥运安保、国庆安保的成功做法和经验，巩固发展平安建设成果，形成维护社会稳定的长效机制，实现“五个坚决防止”和“两个不能出”的目标。**二是**加大解决信访突出问题的力度。继续深入开展以解决信访突出问题为主要内容的“解难题促和谐”主题实践活动，以及领导干部大接访和机关干部大下访活动，做好矛盾纠纷排查化解工作，落实信访稳定工作责任制，真正把问题解决在基层、化解在萌芽状态。**三是**以开展新一轮争创全国、全省综治工作先进市活动为载体，加强社会治安综合治理，启动“县域治安工程”，完善城乡社会治安防控体系，依法防范和打击各种犯罪活动，增强人民群众的安全感。**四是**强化安全生产责任制和行政问责，加大矿山、交通、娱乐等重点行业领域安全生产管理监督和源头治理力度，严厉打击各种违法违规生产经营行为。加强森林防火和防灾减灾工作，完善重大突发事件和自然灾害应急处置体系建设。

第二，继续加大整治发展环境力度，确保实现五年见成效的目标。一是加速转变政府职能，提高行政效率。进一步减少审批事项，简化行政审批程序，优化工作流程，压缩审批时限。深入推行服务承诺制、首问负责制、限时办结制和责任追究制，实行重点项目全程代理制审批，创新网上公开审批模式，最大限度地方便企业和群众。完成市、县政府机构改革任务，抓好事业单位分类改革。**二是**整顿机关纪律作风，增强各级干部的发展激情，着力解决服务不到位、效率不高等影响发展环境的突出问题。坚持“一把手”亲自抓、负总责，严格教育、监督、管理，建立有效的奖惩机制，畅通诉求渠道，认真受理影响发展环境的投诉举报，公开反馈查处整改结果，促进政风和行风的转变。**三是**不断创新整治发展环境的办法。大力推进政务公开，做到公开透明。规范细化行政处罚自由裁量权，进一步清理规范各项收费，坚决废除不合理收费项目。强化对权力运行的制约和监督，加大行政执法过错责任追究力度。强化社会监督和舆论监督，大力宣传表彰先进典型，严肃查处影响发展环境的典型案件并及时曝光，提高投资者和社会各界对发展环境的满意度。

第三，加强宣传思想工作和文化建设。一是充分发挥舆论宣传的正面引导作用。坚持把学习宣传贯彻党的十七大、十七届四中全会和中央经济工作会议精神作为首要政治任务，切实把中国特色社会主义理论体系宣传普及和社会主义核心价值体系建设引向深入，打牢全市人民推进全面振兴的共同思想基础。大力宣传迎难而上、干事创业的先进典型，进一步鼓舞斗志，坚定加快发展振兴的信心。切实加强对互联网等新兴媒体的引导和管理，健全抵制低俗之风的长效机制。**二是**深化群众性精神文明创建活动。围绕提高群众文明素质和城市文明程度，精心设计载体，深入开展文明行业、文明风景旅游区、和谐文明社区创建及城乡、军民共建活动，进一步巩固发展双拥共建成果。大力加强未成年人思想道德建设。继续抓好科技、卫生、文化“三下乡”和“五进乡村”活动。**三是**大力发展文化事业和文化产业。全面推进公共文化服务体系建设，大力实施广播电视“村村通”、文化信息资源共享、农村电影放映、乡镇文化中心建设、农家书屋五大文化工程建设，做好全市有线电视整体平移转换工作。继续深化文化体制改革，全面推进文化、广电、报业改革，完成文化市场综合执法机构组建任务。

第四，大力推进民主政治建设。一是以做好市人大、政府、政协换届工作为契机，进一步加强和改善对人大、政协工作的领导，积极为人大代表和政协委员依法行使职权和参政议政创造条件。支持人大围绕重点、难点问题开展执法检查和工作监督；支持政协围绕扩内需、调结构、促转变、惠民生建言献策。充分发挥统一战线的优势，加强同各民主党派、工商联和无党派人士的团结合作。**二是**切实加强对群团工作的领导，支持工会、共青团、妇联等人民团体依照法律和各自章程开展工作，鼓励新社会阶层积极投身全面振兴事业。**三是**切实加强基层民主建设。扩大群众自治范围，落实职工代表大会制度，进一步推进政务公开、村务公开、厂务公开。深化司法体制和工作机制改革，加强执法规范化建设，全面提升执法公信力，促进社会公平正义。

三、加强和改进新形势下党的建设

做好明年的各项工作，关键在于加强和改进党的领导，按照党的十七大和十七届四中全会的总体部署，扎实推进党的建设，提高党的建设科学化水平，为加快发展振兴、促进社会和谐提供坚强保证。

第一，着重提高全市党员干部思想政治水平。一是认真做好第二批学习实践活动整改落实后续工作，确保第三批学习实践活动取得实效。突出实践特色，着重解决实际问题，全力抓好整改落实，明确领导责任、牵头单位、完成时限和标准，多办群众期待的好事、实事，真正让群众得到实惠，感受到学习实践活动带来的实实在在的变化。**二是**落实好大规模培训干部、大幅度提高干部素质任务。利用各级党校、行政学院、干部培训基地等教育培训资源，切实增强教育培训的针对性和实效性，不断扩大干部教育培训覆盖面，着重提高领导科学发展的能力和处理复杂问题的能力。**三是**深入开展学习型党组织和学习型领导班子创建活动。以领导干部学习带动党员干部学习，以创建学习型领导班子带动创建学习型党组织。

第二，大力加强各级领导班子和干部队伍建设。一是坚持德才兼备、以德为先的原则，按照市委提出的“干事、懂行、廉洁、和谐”的领导班子建设目标和“人品正、有能力、有激情、群众公认”的选拔干部要求，适应加快发展振兴的需要，调整配备好各级领导班子，着力选好配强党政正职，切实把政治上靠得住、工作上有本事、作风上过得硬、人民群众信得过的干部选拔到各级领导岗位。加大培养选拔优秀年轻干部力度，形成老中青梯次配备，经历、专长、性格互补，经验与活力具备的合理结构。**二是**深化干部人事制度改革，创新干部考核、选拔任用和管理机制。认真落实中央组织部下发的“一个意见、三个办法”，加大量化政绩考核、民主考核力度，结合我市实际，探索建立各有侧重、各具特色的考核内容和指标，强化考核结果的运用。健全规范主体清晰、程序科学、责任明确的干部选拔任用提名制度，创新完善公开选拔、竞争上岗等竞争性选拔干部方式，探索差额推荐、差额考察、差额酝酿、差额票决办法。继续完善干部监督管理机制，强化干部监督工作，加大对不胜任、不称职干部的组织调整力度。坚决整治选人用人上的不正之风，提高选人用人的公信度。**三是**以农村、企业、街道社区和高校为重点，统筹推进基层党组织建设。推广在农民专业合作社、农业协会、产业链、外出务工经商人员相对集中点建立党组织的做法，加大在非公有制经济组织和新社会组织中组建党组织的力度，选好配强基层党组织带头人，充分发挥基层党组织和广大党员在推动发展、服务群众、凝聚人心、维护稳定、促进和谐中的战斗堡垒和先锋模范作用。

第三，深入推进反腐倡廉建设。一是坚持标本兼治、综合治理、惩防并举、注重预防的方针，扎实推进惩治和预防腐败体系建设，加强对各级党政领导班子和主要领导干部贯彻落实科学发展观情况的监督检查与考核评价工作，强化对权力运行的监督制约。抓好廉洁从政教育，推进廉政文化建设。从市委常委做起，各级领导干部都要带头严格遵守廉洁自律的各项规定，严格要求自己和配偶、子女及身边工作人员。**二是**加大查办案件和纠风治乱力度。以深入治理领导干部收受钱财问题为突破口，依纪依法查处和整治领导干部利用职务便利为本人或特定关系人谋取不正当利益，深化重点领域的专项治理，坚决纠正损害群众利益的不正之风。**三是**严格执行和认真落实党风廉政建设责任制。把反腐倡廉建设纳入经济社会发展和党的建设总体规划，纳入党政领导班子、领导干部目标管理，同其他工作紧密结合，统一部署、统一实施，推进反腐倡廉制度创新，以实际成效取信于民。

第四，以昂扬的发展激情和良好作风确保各项任务圆满完成。明年工作正处在两个五年规划的衔接点上，面对繁重的经济社会发展任务，我们一定要有时不我待的紧迫感、不进则退的压力感，以昂扬的发展激情和务实的工作作风，全力推进我市经济社会又好又快、更好更快发展。**一是**要咬定发展目标。总的要求是好中求快，快中求好，确保全市经济社会持续较快发展，全面完成“十一五”规划各项任务。分步实施的阶段性目标是，确保一季度实现“开门红”；上半年实现“时间过半、任务过半”；全年实现“两个不低于”目标。要全力抓好当前的经济运行，协调好各种生产要素，特别是要筹划好重点项目，巩固发展企稳回升的良好势头。全市各项工作都必须按照这一要求去谋划、去摆布、去推进，始终保持一股迎难而上的勇气、一股敢为人先的锐气、一股干不上去誓不罢休的志气，确保完成全年各项任务。**二是**要强化领导责任。进一步完善市级领导包重点园区、重点项目、重点工作责任制，把全年任务指标层层分解，明确主管领导、牵头单位、工作标准、完成时限，抓住责任分解、责任确定、责任考核、责任追究四个关键环节，把实现科学发展、创新发展、和谐发展的量化指标全部纳入考评体系，用以衡量、检验领导班子和领导干部的工作业绩。**三是**要全力抓好落实。全市各级领导班子和领导干部都要带头增强发展激情、责任意识和敬业精神，把心思集中到干事业上，把本领用在促发展上，把精力用到抓落实上，强化对各项重点工作的指导、协调、调度和督查，深入实际，靠前指挥，加快工作节奏，提高工作效率，以优异的成绩向党和人民交出一份满意的答卷。

各位委员、候补委员、同志们，掀起大开发、大开放、大发展的新热潮，开创葫芦岛加快振兴的新局面，是全市人民的殷切期盼，是时代赋予的重大责任。让我们以昂扬的发展激情和实干精神，突出重点，攻坚克难，确保经济社会持续较快发展，全面完成“十一五”各项任务目标，把建设经济繁荣、环境优美、社会和谐、人民富裕的现代化沿海经济强市的宏伟事业不断推向前进！

政府工作报告

——2010年1月12日在葫芦岛市第四届人民代表大会第一次会议上

孙兆林

各位代表：

我代表市人民政府向大会报告工作，请予审议，并请各位政协委员和其他列席人员提出意见。

一、过去五年政府工作回顾

过去五年，是极不寻常的五年。在市委的正确领导下，在市人大、市政协的监督支持下，市政府认真贯彻落实科学发展观，抢抓“东北振兴和沿海开放”双重机遇，团结奋斗，共克时艰，圆满完成了市三届人大一次会议确定的各项目标任务。

预计2009年，地区生产总值486.9亿元，同比增长10.5%，比2004年增长82.5%，其中一、二、三产业增加值62.7亿元、227.8亿元和196.4亿元，分别比2004年增长21.6%、95.5%和92%；人均地区生产总值17327元，比2004年增长80%；全地区税收88亿元，同比增长37.8%，比2004年翻一番；地方财政一般预算收入37.3亿元，同比增长18.8%，是2004年的2.5倍；全社会固定资产投资317.3亿元，同比增长45%，是2004年的4倍；社会消费品零售总额198.7亿元，同比增长18.4%，比2004年翻一番；城镇居民人均可支配收入15300元，同比增长10%，比2004年翻一番；农民人均纯收入5600元，同比增长10%，比2004年增长83%。地方财政一般预算收入、全社会固定资产投资、城镇居民人均可支配收入、农民人均纯收入和二氧化硫减排总量等五项主要指标，提前完成“十一五”规划目标。

（一）国民经济持续快速发展，综合实力明显增强

农业经济稳步增长。战胜“6·29”洪水、“3·03”暴风雪和特大干旱等自然灾害，“三农”工作取得新成就。2009年，粮食产量71.6万吨，五年年均96.5万吨；肉蛋奶、水果、水产品产量58万吨、83.6万吨和50.2万吨，分别比2004年增长31.5%、53.7%和47.2%；新建设施农业小区2878个，同比增长218%。畜禽标准化养殖小区达到584个，是2004年的12.6倍；产业化龙头企业发展到235个，是2004年的3.6倍；农民专业合作社达到646个，是2004年的7.4倍。第十三次蝉联省农建“大禹杯”。

第二产业发展迅速。积极应对国际金融危机的挑战，工业经济提速增效。2009年，规模以上工业企业达到550个，是2004年的1.3倍；规模以上工业增加值130亿元，同比增长5%，比2004年增长53%。全市工业用电量50亿千瓦时，比2004年增长21.4%。建筑业总产值80亿元，比2004年增长150%。

第三产业活力增强。实施“万村千乡市场”建设工程，农家店达到1016个，全市商业网点达到5.3万个，涌现辽宁商业服务品牌41个。我市成为辽西最大的汽车销售服务基地、家具批发集散地，货车拥有量居辽西第一位。2009年，接待游客1100万人次，实现旅游总收入75.5亿元，是2004年的3倍。存款余额689亿元，比2004年增长112%；贷款余额452亿元，比2004年增长80%；全年新增贷款93.7亿元，同比增长432%。葫芦岛市商业银行更名为“葫芦岛银行”，成为跨区域经营的金融机构。新搭建9个投融资平台，新成立15个信用担保机构、7个小额贷款公司和2个村镇银行，为经济社会发展提供了强有力的金融保障。

（二）沿海经济带充满生机，对外开放步伐加快

临海经济快速发展。紧紧抓住辽宁沿海经济带上升为国家战略的历史机遇，构筑了“一线七区”开发开放新格局。“一线七区”规划面积230平方公里，已有60平方公里实现“七通一平”；招商引资项目338个，建成和在建项目196个，完成投资170亿元。经过三年多的开发建设，园区由小变大，面貌日新月异，均明确了主题概念，已成为全市对外开放的先导区和特色产业的聚集区。

葫芦岛经济开发区建设新能源装备制造基地，建成和在建项目55个，完成投资72亿元，财政一般预算收入超亿元。高新技术产业园区建设中国北方聚氨酯产业基地，规模以上企业达到38个。绥中滨海经济区建设数字技术产业基地，引进项目72个，开工建设项目40个，完成投资9亿元。兴城临海产业区建设输配电和新型建材产业基地，完成投资5亿元。打渔山泵业产业园区建设中国泵业基地，引进项目10个，完成投资8.7亿元。船舶产业园区建设船舶修造和海洋工程基地，入驻企业8个，完成投资17.2亿元。龙湾CBD打造集“商务会展、康体休闲、旅游度假”为一体的“中央商务区”，完成动迁和道路、管网等基础设施建设；体育场和体育馆、游泳馆、群众艺术馆、博物馆、图书馆等“一场五馆”开工建设，标志着我市向文体设施齐全、城市功能完善的生态宜居滨城，迈出了坚实的一步。

对内对外开放水平不断提高。五年来，引进内资246亿元，年均增长84%；实际利用外资1.8亿美元，年均增长25%；批准外资项目90个，总投资11.5亿美元；进出口总额60亿美元，其中出口41亿美元。加强了与国际友好城市的交流与合作。成功举办了“葫芦岛百万日侨大遣返60周年暨中日关系展望论坛”等活动。七星国际投资集团等3家民营企业成功并购海外高科技企业，加速了我市民营企业的国际化进程。

（三）重点项目加速推进，发展基础更加坚实

始终坚持“工业强市、项目支撑”战略，五年来，实施5000万元以上重点项目520个，总投资2760亿元，其中亿元以上项目173个，总投资2400亿元。

中石油、中冶、中航工业等14个世界500强企业落户我市。投资25亿元的30万吨级船坞竣工；投资36亿元的海擎压力容器一期建成；投资8亿元的5万吨/年TDI投产；投资78亿元的绥电二期、投资13亿元的南电二期和投资4.5亿元的兴城10万千瓦风电并网发电；投资22亿元的绥中高岭500千伏背靠背换流站工程联网；投资185亿元的1000万吨/年炼油通过国家环评；投资1000亿元的徐大堡核电，完成选址、动迁等前期工作；葫芦岛港建成“两油三杂”5个泊位，对外开放通过省级验收；投资200亿元的2亿吨石河港区一期工程开工，建成后我市将成为“辽冀蒙重要出海口”。经过多年筹划和艰苦工作，我市最大的水利工程——青山水库，通过国家环评，即将开工建设，制约我市发展的“水瓶颈”问题，将彻底得到解决。

（四）县区经济快速增长，民营经济显现活力

预计2009年，县区生产总值358.7亿元，同比增长20%，比2004年增长124%；财政一般预算收入22.3亿元，同比增长21.2%，比2004年增长165%；固定资产投资238.3亿元，同比增长64.9%，比2004年增长310%；工业总产值269.3亿元，是2004年的3.7倍，占全市的33%。新农村建设取得显著成绩，217个试点村实施项目1815个，总投资37.5亿元。兴城泳装、绥中果蔬、建昌矿业、连山商贸、龙港造船、南票煤电、杨家杖子矿产品加工等产业集聚效应进一步显现，县区经济逐步形成“一县一业”的特色产业格局。

民营经济快速发展。五年来，全市民营企业增加1万户，达到11.3万户；实施投资5000万元以上的重点项目413个，总投资490亿元。2009年，民营经济增加值204亿元，占全市的42%、县区的57%，分别比2004年增加14个和12个百分点；吸纳就业56万人，占全市的70%。民营经济已成为县区经济的主力军，为全市经济发展做出了重大贡献。

（五）改革创新不断深入，发展动力显著增强

各项改革稳步推进。积极引进战略合作伙伴，推进国有企业改革，国有资产监管体系逐步完善。渤海水泥等6户工业企业完成改制，锦山和锦华等13户企业实施破产；南票矿务局破产重组，1.2万名职工得到妥善安置；葫芦岛有色金属集团与中冶集团、锦化机集团与中航黎明公司成功重组。实施了“杨钢”地区矿业资产整合，矿产资源依法有序开发。完成政府机构改革，稳妥推进事业单位机构分类和人事制度改革。深化行政审批制度改革，下放审批权限503项，取消收费项目56项。在全省率先实施部门预算和国库集中收付制度改革，全面实施“乡财县管乡用”改革，推进了“阳光财政”建设；坚持依法治税，实现应收尽收。农村综合改革取得重大进展，教育、文化、卫生体制改革稳步推进，集体林权制度改革提前完成。坚持集约节约利用土地，实现耕地总量占补平衡。强化海洋监管，海洋环境保护得到加强。经积极争取，南票区及杨家杖子开发区被列入国家经济转型试点地区，加快了转型振兴步伐，因资源枯竭造成的诸多历史遗留问题，将逐步得到解决，矿区人民的生活将不断改善。

自主创新能力不断增强。2009年，高新技术产品增加值实现18.5亿元，是2004年的3.6倍。五年来，实施技术改造项目72个，争取贴息3.3亿元，拉动投资77亿元。渤船重工造船能力达到200万吨，正在建造世界最大的38.8万吨超大型矿砂船，跻身世界造船企业16强；黎明化机百万吨级PTA、CTA干燥机填补国产化空白；中冶葫芦岛有色集团被确定为“国家循环经济试点单位”。实施名牌战略，获省名牌产品25个、省著名商标28件，“东方红”牌烧碱获中国名牌产品，“凯森蒙”获中国驰名商标，“南票大枣”和“绥中白梨”获国家地理标志商标。

（六）城乡面貌明显改观，生态宜居滨城建设成效显著

城市品位不断提升。完成《城市总体规划》修编，城区建成面积和人口规模达到72平方公里、60万人。2009年，房地产开发面积390万平方米，比2004年增长110%；销售200万平方米，比2004年增长138%。城镇人均住房达到27.5平方米，比2004年增加6.4平方米。实施城市景观亮化工程，营造了璀璨绚丽的城市夜景。完成生态公园总体规划，植树13万株；五年累计植树造林152万亩，森林覆盖率、城区绿化率分别达到29.6%和42.6%。城市空气质量优良天数达到96%以上，在全省名列前茅。五里河、连山河治理达到50年一遇防洪标准，实现“治污、防洪、景观”三大目标，形成碧水秀岸新景观。“渤海水泥”实施全省减排“第一爆”，“水泥地区”即将建成“山河半岛”生态园区，老城区近70年的最大污染源已不复存在，告别了“粉尘污染”的历史。

城乡基础设施日臻完善。公共事业快速发展，市区供水主管线、燃气管道分别达到615公里和689公里，供暖面积达到1564万平方米。新建污水处理厂6座，结束了县区没有污水处理厂的历史，市区生活污水处理率达到85%。实施农村“一池三改”项目2.5万户，是2004年的9倍。建成市汽车客运总站，城际和农村客运线分别达到121条和256条。龙湾大街北延、五里河桥拓宽等10条主次干道改造完成；修筑“村村通”油路3095公里，全市1066个行政村结束了泥泞路的历史。173.5公里的滨海公路提前一年建成通车，实现了港区的有机连接，将成为展示沿海优势和经济发展的“黄金走廊”。

（七）社会事业全面进步，人民生活明显改善

各项社会事业健康发展。实施“人才强市”战略，引进各类人才4.9万名、国内外专家180人。科技创新能力进一步增强，取得省级以上科技成果171项、省级科技奖励25项。义务教育通过省新一轮“普九”达标验收，普通高考录取率达到77%，比2004年提高12个百分点；建设农村九年一贯制（寄宿制）学校60所，改造农村中小学372所，减免和补助城乡义务教育资金2.7亿元；2所中等职业学校进入国家重点行列，渤海船舶职业学院被列入“省示范性高等职业院校建设计划”，辽宁财贸学院成为我市首所第二批本科录取院校，全市高等院校在校生达到2.4万人，是2004年的2.4倍。兴城古城、锥子山长城等6处文化遗迹被列为国家级文物保护单位，辽西太平鼓、建昌灯会等5个项目成为省级非物质文化遗产。成功举办农民艺术节和“中国·葫芦岛国际葫芦文化节”，古筝、太极文化得到广泛传播，我市被命名为“中国筝岛”。人口出生率和自然增长率分别下降到6.8‰和2.4‰。实施全民健身计划，成功举办第三届全民运动会，获北京残奥会铜牌1枚、省十运会金牌8枚。“村村通广播电视”工程全面完成，数字电视整体平移陆续铺开。公共卫生体系逐步健全，禽流感、甲型H1N1流感等重大疾病得到有效防控。食品药品监管得到加强，物价保持基本稳定。民族宗教、统计、人防、地震、气象、老龄、妇女儿童、残疾人等事业全面发展。

民生工程成效显著。建立“零就业家庭”就业援助长效机制，实现“零就业家庭”动态管理为零；新增实名制就业38.4万人，完成有组织劳务输出28.7万人，城镇登记失业率控制在4.4%以内。社会保障体系日益完善。五年来，5次提高企业退休人员待遇，3次提高最低工资标准，城、乡低保标准分别提高到270元/月·人和1240元/年·人，16.8万低保对象基本实现应保尽保。企业养老保险实现市级统筹；职工基本医疗保险参保人数达到43.1万人，比2004年增长63.7%；城镇居民基本医疗保险参保率达到86%。完成市中心医院、疾控中心改扩建工程，改造106个乡镇卫生院，建成社区卫生服务中心28个、服务站129个，农村和社区医疗服务网络基本形成。投资39.7亿元实施建市以来最大规模的棚户区改造工程，完成5万平方米以上集中连片棚户区改造，7.6万居民喜迁新居。建立了廉租住房保障和经济适用房制度，8600户低收入困难家庭实现“住有所居”。实施“温暖工程”，消除低温区200万平方米。乌金塘水库除钼净化工程竣工，恢复向城区达标供水；建设农村饮水安全工程977处，解决了44万人和8.5万头大牲畜饮水难问题。深入开展扶贫开发工程，累计投入资金2.9亿元，实施整村推进239个，26.4万农村贫困人口脱贫。加大对建昌的帮扶力度，建昌城乡面貌发生了巨大变化，人们生活水平不断提高，经济实力和可持续发展能力显著增强。

五年来，我们见证了国家取消农业税，告别了延续2600多年“皇粮国税”的历史。认真落实国家各项支农惠农政策，建立了新农合制度，190万农民享有了医疗保障，参合率达到92%；取消了农村义务工制度；免除了24.4万农村中小学生学杂费；补贴资金4616万元，促进家电和汽车下乡；发放粮食、良种、农机补贴和水库移民扶持资金6.2亿元；发放农村税费改革转移支付资金12亿元。这五年，“三农”问题得到有效解决，广大农民受益近30亿元，是农民兄弟获实惠最多的五年。

（八）精神文明和民主法制建设不断推进，社会和谐稳定

精神文明建设深入开展。积极开展纪念改革开放30周年、建国60周年、建市20周年以及保持共产党员先进性教育、深入学习实践科学发展观等活动，文明村镇、文明社区和文明行业等群众性精神文明创建活动深入开展，荣获“全国双拥模范城”三连冠。积极开展“献爱心”活动，支援四川灾区重建，累计捐赠款物7300万元。

民主法制建设全面加强。自觉接受市人大的法律监督和市政协的民主监督，坚持重大事项向市人大常委会报告、向市政协通报制度，广泛听取人大代表、政协委员和民主党派、工商联、无党派人士的意见和建议。五年来，共接受人大视察、检查43次，政协视察、调研46次，办理人大议案2件、代表建议413件、政协提案1847件，办复率100%，满意率99.9%。依法行政能力得到加强，人民群众的法律意识、民主意识明显增强。完善听证、审计制度，设立政务公开网站和政府信息查询中心，增强了政府工作的透明度和公信力。全面治理“三乱”，纠正部门、行业不正之风，反腐倡廉工作取得新成效。

社会秩序保持稳定。积极创建“平安葫芦岛”，加强公安“三基”工程建设，构建了“全时空、全封闭、全覆盖”的社会治安防控体系，严厉打击各类犯罪活动，道路交通整治和消防建设成效显著，人民群众安全感明显增强。深入开展大接访和机关干部下访活动，积极调处各类信访矛盾。加强专项整治，安全生产形势平稳好转，被评为“全国安全生产月活动优秀单位”。建立了突发公共事件应急管理体系，妥善处置了“蚁力神”和“万里大造林”等事件。圆满完成“奥运安保”和“建国60周年国庆安保”工作，荣获“全国社会治安综合治理优秀市”称号。

各位代表，刚刚过去的五年，是滨城儿女凝心聚力、加速振兴的五年，也是付出艰辛、硕果累累的五年。在历届班子打下的良好基础上，经过全市280万人民的不懈努力，葫芦岛大发展、快发展的壮美画卷正徐徐展开，美好前景已经呈现在我们面前。这是省委、省政府和市委正确领导的结果，是市人大依法监督、市政协民主监督的结果，是全市人民团结一心、拼搏奉献的结果。在此，我代表第三届市人民政府，向全市人民、人大代表和政协委员，向各民主党派、工商联、人民团体和中省直单位，向驻葫部队指战员、武警官兵和各界朋友，致以崇高的敬意，并表示衷心的感谢！

各位代表，在看到成绩的同时，我们也清醒地认识到，我市经济社会发展中还面临一些新的矛盾和问题，主要是：经济总量小，民营经济、现代服务业发展相对滞后，利用外资水平较低，产业结构调整任务仍然繁重；城乡统筹发展不平衡，城镇化率较低，稳定就业形势严峻，农民持续增收难度加大。另外，政府自身建设还需要加强，发展的软环境有待进一步改善。对此，我们必须认真面对，并采取有效措施加以解决。

二、今后五年的目标和任务

各位代表，在应对国际金融危机的重大考验中，我们取得了“保增长、保民生、保稳定”的显著成效，积累了推动经济社会又好又快发展的重要经验。今天，站在新的起点上，我们要以饱满的激情、必胜的信心，向着更高的目标前进！

今后五年，政府工作的总体思路是：全面贯彻党的十七大和十七届三中、四中全会精神，以科学发展观为统领，以提高经济增长质量和效益为主线，抢抓辽宁沿海经济带上升为国家战略的历史机遇，深化改革，扩大开放，坚定不移地实施工业强市、以港兴市战略，更加注重改善民生，大力发展社会事业，保持社会和谐稳定，实现经济社会又好又快发展。

主要预期目标是：到2014年，地区生产总值超1000亿元，年均增长15%以上；地方财政一般预算收入超100亿元，年均增长20%以上；全社会固定资产投资超1000亿元，年均增长30%以上。

完成上述奋斗目标，今后五年我们要做到：

——沿海经济带快速发展。全力推进葫芦岛港、石河港和兴城港“三大港区”建设；以港口建设为引擎，以园区建设为核心，实现“港区一体”联动和沿海与腹地互动发展，促进沿海经济带开发开放。“一线七区”各园区都要建成产值超100亿元的新兴产业基地。

——经济结构更加优化。坚持以增量调结构，在调整中扩增量。大力发展新兴产业，优化升级传统产业，壮大石油化工、有色金属、装备制造和能源电力“四大支柱”产业，鼓励民营企业自主创新、做大做强。新培育一批产值超100亿元的特大型企业。

——县域和城区经济“倍增”发展。坚持以工业化为主导，农业现代化为基础，壮大县域经济。加快城市化步伐，提高城市化水平，推进小城镇建设。大力发展旅游、金融、房地产等现代服务业，使服务业成为促进经济增长的“新引擎”。按照“三年倍增”目标，形成一般预算收入超10亿元的县区。

——民生质量得到有效保障。坚持以人为本，实施系列民生工程，让改革发展成果更多惠及人民群众。建立健全覆盖城乡居民的社会保障体系，提高人民群众的生活水平。城镇登记失业率控制在4.3%以内，城镇居民人均可支配收入和农民人均纯收入年均增长9%以上。

——生态宜居滨城建设取得显著成效。围绕“百平方公里、百万人口”大城市建设目标，优化城市环境，完善城市功能，提升城市综合承载能力。加大节能减排力度，发展低碳经济和绿色经济，推进资源节约型、环境友好型社会建设。全面完成“辽西绿色生态长廊”建设工程，森林覆盖率达到33%以上。单位生产总值能耗、化学需氧量、二氧化硫排放量分别下降20%、10%和10%。

——社会和谐稳定。大力加强民主法制建设，营造公平、正义的社会环境。加大投入力度，增强公共服务能力，推进科教文卫等社会事业与经济建设协调共进、繁荣发展。加强社会治安综合治理，强化安全生产，确保人民群众安居乐业。

各位代表，我们坚信，在市委的坚强领导下，经过全市人民的共同努力，我市经济发展的协调性和可持续性一定会显著增强，并在全省经济格局中实现总量扩张、位次前移。葫芦岛一定会成为一个综合竞争力大幅跃升的城市，一个环境优美、生态文明与物质文明同步提升的城市。我们的目标一定能够实现，而且也必将实现！

三、2010年主要工作

今年是新一届政府开局之年，是实施“十一五”规划的最后一年，也是谋划好“十二五”的关键之年。摆在全市人民面前的主要任务就是“稳增长、促消费、调结构”，加快经济结构调整和发展方式转变。发展的目标是：地区生产总值增长15%，财政一般预算收入增长15%，全社会固定资产投资增长30%，社会消费品零售总额增长17%，单位生产总值能耗下降4%，城镇居民人均可支配收入和农民人均纯收入分别增长10%以上。

在实际工作中，我们要力争上游，勇于突破，超额完成“十一五”规划目标任务。今年，我们要扎扎实实做好以下十个方面的重点工作：

第一，加快沿海经济带建设步伐。开工建设葫芦岛港二期4×10万吨级散杂泊位；完善通关设施，通过国家验收，实现全面开放。加快石河港一期4个煤炭专用泊位建设，确保2012年投入使用，吞吐能力达到5000万吨/年。启动兴城港建设。完善港口集疏运体系，开工建设13公里疏港铁路，完成绥赤铁路、大秦铁路东延前期工作。依托“三大港区”，全力发展“临港经济”，加快“一线七区”新兴产业基地建设，新引进项目300个，开工项目200个以上，完成固定资产投资220亿元。同时，加快建昌、南票和杨家杖子的工业园区建设。

第二，发展产业集群和新兴产业。着眼于调整结构和转变发展方式，推进自主创新和技术改造，壮大“四大支柱”产业，积极发展新兴产业，集中力量在新能源、新材料、现代装备制造、海洋工程、数字技术等重点领域取得新突破。要以更大的热情、更大的干劲、更大的力度，形成抓项目的良好氛围。今年，规划实施5000万元以上重点项目356个，总投资2780亿元。第二个30万吨级船坞竣工投产，1000万吨/年炼油项目力争核准，徐大堡核电一期力争开工。同时，要全力推进TDI二期、3万吨镍/年（6000吨钴/年）、20万吨/年电解铜等重点项目建设。

第三，进一步深化改革扩大开放。推进国企改革，妥善解决改制企业遗留问题。完成县区新一轮政府机构改革工作；深化事业单位机构分类改革和公共事业改革，提高公共事业的服务水平。推进财税金融体制改革，加强信用葫芦岛建设。大力发展金融、证券、保险事业，发挥投融资平台、小额贷款公司、担保公司和村镇银行的作用，积极吸引商业银行入驻。发展消费信贷，助推经济增长。

积极推进对内对外开放。开展主题招商，加大产业集群招商力度，提高利用外资和内资的质量和水平，实际利用外资和引进内资要分别增长30%；实现外贸出口5.1亿美元，增长15%。“走出去、引进来”，抓好从国外引进研发团队和海外并购工作。有针对性地开展国际友好交流，拓宽交往渠道。

第四，加速发展县域和城区经济。坚持统筹城乡，促进县域与城区经济齐头并进。以园区建设为载体，大力推进“产业集群化、企业园区化”，提升县区经济总量。抓好“农业产业化、农村工业化和城镇化”三项重点任务，扩大新农村试点成果，夯实“三农”发展基础。粮食产量稳定在90万吨左右，肉蛋奶、水果、蔬菜产量分别增长10%、2%和5%。加快农业结构调整，新增设施农业小区3500个，增长21%；新建畜禽标准化养殖小区135个；引进和培育龙头企业40个；发展农民专业合作社54个。加强海洋环境保护，落实国家惠渔政策。加快发展政策性农业保险，扩大保险品种范围，提高农业抗风险能力。继续简政放权，发展城区经济，壮大服务业聚集区。加快富尔沃财富广场、乐购（Tesco）大型卖场建设；深入实施农村“万村千乡市场”建设工程，新增连锁经营店150个。坚持工业地产、商业地产、住宅地产“三箭齐发”，启动“零星”棚户区和城中村改造，全年房地产开发450万平方米，增长15%。加快发展旅游业，实现旅游总收入90亿元，增长20%。推进兴城古城和菊花岛整体开发，打造“高端旅游休闲度假胜地”。

第五，全力支持民营经济加快发展。实施中小企业“成长工程”，扶持有条件的个体工商户创办劳动密集型企业，促进农民工就近就业和返乡创业。鼓励和引导民营资本进入基础设施建设、公共事业、金融服务、社会事业等领域，拓展发展新空间。完善政策激励机制，加大财税和信贷扶持力度，促进民营企业调整优化结构，帮助民营企业做大做强。在全市范围内形成支持、服务、促进民营经济发展的合力，为民营经济发展创造更加优良的社会环境。

第六，推进生态宜居滨城建设。推行城市综合执法一体化和城乡交通一体化，进一步提高城市供水、供气、供暖、公交等公用事业管理水平。建成兴城曹庄、绥中石河和万家3条滨海公路连接线，完成102线城区段绕城公路路基工程。加强新老城区道路改造，建设“901”人防工程，缓解老城区交通压力。扩大城市美化亮化范围，实现城市主次干道路灯全覆盖，让城市的夜晚更加绚丽多彩。启动“辽西绿色生态长廊”工程，推进以滨海大道为主轴的沿海景观带、绿化带建设，完成造林45.5万亩。加快污水处理厂、垃圾处理厂建设，实现生活污水和工业污水集中处理、达标排放。治理茨山河，实现“治污、防洪、景观”三大目标。全面开发建设龙湾CBD，加快生态公园建设，确保“一场五馆”主体工程完工，为承办2013年第十二届全运会部分赛事做好准备。

第七，着力保障和改善民生。努力扩大就业，保持“零就业家庭”动态管理为零，新增城镇实名制就业4万人，有组织培训和有组织劳务输出分别达到5万人以上，城镇登记失业率控制在4.3%以内。提高企业退休人员基本养老金、农村低保标准和部分优抚对象生活补助标准。扎实推进扶贫开发工程，“整村推进”40个，确保5万人稳定脱贫。

今年市政府将办好七件实事：**一是**切实解决群众看病难、看病贵问题。为每个乡镇培养一名骨干医师，定期为65岁以上老人进行健康检查。城镇职工、居民基本医疗保险参保率和新农合参合率分别达到95%、90%和95%以上，保障群众“病有所医”。**二是**继续抓好社会福利和救助工作。新建区域性中心敬老院6所，让符合条件的“五保”老人，老有所养、享乐晚年。**三是**保障农村饮水安全。新建饮水安全工程240处，解决农村12万人饮水安全问题。**四是**抓好住房保障体系建设。完成廉租住房7776户，保障城市低保对象和低收入困难群体住房需求。**五是**加快“两大水库”建设。完成猴山水库前期工作；开工建设青山水库，确保2013年建成。**六是**启动老城区自来水管网改造工程。两年内完成230公里老旧管线改造任务，彻底解决自来水“污水渗入”问题，实现全天候供水，让城区居民饮水无忧，喝上安全水、放心水。**七是**做好新型农村社会养老保险试点工作，率先解决好建昌54万农民养老问题；启动葫芦岛至建昌高速公路建设，完成规划、设计等工作，加速推进建昌革命老区整体稳定脱贫致富的进程。

另外，在实际工作中，还要及时解决群众遇到的新困难和新问题，为全市人民创造更多的福祉。

第八，促进社会和谐稳定。优先发展教育，新建九年一贯制（寄宿制）学校10所，实现义务教育均衡发展。大力发展文化广播电视事业，新建12个乡镇综合文化站、360个农家书屋，不断丰富人民群众文化生活。积极争取资金，推进“和平公园”建设。加强基层卫生体系建设，实现乡村卫生服务一体化覆盖率100%，城区社区卫生服务覆盖率95%以上。认真抓好第六次全国人口普查工作，人口出生率控制在7.62‰以内。开展全民健身活动，提高竞技体育水平，争取在第十一届省运会上取得优异成绩。加强安全生产和消防安全监管，坚决遏制重特大事故发生。健全信访工作机制，加强矛盾纠纷排查调处，把矛盾化解在基层、问题消除在萌芽状态。强化社会治安综合治理，营造平安和谐的社会环境。加强对自然灾害、突发事件、重大疾病的防控，提高保障公共安全和处置突发事件能力。贯彻落实民族宗教政策，做好社会福利、残疾人和老龄工作，发展慈善事业。同时，要高度重视统计、审计、质监、食品药品、物价、气象、档案、保密、地方志及对台、妇女儿童、红十字等各项工作。

第九，加强精神文明和民主法制建设。加强社会公德、职业道德、家庭美德和个人品德教育。加强诚信体系建设，广泛开展各类创建活动。完成塔山烈士陵园修缮工程，深化爱国主义教育，发扬革命光荣传统。加强国防教育，支持部队建设，开展好“双拥共建”活动。

加快推进民主法制建设进程，严格执行人大及其常委会的决议、决定，坚持工作报告制度，自觉接受人大依法监督、政协民主监督和人民群众的社会监督，认真听取人大代表、政协委员和民主党派、工商联、无党派人士的意见和建议，充分发挥工会、共青团、妇联等人民团体联系和服务群众的桥梁纽带作用。深入贯彻落实国务院《关于加强市县政府依法行政的决定》，规范行政行为，提高行政效能。市政府要高度重视并认真办理人大议案、代表建议和政协提案，向人民承诺的每件事情，都要高效率地落实，高质量地完成，不辜负全市人民的期望。

第十，切实加强政府自身建设。葫芦岛已经进入了加速发展的新时期。在这千载难逢的重大机遇面前，在这振兴和发展的伟大进程中，市政府和广大机关干部一定要保持昂扬奋进的精神状态，用发展的激情，直面挑战，攻坚克难，奋力争先；一定要坚持求真务实的工作作风，提高办事效率，确保抓一件是一件、干一件成一件，以良好的政风和工作实绩取信于民；一定要树立清正廉洁的政府形象，树正气、压歪风、做表率，建设为人民服务、对人民负责、让人民满意的政府。

各位代表，风正千帆竞，心齐万事兴。让我们在市委的坚强领导下，认真落实科学发展观，始终保持一种迎难而上的勇气，一种敢为人先的锐气，一种干不上去誓不罢休的志气，真抓实干，开拓进取，共同谱写葫芦岛发展振兴的新篇章！

大 事 记

1 月

1 日　本市公安局出入境管理处推出团队赴港澳旅游两项便民新举措。

△　本市取消城镇居民医保住院首诊制规定。

5 日　本市举行 2008 年葫芦岛市平安建设成果展首展仪式。

6～8 日　本市召开市政协三届五次会议。会议听取和审议政协葫芦岛市第三届委员会常务委员会工作报告；听取和审议政协葫芦岛市第三届委员会常务委员会关于提案工作情况的报告；列席市三届人大五次会议，听取和讨论政府工作报告及会议其他报告；听取政协葫芦岛市第三届委员会第五次会议提案征集情况的报告；会议选举；对优秀政协委员、提案及民主监督工作先进集体和个人进行表彰；审议通过政协葫芦岛市第三届委员会第五次会议各项决议。

7～9 日　本市召开第三届人民代表大会第五次会议。会议以举手表决的方式通过了葫芦岛市第三届人民代表大会第五次会议议程：听取和审议葫芦岛市人民政府工作报告；审议葫芦岛市 2008 年国民经济和社会发展计划执行情况与 2009 年国民经济和社会发展计划（草案）的报告，审查和批准葫芦岛市 2008 年国民经济和社会发展计划执行情况的报告与 2009 年国民经济和社会发展计划；审议葫芦岛市 2008 年财政预算执行情况和 2009 年预算（草案）的报告，审查葫芦岛市 2008 年预算执行情况的报告和 2009 年预算（草案），批准葫芦岛市 2009 年市本级预算；听取和审议葫芦岛市人民代表大会常务委员会工作报告；听取和审议葫芦岛市中级人民法院工作报告；听取和审议葫芦岛市人民检察院工作报告；会议还通过了大会主席团和秘书长名单。葫芦岛市第三届人民代表大会第五次会议主席团第一次会议在锦西炼化总厂文化宫二楼会议室举行。赵树田主持会议。会议通过了市三届人大五次会议日程，推选了主席团常务主席，通过了执行主席分组名单，决定了大会副秘书长，提出了选举办法（草案）和总监票人、副总监票人名单（草案），决定了代表议案截止日期和表决议案、决议办法。

7 日　中国银行股份有限公司董事长肖钢来葫考察。市委书记陈晓琨，市长孙兆林等陪同考察。

8 日　截至本日，市慈善总会接收市本级捐款 164 万元。

10 日　本市安监局部署春节期间烟花爆竹安全监管工作。

△　本市就业活动周活动启动。

12 日　葫芦岛市军分区举行二届十七次全委扩大会议。市委书记、军分区党委第一书记陈晓琨出席会议并作重要讲话。

△　中行葫芦岛分行迅速调整 2009～2010 年信贷投放规模，决定新增贷款 50 亿元。

△　中科研究（北京）国际信息技术研究院出资 670 万元购买绥中县明水乡丁文贵的国家专利产品——新型环保、高效、无毒农药“中华农宝”。

13 日　市长孙兆林会见驻葫某部部队长潘良时。

14 日　本市召开 CBD 项目规划与设计方案咨询评定会议。

△　本市开展“慈善情暖万家”活动，60 万元物资温暖 3 000 户贫困户。

14～15 日　本市代表参加省人代会分组审议会议。大家纷纷表示，要抓住东北振兴沿海开放扩大内需重大机遇，不仅要战胜危机还要在危机中脱颖而出。

15 日　省委书记、省人大常委会主任张文岳参加省人代会、葫芦岛代表团审议。他强调，要以更加坚定的决心更加扎实的工作，确保完成 2008 年各项重点民生工程。

16 日　省长陈政高参加葫芦岛代表团审议。听取代表对政府工作报告和省政府工作的意见和建议。

22 日　市长孙兆林主持召开市政府第 58 次常务会议。会议的主要议题是听取全市安全生产工作情况汇报；听取省政府考核 2008 年消防工作目标责任状反馈意见有关情况的汇报；传达全省县域经济运行情况通报电视电话会议精神；传达省长陈政高在省人代会期间参加本市代表团分组讨论时的讲话精神。

△　本市举行滨城春节团拜会暨春节联欢晚会。

24 日　市委书记陈晓琨、市长孙兆林及有关领导深入一线走访慰问坚守岗位的职工。

28 日　市公安局解救身陷传销组织的大学生。

31 日　本市境内发现一处青铜器时代岩画。

△　截至本日，南票煤矸石热电公司实现首日开门红，比计划超发电量 902 万千瓦时。

是月　本市总工会开展“十送”上门活动，让困难职工共温馨共幸福共快乐。

△　辽宁省农民工工作联席会议为全省 100 名农民工授予“辽宁省农民工”称号，其中本市有 4 名农民工获此殊荣。

△　本市确定 26 个现代农业示范基地。

△　连山区被文化部命名为“中国古筝文化艺术之乡”。

△　滨城社会消费实现首月开门红。总额突破18亿元，同比增长22.5%。

△　全市国税首月收入3.46亿元。

2 月

1日　本市有2家景区（葫芦山庄、九门口水上长城）成为国家级4A景区。

3～12日　以市长孙兆林为团长、市长助理黄晓霞为副团长，部分县（市）区、经济开发区和相关市直部门负责人为成员组成的市政府经贸代表团，随省政府经贸代表团赴日本、韩国和新加坡开展招商活动。

4日　本市对假药“糖脂宁胶囊”的专项检查活动全面展开。

11日　本市举行首艘277 000吨超大型原油轮命名交接仪式。

△　省委书记、省人大常委会主任张文岳到本市进行工作调研。他强调，要深化改革开放转变发展方式，保障改善民生，继续保持经济社会又好又快发展良好势头。

13日　市政协举行三届十七次常委会议。

16日　宫山嘴水库实现租赁经营。

17日　市长孙兆林会见中核集团辽宁徐大堡核电有限公司总负责人徐力一行。

18日　搜狐网站推介中国10座顶级小城，兴城名列其中。

20日　本市召开第七届中国·葫芦岛农展会。

25日　市政协召开三届二十五次主席会议。会议审议通过了市政协三届五次会议期间主席、副主席提案包案情况（草案）。

△　中国食油天然气集团公司副总经理廖永远一行到本市就千万吨炼油项目进行考察。

26日　副省长滕卫平到本市就（万家）数字技术产业基地建设情况进行调研。

△　市委书记陈晓琨会见大连港集团公司董事长邢良忠一行。

△　市长孙兆林会见韩国TSG集团会长金泰一行。

27日　市政府与大连工业大学签订战略合作协议。

△　本市渤海船院毕业生就业率居全省前五名。

是月　本市落实惠普制，培训机构最多可获得70%补贴。

3 月

5日　国家园林城市复查工作反馈意见会议在本市举行。复查组组长陈晓丽代表专家组，对本市巩固和发展国家园林城市创建成果给予肯定，同时也指出了本市在园林城市建设中存在的问题。市委书记陈晓琨出席会议并讲话。

13日　召开中共葫芦岛市第三届纪律检查委员会第五次会议。会议强调，全市广大党员干部尤其是各级领导干部，要认真学习贯彻胡锦涛总书记在中纪委三次全会上的重要讲话精神，切实把思想统一到中央和省委的决策部署上来，把加强领导干部作风建设摆在更加突出的位置，抓紧、抓好、抓出成效。要结合开展深入学习实践科学发展观活动，重点加强党的宗旨教育和社会主义核心价值体系教育，引导全市各级领导干部牢固树立马克思主义世界观、人生观、价值观和正确的权利观、地位观、利益观、政绩观，进一步增强政治意识、大局意识、责任意识、忧患意识。市领导张东生、郑宏伟、阎生、崔枫林、钱福云、白雪峰、张富恩、许加、赵爱军，市中级人民法院院长柴学伟、市人民检察院检察长于守江、市纪委常务副书记史殿杰出席会议。

16日　市委书记陈晓琨到葫芦岛高新技术产业园区调研，他强调，要完善发展规划，拓宽发展思路，加大招商力度，加快打造葫芦岛经济发展的重要增长点。

△　市委书记陈晓琨在听取龙湾中央商务区工作情况汇报时强调，要坚持高水平规划，高标准建设，加快推进龙湾中央商务区建设步伐。

17日　省科技厅厅长赵明鹏来葫调研。市委书记陈晓琨，市长孙兆林陪同调研。

19日　市委召开常委扩大会议。学习贯彻十一届全国人大二次会议精神、全国政协十一届二次会议精神。市委书记陈晓琨出席会议并讲话。

20日　本市召开农村工作会议。会议要求，越是经济发展遇到困难的时候，越要重视农业、农村、农民工作。全市上下要坚定信心，真抓实干，化危机为机遇，变挑战为动力，把保持农业农村经济评为较快发展作为首要任务，千方百计加强农业基础建设、促进农业发展、农民持续增收，为经济社会又好又快发展继续提供有力保障。市长孙兆林出席会议并讲话，市委副书记阎生主持会议。

△　本市中行与辽宁分行签署《全面战略合作协议》，150亿信贷资金助力葫芦岛开发开放。

24日　省委副书记、省政协主席岳福洪在省政协秘书长魏敏的陪同下来葫调研。市领导陈晓琨、孙兆林、张东生、郑宏伟、阎生、崔枫林、钱福云、白雪峰、张富恩、赵爱军、赵俊才等陪同调研和参加座谈。

25日　本市召开开展深入学习实践科学发展观活动动员大会。市委书记陈晓琨在会上强调要开展深入学习实践科学发展观活动，是全市当前和今后一个时期首要的政治任务。省委指导检查组副组长上官惠延出席会议并传达了省委关于开展第三批深入学习实践科学发展观活动的要求。

28～30日　以新加坡先锋资本董事杜良峰为组长的国际银团2009年春季辽宁考察预检组一行到本市进行商务考察。

29日　葫芦岛市人民政府令第119号，《葫芦岛市规范性文件备案实施办法》公布，自2009年5月1日起施行。

是月　葫芦岛市政府荣获省政府颁发的2008年度权省农田基本建设“大禹杯”竞赛优秀组织奖，获得奖金45万元。

△ 国务院确定第二批资源枯竭城市，本市杨家杖子、南票列入其中。

△ 全市农产品质量安全整治活动年启动。

4 月

1 日 市委中心组举行开展深入学习实践科学发展观活动第一次集中学习会议。市委书记陈晓琨在会上强调，要以开展学习实践活动为契机和动力，推进全市经济社会又好又快发展。市领导孙兆林、郑宏伟、阎生、崔枫林、钱福云、陈德良、张富恩、许加、赵爱军、王德波、赵俊才、王旭光参加会议。

△ 省委书记、省人大常委会主任张文岳到建昌县进行工作调研。他强调，扶贫开发要重实际鼓实劲求实效。市委书记陈晓琨，市委常委、秘书长白雪峰陪同调研。

△ 市政协机关召开开展深入学习实践科学发展观活动动员大会。市政协主席、党组书记郑宏伟出席会议并讲话。

△ 即日起，葫芦岛北站又新增 6 列动车组。

9 日 省委宣传部长张江到学习实践科学发展观活动联系点——兴城市进行调研。市委书记陈晓琨，市委常委、宣传部长钱福云，市委常委、市总工会主席陈德良陪同调研。

15 日 市长孙兆林会见英国 TESCO 公司中国地产首席执行官马宝罗先生一行。

△ 市公安局开展信访案件百日攻坚战。

16～17 日 省委学习实践科学发展观活动指导检查组莅临本市。指导检查第二批学习实践活动，并深入兴城市和连山区及基层单位，详细了解学习实践活动开展情况。市委书记陈晓琨参加意见反馈会，市委副书记阎生，市委常委、组织部长许加，市政协副主席、统战部长王旭光等陪同检查。

17 日 本市第五次城乡人力资源就业失业状况入户调查工作开始。

18 日 省长陈政高到本市进行工作调研，副省长滕卫平及省直有关部门负责人参加调研。

△ 本市开展环境清洁日活动，干部群众近万人参加劳动。

△ 本市举行出租车运价调整听证会。

18～19 日 滨城喜降首场春雨。

20 日 第三届“葫芦岛市杰出（优秀）青年卫士”评选揭晓。

22 日 市领导陈晓琨、孙兆林、郑宏伟、阎生、钱福云、陈德良、张富恩、赵爱军、王德波、赵俊才、赵树田、姜淑艳、敖凤玲、潘春吉、王恩忠、黎明、郝延怀、王宝军，市人民检察院检察长于守江等前往兴城曹庄镇七里村，同当地干部群众、驻葫部队官兵和少先队员代表义务植树活动。

29 日 本市召开工业经济运行调度会和贯彻落实 4 月 27 日召开的全省促进产品销售工作电视电话会议精神工作会，听取市直有关部门和 6 个县（市）区关于当前工业经济平稳健康发展的对策措施。市委书记陈晓琨在会上强调，要同舟共济想方设法帮助企业破解难题，认清形势坚定信心，确保实现平稳增长。

△ 市长孙兆林在市公安局调研时强调，要努力打造“关外第一警”。

是月 为从根本上解决农产品质量安全问题，本市建立了 3 个病虫示范区。

△ 第七届“葫芦岛十大杰出青年”第二届“葫芦岛十大杰出青年创业团队”评选揭晓。

△ 本市预测环境空气质量优良天数为 28 天，达标率为 93.3%；前 4 个月环境空气达标率为 91.6%。

△ 截至本月底，全市实名制就业 1.96 万人。

△ 截至本月底，本市完成重点项目投资 118 亿元。

△ 杨家杖子棚户区改造工程安置居民 6 171 户。

5 月

1 日 从即日起，全市农业取水工程必须取得新版取水许可证，否则将终止其取水行为。

△ 从即日起，低保医疗救助制度逐步进行调整、完善。

△ 即日起，农村治安专项行动展开。

1～3 日 本市举办第二届风筝文化节。

2 日 为期 9 天的中国·葫芦岛 2009 春季房地产交易会圆满落下帷幕。商品房成交 2 837 套。

4 日 本市召开纪念五四运动 90 周年暨共青团葫芦岛市委成立 20 周年大会。市委书记陈晓琨发表讲话。十大杰出青年和十大杰出青年创业团队受到表彰。

4 日 市长孙兆林到市卫生局调研。他强调，要切实做好甲型 H1NI 流感预防工作。

△ 五一小长假期间，本市共接待游客 42.3 万人，同比增长 18.2%；旅游收入 1.45 亿元，同比增长 23%。

△ 葫芦岛门户网站改版。

5 日 市长孙兆林会见了广东辽宁商会会长赵祥一行。双方就加快葫芦岛发展进行了交谈。

△ 本市召开“扫黄打非”工作会议。会议表彰了 2008 年全市“扫黄打非”工作先进集体、先进个人和办案有功人员，对 2009 年在全市进一步深入“扫黄打非”工作进行了部署。

△ 本市社会福利协会成立。

6 日 省政协副主席、省委统战部部长高鹏就统一战线为“三保一保”服务工作到本市调研。

6～7 日 省科技厅厅长赵明鹏一行到本市就绥中滨海经济区建设进行专题调研。

7 日 市委召开开展深入实践科学发展观活动领导小组会议。市委书记陈晓琨在会上强调，要规定动作不走样，自选动作有针对性，确保学习实践活动取得实效。

△ 本市召开关心下一代工作总结表彰大会。市委书记陈晓琨在会上强调，要从讲政治和战略的高度，始终把做好关心下一代工作作为长期而又紧迫的光荣任务，在全市形成关心下一代工作的良好风尚和共同做好关心下一代工作的整体合力。

△　渤海水泥试车成功。搬迁工程如期完成，生产工艺标准更高。

8日　五里河桥改造工程启动。

10日　副省长陈海波到本市调研。他强调，要统一思想，认真贯彻省委、省政府有关精神，积极行动起来，进一步增强加快发展的信心，进一步开拓市场，进一步正确处理安全生产与经济发展的辩证关系，确保时间过半，任务过半，为全省实现保增长、保民生、保稳定的目标作出贡献。

△　截至本日，本市3年内共诞生775家“一人公司”。

10～16日　举行城市节水周活动。

11日　广东省辽宁商会会长赵祥到兴城临海产业区调研。

△　即日起，全市国土资源管理部门开展双保行动，活动截至11月30日。

△　交警高速大队获公安部表彰。

△　本市盲人有声读物阅览室开放。

12日　市委书记陈晓琨到市中心医院、市疾病防控中心检查本市新型流感防控工作。他强调，思想上要高度重视，措施上要严密到位，牢牢把握防控工作主动权。

13日　本市围填海项目实施视频监控。

14日　本市举行开展深入学习实践科学发展观活动报告会。市委书记陈晓琨、市长孙兆林作报告。陈晓琨强调：开展深入学习实践科学发展观活动，是全市当前和今后一个时期首要的政治任务。全市各级党组织和广大党员干部要认真落实中央和省、市委的决策部署，以严肃认真的态度、改革创新的精神、求真务实的作风，扎实开展好学习实践活动，不断提升领导和推动科学发展的能力和水平，开创本市科学发展、社会和谐的新局面，以优异成绩向党和人民交上一份满意的答卷。

△　市长孙兆林会见中海石油有限公司执行副总裁陈壁一行。

△　本市召开打击传销专项整治“百日行动”动员大会。

△　本市全力搜救湖南省常德市海达船务有限公司所属的船舶“海达8号”遇险船员。

15日　本市召开庆祝第十九次全国助残日会议。市委副书记阎生出席会议并讲话。

△　市政府召开第61次常务会议。原则通过《青山水库移民安置基本方案》、《关于加强和完善政府投融资管理的意见》、《葫芦岛市政府关联类项目贷款资金管理暂行办法》和《葫芦岛国家建设项目审计办法》。

△　本市举行政务公开日宣传活动。市长孙兆林出席并讲话。

△　团市委、市文明办、市教育局等单位联合举行“中国未成年人网脉工程”葫芦岛校园启动仪式。

△　本市开展“小金库”专项治理工作。

16日　本市举行创建健康机关启动仪式暨万人徒步健身走活动。

17日　本市青山水库移民工作开始。

18日　市长孙兆林到建昌县调研。他强调，要统一思想，坚定信心，开足马力，确保实现时间过半任务过半。

△　连山区重点投资项目之一的宏运百货开业。

19日　市委书记陈晓琨到杨家杖子经济开发区调研。他强调，要用好用足国家各项扶持政策，加快产业转型步伐，加快建设秀美山城。

△　省政府副秘书长周万春带领省国土、环保、安监等有关部门就矿业权审批管理工作到本市调研。

△　市直机关工委和市审批办联合对2008年优质服务竞赛活动中的10个优质服务大厅，10名优质服务标兵进行表彰。

△　绥中县实施联合国LARC项目。

22日　以李玉霞为组长的省委开展深入学习实践科学发展观活动指导检查组来葫指导检查学习实践活动。

△　本市召开双拥工作领导小组成员工作会议。市委书记陈晓琨发表重要讲话。

24日　本市荣获全国社会治安综合治理优秀市。

△　龙湾中央商务区一期基础设施工程开工。

25日　市长孙兆林到葫芦岛经济开发区调研。他强调，要全力做好“保增长保民生保稳定”工作，确保实现时间过半任务过半目标。

27日　市长孙兆林会见以香港新马泰归侨联合会会长骆汉生为团长的香港工商各界企业考察团一行。

29～30日　省长陈政高就加快推进县区经济发展，到本市连山区、南票区进行工作调研。他强调，要继续解放思想，理清发展思路，

31日　市长孙兆林到葫芦岛经济开发区现场办公，并强调，要高质高效推进项目建设进程，让开发开放工作驶入快车道。

是月　绥中县被省畜牧兽医局定为首批生猪主导产业建设培育县。

△　本市近海渔业安全救助网全面投入使用。

△　连山区新台门镇李启学建成省级设施草莓小区。

△　1 000万吨/年炼油项目再次获重大进展，环评报告获国家批复。

△　辽西北草原沙化工程在本市启动。

△　本市整治排污保水行动开始启动。

△　渤船重工获“全国五四红旗团委”称号。

△　本市新建16个大学生见习基地。

△　绥中京哈线九江大桥便道开通。

△　截至月底，本市空气质量优良天数为141天。

△　截至本月底，本市192个社区岗位安置残疾人上岗就业。

△　截至本月底，本市输出农村劳力4万余人。

△　前5个月全市工业呈现企稳回升态势。

6月

1日　市长孙兆林带领环保、交通、经委、消防、金融等有关部门和单位的负责人到葫芦岛高新区调

研。并强调要全力打造中国北方聚氨酯产业基地。

△　原省政协主席萧作福、原省人大常委会副主任王向民到本市视察。

△　葫芦岛北站改建工程开始。

2 日　本市召开综治表彰暨新一轮争创活动动员大会。省委政法委副书记、省综治办主任赵建伟向本市授予全国综治优秀市牌匾。

3 日　辽宁财贸学院在兴城举行揭牌仪式。市委书记陈晓琨、教育部民族教育司司长阿布都出席揭牌仪式。

△　副省长滕卫平到本市调研。重点了解了产业基地规划和建设进展情况。

4 日　本市召开中国致公党葫芦岛市第二次党员大会。

5 日　本市召开市直部门帮扶重点企业调度会议。市委书记在会上强调，要进一步晚上帮扶制度加大帮扶力度，确保实现保增长保民生保稳定任务目标。

△　市政府组织收听、收看全省上半年 经济运行情况通报电视电话会议。

△　中国农工民主党葫芦岛市第二次党员会议举行。

6 日　辽宁工程技术大学营销管理学院成立。

△　本市召开了老科协服务振兴工作经验交流大会。

△　辽东湾海洋生物增殖放流活动在葫芦岛市举行。

8 日　沉船“海达 8 号”防污染处理工作开展。

8～9 日　市委书记陈晓琨及市各有关部门领导组团赴铁岭、本溪学习考察。

8～11 日　省新闻出版局一行 4 人代表省政府对本市 2008 年农家书屋工程进行检查验收。

10 日　本市召开社会科学界联合会第二次代表大会。

△　副省长赵国红视察本市滨海大道建设。

△　省第四次文化遗产地年会在绥中举行。

11 日　本市新增 200 处文物点。

11～12 日　省人大常委会副主任仲跻权为组长的执法检查组来葫，对本市贯彻实施《辽宁省旅游条例》情况进行执法检查。

12 日　本市召开市委常委学习实践活动专题民主生活会。

△　空军政治部副主任林红松少将、沈阳军区空军政治部副主任李向成少将一行，是日到本市就空军飞行学员早期培训基地调整试点改革工作进行了调研。

16 日　本市举行青山水库可研报告审查会议。

△　市政府召开第 62 次常务会议。原则通过做好 2009 年全市普通高校毕业生就业工作有关意见，通报市政府党组深入学习实践科学发展观活动征求意见情况。

△　全市第一批 2 012 万元农作物良种补贴资金开始下拨。

△　市政协党组召开学习实践科学发展观活动专题民主生活会。

17 日　市委召开县（市）区委书记座谈会。会议征求对市委常委会贯彻落实科学发展观情况分析检查报告的意见、建议。

△　市委书记陈晓琨在副市长、市公安局局长潘春吉的陪同下，到连山城区检查夜间巡防工作，看望慰问工作在一线的巡防民警和辅警。

△　市长孙兆林主持召开部分市政府组成部门、部分企业主要负责人座谈会。征求对《市委常委会贯彻落实科学发展观情况分析检查报告》的意见和建议。

18 日　市委召开民主党派、工商联负责人和无党派人士座谈会。会议听取对市委常委会分析检查报告的意见和建议。

△　市三届人大常委会召开了第五十八次主任会议。

△　市政协召开三届二十六次主席会议。会议审议通过六项议题。

△　建昌县龙潭大峡谷被省评为地质公园。

△　兴城市南一小学被评为全国教育科研先进单位。

19 日　市长、市政府党组书记孙兆林主持召开市政府党组学习实践科学发展观专题民主生活会。

△　本市 21 057 名考生参加中考。

23 日　本市确诊 3 例输入性甲型流感病例。

24 日　市长孙兆林会见省武警总队总队长肖凤合一行。

△　本市召开农田基本建设现场会。市长孙兆林在会上强调，要加大力度，持之以恒，推动农建工作再上新台阶。

△　市文联举行二届四次全委（扩大）会议。

25 日　市民文化大讲堂开讲。

△　本市举行危化品事故应急救援演练。

△　市委书记陈晓琨、市长孙兆林会见大连港集团董事长邢良忠。

26 日　市政协召开三届十八次常委会。市委书记陈晓琨在会上强调，要紧紧围绕党委政府中心工作建言献策，为保增长保民生保稳定作出更大贡献。

△　市长、市政府党组书记孙兆林主次召开座谈会。就《市政府党组贯彻落实科学发展观情况分析检查报告》（征求意见稿）征求各县（市）区长意见和建议。

△　本市与大连港集团就共同推进葫芦岛港绥中港区煤炭码头项目建设召开座谈会。

30 日　截至本日，本市 46 家危险尾矿库将关闭。

是月　矿产资源“三查”工作开始。

△　本市 11 部门联手整治违法排污企业。

△　本市 CBD 绿化工程可研报告完成，区域内将补植 36.3 万株新树。

△　本市五里河改造三期工程全面启动。

△　建昌县玲珑塔镇发现恐龙化石。

7 月

1 日　本市召开纪念中国共产党成立 88 周年暨“一先两优”表彰大会。市委书记陈晓琨出席会议并作重要讲话。

△　即日起，本市城市低保工作人员责任追究制度开始实行，旨在确保依法、公正、准确、科学开展本市城市居民最低生活保障工作。

2 日　市委书记陈晓琨到绥中滨海经济区进行调研。他强调，要抓住辽宁沿海经济带开发建设纳入国家战略重大机遇，加速推进海岸中关村生态新城区建设。

△　市长孙兆林到兴城临海产业园区调研。他强调，要抓住机遇，解放思想，坚定信心，加快基础设施建设，加大招商引资力度。

3 日　市委召开三届第 77 次常委（扩大）会议。讨论《中共葫芦岛市委常委会贯彻落实科学发展观情况分析检查报告》。

5 日　省委副书记张成寅来葫调研。调研期间，张成寅首先视察了绥中滨海经济区、绥中电厂，随后听取了本市工作情况汇报。

6 日　本市集中收听收看全省上半年经济运行情况通报电视电话会议。市长孙兆林在本市分会场参加会议并讲话。

7 日　本市召开上半年招商引资及外经贸工作调度会。

8 日　葫芦岛渤海船舶制造有限公司投产暨首艘出口新加坡 3.5 万吨散货船开工仪式举行。该船的开工建造，开启了本市民营企业造大船的新纪元。

△　市安委会召开第二季度扩大会议。会议全面总结了上半年全市安全生产工作，分析了当前安全生产形势，研究部署下半年安全生产任务。

△　“2009 中国城市分类优势排行榜”新闻发布会在香港举行。葫芦岛成为 2009 年度十佳和谐发展城市。

9 日　本市召开葫芦岛港绥中煤炭码头建设项目合作四方联席会议。

10 日　即日起，本市城区内开展为期 3 个月的道路客运市场秩序专项整治行动。

△　本市举行全市禁毒工作电视电话会议。会议对2008年度禁毒工作先进单位和先进个人进行了表彰。

14～15 日　市人大常委会组织本市的省人大代表视察了本市沿海经济带建设情况。

16 日　召开市青少年创业促进会成立大会。会议审议通过《葫芦岛市青年创业促进会章程》，选举产生了青年创业促进会理事会。

19 日　市委书记陈晓琨视察了正在建设中的滨海大道工程。他强调，要加快推进滨海大道建设，确保 9 月 1 日竣工通车。

△　海外侨领考察团来本市考察。考察期间，海外侨领先后考察了世界文化遗产——九门口水上长城以及兴城古城、滨海公路、渤海船舶重工有限责任公司、葫芦岛经济开发区等地。

20 日　本市召开全市并购海外科技型企业工作会议。市长孙兆林强调，金融危机造成的国际经济资源和资产价格回落，为本市企业参与并购海外企业，加速引进海外科学技术、管理经验、人才资源创造了重大机遇。

21 日　本市召开贯彻落实《惩治和预防腐败体系 2008-2010 年工作规划》汇报交流会。市委书记陈晓琨在会上强调，要切实加强以完善惩防体系为重点的反腐倡廉建设，为加快本市全面振兴进程提供强有力的政治保证。

22 日　副省长滕卫平带领省直有关部门同志到绥中滨海经济区调研。市委常委、组织部长许加陪同调研。

24 日　即日起，市旅游局与市假日办部分成员单位联手，在全市范围内展开旅游市场专项整顿活动，以遏制欺客、“零负团费”、“非法转让、变相转让旅游经营权和挂靠承包门市部经营旅行社业务”等严重扰乱旅游市场秩序的行为。

27～28 日　市委、市政府组织对全市园区建设进行拉练检查。

30 日　本市召开中国共产党葫芦岛市第三届委员会第十一次全体（扩大）会议。市委书记陈晓琨代表市委常委会作工作报告，市委副书记、市长孙兆林部署下半年经济工作。

△　副省长陈海波就县域经济发展到建昌县进行专题调研。

是月　本市节能监察信息网于本月正式开通。这是本市惟一一家专门的节能网，内容包括：节能政策法规、节能监察、节能监测、节能知识、节能产品、节能服务等，已与葫芦岛中小企业网和中国节能信息网链接。

8 月

3 日　市长孙兆林带领城建、财政、规划等有关部门主要负责人，对城市重点路段的亮化工程进行检查。

7 日　本市举行建市 20 周年庆祝活动新闻发布会。就葫芦岛市基本市情和建市 20 年取得的主要成就及建市 20 周年庆祝活动等情况，市委常委、秘书长白雪峰做新闻发布，市政府秘书长陈利世主持新闻发布会。

8 日　本市庆祝建市 20 周年集会，亲历本市发展的新老建设者和各界宾朋欢聚一堂，展示 20 载辉煌成就，谱写葫芦岛振兴新篇。

12 日　市委书记陈晓琨到连山区、南票区视察旱情。他强调，要积极组织抗旱救灾，把灾情减小到最低程度。

14 日　市长孙兆林主持召开市政府第 63 次常务会议。原则通过《关于加快全市建筑业发展的实施意见》、《葫芦岛市企业民主管理规定》和《葫芦岛市企业基本养老保险市级统筹实施细则》。

20 日　市委中心组举行学习（扩大）会议，专题学习《辽宁沿海经济带发展规划》。省发改委副主任周喜鼎作了专题辅导报告。

△　本市召开全市干部监督工作会议。会议对贯彻落实全省干部监督工作会议精神，做好新形势下的干部监督工作，深入整治用人上的不正之风、切实提高选人用人的公信度做了全面部署。

20 日～22 日　国家环保部环境工程评估中心在本市主持召开了《青山水库工程影响报告书》技术评估会议。省市环保、水利及相关部门的代表和特邀专家参加会议。会议由 9 名专家组成了“报告书”评估专家组。

21 日　市委召开常委（扩大）会议。专题研究《中共葫芦岛市委常委会深入学习实践科学发展观整改落实方案》。会议强调，要进一步加大学习实践活动的领导力度，促进全年“两个不低于”目标圆满完成。

25 日　五里河三期改造工程主体工程完工。

28 日　本市市长孙兆林到南票区和连山区视察抗旱救灾工作。他强调，要夺取抗旱救灾工作新胜利。

31 日　本市 8 召开全市安全生产工作调度会。会议通报了本市今年以来安全生产形势，相关县（市）区政府和部门汇报了今年安全工作情况以及下一步工作安排。

9 月

2 日　市长孙兆林到葫芦岛经济开发区调研。他强调，当前及今后一个时期，要牢牢把握辽宁沿海经济带开发开放上升为国家战略的重大历史机遇，进一步做好葫芦岛经济开发区总体规划调整工作，拓宽发展空间，加快开发区建设步伐，早日把开发区建设成为具有国内领先水平的工业产业区，为加速推进全市沿海开发开放进程作出新的贡献。

2～3 日　全国人大教科文卫委调研组来葫对本市《食品安全法》贯彻实施情况进行调研。

3 日　本市召开青山水库工程移民汇报会。由国家发改委、水利部的代表和专家组成的国家移民安置调研组听取了汇报。

4 日　省委召开深入学习实践科学发展观活动第二批总结暨第三批动员视频会议。市领导陈晓琨、阎生、崔枫林、白雪峰、王德波、王旭光，市政府秘书长陈利世等在本市分会场参加会议。

7 日　全国二十七市（地州）人大常委会联席会议第十六次会议在本市举行。来自 17 个省、自治区的 25 个市（地州）人大常委会的 100 余名领导出席会议。省人大常委会副主任宋勇作书面讲话。

8 日　本市举行滨海大道葫芦岛段主体工程竣工典礼。

9 日　本市召开庆祝第 25 个教师节暨优秀教师、优秀教育工作者表彰大会。

10 日　国务院和省政府先后召开进一步做好甲型 H1N1 流感防控工作电视电话会议。市长孙兆林在会上强调，要高度重视、强化措施、突出重点。

18 日　副省长滕卫平到辽宁（万家）数字产业基地调研。

△　本市召开首届道德模范电视颁奖晚会。

22 日　市委书记陈晓琨率有关部门负责人检查了本市城区夜景亮化美化工程。

23 日　本市召开党员领导干部会议。会议传达贯彻党的十七届四中全会和省委召开的省级党员领导干部会议精神。市委书记陈晓琨作重要讲话。

24 日　本市举行市体育中心、文化中心开工奠基仪式。市委书记陈晓琨，市长孙兆林，市人大常委会主任张东生，市政协主席郑宏伟，市委常委、秘书长白雪峰，副市长敖凤玲、刘宁绥，市政协副主任席郝延怀出席开工奠基仪式。

26 日　渤海船舶职业学院举行建校 50 周年庆典。

△　市级离退休老领导胡国庆、王守义、张维德、王泽民、孙学才、张守忠、王友栋、庄树民、毕玉田、任树印、赵德山、何凤池、张青山、刘维业、张福安、张希凤等，视察了本市沿海“一线七区”建设情况，市委副书记阎生，市委常委、秘书长白雪峰参加视察。

△　本市召开全市林业工作会议。会议的主要任务是贯彻中央和省林业工作会议精神，回顾总结本市“十一五”以来林业工作取得的成绩，安排部署当前和今后一个时期全市林业改革和发展任务。

28 日　本市召开全市农业结构调整动员大会。市委书记陈晓琨在会上强调，加快农业结构调整步伐，促进农业增效农民增收。

△　本市举行庆祝祖国六十华诞大型歌咏晚会。

29 日　市政府召开市安全生产委员会第三季度扩大会议。会议贯彻落实省安委会精神，总结今年以来全市安全生产工作，分析当前安全生产形势，部署国庆期间和第四季度安全生产工作，动员全市上下进一步统一思想，坚定信心，强化措施，狠抓落实，确保全市安全生产形势平稳。

△　市委书记陈晓琨，市委常委、秘书长白雪峰，市委常委、葫芦岛军分区政委赵俊才等看望了市地级离休老干部、特困离休老干部和老党员。

△　建昌县发现世界最早带毛恐龙化石。

30 日　市委常委、市总工会主席陈德良带领市总工会、团市委、市妇联的代表，慰问一线公安民警。

△　副市长、市公安局长潘春吉在有关人员陪同下，检查国庆消防安保。

10 月

7～8 日　省长陈政高到本市进行工作调研。他强调，要学习贯彻十七届四中全会精神，推动葫芦岛经济社会更好更快发展。市领导陈晓琨、孙兆林、郑宏伟、阎生、崔枫林、钱福云、陈德良、白雪峰、张富恩、赵爱军、王德波、赵俊才、刘宁绥、石文光、王福林、潘春吉、夏雨恩等陪同。

9 日　全省经济运行情况通报会议召开。市长孙兆林，市委常委、常务副市长崔枫林在本市分会场收听收看会议。

12 日　市政协跟踪视察“三河”治理和水泥地区搬迁改造情况并召开座谈会。市政协主席郑宏伟参加视察活动并在座谈会上讲话。

△　省委学习实践活动检查组来葫，就第三批学习实践活动进行检查。

14 日　驻大连省政协部分常委、委员来葫考察。市政协主席郑宏伟、常务副主席魏永华及秘书长任德美陪同考察。

15 日　本市召开全市党校工作会议。市委书记陈晓琨强调，要全面贯彻落实十七届四中全会精神，大力加强党建促进经济社会又好又快发展。

20 日　副省长赵国红来葫调研。市委书记陈晓琨，市委副书记、市长孙兆林，市委常委、秘书长白雪峰陪同调研。

21 日　本市召开招商引资及外经贸工作调度推进会议。市委书记陈晓琨在会上强调，要坚定信心，攻坚克难，确保完成各项任务目标。

23 日　市委书记陈晓琨视察城区冬季供暖准备工作。市委常委、秘书长白雪峰，副市长刘宁绥陪同视察。

△　国家海洋局副局长王飞到本市检查海洋环保工作。市长孙兆林、副市长刘宁绥及市直有关部门负责人参加汇报会。

△　召开全市民兵预备役政治工作会议。

25 日　中国核工业集团公司总经理孙勤一行到本市考察辽宁徐大堡核电项目，并与市领导就共同推进辽宁徐大堡核电项目进行座谈。市长孙兆林，市委常委、常务副市长崔枫林，市政府秘书长陈利世参加座谈。

27 日　省委常委、大连市委书记夏德仁率大连市考察团来本市考察。市委书记陈晓琨，市委常委、常务副市长崔枫林，市委常委、总工会主席陈德良，市委常委、秘书长白雪峰，市委常委、葫芦岛经济开发区工委书记赵爱军，副市长刘宁绥陪同考察。

△　本市召开市军转干部安置工作会议。

29 日　驻葫某部司令员曹东沈、政委马发祥率首长机关和师以上领导视察本市“一线七区”建设情况。

11 月

3 日　辽宁省外经贸厅党组书记、厅长王金笛来葫到葫芦岛经济开发区、打渔山园区、葫芦岛北港工业区船舶产业园区、龙湾中央商务区进行调研。市长孙兆林陪同调研。

△　中国石油天然气集团公司副总经理喻宝才一行来葫考察千万吨炼油项目。千万吨炼油项目选址在葫芦岛经济开发区北港工业区，总占地面积3.73 平方千米。一期占地 2.23 平方千米，计划投资205 亿元，主导产品为柴油、汽油、航空煤油、液化气等 10 余个品种。

6 日　葫芦岛市绥中三道岗元代沉船遗址出水文物交接仪式本市在国际酒店举行。国家博物馆馆长张威向市长孙兆林移交了文物清单。市委常委、宣传部长钱福云主持交接仪式，市人大常委会副主任姜淑艳、副市长敖凤玲、市政协副主席杜同宝出席交接仪式。绥中三道岗沉船遗址是中国水下考古队独立完成的第一个考古项目，前后经历了 6 年的时间，水下发掘面积 148 平方米，获得各类器物 600 余件，此次移交葫芦岛市博物馆的文物共 269 件，基本涵盖了出水文物的各种类别。

6～8 日　以中纪委监察部驻国务院侨办纪检组长王杰为组长的中央扩大内需促进经济增长政策落实检查组来葫检查。市长孙兆林、常务副市长崔枫林陪同检查。

9 日　渤海船舶重工有限责任公司为中海（海南）海盛船务股份有限公司批量建造的 57300 吨散货船 6 号船“盛旺海”号签字交船。该船为单机单桨柴油机驱动远洋型散货船，总长 199.9 米，型宽32.2 米，型深 16 米，吃水 11.7 米。最大载货量为55 000 吨。

11 日　省双拥工作考核组来葫检查指导，市领导陈晓琨、孙兆林、白雪峰、赵俊才、王英杰、夏雨恩陪同检查。

△　市长孙兆林、副市长敖凤玲到市传染病医院和市疾控中心检查本市甲型 H1N1 流感防控工作。

12 日　省委副书记张成寅率省委检查组来葫检查指导工作。市领导陈晓琨、孙兆林、郑宏伟、阎生、崔枫林、钱福云、白雪峰、张富恩、许加、赵爱军、王德波、李怀瑜、敖凤玲、刘宁绥、石文光、潘春吉陪同检查。

13 日　省长陈政高来葫就沿海经济带临海产业与港口开发建设情况进行工作调研。调研时强调要继续解放思想，提高认识，科学规划，合理布局，加快港开发建设，加速推动辽宁沿海经济带开发开放。省政府秘书长冯轫及省有关部门负责人参加调研。市领导陈晓琨、孙兆林、崔枫林、陈德良、许加、赵爱军、刘宁绥、潘春吉陪同调研。

14 日　市中级法院数字化法庭投入使用。数字化法庭具有庭审现场光盘刻录功能、远程提讯功能、法院局域网及互联网在线直播、点播功能。

17 日　共青团辽宁省委、辽宁省青年联合会、辽宁省青年企业家协会主办的“辽宁青年服务县域发展行动——走进绥中滨海经济区”活动在本市绥中县举行。

18 日　本市确定上海世博会城市参展标志。葫芦岛城市标志呈圆形，在标志顶部闪耀着 5 颗五角星，象征着伟大祖国的繁荣富强。中心位置 2 只展翅飞翔的和平鸽，体现了和平、合作、和谐的主题，预示着和谐的葫芦岛正在崛起，正在加快对外开放的步伐。2 只和平鸽翅膀轮廓构成了一个葫芦，葫芦中间泛起的三朵浪花，充分展现了美丽滨海新城的生机与活力。标志下方的城墙图案突出了兴城古城和九门口长城这两座地标性建筑，代表着葫芦岛悠久的历史和灿烂的文化。整幅以蓝色为主基调的葫芦岛城市标志，将本市的文化历史元素与自然地理元素巧妙地融为一体，展示了一个蓬勃向上的葫芦岛，一个走向世界的葫芦岛。

20 日　中纪委监察部信访举报工作联系点座谈会在葫召开。市纪委作为中纪委首批确定的信访举报工作联系点单位参加会议并作经验介绍。

25 日　本市生猪养殖标准化规模养殖项目获省发改委批复。该项目共涉及绥中、建昌、兴城 3 个县（市）区 11 个养殖场。

28 日　葫芦岛市房产销售人员实行持证上岗。

12 月

4 日　《葫芦岛港总体规划》完成。正式确定“一港四区”发展格局：即柳条沟港区、绥中港区、北港港区、兴城港区。柳条沟港区为葫芦岛港主体港区，也是本市重点发展的港区。

5日　由市政府主办，市劳动和社会保障局、市人事局、辽宁工程技术大学、辽宁财贸学院承办的“走进辽宁工程技术大学”现场招聘会在辽宁工程技术大学举行。本市2010届毕业生就业工作开始。

9日　中航黎明锦西化工机械（集团）有限责任公司增资扩股协议签字仪式在沈阳举行，标志着锦西化工机械（集团）有限公司实现重大资产重组。中航黎明增资2亿元成为新公司大股东。

10日　省委书记王珉来葫到北港工业园区内部分企业进行调研，王珉强调要坚持好中求快，快中求好，以昂扬的发展激情扎实做好各项工作，努力在科学发展、创新发展、和谐发展上取得上更大成效，推动辽宁加快实现全面振兴。市领导陈晓琨、孙兆林、张东生、郑宏伟、阎生、崔枫林、钱福云、陈德良、白雪峰、张富恩、赵爱军、王德波、赵俊才、敖凤玲、石文光、王福林、潘春吉、夏雨恩陪同检查。

18日　全国政法工作电视电话会议召开。市领导陈晓琨、张富恩、潘春吉等收听收看了会议。

21日　市委三届十二次全会暨全市经济工作会议召开。全会结合贯彻落实党的十七大、十七届四中全会和中央经济工作会议以及省委书记王珉视察本市时的重要讲话精神，总结2009年工作，部署2010年任务，动员全市各级党组织和广大党员干部群众抢抓机遇，乘势而上，坚持好中求快、快中求好，掀起大开发、大开放、大发展的新热潮，确保经济社会持续较快发展，全面完成“十一五”各项任务目标。

22日　龙湾中央商务区景观设计方案专家评审会召开，标志龙湾中央商务区环境建设工作进入实施阶段。

29日　葫芦岛市举行首届新年音乐会。本次音乐会共演奏了《红旗颂》、《茉莉花》、《天鹅湖》等11个曲目，历时90分钟结束。

30日　中航黎明锦西化工机械（集团）有限责任公司正式成立。

概　　况

（刘双元）

地理位置

【位置面积】 葫芦岛市位于辽宁省西部沿海，是东北地区进入关内的重要门户。东与锦州为临，西与山海关毗连，南临渤海湾，北与朝阳市接壤。坐标位于东经 119°12′47″～121°02′，北纬 39°59′～41°12′之间，中心地理方位是东经 120°38′北纬 40°56′。南北垂直最大跨度约 133 千米，东西垂直最大跨度约 150 千米，土地总面积 1.04 万平方千米。辖 3 区、2 县、1 市，总人口 282.3 万人，其中非农业人口 88.1 万人。气候属大陆性季风气候，冬寒夏暑，雨热同期。境内有京哈公路、京沈高速公路、京哈铁路和秦沈电气化铁路 4 条交通大动脉，海上运输主要有葫芦岛港和绥中港。海岸线长 261 千米，近海海域盛产海产品。西部山区矿产资源十分丰富，其中钼、锌、金、石灰石等储量较大。境内自然景观和人文景观达 40 余处，著名的旅游景点有兴城古城、九门口水上长城、碣石遗址等。沿海多浴场，较大者 6 处，其中兴城、龙湾、止锚湾等处水碧沙白，为旅游避暑良好去处。

民　　族

【民族】 葫芦岛是多民族聚居区，有汉、满、蒙古、回、朝鲜、锡伯、苗、彝、黎、土家、壮、达斡尔、藏、仫佬、俄罗斯、维吾尔、布衣、侗等 27 个民族。

（刘双元）

行政区划

2009 年，葫芦岛市辖连山、龙港、南票 3 个区，绥中、建昌 2 个县和兴城市（县级市）、杨家杖子经济技术开发区。全市划分 36 个街道，34 个镇，58 个乡。

2009 年葫芦岛市行政区划统计表

县（市）区	面　积（平方千米）	镇	乡	民族乡	村	街道	社区
合　计	10 383.984	34	36	22	1 066	36	220
连山区	1 653.7	7	8		189	9	89
龙港区	142.254		1		18	10	56
南票区	511.60	2	2		61	7	16
兴城市	2 114.42	4		15	239	8	27
绥中县	2 764.9	14	5	6	280		9
建昌县	3 160.82	7	20	1	276		6
杨家杖子经济技术开发区	36.29				3	2	17

2009年葫芦岛市乡级以上行政区划名称表

县（市）区	乡	民 族 乡	镇
连 山 区	塔山、杨郊、大兴、张相公、山神庙、白马石、沙河营、孤竹营子		高桥、钢屯、金星、台集屯、虹螺岘、寺儿堡、新台门
龙 港 区	双树		
南 票 区	沙锅屯、黄土坎		暖池塘、 缸窑岭
兴 城 市		红崖子、大寨、刘台子、望海、南大山、羊安、元台子、高家岭、白塔、围屏、旧门、碱厂、海滨、药王、三道沟(均为满族)	郭家、东辛庄、沙后所、曹庄
绥 中 县	加碑岩、永安堡、李家堡、城郊、秋子沟	西平坡、葛家、高甸子、范家、网户、明水（均为满族）	绥中、前卫、万家、前所、高岭、塔山屯、西甸子、王宝、荒地、宽邦、大王庙、高台、沙河、小庄子
建 昌 县	牤牛营子、要路沟、石佛、素珠营子、西碱厂、王宝营子、魏家岭、老大杖子、头道营子、新开岭、贺杖子、养马甸子、和尚房子、杨树湾子、黑山科、雷家店、巴什罕、小德营子、娘娘庙、谷杖子	二道湾子（蒙古族）	建昌、八家子、喇嘛洞、药王庙、汤神庙、玲珑塔、大屯

（刘　兴）

人　口

2009年，葫芦岛市总户数为961 123户，人口为2 822 680人；市辖区 3 648 83 户，人口为 9 918 24 人，其中非农业人口为 5 485 37 人。

【出生率】 2009 年，全市出生人口为 27 030 人，出生率为 9.58‰。其中，市辖区出生7 763人，出生率为7.83‰；兴城市出生4 891 人，出生率为8.80‰，绥中县出生6 706 人，出生率为10.4‰，建昌县出生7 670 人，出生率为12.17‰。

【死亡率】 2009年，全市死亡15 240人，死亡率为5.39‰；其中市辖区死亡4 759人，死亡率为4.79‰；兴城市死亡3 354人，死亡率为6.03‰；绥中县死亡4 025人，死亡率为6.24‰；建昌县死亡3 102人，死亡率为4.92‰。

【自然增长率】 2009 年，全市人口自然增长11 790人，自然增长率为4.18‰。其中，市辖区人口自然增长3 004人，自然增长率为3.03‰；兴城市人口自然增长 1 537人，自然增长率为 2.76‰；绥中县人口自然增长 2 681人，自然增长率为4.16‰；建昌县人口自然增长 4 568 人，自然增长率为7.25‰。

【人口分布】 2009年，全市总人口为2 822 680人。具体分布：市辖区364 883户，991 824人；兴城市为194 163户，555 957人；绥中县为216 637户，644 768人；建昌县为185 440户，630 131人。

【人口结构】 2009年，全市2 822 680人中，男性1 447 389人，女性1 375 291 人。其中连山区 632 412 人中，男性 317 383 人，女性 315 029人；龙港区 213 310人中，男性106 045 人，女性107 165人；南票区146 102人中，男性76 050人，女性70 052人；兴城市555 957人中，男性282 989人，女性 272 968 人；绥中县 644 768 人中，男性332 894人，女性311 874人；建昌县630 131人中，男性331 928人，女性298 203人。

【人口变动】 2009 年全市总人口为 2 822 680人，年内，出生27 030 人，死亡15 240 人，自然增长11 790人；省内迁入27 817人，省外迁入8 246人，迁往省内23 331人，迁往省外5 938人。其中，连山区出生 51 48 人，死亡3 299人，自然增长1 849人，省内迁入11 652人，省外迁入2 240人，迁往省内 6 975 人，迁往省外 903 人；龙港区出生 1 507 人，死亡 749 人，自然增长 758 人，省内迁入 929 人，省外迁入 1 498 人，迁往省内 473 人，迁往省外 1 072 人；南票区出生 1 108 人，死亡 711 人，自然增长 397 人，省内迁入 705 人，省外迁入 205 人，迁往省内 1 870 人，迁往省外 283 人；兴城市出生 4 891 人，死亡 3 354 人，自然增长 1 537 人，省内迁入 5 230 人，省外迁入 1 032 人，迁往省内 4 991 人，迁往省外 1 123 人；绥中县出生 6 706 人，死亡 4 025 人，自然增长 2 681 人，省内迁入 4 786 人，省外迁入 2 191 人，迁往省内 4 567 人，迁往省外 1 538 人；建昌县出生 7 670 人，死亡 3 102 人，自然增长 4 568 人，省内迁入 4 515 人，省外迁入 1 080 人，迁往省内 4 455 人，迁往省外 1 019 人。

（尹树旺）

海洋资源

【海洋国土空间】 葫芦岛市海岸线东起连山区塔山乡上坎子村老河口，西至绥中县万家镇孟家村红石礁，大陆海岸线总长 261 千米。全境岸段可划分四种海岸类型，丘陵台地基岩—沙砾岸：该类型海岸为葫芦岛市的主体海岸，普遍分布在大酒篓—望海寺—台子山—孤山子山、兴城的四道沟、钓鱼台海滨浴场、荒地南山、长山寺、龙泉寺、山东屯、菊花岛的东南两侧，以及绥中的止锚湾、小黑山等地，占全区大陆岸线 28%。堆积平原沙质岸：该类型海岸集中分布在止锚湾以北的绥中全境，占全区大陆岸线 34%，该类型海岸为陆域众多入海河流夹带泥沙复经波浪营造而形成的庞大海岸堆积客体，从陆向海依次分布为平原—沿岸沙堤—海滩—沙嘴泻湖—水下沙坝等若干地貌子系统十分发育，在沙体规模、外部轮廓、沉积结构、稳定加积等动力修复中，具鲜明的典型性、原生性和多样性，在辽宁乃至环渤海堪称一流。台地岬湾—泥沙平滩岸：主要分布在大酒篓—大白马石—笊篱头子—老河口，以及长山寺—南兴城角的海滨和沙后所两地，葫芦岛市以北岸段系基岩突岬形成的半静水环境而承纳河流及沿岸泥沙流物质所致，湾内地质以细沙、泥沙为主，海滨和沙后所两地则以 0.25 毫米～0.5 毫米的中沙占优。河流填充与岛后堆积泥沙平滩岸：分布在菊花岛北侧的龙脖子—吴屯—大麻山，以及兴城曹庄的棺材石—北兴城角一线，该岸段是岛屿背风侧波影区沉积环境的堆积产物，菊花岛北侧以泥沙为主（沙占 47.10%，粉沙占 36.27%），曹庄一带主要接受兴城河和烟台河补给，以 2～0.063 毫米的沙(沙占 76.89%，粉沙占 12.55%)底质占优，上述三、四两种类型海岸约占全区陆岸 41%。岛屿：葫芦岛市海域中共有 5 个岛屿，岸线总长 33 千米，依次是菊花岛：面积 13.5 平方千米，海拔 198.2 米，岸线长 23.4 千米；磨盘山岛：海拔 20.8 米，岸线长 2.0 千米；杨家山岛：海拔 44.4 米，岸线长 1.98 千米；张家山岛：海拔 55.5 米，岸线长 2.34 千米；小海山岛：海拔 46.8 米，岸线长 3.39 千米。

【水产资源】 葫芦岛市滩涂面积有 146.93 平方千米，沿海滩涂可分为三种类型：连山区塔山乡、兴城市中部为平缓的泥滩和沙泥滩；望海寺、双树、四家屯、海滨和菊花岛东部及绥中止锚湾部分岸段为岩礁岸；绥中小庄子、网户、兴城沙后所等为沙滩或泥沙滩。连山湾泥质滩涂以及兴城曹庄、长山寺、菊花岛、六股河口等滩涂，潮间带宽阔、滩面平坦，底质以泥、粗沙为主，兼有小砾石和碎贝壳，是贝壳类栖息的理想场所，也是对虾养殖的有利地区。近海海域辽阔，15 米等深线以内的水域面积达 2 101.65 平方千米，海底底质从连山塔山—兴城四家屯，海底为黏土质粉沙；从兴城四家屯—南兴城角—菊花岛东西部为中粗沙，从南兴城角—绥中老龙头为沙—粉沙—黏土。葫芦岛海区沿岸地带适于渔业利用的海底面积约有 666.67 平方千米，其中岩礁海底约 26 平方千米，蕴藏丰富的贝类和海珍品资源。

【港口资源】 葫芦岛市海岸的主体类型为丘陵台地基岩岸，基岩岸通常具有较沙质堆积岸比降大的滨岸水下斜坡，由此形成优越的自然水深，拥有可开发的中、深水港口资源，大陆涉港基岩岸中的深水岸段（10 米等深线平均距岸小于 3 千米）分布长度约 24.9 千米，占涉港基岩岸段的 44%；中水岸段（5 米等深线平均距岸小于 2 千米）分布长度约 31.3 千米，占 56%。全境平均约每 30 千米就有一个良好港址岸段，且多数航道短直，距岸 2～3 千米分布有可作深水锚地的淤泥粉沙底质。宜港岸线分布有 8 个宜港港址，自北向南依次是葫芦岛、大酒篓、兴城小坞、菊花岛、长山寺、绥中二河口港、前所赵家、止锚湾港。

【旅游资源】 葫芦岛市近海浴场资源丰富，浴场岸线共 20.69 千米，沙质海滩主要集中分布在龙港区老龙湾、望海寺、兴城海滨、绥中县高岭乡、网户乡和止锚湾等地，这些地方潮差较小，潮间带较宽，是开辟海水浴场发展旅游业的有利场所。

【盐业资源】 葫芦岛市发展盐业有得天独厚的条件，宜盐滩涂 82 平方千米，分散在兴城市、绥中县、连山区、龙港区。锦州湾以西的低潮滩宽度为 2 500～3 000 米，滩面平坦，降水量少、蒸发量大，为开展制盐业提供了优良的基础条件。

【矿产资源】 葫芦岛市石油天然气资源丰富，主要分布在辽东湾连山区—绥中海域，是辽东湾海域石油资源的组成部分，此外，还拥有丰富的滨海沙矿资源。海洋油气，JZ20—2 凝析气田位于渤海北部，西北距葫芦岛港 50 千米，总含烃面积 24.1 平方千米，天然气地质储量 135 亿立方米，可采量 95 亿立方米，凝析油地质储量 332 万吨，可采量 117 万吨，原油地质储量 452 万吨，开采量 55 万吨。SZ36

—1 油田位于辽东湾北距绥中县 50 千米海域，初步探明油田含油面积 37 平方千米，地质储量 2.89 亿吨，并具有油层疏松、非均匀性强，原油黏度大，含气少等特点。滨海沙矿海滨地带由于河流、波浪和海流作用，重矿物聚集形成沙床。绥中县滨海沙石资源丰富，估计储量超过 2 亿立方米。六股河口海积阶地大面积的沙石中砾石占 70%左右，砾径 2—5 厘米占多数。岩石成分以混合花岗岩、灰色安山岩为主，石英沙次之。

【生物资源】 本海区与中国广大近海水域一样，缺乏涌升系统，故其初级生产力主要靠陆源运送的营养盐和有机物质，在水域生态机制的作用下形成的，本海区的氮磷含量较高，水质肥沃，初级生产力亦相应处于中等水平，该水域总初级生产力约为 1 200 万吨。近海浮游生物有 152 种，其中浮游植物 102 种，包括 5 门 30 属，其中硅藻类 90 种，其次甲藻类，有 10 种，按生物量来统计，优势中依次为：直链藻、圆筛藻、骨条藻。浮游动物有 50 种，分属 8 个门，其中桡足类 26 种，水母类 10 种，除此之外，在夏季 6～8 月份还有大量的浮游幼虫出现，约有 25 种，其中甲壳类，软体动物的浮游幼虫最多，按生物量统计，优势种依次为桡足类、强壮箭虫、夜光虫。底栖生物，葫芦岛市曹庄镇、海滨满族乡、及小庄子镇三个海区潮间带有 65 种底栖无脊椎动物，隶属于 8 个门，9 个纲，48 科，59 属。全市三个海区潮间带大型底栖生物有纽虫、吻沙蚕、托氏嗌螺、紫口玉螺、织纹螺、异白樱蛤、宽身大眼蟹、豆形拳蟹和绒毛近矛蟹。浅海底栖生物有 156 种，包括 9 个门，其中软体动物 51 种，棘皮动物 23 种，优势种为蜜磷牡蛎和细雕刻肋海胆。游泳生物主要包括鱼类和头足类，是渔业的主要对象，尤其鱼类在渔业生产中占有十分重要的地位，本水域鱼类有 40 多种，主要水产品 20 多种，其中头足类 5 种，虾蟹类 15 种，海蟹 2 种。其他游泳生物与鱼类相比多样性较低，头足类仅日本枪乌贼、日本鲟、曼氏舌针乌贼等数种，经济虾蟹类也只有中国对虾、虾蛄、鹰爪虾、中国毛虾、三疣梭子蟹等十几种，其中许多种类产量颇高，经济价值高，在本市渔业中占有重要地位。

（张雪飞）

气　候

2009 年平均气温比历年偏高，无霜期比历年偏长。年降水量偏少，时空分布极其不均，第一场透雨出现在 4 月 19 日。大部分地区日照时数比历年偏多。年内气象灾害种类较历年偏少，但极端事件频发。主要气象灾害有夏秋季干旱、夏季局地强对流、8 月中旬持续高温、年末寒潮。其中连山、建昌、南票的夏秋连旱为 1 959 年有气象记录以来最严重的一年。干旱造成粮食大幅减产，给人们生产生活都造成了较大损失。

【气温】 全市年平均气温为（9.8～10.5）℃，比历年偏高（0.6～1.2）℃。年极端最高气温为(34.7～37.3)℃，出现在 8 月 12 日到 13 日；年极端最低气温为零下（17.9～21.3）℃，大部分地区出现在 12 月下旬。

1 月各地平均气温为(-5.9～-7.5)℃，各地均比历年同期偏高（1.3～2.5）℃。2 月各地平均气温为(-3.1～-2.8)℃，各地均比历年同期偏高（1.8～2.9）℃。

春季（3～5 月）平均气温为（10.5～12.1）℃，比历年同期偏高（1.1～2.1）℃，其中 3 月下旬各地气温持续偏低，4 月下旬有 4 到 5 天的低温时段，5 月气温明显偏高。季内极端最高气温为（32.7～34.5）℃，沿海地区出现在 5 月 18 日，建昌地区出现在 5 月 19 日。季内极端最低气温沿海地区为零下（8.3～8.8）℃，西北部山区为零下 11.1℃，均出现在 3 月 2 日。

夏季（6～8 月）平均气温为（23.0～23.8）℃，比历年同期偏高（0.4～0.7）℃；四个县（市）区常规观测站的极端最高气温为(34.7～37.3)℃。秋季（9～11 月）平均气温为（9.5～11.0）℃。沿海地区接近历年同期，西北部山区比历年同期略高。极端最低气温接近上年同期，沿海地区为零下（10.8～11.9）℃，西北部山区为零下 15.2℃。

12 月平均气温为(-5.1～-7.6)℃，比历年同期偏低(0.7～1.5)℃，各地极端最低气温为(-17.7～-21.3)℃。

【降水】 2009 年全市降水分布不均，兴城降水量最大，为 510.4 毫米；连山最小为 370.4 毫米，各地比历年偏少（1～4）成。

1 月各地降水量为（1.5～2.6）毫米，历年同期降水量为（1.9～2.9）毫米，降水集中在 22 日的一次全市范围降雪过程。2 月各地降水量为（14.5～28.2）毫米，历年同期降水量为（1.9～2.4）毫米，比历年同期降水多（12.6～24.8）毫米。

春季（3～5 月）降水呈现出少、多、少的趋势，平均降水量为 83.5 毫米，连山比历年同期偏多 3 成，建昌偏多 1 成，其他地区比历年同期偏少 1～2 成。与历年相比 3 月略偏少、4 月偏多、5 月上旬偏多。春季第一场透雨（≥10 毫米降雨）出现在 4 月 19 日，平均雨量为 23 毫米。

夏季（6～8 月）降水量为（196.3～359.9）毫米，降水时空分布极其不均，除兴城偏少 1 成外，其余各地均比历年同期偏少（3～5）成。

秋季（9～11 月）降水量为（47.6～111.3）毫米，绥中比历年同期偏多 1 成，其余各地比历年同期偏少（4～6）成。第一场雪出现在 11 月 12 日傍晚，过程降水量为（2.7～6.2）毫米，积雪深度为（3.7～7.8）厘米。

12 月各地降水量为（0.8～4.8）毫米，降雪分布极其不均，连山、绥中两地与历年基本持平，建昌、兴城两地比历年偏少（6～8）成。

【日照】市各地日照丰沛，年日照时数为（2 636～2 996）小时。连山接近历年同期，其他地区比历年同期偏多（187～293）小时。

1 月各地日照时数为（220～247）小时，比历年同期偏多（14～30）小时。2 月各地日照时数为（162～221）小时，兴城、绥中两地比历年同期偏多（7～17）小时，连山区比历年偏少 8 小时，建昌地区比历年偏少 46 小时。

春季日照时数为（762～864）小时，沿海地区比历年同期偏多（32～97）小时，建昌接近历年同期。兴城、绥中偏多明显，特别是 5 月沿海各地日照明显偏多（30～50）小时。春季各地无寡照现象。夏季日照时数为（687～790）小时，沿海地区比历年同期明显偏多（59～158）小时，西北部山区比历年同期偏少 36 小时左右。

秋季日照时数为（595～672）小时，其中连山和建昌比历年同期偏少（52～71）小时，兴城和绥中接近历年同期。

12 月各地日照时数为（181～215）小时，其中兴城、绥中两地比历年偏多（13～15）小时，连山、建昌两地偏少（8～20）小时。

【主要气象灾害】 2009 年，全市气象灾害种类较历年偏少，但极端事件频发。主要气象灾害有干旱、局地强对流、高温、寒潮、浓雾等，其中干旱影响范围最广，造成损失较为严重。

1、干旱：今年全市各地都有不同程度的干旱。从 6 月下旬开始大部分地区降水偏少，7 月中旬～8 月中旬伏旱较为严重，西北部山区为中到重度干旱，沿海地区大部为轻到中度干旱。8 月下旬～9 月中旬大部分地区降水又持续偏少，使得原本旱情缓解的地区（如兴城）又发生秋吊，原旱区（如连山、建昌、南票）旱情进一步加剧，由伏旱转为夏秋连旱。通过对今年干旱的分级评估结果表明：今年夏秋季连山、南票、建昌旱情严重，为中到重度干旱，为 1 959 年有气象记录以来最严重的一年。

2、局地强对流：今年全市共出现 7 次明显的局地强对流天气，其中受灾面积大，损失较为严重的有 4 次。6 月 9 日绥中的葛家、大王庙、高甸子等 3 个乡镇 25 个村遭冰雹袭击。受灾果树 40 万株，农作物 16 平方千米，大棚 236 栋，直接经济损失 7 498 万元。6 月 14 日绥中西平、高台、大王庙、高甸子 4 个乡镇（22 个村）突遭冰雹袭击并伴有短时强降水，冰雹持续 20 分钟左右，强降水持续 38 分钟。此次灾害共造成农产品减产 31 459 吨，直接经济损失 5 182 万元。6 月 29 日连山的金星和台集屯两乡镇（共 17 个村）遭冰雹袭击。农作物受灾面积 36. 2 平方千米，直接经济损失 4 039. 6 万元。8 月 27 日 14 时 35 分～16 时，绥中县大王庙、范家、明水、秋子沟、加碑岩等 5 个乡镇 39 个村遭受大风、冰雹灾害。造成农产品减产 63 876 吨，直接经济损失 7,961 万元。

3、高温：8 月 11～15 日全市出现大范围持续性的高温天气，连山连续 5 天、建昌连续 4 天、绥中 1 天最高气温超过 35℃。乡镇加密自动站观测结果显示：13、14 日气温最高，全市大部分地区最高气温均超过 35℃，其中 30 多个加密自动站达到 37℃以上。

4、寒潮：2009 年全市共经历 5 次寒潮天气，其中 12 月 25 日到 26 日过程降温幅度达 10℃左右。气象部门均提前作出准确预报，共发布寒潮蓝色预警 6 次，寒潮黄色预警 2 次，没有造成明显灾害。

5、浓雾：2009 年全市浓雾日数为 29 天，较上年有所减少。最低能见度仅为 30 米，出现在 10 月 15 日兴城，持续时间为 4 小时。持续时间最长的浓雾天气出现在 3 月 4 日绥中，持续时间长达 14 小时，最低能见度 200 米。

（赵　亮）

生物资源

【森林资源】 葫芦岛市自然概貌为七山一水二分田，全市土地总面积为 10 410 平方千米，林业用地面积为 5 410 平方千米，占土地总面积的 51. 95%。林业用地中有林地面积为 2 840 平方千米，占林业用地的 52. 5%；疏林地、灌木林地及未成林地面积为 1 486 平方千米，占比为 27. 5%；无林地面积为 1 080 平方千米 ，占比为 20%。在有林地面积中，林分面积为 2 135 平方千米，占有林地总面积的 75. 17%；经济林面积为 705 平方千米，占比为 24. 83%。在无林地面积中，无立木林地面积为 23 平方千米，占无林地总面积的 2%；宜林地面积为 1 055 平方千米，占比为 98%。全市活立木总蓄积为 506. 3 万立方米。森林覆盖率为 29. 6%，林木绿化率为 37. 8%。

全市拥有市级以上自然保护区 4 个，其中市级 2 个，省级 2 个，保护总面积 557 平方千米。拥有国家级森林公园 2 个。

【野生动物资源】 一、陆生野生动物资源：葫芦岛市按动物地理区划，以华北为主，是华北、蒙新、东北三个动物地理区相互交错种过度地带，处于候鸟陆路和水路两条重要的迁徙线上，是大批候鸟春秋季迁徙的“中转站”，地理位置十分重要。全市生境复杂，地貌特殊，具有野生动物物种多样性、遗传多样性和生态多样性的特点。境内陆生野生脊椎动物共有 477 种，其中属国家重点保护动物 101 种，属省重点保护动物 100 种，必国家有益，有重要经济科研价值的野生动物 276 种。其中：哺乳动物 7 目 16 科 58 种，爬行动物 23 种，两栖动物 9 种，鸟类动物 387 种。

二、野生植物资源：在植物区系上，葫芦岛市处于华北植物区系内，有长白植物区系和内蒙古植物区系的侵入。由于气候、地势及地理位置等因素的影响，本市的植物种类复杂、资源比较丰富。全市共有野生植物 113 科 507 属 1 097 种。

三、森林昆虫：森林昆虫在我国虽然不属于野生动物的范畴，但是昆虫在野生植物和野生动物的生态环境中起着重要的作用。全市共有森林昆虫 9 目 65 科 226 种。

（董为民）

土地资源

【**基本情况**】　葫芦岛市土地总面积 10 414.93 平方千米。农用地面积 7 271.02 平方千米，占土地总面积的 69.8%。耕地 2 259.08 平方千米，占农用地面积的 31%；园地 1 087.18 平方千米，占农用地的 15%；林地 3 088.35 平方千米，占农用地的 42%；牧草地 627.28 平方千米，占农用地的 9%；其他农用地 209.13 平方千米，占农用地的 3%。

全市现有建设用地总面积 843.53 平方千米，占全市土地总面积的 8.1%。建设用地中居民点工矿用地 709.13 平方千米，占建设用地的 84.07%；交通运输用地 76.24 平方千米，占建设用地的 9.04%；水利设施用地 58.165 平方千米，占建设用地的 6.89%。全市共有未利用地 2 300.383 平方千米，占土地总面积的 22.1%，其中未利用土地（荒草地、盐碱地、沼泽地、沙地、裸土地等）1 776.74 平方千米，占未利用地的 77.23%，其他土地（河流、湖泊水面、苇地、滩涂等）523.64 平方千米，占未利用地的 22.77%。

【**土地利用主要特点**】　一是未利用土地的开发利用潜力较大，农村荒山、荒沟、荒滩的开发利用处于初级阶段。二是耕地区域性分布明显，质量差异较大，中低产农田所占比例较高。沿海地带土地平坦，土质肥沃，为本市粮食主要生产基地；西部土质贫瘠，粮食单产量较低。三是本市园地面积较大，水果生产优势明显。四是城镇内部土地的利用、增值潜力较大。

【**土地利用存在的问题**】　一是人均耕地面积少（800 平方米），低于全省平均水平，耕地保护任务繁重。二是土地利用率不高，集约节约用地意识不强，本市土地利用率仅为 82%，低于全省平均水平。三是优质果园面积比重小，单产量和经济效益低的问题比较突出。四是沿海滩涂开发利用率低（40%）。五是可利用土地后备资源缺乏，分布不均匀，大部分分布于较偏远地区。

（马占一）

水 资 源

【**降水量**】　2009 年全市平均降水 422.8 毫米，折合水量 44.04 亿立方米。比 2008 年减少 19.6%，比多年平均降水量偏少 29.7%，是枯水年。

【**地表水资源量**】　2009 年全市地表水资源量为 6.51 亿立方米，折合年径流深 62.5 毫米，比多年平均值偏少 63.9%。

【**地下水资源**】　1、地下水资源量。地下水资源量指降水、地表水体入渗补给地下水含水层的动态水量。2009 年全市地下水资源量为 2.54 亿立方米，其中山丘区地下水资源量为 1.39 亿立方米，平原区地下水资源量为 1.30 亿立方米，山丘区和平原区重复计算量为 0.15 亿立方米。

2、地下水动态。2009 年平原区地下水位大部分有所下降，全年地下水位平均下降 0.38 米。其中下降幅度最大的地下水位站是兴城市小英堡子站，下降了 1.39 米，其次为连山区小寺站，下降了 0.87 米；只有绥中县前所站和王宝站地下水位有小幅上升，其中前所站上升了 0.11 米，王宝站上升了 0.06 米。

3、海水入侵。2009 年对葫芦岛地区海水入侵情况进行了详细监测。监测结果如下：连山区塔山乡营盘～牛营子区海侵面积为 2.0 平方千米；连山区高桥区海侵面积 14.0 平方千米；兴城市曹庄镇大河口～沙屯区 15.5 平方千米；兴城市曹庄区海侵面积为 33 平方千米；兴城市沙后所镇李金屯～史树林区海侵面积为 3.0 平方千米；兴城市望海乡曲河～满家洼子区海侵面积为 8.5 平方千米；兴城市海滨乡龙泉寺～双堆子区海侵面积为 8.5 平方千米；绥中县塔山镇万宝山～李家庄区海侵面积为 1.5 平方千米；绥中县荒地镇王台子～东李金屯区海侵面积为 3.0 平方千米；绥中县高岭镇大架子～盐滩区海侵面积为 5.0 平方千米；绥中县万家镇老户屯～周家屯区海侵面积为 10.0 平方千米。

【**地下水资源总量**】　水资源总量指降水形成的地表、地下产水总量（扣除两者的重复量）。2009 年全市水资源总量为 7.73 亿立方米，比多年平均值减少了 60.5%，比 2008 年减少了 20.4%。其中地表水资源量为 6.51 亿立方米，地下水资源量为 2.54 亿立方米，地表水与地下水重复计算量为 1.32 亿立方米。

【**供水量**】　供水量指各种水源工程为用户提供的包括输水损失在内的毛供水量。2009 年全市总供水量 4.79 亿立方米，比上年减少 0.44 亿立方米。其中：地表水供水量 1.51 亿立方米，占总供水量的 31.5%；地下水供水量 3.15 亿立方米，占总供水量的 65.8%；另外废污水处理回用 0.13 亿立方米，占总供水量的 2.7%。在地表水供水量中，蓄水工程供水量 1.02 亿立方米，占地表水供水量的 67.3%；引水工程供水量 0.43 亿立方米，占地表水供水量的 28.8%；提水工程供水量 0.06 亿立方米，占地表水供水量的 3.9%。在地下水供水量中，浅层水供水量 3.12 亿立方米，占地下水供水量的 99.1%；深层水供水量仅为 0.03 亿立方米，占地下水供水量的 0.9%。

【**用水量**】　用水量指分配给用户的包括输水损失在内的毛用水量。2009 年全市总用水量 4.79 亿立方米，比上年减少0.44亿立方米。其中，农田灌溉用水量2.20亿立方米，占总用水量的45.8%；林牧渔畜业用水量0.78亿立方米，占总用水量的16.4%；工业用水量0.81亿立方米，占总用水量的16.8%；城镇公共用水量0.16亿立方米，占总用水量的3.4%；居民生活用水量0.83亿立方米，占总用水量的17.4%；生态环境用水量0.01亿立方米，占总用水量的0.2%。

【耗水量】 耗水量指在输水、用水过程中消耗掉而不能回归到地表水体或地下含水层的水量。2009年全市实际耗水量3.65亿立方米，综合耗水率76.2%。其中农田灌溉耗水量1.96亿立方米，是全年的耗水大户，综合耗水率89.2%，占总耗水量的53.8%；林牧渔畜业耗水量0.78亿立方米，耗水率100.0%，占总耗水量的21.5%；工业耗水量0.32亿立方米，综合耗水率39.9%，占总耗水量的8.8%；城镇公共耗水量0.06亿立方米，耗水率37.8%，占总耗水量的1.7%；居民生活耗水量0.51亿立方米，耗水率61.0%，占总耗水量的13.9%；生态环境耗水量0.01亿立方米，综合耗水率100.0%，占总耗水量的0.3%。

【污水排放量】 2009年全市污染物排放量为13 452吨。其中建昌县污染物排放量为5 335吨，主要污染物有悬浮物4 342吨、化学需氧量276吨、生化需氧量37.5吨；绥中县污染物排放量6 553吨，主要污染物有悬浮物3 659吨、化学需氧量1 272吨、生化需氧量536吨；兴城市污染物排放量148吨，主要污染物有悬浮物63.8吨、化学需氧量40.8吨、生化需氧量13.2吨；市区污染物排放量1 416吨，主要污染物有悬浮物572吨、化学需氧量607吨、生化需氧量194吨。

（吴志策）

矿产资源

【主要特点】 葫芦岛市地质成矿条件比较优越，地下矿产资源比较丰富，已探明和发现矿种51种，总量10亿多吨（不含三类建材）。主要矿种有煤、钼、铅、锌等，主要分布在南票、连山区钢屯镇和建昌县的八家子地区，其储量、产量、产值和就业人数均占全市矿业总量的90%以上。

葫芦岛市矿业开发比较早，开发历史在50～100年之间。截至2009年底，全市有各类矿山486家，选矿厂160家。年产矿石量1 150万吨，从业人员近3.3万人，年矿业总产值约8.4亿元，是葫芦岛市重要产业之一。

【主要种类】 一、能源矿产。葫芦岛市的能源矿产资源丰富，已查明的矿种有煤炭、石油、天然气、核能、地热能和油页岩等。已开发利用的主要是煤炭和地热。煤炭是葫芦岛市的主要能源矿产，累计探明储量4亿余吨，目前尚存保有储量约2亿余吨，在省内排名第五位，主要分布在南票和蛤蟆山等地区。煤种有气煤、弱黏结煤、贫煤及无烟煤。葫芦岛市的地热资源在辽西居第一位，主要形式为温泉热水，全市共有6个热水温泉点，其中兴城2处，绥中4处，储热构造主要是在要路沟—葫芦岛断裂带上。

二、金属矿产。葫芦岛的金属矿产资源丰富，已查明的金属矿产有铅、锌、钼、锰、铁、铜、金、银等矿种，主要分布在连山区、兴城市、绥中县和建昌县。钼是本市最大优势矿种，累计探明金属量40万吨，矿石3.4亿吨，居省内第一，全国第八位，产量居全国第二位。主要分布在钢屯、杨家杖子地区。铅、锌、银（共生矿）是我市第三优势矿种，累计探明矿石量1 400万吨，金属量60万吨，居省内第二，主要分布在建昌县的八家子、连山、兴城地区。锰矿在本市探明总量600多万吨（不含瓦房子矿区量），储量和产量均居省内第二位。主要分布在建昌谷杖子、娘娘庙乡和八家子地区。

三、冶金辅助原料矿产。葫芦岛市冶金辅助原料矿产主要有耐火粘土、白云岩、硅石及部分萤石等，分布较广。

四是化工非金属矿产。化工非金属矿产是化工生产的最基本原料，全市已发现12种，储量十分丰富。但已开发利用的主要是硫铁矿，储量和产量在全省均居首位，已探明资源量度2 000万吨，现存保有量为10 00万吨。

五是建材及其他非金属矿产。葫芦岛建材及其他非金属矿产资源丰富，种类较多，已发现19种，均已得到不同程度的开发利用。

（马占一）

国民经济和社会发展

【综合】 国民经济保持平稳较快增长。初步核实，全年地区生产总值（GDP）实现445.6亿元，比2008年增长10%（按可比价格计算，下同）。其中：第一产业增加值61.9亿元，下降5%；第二产业增加值194.6亿元，增长11.6%；第三产业增加值189亿元，增长9.1%。第一、第二和第三产业增加值占地区生产总值的比重分别为13.9∶43.7∶42.4。人均地区生产总值15 838元。

居民消费价格总指数（CPI）和工业品出厂价格指数（PPI）低速运行。全年居民消费价格总指数累计比2008年下降1.0%，结构性物价上涨压力不断缓解。其中：烟酒及用品类、家庭设备用品及维修服务类价格指数累计比分别上涨1.0%和2.1%；食品类、衣着类、医疗保健及个人用品类、交通和通讯类、娱乐教育文化用品服务类、居住类价格指数累计比分别下降1.7%、0.5%、0.5%、1.0%、0.7%和1.4%。全年工业品出厂价格指数累计比下降4.29%，原材料、燃料、动力购进价格指数累计比下降8.12%。劳动就业取得新进展。全年单位从业人员期末人数达23.3万人，其中：第一产业从业人员0.5万人，占全部单位从业人员期末人数比重为2.1%；第二产业从业人员11.8万人，占全部单位从业人员期末人数比重为50.6%；第三产业从业人员11.0万人，占全部单位从业人员期末人数比重为47.2%；全年在岗职工期末人数达22.0万人。就业与再就业工作稳步推进，全年实现实名制就业5.4万人，实名制扶持创业带头人686人，带动0.3万人实现就业和再就业，解决零就业家庭就业233户，安置大龄就业困难对象0.2万人，实名制劳务输出6.2万人，有组织劳务输出0.6万人，普惠制就业培训下岗失业人员1.3万人，农村劳动力转移培训人员5.7万人，城镇登记失业率为3.92%。

国有企业改革重整重组工作稳步推进，行政审批体制不断深化。不断完善国有资产监管体系，提高国有资本运营效率。全力推进锦化化工集团改制重组和锦化机集团股份制改造工作，加快部分企业破产终结步伐。深化行政审批制度，简化行政审批手续，增设服务窗口，开展优质服务竞赛，启动行政审批网上公开审批工程，建立行政审批"绿色通道"，提高了审批效率和行政效能。

【农业】　农村经济稳步发展。全年农林牧渔业总产值完成117.1亿元，比2008年下降2.7%。

遭遇严重旱灾，粮食大幅减产。全年种植业总产值完成37.0亿元，比2008年下降15.4%；种植业增加值完成19.7亿元，下降20.2%。粮食作物种植面积17.9万公顷，增长4.4%；粮食总产量72.1万吨，下降38.6%；粮食作物单产538斤/亩，下降41.2%。在分品种的粮食作物产品产量中：稻谷产量5.5万吨，下降15.0%；小麦产量0.2万吨，与2008年持平；玉米产量53.4万吨，下降42.2%；高粱产量1.4万吨，下降56.4%；马铃薯产量8.7万吨，下降6.5%；花生产量4.6万吨，下降38.5%。蔬菜总产量200.2万吨，下降6.5%。水果总产量77.7万吨，增长7.0%，其中：苹果产量41.5万吨，增长25.8%；梨产量26.6万吨，下降9.5%。

林业生产稳步运行。全年林业总产值完成2.0亿元，比2008年增长12.2%；林业增加值完成1.1亿元，增长15.8%。全年在人工造林、飞播造林、封山育林等方面不断发展。

牧业生产稳步发展。全年牧业总产值完成49.8亿元，比2008年增长5.5%；牧业增加值完成23.4亿元，增长6.8%。肉蛋奶总产量实现56.9万吨，比2008年增长18.3%，其中：肉类总产量30.7万吨，增长19.3%；蛋总产量22.1万吨，增长16.7%；奶总产量4.1万吨，增长19.6%。

渔业生产平稳运行。全年渔业总产值完成24.4亿元，比2008年增长1.6%；渔业增加值完成16.0亿元，增长1.9%。水产品产量达50.4万吨，比2008年增长10.0%。其中：海水养殖面积3.4万公顷，增长6.3%，产品产量30.9万吨，下降28.6%；淡水养殖面积50平方千米，下降61.5%，产品产量3.2万吨，增长28.0%。从渔业产品种类上看，海洋捕捞鱼类5.2万吨，贝类1.8万吨；海水养殖鱼类2.5万吨，贝类28.0万吨；淡水养殖鱼类3.2万吨。

农业生产条件不断改善。全年农业机械总动力达127.3万千瓦，比2008年增长3.7%，其中：柴油机110.4万千瓦，增长3.7%；电动机16.5万千瓦，增长0.6%；汽油机0.4万千瓦，下降20.0%。在农机总动力中：耕作机械动力32.4万千瓦，农用排灌机械动力20.8万千瓦，收获机械动力0.7万千瓦，农副产品初加工作业机械动力6.0万千瓦，运输机械动力58.7万千瓦，畜牧养殖机械动力1.1万千瓦，农田基本建设机械动力1.6万千瓦。全年机耕地面积17.3万公顷，比2008年增长3.6%；机播面积16.1万公顷，增长21.1%。

【工业】　工业经济增速减缓。全年实现全口径工业增加值165.4亿元，比2008年增长6.5%。其中：规模以上工业增加值完成138.8亿元，增长4.8%。

工业生产企稳回升。全年规模以上工业（以下工业数据均为此口径）总产值实现684.5亿元，比2008年下降7.0%。按轻重工业分，轻工业总产值42.8亿元，增长19.3%；重工业总产值641.7亿元，下降8.3%。按经济类型分，国有企业总产值74.1亿元，下降22.3%；集体企业总产值23.6亿元，增长15.4%；股份合作企业总产值1.7亿元，增长11.9%；股份制企业总产值491.7亿元，下降11.8%；外商及港澳台商投资企业总产值32.3亿元，增长32.0%；其他经济类型企业总产值61.0亿元，增长66.0%。国有控股企业总产值392.5亿元，下降25.5%。大中型企业总产值449.1亿元，下降20.8%。全年工业出口交货值32.1亿元，下降35.5%。工业新产品产值109.9亿元，增长7.0%。

四大支柱产业仍然是工业经济发展的重要支撑。全年四大支柱产业完成工业总产值546.0亿元（占规模以上工业的79.8%），比2008年下降11.4%。其中：能源电力产业完成工业总产值44.3亿元（占规模以上工业的6.5%），下降9.8%；有色金属产业完成工业总产值148.5亿元（占规模以上工业的21.7%），增长26.2%；石油化工产业完成工业总产值204.6亿元（占规模以上工业的29.9%），下降37.7%；船舶机械产业完成工业总产值148.7亿元（占规模以上工业的21.7%），增长22.6%。全年四大支柱产业完成出口交货值26.8亿元（占规模以上工业的83.5%），下降22.1%。

重点工业行业平稳运行。全年石油加工、炼焦及核燃料加工业完成工业总产值165.5亿元，比2008年下降41.6%；交通运输设备制造业完成工业总产值110.2亿元，增长19.6%；黑色金属冶炼及压延加工业完成工业总产值66.7亿元，增长8.8%；农副产品加工业完成工业总产值21.3亿元，增长11.7%；非金属矿物制品业完成工业总产值15.2亿元，增长8.3%；专用设备制造业完成工业总产值15.5亿元，增长7.9%；电力、热力的生产和供应业完成工业总产值39.8亿元，下降10.8%。

工业产品产量增少降多。在全年重点考核的工业产品产量中，较上年同期增产的有5种，其中：原煤产量完成262.3万吨，发电量完成113.8亿千瓦时，硫酸（折100%）完成61.0万吨，民用钢质船舶完成113.9万总吨，铜产量完成2.2万吨，分别比2008年增长0.3%、9.2%、3.7%、262.2%和19.1%；原油加工量完成419.6万吨，烧碱完成21.0万吨，合成氨完成32.6万吨，化肥（折纯）完成26.7万吨，水泥完成205.9万吨，成品钢材完成30.6万吨，锌产量完成35.3万吨，聚氯乙烯树脂完成2.9万吨，这8种产品产量分别比2008年下降33.2%、17.8%、4.4%、3.1%、2.5%、7.1%、0.9%和36.9%。

工业企业效益水平有所改善。全市规模以上工业企业550个，亏损企业为223个，亏损面达40.6%。全年工业企业主营业务收入实现655.1亿元，比2008年下降12.1%，其中：管理费用支出33.7亿元，下降11.4%；财务费用支出11.8亿元，下降27.8%。实现利税总额43.0亿元，同比扭亏59.7亿元。盈亏相抵利润总额为-10.6亿元，同比减亏36.1亿元。亏损企业亏损额达20.0亿元，比2008年下降68.7%。资产负债率达79.5%，比2008年增加4.4个百分点。产品销售率为98.7%，比2008年增长0.5%。

工业企业建设项目进展顺利。绥中发电有限公司二期工程、葫芦岛有色金属集团富氧顶吹熔炼代替鼓风炉炼铜技改工程、南票煤电有限公司二期工程、辽宁东宝投资集团有限公司船厂工程、海擎重工机械有限公司重型压力容器工程、辽宁北方锦化聚氨酯有限公司TDI项目二期工程等建设项目工程进展顺利。

【固定资产投资 建筑】 固定资产投资规模继续扩大。全年全社会固定资产投资完成254.1亿元，比2008年增长16.1%，其中：城镇固定资产投资完成219.4亿元，增长37.9%。在城镇固定资产投资中建设项目投资完成178.7亿元，增长39.4%；房地产开发投资完成40.7亿元，增长31.6%。

三次产业投资竞相增长，投资结构不断优化。从一、二、三产业投资情况来看，全年第一产业完成投资19.4亿元，比2008年增长138.1%；第二产业完成投资153.7亿元，增长25.3%；第三产业完成投资144.0亿元，增长82.5%。

投资资金自筹为主，投资效果不断改善。从项目投资资金来源情况来看，全年建设投资资金共到位288.3亿元，比2008年增长35.7%。其中：国家预算内资金到位13.3亿元，占全部到位资金的4.6%，增长45.7%；国内贷款资金到位44.7亿元，占全部到位资金的15.5%，下降12.6%；自筹资金到位189.7亿元，占全部到位资金的65.8%，为建设投资资金主体，增长48.3%；其他资金到位40.6亿元，占全部到位资金的14.1%。从固定资产投资效果来看，全年固定资产项目建成投产率为75.3%，比2008年提高5.7个百分点；房屋建筑面积竣工率达43.1%，下降0.3%；固定资产交付使用率为52.2%，新增固定资产总量达158.0亿元。

房地产开发投资规模不断扩大，商品房销售火爆。全年房地产开发完成投资40.7亿元，比2008年增长31.3%，房地产完成投资占全社会固定资产投资比重达12.8%。全年房屋施工面积397.8万平方米，增长5.5%，其中：住宅施工面积348.2万平方米，增长5.7%；商业营业用房施工面积34.6万平方米，增长7.1%。房屋竣工面积142.0万平方米，下降17.7%，其中：住宅竣工面积119.7万平方米，下降17.9%；商业营业用房竣工面积15.2万平方米，下降20.4%。商品房销售面积287.2万平方米，增长102.0%，其中：住宅销售面积238.0万平方米，增长83.1%；商业营业用房销售面积38.4万平方米，增长412.0%。商品房销售额79.5亿元，增长124.6%，其中：住宅销售额61.5亿元，增长105.0%；商业营业用房销售额14.5亿元，增长383.3%。商品房空置面积27.2万平方米，下降69.4%，其中：住宅空置面积9.8万平方米，下降79.7%；商业营业用房空置面积13.0万平方米，下降61.5%。

固定资产投资项目稳步推进。全年施工项目达861个，比2008年增长38.6%，其中：投资额在500万元以上的项目达618个，增长41.1%；建成投产的项目达648个，增长50%；投资额在亿元以上的项目达86个，当年完成投资147.6亿元。全年完成投资超亿元的项目21个。葫芦岛港二期工程及各开发区基础建设都紧张有序推进。

建筑业快速发展。全年建筑业企业（资质等级以上）125个，比上年增加22个。建筑业增加值实现29.3亿元，增长68.9%。建筑业总产值完成87.5亿元，增长80.3%，其中：建筑工程产值完成70.3亿元，增长73.2%；安装工程产值完成8.2亿元，增长78.3%；其他产值完成9.0亿元，增长172.7%。全年房屋建筑施工面积完成558.1万平方米，增长41.1%；房屋建筑竣工面积256.8万平方米，增长9.3%。建筑业企业期末从业人员达5.5万人，其中工程技术人员0.7万人。建筑业全员劳动生产率达12.3万元/人，增长6.0%。

【交通运输 邮政电信】 交通运输和邮政电信业快速发展。全年交通运输、邮政和电信业增加值实现59.8亿元，比2008年增长13.5%。

交通业稳步发展。全市公路总里程达6 555千米，其中：国道234.2千米，省道569.3千米，县道818.8千米，乡道2 481.5千米，村道2 251.2千米，专用公路200千米。公路密度62.9千米/百平方千米。黑色路面总里程达4 252千米，桥梁总数达67 828.1米/2 432座。总里程173.5千米滨海公路全线竣工通车，共完成路基土石方1 200万立方米，桥梁9 762米/148座，涵洞238道。1 066个行政村全部实现村村通油路。全市拥有地方铁路、专用铁路和铁路专用线路16条，总长212千米。

运输能力不断增强。全年道路运输客运量5 349万人，比2008年增长9.2%，道路旅客周转量161 442万人千米，增长19.1%，道路运输货运量7 407万吨，增长16.3%，道路货物周转量1 106 940万吨千米，增长18.0%；水运运输客运量49万人，增长1.7倍，水运旅客周转量1 013万人千米，增长1.2倍，水运运输货运量189万吨，增长8.6%，水运货物周转量290 527万吨千米，增长6.1%；港口吞吐量完成1 051万吨，增长21.9%。全市客运线路397条，客运车辆1 168台，出租车4 163台。全市货车拥有量19 780台，总吨位139 600吨，货运业以市物流中心、绥中货运中心和百大物流三大物流中心为主枢纽，联结全市及通达全国的货运网络体系。

邮政电信事业继续发展。全年邮政业务总量实现2.2亿元，比2008年增长22.4%；电信业务总量实现39.9亿元，增长15.6%。全年特快专递70.8万件，函件355.4万件，包裹9.1万件，定销报纸累计份数2 408.5万份，定销杂志累计份数85.7万份。

【国内外贸易业】 国内贸易较快增长。全年批发和零售业增加值实现41.7亿元，比2008年增长20.2%。住宿和餐饮业增加值实现14.5亿元，增长12.3%。

商品市场交易活跃，社会消费品零售额扩大。全年社会消费品零售总额实现198.4亿元，比2008年增长18.2%。按销售地区划分，市零售额完成140.7亿元，增长17.4%；县零售额完成25.7亿元，增长17.1%；县以下零售额完成32.0亿元，增长22.9%。按行业划分，批发和零售业零售额完成172.5亿元，增长17.5%，其中：限额以上批发和零售业零售额完成29.7亿元，增长24.5%，限额以下批发和零售业零售额完成142.8亿元，增长16.1%。住宿和餐饮业零售额完成25.9亿元，增长23.7%，其中：限额以上住宿和餐饮业零售额完成2.9亿元，下降1.8%；限额以下住宿和餐饮业零售额完成22.9亿元，增长27.9%。全市限额以上批发零售商业和餐饮企业共有152家。年成交额在亿元以上的市场4个。

消费需求扩大促进各类消费品销售全面走高。全年限额以上批发和零售企业完成汽车类零售额8.2亿元，增长95.3%；服装、鞋帽、针纺织品类零售额5.5亿元，增长86.8%；食品、饮料、烟酒类零售额2.4亿元，增长23.8%；家用电器和音像器材类零售额2.5亿元，增长12.7%；金银珠宝类零售额0.6亿元，增长71.6%；文化办公用品类零售额0.4亿元，增长15.6%；化妆品类零售额0.3亿元，增长110.4%。

利用外资不断增长，出口有所回落。全年外商直接投资7 447万美元，比2008年增长43.1%。进出口总额实现10.1亿美元，增长4.1%，其中：出口总额实现4.9亿美元，下降28.2%；进口总额实现5.3亿美元，增长78.2%。

【财政 金融 保险】 财政、税收稳步增长。全年财政一般预算收入完成37.3亿元，比2008年增长18.8%，其中：税收收入完成24.9亿元，增长12.9%；非税收入完成12.4亿元，增长32.7%。一般预算支出92.4亿元，比2008年增长31.1%，其中：一般公共服务支出12.1亿元，增长13.6%；教育支出12.1亿元，增长11.3%；农林水事务支出8.6亿元，增长20.8%；城市居民最低生活保障支出1.7亿元，增长16.7%；医疗卫生支出7.5亿元，增长112.0%；环境保护支出1.5亿元，增长19.3%。全地区税收收入完成83.9亿元，比2008年增长31.2%，其中：国税部门征收59.5亿元，增长48.8%；地税部门征收24.4亿元，增长6.6%。

金融和保险业平稳发展。全年金融保险业增加值实现13.5亿元，比2008年增长25.3%。

金融机构存贷款规模进一步扩大。年末全部金融机构存款余额689.1亿元，比年初增长18.7%，其中：企事业单位储蓄存款余额171.3亿元，比年初增长34.5%；城乡居民储蓄存款余额462.4亿元，比年初增长16.2%。年末全部金融机构贷款余额451.7亿元，比年初增长26.2%，其中：短期贷款266.4亿元，比年初增长16.7%；中长期贷款141.5亿元，比年初增长26.9%。

保险事业保持平稳发展。全年保险费收入17.3亿元，比2008年下降1.1%，其中：财产险保费收入4.9亿元，增长20.9%；人寿险保费收入12.4亿元，下降7.8%。处理赔（给）付各类保险金5.3亿元，与2008年持平，其中：财产险赔付额2.8亿元，增长16.7%；人寿险赔(给)付额2.4亿元，下降17.2%。承保件数达48.1万件，下降38.9%，其中：财产险承保件数达24.2万件，下降54.5%；人寿险承保件数达23.9万件，下降6.3%。全市保险市场主体达到23家，其中：财产保险公司14家，人寿保险公司9家。全市保险业向社会提供了998.1亿元财产保险保障。

【旅游 科技 教育 文化 卫生 体育】 旅游业快速发展。全年旅游总收入实现75.5亿元，比2008年增长59%。接待国内旅游者1 100万人次，增长25%，国内旅游收入75.2亿元，增长60%；接待入境旅游者4.6万人次，增长30%，旅游创汇2 631.5万美元，增长30%。全市现有AAAA级旅游区5处，AAA级旅游区4处，AA级旅游区4处。旅行社54个，其中国际社1个。星级宾馆26个，其中：四星级2个、三星级21个、二星级3个。旅游景区建设发展迅速，九门口长城景区功能不断完善，葫芦山庄景区改造升级，塔山阻击战纪念馆工程进展顺利，迪拜水城、翡翠山庄、富都生态度假村、瑞富德游艇码头和俱乐部等旅游项目的招商引资工作圆满完成。重点推进永安堡长城体验区、碣石历史文化公园、兴城古城、白狼山森林公园、龙潭大峡谷等原生态旅游，开展“葫芦岛人游葫芦岛”和大篷车“看房游”等活动，推动旅游业不断发展。

科技事业不断发展。全年列入国家、省、市各类科技计划108项，科技资金达6 055万元。“海外学子创业周”活动中，重点宣传了葫芦岛高新技术产业园区和绥中滨海经济区，组织40名海外学子到我市考察。全力支持万家数字技术产业基地建设，加大科技资金扶持力度。全年高新技术产品产值实现87.7亿元，比2008年下降27.6%；高新技术产品增加值实现16.3亿元，下降0.2%。

教育事业继续发展。全市共有各级各类学校1 194所，在校学生38.4万人。其中：市级普通高校1所，在校生0.7万人；中等职业学校14所，在校生1.4万人；普通高中21所，在校生4.5万人；初中121所，在校生10.1万人；小学688所，在校生17.5万人；幼儿园346所，在园生4.6万人；特殊教育学校3所，在校生253人。全年普通高中招生1.5万人，中等职业学校招生0.5万人，市级普通高校0.2万人。全年高考录取比例为77%。新一轮“普九”工作取得阶段性成果，基础教育整体办学水平得到提升。全面免除城市义务教育阶段学生学杂费，提高农村义务教育阶段家庭经济困难寄宿生生活补校家庭经济困难学生资助体系，做好进城农民工子女入学工作。建设九年一贯制学校10所，基础设施和教学设施得到明显改善。

文化、新闻出版、广播、电视事业健康发展。全市现有各类艺术表演团体3个，艺术表演场所2个，文化馆6个，基层文化站119个，博物馆1个，图书馆7个。兴城古城、锥子山长城等6处文化遗迹被列入国家级文物保护单位，辽西太平鼓、建昌灯会等5个项目列为省级非物质文化遗产名录。开展新中国成立60周年和葫芦岛建市20周年庆祝活动。全面推进全市有线电视数字化整体平移转换和有线电视“村村通”工作，全年广播电视综合人口覆盖率达98.76%。葫芦岛日报、晚报发行量达到3.9万份和3.1万份，分别比2008年增长0.5%和9.6%。卫生、体育事业稳步发展。卫生方面，全市有医院、卫生院268所，其中：医院55所，卫生院106所。卫生机构拥有床位1.3万张，其中：医院床位0.5万张，卫生院0.3万张。卫生技术人员1.4万人，其中：医生0.4万人。推进新型农村合作医疗工作，参合率达93%。构建新型城市卫生服务体系，市中心医院改扩建工程投入使用，建成社区卫生服务中心28所，社区卫生服务站129个。加强甲型H1N1流感等重大疾病预防控制，公共卫生服务体系逐步健全。体育方面，成功举办市第三届全民运动会，共设置14个大项254个小项精彩比赛项目。竞技体育又有新突破，组织参加省少年田径、跆拳道等六项比赛，获1金、2银、5铜的好成绩，向省级运动队输送36名运动员。创建健康机关，举行全民健身宣传周和全民健身月活动，推进全民健身运动开展。

【城市建设 环境保护】 城市整体功能进一步优化。确定“百平方千米、百万人口”的大城市发展目标。改善民生，实施市龙湾大街北延改造、五里河三期治理和五里河桥拓宽改造等重点城建工程。推进城市亮化，市内主干道两侧单位、住宅、绿化带及公园广场等处夜景璀璨，彰显现代城市风采。进行城市环境综合整治，市容市貌、卫生环境、市政设施状况明显改善。继续实施“温暖工程”，组织供暖企业投资6 900万元，新建换热站6座，新铺设管线3.5千米，维修锅炉32台，消灭低温区54万平方米。城市功能日趋完善，全年城区植树25.3万株，人均公共绿地面积12.04平方米，城市绿化覆盖率达42.59%；市区供水主管线达615千米，供水综合生产能力33.5万立方米/日，供水总量0.5亿吨；液化石油气供气总量6 600吨，全社会用电量达67.7亿千瓦时；城市公交营运车辆227台，营运线路18条。

环境保护事业继续加强。加大污染物减排力度，完成减排项目36项，其中：化学需氧量减排项目6项，减排化学需氧量966吨；二氧化硫减排项目30项，减排二氧化硫15 350吨。重视水源保护，年内开工建设6座污水处理厂和一个管网工程。严格建设项目环评审批，审批市本级建设项目82项，其中环保投资3.1亿元，占总投资的3.8%。加强汽车尾气和锅炉黑烟等检测治理和工作，环境空气质量良好，全年环境空气质量优良天数为350天，其中一级36天，达标率为95.9%。加强自然生态保护区的管理，已建立9个自然生态保护区。

【人口 居民生活 社会保障】 人口继续保持低速增长。年末全市人口总户数96.1万户，总人口282.3万人，比2008年增长6.6‰。其中：非农业人口为88.1万人，占总人口的31.2%；农业人口194.2万人，占总人口的68.8%。其中：男性144.7万人，占总人口的51.3%；女性137.5万人，占总人口的48.7%；性别比为1.05：1。全年人口出生率为9.6‰，人口死亡率为5.4‰，人口自然增长率为4.2‰。

城乡居民生活继续改善。全年在岗职工平均工资24 564元，增长17.1%。城乡居民人均储蓄余额16 438元，增长15.5%。城镇居民人均可支配收入15 305元，增长9.8%；城镇居民人均消费支出10 051元，增长11.5%；城镇居民家庭恩格尔系数为39.8%。农民人均纯收入5 595元，增长8.6%；农民人均生活消费性支出3 873元，增长14.8%；农村居民家庭恩格尔系数为34.9%。城乡居民住房条件继续改善，年末城镇居民人均住房总建筑面积达27.5平方米，农村居民人均居住面积达26.7平方米。

社会保障事业取得新成果。社会保障体系框架初步建立，社保水平进一步提高。从地税部门征缴情况来看：全年基本养老保险费征缴13.37亿元，比2008年下降5.8%；失业保险费征缴0.92亿元，增长2.2%；医疗保险费征缴3.56亿元，增长22.3%；工伤保险费征缴0.45亿元，增长9.8%；生育保险费征缴0.10亿元，下降9.1%；城市低保保障对象7.15万人，下降4.4%；农村低保保障对象10.02万人，增长6.7%。

（刘双元）

中国共产党

葫芦岛市委员会

重要会议

【市委三届十一次全体（扩大）会议】 7月30日，市委召开三届十一次全体（扩大）会议。这次市委全会的主要任务是，认真贯彻落实中央决策部署及省委十届八次全会和辽宁沿海经济带工作会议精神，总结上半年工作，分析当前形势，部署下半年任务，动员全市各级党组织和广大党员干部群众，坚定加快发展振兴的信心，积极应对国际金融危机的冲击，全力做好保增长、保民生、保稳定三项重点工作，确保全面完成今年各项任务目标。

【市委专题全体会议】 2009年12月18日，市委召开专题全体会议，票决拟任领导干部。

【市委三届十二次全体（扩大）会议】 2009年12月21日，市委召开三届十二次全会暨全市经济工作会议。这次全会的主要任务是，结合贯彻落实党的十七大、十七届四中全会和中央经济工作会议以及省委书记王珉视察本市时的重要讲话精神，总结2009年工作，部署2010年任务，动员全市各级党组织和广大党员干部群众抢抓机遇，乘势而上，坚持好中求快、快中求好，掀起大开发、大开放、大发展的热潮，确保经济社会持续较快发展，全面完成“十一五”各项任务目标。

【常委会议】 1月23日，召开三届市委第63次常委会。研究有关干部问题；传达全国、省维护稳定暨信访工作电视电话会议精神，研究本市贯彻落实意见；传达全省政法工作会议精神，研究本市贯彻落实意见。

2月17日，召开三届市委第64次常委会。研究有关干部问题。

2月28日，召开三届市委第65次常委会。传达中央纪委第三次全会、省纪委第四次全会精神，研究本市贯彻落实意见；传达全国和全省统战部长会议精神，研究本市贯彻落实意见；听取关于成立五个园区和青山水库建设机构的情况汇报；听取2009年评选推荐辽宁省劳动模范和先进集体相关工作汇报；传达陈政高省长听取本市汇报后的讲话；研究有关干部问题。

3月13日，召开三届市委第66次常委会。研究有关干部问题。

3月19日，召开三届市委第67次常委会。传达全国“两会”精神；传达学习《省委关于认真学习贯彻＜向中央政治局通报中央政治局常委参加深入学习实践科学发展观活动专题民主生活会情况的报告＞的通知》；研究本市庆祝建国60周年暨建市20周年方案；听取2008年度市直机关目标责任制年终考评情况汇报；传达贯彻全省组织工作会议精神，研究本市贯彻落实意见；研究有关干部问题。

3月23日，召开三届市委第68次常委会。研究全市第二批深入学习实践科学发展观活动有关事宜；研究关于成立推进重点园区和重大项目领导协调小组的安排意见；研究“保增长、促振兴”领导干部包扶重点企业工作方案。

4月16日，召开三届市委第69次常委会。传达全省国家安全局站长会议主要精神，研究本市贯彻落实意见；听取当前隐蔽斗争形势和本市隐蔽斗争敌情汇报。研究锦化集团社会职能移交方案。听取全市关心下一代工作汇报。传达省委书记张文岳到建昌县调研时的讲话精神。

5月6日，召开三届市委第70次常委会。研究有关干部问题。

5月8日，召开市委常委议军会议。听取军分区工作汇报；研究军分区提请议定的具体问题。

5月8日，召开三届市委第71次常委会。研究《中共葫芦岛市委办公室 葫芦岛市人民政府办公室关于改进市领导同志到基层调研接待工作的规定》和《葫芦岛市贯彻落实＜中共辽宁省委办公厅 辽宁省人民政府办公厅关于改进省领导同志到基层考察调研接待工作的规定＞实施办法》；听取推荐省委“一先两优”准备工作及“一先两优”表彰安排工作汇报；听取关于选派优秀年轻干部进行挂职锻炼的汇报。

5月12日，召开三届市委第72次常委会。研究有关干部问题。

5月21日，召开三届市委第73次常委会。研究有关干部问题。

5月26日，召开三届市委第74次常委会。传达全国综治表彰大会和全省综治表彰暨新一轮争创活动动员大会精神，研究本市贯彻意见；听取市委常委深入开展学习实践科学发展观活动征求意见情况通报。

6月12日，召开三届市委第75次常委会（专题民主生活会）。审议《中共葫芦岛市委常委会贯彻落实科学发展观情况分析检查报告》；结合分工，重点查找个人和班子在贯彻落实科学发展观方面存在的突出问题，查找党性党风党纪方面群众反映强烈的突出问题，深刻分析原因，认真开展批评与自我批评。

7 月 1 日，召开三届市委第 76 次常委会。研究有关干部问题。

7 月 3 日，召开三届市委第 77 次常委会。研究讨论《中共葫芦岛市委常委会贯彻落实科学发展观情况分析检查报告》。

7 月 24 日，召开三届市委第 78 次常委会。研究召开市委三届十一次全休（扩大）会议有关事宜；听取本市评选“勤廉兼优”先进个人情况汇报，研究确定先进个人人选；听取全省干部监督工作会议精神，研究本市贯彻落实意见。

8 月 16 日，召开三届市委第 79 次常委会。听取锦化集团工作情况汇报；传达全国、全省维护稳定暨信访工作第二次电视电话会议精神，研究本市贯彻意见；研究《领导干部任期经济责任审计工作意见》等；研究《葫芦岛市政府机构改革方案》。

8 月 21 日，召开三届市委第 80 次常委会。研究《中共葫芦岛市委常委会深入学习实践科学发展观整改落实方案》；审议《关于对县（市）区党政领导班子和主要领导干部贯彻落实科学发展观情况进行监督检查与考核评价的实施办法》；审议关于市公安局主动为整治和优化经济发展环境作贡献的调查报告；研究有关干部问题。

9 月 9 日，召开三届市委专题常委（扩大）会议。通报锦化化工集团有关情况。

9 月 10 日，召开三届市委第 81 次常委会。研究有关干部问题；听取国庆安保工作汇报；研究全市学习实践科学发展观第二批总结暨第三批动员活动有关事宜。

9 月 13 日，召开三届市委第 82 次常委会。研究有关干部问题。

9 月 23 日，召开三届市委第 83 次常委会。传达全省党校工作会议精神，研究本市贯彻落实意见；研究有关干部问题。

10 月 28 日，召开三届市委第 84 次常委会。研究关于加强全市推进重点园区和重大项目建设协调工作；研究《锦化机集团公司与一航黎明公司重组改制有关情况》；研究全市交通重点工程建设表彰大会有关事宜。

11 月 5 日，召开市委常委专题民主生活会。贯彻《省委关于专项整治干部队伍中收送钱财问题的规定》。

11 月 10 日，召开三届市委第 85 次常委会。研究关于葫芦岛市人民代表大会换届工作安排有关事宜；研究筹备召开政协葫芦岛市第四届委员会第一次会议有关事宜；研究有关干部问题。

12 月 2 日，召开三届市委第 86 次常委（扩大）会议。研究有关干部问题。

12 月 5 日，召开三届市委第 87 次常委会。研究市人大、政府、政协换届人选。

12 月 6 日，召开三届市委第 88 次常委会。研究有关干部问题；递选市委委员；通报并讨论省委考察组确定的市人大、市政府、市政协换届人选名单。

12 月 18 日，召开三届市委第 89 次常委会。听取本市机构改革情况汇报；研究有关干部问题；研究召开市委三届十二次全会暨全市经济工作会议有关事宜。

12 月 18 日，召开三届市委第 90 次常委会。研究有关干部问题。

12 月 24 日，召开三届市委第 91 次常委会。研究有关干部问题。

12 月 30 日，召开三届市委第 92 次常委会。研究市政府工作报告；研究《关于 2009 年度县（市）区党政领导班子和主要领导干部贯彻落实科学发展观进行监督检查与考核评价工作的通知》；研究《信访稳定风险评估制度实施办法》；研究《中共葫芦岛市委、葫芦岛市人民政府关于贯彻＜中共辽宁省委、辽宁省人民政府关于进一步深化集体林权制度改革，加快现代林业发展的意见＞的实施意见》；研究《中共葫芦岛市委、葫芦岛市人民政府关于“辽西绿色长廊”工程建设考核奖惩办法》；研究《中共葫芦岛市委、葫芦岛市人民政府关于促进残疾人事业发展的实施意见》。

（吴欣宝）

组织工作

【概况】 2009 年，全市组织部门紧紧围绕坚持科学发展、推动社会和谐选干部、配班子，建队伍、聚人才，抓基层、打基础，为全市经济社会平稳较快发展提供坚强组织保证和人才支撑，各项工作取得明显成效。

【深入学习实践科学发展观活动】 按照中央和省委统一部署，自 2009 年 3～2010 年 2 月，全市 2 022 个单位、4 301 个党组织、111 370 名党员，分两个批次参加了深入学习实践科学发展观活动。全市各级党组织紧扣“推动科学发展、促进全面振兴”主题，紧紧围绕“保增长、保民生、保稳定，促振兴”大局，坚持两批贯通、上下联动，加强组织领导，突出实践特色，扎实有序推进，学习实践活动基本达到了中央和省委提出的目标要求，有力地推动了科学发展观在葫芦岛的贯彻落实。坚持突出理论武装这个首要任务，把深入学习、提高认识、统一思想贯穿活动始终。形成调研报告 2 087 个，举办思想解放研讨会 833 次。坚持突出科学发展这个核心，进一步理清科学发展思路，全面加强对经济工作的领导，深入开展了“领导干部和部门帮扶重点企业”活动，市、县两级领导干部和有关部门对 540 户规模以上工业企业进行了帮扶，协调资金 10.03 亿元，扶持重点骨干企业提高工业企业运行质量。深入开展了“千名专家下乡进村入户解难题保增长”活动，组织市、县两级千余名涉农专家深入到 800 多个行政村、一万余农户，帮助农民解决生产中的技术问题 2 245 个。坚持突出人民群众得实惠这个落脚点，着力解决群众最关心、最直接、最现实的利益问题。在“党员干部走进千家万户”活动中，动员全市近 2 万名党员干部与困难家庭进行了“一对一”帮扶，为困难家庭捐现金 400 余万余元，捐物资折款近 200 余万元，帮助困难家庭解决实际问题 12 365 个。在“解难题促和谐”活动中，解决民生方面问题 470 多个，解决信访问题 183 案 1 349 人次。在“环保攻坚惠民”活动中，投入资金 5 700 多万元，改善群众生产生活环境，解决事关群众切身利益的饮水安全、垃圾处理、环境美化、植被恢复、村屯绿化等问题。坚持突出加强党的建设这个关键，着力夯实党的执政基础。整顿软弱涣散基层党组织组织 50 个，理顺党组织隶属关系 25 个，调整充实领导班子成员 69 名。进一步加强党风廉政建设，健全完善惩治和预防腐败体系，严肃查处违纪违法案件，各级党组织的创造力、凝聚力、战斗力明显增强。

【加强领导班子和干部队伍建设】 按照“讲党性、重品行、作表率”的要求，进一步提高各级领导班子和领导干部的思想政治素质。对市管领导班子思想政治建设情况进行调查分析，制定有针对性的方案，教育和引导领导干部树立科学发展观，全面提高领导干部贯彻科学发展观的能力，解决不会干、不能干和抓落实不得力、不到位的问题；引导领导班子和领导干部树立正确的政绩观，激发领导干部的工作热情和开拓创新精神，解决精神状态、责任意识、敬业精神和浮躁情绪问题；进一步贯彻执行民主集中制，加强对党员领导干部民主生活会的指导，提高领导班子解决自身问题的能力，增进领导班子的团结。

落实《葫芦岛 2007—2010 年干部教育培训规划》，按层次、分步骤、全方位、高质量开展大规模培训干部工作。以实际需求为导向，以提高素质和能力为重点，做好党政干部培训工作。全市共选送 178 名学员分别参加了中组部、国家行政学院、财政部、交通部、农业部等各部委及省委党校、辽宁行政学院举办的各类培训班次的学习。坚持“学、干”两条线的原则，办好县级干部素质能力进修班和优秀中青年干部培训班，全年培训县级领导干部 76 人，培训后备干部 40 人。

按照领导班子结构多重目标要求，做好各级领导班子的调整充实工作，优化领导班子结构。树立正确的用人导向，真正把那些“人品正、有能力、有激情、群众公认”的干部选拔到各级领导岗位。全年共调整干部 191 人，其中，提拔 52 人，交流 73 人。采取定向培训、挂职锻炼的等办法，加大培养选拔女干部和党外干部工作力度；大力培养选拔优秀年轻干部，做好后备干部的选拔工作；抓好年轻干部的培养锻炼工作，选派部分后备干部、出国留学人员，到生产建设一线挂职锻炼，创新后备干部培养使用机制；对选派到本市担任“村官”的大学生实行有针对性的培养和锻炼。

完善强化预防、及时发现、严肃纠正的工作机制，把干部监督工作贯穿于干部任用、日常管理的各个环节，切实加大干部监督工作力度。严格执行干部选拔任用工作程序，开展对用人上的不正之风的整治工作，加大严重违规用人问题立项督察工作力度，加强干部选拔任用全过程监督。贯彻执行定期检查、重点抽查、专项督察制度。认真落实党员领导干部诫勉谈话和函询、述职述廉、个人有关事项报告等制度。根据《党政领导干部选拔任用工作监督检查办法》（试行），进一步推进监督检查工作的经常化、制度化。坚持任前公示制，接受舆论监督，全年对所有拟提拔的领导干部进行了公示。坚决查处违反干部选拔任用工作纪律的行为，特别是“跑官要官”、“买官卖官”、拉票贿选，违反《条例》规定任免干部的，坚持做到发现一起，严肃查处一起。全年受理电话、信件、来人等形式的举报 15 件，受理上级转来的举报 14 件。

推进“三个机制”的健全完善和有效运转，进一步落实离退休老干部的各项待遇。加大解决困难地区、困难企业离休干部实际困难的力度，妥善处理好国有改制和破产企业、特困企业离休干部的安置、管理和服务工作，保证离休干部有组织管理、有人员服务、有经费保障。开展了走访建国前老党员、老干部活动。加强老干部党支部、老干部大学和老干部活动中心建设。

【深化干部人事制度改革】 加大了干部选拔任用机制创新的力度，根据《党政领导干部选拔任用工作条例》有关规定，采取“组织差额推荐、常委会差额研究、组织差额考察、差额提名、常委会差额票决、全委会表决”的方式，选出了兴城市、连山区、龙港区三个县（市、区）委书记人选，在市委常委会上，进行两次差额表决，实现本市常委会在干部任用上的新突破。扩大干部选拔工作民主化程度，规范决策程序，坚持按章办事，严格执行民主集中制原则，做到科学决策、民主决策。把握好民主推荐、组织考察、常委会票决、全委会票决、任前公示等环节，在酝酿阶段发扬民主，集思广益。组织部门按照要求认真梳理和分析各方意见，在反复酝酿的基础上制定干部调整方案。

健全完善干部考核评价机制。按照科学发展观和正确政绩观的要求，加大对干部量化考核的力度，研究制定了领导班子和领导干部量化考核办法，建立起科学的、具有可对比性的、能起到激励作用的考核指标体系，最大限度地进行量化考核，对各地区、各部门完成目标任务的情况进行量化排队，把各项任务指标完成情况作为干部调整使用的重要依据。加大民主考核的力度，提高干部考核工作的公开度，坚持实行集中公开述职、民主测评，把日常考核、社会反映以及年终述职测评的结果，作为决定干部进退留转的重要依据。通过量化考核和民主考核，对排名靠后的单位和干部，区分不同情况，采取诫勉谈话、亮黄牌、组织调整等措施。

健全完善干部管理机制。坚持从严管理干部，加强对干部队伍日常管理，严格领导干部问责制度，解决干部管理某些方面失之于宽的问题。建立健全有关制度，对干部离任交接、超职数配备等问题进行规范。严格执行干部交流制度，推进干部管理工作的规范化、制度化水平。

【推进全市人才队伍建设】 按照“管宏观、管政策、管协调、管服务”的要求，完善党委统一领导、组织部门牵头抓总、有关部门密切配合、社会力量广泛参与的人才工作新格局，探索建立人才工作议事决策、沟通协调、统分结合的工作运行机制，进一步形成了人才工作整体合力，加强对人才工作的宏观指导。围绕优势产业、重点项目和骨干企业，组织优秀人才开展科技攻关和智力服务，搭建各类人才发挥作用的平台。完善科学合理、人尽其才的人才评价使用机制，逐步形成了以享受国务院特殊津贴专家、“百千万人才工程”、“学术和技术带头人”三个梯次高层次专业技术人才为核心的创新团队领头人队伍，涌现出两个省级“百千万创新团队”。建立管理、技术和技能等要素参与分配的人才激励保障机制，激发各类人才干事创业的热情。坚持“五个倾斜”的原则，不断改进选拔高层次专业技术人才推荐人选的产生办法，扩大高层次专业技术人才的选拔范围，实施中青年高层次专业技术人才知识更新和能力提升计划。2009 年，本市新增享受国务院特殊津贴专家 4 人，享受特贴专家总数达到 152 人。贯彻落实省委、省政府下发的“2+4”文件精神，研究制定本市人才整体开发的政策措施，推进本市沿海“一线七区”人才开发工作。继续实施了人才引进、培养的“1244”工程，引进海外高层次创业领军人才工作取得重大突破，引进各类人才 1 734 名，培训各类专业技术人才 350 人。

【深化新农村建设专家服务团工作】 巩固和推广专家服务团为新农村建设提供人才支持的经验和做法，拓宽和延伸专家服务团工作领域，加强和完善专家服务团工作长效机制建设，促进本市专家服务团服务“三农”工作向纵深发展。成立环保、旅游、民政、文化、安全生产专家服务团，在县（市）区建立专家服务团特派专家工作站，实行专家服务团和选聘生对接，支持选聘生建立创业示范基地。结合学习实践活动，开展了“千名专家下乡进村入户解难题保增长”载体活动，组织专家开展技术培训和技术服务。2009 年，培训农民 10 万人次以上，培养农村技术骨干 500 人，实现推广大棚生产示范基地面积 1.67 平方千米，秸秆生物反应堆技术推广工作取得阶段性成果，促进了农民增收致富和农村和谐发展。这项载体活动得到了省委的认可，市领导对此作出重要批示，《光明日报》和《辽宁日报》进行了宣传报道。

【加强基层党的建设】 打牢村级党组织建设基础，全面提高村干部的整体素质，市、县两级组织部门举办了村党支部书记培训班，全市 93 个乡镇举办了 135 期村干部培训班，累计培训达 5 000 余人。探索和实践从优秀村党组织书记中选拔乡镇领导干部做法。提高村干部待遇，研究制定村干部养老保险和离任村干部补贴办法。加强以村党组织为核心的村级组织配套建设，开展选派干部担任驻村指导员。实施新型农民党员队伍建设工程，提高农村党员素质。扎实推进农村党员干部现代远程教育和党员电化教育。

推进企业党组织建设。探索现代企业制度条件下充分发挥企业党组织作用的途径和形式，加强国有企业改制过程中党建工作。进一步加强非公有制企业党建工作，继续巩固规模以上非公有制企业建立党组织成果，不断扩大规模以下非公有制企业党组织工作覆盖面，积极探索发挥党组织作用的有效途径，继续推进非公有制经济组织党建带工建、工建服务党建的工作。

抓好社区党组织建设。完善以党组织为领导核心的社区工作运行机制，加强社区党务工作者队伍建设，深化党群共建和谐社区活动。推行建立楼栋党支部的成功经验，扩大楼栋党支部的影响力和覆盖面。加强棚改新区社区党建工作。抓好机关、学校、科研院所、文化团体等领域党建工作。

创新基层党组织设置。加大在产业链、专业协会、党群共同致富联合体建立党组织的力度，推进在大型商贸区或专业市场、商务楼宇建立党组织的工作，在外来务工人员集中居住点或农民工党员相对集中的地方建立基层党组织，扩大组织覆盖面。

推进基层党内民主建设。做好党代表任期制工作，建立健全党代会代表参与重大决策、参加重要干部推荐和民主评议、列席党委会议、联系党员群众、开展调查研究等制度。开展县（市、区）试行党代表大会常任制试点工作，建立健全相关配套制度。有计划、有步骤地扩大在基层党组织领导班子中进行直接选举党组织负责人的范围。

加强党员队伍建设。做好发展党员工作，探索建立流动党员管理与流动人口管理相结合的长效机制，建立健全城乡一体的党员动态管理机制，组织开展党员承诺制、党员先锋岗、结对帮扶和党员志愿者等行之有效的党员服务群众活动，深化“共产党员工程”活动，发挥党员服务中心作用，建立健全党内激励、关怀、帮扶机制，广泛开展党内关怀活动。认真做好“12371”党员咨询服务电话运行工作，建立接听、记录、办理及反馈等四项制度。开展创优争先活动，全市共有 4 个先进基层党组织、4 名优秀共产党员和 3 名优秀党务工作者受到省级表彰；100 个先进党组织，100 名优秀共产党员，60 名优秀党务工作者受到市级表彰。

（艾长胜）

宣传工作

【概况】 2009 年，全市宣传思想战线高举中国特色社会主义伟大旗帜，以党的十七大、十七届三中、四中全会精神为指导，认真贯彻落实中央、省委和市委的决策部署，以科学发展观为统领，以建设先进和谐文化为目标，以保民生、保增长、保稳定为主线，以庆祝建国 60 周年、建市 20 周年等重大活动为载体，唱响发展主旋律，打好“三保”主动仗，坚持正确舆论导向，积极引领社会思潮，大力弘扬社会正气，努力培育社会新风，面对金融危机的冲击和影响逆势而上，圆满完成了各项工作任务，为葫芦岛科学发展、加快振兴提供了强大的思想保证、舆论支持和文化条件。

【理论武装扎实深入】 理论宣传以"武装工程"推进，把科学发展观的学习宣传摆在重要位置，精心组织中心组学习，利用报告会、研讨会等形式，带动全市各级干部学习的不断深入。积极推进当代中国中国马克思主义理论大众化、普及化。充分发挥全市三级理论宣讲网络的作用，对宣讲员进行实名制登记，以三级千人宣讲队伍为骨干，通过举办培训班、举行宣讲大赛等形式提高宣讲质量，提升理论普及水平。积极组织开展理论进企业、进农村、进机关、进学校、进社区等"五进"宣传活动，全年共宣讲1 000余场，受众达10万余人。创办了《葫芦岛社会科学》期刊，对社科知识的宣传普及发挥了重要作用，也为本市社科工作的交流与研究提供了阵地。

【新闻引导鲜明有力】 围绕全市实施"三大发展战略"、"三保"和科学发展观活动等重点工作，开展主题新闻宣传，整合新闻资源，组织指导新闻媒体大型采访活动，并以专版、专题、专栏等形式，全方位、多角度对本市在应对金融危机中扩内需、调结构、促改革、惠民生所做出的决策部署和取得的成效进行集中报道和持续系列报道，为创造良好的发展环境鼓劲造势，有力配合了全市各项工作的开展。注重热点问题、敏感节点和突发事件的舆论引导，较好地处置了绥中二河口沉船、葫芦岛高考移民和锦化群访等突发事件的新闻舆论引导工作，确保了网上和社会舆论平稳。加大典型宣传报道力度，对市公安局加强软环境建设的集体典型和全市道德模范等个人典型以及在发展改革中做出成绩和贡献的典型进行了集中宣传报道，发挥了先进典型的示范引领作用。

【社会宣传载体丰富】 突出重点，丰富载体，充分发挥社会宣传的辐射力和影响力，把爱国主义教育、民族精神教育和形势政策教育作为主题，开展了"坚定信心保增长、迎接挑战促发展"等系列宣传教育活动。与市委组织部和市新农村建设办公室共同组织了"新农村建设优秀带头人"先进事迹报告团，先后赴六个县（市）区做事迹报告，用身边典型教育干部群众，在新农村建设中发挥了引领作用。举办了"礼赞光荣·听我讲故事大赛"，大赛吸引了26 000多人积极参与投票，进一步激发了干部群众的爱国热情和工作激情。充分发挥思想政治工作人文关怀、心理疏导作用，工作重心下移，积极搭建企业、社区和新经济组织思想政治工作平台，把思想政治工作拓展到弱势群体和大中专院校。抓好思想政治工作典型推荐，中国石油锦西石化分公司等两家单位荣获省思想政治工作先进单位荣誉称号。突出爱国主义教育示范基地和国防教育基地建设，南票区下五家子惨案遗址陵园等2个基地被评为省级爱国主义教育示范基地；辽宁宏业实业集团等五家单位被省国防教育委员会评为国防教育示范单位，兴城一高中等四所中小学被评为国防教育示范校。

【对外宣传彰显活力】 把城市形象宣传和招商引资环境宣传作为重点，大力宣传建市20年取得的成就和葫芦岛的各种优势。特别邀请了省以上主流媒体和国内重点网站走进葫芦岛、宣传葫芦岛。全年在省以上媒体上稿800余篇。编辑、制作了《关外第一市，魅力葫芦岛》精装画册、邮册、摄影作品集；组织拍摄了建市20年专题宣传片《奋进中的葫芦岛》。大力拓展宣传渠道，先后在北京、沈阳、香港等城市和日本、俄罗斯等国家，组织以介绍葫芦岛自然风光、民俗文化和投资环境为主题的对外宣传活动，取得良好效果。成功举办了"中韩文化交流十周年"艺术展演，并出版了《我们共同走过》大型画册。借助强势媒体，促成了在中央电视台《朝闻天下》栏目播出形象宣传广告，强化了"关外第一市，魅力葫芦岛"城市名片的对外宣传。加强网络评论员队伍建设，充分发挥网络评论引导作用，本市网评工作受到省委表彰。

【文艺宣传打造亮点】 为营造建国60周年、建市20周年的喜庆氛围，形成高潮，推动文化的大发展大繁荣，全市宣传文化系统精心策划，组织开展了"送戏下乡面对面、辅导培训手拉手"和文化"四进"活动，组织了文化广场、农民文化艺术周和"祝福祖国"歌咏演唱活动，爱党爱国的主旋律唱响全市城乡；成功举办了中国·葫芦岛第三届国际葫芦文化节，葫芦岛被中国文联授予"中国葫芦文化之乡"称号；在央视《星光大道》开播五周年之际，举办了"星光耀祖国、魅力葫芦岛"大型演唱会；成功举办了2009年葫芦岛市春节文艺晚会暨春节团拜会等，一系列各具特色的文化活动，丰富了城乡广大群众的精神文化生活。文学艺术创作也出现新亮点。组织文艺工作者编撰《葫芦岛历史文化丛书》、《建市二十年文艺精品集》、《放歌葫芦岛》歌曲集等。积极组织省重点文艺创作项目申报，本市有多篇文学艺术作品在省以上获奖。

【文化体制改革实现突破】 按照加大力度，加快进度的要求，抓住制约改革的关键环节和重点领域，确定改革目标，细化分解任务，使文化体制改革实现新突破。完成了市文化局与广播电视局两个文化行政主体部门的合并，组建了文化广电影视局；完成了市广播电台与电视台的整合，组建了葫芦岛广播电视台；狠抓了经营性事业单位转制改企，完成了县（市）新华书店、电影公司、电影院的改制和广播电视报的退出工作。广播电视有线网络整合及数字转换工作走在全省前列。公共文化服务体系建设取得新进展。全面推进文化惠民工程建设，新建农家书屋161个、乡镇文化站18个、实现一村一月放映一场电影，全年农村电影放映10 157场次，"村村通"工程基本完成，文化信息资源共享工程进村入户，切实保障了全市人民共享文化发展成果。

【精神文明创新发展】 围绕建立社会主义核心价值体系，以公民思想道德建设为重点，开展主题教育，弘扬社会新风。广泛开展了“迎国庆、讲文明、树新风”活动，组织了本市首届道德模范的评选表彰，广泛宣传道德模范的先进事迹；实施“道德信贷工程”，评选等级文明户 10 000 余家。深入推进“百城万店无假货”活动的开展，市百货大楼被命名为国家级“百城万店无假货”示范店；开展“打造诚信商务区”活动，进一步优化了经济社会发展环境。连山区化工街道惠民社区推出的“百家宴，邻里节”等社区活动得到推广，在省“魅力社区”活动中展播；城乡共建工作纵深发展，新结城乡共建对子 379 对；未成年人教育取得实效。加强全市网吧连锁整合，网吧连锁签约率达 99%。群众性精神文明创建工作也有了新的进展，有力推动了全市精神文明建设稳步健康发展。

【舆情信息服务决策】 拓宽舆情信息收集渠道，加强社会舆情和宣传工作信息收集报送，密切关注意识形态领域的新情况和社会思潮的新变化，及时了解理论热点、创作倾向、媒体动态和网上涉葫舆情，增强舆情信息工作的前瞻性和主动性，加强对重点舆情分析研判和重要信息报送工作，提高舆情信息为科学决策服务水平。全年向省委宣传部报送舆情信息 200 余条，重点舆情分析研判文章 5 篇，宣传工作信息 40 余条。办好《葫芦岛宣传》内部期刊，增加信息量，添加新栏目，增强可读性，突出指导性。围绕市委市政府最关心的问题、老百姓最敏感的问题和改进创新宣传思想工作等课题，以学习实践科学发展观活动为契机，组织部机关党员干部深入日报社、电视台进行集体调研，深入到杨家杖子帮扶家庭进行走访，体察民情、倾听民声，部机关党员干部共形成调研报告 27 篇。这些成果为服务决策和有效指导宣传思想工作科学发展发挥了重要作用。

【队伍建设不断加强】 组织宣传文化系统党员干部带头学习实践科学发展观，扎实开展实践科学发展观教育活动，进一步加强宣传文化系统领导班子建设和队伍建设。协同组织部门做好市直宣传系统领导班子调整配备、年度考核和后备干部队伍建设工作，加大对宣传战线领导干部教育管理工作的力度，不断增强政治意识、大局意识和责任意识，提高决策能力和发展能力。认真落实“十一五”宣传干部培训规划，加强对市直宣传文化系统中青年业务干部、企业思想政治工作职评人员、新闻单位编采人员的培训和全市宣传系统“四个一批”人才的培养。拓宽培养渠道，积极推荐宣传业务骨干到省、市委党校和大专院校学习进修。深化新闻出版文艺系统 “三项学习教育”活动，切实提高全市宣传思想战线干部职工的政治觉悟、思想修养、业务水平，造就了一支政治强、业务精、纪律严、作风正的宣传思想文化工作队伍。

（蔡礼平）

统战工作

【概况】 2009 年，全市统战系统紧紧围绕市委确定的“保增长、保民生、保稳定、促振兴”目标，高举“大团结、大联合”旗帜，有效履行职能，发挥优势，使各领域统战工作都取得了较好成效，为推动本市经济社会平稳较快发展做出了积极贡献。

【统一战线共同思想政治基础不断巩固】 深入开展学习实践科学发展观活动，学习贯彻十七届四中全会精神，按照提高党的建设科学化水平的要求，明确统战工作科学化的思路；指导非公有制经济组织扎实开展学习实践活动，围绕实现科学发展和推进党建工作，引导非公有制经济人士坚定走中国特色社会主义道路，以强国富民为己任的政治信念；抓住新中国成立 60 周年暨多党合作制度确立 60 周年重要契机，组织统一战线广大成员通过征文、座谈会等形式，歌颂新中国成立 60 周年的伟大成就，深刻认识中国特色社会主义政治制度的巨大优越性，深化推进多党合作事业健康发展的共识，进一步增强坚持走中国特色社会主义道路的坚定性，有效巩固了统一战线共同的思想政治基础。

【多党合作与政治协商制度建设取得新成效】 一是圆满完成市政协换届党外人事安排工作。严格执行上级政策规定，认真履行工作程序，加强与有关方面沟通协商，所形成的新一届政协委员、常委队伍综合素质较好，参政议政能力较强，为本市政协事业发展提供了保证。二是协助农工党市委会和致公党市委会圆满完成换届工作，实现了平稳的政治交接和组织交接。三是协助各民主党派加强自身建设。深入开展“政治交接主题学习教育”活动，举办了第三期“政治交接主题学习教育活动”培训班和两期党派成员轮训班；协助各民主党派市委会加强领导班子、思想、组织、制度和机关建设，不断提高履职能力。四是支持各民主党派发挥职能作用。协助市委、市政府和有关方面召开各类情况通报会、协商会、座谈会 12 次；组织各民主党派围绕党委、政府中心工作建言献策，形成提案、议案 320 多份，有 34 件提案被列为重点提案；支持各民主党派开展调查研究、社会服务、引资引智、爱岗敬业的“四个一”活动，有 16 个集体、69 名党派成员受到省以上表彰。

【党外代表人士队伍建设得到新加强】 一是结合市政协换届，发现、物色新的代表人物，建立党外代表人士队伍。二是加强党外人士培训工作。在市社会主义学院举办了第四期非中共中青年干部培训班，培训科级党外干部和党外高级知识分子 35 人；选送 15 名党外干部和非公有制经济代表人士参加了中央统战部在清华大学和省委统战部在省社会主义学院举办的培训班。三是开展党外知识分子和无党派人士工作。开展了全市无党派人士基本情况的调查，为成立党外知识分子联谊会做准备；组织无党派代表人士和归国留学人员参加了省委统战部组织的“归国留学人员考察团大连创业周”活动。

【经济领域统战工作取得新成效】 一是在应对国际金融危机，“保增长、保稳定、保民生、促发展”中发挥独特优势。开展“我为应对国际金融危机献一策”活动，引导统战成员为本市实现“三保一促”目标献计出力；组织各民主党派、工商联及统战部机关干部开展大调研活动，形成调研报告3个，其中《关于我市民营企业发展问题的调研报告》受到陈晓琨书记和孙兆林市长的重视，分别做了批示；建立经济界代表人士信息库，并将150名与本市统战系统有联系的海内外经济界代表人士信息集结成册，为本市招商引资提供服务。二是开展了本市首届优秀建设者评选活动，对评选出的29名优秀建设者在报纸上进行大力宣传，产生了良好的社会效益。三是开展非公有制经济代表人士综合评价工作，为非公有制经济代表人士进入各级人大、政协提供了重要依据。四是做好以商招商、推动民营资本增加投入工作，开展了新的社会阶层光彩事业“五项工程”活动。五是继续推进统战系统助推新农村建设“双百”工程取得成效。龙港区委统战部协调海王府餐饮有限公司与双树乡结成共建对子，投资9 000万元建设恒大物流钢材市场，实现了当年立项，当年建设，当年投产。兴城市委统战部协调凯斯科技有限公司在佟屯村追加投资，扩大生产规模，解决就业近百人。六是做好海外统战和对台工作，加大对台经贸工作力度。接待来本市考察的台商15人次，邀请台湾主流媒体采访本市经济开发区。组织、协调本市代表团参加“第八届辽宁台湾周”和招商洽谈会。为有意向投资的台商提供了《在葫芦岛投资纸箱厂可行性调研报告》。积极促进大成农技（葫芦岛）有限公司落户本市。引进台湾王永庆基金会专项资金资助本市建设“明德小学”项目。

【民族宗教工作取得新突破】 一是为促进民族地区经济发展，在农科院果树研究所建立了少数民族培训基地。二是召开全市宗教工作领导小组扩大会议，发挥统战部“牵头协调”的职能作用，依法加强对宗教事务的管理，协同有关部门妥善安排重大宗教活动，处理宗教领域特别是敏感时段和敏感事件相关的突发事件，有效抵御宗教渗透和打击非法宗教活动，全力维护宗教界稳定；协调市宗教局圆满完成市佛教协会和市天主教两会换届工作；密切与宗教界代表人士的联系，巩固了党与宗教界的统一战线。

【基层统战工作取得新进展】 下发了《2009年县（市）区统战工作目标管理实施方案》和《2009年国有企业、科研院所、高校统战工作目标管理实施意见》，并组织他们参加了省委统战部开展的“双争双评”活动，兴城市委、中国石油锦西石化分公司、绥中县委统战部、连山区化机街道化顺社区4个单位和唐联众等5名个人受到省委统战部表彰；开展大培训活动，部主要领导亲自备课讲课，培训基层统战干部和统战成员近千人次。

【统战理论研究 宣传和信息工作取得新成绩】 建立健全统战理论研究、宣传和信息员队伍，举办了培训班。在省委统战部组织的评比中，有4篇理论研究文章获奖，获得统战宣传工作优秀组织奖和信息工作一等奖。在省以上报刊发表文章100多篇。

【领导班子和机关建设有新提高】 深入开展“学习实践科学发展观”活动，在服务科学发展和实现自身科学发展中找准着力点。确定了使各级统战部门真正成为党外人士发挥作用的“设计部”，帮助解决党外人士工作和生活中实际问题的“服务部”，促进党外人士思想上、政治上进步的“政治部”的工作理念和工作目标。注重加强领导班子建设。坚持学习制度，开展党风廉政教育和批评与自我批评，班子团结和谐，勤政务实。注重加强机关建设，建立健全规章制度，开展了“树统战干部形象，建统战成员之家”活动，机关干部工作作风扎实，精神面貌良好。积极开展和参与健康向上的文体活动，在全市体育运动会上取得两项第一、总成绩第五名的良好成绩。

（于　军）

市直机关党务工作

【概况】 2009年，市直机关工委在市委的正确领导下，全面贯彻落实科学发展观，深入贯彻落实市委三届十次全会精神，紧密围绕全市工作大局，以党的执政能力建设和先进性建设为主线，以深入开展学习实践科学发展观活动，整顿机关纪律作风和优化发展环境为重点，以目标责任制为载体，以改革创新的精神，全面推进机关党的思想、组织、作风、制度和反腐倡廉建设，充分发挥机关党组织推动发展、服务群众、凝聚人心、促进和谐的重要作用，充分调动机关广大党员干部的工作积极性，切实加强市直机关党的建设，圆满完成了全年的各项工作任务。

【思想建设】 为了引导市直机关广大党员干部把思想统一到十七大和十七届四中全会精神上来，把力量凝聚到实现市委、市政府确定的各项任务上来，工委适应新形势、站在高起点，采取多种形式，精心组织，统筹安排。一是按照武装头脑、指导实践、推动工作的要求，组织市直机关广大党员干部深入学习贯彻党的十七大、十七届三中、四中全会和市委三届十次全会精神，并下发了《关于市直机关认真学习贯彻党的十七届四中全会精神的通知》，引导广大党员干部解放思想、坚定信心，把思想统一到十七大精神上来，把力量凝聚到实现市委、市政府确定的各项任务上来。二是以科级干部教育培训为载体，全面提高党员干部理论素质。党的十七届四中全会召开后，机关工委为推动市直机关干部深刻领会全会精神内涵，10 月 21 日，聘请中央党校王长江教授来葫芦岛做专题辅导报告，150 多名机关党员干部集中聆听了全会精神的详细解读。同时为提高教育培训的层次和范围，又于 11 月 3～6 日举办了市直机关学习党的十七届四中全会精神培训班，邀请市委党校教授讲授《学习党的十七届四中全会精神》、《辽宁沿海经济带和葫芦岛经济发展》、《领导干部心理健康》，邀请东北财经大学王玉霞教授主讲《生活中的经济学》，中国社会科学院于建嵘教授主讲《关于当前群体性事件的特征及对策》。市直机关 148 名副调研员和 352 名实职科级干部参加了培训，取得了良好效果。三是扎实开展文明机关创建活动。按照全市精神文明建设工作总体部署和目标，机关工委围绕构建和谐社会的工作主题，从思想教育、文化感染入手，大力加强市直机关精神文明建设。按照市委宣传部《关于举办礼赞光荣—听我讲故事—“双庆”讲故事大赛的通知》要求，积极组织开展了“双庆”讲故事活动，并选送了 7 名选手参加全市“讲故事”大赛，取得较好成绩。开展了创建绿色机关和节约型机活动，从打造良好办公环境着眼，从节约资源能源，降低了办公费用入手，加强机关建设，还对 28 名市直创建绿色机关先进工作者进行了表彰。四是精心组织文化广场活动。为全面展示市直机关精神风貌，机关工委从 5 月初，在市直机关组织开展了“双庆”歌咏活动。在此基础上，从 7 月开始筹备“双庆”歌曲演唱会，共有 30 个单位积极报名参加此项活动，通过审查，最终确定 23 个单位参加。8 月 21 日，23 个单位的 1 400 多名机关干部在海关广场唱响了“希望中国”——市直机关庆祝建国 60 周年、建市 20 周年歌曲演唱会，为市民献上了一台精彩的文艺演出。五是培养和宣传典型，发挥示范作用。首先结合目标责任制搞好宣传。在目标责任制大会后，组织新闻媒体对受表彰的先进单位的先进事迹进行宣传报道，同时大力宣传不同时期机关先进典型和模范事迹，激励广大干部，在本职工作岗位上发挥生力军作用，为全市经济建设作出应有贡献。其次结合创建健康机关活动，对市直各单位文化体育活动进行了多角度、多层次的宣传报道，为推动创建健康机关活动的开展营造了良好的舆论氛围。同时开展了“我推荐，我评议身边好人和道德模范候选人”活动。发动了广大机关党员干部，在熟悉的人群中推举好人，在日常生活中发现好事，广泛宣传先进典型，推动社会形成学习、关爱、崇尚、争当道德模范的良好风尚，使活动收到了很好的效果。

【基层组织建设】 充分发挥市直机关基层党组织直接联系群众、宣传群众、组织群众的作用，不断提高基层党组织的凝聚力、吸引力和战斗力。一是加强基层组织建设。机关工委加强了对基层党组织的换届选举的工作力度，先后指导完成了 8 个基层党组织的换届选举工作，20 个单位的基层党组织书记、副书记的调整，新建机关基层党支部 1 个。换届选举工作的及时、规范，党务干部的科学配备，为党建工作的开展提供了坚强的组织保障。二是加强党员经常性教育和管理，进一步做好发展党员工作。严把发展党员入口关，坚持了发展党员公示制、培训考试制、预审制、无记名票决制等制度规定，针对各单位年初制定的党员发展计划，对上报的党员发展材料进行了认真细致的审查，并通过考核进一步掌握拟发展党员的思想状况及现实工作表现，保证了发展党员的质量。9 月下旬还举办了入党积极分子培训班，培训入党积极分子 148 人，全年共吸收预备党员 43 名，转正党员 37 名。三是深化基层党建示范点创建活动。深化拓展基层党建示范点创建活动主题，并加强分类指导，培养和树立典型，把点上经验在面上推广。把一些经验用制度形式固定下来，推动基层党组织建设整体水平提高。共有 71 个基层党组织积极参与了创建活动，有 50 个创建单位被命名为基层党建示范点。充分发挥了党支部的战斗堡垒作用和党员的先锋模范作用，有力地促进了机关党建工作整体水平的提升。四是充分关心党务干部和困难党员。机关工委加强了党务干部之间的交流学习，推动工作的开展。三八妇女节，机关工委将机关女党务干部召集在一起，举办了一次别开生面的联谊活动。大家互相交流工作经验，谈做好党务干部的心得，增进了感情，也促进了工作。还对党员基本生活情况进行了调查，了解他们的疾苦，并对部分困难党员进行了走访慰问，共走访困难党员 35 名，为他们送去了党组织的温暖。五是组织召开市直机关纪念建党 88 周年暨“一先两优”总结表彰大会。6 月 30 日，机关工委组织召开了市直机关纪念建党 88 周年暨“一先两优”总结表彰大会，对 6 个先进党委、6 个先进党总支、38 个先进党支部、104 名优秀共产党员、41 名优秀党务工作者进行了表彰，通过树立典型、表彰先进，有力地推动了基层党建的创新发展。

【作风建设】 按照市委、市政府决心不变、力度不减、标准不降的要求，进一步加强市直机关作风建设，改善本市经济发展环境。一是深入整顿机关纪律作风。市委三届十次全会召开后，机关工委研究制定了《关于违反工作纪律的处理规定》，召开工作会议进行全面部署。随后分三次进行检查，同时随同白雪峰秘书长到部分市直单位进行走访调研，并根据掌握的情况，对工作有针对性的进行了调整，促进机关作风建设的好转。为强化督察，机关工委还不定期对市直机关执行纪律情况进行明察暗访，并建立了作风建设情况网络月报制度，及时掌握了解各单位作风建设进展情况。同时还加大了惩处力度，全年对 3 名违纪的机关干部进行了党纪处分，有力地促进了机关作风建设。二是继续深化“真情服务基层、优化发展环境”活动。机关工委结合深入学习实践科学发展观活动，2009 年继续在市直机关开展了“真情服务基层，优化发展环境”主题实践活动，以此项活动的深入开展，推动科学发展观的贯彻落实。市直机关各单位，通过走进企业、村屯、社区、学校，深入到基层开展活动，帮助落实优惠政策，协调解决项目、资金和技术难题，为基层解难题、办实事，收到了群众得实惠、干部受教育、环境得改善的良好效果。三是深入开展机关干部下基层保增长、保民生、保稳定活动。从2009年4月下旬开始，机关工委联合市委学习实践活动领导小组办公室，会同市发改委、市经贸委在市直机关组织开展了机关干部下基层保增长、保民生、保稳定活动。市直机关28个责任部门，139名机关干部组成28个工作组深入到所联系的重点企业进行工作对接，深入宣传中央和省、市委的各项决策部署，开展调查研究，针对帮扶企业的具体实际，制定了切实可行的帮扶方案，经过各方努力取得了显著成效，仅协助办理银行贷款就达12.5亿元，同时还在帮扶企业立项、销售、技术支持、费用减免等方面做了大量的工作。四是深入开展行政业务大厅优质服务竞赛活动。围绕转变政府职能、树立公仆形象，在政府职能部门进一步深入开展“优质服务窗口”竞赛活动，规范服务行为，提高服务水平，赢得了群众的广泛赞誉。全年各大厅共收到表扬信51封、锦旗77面。年初，机关工委与市审批办联合召开行2008年度政业务大厅“优质服务竞赛”活动总结表彰大会。表彰了10个优质服务大厅、10名优质服务标兵。并对2009年进一步开展好竞赛活动进行动员和部署，充分发挥了作风建设载体作用。五是继续实施行政审批网上公开工程。机关工委组织在全省率先实行了行政审批网上公开工程。组织市直31个具有行政审批职能的单位把具体审批事项的办结时限、办理进度、收费标准等12项内容，通过政府网站实时公开，接受全社会的广泛监督，进一步解决了“暗箱操作”问题。五是开展帮扶锦化集团困难职工活动，做到传爱心，暖民心。锦化集团部分职工出现生活困难后，机关工委迅速组织市直机关各单位筹措资金26万多元，深入到困难职工家庭扶贫帮困，使526户贫困家庭得到及时救助。

【党风廉政建设】 按照“坚持方针、构建体系、拓展领域”的总体思路，坚持标本兼治、综合治理、惩防并举、注重预防的方针，着力加强反腐倡廉建设。一是以开展集中警示教育活动为重要载体，加大从源头上预防和惩治腐败的工作力度。年初以来，机关工委在市直机关党员干部中深入开展了反腐倡廉警示教育活动，重点教育实职科级以上干部。在警示教育活动中，党员领导干部都能带头参加，联系思想实际，提高思想认识，筑牢拒腐防变的思想防线，确保了教育活动的实效性。二是继续开展好实职科级干部廉洁自律考评活动。机关工委对市直机关1 400多名科级实职干部建立规范、完整的科级干部廉政档案，每年进行群众测评，达到了既教育干部，又促进工作的目的。三是认真执行党风廉政建设责任制，落实领导干部“一岗双责”制度。指导市直机关各单位建立和完善了反腐倡廉考核监督体系，采取规范民主生活会、建立廉政情况报告制度、班子成员述职述廉等多种形式对班子成员进行监督。四是认真做好信访和查办案件工作，做到了件件有回音，事事有结果。全年共受理群众举报23件，对一些当时能处理的立即进行沟通、调解，当场解决并记录备案，对一些比较复杂的问题，能够积极与相关单位进行政策咨询，尽快协调处理。特别是对市政协委员赵玉霞提出的关于建设节约型机关和关于加强机关作风建设的提案，机关工委高度重视，多次立会研究，制订方案，及时出台了相关规定，做出了令政协委员满意的答复。

【群团工作】 加强党对群团工作的领导，充分发挥群团组织在机关建设中重要作用。一是加强工会组织建设，深入开展职工之家活动，进一步增强机关工会活力。通过基层工会推荐、申报，机关工会考核验收等方式对全市基层工会进行了认真细致的“建家”评选活动，评选出19个“模范职工之家”，7个“模范职工小家”，17名优秀工会之友，67名先进工会工作者，58名优秀工会积极分子。通过这项活动使集体增加了凝聚力，向心力和战斗力。二是深入开展创建健康机关活动。为更好的体现以人为本的科学发展理念，机关工委协同市体育局在市直机关深入开展了创建健康机关活动，并纳入了2009年目标责任制的主要内容。通过开展各种健身活动，培养市直机关广大干部职工良好的工作生活习惯，提高身体素质和生活质量。5月16日，以万人健身徒步走活动为标志，创建健康机关活动正式启动。下半年还组织召开了创建健康机关活动工作会议，总结经验，把脉发展思路。市委常委、秘书长白雪峰参加会议并就创建健康机关的进一步深化提出了明确的思路，为创建健康机关活动的发展定下了基调。在活动中，机关工委还通过会同市体育局在机关进行体质检测、推广第八套广播体操、组织广播体操比赛和市第三届全民运动会等形式，活跃机关文化体育生活，有力地推动了创建健康机关活动的开展，并取得了阶段性成果。三是切实加强市直机关基层团组织建设，全年改选换届团组织6家，新成立团组织1家，进一步完善了基层团组织。四是进一步加强青年文明号的创建与管理，会同团市委对申报单位进行了严格的考核检查，进一步提升了青年文明的表率形象。五是积极组织机关团员青年参加“春雨行动”，号召市直机关团员青年为“希望工程爱心储蓄存单”吸收无息存款310万元，用实际行动倡导了奉献、友爱、互助的良好风尚，得到社会一致好评。六是组织举办“跃动的青春、我与祖国共奋进”市直机关团员青年迎新年联欢会，通过丰富多彩的文艺节目，进一步激发团员青年的工作积极性。

【工作目标责任制】 为推动市委、市政府决策落实，2009年加强了对工作目标责任制运行过程的监控。一是组织实施2008年度目标责任制年终考评，并召开了市直机关建设暨目标责任制总结表彰大会，评选出优秀单位43个，先进科室34个，先进工作者103名。二是全市目标责任制表彰大会后，机关工委立即筹备召开了2009年度目标责任制工作会议，对2009年方案修改进行了详细说明，对“季评最佳实事”和“企业评议机关”活动进行了布置，对进一步深化目标责任制工作进行了安排部署。三是深入开展“季评最佳实事”活动。全年在市直机关有影响力的126件实事中，确定63件为“市直机关最佳实事”。市直机关各单位求实的工作作风，促进了市政府与省政府签状的31项工作指标的落实。四是深入开展企业评议机关活动。为进一步推动机关建设，促进市委、市政府中心工作的落实，机关工委在市国资委、市经委、市工商联的大力配合下，组织相关企业开展了企业评议机关活动，向企业下发了作风建设评议函、作风建设评议表，并专人负责，定期向相关的机关单位通报，落实整改措施，有效加强和改进了机关作风和提高了工作效率，受到了企业的好评。五是加强目标运行监控，强化日常监督。认真抓好各单位2009年工作目标责任书的制定。要求各部门围绕市委、市政府的中心工作，在细化具体目标时，要把“三保”工作放在更加重要的位置。同时对各项目标任务落实情况的跟踪检查，强化日常监督。通过《情况通报》总结经验，推动目标责任制工作健康有序开展。

【自身建设】 机关工委着力加强机关工委自身建设。一是深入开展学习实践科学发展观活动。机关工委围绕学习实践活动主题，从加强学习入手，深入开展调研，广泛征求意见，下发征求意见函119份，收集整理意见13条，经过认真查找和梳理存在问题，有针对性地开展不同层次谈心活动，召开领导班子专题民主生活会，积极组织群众评议。查摆问题，制定整改方案，领导班子建设得到了明显加强。二是加强中青年干部的培养力度。以建设“学习型、进取型、和谐型”工委为目标，开展了读书活动，提高干部素质和工作能力。三是进一步密切机关工委与市直各部门的工作联系，对工委领导班子成员分片联系市直各部门的单位进行了轮换调整，使机关工委每名干部都能掌握全市工作的动态情况。四是加强综合素质教育，在工作中采取分工负责，集中讨论、集中授课等形式，加强公文写作、计算机技能、本职业务等工作素质的培训，全面提高了工委干部的综合素质。五是深入开展了党员干部走进千家万户活动，从4月3日开始，先后多次到绥中沙河镇和连山虹螺岘镇对接的扶贫户家中走访慰问，认真按照科学发展观学习实践活动要求，帮助群众解决实际困难，让他们感受到党的温暖，同时也对工委机关干部起到了很好的教育作用，拉近了与群众的距离。

（齐艳明）

政法工作

【概况】 2009年，全市政法机关在市委的正确领导和省委政法委的具体指导下，认真贯彻党的十七大、十七届四中全会和中央、省、市政法工作会议精神，坚持以科学发展观为统领，以维护社会和谐稳定为首要任务，以争创“全国、全省综治工作先进市”为动力，以公正执法、一心为民为根本，以加强政法队伍建设为保障，加大矛盾纠纷排查调处力度，加大“平安葫芦岛”建设力度，加大服务本市沿海“一线七区”建设工作力度，加大同“法轮功”等邪教组织斗争力度，加大党对政法工作的领导力度，为构建和谐平安葫芦岛，服务全市工作大局，实现本市经济又好又快发展，创造了良好稳定的社会环境、安居乐业的治安环境和公正高效的法治环境。

【为经济社会发展大局作出新贡献】 按照党员干部受教育、科学发展上水平、人民群众得实惠的总体要求，深入开展学习实践科学发展观活动，创造性开展“保增长保稳定”和“解百案”实践活动，积极服务第一要务，全力履行第一责任。公安机关提出“警务就是生产力”的口号，出台并落实了100条服务发展、保障民生的便民利民措施；检察机关突出“四个着力”，积极营造规范有序的市场经济环境和和谐稳定的社会环境；审判机关将服务意识贯穿于各项工作中，积极为本市经济社会发展创造公正高效的法治环境；司法行政机关出台“双保”“双十”措施，全面提升法律服务、公证服务水平，拓展法律援助、法律宣传领域；国家安全机关突出职业特点履行“双保”职责，充分发挥“参谋助手”、“耳目卫士”作用。这些工作措施的制定和落实，极大提升了全市政法机关服务开发开放、促进发展振兴的能力和水平，为推动本市经济平稳较快发展提供了有力保障。

【维护国家安全和社会和谐稳定】 积极应对对敌斗争新变化，不断强化反恐斗争意识，进一步深挖打击、严密防范“法轮功”等邪教组织违法犯罪活动，进一步巩固教育转化和“三无”创建成果，取得了对敌斗争新胜利。深入开展矛盾纠纷大排查活动，精心组织领导干部大接访、机关干部大下访，妥善处置锦化集团部分职工上访等群体性事件，确保全市大局基本稳定。大力组织实施安全生产和火灾隐患排查治理，强力开展整治交通秩序专项行动，有效防止了重特大公共安全事故的发生。全面落实“三道防线”，大力实施“护城河工程”，重点人员稳控到位，卡点堵控到位，驻京劝返到位，牢牢守住了辽宁的“西大门”，实现了“五个不发生”和“两个不出”工作目标，被省委、省政府评为全省“国庆安保工作先进市”。

【平安建设取得新进展】 大力推进新一轮“争创”活动，全面落实“一把手”工程，扎实开展系列平安创建，不断提高综治基层基础建设水平和综合保障能力，开创出综治工作新局面。坚持“城乡同步、整体推进”、社会治安防控体系建设更加严密，群防群治队伍不断壮大，人防、物防、技防相结合的防范格局基本形成，城乡治安防范能力进一步提高。以解决突出治安问题为重点，各级公检法部门协同作战，合力严厉打击各类严重刑事犯罪，特点是广泛深入地开展“打黑除恶”专项斗争，极大地增强了人民群众安全感和正义感。本市在夺取争创全省综治工作先进市“三连冠”的基础上，荣获“全国综治工作优秀市”、“全国十大见义勇为好司机评选表彰活动工作优秀城市”、“全国平安铁路示范路段”光荣称号。

【维护社会公平正义取得新突破】 按照省、市委关于“解难题促和谐”的统一部署，深入组织开展“解百案”实践活动，严格落实领导干部包案制度，妥善实施司法救助措施，不断加强案件督察督办和错案责任查究力度，多渠道、多手段破解涉法涉诉信访难题，共办结涉法涉诉信访案件168件，息访88件，维护了人民群众的合法权益，教育了广大政法干警，推进了执法规范化建设。同时，公安机关严厉打击经济犯罪，审判机关继续深入开展清理执行积案专项治理，检察机关依法查办和有效预防职务犯罪，司法行政机关广泛开展普法宣传和法律援助、法律服务工作，市法学会积极组织开展法学研究和法学讲座，连续三年被省评为先进法学会。

【政法队伍建设取得新变化】 通过深入开展学习实践科学发展观活动，坚持不懈抓社会主义法治理念教育，广大政法干警理想信念更加坚定，宗旨意识不断增强，警民关系极大改善。特别是公安机关响亮提出“打造关外第一警队”的口号，为服务发展振兴创造宽松环境，大刀阔斧抓队伍建设，取得市委、市政府的充分认可，并作为典型在全市党政机关推广。大力加强队伍专业化建设，严格队伍日常管理监督，深入开展“争创人民满意活动”，有4家单位、18名个人被评为省级“人民满意政法单位（干警）”，12家单位、33名个人被评为市级“人民满意政法单位（干警）”，赢得了社会各界和人民群众的信任和赞誉。进一步加强了党委政法委建设，积极推进县级党委政法委规范化建设，为基层政法事业的科学发展提供了强有力的领导保障。

（杨国刚）

政策研究工作

【概况】 2009年，市委政研室按照市委总体工作部署和《市直机关工作目标责任制实施方案》要求，紧紧围绕市委中心工作，充分发挥职能作用，圆满完成了各项工作任务。全年共完成调研报告241篇，其中县（市）区47篇，市直部门182篇，市委政研室12篇，总文字量达80多万字；完成研究、制定和出台政策文件3个；撰写文稿和汇报材料20多篇，编发《政研与咨询》6期、《送阅件》13期，编发调研报告36篇、咨询建议9篇；编辑了《2005-2009年度政研工作成果选编》一书，收编优秀调研成果41篇。

【课题研究】 按照年初制定的《课题研究计划》和市委领导临时交办的课题任务，重点开展了三方面课题调研，完成了12个课题项目，超额完成了年初计划的6个课题研究任务。

1、围绕应对国际金融危机对本市的冲击开展调研。一是开展了关于本市房地产业发展情况的调研。为加快推进本市房地产业在国际金融危机和经济危机影响下健康、有序、稳定发展，春节后，本室组成专题调研组，深入六个县（市）区、市直有关部门和房地产开发企业，通过召开座谈会、实地走访、发放问卷等形式，对全市房地产业的发展现状、特点、问题、对策等进行调研，形成调研报告，以《送阅件》形式上报市委领导，陈晓琨书记作了重要批示。二是开展了关于本市发展文化创意产业的可行性的研究。针对国际金融危机发生后，为文化产业特别是文化创意产业发展提供了难得机遇的实际，结合本市文化产业发展水平不高、步伐不大、实效不显著等问题，重点调研了本市文化创意产业发展的现状、存在问题及对策等，研究如何做大产业、培育品牌、推进改革、引进人才等具体措施，形成了研究报告，以《送阅件》形式上报市委领导，陈晓琨书记作了重要批示。三是开展了关于本市沿海经济带产业布局情况的调研。为更好地推进本市沿海经济带开发建设，促进经济结构优化布局和产业调整，组成调研组，对本市沿海经济带产业布局情况进行了专题调研，形成了调研报告，以《送阅件》形式上报市委领导，陈晓琨书记作了重要批示。四是开展了关于本市农业服务业发展情况的调研。为在国际金融危机条件下推进本市农业服务业发展，加快农业现代化步伐，本室会同市农委组成联合调查组，对本市农业服务业发展情况进行了专题调研，深入了解基本情况，立足实际和发展，提出了切实可行的对策建议，形成了调研报告，以《送阅件》形式上报市委领导，陈晓琨书记作了批示。五是开展了关于免除微型企业所有税费的可行性调研。根据陈晓琨书记在市政协小组讨论会议上的讲话精神和白雪峰秘书长的有关要求，从1月下旬开始，本室对免除微型企业所有税费可行性进行了专题调研。在明确了微型企业的标准，提出了免除税费的范围的基础上，就有关问题与国税、地税、工商、质监、建委等部门进行了重点沟通和探讨，形成了专题调研报告，以《送阅件》形式上报市委领导，陈晓琨书记作了重要批示。

2、围绕城市发展重大问题开展调研。一是开展了关于本市统筹城乡发展情况的调研。为统筹城乡发展，加快城乡经济社会一体化发展步伐，市委政研室组成专题调研组，对本市统筹城乡发展情况进行了调研，形成了调研报告，以《送阅件》形式上报市委领导。二是开展了关于本市城市化发展路径的调研。针对本市城市化水平不高，发展潜力很大的实际情况，对本市城市化路径问题进行了深入探讨，在调研掌握建市以来本市城市化发展进程对比有关城市城市化发展状况的基础上，就新形势下如何推进城市化提出了具体建议，形成调研报告，以《送阅件》形式上报市委领导。

3、围绕市委主要领导临时布置的重要课题开展调研。一是开展了关于本市城区经济发展情况的调研。根据市委陈晓琨书记有关指示精神，从7月中旬起，本室组成调研组，对本市城区经济发展情况进行了专题调研，形成了调研报告，以《送阅件》

形式上报市委领导，陈晓琨书记作了重要批示。二是关于南票区区划调整问题的调研。根据市委陈晓琨书记有关指示精神，市委政研室在深入调研，进行方案对比的基础上，对南票区区划调整问题进行了专题调研，形成了调研报告，以《送阅件》形式上报市委领导，陈晓琨书记作了重要批示。三是开展了关于设立兴城菊花岛旅游开发区问题的调研。根据陈政高省长讲话和市委陈晓琨书记有关指示精神，市委政研室组成调研组，就设立兴城菊花岛旅游开发区问题进行了专题调研，形成了调研报告，以《送阅件》形式上报市委领导，陈晓琨书记作了批示。

【调研指导】 1、筹备和召开了全市调研工作会议。经过近三个月的精心筹备和周密组织，11月6日，本市召开了5年一次的全市调研工作会议。这次会议总结了2005～2009年，五年来全市调查研究工作情况，对下一步调研工作进行了安排和部署，在会上对17个先进集体和70名先进个人进行了表奖，并有6个单位进行了调研工作经验交流。

2、编辑、印发了“五年优秀调研成果选编”一书。组织编辑出版《2005-2009年度政研工作成果选编》一书，编选优秀调研成果42篇，约25万字。在以此向葫芦岛建市20周年献礼的同时，用于对各县（市）区、市直各部门、各企业开展调研工作的参考和指导。

3、加强了调研协调和指导工作。为推进履行指导、统筹和协调全市调研工作的职能，年初，本室收集、整理了全市6个县（市）区和市直部门2009年度调研课题计划，研究确定重点调研及咨询参考课题，起草了《关于2009年度全市领导干部、咨询委员重点调研及咨询参考课题安排意见》，并以市委办文件下发。组织专门人员，深入各县（市）区和市直有关部门，结合本市具有代表性的课题调研项目进行了面对面的指导，取得了很好的效果。

4、办好调研工作载体。一是用好《送阅件》。本室直接组织完成的课题以《送阅件》形式报送市委领导，同时全市领导干部特别是副县级以上领导干部有分量、有价值的调研报告，以《送阅件》进行转载和交流。全年编发《送阅件》11期。二是办好《政研与咨询》。坚持及时通过《政研与咨询》选发全市领导干部的优秀调研成果，及时进行交流。全年共编发《政研与咨询》6期、累计编发调研报告36篇。三是抓好政研与咨询网建设。在强化维护网站的同时，不断更新网页内容，进一步增强了网站作为交流调研信息、发布调研成果的功能。

【决策咨询】 为促进市委、市政府的民主决策、科学决策和依法决策，更好地发挥咨询委员的参谋和助手作用，年初，确定了12个重点咨询参考课题，并和全市领导干部重点调研课题一起，以市委办文件下发。充分利用内部刊物《政研与咨询》和《送阅件》转发咨询委员的意见和建议，年内已转发咨询委员的建议文章7篇。同时，积极加强决策咨询委员会办公室工作，努力为委员开展调研、咨询活动创造条件，提供服务。

【深入开展学习实践科学发展观活动】 按照市委开展学习实践科学发展观活动的统一部署，本室认真筹划，精心安排，狠抓落实，完成了各阶段任务。本室学习实践活动既生动活泼，又取得了明显成效，做到了两手抓、两不误、两促进。有关要求，本室组成专题调研组，通过发放问卷、组织座谈、登门走访等形式，对本市科学决策、民主决策、依法决策情况进行了调研，形成了调研报告，以《送阅件》形式上报市委领导，陈晓琨书记、白雪峰秘书长都作了重要批示，并在《葫办通报》上刊发。按照“一下三保”要求，本室主要领导亲自深入葫芦岛市龙源纺织有限公司开展调研，具体了解和掌握企业的生产经营状况、存在的主要问题，共同分析企业面临的困难，形成了《关于我市经济发展中有两种现象值得注意》的调研报告，以《送阅件》形式上报市委领导，陈晓琨书记作了批示。积极开展对口扶贫帮困活动，个人捐款4 200元，单位协调救助资金3 400元，捐赠衣物110件及部分粮油等。对口扶贫10户，联系服务企业1户、社区1个，服务其他对象3户，及时帮助扶贫帮困对象解决了生产生活困难，

【开展“真情服务基层 优化发展环境”活动】 本室按照《关于开展“真情服务基层，优化发展环境”活动的具体计划》要求，坚持领导带头，全员参与，严格通过调查研究等具体工作方式来开展活动，已完成8项立足服务基层、关注民生问题的课题研究项目。这些研究成果有的已进入市委、市政府决策，有的以《送阅件》形式报送市委领导，成为推进相关决策和工作的重要参考依据。

【机关自身建设方面】 一是领导班子建设上。班子成员能够严格执行廉洁自律有关规定，自觉接受群众监督，做到横不攀，竖不比，高标准，严要求。通过学习实践科学发展观活动等有效形式，领导班子凝聚力和战斗力进一步增强，和谐氛围进一步巩固。二是机关纪律作风建设上。推动学习常态化，坚持集中学习、个人自学、理论研讨相结合。认真落实《关于违反工作纪律的处理规定》的实施办法，坚持科室自查、领导抽查与经常性检查相结合。严格按照《公务员法》管理公务员，全体干部的政治素质、工作作风、业务能力有了进一步提高。三是健康机关建设活动上。把建设健康机关作为提升机关整体形象的一个重要途径，引导机关干部积极自觉地投身到活动中去。坚持每年为机关干部、职工做一次身体检查，建立个人健康档案。坚持参加机关各项活动和比赛。结合单位特点，开展有益健康的文体活动。四是在机关目标管理和工作绩效考评上。根据目标责任书要求，明确每个人的工作任务和责任，进一步强化了单位目标管理工作。五是积极处理好开展“争创”活动与做好政研工作的关系，统筹兼顾，合理安排，把“争创”活动与日常工作有机促进结合起来，把开展“争创”活动与贯彻中央经济工作会议精神有机结合起来。通过开展

政研工作，提高工作水平，为“争创”活动创造良好的环境和组织保证，切实做到搞好“争创”活动和推动工作两不误、两促进。六是机关制度建设上，建立健全机关各项规章制度，用制度规范机关文秘、财务、档案、车辆、保密等工作，确保了各项工作有章可循。

（王执成）

党史研究工作

【概况】 2009年是建市20周年，也是党史工作重要一年。在市委办公室的领导下和省委党史研究室的指导下，市委党史研究室深入学习科学发展观，坚持党史为现实服务、为大局服务、为市委中心工作服务，认清责任，自加压力，抓紧工作，较好完成了全年工作任务。圆满完成《党史纵横》征订任务，位居全省第一。完成了省委党史研究室交办的各项工作。一是上报《中国共产党辽宁执政实录》市委大事部分2万字；二是上报《辽宁辉煌60年》本市部分5千字，图片20幅；三是完成《世纪变迁——辽宁棚户区改造纪实》本市部分3万字，图片30幅。

【坚持党史为现实和大局服务】 为庆祝建国60周年和建市20周年，编辑出版了《庆祝葫芦岛建市20周年专辑》。全书分为4个篇目：综述篇、决策篇、庆祝篇、活动篇，全面真实地记录了“双庆”期间举行的一系列活动。从庆祝方案的制订，到各项活动的实施；从庆祝大会的召开，到文艺节目的演出；从经贸洽谈的举办，到主要成就的展示；从全民运动会的场面，到全市城市环境的亮化等方面都作了记载。

【党史为大局服务】 编辑出版了《葫芦岛一线七区开发实录》。全书收录了本市沿海经济带发展建设情况，共分7个部分。记述了沿海一线七区开发过程、招商引资、发展状况、建设目标、领导视察，图文并茂，全方位多角度反映一线七区的发展建设情况。

【编撰《中国共产党葫芦岛执政实录》】 2009年，根据省委党史研究室的要求，我们将《中国共产党葫芦岛年鉴》进行改版，改称《中国共产党葫芦岛执政实录》，全面、系统、翔实地记述全市各级党组织在葫芦岛经济社会发展中出台的新举措，取得的新成果，以及一些好的做法和典型经验等内容，成为市委领导了解掌握各地各部门上年工作的重要途径，受到了各级领导和有关单位的肯定和好评。改版后的《中国共产党葫芦岛执政实录》不仅新题目、新版式、新内容，而且在党史为市委中心工作服务、为提高党的执政能力服务方面打开了新局面。

【加强党史宣传】 在葫芦岛建市20周年之际，在《党史纵横》第六期刊登了纪念本市建市20周年文章，题目是《艰苦创业二十年，科学发展谱新篇》，文字3 000多字，图片10多幅。

【党史自身建设取得新进展】 按照中央提出的“健全机构、稳定队伍、充实力量、提高素质”的要求，努力建设一支素质高、业务精、本领强、作风正、能打硬仗的党史工作队伍。党史自身建设不断加强。一是通过学习贯彻“十七”大精神，进一步增强了做好党史工作的紧迫感和责任感；二是通过政治学习和业务培训，提高了党史工作人员的政治素质和业务素质；三是通过加强网络建设，使党史工作进一步纳入了规范化、制度化、自动化的轨道。

（王凤山）

党校工作

【概况】 根据中央和省市委对党校工作提出的新要求，结合工作实际，2010年市委党校工作要坚持以科学发展观为指导，全面贯彻落实党的十七届四中全会和全国、全省、全市党校工作会议精神，紧紧围绕葫芦岛全面振兴的工作大局，以《中国共产党党校工作条例》为主线，以建设全省一流党校为目标，以大力提升培训能力为重点，以建校二十周年为契机，坚持“党校姓党”，坚持科学发展，坚持改革创新，进一步解放思想，打造过硬队伍，全面推进各项建设，充分发挥党校作为培训轮训领导干部的主渠道、党的理论武装的重要阵地、领导干部加强党性锻炼的熔炉和市委市政府科学决策思想库的作用，为实现葫芦岛全面振兴提供强有力的人才保证、智力支持和决策咨询。

【培训质量实现突破】 干部培训工作实现了由规模型向实效性转变。2009年，市委党校认真贯彻落实中央″大规模培训干部 、大幅度提高干部素质″的精神，按照市委书记陈晓珉提出的“学干两条线”要求，全面有效地履行了“一校两院”的培训职能。召开了“三长”联席会议，整合培训资源，制订培训计划，建立了“主管部门调、‘一校两院’训”的培训体制。全年共举办17类40期的培训、轮训班，培训规模达6 352人次，培训人数创历史新高。其中县（处）级领导干部素质能力进修班100人，第2期优秀中青年干部素质能力培训班50人，更新知识培训班29期共计5 798人，晋升副科级、科级领导职务人员2期100人，公务员初任培训班1期共计99人，中青年党外干部培训班35人，党派骨干培训班35人，党派成员轮训班2期共计100人，宗教团体负责人培训班35人。

1、创新培训模式增强培训效果。按照″开放式办学″理念，由第一期的学员“走出去”的“3+2模式”变为第二、三期素质能力培训班的“请进来”，聘请知名教授加入干部培训队伍。加大调研力度，组织学员到营口、铁岭、丹东等本省经济发展较快地区和周边省市考察调研，省外调研由原来的秦皇岛延伸至天津滨海新区，通过实地参观、听课和座谈讨论，使学员深刻感受环渤海经济圈的巨大变化，并将学员外出考察心得及对葫芦岛发展对策建议汇编成册，出版学员调研报告。2、创新管理方式营造和谐师生关系。坚持以人为本，对学员管理不搞"一刀切"，把原则性和灵活性有机地结合起来，做到宽严适度得体，对学员既注重人文关怀又强调严格管理，实行规范的请假制度和出勤通报制度，改进考试形式、严肃考试纪律。按照学员"培训效果考评办法"执行综合鉴定的"量化考核"。通过问卷调查、深入学员工作单位走访和邀请学员回校座谈等方式，对学员的培训需求和党校干部培训的针对性和实效性进行了深入的分析统计，进一步总结了学员管理经验。继续开展了"葫芦岛论坛"、"小组学习研讨"和"学员上讲台"等活动 。坚持以活动为载体，通过开展丰富多彩的文体活动努力营造和谐的新型师生关系 3、开展拓展训练凝聚团队精神。顺应时代潮流，引入拓展训练。充分发挥拓展训练基地作用，组织学员开展拓展训练，锻炼他们不怕困难、挑战自我的能力，以此增强学员的集体荣誉感，激发团队精神，收到了良好效果 。

【教学改革全面推进】 教学布局科学有序，计划制定突出重点。根据一校两院三大教学系统的不同特点，整合师资力量，成立了统战理论教研室、市情研究室等，使教学布局更加科学合理。1、内容创新抓好"三个环节"。一是发动学员"三个带来"。即学员入校时要带来三个问题—理论困惑、百姓热点和工作难点，党校根据学员带来的问题调整确定教学专题。二是以需求为导向。按照中央的培训需求、葫芦岛市干部队伍建设需求和学员的求知需求来设置教学专题。共设置基本理论、葫芦岛振兴、领导科学、党性锻炼 等四大单元100余个专题。突出两个重点，一个是突出素质能力教育，保证科学发展观 等马克思主义中国化最新成果进课堂；另一个是突出市情教育，组织学员深入到全市 6 个县市区调研，增进学员对市情的了解和把握，树立真抓实干、求真务实的工作作风，增强学员的忧患意识和加快发展的责任感和紧迫感。三是坚持"四个统一"。即理论教育、党性教育、知识教育和能力教育相统一。2、强化师资力量提升教学质量。2009 年，市委党校共聘请35位知名专家学者、党政领导干部、企业家为党校客座教授。为党校、行政学院、社会主义学院师资队伍输入"新鲜血液"。既有利于开阔学员的视野，又使本校教师增加了紧迫感和压力感，做到了教学相长、学学相长和教教相长，全面提升了党校教学质量。大力实施人才强校战略。下派 2 名骨干教师到基层挂职锻炼，组织几十名教师到市内外做专题调研，举办校内师资培训班，使教师掌握前沿培训理念。3、改进教学方法提高教学效果。在尝试菜单选学充分尊重学员意愿的基础上，重点把研究式、体验式、案例式、模拟式、团队式、互动式等新的教学方式综合运用到教学之中，增强了教学的吸引力，提高学员的参与热情，调动了学员的积极性，授课效果得到学员认可。开展优质课、创新课、优秀课件的评比活动，促进了教学方式的不断创新。4、推行模块式教学加大教改力度。开展了"反腐倡廉、促进葫芦岛经济又好又快发展、提升领导能力"等教学模块。策划并组织开展县（处）级领导干部进修班领导能力训练，组织了优秀中青年干部培训班模拟公开选拔竞聘上岗活动。通过参与活动使学员的心理承受能力、应变能力、逻辑思维能力、语言表达能力、解决实际问题能力得到了全面提升。

【基础设施建设向前推进】 教学"硬件"初具规模，培训条件得到改善。"二期工程" 建设已经完成，新教学楼有可容纳 300 人的学术报告厅一个，可容纳 150 人的会议室一个，可容纳 40 人的研讨室 4 个，可容纳 80 人的教室 3 个，可容纳 50 人的教室一个，还有图书阅览室一个，宿舍 641 间，可同时接待学员 120 人住宿;改造过的餐厅可同时容纳 300 人就餐，上述设施基本保证了干部培训工作需要。校园绿化美化力度加大，在经费十分紧张的条件下，后勤人员精打细算，挖掘潜力，千方百计争取到市有关部门的积极支持，种植草坪 500 平方米，节约经费 4 万余元。同时平整校园场地砌石墙 230 米，运送土方 2 400 多立方，使校园美化绿化工作走在市直直属机关的前列，克服困难想办法，优质高效为学员服务。克服物价上涨困难，利用现有条件，全年为 5 000 余人各类学员提供了优质高效的食宿服务。

【科研工作全面丰收】 完成省里科研课题四项，辽宁党建研究科研一项，开展好校内课题研究工作。高质量、高品位完成了 《十年随想录》、《飘不落的日子》、《飞翔的情思》、《校志》的编写出版工作。深入研究习近平在全国党校常务副校长工作会议上的讲话精神，确实把科研工作放在有效提供"两个服务" 上来，使课题研究上层次、出精品。围绕教学，立足市情，为全市广大干部进一步深入学习提供了重要参考。加强与报社、电视台合作，拓宽了理论研究平台，充分发挥理论阵地作用。加强市情研究，成立了市情研究室，组织专人筹建市情调研网及市情数据库，参与省情调研网和省情数据建设。组织教师参加了省委宣传部等部门组织的纪念改革开放三十周年理论研讨活动。行政管理学教授景士文一年内独立完成三部个人文集。

【继续教育工作稳步提高】 函授教育再添硕果，2009 年农干班招生 873 人，名列全省第三名。招收省委党校在职研究生 32 人，研究生入学考试录取率位居全省第二名。成人教育工作扎实推进，积极开展 2009 年度辽宁大学、辽宁师范大学成人教育新生录取工作，截至 12 月 1 日，已接待报名 120 人，在全市成人高考报名人数减少 25%的情况下，市委党校招生人数却增加了 30%。积极与北京电子信息协会沟通，协商拟开展校企联合形式的职业技能培训，使成人教育工作走出新路。

【机关党建工作不放松】 坚持以抓好校委理论中心组学习为切入点，推动全校教职工的理论学习，努力建设学习型机关。充分发挥党支部的战斗堡垒作用、领导干部的模范带头作用和党员的先锋模范。青海玉树发生特大地震后，在严重的自然灾难面前，党校全体教职员工心系地震灾情，关爱灾区同胞，自发为地震灾区捐款，党员干部带头交纳特殊党费，还有人通过网络奉献爱心，通过多种途径共向灾区捐款。为重建家园，做出了应有贡献。认真修改党校量化考核办法，做好目标责任制考评工作。充分发挥群团组织的作用，与学员互动，开展了登山、竞走、跳绳、乒乓球比赛等校园文化活动。加强各县（市）区党校的业务指导，充分发挥党校系统协作功能，6 月份组织召开了县(市)区党校校长工作会议，深入了解各级党校发展状况，指导帮助基层党校开展工作。成立了校园文化办公室，加强校园文化建设，和谐校园建设初见成效。

（江永阁）

老干部工作

【概况】 2009 年, 老干部局根据全省老干部局长会议精神，努力抓老干部政治待遇和生活待遇的落实，加强离退休干部思想政治建设和党支部建设，着力解决老干部的实际困难，为服务于市委中心工作，求真务实，开拓创新，扎实稳健的开展老干部各项工作。

【学习和贯彻落实中组发[2008]10 号文件】 中组发[2008]10 号文件是指导离退休干部工作的重要政策依据。全市各级老干部工作部门高度重视，依据文件精神，积极向各级党委、政府分管领导汇报工作，召开老干部工作会，在老干部工作部门系统内进行传达，并通过组织讨论和写体会文章等形式加强学习。老干部局形成了《老干部工作汇报》向分管的市领导汇报了新时期老干部工作动态和全市老干部工作的实际情况，市领导就汇报中的提出的部分问题，提出了原则性的解决意见和办法。

【强化落实老干部政治待遇】 春节、七一和十一等节日期间，对全市红军遗属、抗日离休干部、市地级老干部和特困老干部普遍进行了一次走访，为老干部送去慰问金和慰问品总计 36 万元。继续坚持订阅报刊、传达文件，重要活动邀请老干部参加，11 月份，市老干部局出资 3 万余元为市直改制、破产和特困企业离休干部订阅了报刊和杂志，在全市召开人代会和换届会议时，部分级别较高的老干部被邀请列席参加。结合国际上发生的金融危机和建市 20 周年发生的变化，市老干部局召开形势报告会，帮助老干部正确分析国际、国内形势。全市共组织老干部参观考察 3 次，开展球类、牌类比赛和书画展等活动共 6 次，老干部健康体检 2 次。市公安局、锦化化工（集团）有限公司和建昌、绥中等县（市）区，以老干部党支部为依托，以党小组为单位，把老干部的组织生活开展得丰富多彩，有声有色。

【完善落实老干部生活待遇】 配合市人事局，对葫人发[2008]6 号文件进行了传达和解释，纠正了一些地区的错误理解，为全市离休干部遗属调整了补助费。抓好《关于提高市直离休人员待遇有关问题的通知》（葫人发[2009]30 号）的落实，为市直离休干部提高了津贴补贴标准。协调市委组织部，下发了葫组通字[2009]12 号文件，调整部分离休干部护理费标准。与市医疗保险中心沟通，为兴城、绥中和建昌等因财政困难没有按时缴纳医疗统筹金的县（市）的离休干部，提前为开卡就医。与市医疗保险中心联合组成检查组，到朝阳市对易地安置离休干部的医疗情况进行核实检查，根据发现的问题，采取了切实可行的解决措施。10 月，根据中组部[2009]43 号文件精神，对全市符合条件的 85 名抗日离休干部的信息和资料进行了详细录入、审核，向省委组织部申报享受副局级医疗待遇。11 月份，为市直改制、破产和特困企业 9 名离休干部发放了 32 万元住房补贴。对全市 21 名长期生活完全不能自理的离休干部通过评审鉴定，享受到了每月 600 元的护理费补贴。利用老干部的特需经费和公用经费帮助身患重病的离休干部解决 6 000 元费用，为老干部遗属解决取暖费 8 000 余元。

【加强调研宣传信息工作】 全市指定专门人员负责此项工作，制定调研宣传信息工作的奖惩制度。6 月初，市老干部局带队，全市信息宣传员参加了省局的写作知识培训班。市老干部局起草了《关于全市乡镇离休干部待遇落实情况的调查》，县区局也根据本地实际，有针对性地做了关于“进一步完善离休干部看病就医”和“做好退休干部服务管理的准备工作”调研。配合省局和《晚晴报》社分别开展的《老干部文艺丛书》和“建国 60 周年感言”的栏目活动，两次活动共向省局上报稿件和材料 50 余篇，大部分被录用。与市电视台联合推出了“祖国在我心中”专题栏目，选出 10 位饱经沧桑，具有丰富战斗经历、资格较老、级别较高、并为共和国的建立做出卓绝贡献的老干部，讲述自己战争年代的光荣历史、难忘经历和亲身经历的历史重大事件。

【启动市老干部大学】 因各种原因，市老干部大学始终没有开展起来。3 月份，市委老干部局多方筹措资金 10 万元，承租办学地点，改善教学环境，购置教学器材，招聘授课教师，满足了全市老年人的教育需求。开设书法、国画、声乐、舞蹈、英语和太极拳等 8 个科目，招收学员近 300 人。12 月，市老干部大学举办教学成果展演。

（陈艳奇）

【葫芦岛市委领导成员名单】

书　记　陈晓琨

副书记　孙兆林　阎　生
　　　　郑宏伟（2009年1月离任）
常　委　陈晓琨　孙兆林　阎　生
　　　　郑宏伟（2009年1月离任）
　　　　崔枫林
　　　　裴伟东（2009年12月任职）
　　　　钱福云（女）　陈德良　白雪峰
　　　　张富恩
　　　　成　江（2009年3月离任）
　　　　许　加
　　　　刘宁绥（2009年12月任职）
　　　　赵爱军（2009年12月离任）
　　　　王德波（2009年3月任职）
　　　　赵俊才（2009年3月任职）
秘书长　白雪峰
副秘书长　刘敏学
　　　　　金　国（2009年3月离任）
　　　　　王天一
　　　　　安平学（2009年2月离任）
　　　　　韦跃清
　　　　　李忠新（2009年5月任职）
　　　　　韩　俭（2009年10月离任）
　　　　　周凤岐（2009年10月离任）
　　　　　梁成栋（2009年2月任职）
　　　　　朱荣久（2009年2月离任）

【葫芦岛市委工作部门领导班子成员名单】

主　任　刘敏学（兼）
副主任　李忠新（兼，2009年5月离任）
　　　　宋春生　杜　刚　陈　岩
　　　　齐　敏（女，2009年5月任职）

市委组织部
市委常委 组织部长　许　加
常务副部长　王旭光
副部长　王兴勃（兼）　毕荣昌
　　　　曹柏清　徐景友

市委宣传部
市委常委 宣传部长　钱福云（女）
副部长　冬　梅（常务，女）
副部长　李铭伟
　　　　孙世奎（2009年3月离任）
　　　　白瑞升（2009年5月任职）

市委统战部
部　长　石文光
副部长　郭玉娟（常务，女）　郑　群
穆在敏　宋　杰（女）

市直机关工委
副书记　安平学　朱玉芬（女）　郭长生
工委委员 纪工委书记　朱文琪（女）
工委委员　武佐周　巴　斌　靖秀伟

市委政法委
书　记　张富恩
副书记　于守江（常务）　曹宝泉
　　　　仲建国　梁成栋
纪工委书记　张继哲

市委政研室
主　任　周凤岐
副主任　李　军　杨耀奎　王执成

市委党校
校　长　郑宏伟（兼）
第一副校长　李双金（2009年3月离任）
　　　　　　孙世奎（2009年3月任职）
副校长　赵宝来　陈广良　魏学成
　　　　林　地
教育长　孙丽华（女）
校委委员　张丽云（女）　韩　菲（女）

市委党史研究室
主　任　池凤臣

市委老干部局
局　长　赵　伟
副局长　金晓东　申俊岭　张清磊

葫芦岛市纪律检查委员会

【概况】　2009年，在省纪委和市委、市政府的正确领导下，全市各级党委、政府和纪检监察机关认真学习贯彻党的十七届三中、四中全会、中央纪委三次、四次全会和省纪委四次全会精神，坚持标本兼治、综合治理、惩防并举、注重预防的方针，紧紧围绕发展这个第一要务履行纪检监察职能，全面推进教育、制度、监督、改革、纠风、惩处等各项工作，党风廉政建设和反腐败斗争取得了新的进展，为实现本市经济社会又好又快发展提供了有力保证。

【重大决策部署贯彻落实取得新突破】　为建立科学发展的长效监督机制，会同市委组织部制定了《关于对县(市)区党政领导班子和主要领导干部贯彻落实科学发展观情况进行监督检查与考核评价的实施办法》，此办法明确了监督考核的范围对象、内容标准、程序方法和有关要求。特别是把监督考核的主要内容设计了6个大项18个子项61款。把经济发展、生态环境、民生状况、社会稳定、班子建设、廉政建设全部囊括其中，对能够量化的内容尽可能提出明确的量化指标，对不便于量化的指标，也采取民主测评、民意调查等方式评定出不同的档次。在制定《实施办法》基础上，并认真付诸实践。本市《创新监督考核模式，建立综合评价机制，促进经济社会科学发展》的经验被中央纪委东北华北地区《惩防体系重要工作动态》刊物上全文刊发。省委常委、纪委书记王俊莲作出了“这是一项全新性探索”的重要批示，对抓好监督考核工作提出了具体要求。为保证重点项目的顺利实施，突出了对中央、省、市新增投资项目、沿海经济带重点项目进展情况和资金管理使用情况进行全程监督检查，及时发现和纠正存在的问题。加强了工程建设领域突出问题的专项治理工作。制定了《葫芦岛市工程建设领域突出问题专项治理工作实施方案》，明确了牵头部门和配合单位。重点对违规变更规划、调整容积率、探矿权、采矿权出让、节约用地和工程招标投标等工作中存在的问题进行了纠正和查处，取得了阶段性成果。加强了对节能减排、环境保护执行情况的监督检查，查处了一批违反相关法律法规的问题。加大对执行纪律的检查力度，严肃查处违反纪律的行为。加强了生产安全事故的调查处理工作，会同市安监局对 7 起安全生产责任事故进行了调查处理，给予 5 人党政纪处分。先后 4 次协助机关工委对政府机关办公秩序情况进行了检查，对办公秩序较差的 7 个单位的主要领导进行了诫勉谈话，对办公时间脱离工作岗位的 12 名工作人员进行了通报批评。

【领导干部廉政自律工作取得新成效】 落实了“一把手负总责、分管领导各负其责”的党风廉政建设责任体系。年底由市委常委带队，对各地区、各部门、各单位落实责任制情况进行检查考核，评出党风廉政建设先进单位、达标单位和不达标单位，并将考核评定结果在市纪委全会上予以通报。狠抓了干部队伍中收送钱财问题的专项整治工作，普遍召开了专题民主生活会，认真进行了自查自纠，研究制定了班子集体和个人的整改措施。开展了“狠刹奢侈浪费、公款吃喝、借机敛财风”专项治理工作，从 7 月 6～10 月 10 日，全市共集中查处违规办宴、借机敛财案件 36 起，给予党政纪处分 17 人，查处违规违纪动用公车 65 台，没收礼金 4.9 万元。《辽宁日报》、《中国纪检监察报》和《百度网》对专项治理行动分别予以报道，在省内外产生了良好的影响。加大了清理“小金库”专项治理工作力度。制定下发了《葫芦岛市党政机关和事业单位开展“小金库”专项治理工作实施方案》，利用 3 个多月的时间，对设立“小金库”的问题进行了纠正，并建立了长效机制。继续抓好治理商业贿赂工作，市县两级专项治理部门检查中发现问题 23 个，建章立制 40 个（条），发现案件线索 30 件，查处商业贿赂案件 17 件。加强了对各类考试、录用、录取、安置等社会热点问题的监督检查力度，防止了弄虚作假、徇私舞弊等问题的发生。

【惩治预防腐败体系建设取得新进展】 廉政教育形式多样。向省委推荐了 4 名“勤廉兼优标兵”和在全市选树了 21 名“勤廉兼优先进个人”。组织市委党校两个班次 100 名学员到省警示教育基地参观。组织展播全国廉政公益广告优秀作品 32 件次。在媒体上开办了贴近群众关注民生的精品栏目，扩大了反腐倡廉的影响力。制度建设逐步完善。制定了《关于“狠刹奢侈浪费、公款吃喝、借机敛财风”十项规定》、《关于葫芦岛市人大、政府在换届期间严肃组织人事纪律的通知》等规章制度。依法监督富有成效。加强了对党政主要领导干部不能直接分管干部人事工作、财务工作、工程项目的招投标工作的监督检查，有效地解决了党政机关“一把手”干部人事问题个人说了算、自己花钱自己批、随意插手工程招投标等权力过分集中和监督乏力的问题。纠风工作扎实推进。对教育乱收费、公路“三乱”、医药购销和农民负担，以及救灾、扶贫资金、社保基金、住房公积金的管理和使用情况进行专项检查，发现和解决各种不正之风问题 170 余个。受理民心网投诉 793 件，办结 755 件，办结率 99.21%。还在全市开展了民主评议暨创建群众基层满意站所活动。深入开展政风行风热线工作，40 个单位的 21 名一把手走进电台直播间，接到群众反映的问题 253 件，当场解答的 207 件，约占总数的 80%。软环境建设工作不断深化。全面推进了行政机关《服务承诺制》、《首问负责制》、《限时办结制》和《责任追究办法》，对 36 个行政服务部门的审批时限、收费标准、服务规范等具体事项向社会做出服务承诺。对 7 起损害和干扰经济发展软环境的典型案件进行了公开处理。注重发挥先进典型的引导作用，深入总结了市公安局主动服务全市发展振兴大局的典型经验，《葫芦岛日报》和葫芦岛电视台分别开设了“职能转变看公安，服务发展上水平”专题栏目，连续推出了市公安局服务经济发展环境大型系列报道 10 余篇。通过宣传，提升了社会各界对本市对外开放和促进地区经济发展的影响力，在社会上引起了积极反响。本市《查处涉软案件净化发展环境》的经验被省纪委《党风月报》转发；《葫芦岛市采取过硬措施从严查处涉软案件》的经验被省软环境领导小组以专刊的形式转发。查案工作势头强劲。2009 年，全市共受理群众举报 1 077 件，新立案 377 件，结案 379 件。其中查处大要案 39 件，同比增长 56%，增长率在全省排第二位。处分党员干部 408 人，其中给予党纪处分 345 人，政纪处分 71 人，党纪政纪双重处分 11 人，责任追究 52 人。继续加大治理商业贿赂案件查办工作，共发现案件线索 30 件，查处案件 17 件，建章立制 40 项（条）。办案质量有了新提升，案件审理工作荣获全省纪检监察系统先进单位。绥中县纪委推行公开办案破解息访难题的经验在全省基层纪检监察机关查办案件工作会议上作了介绍，并被省纪委、监察厅评为基层纪检监察机关查办案件工作先进单位。绥中县、兴城市年度纪检监察案件查办均超百件。源头防腐创新发展。全市行政审批项目由最初的 956 项削减为 126 项，行政收费项目取消了 85 项，下放 51 项，减免 15 项，监管权下放 73 项。全年国库集中支付系统支付资金 18.6 亿元，其中直接支付 12 亿元，结余国库资金 3.1 亿元，资金结余率 14.2%。全年市本级共执行政府采购预算资金 22 487 万元，实际支出 20 246 万元，节约资金 2 241 万元，节支率 9.9%。进一步创新干部选拔任用机制，调整的 109 名干部均通过民主推荐、择优任用的方式进行，实行了县区委书记人选差额推荐选拔方式。

【纪检监察信访举报工作取得新成果】 扎实开展了“拓案源、维民权、解民忧”下访活动。全市各级纪检监察干部不定期地深入到县（市）区、企业及乡镇（街道）、村（社区）和家庭，采取督促检查、带案督办、座谈走访、调查研究的方法，主动到基层寻找发现违纪违法和侵害群众利益的问题和线索，最大限度地帮助解决人民群众在生产、生活中的实际困难，促进社会和谐稳定。2009 年，全市各级纪检监察机关共组织 24 个工作组深入到 60 个乡镇、897 个村屯，走访农户 1 470 户，与村干部及群众谈话 5 200 人次，召开座谈会 75 次，收集群众反映的各类问题、意见和要求 600 件，现场解决 360 件，有效地化解了农村集体访、越级访的问题。此项工作得到以省委副书记张成寅为组长的省委第三检查组的充分肯定。市纪委监察局总结的《“三为”下访得民心》的经验被《中国纪检监察报》刊登。认真落实委局领导周二信访接待日制度。主要领导定期或随时接访，直接与上访人对话，当场解答和受理群众的诉求。年内，各级纪委领导共接待群众来访 700 余件次，其中委、局主要领导接访 30 个接待日，处理有关信访问题 64 个。较好地掌握了群众的信访要求，保证民情、民意、民智畅通上达和问题的有效解决。

【全市纪检监察工作得到新提升】 作为中央纪委东北华北地区纪检监察工作和信访举报工作联系点单位，依托联系点工作平台，注重沟通联系，学习先进经验，较好地发挥了试验、示范和指导作用。在中央纪委六室具体指导下，纪委在贯彻落实科学发展观、优化信访举报工作、整治经济发展软环境、实行县级纪检监察机关人员准入制度、加强查办案件工作等方面，建立、完善并出台了一批实在管用的制度，某些方面的制度具有创新性，为我们做好新形势下的执纪监督工作提供了依据和指导。研究制定《关于对县（市）区党政领导班子和主要领导干部贯彻落实科学发展观情况进行监督检查与考核评价的实施办法》、《关于在全市纪检监察机关开展“拓案源、维民权、解民忧”下访活动的通知》、《关于市纪委监察局领导实行周二信访接待日的制度》、《关于“狠刹奢侈浪费、公款吃喝、借机敛财风”专项治理活动的通知》、《关于建立县级纪检监察机关人员准入制度的通知》等创新性工作，得到了中央纪委和省纪委的重视和肯定。2009 年 3 月 25 日，中央纪委六室副主任聂福如到本市就纪检监察联系点工作进行调研，对本市及时通报信息、探讨问题、总结经验方面给予充分肯定。5 月 25 日，中央纪委副书记张惠新来本市进行考察调研，对本市开展反腐倡廉工作情况给予充分肯定。8 月 4 日，本市撰写的《从强化监督入手，建立推进科学发展的监督考核评价体系》的经验在中央纪委六室联系点座谈会上进行了交流；11 月 20 日，中央纪委监察部信访举报工作联系点座谈会在本市召开，本市纪委在会上介绍了工作经验。

【纪检监察干部能力水平有了新提高】 深入开展了学习实践科学发展观活动和“做党的忠诚卫士、当人民群众贴心人”主题实践活动，认真查找并解决了自身存在的问题和差距，使委局班子自觉成为学习实践科学发展观的组织者、推动者和践行者。组织机关干部开展了 “爱家乡、看巨变”解放思想主题教育、科学发展观辅导讲座、学习科学发展观体会交流、学习王瑛先进事迹体会展览和理论成果创新等活动。在开展“党员干部走进千家万户”活动中，落实一对一帮扶困难户 85 户，送去慰问扶贫款 14 800 元，大米 2 150 斤，面粉 1 120 斤，食用油 390 斤，衣物和生活用品折款 2 100 元，协调资金 14 000 元修建房屋 2 座，出资助学款 3 000 元扶持 1 名大学生，解决了特困群众生产生活中的现实困难。积极参加全民运动会，在机关乙组比赛中获得了足球第一名，篮球第二名，男子接力第一名，女子接力第二名，男女混合接力第一名的优异成绩。市纪委机关党委被市委评为先进基层党组织。加强和改进机关自身建设。采取以会代训、以案代训、集中培训等多种形式，对县（市）区和乡镇（街道）从事信访、检查、审理、案件管理的人员进行了业务培训，提升了他们的业务能力。坚持从具体事情抓起，从点滴小事抓起，严格执行“四大纪律、八项要求”，规范办案行为，严肃工作纪律、保密纪律和办案纪律。积极推进工作方式方法的创新。认真贯彻落实中央纪委、中央组织部等五部委《关于加强地方县级纪检监察机关建设的若干意见》，制定下发了《关于建立县级纪检监察机关人员准入制度的通知》，省纪委在全省推广了本市的做法。

【领导成员名单】

书　记　阎　生（2009 年 3 月离任）
　　　　王德波（2009 年 3 月任职）
常务副书记　史殿杰（2009 年 3 月离任）
　　　　　　张云明（2009 年 3 月任职）
副书记　张云明（2009 年 3 月离任）
　　　　马玉良　高志伟
　　　　朱荣久（2009 年 3 月任职）
常　委　李振国　刘迅安　胡晓梅（女）
　　　　王宪伟
　　　　宋晓东（2009 年 11 月离任）
秘书长　王宪伟

（梁志远）

人民政权

葫芦岛市人民代表大会常务委员会

【概况】 2009 年，市人大常委会机关在市委领导下，坚持以邓小平理论和“三个代表”重要思想为指导，积极履行宪法和法律赋予的职权，较好地完成了各项工作任务，为葫芦岛市经济发展、社会和谐进步作出了积极贡献。

常委会着眼于应对国际金融危机，保持经济平稳较快增长，强化对计划和预算编制、执行各个环节的监督。根据市人大财经委的审查报告，常委会第三十四次会议听取审议了市政府关于2009年市本级部门预算（草案）的报告，批准了2009年市本级部门预算。常委会还审议通过了市政府关联类项目贷款融资及资金收益有关情况的报告，批准了市政府调整关联类贷款项目议案。在会前认真审查的基础上，常委会第三十六次会议作出了关于批准2009年全市及市本级预算调整方案的决议。常委会第三十七次会议审议通过了市政府关于葫芦岛市2009年上半年计划和预算执行情况的报告。常委会第四十次会议审议通过了市政府关于2009年市本级财政收支预算调整情况的报告。

沿海经济带建设关系全市经济发展的大局。9 月，常委会组织开展了对全市沿海经济带重点项目建设情况的调查，提出了紧紧抓住辽宁沿海经济带发展规划上升为国家战略这一重大历史机遇，强力推进沿海“一线七区”开发开放，提高项目建设水平，加强项目资金监管，增强债务风险意识等建议。贯彻落实党和国家的民族政策，发展少数民族地区经济，有利于民族团结和社会稳定。常委会于 3 月对全市少数民族地区经济发展情况进行了调查，针对发现的问题，建议市政府要切实把加强少数民族地区经济发展工作摆到重要位置，抓好农业产业结构调整，落实党的民族政策和各项法规，维护少数民族群众的经济权益，努力缩小少数民族群众收入差距。常委会在2008年检查《农民专业合作社法》贯彻执行情况的基础上，2009 年上半年农业与农村委对全市农村合作社发展情况进行了调查，建议各级政府及有关部门加快扶持政策的出台与落实，推进农民合作社规范化建设。同时，还对全市设施蔬菜发展情况进行了调查，并提出了建议。为加强对关系全市可持续发展的重点工作的监督，常委会于3月对全市整顿与规范矿产资源开发秩序情况进行调查，发现矿产企业发生安全生产事故实行“连坐制”冲击正常矿业生产，政府部门为企业发展的服务意识、矿区生态环境治理工作还需加强等问题，建议市政府及其职能部门进一步强化行政执法部门的服务意识，切实加强各部门间的沟通、协调和配合，形成良性互动、风险共担、共谋发展的工作格局，加大矿区生态环境治理力度，实现矿区生态环境的根本好转。市政府认真落实建议，不断加大工作力度，扩大整顿与规范矿产资源开发秩序的工作成果。

加强对法律实施的监督。常委会于 4 月对全市贯彻实施《文物保护法》情况进行了调查。调查组先后听取了市政府及 6 个县（市）区政府的情况汇报，实地察看了 18 家各级文物保护单位、文管所和博物馆。针对调查中发现的文物保护意识淡薄、工作机构不健全、资金投入不足、资源开发不够等问题，提出加强文物保护法宣传工作，加强文物机构建设，加大资金投入力度，落实文物保护责任等建议。这些建议都得到了很好的落实。在农村普及科学技术有利于提高全市农民科学素质，促进农村经济发展。常委会于 7 月对全市农村贯彻实施《科学技术普及法》情况进行了视察，建议市政府进一步加大对保障措施的落实力度，制定和完善支持科普事业发展的政策，实施好科普惠农工程。

加强常委会自身建设，是发挥地方国家权力机关作用的重要基础。常委会机关在思想、作风、制度建设等方面都有了新进展。一是认真开展学习实践科学发展观活动。按照市委的要求，市人大常委会机关认真开展学习实践科学发展观活动，积极开展思想发动，精心组织学习，深入调查研究，广泛征求意见，认真召开民主生活会，形成了高质量的分析检查报告和整改落实方案，做到了“规定动作不走样、自选动作有特色”。6 月 23 日，在常委会会议上，广泛征求常委会组成人员对党组分析检查报告初稿的修改意见。7 月 2 日，召开机关群众评议会，对党组分析检查报告进行测评，满意率为 98%，基本满意率 2%。7 月底，提出整改方案，明确整改目标、时限及责任部门，2009 年底一些短期目标得到实现。期间，突出人大特色，组织市人大代表为“保增长、保民生、保稳定”提建议献良策活动和“学习调研月”活动，收到了良好效果。二是加强机关思想和作风建设。常委会党组着力建设学习型机关，把学习贯彻邓小平理论、“三个代表”重要思想、科学发展观和党的十七大精神作为主要内容，在学习实践科学发展观活动中机关全体党员干部认真参加活动，学习规定书目、党员走进千家万户、县级以上领导干部每人完成一篇调查报告，为葫芦岛如何科学发展提供了参考，同时提高了常委会组成人员和机关干部的政治理论素质。三是高度重视人大宣传工作。按照监督法的要求，通过报纸、电台、电视台和网站等载体，及时向社会公布常委会重要活动和常委会规范性文件等，扩大常委会工作的公开化程度，接受社会监督，促进了人大工作的公开、透明。组织新闻单位记者集中采访人大代表，新闻媒体集中播发代表先进事迹，增进了全社会对代表履行职责情况的了解。《葫芦岛人大建设》、《葫芦岛日报》“民声”专版、葫芦岛人大网等宣传阵地得到巩固和加强，受众面进一步扩大。特别是2009年葫芦岛人大成立20周年，机关办公室查阅大量资料，组织人力历时半年时间编辑《葫芦岛人大20年》。收录了1989～2009年全市各级人大主要工作，是一部很重要的历史文献。成功主办了全国27市（地州）人大常委会联席会议第十六次会议，交流了工作经验，扩大了葫芦岛市的知名度。

【专项工作评议】 从3月5日开始，常委会组织评议调查组分别深入到市检察院和6个县（市）区检察院进行了调查。6月23日常委会第三十六次会议对全市检察机关反渎职侵权工作进行专项评议，在充分肯定成绩的同时，指出了工作中存在的突出问题，建议检察机关深入开展预防和打击渎职侵权犯罪的宣传教育工作，进一步建立健全内部监督机制，积极做好渎职侵权犯罪的系统预防、部门预防和个案预防，政府要关心支持检察机关开展反渎职侵权工作，创造必要的条件。经测评，满意率为89%、基本满意率为11%。会议还作出关于加强反渎职侵权工作的决议。

【人事任免】 常委会坚持任前法律知识考试、“两院”法律职务人员任前考察和公示等制度，全年共组织56人参加法律知识考试，对32人进行任前考察和公示，增强了被任命人员的法律意识和接受监督意识。常委会全年依法任免国家机关工作人员50人次，其中任职25人次、免职25人次，决定接受辞职4人。

【代表工作】常委会积极创新和探索代表工作模式，充分发挥代表作用，努力增强工作活力，着力增强代表工作实效，使代表工作继续保持较好的工作态势。一是认真组织代表活动。为进一步扩大代表知政知情渠道，常委会办公室全年共安排60名市人大代表列席市人大常委会会议。机关各专门委员会不断调动代表参加活动的积极性，认真为代表履职提供良好的服务，全年共组织327名代表参加27项“三查（察）”活动。二是切实提高代表建议办理质量。全面加强和改进代表建议督办工作，及时交办建议，实地视察建议办理情况，并在年底听取审议了市政府和市法院办理代表建议、批评和意见情况的报告，对6件建议进行了重点督办。市三届人大五次会议收到的54件代表建议全部办理完毕，代表对建议的答复全部表示满意或基本满意。在学习实践科学发展观活动中，市人大常委会在市人大代表中开展了为“保增长、保民生、保稳定”提建议、献良策活动，共收到代表建议54件，并全部得到及时办理，取得了较好的办理效果，促进了相关工作。

【信访工作】 常委会把信访工作作为密切联系群众、倾听群众呼声、维护群众利益的重要工作。信访办进一步加大了信访工作力度，全年共受理群众来信来访396件次，其中来信121件，来访275件次690余人次，集体访19批237人次，全部按照有关规定进行妥善处理，其中向有关单位交办处理8件次，直接联系解决、息诉息访120多件。

【葫芦岛市第三届人民代表大会第五次会议】 2009年1月7～9日举行，会议议程是：听取和审议葫芦岛市人民政府工作报告；审议葫芦岛市2008年国民经济和社会发展计划执行情况与2009年国民经济和社会发展计划（草案）的报告，审查和批准葫芦岛市2008年国民经济和社会发展计划执行情况的报告与2009年国民经济和社会发展计划；审议葫芦岛市2008年财政预算执行情况和2009年预算（草案）的报告，审查葫芦岛市2008年预算执行情况的报告和2009年预算（草案），批准葫芦岛市2009年市本级预算；听取和审议葫芦岛市人民代表大会常务委员会工作报告；听取和审议葫芦岛市中级人民法院工作报告；听取和审议葫芦岛市人民检察院工作报告；选举。会议通过关于政府工作报告的决议，关于葫芦岛市2008年国民经济和社会发展计划执行情况与2009年计划的决议，关于葫芦岛市2008年财政预算执行情况和2009年财政预算的决议，关于葫芦岛市人民代表大会常务委员会工作报告的决议，关于葫芦岛市中级人民法院工作报告的决议，关于葫芦岛市人民检察院工作报告的决议。会议决定接受毕玉坤、赵德山、张维德、张承信辞去市人民代表大会常务委员会副主任职务，王恩忠辞去市人民检察院检察长职务，补选李怀瑜、朱红（女）、王英杰（满族）、李宝祥为市人民代表大会常务委员会副主任，于守江为市人民检察院检察长。

【市三届人大常委会第三十四次会议】 2009年2月27日举行，市人大常委会主任张东生，常务副主任李怀瑜，副主任赵树田、姜淑艳、朱红、王英杰、李宝祥，秘书长智少强及委员共33人出席会议。朱红、李宝祥分别主持会议。市人民政府市长孙兆林、常务副市长崔枫林，市中级人民法院院长柴学伟，市人民检察院、市财政局、发改委、人事局、金融办、投资集团有关负责人和部分市人大代表列席会议。会议听取和审议了市政府关于2009年市本级部门预算（草案）的报告，通过了关于批准2009年市本级部门预算的决议；听取和审议了市政府关于政府关联类项目贷款融资及资金收益有关情况的报告，通过了关于批准市政府关联类项目贷款融资及资金收益有关情况的议案的决定；通过了关于批准于守江、王宝军、王旭光辞去市三届人大常委会委员职务的决定。会议通过了人事任免事项，根据市人民政府市长孙兆林的提请，决定任命孙铁鹏为市发展和改革委员会主任，刘忠义为市经济委员会主任，鲁秀红为市民族事务委员会主任，杨翠杰为市财政局局长，郝建军为市劳动和社会保障局局长，刘旭东为市城乡建设委员会主任，谷玉彬为市农村经济委员会主任，张振勤为市林业局局长，韩庆春为市文化局局长，崔焕民为市体育局局长，石宝利为市安全生产监督管理局局长，王静凯为市外事办公室主任，梁成栋为市委、市政府信访局局长；决定免去李怀瑜的市人民政府副市长职务，潘东波的市发展和改革委员会主任职务，杨翠杰的市经济委员会主任职务，郃玉华的市民族事务委员会主任职务，朱红的市财政局局长职务，方树林的市劳动和社会保障局局长职务，郝廷怀的市城乡建设委员会主任职务，尹树森的市农村经济委员会主任职务，孙铁鹏的市林业局局长职务，李勇的市文化局局长职务，王巍的市体育局局长职务，刘旭东的市安全生产监督管理局局长职务，邵清凯的市外事办公室主任职务，朱荣久的市委、市政府信访局局长职务。张东生就做好2009年人大工作发表讲话。

【市三届人大常委会第三十五次会议】
2009年4月8日举行，市人大常委会主任张东生，常务副主任李怀瑜，副主任赵树田、姜淑艳、朱红、王英杰、李宝祥，秘书长智少强及委员共33人出席会议。李怀瑜、赵树田、李宝祥分别主持会议。市人民政府常务副市长崔枫林、副市长敖凤玲，市人民检察院检察长于守江，市中级人民法院、市国土局、安监局、环保局、民委、农业局、林业局、水利局、财政局、交通局负责人和部分市人大代表列席会议。会议听取和审议了市政府关于全面整顿和规范矿产资源开发秩序工作情况的报告；听取和审议了市政府关于全市少数民族地区经济发展情况的报告。会议通过了人事任免事项，根据市人民政府市长孙兆林的提请，决定任命潘春吉为市人民政府副市长、市公安局局长，朱荣久为市监察局局长；决定免去王德波的市人民政府副市长职务，王立科的市公安局局长职务，张云明的市监察局局长职务。根据市中级人民法院院长柴学伟的提请，任命康永杰为市中级人民法院未成年人和军人维权案件审判庭庭长，曲晶为市中级人民法院审判监督庭副庭长，程歆谦为市中级人民法院审判员；免去曲晶的葫芦岛市中级人民法院立案二庭副庭长职务，刘庆义、赵心银、李树义、韩永安、林连玉、姬峰岐的市中级人民法院审判员职务。

【市三届人大常委会第三十六次会议】
2009年6月23日举行，市人大常委会主任张东生，常务副主任李怀瑜，副主任赵树田、姜淑艳、朱红、王英杰、李宝祥，秘书长智少强及委员共30人出席会议。赵树田、姜淑艳、朱红、王英杰、李宝祥分别主持会议。市人民政府常务副市长崔枫林、副市长敖凤玲，市人民检察院检察长于守江，市中级人民法院、市直有关部门负责人和部分人大代表列席会议。会议听取和审议了市政府关于2008年财政决算（草案）的报告，通过了关于批准市本级2008年财政决算的决议；听取和审议了市政府关于2008年度市本级预算执行和其他财政收支情况的审计报告；听取和审议了市政府关于2009年葫芦岛市及市本级预算调整方案（草案）的议案，通过了关于批准2009年全市及市本级预算调整方案的决议；听取和审议了市政府关于全市农民专业合作社发展情况的报告；听取和审议了市政府关于贯彻实施《文物保护法》情况的报告；对全市检察机关反渎职侵权工作进行了工作评议，通过了关于加强反渎职侵权工作的决议。会上向市人大常委会组成人员印发了市人大常委会党组贯彻落实科学发展观分析检查报告（征求意见稿）。张东生就深入开展学习实践科学发展观活动作了讲话。

【市三届人大常委会第三十七次会议】
2009年8月19日举行，市人大常委会主任张东生，常务副主任李怀瑜，副主任赵树田、姜淑艳、朱红、王英杰、李宝祥，秘书长智少强及委员共32人出席会议。李怀瑜、朱红、王英杰、李宝祥分别主持会议。市人民政府常务副市长崔枫林，副市长刘宁绥、石文光，市中级人民法院、市人民检察院及市直有关部门负责人列席会议。部分市人大代表列席了会议。会议听取和审议了市政府关于2009年上半年国民经济和社会发展计划执行情况的报告；听取和审议了市政府关于2009年上半年财政预算执行情况的报告；听取和审议了市政府关于调整政府关联类贷款项目的议案，通过了关于批准市政府调整关联类贷款项目议案的决定；听取和审议了市中级法院关于完善审判监督制度促进公正司法情况的报告；听取和审议了市政府关于龙湾中央商务区重点项目的议案，通过了关于批准龙湾中央商务区重点项目议案的决定；听取和审议了市政府关于防治水源地水质污染保障城市居民饮用水安全工作的报告。会议通过了人事任免事项，根据市人民政府市长孙兆林的提请，决定任命夏雨恩为市人民政府副市长。张东生就如何做好常委会当前重点工作发表讲话。

【市三届人大常委会第三十八次会议】
2009年9月17日举行，市人大常委会主任张东生，常务副主任李怀瑜，副主任赵树田、朱红、王英杰、李宝祥，秘书长智少强及委员共29人出席会议。市中级人民法院院长柴学伟、市人民检察院检察长于守江列席会议。李宝祥主持会议。会议决定接受于守江辞去市人民检察院检察长职务；任命慕宁为市人民检察院副检察长，决定慕宁为市人民检察院代理检察长。

【市三届人大常委会第三十九次会议】
2009年10月30日举行，市人大常委会主任张东生，常务副主任李怀瑜，副主任赵树田、姜淑艳、朱红、王英杰、李宝祥，秘书长智少强及委员共35人出席会议。市人民政府常务副市长崔枫林，市中级人民法院院长柴学伟，市人民检察院代理检察长慕宁及市直有关部门负责人列席会议。朱红、李宝祥分别主持会议。会议听取和审议了市政府关于沿海经济带重点项目建设情况的报告；听取和审议了市政府关于2008年度财政预算执行审计工作报告提出问题处理结果的报告；听取和审议了市政府关于市三届人大五次会议代表建议、批评和意见办理情况的报告；听取和审议了市中级人民法院关于市人大代表建议办理工作情况的报告；审议通过了《办理葫芦岛市人民代表大会代表建议、批评和意见办法》、《关于葫芦岛市第四届人民代表大会代表名额分配和选举问题的决定》、《关于调整葫芦岛市第三届人民代表大会常务委员会代表资格审查委员会主任委员的决定》；会议还通过了人事任免事项，根据市中级人民法院院长柴学伟的提请，任命贺亚军、郭逸群、陈丽娟为市中级人民法院审判员，免去付英阁、王占云、张广军的市中级人民法院审判员职务。

【市三届人大常委会第四十次会议】 2009年12月11日举行，市人大常委会主任张东生，常务副主任李怀瑜，副主任姜淑艳、朱红、王英杰、李宝祥，秘书长智少强及委员共33人出席会议。李怀瑜、朱红、王英杰分别主持会议。市人民政府常务副市长崔枫林，市人民检察院代检察长慕宁，市中级人民法院及市直有关部门负责人列席会议。会议听取审议了市政府关于2009年市本级财政收支预算调整情况的报告；听取审议了市检察院贯彻执行市人大常委会关于加强反渎职侵权工作的决议情况的报告；审议通过了市人大常委会工作报告（草稿）；审议了市人大各专门委员会工作报告；通过《葫芦岛市人民代表大会常务委员会关于召开市四届人大一次会议的决定》，会议决定，葫芦岛市第四届人民代表大会第一次会议于2010年1月12～15日召开。张东生就如何做好人大换届筹备工作作了讲话。

【市三届人大常委会第四十一次会议】 2009年12月28日举行，市人大常委会主任张东生，常务副主任李怀瑜，副主任赵树田、姜淑艳、朱红、王英杰、李宝祥，秘书长智少强及委员共35人出席会议。李宝祥主持会议。市人民政府市长孙兆林，市中级人民法院院长柴学伟，市人民检察院代检察长慕宁及市直有关部门负责人列席会议。会议通过《葫芦岛市人民代表大会常务委员会关于接受张东生、崔凤林辞去辽宁省第十一届人民代表大会代表职务的决定》，补选阎生、裴伟东为辽宁省第十一届人民代表大会代表。会议通过了人事任免事项，根据市人民政府市长孙兆林的提请，决定任命裴伟东为市人民政府副市长，郝建军为人力资源和社会保障局局长，韩庆春为市文化广播电视局局长。

【市人大常委会及办事机构和工作部门、市人大专门委员会领导成员名单】

主　任　张东生
副主任　毕玉坤（2009年1月辞职）
　　　　李怀瑜（2009年1月补选）
　　　　赵德山（2009年1月辞职）
　　　　张维德（满族，2009年1月辞职）
　　　　张承信（2009年1月辞职）
　　　　赵树田　姜淑艳（女）
　　　　朱　红（女，2009年1月补选）
　　　　王英杰（满族，2009年1月补选）
　　　　李宝祥（2009年1月补选）
秘书长　智少强
副秘书长　李全洲

市人大常委会办公室
主　任　智少强（兼）
副主任　李　咏　张万友
　　　　宋　跃（2009年12月免职）

市人大常委会研究室
主　任　宋　跃（2009年12月任职）
副主任　曹世东（2009年12月任职）

市人大常委会人事代表选举工作委员会
主　任　吕达海（2009年12月免职）
　　　　王　芳（女，2009年12月任职）
副主任　王　芳（女，2009年12月免职）
　　　　王春新（2009年12月任职）

市人大内务司法委员会
主任委员　刘振山
副主任委员　李晓刚　李铁玉

市人大财政经济委员会
主任委员　郑洪平
副主任委员　蒋晓东

市人大农业与农村委员会
主任委员　沈忠学
副主任委员　王铁鸿

市人大教育科学文化卫生委员会
主任委员　商丽华（女）
副主任委员　刘饱满

市人大民族宗教侨务外事委员会
主任委员　李艳秋（女）
副主任委员　齐学利　张凤光（女）

市人大环境资源城乡建设委员会
主任委员　徐成功
副主任委员　鲍玉泽

（曹世东）

葫芦岛市人民政府

重要会议

【常务会议】

1、1月25日，市政府第58次常务会议听取《全市安全生产工作和省政府考核2008年消防工作目标责任状反馈意见有关情况汇报》；传达《陈政高省长在省人大会期间参加葫芦岛代表团分组讨论时的讲话精神和全省县域经济运行情况通报电视电话会议精神》。

2、2月25日，市政府第59次常务会议《研究龙湾CBD规划建设问题》；《研究龙湾CBD“一场三馆”建筑方案设计招标问题》；《研究政府关联类项目建设及资金收益有关问题》；《研究召开全市服务业工作会议有关事宜》；《研究召开全市对外开放工作会议有关事宜》。

3、4月2日，市政府第60次常务会议《研究安全生产工作会议有关事宜》；《研究〈锦化集团社会职能移交方案〉》。

4、5月15日，市政府第61次常务会议《研究青山水库移民安置基本方案》；《研究关于加强和完善政府投融资管理的意见》；《研究葫芦岛市政府关联类项目贷款资金管理暂行办法》；通报《葫芦岛市国家建设项目审计办法》；《研究表彰在2008年度就业和再就业工作中做出突出成绩的集体和个人》。

5、6月16日，市政府第62次常务会议《研究做好 2009 年全市普通高校毕业生就业工作有关问题》；《研究我市促进房地产业发展有关政策修订问题》；《研究 901 人防工程建设问题》；《研究龙湾海军基地五号院师、团职干休所住宅楼翻建改造问题》；通报《市政府党组深入学习实践科学发展观活动征求意见汇总情况》。

6、8月14日，市政府第63次常务会议《研究关于加快全市建筑业发展的实施意见》；《研究企业改制破产及遗留问题所需费用问题》；《研究葫芦岛市企业基本养老保险市级统筹实施细则及通知》；《研究领导干部任期经济责任审计工作意见》；《研究葫芦岛市企业民主管理规定》；《研究葫芦岛市非义务教育系统和其他类事业单位工作人员增加临时性津补贴工作意见》；《研究锦化集团有关问题》；《研究葫芦岛市政府机构改革方案》。

7、8月15日，市政府第64次常务会议《研究锦化集团有关问题》。

8、10月10日，市政府第65次常务会议《研究落实陈政高省长视察我市的有关要求》。

9、10月21日，市政府第66次常务会议《研究各县（市）区、开发区（园区）主要经济指标考核实施方案》；《研究锦化机集团公司与一航黎明公司重组改制有关情况》；《关于购置葫芦岛辉煌国际学校校产有关情况的汇报》；《研究召开全市交通重点工程建设总结表彰大会有关事宜》。

10、11月3日，市政府第67次常务会议《贯彻落实省政府常务会议精神，研究部署本市甲型H1N1工作》。

11、11月27日，市政府第68次常务会议《研究葫芦岛市人民政府机构改革实施意见》；《研究市委、市政府关于葫芦岛市各县（市）面区政府机构改革的意见》；《研究葫芦岛市菊花岛经济区管理委员会（筹）机构编制的核定意见》。

12、12月22日，市政府第69次常务会议《研究政府工作报告》（讨论稿），《研究关于葫芦岛市 2009 年国民经济和社会发展计划执行情况及 2010 年计划（草案）的报告》（讨论稿），《研究关于葫芦岛市 2009 年财政预算执行情况和 2010 年财政预算（草案）的报告》（讨论稿）；《研究信访稳定风险评估制度实施办法（试行）》；《研究葫芦岛市审计机关审计结果公告暂行办法》（征求意见稿）；《研究中共葫芦岛市委、葫芦岛市人民政府关于贯彻〈中共辽宁省委、辽宁省人民政府关于进一步深化集体林权制度改革，加快现代林业发展的意见〉的实施意见》（征求意见稿）；《研究中共葫芦岛市委、市人民政府关于促进残疾人事业发展的实施意见》（征求意见稿）。

【全市农村工作会议】 3月20日，召开全市农村工作会议。市长孙兆林出席会议并讲话，市委副书记阎生主持会议。副市长敖凤玲作工作报告，市政协副主席黎明，市政府党组成员杨瑞祥出席会议。会议要求，越是经济发展遇到困难的时候，越要重视农业、农村、农民工作。全市上下要坚定信心，真抓实干，化危机为机遇，变挑战为动力，把保持农业农村经济平稳较快发展作为首要任务，千方百计加强农业基础建设、促进农业发展、农民持续增收，为经济社会又好又快发展继续提供有力保障。副市长敖凤玲在报告中指出：2008年，全市上下以科学发展观为指导，深入贯彻党的十七大、十七届三中全会和中央办公厅一号文件精神，圆满完成了年初确定的农业农村工作的各项任务目标，农村经济实现了又好又快发展。2009年，本市农业农村工作的主要目标是县域生产总值增长、县级财政一般预算收入、固定资产投资，分别比上年增长26%以上。农民人均纯收入增长9%以上。粮食总产量稳定在90万吨左右；肉蛋奶总产量达到55万吨；水果总产量达到77万吨；水产品总产量达到50.2万吨；蔬菜总产量达到235.6万吨。市长孙兆林对2008年农业和农村工作取得的成绩给予肯定。他强调：本市“三农”工作还存在一定的差距，因此，要把握机遇，切实增强做好“三农”工作的紧迫感和责任感，树立敢于超越的信心和决心，团结一心，攻坚克难，在全面完成工作任务的同时，实现增速跨越，位次前移。要认真贯彻中央一号文件精神，打好三年翻番目标攻坚战。一定要抓住国家有关部门关于农业和农村工作的一切政策机遇，集中人力、物力、财力发展壮大县域经济，建设好社会主义新农村，为2010年底实现农村经济“翻番”目标打牢基础。抓农业产业化经营，壮大特色优势产力，抓工业产业集群，推进县域工业化，抓县域建设和服务业，稳妥推进城镇化，抓新农村建设，改善农村民主。要狠抓落实，确保完成全年任务目标，坚持把解决“三农”问题作为全部工作的重中之重，做到思想上重视，行动上落实。加强农村基层组织建设和干部队伍建设，做好备耕、春耕，抓好春季防火和渔业安全生产工作以及春季重大动物疾病防疫工作。表彰了2009年农业农村工作先进集体和个人。

2009年重点项目简介

名　称	施工内容	总投资（万元）	建设期	建设单位
兴城徐大堡核电一期工程	项目规划容量为8 100万千瓦级核电机组，其中一期工程建设4 100万千瓦级核电机组。	9 600 000	2009年	兴城徐大堡核电站
锦西石化1 000万吨/年炼油项目	项目主要建设1 000万吨常减压蒸馏、220万吨催化裂化，300万吨渣油加氢脱硫、170万吨蜡油加氢裂化、260万吨重油催化裂化、40万吨气体分馏、10万吨硫黄回收等生产装置16套，配套建设动力站和码头以及公用工程。	1 876 665	2009年	中国石油锦西石化分公司
辽宁大金钢结构工程集团有限公司海洋工程装备制造项目	项目选址在北港工业区船舶配套园区，主要产品为2 000套/年风力发电装备、8台（套）/年海洋工程平台、100万吨/年船舶制造。建设钢材预处理、切割、焊接、组装、涂料等生产系统。	500 000	7年	辽宁大金钢结构工程集团有限公司
辽宁东宝集团船舶制造有限公司50万吨/年造船厂建设项目	主要建设5万吨级船台和7万吨级船坞各一座及舾装码头等。	222 826	2009～2010年	辽宁东宝投资集团有限公司
南票兰宏水泥有限公司新型干法水泥生产线项目	项目一期占地0.2平方千米，二期占地0.4平方千米，分为原燃料区、主要生产区、成品发送区等功能分区。购置一套新型干法预分解窑（包括石灰石粉碎机、生料磨、烧成系统、水泥磨粉、包装机等设备），日生产水泥熟料20 000吨。	220 000	2009年	兰宏水泥有限公司
中冶葫芦岛有色金属集团有限公司1.5万吨/年镍钴精炼项目	主要建设厂房以及浸出一萃取一电积生产系统。	150 000	2年	中冶葫芦岛有色金属集团有限公司
锦西石化分公司100万t/a柴油加氢改质工程	主要建设加氢精制和加氢改质生产系统，主要建设装备和设备为：反应器2台，加热炉1台，循氢机1台，新氢机2台，汽提塔、分馏塔2座以及空冷器、冷换设备、容器、机泵等，同时建立DCS及SIS控制系统。	45 371	2009年	中石油锦西石化分公司
TDI项目二期建设项目	项目占地300亩，主体工程包括CO制造装置、TDA装置、氢压机房、TDI装置、空分空压及冷冻站、HCI吸收装置、液氯储存及汽化装置等。	35 000	2010年	辽宁北方锦化聚氨酯有限公司
德酷（葫芦岛）有限公司纳米硅酸盐项目	项目占地0.08平方千米，投产后预计年产纳米硅酸盐颗粒1 500吨，液体纳米硅酸盐3 000吨。	20 218.88	2年	葫芦岛德酷有限公司
葫芦岛宏鹏工贸有限公司综合利用钼尾矿生产微晶玻璃项目	项目占地面积6万平方米，完成4 500平方米厂房建设及微晶玻璃板材生产线，生产工具车间厂房、原料库、产品库等设施，同时配套建设辅助设施，购置工艺设备装置59台（套）。	8 937	2009年	葫芦岛宏鹏工贸有限公司

续 表

名　称	施工内容	总投资（万元）	建设期	建设单位
辽宁渤海水泥集团回转窑余热发电项目	本项目在Φ4.775m 回转窑建成和进入运行的基础上，配套建设纯低温余热发电装置，购置安装4.5MW凝汽式汽轮机、汽轮发电机、窑头和窑尾余热锅炉等主机设备，以及辅助输送冷却水处理等设备。	10 000	2009年	辽宁渤海水泥集团
葫芦岛青山水库工程	工程的主要任务向葫芦岛市跨流域调水，水库建成后供水量达到8 527万立方米，其中向葫芦岛市城市供水7 275万立方米；农业供水764万立方米；环境水量488万立方米，以解决葫芦岛市工业与生活用水的不足问题。	242 669	4年	葫芦岛市水利局
葫芦岛绥中猴山水库工程	水库设计总库容 1.02 亿立方米（大Ⅱ型）防洪库容2230万立方米，兴利库容8190万立方米。将修建溢洪道，长度300米；浆砌石重力坝，坝长310米，最大坝高43.5米。	105 000	4年	葫芦岛市水利局
葫芦岛市龙源供水一期工程项目	分两期建设，一期工程设计供水规模为 10 万立方米/日，工程建设由取水工程、输水工程、净水厂工程、配水工程和工程管理及辅助用房五部分组成。	56 845	30个月	葫芦岛市水利局
江苏雨润食品产业集团300万头生猪加工项目	项目占地0.2平方千米，主要建设生猪屠宰和猪肉分割生产线，低温储藏库、肉食品加工生产装置、污水处理设施等，完成厂区公用设施配套，设计生猪加工能力 300 万头/年。	45 000	2年	江苏雨润食品产业集团
六股河河道治理工程	主要实施浆砌石防洪堤构筑工程、部分堤坝加高培厚和护坡工程、河道护岸工程、河道清淤疏通工程、河岸绿化固化工程等。	26 125	2年	葫芦岛市水利局
葫芦岛万佳果业有限公司果蔬深加工改扩建项目	规划新建1条20 000吨/年浓缩苹果汁生产线，改造原有的榨制系统，新增 6 000 吨/年浓缩梨汁生产能力，并辅建 10 000 吨冷库1座。	14 855	1年	葫芦岛万佳果业有限责任公司
大风口水库除险加固工程	大坝迎水面护坡改造、坝顶混凝土防浪墙改造、下游护坡及观测马道改造、大坝坝脚防护、坝肩防渗处理；溢洪道两侧三体削坡、进口新建导流墙、两侧导流墙和底板拆穿重建；输水洞进口岸坡防护、进口启闭室框架改造、洞壁补强、出口明管段重建、消能塘闸门维修、尾渠加固；增加必要的观测设备，更新改造电气、自动化及水文自动观测报系统；进行防汛抢险公路改造。	11 000	2年	绥中县水利局
煜远畜牧业有限公司畜牧养殖及加工项目	建设种畜繁育中心、商品畜养殖中心畜舍；建设自动化商品畜屠宰生产线、肉类分割包装生产线；建设肉类低温冷藏设施；建设饲料加工生产设施；建设生产废水无害化处理装置、畜粪便发酵制沼气装置；配置肉类食品安全监测系统；建设办公、职工生活用房并完成厂区给水、排水、供电、供热等基础设施配套工程。	10 000	2年	煜远畜牧业有限公司

续　表

名　称	施工内容	总投资（万元）	建设期	建设单位
乌金塘水库除险加固工程	主要进行主坝加宽和迎水面护坡、副坝加固、溢洪道（含非常溢洪道）及输水洞维修改造、泄水闸更新改造等工程内容。	13 300	2009～2010年	葫芦岛市水利局
兴城市新城区基础设施配套项目	完成新城区土地征用和村屯动迁；先期建设动迁居民回迁小区；进行新城区土地竖向和整理工程；建设新城区城市干道、次干道网络，基本形成城市布局；结合路网建设，完成新城区给排水、供电、供气、供热、通信等基础设施管网管线铺设；分期建设新城区变电站、城市水源和净水厂、污水处理厂、电信局等公用设施。	152 000	2009～2014年	兴城市政府
葫芦岛龙湾海滨地区核心区（CBD）基础设施工程	道路工程有主干道3条、次干道6条、支路14条，总长29.2千米，面积224 800平方米；桥梁6座，面积5 760平方米；给水管线25千米；排水管线99千米；停车场2处，面积35 800平方米；广场4处，面积93 700平方米；热力工程总供热面积为408.92万平方米；燃气管线包括龙湾海滨地区核心区中压管网输配22.8千米管线9个调压柜；防洪工程3.5千米；以及通讯、绿化等工程。	146 450	2009～2012年	葫芦岛市龙湾中心商务区管委会
绥中海滨新城基础设施建设一期工程	完成新城区土地征用和村屯动迁；先期建设动迁居民回迁小区；进行新城区土地竖向和整理工程；建设新城区城市干道、次干道网络，基本形成城市布局；结合路网建设，完成新城区给排水、供电、供气、供热、通信等基础设施管网管线铺设；分期建设新城区变电站、城市水源和净水厂、污水处理厂、电信局等公用设施，为城市开发和城市功能实现创造基础条件。	874 819	2009～2011年	绥中海滨经济区管委会
葫芦岛港二期工程	规划建设万吨级以上码头泊位3个，在一期工程东侧建设218米的码头，建设一个2万吨级的泊位；然后向南再建设500米码头，建设2个3.5万吨级的泊位，码头的水工结构全部按照7万吨级考虑。	139 000	27个月	葫芦岛港口有限公司
滨海公路连接线工程	公路连线全长59.8千米，全部为一级公路，路面宽度21.5米（其中万芷线路路面宽60米）。	80 206	2009年	葫芦岛市交通局
葫芦岛港疏港铁路工程	疏港铁路北与沈山铁路塔山站接轨，南接葫芦岛港，是沈山铁路的延伸，全长13千米，共分三部分建设。	3亿	2009年	葫芦岛市经济开发区管委会
南票中央下放地方煤矿棚户区改造工程	棚户区改造规划新建住宅小区2个，总占地面积0.20平方千米，总建筑面积11.97万平方米，其中：住宅建筑面积11.94万平方米，配套公共建筑面积300平方米。	16 140	2009～2010年	南票区政府

续　表

名　称	施工内容	总投资（万元）	建设期	建设单位
兴城市临海产业园区土地整理和基础设施建设项目	起步区位于兴城市曹庄乡临海地带，占地面积 4 平方千米；回填盐田面积 2.67 千米；回填近海滩涂 1.33 平方千米；建设道路总长 20.94 千米，路面面积 395 292 平方米；扩建 40 000 没 m³/d 净水厂 1 座；铺设供水管网 29.463 千米；建设 50 000t/d 三级污水处理厂 1 座，敷设雨水管道 20.94 千米，雨水井 419 个；建设 80MVA66/10KV 变电所一座，敷设电缆 18.18 千米，道路照明工程 20.94 千米；建设供热管道 7.514 千米，建设换热站 17 个；敷设电现线路 18.18 千米；敷设燃气管道 9.2 千米，燃气调压柜 12 个。	54 378	2 年	兴城市临海产业园区
葫芦岛市城市外环路工程	工程拟建一条 102 线绕城公路，以国道 102 线 K427+585（双树村）为起点，沿城区北侧至高速公路西出口路为第一段；高速公路西出口路至东出口路为第二段；高速公路东出口至国道 102 线二台子立交桥为第三段，路线总厂 19.2 千米（新建 13.6 千米，东线原路改建 5.6 千米），路线等级为二级，路面宽 18 米。	27 500	2009 年	葫芦岛市交通局
绥中滨海经济区先导区土地整理及基础设施配套工程	建设道路总长 14 719 米，面积 400 490 平方米；敷设供水管网 14 559 米；敷设污水管道 10 928 米，建设污水提升泵站 1 座；敷设雨水管道 294 36 米，雨水井 736 个；建设 230MW/66KV 变电所 1 座，敷设电缆 5 460 米，道路照明工程 14 718 米；建设供热管道 8 831 米，建设换热站 6 个；敷设电信线路 8 500 米；敷设燃气管道 4 150 米，燃气调压 8 个；完成外部配套供热（汽）管道 1000 米，外部供电线路 1500 米。	25 000	1 年	绥中滨海经济区管委会
葫芦岛市农村公路建设工程	需要完成路基改造 204.3 千米，路面 325.4 千米，技术等级为二、三、四级，路面宽度为 9～5 米，桥梁 3 798.4 米/141 座，解决 116 个行政村通油路。	14 800	2009 年	葫芦岛市交通局
龙港区茨山河改造工程	工程选址在茨山河中段，龙程街到锦葫路河段，全长 4.3 千米。主要实施河道清淤、护岸工程以及河两岸居民动迁。	12 000	2 年	龙港区茨山河改造指挥部
龙港区连山河综合治理工程	主要建设内容为河道清淤、清障和堤防工程等。	12 000	2 年	葫芦岛市经济开发区船园配套建设有限公司
绥中县 3 万吨/日污水处理厂	污水处理厂选址于绥中县塔山镇大中古村，占地 45 000 平方米。建设规模为日处理污水能力 3 万吨的深度污水处理厂，中水回用 2 万吨/日，外排水达到Ⅰ级 A 标准。	11 136	2009～2010 年	绥中县城乡建设局
葫芦岛老区污水厂扩建工程	扩建规模为由 70 000 吨/日扩建到 14 000 吨/日。污水处理系统分为一级处理、二级处理和深度处理。	10 000	2009～2010 年	葫芦岛市英格环境投资管理有限公司

续　表

名　称	施工内容	总投资（万元）	建设期	建设单位
葫芦岛市新区污水处理厂扩建工程	扩建规模为由 30 000 吨/日扩建到 60 000 吨/日。污水处理系统分为一级处理、二级处理和深度处理。	7 000	2 年	葫芦岛市污水处理有限责任公司
建昌县城区污水处理一期工程	一期工程建设规模为新建一座日处理能力 2 万立方米的污水处理厂，主要包括污水预处理、二级处理和污泥处理等生产设施、生产辅助设施、生产管理设施及配套，建筑面积 1780 平方米。	5 926	1 年	建昌县市政管理处
葫芦岛水泥地区改造工程	完成改造区域的生产性企业搬迁、建筑物拆除和竖向工程；进行改造地区城市供水、供电、排水、通信、供气、供暖等基础设施配套；按照新的城市规划建设和完善改造区域道路系统；改造地区规划建筑面积 70 万平方米，其中 2009 年完成 20 万平方米。	124 000	2009～2010 年	葫芦岛市建委
葫芦岛首创投资发展有限公司山水倾城住宅小区建设项目	项目总用地面积 138 501.2 平方米，建设用地面积 117 686.6 平方米，共建楼房 28 栋，总建筑面积 211 838 平方米，其中地上建筑面积 198 740 平方米、地下建筑面积 13 098 平方米。	47 289	2 年	葫芦岛首创投资发展有限公司
绥中县 103 步行街工程	主要建设内容包括步行街两侧原有的建筑动迁工程；沿街商业网点建筑工程；商业街人行步道铺设工程；步行街绿化、亮化工程；街区公用配套及消防设施工程等。	33 300	2009～2010 年	葫芦岛交通顺达房地产开发有限公司
锦山生活区一期工程建设项目	占地面积 0.19 平方千米，建筑面积 32 万平方米，安置职工 2 600 户。进行生活区供电水、供电、排水、通信、供气、供暖等基础设施配套。	26 000	2009～2010 年	辽宁锦山机电制造有限公司
兴城市古城保护开发项目	主要进行古城城墙、鼓楼、牌坊、文庙、将军府等古建筑进行维修。改造古城内的文物环境，对城内居民动迁，拆除与古城成不相协调的建筑物。完善古城内配套基础设施，建设管理中心、纪念馆布展、停车场、旅游纪念品市场及供水、供电、环境卫生等共用配套工程。	10 亿		兴城市文化局

市政府办公室

【概况】　2009 年，市政府办公室围绕“保增长、保民生、保稳定”的大局，恪守为领导服务、为机关服务、为基层服务的“三服务”职责，精心谋事，潜心干事，保证了市政府机关高效运转，为全市经济社会持续快速发展做出了积极贡献。在省政府考核的 31 项指标中，涉及的应急管理、扶贫开发和政务公开 3 项指标均进入全省前列。政府办被评为市公路建设先进集体、市国庆安保先进单位、市文明机关、市党风廉政建设及行风建设先进单位、市群体工作先进单位、第三届全民运动会和市直机关大型广播体操比赛优秀组织奖，办公室机关党委被评为市直机关先进党委。

【为政府领导当参谋　做助手】一是参谋服务有为有位。强化了为领导“出良策、当高参”的工作理念，努力实现由研究具体事物向“把握大势、善谋全局”转变，超前谋划，深入调研，2009 年是完成调研最多的一年，成果最丰富的一年。高质量完成《坚持科学发展，建设宜居滨城》、《对利用金融手段破解资金瓶颈的初步探析》、《加强规范化，提高执行力，切实增强政府工作效能》等调研报告 30 余篇，获辽宁省调研成果奖 6 篇、市级调研成果奖 8 篇，有 20 余篇调研报告直接进入市委、市政府决策。编辑印发《政府工作》12 期。其中，晓琨书记和雪峰秘书长批示 1 期，这是市委书记首次在《政府工作》上批示。坚持以文辅政，全年撰写市领导讲话、汇报等综合材料 1 000 余篇、600 余万字，出色完成了《政府工作报告》的起草工作，本次人代会高票通过，受到领导的好评。服务全市经济建设，完成北港工业区、龙湾CBD、绥中滨海经济区和打渔山泵业产业园区的宣传专题片，以及迎接海外侨胞考察团考察的葫芦岛专题片编辑制作，得到市领导的好评。刊发《政务信息》、《信息参考》、《每日要情》等信息刊物300余期，全年向省政府上报信息500多条，全省排名第五。“048”信息得到国务院领导的高度重视，实现报国家信息的重大突破。《渤海水泥集团高温余热发电项目迟迟无法得到核准并网》信息得到省政府主要领导批示，有力地推进了相关工作进程。完成《葫芦岛市志》（综合卷）的出版发行，结束了本市无市级志书的历史。编辑出版《葫芦岛年鉴》（2009），累计出版《葫芦岛年鉴》10卷，为各级领导决策提供重要的参考依据。二是应急管理成效显著。建立了应急值班运行系统，严格实行紧急重大情况首问责任制，确保政府24小时政令畅通。积极推进“一案三制”建设，建立了突发事件评估工作制度，进一步规范处置突发事件的工作原则和相关程序。完成了全市应急资源数据库建设和应急平台建设的前期准备工作。采取专题培训、以会代培等方式，建立公务员应急培训长效机制，全年培训基层干部3 000余名。组织开展反恐应急、重大动物疫情、较大森林火灾、海上渔业安全等突发事件应急演练活动，成功协调处置了锦化化工集团职工和高考移民等群体上访事件，以及“5.14”绥中海难、连山、龙港、杨家杖子、锦山4起森林火灾等重大事故。圆满完成国庆安保工作。三是督办落实扎实有效。始终把重大决策的督促落实作为重中之重来抓，保证了决策落实不断条、不悬空。全年完成各类督办事项266件，编发《督查专报》57期、《督查通报》2期、《督查简报》2期、《市政府领导批示摘要》11期，督办到位率、反馈报告率达100%。组织承办省人大代表建议1件，市人大代表建议、政协提案516件，办复率、见面沟通率、满意率100%，解决率60%。督办工作已经成为推进各项工作落实的有力抓手。

【快速办文 细致办会规范管理】 一是公文管理水平明显提升。严把发文关，确保公文质量，完成文字核稿量160多万字，发文483件，接文862件，无一疏漏。配合省政府公文交换平台，引进二维条形码识别技术，进一步规范公文制作。在全市推广公文管理系统软件，实现收、发文计算机登记、查询、统计和管理，提高了无纸化办公效率和水平。办公内网正式启用，提高了办事效率，降低了办公成本。按照市委保密局要求，对全办网络进行保密改造。组织召开了全市行政机关办公系统干部培训班，邀请专家进行公文处理、公用文写作、接待礼仪和应急管理等方面业务培训，提高全市办文人员整体素质，受到广泛好评。二是会务接待能力显著提高。坚持“细致策划、精心准备、密切配合、协调运作”，全面细致的做好会务接待工作，得到领导好评。全年承办建市20周年庆祝活动、滨海公路通车剪彩仪式等大型活动和会议100余次，承办市政府常务会、党组会和市长办公会等重要会议90余次，协调安排市领导视察调研、走访慰问60余次。接待内、外宾和各级检查、考察团（组）118个，接待来宾1 000余人次，省部级以上领导44人次。三是后勤保障更加规范。进一步健全会务接待、财务管理、车辆管理、食堂管理和节能管理等工作制度，严格办公物品采购制度，承办各类会务服务工作713次，设施维修管护达千余次，办公环境逐步改善。安全行车100万千米，圆满完成长途出车任务1 000余台次，节约车辆修理费和燃油费28万元。细化财务核算程序，改进监督审核手续，是审计部门信得过单位。通过规范管理，全年节省各类经费支出130余万元。机关幼儿园办园条件进一步改善，教育质量不断提高，有1人次获得省优质课一等奖。

【拓宽服务职能迈出新步伐】 一是开发式扶贫深入开展。通过积极协调，全年共投入扶贫开发资金8 264万元，落实项目140个，5.12万低收入贫困人口实现稳定脱贫，圆满完成省政府考核指标。实施42个村的“整村推进”工作，参与农户12 334户，人均年增收300元以上。完成300户移民动迁任务，实现“当年搬迁、当年脱贫”目标。完成1 700名农民贫困劳动力技能培训任务。抓好产业化扶贫工作，为14个扶贫龙头企业争取贷款贴息140万元，建设基地300平方千米，带动农户11.5万户，户均年增收超过600元。积极动员社会力量参与扶贫开发，协调省直16个部门对口帮扶建昌县14个乡镇，协调市直100个单位对口帮扶全市42个贫困乡镇，3.5万人受益。二是政务公开全力推进。在政府门户网站设立了政务公开栏目，政府信息发布和每日更新率达到100%。开设《政务访谈》和《政务讲堂》栏目，解答百姓疑难，传递政策信息，已经开播10期。全市90%以上的市直部门宽带接入公共信息平台，并和省政府政务公开网络实现链接和畅通。在政府广场设立了LED大屏幕，播放政务公开节目。全年收到并处理政策咨询件145件，被评为五星级的112件，列全省总分、平均分第6名，市政务公开办公室被省政务公开办公室评为明星部门。三是节约型行政得到加强。严格执行《政府采购法》，完成政府采购125项、7 966万元，节约资金406万元，节支率5%。2009年新设立公共机构节能管理科，增加了公共机构节能管理职能，着手摸清底数、培训人员、建立制度等工作，为全市公共机构节能工作的顺利开展奠定坚实的基础。

【队伍建设树立新形象】 一是坚持“一岗双责”，党风廉政建设常抓不懈。年初，班子带头提出“向我看齐、对我监督”，办公室领导班子成员做到“工作职责和掌握的权力管到哪里，党风廉政建设职责就延伸到哪里”，在抓好业务工作的同时，切实抓好分管范围的反腐倡廉工作。切实做到把党风廉政建设纳入办公室总体工作目标，与各项业务工作一起部署、一起落实、一起考核。组织全办干部职工集中学习王瑛同志先进事迹，集中观看电影《潘作良》和警示教育片；两次召开学习实践科学发展观和《严禁领导干部违纪违法收取钱财的规定》专题民主生活会。修改完善了《党风廉政建设责任制实施意见》，与各科室签订了《党风廉政建设责任书》，党风廉政建设责任制的落实，有力地促进了业务工作的开展，做到了相得益彰、互促互进。二是深入开展学习实践科学发展观活动，进一步密切党群关系。班子成员带头参加“党员干部走进千家万户”活动。访贫问苦，帮助帮扶对象致富，办公室共捐助钱物近3万元，帮助解决吃水、住房、上学、就医等实际困难。同时，积极参加“送温暖、献爱心”活动，捐款3.2万元。通过召开座谈会、发放征求意见函、个别谈话、走访基层等形式，广泛征求意见和建议；并制定了切实可行的改进措施和整改方案。通过学习实践活动，达到了“党员干部受教育、人民群众得实惠、科学发展上水平”的目的。三是丰富活动内容，机关党建工作结硕果。圆满完成机关党委换届选举工作。发展3人为中共预备党员。“三八”节期间，组织办公室女同志赴北京奥运场馆参观，激发女同志的爱国热情。积极参加“绿色家庭”创建评比活动，一户职工被评为“绿色家庭”。积极开展郊游、登山等活动，调动广大青年的工作热情。秘书科被评为文明科室，文电科、秘书科被评为市级青年文明号，督察室、行政科两个支部被市直机关工委命名为党建示范点。四是加强干部管理，切实转变工作作风。建立了科级干部廉政档案和诫勉谈话制度，强化了对中层干部的教育、监督和管理，加强对重要职能科室、重要岗位人员从政行为的监督制约。制定下发了《机关纪律作风建设考评细则》，加强日常检查和考核，坚决查处一些慢作为、不作为、乱作为的人和事，办公室的服务水平和服务效能明显提高，“昂扬向上、谋求发展、创业干事、争先创优”的良好氛围逐步形成，得到了领导和群众的好评。

（王玉来）

行政审批工作

【概况】 2009年，市行政审批管理办公室以优质服务竞赛活动为载体，加强对行政审批大厅的管理，全面实行网上公开工程，继续深化行政审批制度改革，优化经济发展环境，优质高效地完成了年度工作任务。

【年度办件情况】 全年服务中心大厅共办理各类审批服务事项68 050件。其中即办件56 631件，承诺件11 419件，即办比例为83%，办理服务事项5.5万件，规费收入2亿元。十个分中心共完成审批办件9万件，服务事项56万件。中心及分中心所办理审批件数都超额完成年初预定的目标。

【进一步强化大厅管理】 与机关工委共同对参赛单位进行明察暗访三次，对检查中发现的个别业务大厅主管部门对竞赛活动重视不够、服务不规范、业务不饱满、窗口人员不固定、部分行政审批和服务事项程序繁琐等8个问题，制定了15条整改措施，并逐一落实，取得了良好效果。

【进一步减少审批收费】 2009年，根据市委、市政府《关于印发〈葫芦岛市行政审批电子监察系统建设实施方案〉的通知》（葫委办发[2009]4号）文件要求，与监察局联合下发了《关于进一步梳理认定行政审批项目实施方案的通知》（葫审批办发[2009]4号），对市本级行政审批项目进行了重新梳理认定。此项工作已经圆满完成。已将梳理认定结果报送市监察局。

在重新梳理审批项目的基础上，按照《辽宁省人民政府关于取消和停止征收220项行政事业性收费项目的通知》（辽政发[2008]44号）的要求，对行政服务大厅内直办项目进行逐一对照，经与各部门沟通，共有7项审批事项取消收费。

【对房地产开发审批项目制定审批流程】 根据市政府《关于促进房地产业发展有关问题的通知》（葫政发[2008]30号）及《关于促进房地产业发展有关问题的补充意见》（葫政发[2009]5号）文件精神和市政府领导指示，制定并下发了《葫芦岛市房地产开发项目前期审批流程》，要求涉及房地产企业审批项目的主要审批事项，实行进入市行政服务中心集中一条龙审批，次要审批事项实行并联审批或补办。对涉及多部门审批的重大项目、重要审批事项，随时召开规划委员会会议研究和联审会协商决定。

【继续深化行政审批制度改革】 在加大网上公示的基础上，对各部门办结逾期，发证不及时的办件，逐一进行催办，2009年共催办180件。对网上公示内容录入格式不正确、收费标准不明确、主管领导级别低等事项进行了纠正，共40项。2009年共在网上公示8 466件。

【完成市委 市政府交办的工作 对政协委员提案提出具体协办意见】 对市政协三届五次会议李凤德委员《发展农业生态观光，促进旅游事业发展》（第166号）提案、郜玉华委员《发挥本市水果产区优势，推进本市观光农业发展政策的建议》（第381号）提案提出协办意见。一是凡涉及农业生态观光产业的公司申办审批事项，全部在市行政服务中心实行“一站式”办公，依法限时满意办结；二是将涉及农业生态观光产业审批事项的审批依据、条件、程序等，都通过政府网站、电子显示屏、服务指南等方式进行公开。并按照行政审批网上公开工程的要求，将申请人、申办事项、收费标准、承诺时限、办理进度、未按时办结原因等内容全部实行网上公示，由市监察局、市直机关工委、市审批办共同进行实时监督；三是为农业生态观光产业建立审批绿色通道，由专门人员负责受理相关行政审批事项，无偿全程代办，跟踪服务。

【签订软环境目标责任状】 2009年初，审批办与派驻市行政服务中心25个窗口的70余名工作人员签订《软环境建设目标责任状》，在廉洁自律、服务质量、规范受理、工作纪律等方面做了详细规定。加强了对窗口工作人员日常管理特别是考勤的管理，对窗口人员文明办公等情况进行监督检查，特别是对发现在工作时间上网玩游戏、聊天，一经查出，严肃处理。在市行政服务中心大厅营造了浓厚的重服务、讲效率、办实事的工作氛围。

【加强对县（市）审批工作指导和分中心监管】 根据《葫芦岛市人民政府关于简政放权的意见》（葫政办发[2005]11号）和《关于印发葫芦岛市人民政府有关部门保留的审批项目的通知》（葫政办发[2006]38号），指导县（市）进一步清理行政审批和年检项目，取消一批行政审批和年检项目。对已建立的兴城、绥中两地的市行政服务中心分中心进行经常性指导。严格按照《葫芦岛市行政服务中心分中心考核评比办法》对分中心进行监督管理。

【全面落实党风廉政建设责任制】 继续坚持并完善了党组统一领导、党政齐抓共管、各部门各负其责、机关干部积极参与的领导体制和工作机制。班子建设走上了制度化、规范化的轨道。办领导班子认真贯彻落实科学发展观，始终保持团结、清廉、务实、为民的工作作风。机关管理得到了进一步加强。宣传思想工作、综治、信访、档案、保密也取得了一定的成绩。

【年度表彰】 2009年度，市行政审批管理办公室目标责任制工作被市委市政府评为通报表扬单位，受理考核科被评为全市目标责任工作先进科室，综合科李绍荣被评为全市先进工作者。

（李绍荣）

目标责任制考评

【概况】 2009年，市直机关各单位以目标责任制为载体，以加强机关纪律作风建设、提高干部素质、优化经济发展环境为重点，真抓实干，开拓进取，全面加强机关建设，圆满完成了全年各项工作任务，为实现全市经济社会平稳较快发展做出了新贡献。通过对市直机关各单位2009年23项工作目标的考核和4个层次的测评，市直机关实行工作目标责任制领导小组对各参评单位实施目标责任制情况进行了综合评定。经市委常委会研究决定，市委办等46个单位被评为优秀单位，市委党校等31个单位被评为通报表扬单位，市司法局等17个单位被评为达标单位。市委政研室咨询办等34个科室被评为先进科室。郑宝林等10人被评为优秀公仆，秦忠东等93人被评为先进工作者。

【行政业务工作再创新业绩】 市直机关各单位按照市委、市政府“保增长、保民生、保稳定”的工作部署，积极应对金融危机带来的不利影响，工作目标明确，责任清晰，突出重点，狠抓落实，超额完成了年初制定的各项工作任务。全年共制定工作任务目标1 409项，实际完成1 447项，超额完成38项。其中受到国家部委表彰的有53项，受到省委、省政府及省直部门表彰的有205项，在省内同行业排名前三位的有126项，其中排名第一位的有58项。许多重点工作在省或国家部委会议上作了经验介绍。

【机关党建工作再上新台阶】 一是加强政治理论学习，机关思想政治建设扎实有序推进。根据工作学习计划，按照“规定动作高标准，自选动作有创新”的要求，市直机关各部门认真组织学习贯彻科学发展观，明确目的意义，创新学习方式，举办封闭培训班，坚持把党员干部的思想政治建设放在首位，引导广大党员干部解放思想，坚定信念，增强化危机为信心，始终保持发展激情，切实提高了党员干部的政治觉悟和理论水平。同时坚持学以致用，主动深入基层，开展调查研究，全年共撰写调查报告2 584篇，被各级采用969篇，为市委、市政府决策提供了参考依据，在市直机关营造了工作学习化、学习工作化的浓厚氛围，有力地推动了“学习型机关”的建设。二是加强组织建设，机关党的基层组织建设得到新加强。市直机关各单位进一步建立和完善党建工作责任制，明确和落实“机关工委牵头抓总，部门党委（党组）负责，机关党委具体抓，机关党支部发挥作用”的党建工作格局，着力加强党的执政能力建设和先进性建设，促进机关党建工作科学化、制度化、规范化。并深入开展了“基层党建示范点”创建活动。2009年，市直机关确定了71个基层党支部为示范点创建单位。通过严格考核，命名了50个“基层党建示范点”。各示范点在创建活动中，着重解决了基层党组织建设中的重点和难点问题，开阔了思路，创新了工作，有力地促进了市直机关基层党组织建设。同时注重加强学习教育培训，提高党员干部素质。举办了市直机关学习十七届三中、四中全会精神培训班，集中培训了148名副县级干部和352名实职科级干部，有力地促进了市直机关思想政治建设。四是树立和宣传典型，营造干事创业的良好环境。大力宣传优质服务标兵等典型的先进事迹，通过“职工之家”、“青年文明号”的创建和宣传，引导和激励广大机关党员干部，为葫芦岛发展建功立业。三是完善惩治和预防腐败体系，加强机关反腐倡廉建设成效显著。以开展集中警示教育活动为重要载体，加大从源头上预防和惩治腐败的工作力度，严格执行党风廉政建设责任制和领导干部“一岗双责”制度，提高思想认识，筑牢拒腐防变的思想防线，加强党内监督，规范机关党员干部的从政行为。同时扎实开展科级干部廉洁自律考评工作，管好重点人员。对市直机关1 400余名科级实职干部廉洁自律情况进行测评并建立廉政档案，对50个重点单位的科级干部进行了集中考核测评，查找问题及根源并制定整改措施，进一步提高了科级干部的思想认识和廉政意识， 树立了机关务实、高效、为民、清廉的良好形象。

【机关作风建设得到新加强】 一是强化纪律约束，制定出台了《关于违反工作纪律的处理规定》，召开工作会议，进行全面部署。二是强化自我管理。市直各单位按照《规定》的要求，制定了具体的《实施细则》，形成了领导干部高度重视、带头遵守规定、机关干部人人参与、齐抓共管，经常抓、抓经常的工作局面。三是强化监督制约。在市直机关各单位办公楼醒目位置设立举报电话，在市直机关19个业务大厅设立举报信箱，并以“优质、快捷、便民、高效”为目标开展优质服务竞赛，涌现出10个优质服务大厅，15名优质服务标兵，全年收到锦旗79面，表扬信62封，赢得了群众的广泛赞誉。四是组织实施了行政审批网上公开工程，对所有审批项目及审批事项全过程实行阳光操作，广泛接受社会各界监督。全年共受理各类审批8 466件，无一例违规违纪案件发生。五是开展“真情服务基层、优化发展环境”活动。市直机关各单位结合各自职能积极组织机关干部深入到企业、村屯、社区、学校等开展活动，帮助落实优惠政策，协调解决项目、资金和技术难题，为基层群众解难事、办实事2 148件，为526户困难职工筹措资金26万元，真正收到了群众得实惠、干部受教育、环境得改善的良好效果。

【目标责任制工作实现新提升】 一是围绕“三保”中心目标任务，服务大局。对各单位涉及“三保”的工作任务，做到全程指导和跟踪服务。组织协调市直机关28个责任部门139名机关干部组成28个工作组深入到重点企业，帮扶立项、销售、提供技术支持和落实费用减免等优惠政策，协助办理银行贷款12.5亿元。二是围绕发展，不断完善、创新工作。在市直机关开展了健康机关建设和节约机关建设活动并纳入目标责任制考核评比，通过组织开展万人健康徒步走、广播体操比赛等活动，全面增强了市直机关干部的体质。三是围绕落实，强化日常监督。通过半年检查、重点工作督查等工作，有力地促进了各项工作任务目标的落实。建立工委班子成员与市直各部门分片联系制度，实行月联系、季评价、半年考核、年终总评的工作机制。四是围绕求真务实，深入开展“季评最佳实事”活动。各单位积极参与“季评最佳实事”评比活动，在各项工作中，转变作风，狠抓落实，努力把好事办好，实事办实，解决人民群众最关心、最需要解决的突出问题。全年共申报实事126件，有69件实事被评为市直机关最佳实事，有力地促进了市委、市政府重点工作任务目标的落实。五是围绕转变作风，开展 “企业评议部分机关”活动。共组织75户企业对相关的26个机关单位进行评议，加大了社会评议机关力度，进一步完善了评价机制。

【2008年度目标责任制年终考评结果】
一、优秀单位（46个）：中共葫芦岛市委办公室、中共葫芦岛市纪律检查委员会、葫芦岛市人民政府办公室、葫芦岛市财政局、中共葫芦岛市委组织部、中共葫芦岛市委宣传部、中共葫芦岛市委政法委员会、葫芦岛市人力资源和社会保障局、葫芦岛市城乡建设委员会、葫芦岛市审计局、葫芦岛市总工会、葫芦岛市环境保护局、中共葫芦岛市委统战部、葫芦岛市教育局、葫芦岛市经济信息委员会、葫芦岛市安全生产监督管理局、葫芦岛市地方税务局、葫芦岛市妇女联合会、葫芦岛市住房公积金管理中心、葫芦岛市发展改革委员会、葫芦岛市公安局、葫芦岛市民政局、葫芦岛市交通局、葫芦岛市人民检察院、葫芦岛市中级人民法院、葫芦岛市国家税务局、共青团葫芦岛市委员会、葫芦岛市文化广播影视局、葫芦岛市民族事务委员会、葫芦岛市水利局、葫芦岛市工商行政管理局、葫芦岛市人民防空办公室、葫芦岛市畜牧兽医局、葫芦岛市人民政府国有资产监督管理委员会、葫芦岛市卫生局、葫芦岛市对外贸易经济合作局、中共葫芦岛市委葫芦岛市人民政府信访局、葫芦岛市农村经济委员会、葫芦岛市林业局、葫芦岛市人大常委会办公室 、葫芦岛市人大内务司法委员会、葫芦岛市人大财政经济委员会 、政协葫芦岛市委员会办公室、政协葫芦岛市委员会调研室、政协葫芦岛市委员会民族宗教法制委员会、中华人民共和国葫芦岛出入境检验检疫局。

二、通报表扬单位（31个）

中共葫芦岛市委党校、葫芦岛市统计局、葫芦岛市体育局、葫芦岛市海洋与渔业局、葫芦岛市科学技术局、葫芦岛市物价局、葫芦岛市人民政府法制办公室、葫芦岛市接待办公室

葫芦岛市行政审批管理办公室、葫芦岛市城乡规划局、葫芦岛市服务业委员会、葫芦岛市外事办公室、葫芦岛市档案局、葫芦岛银行、中共葫芦岛市委政策研究室、葫芦岛市旅游局、葫芦岛市人口和计划生育委员会、葫芦岛市食品药品监督管理局、葫芦岛市烟草专卖局、辽宁省葫芦岛农业科技示范区管理委员会、葫芦岛市城市建设投资有限公司、葫芦岛市地震局、葫芦岛市物资集团总公司、葫芦岛市残疾人联合会、葫芦岛市科学技术协会、葫芦岛市质量技术监督局、葫芦岛市文学艺术界联合会、葫芦岛市人大常委会人事代表选举工作委员会、葫芦岛市人大环境资源城乡建设委员会、
政协葫芦岛市委员会学习文史资料委员会、政协葫芦岛市委员会提案委员会。

三、达标单位（17个）

葫芦岛市司法局、葫芦岛日报社、 葫芦岛市气象局、葫芦岛市供销合作社联合社、葫芦岛市国土资源局、葫芦岛市归国华侨联合会、葫芦岛市经济技术协作办公室、葫芦岛市工商业联合会、葫芦岛市仲裁委员会、辽宁省水文水资源勘测局葫芦岛分局、葫芦岛市人大农业与农村委员会、葫芦岛市人大教育科学文化卫生委员会、葫芦岛市人大民族侨务外事委员会、政协葫芦岛市委员会文教体卫委员会、政协葫芦岛市委员会港澳台侨外事委员会、政协葫芦岛市委员会人口资源环境委员会、政协葫芦岛市委员会经济科技委员会。

四、先进科室（34个）

中共葫芦岛市委政策研究室咨询办、葫芦岛市委党校教务办、葫芦岛市人大常委会机关办公室秘书科、政协葫芦岛市委员会调研室调研科、葫芦岛日报社新闻采访部、葫芦岛市文学艺术界联合会《渤海文艺》编辑部、葫芦岛市科学技术协会组宣部、葫芦岛市残疾人联合会残疾人就业服务中心、葫芦岛市司法局法律援助中心、葫芦岛市仲裁委员会仲裁审理科、葫芦岛市人口和计划生育委员会办公室、葫芦岛市人民政府法制办公室综合科、葫芦岛市接待办公室接待一科、葫芦岛市外事办公室侨务科、葫芦岛市科学技术局办公室、葫芦岛市体育局竞训科、葫芦岛市物价局价格管理科、葫芦岛市统计局人口与社会科技科、葫芦岛市档案局政府信息查询中心、葫芦岛市城乡规划局办公室、葫芦岛市国土资源局综合规划科、葫芦岛市地震局办公室、葫芦岛市质量技术监督局特种设备安全监察科、葫芦岛市海洋与渔业局办公室（政治部）、葫芦岛市气象局气象台、葫芦岛市服务业委员会财务审计科、葫芦岛市烟草局专卖监督管理办公室、葫芦岛市旅游局质量规范与管理科、葫芦岛市物资集团总公司政治部、葫芦岛市行政审批管理办公室受理考核科、葫芦岛市食品药品监督管理局食品科、葫芦岛银行研究发展部、辽宁省葫芦岛农业科技示范区管理委员会综合计划科、葫芦岛市城市建设投资有限公司计划科。

五、优秀公仆（10 名）

郑宝林　市交通局交通管理科科长
王洪学　市国税局征收管理科科长
赵　磊　市经信委中小企业科科长
张文彬　市物价局价格监督检查局副局长
何宝财　市气象局气象台副台长
齐　威　市委政法委办公室主任
康庆国　市安监局办公室主任
胡静茹　市总工会财务部部长
于桂贤　市妇联组宣部部长
崔晓东　市卫生局政治部主任

六、先进工作者（93 名）

秦忠东　市委办公室秘书科主任科员
尤明华　市委办公室服务中心副主任
王福和　人大常委会人选委任免科科长
翟　杰　人大常委会办公室财会科科长
张　伟　人大常委会秘书
李东升　市人民政府办公室行政科科长
李兴东　市人民政府办公室综合一科科长
石永浩　市政协办公室行政科科长
刘尚利　市政协民法委办公室主任
王　红　市政协提案委办公室主任
雷雨洲　市纪检委纪检监察二室主任
张　彪　市委组织部工会主席
韩旭生　市委组织部副县级组织员
肖经伟　市委宣传部办公室主任
贾海伟　市委统战部办公室主任
韩文鑫　市委政研室经济科科长
赵洪芹　市直机关工委宣传部部长
于远庆　市委党校办公室主任
刘凤启　日报社政治部主任
刘　宏　日报社总编室主任
金　谦　市科协组宣部部长
张艳梅　市工商联办公室主任
赵　岩　市文联办公室主任
赵　航　市侨联经济联络部部长
李志杰　市残联宣文维权部主任
万　伟　市检察院公诉处处长
陈　岩　市检察院监察处处长
王铁宏　市法院司法行政装备管理处处长
袁晓芳　市法院刑二庭副庭长
张向东　市公安局政治部秘书科科长
李锦发　市公安局交警支队副支队长
李志勇　市公安局治安支队副支队长
高　艳　市司法局政治部副主任科员
宋保君　市经信委行业科科长
吴　锐　市建委办公室主任
郑福军　市建委城建科副科长
王　凯　市民委民族科科长
张庆开　市计生委办公室主任
朱月辉　市质监局食品科科长
谢文学　市文广局新闻出版科副科长
贾晓青　市文广局政治部主任科员
何　健　市法制办公室法规科科员
朱　平　市接待办接待一科科长
刘　冰　市外事办国际交流科科长
逯化生　团市委青工部部长
刘宝利　市国资委组宣部部长
李德刚　市经协办协调科科长
梁国厚　市外经局办公室主任
刘月珍　市教育局计财科副科长
高　飞　市科技局农村与社会发展科副科长
孔垂明　市统计局办公室文书
马卫东　市档案局指导科科长
赵月堂　市环保局副县级调研员
赵桂莲　市环保局规划财务科科长
周国民　市国土局矿管科主任科员
刘敬军　市地震局办公室主任
李志强　市财政局国库科科员
杨　柳　市财政局预算科综合员
李桂靖　市审计局经济贸易审计科科长
石　光　市国税局稽查局局长
刘健琦　市地税局社保科科长
史志华　市地税局计统科副科长
薛　平　市工商局办公室主任
李　静　市工商局外资科副主任科员
张书辉　市人力资源和社会保障局办公室副主任
杨丽君　市水利局办公室主任
赵玉军　市民政局办公室主任
刘玉桥　市民政局人事科科长
孙　强　市农委政治部主任
刘　刚　市林业局造林科科长
胡晓舟　市海洋与渔业局政治部主任
王建成　市发改委基础产业科科长
马根奇　市服务业委员会规划与法规科科长
王少刚　市供销社办公室主任

张　扬　市烟草局纪检监察（政工）主任
崔连明　市旅游局质量规范与管理科科长
张文生　市物资集团办公室主任
李绍荣　市审批办综合管理科科长
高宇光　辽宁省葫芦岛农业科技示范区
　　　　办公室副主任
张　宁　葫芦岛出入境检验检疫局综合科科员
高正平　市药监局办公室主任
魏国江　葫芦岛银行风险管理部总经理
张玉良　葫芦岛银行行政科科员
褚　冰　市人防办财务科科长
聂井泉　市安监局危化科科长
张志金　市安委会办公室协调科科长
刘艳丽　市动监局办公室主任
王　见　市规划局法规科科长
宋　扬　市信访局秘书科科长
李建民　市外经局开放办综合协调部副部长
王景田　市城投公司办公室主任
李卫军　市仲裁委综合科科员
刘春凯　市台办经济交流科科长

（齐艳明）

信访工作

【概况】　2009 年，市信访局深入贯彻落实《中共中央国务院关于进一步加强新时期信访工作的意见》、辽委办发［2009］5 号和 6 号文件精神，紧紧围绕市委、市政府中心工作，努力践行科学发展观，进一步贯彻《信访条例》，扎实有效的实施了领导干部定期接待群众来访、机关干部定期下访督导、矛盾纠纷排查化解、信访积案化解年活动、六十年大庆国庆安保等项工作，建立健全各项信访工作制度，创新信访工作机制，推动全市信访工作在取得明显成效的基础上实现了新的进步。特别是在国庆安保期间，深入排查化解，着力稳控劝返，为确保首都和本市的和谐安定作出了突出贡献，被省委省政府授予国庆安保先进市称号。

【来信来访】　2009 年，市县两级共受理群众信访事项 48 096 件次。同比上升 54%。其中，群众来信 539 件，群众来访 40 776 人次，群众投诉 6 781 件。来访中集体访 1 425 批 36 824 人次，个体访 2 609 案 3 952 人次。市本级受理群众信访事项 17 546 件次。同比上升 22%。其中，群众来信 66 件，群众来访 10 699 人次，群众投诉 6 781 件。来市上访中集体访 331 批 9 380 人次，个体访 807 案 1 319 人次。

群众信访反映的主要问题：工资社保问题；企业改制问题；农村土地征占问题；涉法涉诉问题；城市建设管理问题；环境污染问题；教师待遇问题。

【案件办理】　2009 年，国家和省立案交办共计 98 件，结案 87 件，结案率 98%，息访 46 件，息访率 53%；“积案化解年活动”中省交办 174 件，结案 168 件，息访 126 件；市本级立案 12 件，结案 10 件，息访 4 件；市级领导包案纯案 97 件，结案 90 件，息访 56 件；受理复查复核 14 件，其中：复查 2 件，全部办结；复核 12 件，办结 11 件，1 件在办理中；受理市民投诉 6 087 件，办复 5 858 件。

【矛盾纠纷排查化解】　2009 年继续组织开展了领导干部定期接访群众来访和机关干部下访督导工作，并取得了新成效。市委书记陈晓琨、市长孙兆林以及其他市领导亲自到市矛盾调处中心接访，当场解决问题，为大接访活动起到了很好的带头作用。年内，全市市、县、乡三级党政领导干部共接待群众来访 2 594 件次 13 322 人次，当场解决问题 499 件次 4 465 人次，息访 476 件次 4 230 人次。市里组成 7 个机关干部下访督导工作组，深入到县、乡、村进行下访督察，对 100 多个信访案件实施了督导检查，促进了信访问题的解决，实现案结事了，息诉罢访。

矛盾纠纷排查化解工作取得了新成效。进一步加大了矛盾纠纷排查化解工作力度，对容易引发非正常上访、集体上访和群体性事件的苗头信息进行反复摸排，及时发现并掌握信访隐患苗头，做到了早发现、早解决。

妥善解决了信访突出问题。集中解决了一批“难点”问题。针对上访群众聚集市委市政府上访的实际情况，下发了《关于市委、市政府门前信访管理的规定》，明确了责任、处置办法及工作要求，市委、市政府门前信访秩序明显好转。

加大处置进京非正常上访工作力度。市委、市政府高度重视，召开常委会安排部署进京非正常上访处置工作，逐案落实解决办法，坚决控制进京上访上升势头，采取源头治理，及时化解，依法打击等方法，有效遏制了非正常上访的频繁发生。

圆满完成了国庆安保工作任务。国庆安保期间，全市信访部门充分发挥职能作用，精心安排、狠抓落实，全市信访工作部署五条线全力做好信访稳定工作。整个国庆安保期间，全市共稳控住有进京上访倾向人员近千人次，及时分流劝返京访 91 案 160 人次，实现了非正常访零登记的工作目标。

【信访积案化解年活动】　在开展“积案化解年活动”中，市、县两级包案领导在包案过程中充分落实了“四包”责任制即包掌握情况、包思想教育、包解决化解、包息诉息访，全程参与案件的调查、协调和处理，直至“案结事了”。省交办的 174 个积案中，结案 168 件，结案率 96.5%，息访 126 件，息访率 72.4%，绝大部分积案得到有效化解。

（马金光）

接待工作

【概况】　2009 年，市接待办圆满完成了全年各项工作，被省接待办授予公务接待工作优秀单位，并在全省公务接待工作座谈会上作了经验介绍。

【圆满完成接待任务】 2009 年接待来宾总量同比增长 8.6%，在省内仅次于沈阳、大连。重大政务接待有：全国政协副主席王文元、国家农业部副部长陈晓华等；重大商务接待有：中国核能行业协会理事长一行、绥中煤炭码头开工典礼等；重大会议接待有：中纪委信访举报工作座谈会、葫芦岛港开放会议；专项接待有：中央巡视组、建市 20 周年庆典活动等；指导基层接待有：省长到绥中、南票调研。在建市 20 周年接待工作中，克服时间紧、任务重、人员少等困难，精心安排、周密部署，圆满完成了任务，体现了接待干部忠于职守、无私奉献、敢打硬仗的精神。接待中央巡视组是一项重要的政治任务，来葫前已先后到过本省的 11 个市，并分别对接待工作提出了修改意见，唯独对本市的接待工作给予了充分的肯定，这也展现了本市接待队伍过硬的业务素质和工作水平。

【创新接待工作思路】 接待工作是一项纷繁复杂的系统工程，不是全局但事关全局，不是中心却牵动中心。为进一步做好接待工作，着重抓了以下方面：一是规范工作程序。从接受任务、召开协调会、检查准备、实施接待到总结建档都依照《公务接待工作流程和预案》进行落实，极大地提升了接待工作质量和水平。二是建立工作机制。日常接待工作由专业科室具体负责，大型接待形成了“一人总负责、全员齐参与”的工作机制，即在大型接待工作中，确定一名总负责人，制定详细的接待工作方案，将全办人员分成若干工作小组，分工协作，责任到人，以确保接待工作万无一失，初步形成了大接待工作格局。三是提供特色服务。根据来宾身份和习惯不同，提供个性化服务，研究制定细致周到的接待方案，并通过迎宾卡、接待手册、宣传画册等，宣传本市的自然风光、人文景观、建设成果，给来宾留下了深刻印象。四是加强定点酒店管理。定点酒店的服务水平决定了接待工作的质量，进一步加强日常管理，与定点酒店形成了协调沟通机制，每季度召开交流会，反馈各方面的意见建议，帮助他们提高服务质量和水平。五是加大基层指导力度。随着辽宁沿海经济带上升为国家战略，到本市各县区考察调研的各级领导与日俱增。为切实提高基层接待水平，加强基层指导工作，遇到重大接待任务时，深入基层实地指导，形成了全市接待工作一盘棋的良好局面。

【加强思想政治建设】 一是领导班子建设。扎实开展科学发展观学习实践活动，领导班子深入到基层对贫困户进行帮扶。严格执行民主集中制，凡重大事项均经集体讨论通过。加强廉政建设，不该要的坚决不要，不该吃的坚决不吃，未发生任何违纪事件。领导班子关心群众生活，为患病干部提供帮助，开展在职工生日赠送一本书活动等。由于长期超负荷工作，许多接待人员身体严重透支，为此，组织职工进行了健康体检。这些活动温暖了人心，也凝聚了力量。班子成员严格要求自己，常年工作在接待一线，没有星期节假日，全年平均每人加班 58 个工作日，起到了模范带头作用。二是接待队伍建设。2009 年是确定的“素质年”，着重抓了以下工作：抓机关干部队伍。制定了《定岗、定责、定人实施方案》，进一步细化分工，将工作职责落实到了具体科室和人员，极大地调动了工作积极性，全年平均每人加班87 个工作日，较好地完成了各项工作。抓公务接待司机。经常为各级领导出车，代表着本市形象，对司机严格要求，强化培训，并和机关干部一样在年终会议上述职。全年共出车 268 次，行程 8 万多千米，均达到安全、正点、舒适、规范的要求。抓公务接待工作领导小组成员单位。密切与公安、车站、医疗、防疫、新闻、宣传等部门之间的协作与配合，进一步优化了公务接待环境，塑造了本市良好的对外形象。抓基层接待人员。充分发挥行业指导职能，组织专人到各县区、定点酒店进行业务指导，编印下发业务指导手册。在市庆前夕，还举办了全市公务接待工作培训班，对 10 家定点酒店开展了集中培训。

（徐　绯）

机构编制工作

【概况】 2009 年，市机构编制委员会办公室在市委、市政府的正确领导下，在省编办的指导下，坚持以科学发展观为统领，紧紧围绕市委、市政府的中心工作，全力推进体制机制创新，加强机构编制管理，各项工作取得了较好的成绩，为全市经济社会发展提供了强有力的体制机制保障，得到了省编办和市委、市政府的充分肯定。2009 年 12 月，市编办由与原人事局合署办公开始独立设置，列市委序列。

【行政管理体制改革有序推进】 积极开展新一轮市县政府机构改革。按照中央和省部署，结合本市实际，认真谋划，精心组织新一轮市县政府机构改革工作。2009 年 5 月，新一轮市县政府机构改革正式启动。在充分调研的基础上，切合实际地制定了《葫芦岛市政府机构改革方案》，10 月，省委、省政府对本市改革方案予以批复。在此基础上，制定了具体的《葫芦岛市政府机构改革实施意见》和《葫芦岛市县（市、区）政府机构改革的意见》，实施意见经市委常委会通过，新一轮市县政府机构改革进入实施阶段。

【稳妥推进事业单位机构分类改革】 按照政事分开、事企分开和管办分离的原则，完成市教育局、海洋渔业局、人防办、环保局、林业局、仲裁委、团市委等 6 个系统所属 58 个事业单位机构分类改革，优化了结构，整合了资源。

【体制机制不断创新】 为重点项目建设提供组织机构保障。紧紧围绕重点区域、重点项目建设，主动跟进，深入研究，从机构编制设置等方面不断创新，为促进经济发展提供良好的体制机制服务。对龙湾CBD项目、菊花岛经济区、青山水库工程建设等项目的机构编制设置情况多次开展调研，对项目、经济区的职能、机构设置和人员编制进行了科学审核，保障了项目建设的有序推进。及时调整全市经济开发区职能。在认真研究的基础上，科学调整了全市经济开发区名称，使本市经济开发区建设及时享受到省“五点一线”政策和待遇。同时，根据其纳入省“五点一线”后机构编制方面的需求情况，批复设立了上述4个经济区（园区）管委会，保证了个经济开发区（园区）更好地承担经济发展职能。

【机构编制管理进一步加强】 规范机构编制日常管理。从优化发展环境出发，科学配置行政资源，严格控制机构编制的膨胀。全面完成机关工作人员编制实名制管理工作，增加机构编制工作透明度。加强市直事业单位机构编制和人员基本情况数据库建设，为机构编制信息化管理奠定了良好基础。

科学合理配置人员编制。通过积极沟通，省编办为本市下达了59名检法专项编制，在充分了解情况的基础上，对编制进行了科学的配置，缓解了部分基层法院审判力量薄弱、编制紧缺和队伍结构不合理等难题。

强化机构编制监督检查。认真贯彻落实了《机构编制违纪行为适用〈中国共产党纪律处分条例〉若干问题的解释》。重点对各县（市）区机构编制运行进行了监督检查，及时发现问题，及时纠正。加大了“12310”电话举报和来信来访受理查办力度，发现一起查处一起，起起有回音，件件有结果。

（陈　静）

外事（侨务）工作

【概况】 2009年，市外事（侨务）办公室以科学发展观统领全局，紧紧围绕市委市政府中心工作，以求真务实的态度，清正廉洁的作风，在积极主动为国家总体外交服务、为侨服务、为对外开放营造良好环境提供有效支持等方面，做了大量卓有成效的工作。

【外事工作取得新进展】 外事管理规范有序。根据有关文件精神，重新制定了《关于进一步加强全市因公出国（境）管理的若干规定》，进一步规范了因公出国（境）审批程序。全年共审批因公出国（境）团组43批，95人次；积极加强同市公安局、国家安全局等部门的联系，建立沟通联系机制，加强对境外非政府组织在葫活动、来葫外国记者的管理教育，完善涉外应急机制，积极处理好涉外突发事件。外事服务卓有成效。紧紧围绕“一线七区”建设需求，充分利用外事工作独特优势，积极为招商引资工作创造良好条件。全年共促成项目合作意向18项，提供翻译服务30多人次，翻译文字资料70万字。全年有600多人次、15个国外团组参观考察了北港工业区等一线七区；圆满完成了建市20周年庆祝活动期间的友城邀请和接待工作；7月份，市经贸代表团出席了“全球杰出华商泰国行”活动，通过招商环境说明会、对口洽谈、分行业参观，向与会华商和泰国政要宣传推介了本市的招商环境，给500多名华商等各界人士分发了宣传资料，并就糖厂建设等项目与泰方企业和各国华商进行了深入洽谈；针对有的出访团组时间紧、任务急的情况，本着急事急办、特事特办的原则，较好地满足了各出访团组的正常需求；积极保持与国家、省外事部门的良好关系，在国际交往中，保证了一些涉外问题的及时妥善处理，保证了重要团组的顺利按时出访。友城建设不断出新。共安排市级领导出访团组4个，代表团广泛接触友好人士，积极宣传和推介了葫芦岛。8月和10月，分别在日本宫崎市和本市成功举办了庆祝葫芦岛市·宫崎市缔结友好城市五周年活动；12月份，市政府派出文化艺术代表团访问了泰国碧武里市，与泰国艺术家同台演出三场，精彩的演出得到了广泛赞誉；还积极加强与加拿大埃得蒙顿市、俄罗斯捷尔任斯克市的联系，并初步达成了建立友城意向，努力实现友城布局新突破。

【侨务工作】 一是为侨企服务。许多侨资企业面临订单减少、投入不足、效益下滑等各种情况。市侨办及时依据有关政策，一方面向上级反映情况，提出合理化建议；另一方面，会同市外经局、工商局等有关部门，到企业进行调研，了解掌握情况，帮助企业渡过难关。市工商局等部门针对外资企业整体经济下行的情况，提出的一系列措施极大地激发了侨资企业战胜困难的决心。二是侨务扶贫。归侨侨眷中，一部分是五、六十年代按国家政策安排的朝鲜难侨，现已进入老龄多病阶段，居住农村的大都已经丧失劳动能力，生活非常困难。还有一部分是城镇困难职工和下岗人员，积极与国侨办、省侨办、民政、劳动、财政等部门沟通取得各方面的支持。多渠道筹措资金，多途径做好扶贫工作，较好地维护了归侨、侨眷的权益。

【加强学习管理】 一是深入开展了学习实践科学发展观活动。通过学习实践，党员干部加深了对科学发展观深刻内涵的理解，增强了贯彻落实的自觉性，极大地促进了业务工作的顺利开展。进一步明确了外事（侨务）干部队伍建设的新要求，那就是“倍加珍惜团结和谐的内部环境，坚决树立风清气正的外部形象，始终保持勤奋务实、谦虚谨慎的工作作风，始终保持奋勇争先的精神状态，牢牢把握外事侨务工作主题，切实打造一流的干部队伍，努力创造一流的工作业绩。”二是进一步健全了各项规章制度。进一步完善了主任办公会、效能监察考核、调查研究等一系列制度；不断整合外事、侨务、旅游、文化等对外交往资源，发挥对外综合优势，完善协调联动机制；制定了领导干部廉洁自律考评制度，为加强反腐倡廉建设奠定了坚实基础；进一步明确了涉外管理工作程序，制定了全市涉外归口管理实施意见。

（龙茂林）

对台工作

【概况】 2009 年，全市对台工作深入贯彻实践科学发展观，牢牢把握两岸关系和平发展主题，紧密围绕本市应对国际金融危机、保增长、保民生、保稳定的工作大局，按照夯实基础、突破重点、创新领域的工作思路，积极进取，扎实努力，对台工作取得了新进展。

【对台经济】 协助南通恒成纸业有限公司在本市就投资建设纸箱厂项目，分别去绥中和兴城对纸箱厂家生产、销售和纸箱厂选址等进行实地考察。市台办又对全市纸板和纸箱厂的市场情况进行了调研，为该公司提供了《在葫芦岛投资纸箱厂可行性调研报告》。邀请台湾润泰集团沈阳总部项目负责人魏莉来本市，就投资建设大型连锁超市项目分别考察了 100 万平方米复合地产项目——“山河半岛”、即将建设的龙清海滨中央商务区，又与有关方面负责人就投资富尔沃财富广场大型连锁超市相关事宜进行了详细洽谈。协助台资企业申报企业贷款，对全市有贷款需求的 7 家台资企业进行摸底调查，根据台资企业的具体情况，协助 2 家台资企业向省合办申报了贷款意向。引进台湾王永庆基金会专项资金资助建设“明德小学”项目，现建昌和尚房子小学和兴城东辛庄小学主体工程已经完工。8 月份，协调、组织了本市代表团参加“第八届辽宁台湾周”和招商洽谈会等相关会务工作，台湾周期间新结识了一些台湾工商界知名人士，为今后对台经济交流与合作莫定了墓础。建立《台商信息库》，信息库已收集了近三年与本市有往来的 103 名台商资料。在《华夏经纬》网站开设对台招商专页以来，收到较好效果，不少台商浏览了此招商专页后前来咨询，9 月对招商专页 30 多个招商项目进行了更新，为有关招商部门提供 12 条对台招商项目信息。全年完成台商投诉结案 3 件，结案率 100%。

【对台交流】 由于受国际金融危机和甲型 HIM 流感的影响，邀请的台商人数有所减少，在接待中精心策划，严密组织，确保每次接待工作圆满完成。同时把积极争取台湾民心工作融入接待工作中，通过每次的接待，拉近距离，增进友谊，加深了解。其中 2 月份接待了上海台资企业协会副秘书长马海龙；4 月份接待了台湾润泰集团沈阳总部项目负责人魏莉；9 月份接待了台商美国派瑞克国际物流公司总裁彭奉恩和第一美国金属公司盖事长李健等一行 3 人；10 月接待了台湾财团法人海峡两岸合作发展基金会董事长张世良等一行 3 人来葫考察。5 月 31 日，市台办主任郑群随由省台办主任李小青率领的辽宁省代表团参加了在美国举办的“全球华侨华人和平统一大会，这次大会是在两岸关系和平发展的新形势下首次举办，对推动两岸关系和平发展和两岸和平统一，作好海外台胞台商工作，宣传和推介省、市经济和社会发展成果及投资环境具有重要意义。为学习广西组织千人赴台进行大型经贸文化交流活动的经验，参加了省台办组织的赴广西学习考察活动. 协助市旅游局办理了旅游交流考察团 14 人的入台交流考察手续。全年共接待台胞、台商 15 人次；本市赴台 300 多人次，其中因公 14 人、探亲 13 人；向台商、葫芦岛籍重点台胞发出邀请 20 份。

【对台宣传】 组织学习宣传胡锦涛总书记在《告台湾同胞书》发表 30 周年座谈会上重要讲话精神，利用慰问信、贺卡等方式和在台胞台属接待中宣传葫芦岛。为县（市）区 80 多名培训班学员做了《当前的台海形势和对台工作》的专题报告。9 月份邀请了来自台湾中天电视台、台湾电视公司、台湾经济日报、台湾中央通讯社等媒体记者，来本市采访了北港工业区、拍摄了张学良筑港纪念碑和兴城古城。辽宁沿海经济带发展规划上升为国家战略，为使本市台联理事、台胞、台属及县(市)区台办机关干部及时了解本市经济发展的新篇章，9 月 27 日在喜迎“双庆”、月逢中秋之际，组织部分台胞、市台联理事及县(市)区台办机关干部30余人沿滨海大通道先后对葫芦岛港、绥中滨海经济区进行了一日参访活动。通过参访，每个成员都目睹了本市沿海经济开发建设的热潮和发展成果，加深了对本市“一线七区”发展战略的了解，亲身感受到了本市沿海经济大开发、大建设、大发展的趋势。参访团一行很受振奋，表示一定要努力发挥“台”字优势，为本市经济发展和对台工作作出贡献。全年本市对台工作被《辽宁神韵》网站采稿 32 篇，被《华夏经纬》网采稿 12 篇，被《辽宁台讯》采稿 5 篇。编辑《葫芦岛对台工作》刊物 6 期。

【服务台胞台属】 接待了多起在台亲属遗产继承以及运回骨灰、赴台探病探亲等台胞、台属遇到困难的来信、来访，并耐心为台属解释相关政策，并积极帮助联系解决。全年接待台胞、台属来信来访 36 件次；协调相关部门为台胞、台属办好事实事 2 件次；全市走访慰问重点台胞、台属和困难台胞、台属 50 户次，送去慰问品和慰问金折合人民币 2 万元。

（王鲁东）

领导成员名单

【葫芦岛市人民政府领导成员名单】

市　长　孙兆林

副市长　崔枫林
　　裴伟东（2009年12月任职）
　　李怀瑜（2009年2月离任）
　　王福林　石文光　敖凤玲
　　刘宁绥　王德波
　　潘春吉（2009年4月任职）
　　夏雨恩（2009年8月任职）
市长助理　黄晓霞（女）
秘书长　陈利世
副秘书长　伊效民
　　董永富（2009年2月离任）
　　包宏科（2009年2月离任）
　　年冠金
　　王志兴（2009年2月离任）
　　张海平（2009年2月离任）
　　张振勤（2009年2月离任）
　　潘东波（2009年2月离任）
　　赵俊田（2009年2月离任）
　　朱荣久（2009年2月离任）
　　郑守义　兰钰枝
　　包瑞峰（2009年2月离任）
　　刘成利　张守华
　　李　勇（2009年2月任职）
　　孙永兴（2009年2月任职）
　　王少文（2009年2月任职）

【葫芦岛市人民政府工作部门领导成员名单】

市政府办公室
　主　任　伊效民（兼）
　副主任　孙永兴（2009年2月离任）
　　张庆增　张志会
　　付　尧（2009年2月任职）

市地方志工作办公室
　主　任　邹锦凯

市政府驻京办事处
　主　任　包瑞峰
　副主任　项忠德

市接待办公室
　主　任　刘景林
　副主任　王沛林　朱文泽　丛文龙
　　刘铁达

市信访局
　局　长　朱荣久（兼，2009年2月离任）
　　梁成栋（2009年2月任职）
　副局长　惠志强（2009年2月离任）
　　杨宝芝(女，2009年2月离任)
　　刘长山　王连鹏　武振国
　　刘素新（2009年2月任职）
　　张爱群（2009年2月任职）
　　嵇志慧（2009年2月任职）

市台湾事务办公室
　主　任　郑　群
　副主任　常学明　杜锦平

市行政审批管理办公室
　主　任　赵俊田（兼）
　副主任　张海洋　沙洪义　杨玉峰
　　李立生

市政府法制办公室
　主　任　王　志
　副主任　齐士宏　陈耀平　陈洪才
　　张剑波

市外事办公室
　主　任　邵清凯（2009年2月离任）
　　王静凯（2009年2月任职）
　副主任　姚德维　刘守杰　闵希伟

市发展和改革委员会
　主　任　潘东波（兼，2009年2月离任）
　　孙铁鹏（2009年2月任职）
　副主任　付兴奎　张贺文　赵国生
　　张立彬　付玉芳
　纪检组长　李向庭

市经济委员会
　主　任　杨翠杰（女，2009年2月离任）
　　刘忠义（2009年2月任职）
　副主任　李畅义　李树军　赵占东
　　那　军（2009年2月离任）
　　于校光　苏久义
　纪检组长　石国权

市国有资产管理委员会
　主　任　马　峰
　副主任　罗　东　吴建成　黄开军
　　刘贺锦（2009年2月任职）
　　霍学东（2009年2月任职）
　纪委书记　陈世成

市科学技术局
　局　长　李建国
　副局长　周　磊　金纪元　吴　靖（女）
　　段旭芳（女）　吴传宝
　纪检组长　李春鹤

市知识产权局
　局　长　李建国

市教育局
　局　长　刘尚书
　副局长　王森林　高文良　刘志裔（女）
　　王世成　于向东
　　刘德兴（2009年2月离任）
　纪检书记　郁淑霞（女）

工会主席　王永久

市民族事务委员会
主　任　邰玉华（女，2009 年 2 月离任）
鲁秀红（2009 年 2 月任职）
党组书记　徐　宾（2009 年 2 月离任）
副主任　段　颖（女 2009 年 2 月离任）
孟凡仲
孙文辉（2009 年 2 月任职）
杨宝芝（2009 年 2 月任职）

市公安局
局　长　王立科（2009 年 4 月离任）
潘春吉（2009 年 4 月任职）
副局长　古长江（2009 年 4 月离任）
张　迎（2009 年 4 月离任）
叶树和（2009 年 4 月离任）
申海清
田作祥（2009 年 4 月离任）
杨耀威（2009 年 4 月离任）
杨文铁
刘恩来（2009 年 4 月任职）
张国成（2009 年 4 月任职）

市监察局
局　长　张云明（2009 年 3 月离任）
朱荣久（2009 年 3 月任职）
副局长　王景新
王玉珍（女，2009 年 4 月离任）
李大海
潘邵岩（2009 年 4 月任职）

市民政局
局　长　姜海山
副局长　刘金龙　刘志新　杨志清
于胜利　粟恩秋
纪检书记　马云林

市司法局
局　长　邵守华
副局长　常秀艳（女）　梁冰松　姜立元
杨海彦
纪委书记　刘连强
政治部主任　王晓军

市财政局
局　长　朱　红（女，2009 年 2 月离任）
杨翠杰（2009 年 2 月任职）
副局长　贾玉瓒
肖仁杰（2009 年 2 月离任）
左　政　刘艳华（女）
谭玉敏（女）
总会计师　陈宝权
纪检组长　孙晋青

市人力资源和社会保障局
局　长　郝建军（2009 年 12 月任职）
副局长　沈继芳（2009 年 12 月任职）
曾　光（2009 年 12 月任职）
闫海波（2009 年 12 月任职）
夏长顺（2009 年 12 月任职）
张贵元（2009 年 12 月任职）
郭广平（2009 年 12 月任职）
夏　滨（2009 年 12 月任职）
殷继臻（2009 年 12 月任职）
纪检书记　李福军（2009 年 12 月任职）
纪检组长　徐宝昌（2009 年 12 月任职）
工会主席　李　兴（2009 年 12 月任职）

市动物卫生监督管理局
局　长　蒋瑞武
副局长　刘忠义（2009 年 2 月离任）
赵振秋　孙守军　王　毅
李福民
纪委书记　吕明泽

市城乡建设委员会
主　任　郝廷怀（2009 年 2 月离任）
刘旭东（2009 年 2 月任职）
副主任　黄玉琦（2009 年 2 月离任）
王铁明
王铁刚（2009 年 2 月离任）
黄泽军　单德兴　闫庆贺
张宏岩
纪检书记　闫庆贺
工会主席　任松华

市城乡规划局
局　长　邓爱平
副局长　刘尽波　王　冶　李　涛
卢士才（2007 年 12 月任职）
纪检组长　于铁生

市城市建设投资管理中心
党组书记 执行董事 总经理　赵延飞
副总经理　刘长明　高凤凯

市交通局
局　长　张海平（兼）
副局长　赵国政　魏　峰　鲁中藩
袁　涛
赵荣卿（2009 年 8 月任职）
纪检书记　潘良纯
工会主席　蒋有山（2009 年 8 月离任）
王忠志（2009 年 8 月任职）

市港口与口岸局
局　长　赵荣卿
副局长　马宝山　张　清　郑秀明
党组副书记 纪检组长　吴建国

市水利局

局　长　王维仲
副书记　静大成
副局长　魏福刚　孙松年　李丙伟
王贺忠　李修坤　王岩松
纪检书记　王　琦

市海洋与渔业局
局　长　朱宝平
副局长　崔焕民（2009 年 2 月离任）
裴玉海　张福生　赵志斌
樊德荣
纪检书记　周云举

市农村经济委员会
主　任　尹树森（2009 年 2 月离任）
谷玉彬（2009 年 2 月任职）
副主任　柴振华　王树平　韩彦明
刘国祥　王长文
许春柏（2009 年 2 月任职）
纪检书记　李红光

市安全生产监督管理局
局　长　刘旭东（2009 年 2 月离任）
石宝利（2009 年 2 月任职）
副局长　王连民　张荣恒　张贵民
许援朝
崔利民（2009 年 2 月任职）
纪检书记　贾桂玲（女）

市林业局
局　长　孙铁鹏（2009 年 2 月离任）
张振勤（2009 年 2 月任职）
副局长　周　凯　叶宝文　王明友
高贵卿
杨明毅（2009 年 2 月任职）
纪检组长　潘　伟

市服务业委员会
主　任　张余德
副主任　郑雅芝（女）　毛中华
许文忠　陈友军
纪检书记　朱敬东

市对外贸易经济合作局
局　长　李树存
副局长　朱京兴　王　欣　张雪峰
段松林（2009 年 2 月离任）
艾凯辉
纪检组长 吴铁牛

市文化广播影视局
局　长　韩庆春（2009 年 12 月任职）
副局长　周玉文（2009 年 12 月任职）
冯桂勤（女，2009 年 12 月任职）
王富平（2009 年 12 月任职）
翟　恒（2009 年 12 月任职）
李翠英（女，2009 年 12 月任职）
副书记 副局长　任葆娴
（女，2009 年 12 月任职）
王喜国
（2009 年 12 月任职）
胡云福
（2009 年 12 月任职）
纪委书记　张玉珍（2009 年 12 月任职）
齐国栋（2009 年 12 月任职）

市档案局
局　长　陈利众
副局长　樊秀玲（女）　肖纯才　田全贵
梁恩富
刘洪波（2009 年 2 月任职）

市卫生局
局　长　黄永强
副书记 副局长　李　萍（女，兼）
副局长　魏春宁　郭宝年　王克非
帅庆喜（2009 年 5 月离任）
戈文瑞（2009 年 5 月离任）
张贺林（2009 年 5 月任职）
刘志伟（2009 年 5 月任职）
赵珉珉（2009 年 5 月任职）
纪检书记　王春颖（女）

市体育局
局　长　王　巍（2009 年 2 月离任）
崔焕民（2009 年 2 月任职）
副局长　刘肃清　孙　辉　赵志民
赵　万

市人口和计划生育委员会
主　任　朱希宽（2009 年 10 月病逝）
郭玉娟（2009 年 10 月任职）
副主任　杨春成
刘志伟（2009 年 5 月离任）
刘剑秋（女）　魏宝林
戈文瑞（2009 年 5 月任职）
纪检组长　裴臣光

市审计局
局　长　施民新
副局长　时春明　于桂芹（女）　董伟健
陈道发　刘玉森　赵素芝
纪检组长　孙　波（2009 年 8 月任职）

市统计局
局　长　刘忠信
副局长　周扬新（2009 年 1 月离任）
郭春芝（女）　刘楚龙
史东升
刘　勇（2009 年 5 月任职）

市环境保护局

局　长　王志兴
副局长　王忠平　杨俊春　崔志仁
　　　　于景波　刘志坚
纪检组长　杨　静（女）

市旅游局
局　长　马　升
副局长　李文杰　史建伟　袭锦宁
党委副书记 纪检书记　郭长寿

市国土资源局
局　长　戴小川
副局长　张凤民　云彩明　赵平文
　　　　夏德荣　李敏建　郭敬东
纪检组长　边　实（女）

市食品药品监督管理局
局　长　陈文明
副局长　马宝良　张哲文

市物价局
局　长　金恩利
副局长　滕文广　朱秉标　段海波
　　　　张忠富（2008 年 6 月离任）
　　　　甘建洲
纪检组长　孙开宇

市地震局
局　长　于长江（2009 年 2 月离任）
　　　　徐　宾（2009 年 2 月任职）
副局长　杨志勇　肖　群

市经济协作办公室
主　任　黄江宁
副主任　闫铁宝　李连华　杨丽敏（女）

市物资集团总公司
总经理　任铁英
党委副书记　金永生
纪检书记　杨凤清（女）
会计师　梁　英（女）

市供销合作社联合社
理事会主任　李辑宁
监事会主任　王洪林
理事会副主任　宗明轩　高玉良　冯悦江
纪检书记　胡道林

【中省直驻葫芦岛市各单位领导成员名单】

葫芦岛市工商行政管理局
局　　长　刘双立
副 局 长　张效群
　　　　　吴　畏（2009 年 2 月离任）
　　　　　张凤凯
　　　　　何东波（2009 年 2 月任职）
纪检组长　吴春林

葫芦岛市国家税务局
局　长　何心田
副局长　高鸿声　杜怀广　王宝华
纪检组长　任德君（2008 年 8 月离任）
　　　　　张宝林（2008 年 8 月任职）
总经济师　张宝林（2008 年 8 月离任）
　　　　　吴树明（2008 年 8 月任职）
总会计师　李春生

葫芦岛市地方税务局
局　长　丁礼峰
副局长　郝云阁　张荣玉　李广仁
总会计师　李校媛（女）
纪检组长　刘占武

葫芦岛供电公司
总经理　李积浩（2009 年 2 月离任）
　　　　傅景伟（2009 年 2 月任职）
党委书记　聂盛伟
副总经理　薛　岩　刘国华　许德久
纪委书记　李德强
工会主席　陆　军
总会计师　李　伟
总工程师　张士军

葫芦岛市邮政局
局　长　刘　斌（2009 年 5 月离任）
　　　　孙连顺（2009 年 5 月任职）
党委书记　孙连顺
副局长　莫志刚　刘玉经

辽宁移动通信有限责任公司葫芦岛分公司
总 经 理　商　勤
副总经理　孙朝平　周　义　石进山

中国联合通信有限公司葫芦岛分公司
总经理　薛　涛
副总经理　费士良　王志富　谷维民
　　　　　张利群　夏德佳　滕　剑

中华人民共和国葫芦岛海关
关　长　丛建滋
副关长　王　程
　　　　高　伟（2009 年 2 月任职）

中华人民共和国葫芦岛边防检查站
站　长　严晓东（2009 年 12 月离任）
　　　　曹景富（2009 年 12 月任职）
政　委　曹景富（2009 年 12 月离任）
　　　　杨立清（2009 年 12 月任职）

中华人民共和国葫芦岛出入境检验检疫局
局　长　王继敏
副局长　吴大为

葫芦岛市气象局
局　长　常富玉（2009年2月任职）
副局长　常富玉（2009年2月离任）
　　　　张继赢
纪检组长　赵国臣

葫芦岛市烟草专卖局
局长 经理　张宁一
副局长　曹志良
副经理　王景波

葫芦岛市质量技术监督局
局　长　刘　刚
副局长　徐洪宝　孙振江　贡继华
　　　　刘汉阳

中国人民银行葫芦岛市中心支行
行　长　王利民
副行长　李建忠　韩世明　朱荣颇
纪委书记　仇克灵

银监会葫芦岛市监管分局
局　长　杨绍军
副局长　郑卫红　王　晶

中国工商银行葫芦岛市分行
行　长　丛万古
党委副书记　副行长　祝庆国
副行长　陈铁男　杨志宏　张国伦
纪委书记　郭忠岩
工会主席　毛建华

中国农业银行葫芦岛市分行
党委书记 行长　张冀忠
副行长　张树海　谭百岩　王红玉
　　　　陈　涛

中国农业发展银行葫芦岛市分行
行　长　冯长龙
副行长　张国强　刘殿武

中国建设银行葫芦岛市分行
党委书记 行长　张德志(2009年6月离任)
　　　　　　　张泉山(2009年6月任职)
副 行 长　魏国柱　田丰满　曾绍强
　　　　　赵永良
纪委书记　张爱东
工会主席　刘殿魁

中国银行葫芦岛分行
行　长　王　辉
副行长　满　刚
　　　　王爱军（2009年6月离任）
　　　　夏　渝（2009年6月任职）
纪委书记　穆德平（2009年6月离任）
工会主席　曾宪久

中信实业银行葫芦岛支行
行　长　郭　琦
副行长　贲宝玉　王世静　王忠民

葫芦岛银行
董事长 党委书记　赵恩纯
行　长　曹立兴
监事长 纪检书记　雷鸣祥
副行长　高发忠　杨　铮

辽宁省农村信用社联合社葫芦岛办事处
主　任　刘振中
副主任　颜庆欣（2009年6月离任）
　　　　杨　科（2009年6月离任）
　　　　邹国凡（2009年6月任职）

中国人民财险保险公司葫芦岛分公司
总 经 理　吴树森（2009年6月离任）
　　　　　李宏印（2009年6月任职）
副总经理　巨成祥（2009年6月离任）
　　　　　常艳春（2009年6月离任）
　　　　　李灵萍
　　　　　李宏印（2009年6月离任）
　　　　　杨学良（2009年6月任职）
　　　　　徐运洲（2009年6月任职）

中油辽宁葫芦岛销售分公司
经　理　杨伟峰
党委书记　刘　杰
副经理　郝　杰　牛　波
　　　　张晓利（2009年2月任职）

葫芦岛火车站
站　长　李振军
书　记　郭　伟
副站长　韩国军（2009年2月离任）
　　　　江殿才
　　　　李晓辉（2009年2月任职）
工会主席　齐凤林

中国石油锦西石化分公司
党委副书记 总经理　王洪斌
党委书记 副总经理 张维军
党委副书记　常力强
副总经理　胡晓明
　　　　　魏立东（2009年5月离任）
　　　　　张友才　陈　志
纪委书记 工会主席　孙景毅
总会计师　崔柳凡

锦化化工（集团）有限责任公司
党委书记 董事长 总经理　陈世杰
（2009年2月离任）

胡德全
（2009 年 2 月任职）
副总经理　陆志军　刘长坤　龙守春
胡德金（2009 年 2 月离任）
王铁山
李春玉（2009 年 2 月离任）
薛之化
徐　伟（2009 年 2 月离任）
孙贵臣　宋春林　张继明
张　旭　李国文
李德辉（2009 年 2 月离任）
纪委书记　徐　伟
党委副书记 工会主席　龙守春

葫芦岛有色金属集团有限公司
董事长 党委书记　许　健
总经理　牛井坤
副总经理　王明辉　郑登渝　高永学
党委副书记 纪委书记　杨文田
总会计师　祖永生

锦西天然气化工有限责任公司
经　理　张世强
党委书记　刘德言
党委副书记　刘建洪
副经理　李永华　费建民
张　震（2009 年 4 月离任）
郑书君
总会计师　田德春

锦西化工机械（集团）有限责任公司
党委书记 董事长兼总经理　谷文涛
副总经理　费春印（2009 年 2 月离任）
苏宝印　冯文广
郑国光　景银忠　郝文生
薄兰亭（2009 年 2 月离任）
梁　浩
陈铸山（2009 年 2 月任职）
刘有光（2009 年 2 月任职）
张宏伟（2009 年 2 月任职）
党委副书记 纪委书记 工会主席　顾天民
（2009 年 2 月离任）
曹振南
（2009 年 2 月任职）

绥中发电有限责任公司
总 经 理　杨晓东
党委书记　杨晋平（2009 年 12 月离任）
刘　锰（2009 年 12 月任职）
副总经理　刘　锰（2009 年 12 月离任）
魏　星（2009 年 12 月离任）
韩月丽
党委副书记 纪委书记兼工会主席　从　贵
（2009 年 12 月离任）
弭忠平
（2009 年 12 月任职）

（张　军）

重要文件目录

【葫芦岛市人民政府文件】

1、《葫芦岛市人民政府关于开展小额贷款公司试点工作的实施意见》（葫政发[2009]1 号）2009 年 1 月 5 日印发。

2、《关于下达 2007 年各季退役士兵安置任务的通知》（葫政发[2009]2 号）2008 年 1 月 19 日印发。

3、《关于表彰普及九年义务教育先进单位和先进工作者的决定》（葫政发[2009]3 号）2009 年 2 月 24 日印发。

4、《关于表彰葫芦岛市 2008 年度获名牌产品称号企业的决定》（葫政发[2009]4 号）2009 年 3 月 6 日印发。

5、《关于促进房地产业发展有关问题的补充意见》（葫政发[2009]5 号）2009 年 3 月 12 日印发。

6、《关于批准市级现代农业示范基地的通知》（葫政发[2009]6 号）2009 年 3 月 15 日印发。

7、《关于表彰市级示范农民专业合作社和市优秀经纪人的决定》（葫政发[2009]7 号）2009 年 3 月 16 日印发。

8、《关于表彰全市旅游工作先进集体和先进个人的决定》（葫政发[2009]8 号）2008 年 3 月 17 日印发。

9、《关于适当提高城乡居民最低生产保障和农村五保对象供养标准的通知》（葫政发[2009]9 号）2008 年 3 月 19 日印发。

10、《关于表彰 2007—2008 年度人大代表建议政协提案办理工作先进单位和先进个人的决定》（葫政发[2008]10 号）2009 年 3 月 22 日印发。

11、《关于表彰 2008 年度消防工作目标责任状落实工作先进单位的决定》（葫政发[2009]11 号）2009 年 3 月 23 日印发。

12、《关于表彰 2008 年度安全生产目标管理责任制先进单位的决定》（葫政发[2009]12 号）2009 年 4 月 1 日印发。

13、《关于加强和完善政府投融资管理的意见》（葫政发[2009]13 号）2009 年 5 月 31 日印发。

14、《关于表彰 2008 年度就业和再就业工作先进集体和个人的决定》（葫政发[2009]14 号）2009 年 6 月 1 日印发。

15、《关于印发葫芦岛市政府关联类项目贷款资金管理暂行办法的通知》（葫政发[2009]15 号）2009 年 6 月 2 日印发。

16、《关于进一步在全市行政机关深入贯彻落实服务承诺制首问负责制和限时办法制的决定》（葫政发[2009]16 号）2009 年 6 月 2 日印发。

17、《关于表彰葫芦岛市 2008 年度获地理标志证明商标省市著名商标单位的决定》（葫政发[2009]17 号）2009 年 6 月 9 日印发。

18、《关于切实做好稳定就业促进就业工作的实施意见》（葫政发[2009]18 号）2009 年 6 月 15 日印发。

19、《关于给予赵友谊等7名同志记二等功表彰的通报》（葫政发[2009]19号）2009年6月17日印发。

20、《关于公布葫芦岛市第三批非物质文化遗产名录项目的通知》（葫政发[2009]20号）2009年6月18日印发。

21、《关于做好保障性安居工程建设工作的通知》（葫政发[2009]21号）2009年6月29日印发。

22、《关于修改关于促进房地产也发展有关问题的通知和关于促进房地产发展有关问题的补充意见的通知》（葫政发[2009]22号）2009年7月1日印发。

23、《关于加快全市建筑业发展得的实施意见》（葫政发[2009]23号）2009年7月24日印发。

24、《关于等量淘汰关闭小水泥企业的决定》（葫政发[2009]24号）2009年7月30日印发。

25、《关于制止非法越入朝韩水域捕捞工作的实施意见》（葫政发[2009]25号）2009年9月1日印发。

26、《关于加强市县财政依法行政的实施意见》（葫政发[2008]26号）2008年8月16日印发。

27、《关于表彰优秀教师优秀教育工作者的决定》（葫政发[2009]27号）2009年9月8日印发。

28、《关于做好全市人口普查工作的通知》（葫政发[2009]28号）2009年10月30日印发。

29、《关于进一步完善企业基本养老保险市级统筹有关问题的通知》（葫政发[2009]29号）2009年10月30日印发。

30、《关于调整葫芦岛市城区土地及别和基准地价标准的通知》（葫政发[2009]30号）2009年11月12日印发。

31、《关于印发葫芦岛市农业结构调整倍增计划的通知》（葫政发[2009]31号）2009年11月23日印发。

32、《关于对葫芦岛新奥燃气有限公司进行表彰的决定》（葫政发[2009]32号）2009年11月26日印发。

33、《关于印发葫芦岛市利用国家开发银行贷款资金管理办法的通知》（葫政发[2009]33号）2009年12月11日印发。

34、《关于利用国家开发银行政策性贷款有关事项的补充通知》（葫政发[2009]34号）2009年12月11日印发。

35、《关于下达2008年冬季退役士兵安置任务的通知》（葫政发[2009]35号）2009年12月20日印发。

36、《关于开展新型农村社会养老保险试点的实施》（葫政发[2009]36号）2009年12月21日印发。

37、《关于将龙港区国资委（办）持有葫芦岛经济开发区开发建设投资有限公司部分国有股权划拨给葫芦岛市人民政府国有资产监督管理委员会的决定》（葫政发[2009]37号）2009年12月30日印发。

38、《关于将部分市直单位和资产无偿调拨给葫芦岛经济开发区开发建设投资有限公司的决定》（葫政发38号）2009年12月31日印发。

【葫芦岛市人民政府令】

1、《葫芦岛市规范性文件备案实施办法》（葫政令[2009]119号）2009年3月16日印发

2、《葫芦岛国家建设项目审计办法》（葫政令[2009]120号）2009年5月12日印发

3、《葫芦岛市档案登记管理实施办法》葫政令[2009]121号）2009年6月19日印发

4、《葫芦岛市企业民主管理规定》（葫政令[2009]122号）2008年8月4日印发

5、《葫芦岛市人民政府重大行政决策暂行办法》（葫政令[2009]123号）2009年11月4日印发

6、《关于修订和废止部分市政府规范性文件的决定》（葫政令[2009]124号）2009年12月21日印发

（毛秀云）

人民政协

【概况】 2009年，市政协在中共葫芦岛市委的领导下，在市人大、市政府和社会各界的支持下，坚持以邓小平理论和“三个代表”重要思想为指导，深入贯彻落实科学发展观，牢牢把握团结民主两大主题，紧紧围绕全市中心工作，认真履行政治协商、民主监督、参政议政职能，以创新精神推动了政协各项工作扎实有效地开展。

【深入开展学习实践科学发展观活动】 制定了《市政协机关开展学习实践活动工作方案》，成立了由市政协主席、常务副主席任组长、副组长的领导小组，明确领导责任、目标要求、方法步骤和基本原则。通过集体研讨、专题辅导、个人自学等形式抓实理论学习，提高了机关党员干部的思想认识和对形势的科学把握能力。积极组织政协机关科级以上干部开展走进“千家万户”扶贫帮困活动，到帮扶对象家中了解情况，帮助解决生产、生活、学习上的实际困难和问题，机关党员干部捐款捐物近万元。广泛征求政协各参加单位、各界别、基层政协和委员对政协工作的意见和建议，召开征求意见座谈会11次，征得意见和建议194条，梳理成6大方面的意见和建议82条。市政协党组和机关先后召开了党员民主生活会，认真查找不足，结合实际，积极搞好整改。全体党员干部增强了落实科学发展观的坚定信心，主动调整工作的方式方法，使其更具科学性，做到政协工作让党政满意、委员满意、社会各界满意。

【深入开展协商议政】 以促进全市科学发展为第一要务，紧密围绕党政中心工作，把应对金融危机冲击、“一线七区”沿海经济带开发建设和推进经济社会协调发展为重点，努力为全市经济社会各项事业的科学发展谏诤言、献良策。在政协全体会议上进行集中协商，汇聚委员群体智慧和力量，认真听取和讨论市政府工作报告和其他重要报告，议政建言，撰写提案365件、直接提出各类意见和建议300余条；利用常委会议进行专题协商，市政协相关专委会联合市直有关部门成立课题组，利用半年多时间深入开展了“积极应对金融危机冲击，促进全市经济平稳较快增长”和“加快发展文化产业”的专题调研，两次召开专题常委会议进行协商议政，形成专题调研报告报送市委、市政府。市委、市政府主要领导分别就如何采纳和落实市政协的调研报告发表了重要讲话，市委主要领导做出重要批示。同时，将永安长城景区保护与开发也作为文化产业一部分开展了调研、视察活动，并作为政协重点提案进行督办。市委、市政府对此高度重视，专门成立了项目推进小组，市政协主席郑宏伟任组长，常务副市长崔枫林、市政协副主席王恩忠任副组长，财政、交通、林业、文化、旅游等多个部门被列为成员单位，有力推进了永安长城景区的保护和开发工作的开展。

【有效进行民主监督】 围绕党政关注的重点工作和群众关心的社会热点、难点问题，通过视察、民主评议、提案和信息等各种形式，认真开展政协民主监督工作。组织委员开展了跟踪视察“三河”治理、水泥地区搬迁改造和构建和谐社会工作，就新情况、新问题提出新的意见和建议，推动了这三项党政重点工作的深入开展；召开了市政协提案办理工作座谈会议，交流工作经验。把加强全市港口建设列为今年的“一号提案”，由市长和主席直接包办。坚持“后评议”提案办理工作，对承办提案大户进行了“后评议”；全年立案提案441件全部办复，落实率达64%，创历史新高；进一步加强反映社情民意信息工作。召开全市政协反映社情民意信息工作会议，表彰了9个先进集体和38名先进个人，全面总结部署信息工作。坚持政协全会期间集中征集信息。开通了《葫芦岛重要信息专报》，拓宽反映社情民意渠道。全年，共收集反映社情民意信息579条，编发《葫芦岛政协信息》60期，采用120条，被全国、省政协和中共葫芦岛市委采用40条，省、市党政主要领导批示11条；积极开展民主评议和选派民主监督员工作。开展全市检察院执法工作民主评议活动，于12月份召开民主评议大会，就提高全市两级检察执法工作水平提出意见和建议，推动了全市法治环境建设。继续做好选派民主监督员工作，促进了相关工作的改进和提高。

【广泛进行团结联谊】 突出团结和民主两大主题，积极推进和谐葫芦岛建设。促进民主党派、人民团体和无党派人士的团结合作，坚持中国共产党领导的多党合作和政治协商制度，积极为他们表达意见和主张创造条件，共同致力于全市的科学发展和全面振兴；加强与各级侨务工作部门的联系与合作，坚持运用多种形式加强与港澳同胞、台湾同胞和海外侨胞及眷属的沟通和联系，努力帮助他们解决工作和生活中的实际困难。组织开展全市宗教教职人员社会保障情况调研，协助党委和政府做好民族宗教工作；召开全市文史工作会议，出台了《政协葫芦岛市委员会关于加强文史资料工作的意见》。编辑出版《难忘的工业记忆——葫芦岛老工业基地回眸》和《塔山阻击战实录》文史资料；认真做好接待上级政协和省外政协来葫调研考察工作，增进了友谊和往来。成立了市政协书画院，为文化艺术界委员、各阶层书画界知名人士的联系与交流搭建了平台。

【切实加强自身建设】 坚持把学习摆在重要位置，通过学习，开阔了视野，提高了素质；进一步加强制度化建设。制定了《关于市政协委员履行职责管理办法》、《关于市政协各参加单位参与政协活动情况统计办法》和《关于加强市政协与县（市）区政协联系的意见（试行）》等制度，有效提升了委员和政协参加单位自觉履职的积极性，加强了对县（市）区政协工作上的指导；努力发挥委员主体作用。坚持政协主席、副主席走访委员和委员列席常委会议制度，深入基层政协走访，召开各界别座谈会，认真听取和征求委员对政协工作的意见和建议；吸纳委员参加常委会、专委会组织开展的各项活动，全年参加各类活动的委员达 1 800 多人次。坚持实行激励机制，评选优秀政协委员 19 名；优秀提案 7 件，优秀提案者 20 名，提案先进承办单位 10 个，先进承办工作者 17 名；优秀民主监督员 14 名，接受民主监督先进单位 4 个，政协全会予以表彰；全年在《人民政协报》、《中国政协》、《团结报》、《友报》、《辽宁政协》、《葫芦岛日报 》“建言”专版刊登稿件 200 多篇，宣传了全市政协工作；以创建学习型、创新型、服务型、和谐型机关为目标，加强思想和作风建设。开展了副县级调研员、科级干部在机关干部职工大会上述职、现场回答业务知识问题和笔试撰写论文等活动；制定机关行文、办文工作规则；加强机关支部建设和目标责任制工作，服务水平不断提高。

【政协三届五次全会会议】 2009 年 1 月 6 日至 8 日，政协葫芦岛市第三届委员会第五次会议召开。出席会议的委员 341 名。会议听取并审议了市政协主席刘知良所作的《政协葫芦岛市委员会第三届委员会常委会工作报告》、副主席魏永华所作的《政协葫芦岛市第三届委员会常务委员会关于三届四次会议以来的提案工作情况的报告》；委员列席了市人大三届五次会议，听取并讨论了《政府工作报告》及其他报告；会议选举郑宏伟为市政协主席，补选王恩忠、王旭光、郝廷怀、王宝军为市政协副主席，补选了 6 名市政协常委；对优秀政协委员、提案、及民主监督工作先进集体和个人进行了表彰；通过了《政协葫芦岛市第三届委员会第五次会议关于常委会工作报告的决议》、《政协葫芦岛市第三届委员会第五次会议关于三届四次会议以来提案工作报告的决议》。

【市政协常委会历次会议】 2009 年 2 月 13 日，市政协召开三届十七次常委会议。市政协主席郑宏伟，常务副主席魏永华，副主席叶诚华、杜同宝、王恩忠、邱文豹、黎明、王旭光、郝廷怀、王宝军，市政协秘书长任德美及 85 名常委出席会议。会议由常务副主席魏永华主持。会议审议通过了市政协 2009 年工作要点（草案）。市政协主席郑宏伟做总结讲话。

2009 年 6 月 26 日，市政协召开三届十八次常委会议。市政协主席郑宏伟，常务副主席魏永华，副主席叶诚华、杜同宝、王恩忠、邱文豹、黎明、王旭光、郝廷怀、王宝军，市政协秘书长任德美及 81 名常委出席会议。市委书记陈晓琨，市委常委、常务副市长崔枫林，副市长石文光应邀出席会议。市委书记陈晓琨和市委常委、常务副市长崔枫林分别做重要讲话。市直有关部门、各开发区主要负责同志参加会议。黎明副主席主持会议。5 个专题调研组做了大会发言。审议通过了《积极应对金融危机冲击，促进全市经济平稳较快发展》专题调研报告（草案）。市政协主席郑宏伟做总结讲话。

2009 年 9 月 28 日，市政协召开三届十九次常委会议。市政协主席郑宏伟，常务副主席魏永华，副主席叶诚华、杜同宝、王恩忠、邱文豹、黎明、王旭光、郝廷怀、王宝军，市政协秘书长任德美及 77 名常委参加会议。市长孙兆林、市委副书记阎生、副市长敖凤玲出席会议。市直有关部门和部分政协委员列席会议。会议由市政协副主席郝廷怀主持。会议组织与会人员参观了全市文化产业成果展览，审议通过了《大力发展文化产业，培育葫芦岛经济新亮点》调研报告（草案）。市长孙兆林、市政协主席郑宏伟分别做了重要讲话。

2009 年 12 月 30 日，市政协召开三届二十次常委会议。市政协主席郑宏伟，常务副主席魏永华，副主席叶诚华、杜同宝、王恩忠、邱文豹、黎明、王旭光、郝廷怀、王宝军，市政协秘书长任德美及 85 名常委参加会议。市长孙兆林，市委常委、常务副市长崔枫林，市中级人民法院院长柴学伟，市人民检察院代检察长慕宁出席会议。会议由常务副主席魏永华主持。会议听取了市长孙兆林代表市政府所做的关于2009年工作情况通报；听取了市委常委、常务副市长崔枫林代表市政府所做的关于市政协三届五次会议提案办理情况的通报；听取了柴学伟所作的市中级人民法院工作情况通报；听取了慕宁所做的市人民检察院工作情况通报；市政协常务副主席魏永华就市中级人民法院和市人民检察院工作情况通报代表市政协常委会发表了意见；协商产生了政协葫芦岛市第四届委员会组成界别和委员。会议决定，政协葫芦岛市第四届委员会第一次会议于 2010 年 1 月 11～14 日举行。

【市政协三届委员会及其工作部门 专门委员会名单】

政协葫芦岛市委员会

主　席　刘知良（2009 年 1 月离职）
　　　　郑宏伟（2009 年 1 月任职）
副主席　魏永华（女）　叶诚华（不驻会）
　　　　杜同宝（不驻会）　王恩忠

邱文豹（不驻会）　黎　明
王旭光　郝廷怀
王宝军（不驻会）
秘书长　任德美（2009年10月离职）
副秘书长　栗素红（女）　佟　民
于　枫　刘抚兴（不驻会）
聂宝良（不驻会）
王建国（不驻会）
赵玉霞（女 不驻会）

政协办公室
主　任　佟　民
副主任　马连喜（2009年12月离职）
徐晓敏（2009年12月任职）

政协调研室
主　任　于　枫

市政协各专门委员会

经济科学技术委员会
主　任　王玉斌

提案委员会
主　任　曹桂英（女）

学习文史委员会
主　任　杨松亮（2009年9月离职）

文教体卫委员会
主　任　李殿义

民族宗教社会法制委员会
主　任　张　为（女）

人口资源环境委员会
主　任　闫耀明

港澳台桥外事委员会
主　任　张晓红（女）

（李学文）

民主党派 工商联

中国国民党革命委员会

葫芦岛市委员会

【概况】 中国国民党革命委员会（简称民革）成立于1996年11月，内设参政议政工作委员会、社会服务工作委员会、祖国统一工作委员会、妇女工作委员会四个专门工作委员会。市委会下设有1个总支和6个支部，分别是：连山区总支委员会（下设连山区一支部、连山区二支部）、龙港区支部、兴城市支部、绥中县支部、综合一支部、综合二支部和卫生支部。市委会有市委委员11人，其中，主委1人，副主委4人。驻会机关2人，秘书长和副秘书长驻会。至2009年底，全市共有民革党员118人，党员中有高级职称20人，中级职称49人；担任省政协委员1名，市政协委员15名，其中市政协常委5名；市人大代表3名。1人担任群团组织正县级实职，1人担任人大副县级实职，1人担任政协副县级实职.

【主要活动】 民革市委以科学发展观为指导，紧紧围绕本市中心工作和人民群众关心的热点、难点问题，深入开展调查研究，积极建言献策。市委领导多次参加中共党委和政府举行的协商会、座谈会、情况通报会，就本市经济社会发展、政府工作报告等重大事项充分发表意见和建议，许多意见和建议受到了高度重视。在市政协三届五次会议上，民革市委共提交组织提案16篇，提案质量和数量都有新的提高。由党员孙超执笔的民革组织提案《推进本市国有企业科技创新政策建议》被列为市政协领导督办提案，并与《关于做好兴城旅游景区管理工作的几点建议》、《防微杜渐，加强学校食品安全监管政策建议》、《发挥本市水果产区优势，推进本市观光农业发展政策建议》共4篇被评为市政协重点提案。多篇组织提案受到高度重视，市长、分管副市长等政府领导亲自批示，所提建议得到有关部门的采纳。

2009年，各支部向市委提供工作信息10余件、社情民意信息40余件。市委根据这些材料进行归纳整理，向市政协提供社情民意信息20多条，8条被市政协采用，其中1篇被省政协采用，2篇得到市委领导批示；向市委统战部提供工作信息20多条，均被采用。在2009年初全市统战工作会议上和市政协社情民意信息工作会议上，民革市委分别获得“统战信息工作先进单位”和“市政协社情民意工作先进单位”称号。郜玉华主委代表民革市委在市政协社情民意信息工作会议上做了《积极反映社情民意，努力践行参政职能》的典型发言。

积极开展调查研究，切实履行民主党派参政议政职能是一项重要工作，各支部和广大党员响应市委的号召，积极开展调研活动。在大家的共同努力下，全市民革各级组织共完成调研报告11篇。市委会参加省委“统筹城乡发展，推进劳动力就业城乡一体化”和“创业推动劳动力就业”两个调研课题，完成了本市情况的调研。兴城市支部针对“九年一贯制学校建设情况”、“乡镇卫生院建设情况”两个课题开展了调研；绥中县支部通过到先进地区考察学习，结合本地“农民专业合作社发展状况”实际，开展了专题调研，提出了推进发展的思路和办法；连山区总支就“社区文化建设”开展了调研活动，对开展好这项工作提出了切实可行的意见；龙港区支部针对“全市供暖情”况进行了调研，提出了推广集中供热、提高最低供暖温度的建议；市卫生支部就“农村卫生服务机构安全用药状况”开展了调研活动；市直综合一支部分别就“本市住宅房产行业现状”和“全市旅游开发建设情况”进行了全面调研和分析，提出了持续发展的思路和建议；市直综合二支部针对“新农村建设中的农村服务业特点及发展方向”、“ 本市民营企业科技成果转化现状及存在的问题”进行了专题调研。所有的调研都有详细的现状调查、问题分析和解决办法，数量和质量都有很大提高。目前这些调研成果有的上报民革省委，大部分转化为市委会组织提案，在刚结束的市政协四届一次大会上提交，其中《关于创业推动劳动力就业的建议》和《提高最低供暖温度的建议》受到日报、晚报的关注，给予了报导。

在各级民革组织积极履行参政职能的同时，全市民革党员中担任各级人大代表、政协委员和各部门特邀监督员的同志也认真履行民主监督职责，对全市各项工作和群众关注的热点问题向有关部门积极反映，提出意见和建议，受到人大、政协组织和聘用单位的认可。

全市各级组织以“四个一”活动为平台，积极开展多种形式的社会服务活动，为促进本市社会和谐发展做出了应有的贡献。

在郜玉华主委的带领下，市委会慰问走访了兴城市中心敬老院老人，为他们送去米面油、衣物和慰问金；市委会联合其他党派继续对驻葫某武警队进行春节慰问，为官兵书写春联，并送去一台文艺演出，受到官兵的欢迎；在“全国助残日”之际，市委会到市残联聋儿语训部，专程看望生活、学习在那里的残疾孩子，为他们每人送去了两套服装及各种学习用品；市委会还联合其他党派继续对市特教学校的师生进行慰问，送去物品和慰问金。教师节，民革市委妇女工作委员会组织医疗卫生界、教育界、司法界党员，到连山区塔山乡八一希望学校开展支教下乡等活动，为师生讲授语文公开课、对学生开展预防青少年犯罪的普法教育讲座，为教师进行血压、眼底、心电图等检查，受到学校师生的热烈欢迎。

各支部也发挥各自优势开展活动，组织党员，积极投身到社会服务工作中。兴城、绥中等支部坚持常年帮扶多名贫困农村学生，解决他们的学习生活困难；连山总支坚持春节走访沙河营乡敬老院的老人，并继续向一名矽肺病患者提供资金帮助；龙港支部重阳节为北港镇敬老院的老人体检并送去药品，还与当地的贫困户结成脱贫致富帮扶对子；卫生支部的党员开展了医药下乡活动；综合一支部两年来开展“帮扶家庭爱心活动”，对下边小学的孤儿杨龙进行了帮扶；综合二支部在引智工作中有了一定突破，相关同志参与组织了“辽宁海外学子葫芦岛创业行”活动，邀请42名海外学子赴绥中滨海经济区考察，并与7名学子达成合作意向。

民革市委就把学习贯彻科学发展观，作为一项重要内容纳入到全年的工作计划中，并制定了《民革葫芦岛市委关于开展深入学习贯彻科学发展观活动的方案》，号召各支部组织党员开展好学习活动。各支部通过集中学习和召开座谈会等形式，组织党员学习科学发展观理论，交流学习体会，把握科学发展观的内涵、精神实质和根本要求，了解贯穿其中的科学立场、观点和方法，增强贯彻科学发展观的自觉性和坚定性，提高服务科学发展的能力和水平。与此同时，各支部还结合各自实际开展有特色的活动：有的支部组织党员积极参加统战部开展的建国六十周年征文活动；有的支部组织党员开展文化采风活动，见证感受祖国大好河山的变化；有的支部为每位党员订阅《团结报》，开展读报活动、建设学习型支部，以此提高统战理论和参政议政水平。各种活动的开展，开阔了党员的眼界，丰富了党员的头脑，加强了党员的理论修养，锻炼党员的自身能力，党员们政治理论水平有很大提高。

2009年，深入学习科学发展观活动的扎实开展，有力地带动全市各级组织自身建设的加强。

组织建设稳步推进。开展各项活动，凝聚人心，布置工作，组织了春节联欢会和总结表彰大会、春节前还对老领导和部分老党员进行了走访慰问，召开了4次全委扩大会、“三八”妇女节座谈会和参政议政工作会议。积极组织推荐民革党员参加各级组织举办的各类培训班：组织7名基层支部骨干参加了省委举办的第二期全省基层支部主委培训班，推荐12名同志分两期参加了市委统战部举办的党外干部轮训班，1名党员和1名联系人参加了为期一个月的市中青年党外干部培训班。市委会还配合民革省委开展了民主党派组织工作调研活动。

组织发展工作健康平稳。认真贯彻各民主党派中央关于组织发展座谈会纪要精神，按照组织程序，坚持标准，考核发展了新党员7名。在后备干部队伍建设上，市委会对全市副科级以上民革党员的基本情况进行了全面统计，向市委统战部进行了推荐。

【领导成员名单】

主任 委 员　郜玉华（女）
副主任委员　王忠琦　刘香礼　王敏（女）
　　　　　　李久荣（女）

（王　颖）

中国民主同盟

葫芦岛市委员会

【概况】 中国民主同盟葫芦岛市委员会（简称民盟）成立于2003年8月10日，为民盟市级地方组织。下设2个总支，9个支部，共11个基层组织。市委会设教育、老龄、卫生、科技、妇女、青年六个专门委员会。2009年新发展成员20名，现有盟员211名。盟员中担任市政协委员的24名，其中常委5名，市人大代表1名。担任副县(区)长的1名，其他副县级领导职务的4名。盟员中担任市级政府部门民主监督员22名。市委会设主任委员1人、副主任委员4人，委员12人。民盟市委机关人员编制2人。

【主要活动】 1.学习贯彻中共十七大、十七届四中全会精神，积极参与学习实践科学发展观活动，努力提高思想建设水平。

2009年，盟市委按照盟省委和中共市委、市委统战部的有关文件和指示精神，坚持把民盟思想建设放在各项工作的首位，在思想引导，理论武装的前提下，积极开展好各项工作。首先，在2008年开展政治交接主题学习教育活动取得成果的基础上，按照民盟中央转发的《关于各民主党派深化坚持走中国特色社会主义道路学习教育活动的意见》精神，努力加强新形势下思想建设，对深化学习教育活动进行了全面部署和周密安排，结合贯彻盟省委思想政治工作会议精神，和新中国成立60周年，我国多党合作制度确立60周年，人民政协成立60周年庆祝活动，开展学习和有关活动，不断提高思想认识和水平。

其次，利用不同方式开展学习，提高全盟的思想理论水平，坚定中国共产党的领导，走社会主义道路的信念和决心。鉴于盟员工作单位分散，集中学习困难的实际，盟市委采取灵活的学习方法，把学习寓于活动之中，扩大学习覆盖面。上年组织盟员参加市政协、市委统战部组织的学习活动3次，

60 多名盟员参加了学习。同时配合市委组织部、统战部、市社会主义学院联合开办的后备干部、骨干盟员培训班，18 名盟员分 3 期参加学习班学习。党的十七届四中全会召开后，及时发出通知，号召盟员学习大会《决定》，把决定的精神贯彻到全体盟员之中。

第三，积极参加“学习实践科学发展观”活动，从学习和实践的结合上，提高思想建设水平。为了和党保持一致，提高思想建设水平，2009 年，盟市委机关和部分基层组织积极参加了“学习实践科学发展观”活动。按照中共市委的统一部署，参加了“学习调研、分析检查、和整改落实”三个阶段的活动。听取了市政协副主席、统战部部长、市学习实践科学发展观活动领导小组副组长王旭光做的《中国共产党领导的多党合作和政治协商制度》的讲座；中共市委党校校务委员、副教授韩菲做的《深入学习、全面实践、不断加深对科学发展观的认识和理解》的讲座，以及中共市委统战部组织的有关学习。在实践落实帮扶贫困群众阶段，盟市委机关领导和龙港区支部张树军、李博同志，卫生支部沈锦红同志先后 5 次到杨家杖子开发区，走访贫困下岗职工，为身体残疾下岗职工李健送去电视、桌椅、床、被褥等生活用品，和医药、现金等合计 6 000 多元。

在机关参加“学习实践科学发展观”活动的同时，盟市委积极推荐盟员王志刚担任主任的辽宁一鸣律师事务所为“学习实践科学发展观”活动新社会阶层试点单位。在党、盟组织的共同努力下，试点工作非常成功，成果明显，为新社会阶层开展学习实践科学发展观活动，开辟了一条新路。他们的工作经验得到区、市、省三级党委的肯定，被当做典型总结，并上报到国家。为此民盟司法经济支部被民盟省委评为 2009 年度先进基层组织。

2. 努力发挥参政党作用，参政议政出现新成果。

参政议政是民主党派的重要职责，更是衡量民主党派发挥作用的尺子。2009 年，盟市委充分利用多种参政议政的渠道和平台，全力抓好参政议政工作，不断创造工作新成果，为多党合作事业作出新贡献。

第一、积极协商议政，为葫芦岛经济社会发展谏言献策。2009 年盟市委领导共参加市委、市政府、及有关部门召开的各种座谈会、协商会、征求意见会、调研会等 21 次。第二，深入开展调查研究，充分利用政协提案的渠道，建言献策，参政议政。2009 年我国经济面临世界金融危机的严峻考验，扩内需，保民生，促发展成为党和政府的中心工作。葫芦岛在这场世界经济危机中也受到了很大的冲击：外贸出口急剧下滑，一些外向型企业和矿山企业被迫停产，在扩内需中国进民退现象十分严重，民营企业贷款难，融资难问题愈发突出。鉴于这种形势，盟市委紧紧围绕民营企业发展问题，开展调查研究，向市委市政府提出相关方面的建议。同时，还针对本市的实际情况开展旅游文化产业资源调研，提出将旅游产业上升为支柱产业，走可持续发展和低碳经济的道路的建议。

2009 年，民盟市委在市政协三届五次全会上共提出集体提案 25 件。其中 7 件被市政协列为重点提案；2 件为市政协副主席、政府副市长联合包案。提出的“拓宽五里河大桥，解决新老城区交通瓶颈问题”的提案，已于当年落实，大桥建成通车。关于永安长城开发保护的提案也得到了重视和落实。市政协将其列为准一号提案，市政协领导班子集体到绥中县永安乡视察长城保护和开发情况，市政府专门成立了开发保护永安长城领导小组，并为此专门立项，报国家发改委审批。

为了促进民盟提案的落实，2009 年，盟市委 30 多次与提案落实单位同志见面沟通，交流思想，交换意见，破解提案落实难题，促进实提案落实。2009 年民盟市委提出的集体提案，全部得到答复，落实率达到 50%以上。为促进葫芦岛市经济社会发展，起到了积极的作用。此外，2009 年盟市委领导先后多次与市政协领导一起就提案落实问题到永安长城、碣石宫遗址、前所古城、杨家杖子开发区和市建委进行视察考察活动，把参政议政工作落到实处。

第三，开展好民主监督工作，为葫芦岛市发展进诤言，出良策。2009 年，全盟有 20 多位盟员分别担任市、县（区）两级各部门的民主监督员，这些同志都较好地履行了民主监督的职责。他们不仅仅是监督员，还是参谋助手，帮助被监督单位解决工作中的问题和困难。

民盟市委担任市检察院人民监督员和市行风监督员的同志都尽职尽责地完成了工作，全年参与审理启动人民监督员程序案件 2 件，对 20 多个窗口单位，和有行政执法职能的局进行了行风评议，并先后 2 次走进市电台行风热线直播间，为本市行风建设建言鼓劲。

在履行参政议政、民主监督职能方面，2009 年，盟市委共撰写社情民意信息 15 条，其中被采纳 5 条。盟市委还积极支持担任市政协委员、人大代表的盟员履行参政议政职责，适时召开了参政议政工作会议，开办了信息工作学习班，促进了全盟的参政议政工作。

3. 搞好以加强基层组织建设为目标的自身建设，不断提高参政党队伍建设水平。

2009 年，依然把加强基层组织建设作为自身建设的重点，在全盟开展“抓基层、打基础、上水平”活动，不断加强和完善基层组织工作基础。首先，抓了基层组织的拆建、换届工作。鉴于原市直综合一支部队伍庞大，盟员太多，开展活动困难的实际情况，盟市委经过反复研究，先后将司法、经济界盟员和北港开发区盟员分离出来，组建成司法经济支部和经济开发区支部。两个支部成立后，市直一支部适时换届。这样一分为三，基层人数少了，便于开展活动，将一个积极性变成三个积极性，调动了基层，增加了活力。

按照盟章规定，2009 年对已经到届的兴城支部、连山总支及时换届。经过组织调整，各基层组织均增加了生机和活力，为建设一支高素质的参政党队伍，奠定了坚实的组织基础。由于工作需要，年内增选了杨丽君同志为市委委员，并任命为秘书长；选拔增补了 10 名同志为基层总支、支部委员，这些都极大地增强了盟组织的战斗力。

为调动广大盟员积极性，以先进为榜样，2009年盟市委继续开展了“两优一先”评比活动。全年有5名盟员被盟省委评为优秀盟务工作者，10名同志评为优秀盟员；司法经济支部被评为省级先进基层，盟市委会被盟省委评为先进市委会。在今天的大会上，盟市委将对开展“两优一先”评比活动中评选出来的3个市级先进基层，14名优秀盟务工作者，24名优秀盟员进行表彰。正是因为有了这些先进的榜样，市民盟的自身建设才得到进一步加强，盟组织的质量水平才又上了一个新台阶。

2009年，盟市委按照盟章和民盟组织发展有关文件和组织条例规定要求，本着在工作中发展，发展为了工作的原则，主动向盟省委请示沟通，与中共市委统战部联系协商，对21名盟外积极分子进行了考核，发展其中20名同志为中国民主同盟盟员。20名新盟员中具有高级职称的3人，占15%；中级职称的10人，占50%；中上层人士15人，占75%；40岁以下16人，平均年龄34.2岁。是一支年轻、高学历、高职称，具有较高层次的队伍，为民盟组织注入了新鲜血液，增强了组织活力。目前，全市在籍盟员211名。其中女盟员101人，占48%；具有大学以上学历的172人，占81.5%；具有高级职称的70人，占33.1%；中级职称的78人，占37%；中上层人士173名，占82%。基层组织11个，其中2个总支部委员会，9个支部委员会。是一支高层次、高学历、高素质、比例均衡健康发展的党派队伍。

4. 积极开展好各项活动，增强民盟组织活力，提高民盟组织凝聚力和向心力。

2009年，是我国政治经济生活极不平凡的年份，也是重大事件较多的一年。在这一年中，民盟市委抓住各种有利时机，结合民盟自身特色和需求，开展了一系列的有意义的活动，促进民盟组织建设，增加民盟组织活力，提高民盟的凝聚力和向心力。首先，为了应对世界金融危机，树立促进经济发展的信心，在年初就召开了全体盟员参加的“两优一先”评比表彰暨春节联欢大会。鼓舞士气、树立信心，号召盟员做好本职工作，配合党和政府共渡难关。并于5月初组织40多名青年盟员，配合本市“爱家乡、游家乡”，促进经济发展活动，考察游览了本市著名自然旅游风景区，建昌县白狼山。提高了对本市丰富旅游资源的了解，增强了热爱家乡，建设家乡的历史责任感。同时，还考察了沿海经济带滨海大道建设；调研了本市部分县区民营经济状况；及资源枯竭的杨家杖子开发区产业转型情况等。这些活动的开展，不仅从一个侧面配合了政府的中心工作，同时也提高了民盟组织在本市经济社会生活中的地位。

其次，为了提高盟员的政治素质，建设好高素质参政党队伍，2009年盟市委先后组织了信息工作培训班和新盟员培训班。特邀中共市委统战部副部长穆在敏同志和市政协主管信息工作的静大勇同志为培训班讲课，提高培训质量和水平。积极组织盟员参加非中共后备干部和党派骨干培训班3期，80多名盟员参加了培训。此外，在教师节还组织了教师盟员考察小河口长城活动；召开了重阳节老盟员餐叙座谈会；到民盟发祥地重庆特园学习考察活动等。这些教育活动的开展，不仅提高了盟员的政治素质，也不同程度地增强了民盟组织的凝聚力。

第三，配合建国60周年，人民政协成立60周年，中国共产党领导的多党合作制度建立60周年，和本市建市20周年庆祝活动，盟市委在全体盟员中开展了书画、征文活动。共收到盟员创作的书画12幅，征文25篇。其中有10幅书画作品被送民盟省委参展。杨慧等两名同志的2篇文章被盟省委选用，刊登在《辽宁盟讯》上。

此外，2009年全市民盟11个基层组织都开展了不同形式的组织活动，活跃了组织生活，增强了组织凝聚力和向心力，为建设一支高素质参政党队伍，提供了很好的组织环境。

5. 履行为社会服务职能，继续开展“四个一”活动，为建设和谐社会贡献力量。

为发挥智力优势，履行好民主党派为社会服务职2009年，民盟市委在上级组织的要求下，继续开展了“四个一”活动。首先在年初的工作安排中，就把开展调查研究、为社会服务活动、智力扶贫和做好本职工作，纳入到全年工作计划之中，以基层组织为基础，根据不同特点开展好“四个一”活动。在盟市委的组织安排下，连山总支、兴城支部、龙港支部、市直卫生支部等分别开展了科技下乡、扶贫义诊和帮扶困难户活动。八月份司法经济支部成立后，他们就结合学习实践科学发展观活动，到贫困农村，到敬老院开展送法律、送医、送药、送扶贫物资的“四送”活动。盟市委在龙港支部、卫生支部的协助下，先后5次到杨家杖子开发区进行扶贫，送去扶贫物资和现金；在春节、八一建军节期间与各民主党派一起到武警8624部队和65037部队开展送春联，慰问演出活动；在整顿本市交通秩序和进行国庆安保期间先后3次到市公安局交警支队慰问交通干警，把支持和力量送给他们；在全国助残日，盟市委拿出现金到市特教学校开展助残活动。据统计，2009年，全市民盟组织共开展社会调研活动11次，35人次参加了调研，形成调研报告10篇，其中转化为提案、议案和信息的成果的8篇；全盟共开展为社会服务活动15次，130人次参加了活动，捐献扶贫物资、现金合计人民币3万余元；全年盟员共发表科技论文、理论文章、文学作品40多篇，出版专著3部；获国家、省、市级奖励的25人次。这不仅提高了盟员的个人能力素质和业务水平，争得了个人和集体的荣誉，也为发挥民盟组织智力优势，为中国特色社会主义建设贡献力量创造了良好的条件。

2009年，民盟市委共召开全委扩大会、全委会、主委会、主委办公会等会议8次，全体盟员大会1次，办盟员学习班2次，组织30人以上盟员外出活动2次；“两优一先”评比活动、书画、征文活动各一次，机关都积极努力地完成了所担负的组织协调、后勤保障工作，保证了各项活动的顺利开展。

【领导成员名单】

主 任 委员　胡　光（女）

副主任委员　姜淑艳（女）　韩振博

吴　靖（女）　刘抚兴（驻会）

（刘抚兴）

中国民主建国会

葫芦岛市委员会

【概况】 中国民主建国会（简称民建）葫芦岛市委员会成立于 1996 年 4 月。2007 年 1 月 12 日民建市委召开第三次会员代表大会，选举产生第三届市委会。现有市委委员 12 人，其中主委 1 人，副主委 4 人。市委会机关编制 2 人，分别为驻会副主委和秘书长。内设“五部一室”，即组织部、宣传部、参政议政工作部、社会服务部、经济联络部和办公室。下设 2 个总支和 5 个直属支部，连山总支下属连山一支部、连山二支部、化工支部、锦天化支部、钢管支部等 5 个支部；龙港总支下属龙港一支部、龙港二支部等 2 个支部；直属支部为综合一支部、综合二支部、综合三支部、工商企业支部、机关支部等 5 个支部。现有会员 178 人。会员中有全国人大代表 1 人，省人大代表 2 人，省政协委员 2 人（其中常委 1 人），市人大代表 3 人，市政协委员 19 人（其中副主席 1 人，常委 6 人）。

【主要活动】 一、参政议政和民主监督工作取得新成果，市委会注意发挥民建组织的整体优势，注重调查研究，紧紧围绕市委、市政府的中心工作，充分运用各种参政平台，认真履行职责，积极建言献策，参政议政工作取得了新的成绩。

调查研究活动又上层次。市委会领导结合本部门、本岗位实际到外地和市内的六个县（市）、区就有关农业形势、民营企业发展、职业培训、开发区建设等进行调研，形成了《关于本市有线电视数字化发展情况的调研报告》和《关于本市实施新型农村合作医疗的调查报告》、《积极发展农业保险，为新农村建设保驾护航》等调查报告，这些调研成果为“两会”的议案和提案提供了很好的素材和依据。

参政议政工作又上台阶。“两会”期间，市委会提交 9 份集体提案，会员中的人大代表和政协委员积极参加中共市委和市政府举办的协商会、座谈会、通报会和视察活动，以饱满的政治热情和高度的责任感，围绕本市经济社会发展的重点、热点问题，积极建言献策。民建会员向市政协提交了 34 件个人提案。共有 7 件提案被列为重点提案，民建的集体提案《关于葫芦岛港口发展的建议》被确定为市政协一号提案，由市政协、市政府主要领导亲自包案。《关于中小企业融资难的建议》被确定为副主席包案。 共完成反映社情民意信息 21 篇，其中《关于转移安置返乡农民工的建议》被省政协采用。全年在《人民政协报》、《团结报》、《友报》上刊登宣传稿件 13 篇。2009 年民建市委被民建省委、市政协、市委统战部评为提案工作、信息工作、宣传工作先进集体。

民主监督作用发挥又上水平。担任特邀监督员及巡视员的 9 名会员认真履职、以参政为民为己任，积极参加监督活动，主动反映社情民意，得到了聘用单位及社会的肯定。

二、自身建设取得新成效

加强自身建设是充分发挥参政党职能作用和做好其他各项工作的前提和基础，市委会一直把自身建设作为主要的工作来抓，在思想建设、组织建设、机关建设等方面都取得了成效。

思想建设紧抓不懈。思想建设是民建自身建设的核心，2009 年，市委会始终把思想建设工作放在首位。以科学发展观为指导，以政治交接主题学习教育活动为核心，举办培训班开展学习活动。

1. 继续深入开展政治交接主题学习教育活动。根据民建市委制定的《关于开展政治交接主题学习教育活动方案》，继续将政治交接主题学习教育活动确定为今年思想建设的重要内容，与组织发展工作、参政议政等会内各项工作结合起来，贯穿在全年工作的始终。

2. 认真贯彻执行中共中央及省民建的重要会议精神。市委会始终把学习作为本会的一项重要工作来抓，认真组织广大会员学习贯彻科学发展观、十七届四中全会精神，并将学习新政协新章程、民建新会章、时事政治等也作为主要学习内容，在全会形成了良好的学习风气。

3. 积极选送会员参加各级培训班。选送 30 多人次参加省社院、市委统战部、市政协及市委党校举办的培训班。通过一系列的学习、教育和培训，全体会员的思想素质和政治觉悟得到进一步提高。

组织建设稳步进展。组织建设是民建自身建设的有力保障，市委会在组织建设方面重点抓以下几项工作。

1. 组织发展工作。继续坚持“三个为主”原则，严格组织程序，广泛征求新会员所在单位党组织意见，积极吸收年富力强、政治上可靠、业务能力强、参政议政水平高、有代表性的中青年知识分子入会，补充新鲜血液，民建组织的生命力不断得到加强。2009 年发展新会员 17 人，会员总数已经达到 178 人。

2. 基层组织建设工作。对龙港总支进行调整。将原龙港总支下属的综合一、二、三支部和工商支部划归市委会直属，原龙港支部一分为二，成立龙港一支部和龙港二支部，共同组成新的龙港总支；各总支主任、支部主任、副主任和委员按要求全部配齐，新老更替和干部调整工作顺利完成；优化组合了各基层支部的会员构成，将各个支部中不活跃的会员从原支部中剥离出来，与原离退休支部、未编入支部会员共同组成机关支部。通过调整，充分调动了广大会员的积极性，锻炼了队伍，基层组织的活动更加活跃。

机关建设逐步改善。驻会机关在人员少的情况下，克服很多困难，加大对会员服务力度，以建设学习型、服务型机关为切入点，不断提高机关工作人员的综合素质，全面提升服务基层、服务会员意识，提高工作质量和效率，在工作中狠抓制度落实，避免了工作的随意性，使机关真正成为会员之家。

三、会内活动丰富多彩，凝聚力不断增强

有活动才能有生机、有活力，有活动才能有向心力和凝聚力。市委会加强组织会内各种活动，不断增强会的生机和活力。

市委会适时组织开展各项活动。春节前夕，走访70多岁的老会员、老领导，为他们送去了民建组织的关心和慰问；春节期间，组织了全体会员参加的春节联欢会；在“三、八”节举办健康知识讲座；“九九”重阳节组织老会员到灵山风景区游览；为庆祝建国六十周年和建市二十周年，与会员企业宏运集团共同举办了“放歌国庆、和谐兴市”联欢会；11月10日举办了民建企业家会员联谊会，为会内企业家之间增进了解，加强联系，互相学习，相互合作搭建了平台。

各总支和支部也开展内容丰富、形式多样的活动。如连山总支组织会员到大连学习考察；龙港总支组织会员到秦皇岛考察农业产业化建设等。

通过这些活动，加深了会员之间的相互了解、调动了各基层组织开展活动的积极性和创造性，增强了本会的凝聚力，还进一步激发了会员参加会务活动的热情，增强了会员的参政党意识，进一步提高了会员的政治素质和思想道德水平。

四、社会服务工作取得新成果

社会服务是履行参政党职能的重要实践，也是民建的责任和义务。按照“四个一”活动的要求，充分发挥组织优势和广大会员的积极性，开展形式多样的社会服务活动，取得了明显的成效，受到了社会的好评。

积极开展有益的社会活动。春节前夕，市委会与各党派到驻葫部队走访慰问，为基层连队书写春联；与会员企业葫芦山庄成功举办了葫芦岛市第三届“民俗艺术节”；在市委统战部的带领下与各民主党派驻会干部一起去北大营特种部队进行庆“八一”慰问演出。

大力开展助学和帮困活动。在全国助残日，民建市委到特教学校参加助残活动，并送去慰问金；为今年遭受旱灾的建昌县老大杖子乡送去救灾款，解决困难家庭的吃饭问题；龙港支部春节前夕走访慰问低保户杨永成一家，送去大米、豆油、猪肉等年货；综合一支部会员每人自发捐款200元，用于常年救助南票区苇子沟街道二户低保家庭。连山二支部始终将建昌县许杖子乡希望小学作为扶助对象，继去年赠送新桌椅和新校服后，今年会员李福升得到单位大力支持，向该校赠送10台电脑，组建起电脑教室，赠送10块黑板和10个篮球，进一步改善教学条件。民建的民营企业家，致富思源，回馈社会。会员王国林出资40万元用于家乡白马石乡修路，出资15万元为白马石乡中学改善办学环境，还一直坚持供养两名贫困学生上学读书，每年重要节日都到独树沟敬老院送去钱物及节日问候与祝福；会员王秀珍多年来一直帮扶建昌县3个读高中的女学生，每年的费用达到了5千多元；会员孙宝岩帮扶正在辽东学院读书的李静同学，每年的学费达到6千元；渤海船院白梅同学在会员谷红梅的资助下考入了沈阳师范学院，这种资助会一直陪伴她完成学业。

不断开展科技助农活动。充分发挥民建会员掌握农业技术的优势，为本市“三农”作贡献。副主委杜春华是本市菜篮子工程办公室副主任，积极引进和推广蔬菜新品种、新技术。在龙港、兴城、连山、绥中等地为农民开展技术培训和指导工作，宣讲农业生产技术、免费发放图书和宣传单。组织开展广播电视节目“科技面对面”、“在线专题直播”、“专家讲坛”等有益的活动。受到基层领导和农民的高度赞扬。

2009年，民建龙港总支等3个基层组织被民建辽宁省委授予“三农”、“四个一”活动先进集体，杜春华等10名会员荣获先进个人荣誉称号。

【领导成员名单】

主任委员　李翠英（女）

副主任委员　王国林　聂宝良 杜春华　张玉洁（女）

（吴海洋）

中国民主促进会

葫芦岛市委员会

【概况】 中国民主促进会(简称民进)是以从事教育文化出版工作的高中级知识分子为主的，具有政治联盟性质，致力于中国特色社会主义事业的政党，是同中国共产党通力合作的参政党，中国共产党领导的爱国统一战线的组成部分。

中国民主促进会葫芦岛市委员会（简称民进市委）于1995年12月25日成立，2000年11月10日和2006年11月21日先后换届，本届是第三届市委会。三届市委会由11名委员组成，其中主任委员(简称主委)1人，副主任委员（简称副主委）3人；市委会机关编制2个，由副主委和秘书长驻会；市委会下设一个工委，14个基层支部，分别是：民进连山区工委；一高中支部、二高中支部、渤海船院支部、市教育局直属学校支部、市文化支部、市直机关支部、市政协机关支部、龙港区支部、化工化机支部、连山区综合支部、连山区教师进修学校支部、六中支部、实验小学支部、兴城支部，其中连山区工委下设连山区综合支部、连山区教师进修学校支部、六中支部、实验小学支部等4个支部；全市现有民进会员165人，其中具有高级职称的98人（正高2人）。会员主要由教育、文化界的高中级知识分子组成。会员中有2名省政协委员（其中常委1人），32名市政协委员（其中副主席1人，常委10人），16名县区政协委员（其中副主席1人，常委4人），6人担任副县级领导职务，15人担任正、副科级职务，有19人担任省市部门的43个特邀监督员。

【主要活动】 不断加强会内学习，思想建设又上新台阶。市委会一直把思想建设作为自身建设的重点，做了大量工作。一是加强了会内学习。市委会以中共十七大及民进会章、会史为主要学习内容，先后召开了两次市委扩大会议和两次主委会议。十七届四中全会召开后，市委会又及时组织全体会员学习，并下发了学习计划，要求各工委、支部把学习中共十七届四中全会精神和学习贯彻科学发展观活动结合起来，与不断加强民进自身建设结合起来，采取多种多样的学习方式，提高会员的认识水平，增强会员的政治觉悟和品德修养，进一步提高全会建设水平。市委会还为支部及会员订阅了相关学习材料，为支部开展学习提供保障；市委会领导坚持主动参加、指导各支部的学习和活动，调动了支部开展学习活动的热情和积极性；市委会对支部的学习情况还进行了定期检查，多数支部的学习已经形成制度。二是坚持开展会员培训。八月份，市委会先后选送19名会员参加葫芦岛市第三期、第四期民主党派成员培训班和葫芦岛市第四期非中共中青年干部培训班。九月份，市委会组织召开了第十二次全体会员培训班，邀请市政协副主席、市委统战部部长王旭光作题为“中国共产党领导下的多党合作和政协协商制度”的讲座，听课人数达90多人。三是举办了丰富多彩的活动。春节前召开了全体会员参加的迎新春联欢会，并在会上对获奖会员进行了表彰。九月份召开了庆祝教师节座谈会，并组织全体会员到建昌大峡谷进行为期一天的外出考察活动。十月份，市委会组织会员撰写各种纪念文章，庆祝建国六十周年、多党合作和政治协商制度确立六十周年以及本市建市二十周年。此外，市委会还组织书画界和文化界会员积极参加各种书画展、文艺演出等艺术活动。通过各种活动的开展，加强了会员之间的联系，增强了市委会的凝聚力。

以活跃支部工作为重点，组织建设进一步加强。在组织发展工作中，针对近年来存在的会员老化、会员男女比例严重失衡等一些问题，市委会专门召开三届八次主委会议，制定并下发了《关于做好组织发展工作的意见》。市委会经常下基层了解情况，指导工作，支部档案化管理工作提高到新水平。上半年，民进省委组织部和民进省委思想政治工作调研组分别到兴城支部进行调研，并与兴城支部会员进行了座谈。调研组对民进市委基层组织各方面工作所取得的成绩给予了高度的评价。市委会还根据基层组织建设的实际情况，对二高中支部进行了调整。在后备干部工作中，市委会坚持重培养、打提前量。有5名后备干部被提升到领导岗位。

围绕重点课题，深入开展调查研究工作。为提高参政议政质量，市委会要求会员在会前认真阅读文件、开展调查研究，做好参加会议的准备工作，防止参政议政的随机性、局部性、个人性。市委会围绕“如何有效应对金融危机冲击”、“确保经济平稳较快增长的研究”、“关于改善民生、保持稳定、促进和谐中需要解决的突出问题的研究”、“关于农民工工作出现的新情况和新问题的研究”等重点课题，全力组织会员中的各级政协委员、人大代表等开展调查和研讨，会员们都能提出一些有价值、引起重视的意见和建议，受到有关部门的好评。一年中，会领导及会员积极参加中共市（区）委、政府及部门召开的协商会、座谈会、通报会40余人次，提出意见、建议50余条，都得到采纳和落实。

提前布置任务，做好“两会”参政议政工作。在“两会”召开前，市委会及时组织各支部主任和会员中的市政协委员、人大代表参加参政议政工作会，布置“两会”中提案、议案和建议工作及调研工作，并向各支部下发了《关于做好“两会”参政议政工作的意见》的文件，对“两会”参政议政工作做出安排。市委会支持、鼓励基层支部、会员和人大代表、政协委员共进行了30余次调研活动，完成了20余项调研课题。市委会要求我会政协委员、人大代表在“两会”上每人至少提两件提案、议案或建议，并努力提高质量。在年初召开的市政协三届五次全会上，市委会和会员共提出提案86件，其中市委会集体提案18件。《关于开发新住宅区应事先规划公益用地用房的建议》、《关于大力加强农村文化站建设的建议》、《关于加强县乡两级政府对农产品质量监管力度的建议》、《关于建设葫芦岛市救灾应急物资储备库的建议》、《关于加强本市农产品商标和地理标志注册的建议》、《关于在供暖中按供热量计费的建议》、《通讯系统在边远农村的基础设施建设应得到政策支持》等7件提案被列为重点提案，《关于大力加强农村文化站建设的建议》、《关于开发新住宅区应事先规划公益用地用房的建议》等2件提案分别由市政协副主席王恩忠、市政协副主席郝廷怀对应包案。在葫芦岛市政协三届五次全会提案工作表彰中，市委会提出的《大力发展非公有制经济，增加民营经济比例》和连山工委主委沈玉敏提出的《改善农村医疗卫生条件，增加新农合载体功能》两件提案被评为优秀提案，此次获奖提案仅有7件。此外还有3名会员被评为优秀市政协委员，有2名会员被评为优秀提案者。

积极开展民主监督活动。为了充分发挥民主党派的职能作用，市委会积极推荐和支持、鼓励会员担任各种监督员。到目前为止，有18名会员被30个部门聘请担任43个特邀监督员，其中，省级监督员有5个，市级监督员27个，区级监督员11个。市政协派驻到市政府部门百名监督员中，民进会员占16个。市委会支持和鼓励这些监督员积极参加监督活动，认真履行职责。这些监督员都能积极参加各种调查、检查和暗访等活动，热心监督员工作。在葫芦岛市政协三届五次全会上，有3名会员被评为优秀民主监督员。

扩大参与面，“四个一”活动不断取得新进展。开展了扶贫帮困活动。1月，市委会慰问了塔山敬老院，为老人送去了大米、手套、帽子等物品，并为老人演出了文艺节目。连山区工委和龙港区支部也都开展了慰问敬老院活动。兴城支部开展了送文化下乡、送教下乡、捐资助教等一系列活动。五月份助残日，民进市委同其他各民主党派联合到葫芦岛市特教学校参加爱心捐赠活动。为特教学校购买2 200余元的舞蹈用品，并捐赠现金1 300元。在深入落实 “党员干部走进千家万户”活动中，市委会四次走访杨家杖子经济开发区贫困户，为其送去米面油、衣服被子等生活必需品和一些家庭常用药物，并捐助现金500元。此外，还开展了一系列社会活动。春节前，市委会组织会员中的部分书法家到驻葫某部队进行慰问，并现场写春联100余幅，这项活动已经开展了10年，一直深受部队官兵的欢迎。3月，市委会组织会员中部分市政协委员捐资2 000余元，为市公安局监管支队看守所购买图书千余册，帮助看守所筹建阅览室。在八一、十一等重大节日，市委会多次组织会员到驻葫部队进行慰问，并编排精彩的文艺节目。市委会还5次慰问公安干警和基层派出所，开展了警民联欢活动。大力开展爱岗敬业活动，树立良好的民进新形象。市委会倡导和鼓励会员做好本职工作，"争优创先"，做出成绩，作出贡献，争当先进和骨干，树立良好的"民进新形象"。经统计，已有近100余人次在省、市、区及本单位获奖，其中省级以上获奖者25人次，市级获奖30余人次；有11名会员接受了新闻单位专访；会员共完成国家、省市区级科研和创作25项；并成功申请国家专利2项。

充分发挥主观能动性，宣传信息和理论研究工作有新突破。宣传工作取得新成绩。市委会及会员共发表宣传会务工作、会员事迹及参政议政工作的文章三十余篇，其中《将中小学课间十分钟延长至十五分钟》、《规范中等职业学校国家助学金发放行为》等3篇信息被《人民政协报》采用；《开发新住宅区应事先规划公益用地用房》、《地面卫星接收设施管理亟待加强》等19篇信息和6条短讯被辽宁政协《友报》采用。此外还有多篇信息被《葫芦岛日报》采用。在上半年召开的全市政协宣传工作会议上，市委会被评为宣传工作先进集体。市委会有四篇信息分获葫芦岛市第十三届"宣传政协好新闻"一、二等奖。在《民进辽宁省委工作简报》用稿统计中，民进葫芦岛市委以被采用46条的总量仅低于沈阳市排在全省第二位，市委会和信息员同时获得民进省委的通报表扬。信息工作又有新突破。今年，市委会向民进省委、市政协和市委统战部报送信息一百余篇，被民进中央、省委统战部、省政协、民进省委、市委、市政协采用多篇，采用率达到80%以上。市委会被民进省委和市委统战部评为反映社情民意信息工作先进单位。在全市政协反映社情民意信息工作会上，市委会以总分第一名的好成绩被评为2008年度政协信息工作优秀单位，市委会领导和六名信息员分别被评为先进个人和优秀信息撰稿人，民进信息员还做了大会发言。在民进省委2009年度反映社情民意信息工作评比中，民进葫芦岛市委以总分第一名的好成绩荣获唯一的一等奖，会员中有12名信息员被民进省委评为反映社情民意信息工作先进个人，在全省各市中获奖人数是最多的。加强了统战理论研究工作。根据《2009年全省统战理论研究工作安排意见》及市委统战部关于统战理论研究工作具体安排，市委会完成课题"民主党派在公共决策中的地位和作用问题研究"的论证，并形成论文。在全省统战理论研究优秀成果评选中，该论文获得三等奖，全省民进组织只有两个市获奖。此外市委会还完向民进省委和市委统战部报送庆祝建国60周年和纪念多党合作制度确立60周年征文15篇，这些文章均入选民进省委编订的《祖国在我心中》和《探索与创新》两本文集中。

【领导成员名单】

主任委员　刘德兴

副主任委员　王建国　曲玮晶（女）　刘英伟（女）

（孙　玲）

中国农工民主党
葫芦岛市委员会

【概况】 中国农工民主党是以医药卫生界高中级知识分子为主，由一部分社会主义劳动者、社会主义事业建设者和拥护社会主义的爱国者组成的政治联盟，是接受中国共产党领导、同中国共产党通力合作的亲密友党，是进步性与广泛性相统一、致力于中国特色社会主义事业的参政党。

中国农工民主党葫芦岛市委员会于2003年12月8日成立，于2009年6月5日召开第二次全体党员大会，二届委员会由9名委员组成，其中主委1人，副主委3人；党派机关专职驻会秘书长1人；市委会下设三个基层支部；全市现有农工党党员45人，其中具有高级职称的29人，中级职称的8人；党员中有市政协委员8人其中常委3人，县区政协委员4人，其中常委2人。

【主要活动】 2009年农工党葫芦岛市委圆满地召开了第二次全体党员大会，完成了换届任务，党派的各项工作都取得了可喜的成绩。

一、自身建设不断加强

农工党葫芦岛市委始终把自身建设作为全年的一项重点工作，在自身建设上不断适应新的要求。

1. 加强思想和能力建设，提高党员的综合素质一是以学习实践科学发展观活动为契机，进一步提高党员的整体素质。在政治交接主题学习教育活动的基础上，农工党市委继续巩固思想建设成果并紧紧围绕学习实践科学发展观活动的主题，开展学习活动。按照农工党省委和中共市委要求，认真学习中共十七届四中全会精神，学习胡锦涛总书记在人民政协、中华人民共和国成立60周年庆祝大会上的重要讲话精神。通过学习，使党员们进一步明确了在新形势下坚持和完善中国共产党领导的多党合作和政治协商制度，充分发挥参政党作用，把智慧和力量凝聚到国家事业建设中来的历史任务。通过学习，使全体党员更加坚定了继承和发扬我党优良传统，搞好市级组织政治交接，做好换届工作的决心。二是以自我学习和培训为主要方法，进一步提高党员的能力水平。农工党市委坚持对党员开展党章、党史和统战理论知识的学习与培训，发放学习资料、订阅《前进论坛》，引导党员们自觉学习，提高素质。积极组织党员参加农工党省委、市委统战部、市政协举办的各类培训班及讲座。2009年，市委主委参加了中共市委党校举办的为期三个半月的县级领导干部培训班；机关干部及部分党员参加了省委机关举办的各类业务能力培训班；5名党员分两个班次参加了市委统战部举办的党派成员轮训班；多名党员参加了市政协及党校举办的文化大讲堂等活动。通过加强学习与培训，党员的参政议政能力得到了提高。

2．加强组织建设，提高市委和基层组织的工作能力

一是圆满完成换届工作。2009年6月，在农工党辽宁省委和中共葫芦岛市委的领导下，在市委统战部的具体指导和帮助下，农工党一届市委认真总结了过去五年的工作成绩，全面梳理了在工作实践中积累的经验和体会，提出了今后的工作构想，获得了全体党员的高度认可，得到了农工党省委和中共葫芦岛市委的充分肯定，圆满完成了换届工作。主委赵珉珉、副主委马德发、张敏、卢广金及9名市委委员均以全票当选。换届工作的圆满成功，体现了农工党市委是团结和谐的集体，是具有较强凝聚力和执行力的集体。

二是基层组织建设不断加强。农工党市委现有三个基层支部，2008年增选了三个支部副主任，增强了基层组织的活力。2009年，因第二支部主任卢广金当选为市委副主委，市委及时对第二支部主任进行了改选，刘英当选为第二支部主任。各基层组织积极开展活动，具有良好的工作氛围，充分发挥了基层组织的堡垒作用。

三是组织发展工作有条不紊。在保持本党界别特色的前提下，以注重高学历、高层次、高素质人才和具有代表性人士为主，认真做好发展对象的考核和培养工作。2009年发展了3名新党员，党员总数已达到45人，组织发展工作步入了平稳、健康、有序的轨道。

3．加强制度建设，保障市委各项工作稳步进行

首先明确了市委领导的职责分工，贯彻执行集体领导分工负责制度。市委会针对一些重大问题进行集体商议，例如秘书长的人选、副主委的推荐、市委委员的增补、领导班子的职责分工、支部主任的改选、新党员的考核、调研课题的商榷，“四个一”活动的安排以及换届工作的筹备等等，都充分体现了民主集中制的原则，体现了集体领导和分工负责的组织制度，使得各项工作都能有计划、按程序的合理完成，在制度建设的保障下，市委的综合工作能力大大提高。

4．加强机关建设，为市委及党员提供服务保障

市委机关建设不断加强，在及时完成市委会及主委会的工作部署、保证市委工作的高效完成以及增强市委的凝聚力等方面做了大量卓有实效的工作。一是牢固树立了服务意识。在市委的领导下，积极做好各项活动及第二次全体党员大会等会议的前期筹备和文字材料起草工作。2009年，市委机关积极组织党员参加统战部举办的轮训班，为党员提供周到的服务。学员们在学习中，按照农工党市委领导的要求认真学习，充分展示了农工党的良好形象。在轮训班举办的统战理论知识竞赛中，农工党党员李秋艳、田地获得了第三期班第二名，赵一明、林喜春获得第四期班第一名的良好成绩，这是继2008年党派分别获得第一期、第二期班第一名成绩后的又一佳绩。二是加强了与农工党省委和中共葫芦岛市委统战部的工作联系，使政务畅通并及时完成上级下达的各项任务。2009年，完成了换届前与农工党省委和市委统战部的各项沟通协调工作；积极争取了在农工党省委立项的调研工作；积极参加了农工党省委机关举办的组织工作培训、宣传信息工作培训、参政议政工作交流等各项活动。

二、围绕中共市委和市政府的中心工作，积极建言献策

党派共有市级政协委员7名，其中常委2名，县级政协委员4名，其中常委2名。市委领导多次参加中共葫芦岛市委和市政府举办的各种民主协商会、座谈会和情况通报会，就本市具有全局性、战略性问题积极建言献策；多次参加政府有关部门的行风监督、评议座谈会，就本市的行风建设积极发挥民主监督作用。

政协委员充分利用“两会”平台，在市政协三届五次会议上，农工党市委以集体和个人名义共提交了7份提案，各项提案都得到了落实和答复，其中《关于要采取有效措施控制农村初中生辍学的建议》、《加强农村食品安全监管的建议》、《关于完善葫芦岛北站配套设施及服务功能的建议》三项提案被市政协列为重点提案。

另外，市委会的社情民意信息工作也有了很大的起色，2009年度共撰写社情民意信息12条，被市政协采用5条。

三、积极开展“四个一”活动

1．开展社会调研，提高参政能力

今年，农工党省委号召各市委积极开展调研活动，葫芦岛市委选取了《提升船舶产业配套能力，加快推进船舶产业强省建设进程》的调研课题，这一课题得到了农工党省委的立项，省委在调研经费上给了很大的支持，市委对此项调研工作高度重视，成立了以张敏副主委为组长的六人调研工作组，邀请市政协调研科静大勇科长为主要调研成员，统战部穆在敏副部长积极协助，亲自参加调研工作。经过对本市、辽宁省及长三角地区船舶及配套产业的调研和走访一些船舶科研院所，就辽宁省船舶及配套产业的发展现况、存在的问题进行了充分的探究并提出了可行性的发展建议。调研成果被农工党省委作为“四个一”活动成果报送省委统战部。通过这次调研实践活动，学习了很多调研的方式、方法，提高了农工党市委开展调研工作的能力。

另外，农工党市委组织部分党员到兴城市旧门乡开展农业科技考察活动，对该基地的发展提出了有价值的参考建议。《葫芦岛日报》建言专版对这次活动进行了宣传报道。

2．做好社会服务，促进社会和谐

捐资助学、扶贫帮困一直是农工党葫芦岛市委多年坚持的一项社会服务活动。2009年在帮扶活动中主

要做了以下几项工作：一是继续资助一高中的一名贫困学生，每月给她300元的生活费用。在市委的热心帮助下，她学习更加努力，以优异的成绩考入了大连理工大学。二是市委主委赵珉珉同志，个人出资捐助就读于大连医学院的贫困学生，两年来，她共出资12 000元，帮助这名贫困学生完成学业。三是市委委员刘英自己拿出3 000元分别资助市二高中和南票区的一名贫困学生。四是市委机关按时完成了扶贫点的扶贫工作，向建昌地区受灾乡资助500元的扶贫款。五是捐赠特教学校。特教学校是各民主党派多年牵挂的单位，在纪念第十九次全国助残日大会上，农工党市委向学校捐资500元用于购买学生的文艺演出服。

开展医疗培训咨询活动，党员齐立群同志在甲型流感防控工作中，共开办8次培训班，培训人员1 600人次。举办健康讲座3次，受益人员800多人次。在日常工作中，齐立群、李冬梅、于铁峰开展了义务咨询活动，受益人数200多人。

坚持开展义诊活动。2009年，农工党市委与市政协文教体卫委共同到新台门镇敬老院开展义诊、送药活动，医生们为患病老人进行了认真的检查治疗，并向他们免费发放了千余元的常用药品。

深入农村开展科技支农活动。三支部党员到兴城市海滨乡农业蔬菜大棚开展科技支农活动。海滨乡是辽宁省设施蔬菜大棚发展的典范地区，针对一些农民群众还不懂技术，不会管理的现状，第三支部党员给农民讲授了他们最需要的农作物防寒、防病知识。针对突如其来的降温，农技专家王艳霞同志现场给他们讲授了应对冻害的措施。农工党党员们还给农民朋友们带去了100本农业科技知识读本和价值500元的叶面喷施肥。

另外，在科技支农工作中，党员王艳霞同志结合自己的本职工作，建立了两个服务点，一是红崖子乡的花生生产基地中的5户花生种植户，另一个是海滨乡的蔬菜大棚中5户蔬菜大棚种植户。她个人资助农户1 000元的农用物资和技术资料。在她的指导下，这10家农户经济收入比其他农民增加10 000元以上。

3．重视引资引智，促进经济发展

市委领导积极鼓励在高新技术园区从事招商引资工作的党员，充分发挥特长和潜能，开展引资引智工作。2009年，高新区积极搭建平台，做好服务工作，为“聚氨酯产业基地”基础设施工程建设成功获得中行3亿元人民币的国家建设贷款，做出了积极的贡献。高新区全年新引进并已开工建设的重点工业项目达到5项。为配合项目早入区、早开工、早投产，刘英同志做了大量的工作。

4．立足本职工作，崇尚爱岗敬业

农工党45名党员都在各自的岗位上圆满地完成了本职工作，树立了农工党良好的社会形象。

2009年，甲型流感的全球传播带来了社会恐慌，在这场流感疫情的防控工作中，农工党葫芦岛市委的三名党员——市卫生局应急办主任李冬梅、市卫生局医政科副科长于铁峰、市中心医院感染科主任流感防控市级专家组成员齐立群临危不畏，以自身良好的职业道德和无私的奉献精神，展示了农工党党员的风采，向人民交上了一份完美的答卷。

2009年，党员叶菁同志被评为全国女职工建功立业标兵；卢广金同志被农工党省委评为参政议政先进个人；党员刘英同志晋升为副县级调研员并获得省统计工作先进个人称号；主委赵珉珉同志被市政协评为优秀政协委员；副主委张敏连续三年被市财政局评为优秀公务员；党员于铁峰同志被评为全市禁毒先进个人；齐立群同志被市医院评为三八红旗手；衣同军同志被市医院评为服务标兵；仇晓玲被市医院推荐为辽宁省海上医疗救护队队员；刘三红同志渤海大学研究生毕业，并在省级以上刊物发表论文2篇；李秋艳同志，代表葫芦岛市药监局以技术专家的身份，被省药监局抽调，担任药品经营企业GSP认证工作组组长。驻会干部王宏同志获得了市政协反映社情民意信息工作优秀撰稿人称号、市政协宣传工作先进个人、宣传政协好新闻奖；获得了市委统战部授予的统战信息工作优秀信息员称号等。

【领导成员名单】

主任委员　赵珉珉（女）

副主任委员　马德发　张　敏（女）　卢广金

中国致公党葫芦岛市委员会

【概况】 中国致公党葫芦岛市委员会成立于2003年12月，在2009年根据党员人数的递增，市委会委员组成进行了调整，现有市委委员9人，其中有主任委员1人；副主任委员3人；秘书长1人；至2009底共有党员96人，其中大专以上92名，有高级职称20名；中级职称35名；担任副处级以上职务3名；副科级以上14人，党员平均年龄41.3岁。市委会下设4个支部。区政协常委2人，委员4人。党员中有省政协委员1人；市政协常委3人，市政协委员15人；区政协常委2人；区政协委员4人。

【主要活动】 2009年，致公党市委在致公党辽宁省委和中共葫芦岛市委的正确领导下，以邓小平理论、“三个代表”重要思想为指导，以科学发展观为统领，加强自身建设，积极履行参政党职能。

1．以基层支部为单位，结合国内外形势，多渠道组织党员进行学习和培训，加强对中共中央和国家的重大理论方针政策的学习，不断提高广大党员的荣誉感、使命感和责任感。主要围绕新中国成立六十周年、人民政协建立六十周年的主题先后组织党员进行座谈学习，通过学习提高认识，深刻领会中国共产党领导的多党合作和政治协商制度作为我国的基本政治制度，是中国共产党的伟大创造，是全国人民长期奋斗的结果，凝聚了中国共产党和各民主党派的政治经验和政治智慧。致公党葫芦岛市委结合本市实际情况，号召广大党员围绕当前本市的工作重点积极献计出力。组织全体党员深入学习贯彻科学发展观，听取《深入学习 全面实践 不断加深对科学发展观的认识和理解》的辅导报告。组织部分党员参加学习实践科学发展观活动理论报告会，使大家对当前国家的经济危机有了进一步了解，并深刻认识到，面对经济危机要形成“立足长远，面对眼前”的思路，只有以科学发展观统领各项工作，扩大内需，保护民生，调整结构，深化改革，才能把经济危机的影响减少到最低。

2．切实履行参政党职能，积极发挥参政议政、民主监督作用。在三届四次会议中所提提案贴近葫芦岛市经济发展实际，质量高，重点突出，有一份提案被列为市长包案，有两份提案纳入市委、市政府决策。《关于开展科教兴村促进本市新农村建设的建议》、《关于进一步改善本市引进海外华人资本投资环境的建议》、《关于本市公众参与环境保护的几点建议》等有分量的提案均得到满意答复。在葫芦岛市政协三届四次会议中，致公党葫芦岛市委被评为市政协提案工作先进单位并获得了表彰。致公党员袁鑫和刘天正二位同志，在担任市政协委员工作中，认真履行职责，积极做好参政议政工作，成绩突出，被评为优秀政协委员。致公党市委参与了金融危机对合资企业影响大型调研活动。对西门子透平机械公司、正大畜牧有限公司、兴城德荣集团、兴城泳装城、七星集团五家企业进行调研，回来后形成了《育商比招商更重要》的调研报告在市长办公会上提出，得到了市领导的高度重视。及时向省委汇报本市各项工作情况，并和各兄弟市进行座谈与交流，吸取了很多宝贵经验。

3．切实加强自身建设，提高整体素质。一是积极筹备胜利召开致公党葫芦岛市第二次党员大会。大会听取并审议了第一届委员会工作报告，选举产生了第二届委员会委员和领导班子成员。二是做好后备干部的选拔培养工作，建立健全工作机制，有计划有步骤地抓好后备干部队伍建设。选派青年党员骨干参加由市委统战部组织的葫芦岛市民主党派成员培训班。在脱岗学习中，认真学习统战理论知识，在统战理论知识竞赛和结业联欢会上表演突出，展现了致公党党员良好的个人素质和积极向上的精神风貌。三是做好组织发展工作。注重体现“侨”“海”特色，注意发展有海外关系的代表性人士和优秀人才，经过严格考核，六名高素质的同志加入了中国致公党。四是抓好基层组织建设。支持基层支部根据自身特点开展形式多样的组织生活，参与社会服务活动，增强基层组织的凝聚力和活力，更好地发挥基层组织作用。每年都组织全体女党员开展庆三八活动，今年的庆祝活动在葫芦岛市新东北影城举行，三十多名女党员欢聚一堂，进行了亲切友好的座谈与交流，并观看了精彩的影片。为庆祝建国六十周年、中国共产党领导的多党合作和政治协商制度确立六十周年、葫芦岛市建市二十周年，致公党葫芦岛市委组织基层支部领导及党员中的骨干赴本溪参观考察。党员们在旅途中互相关爱，互相协助，加深同志情谊。

4．切实关注民生，搞好社会服务。春节前夕，致公党葫芦岛市委主委李敏建带领机关干部走访了离退休和身体有病及生活困难的老党员，代表市委为他们拜年并送去了慰问金。使这些老党员深切感受到组织上对他们的关怀。在今年的第十九次全国助残日，致公党葫芦岛市委与其他民主党派一起来到葫芦岛市特殊教育学校开展助残活动，共捐款3 500元，并赠送了价值2 000元的生活用品。中秋节到来之际，致公党市委在连山区统战部的陪同下，带领连山支部部分党员来到连山区最为贫困的新台门镇中心敬老院看望那里的老人，并为他们送去价值3 000元的米、面、豆油及中秋月饼。

【领导成员名单】

主任委员　李敏建

副主任委员　姚德维　袁　鑫　王庆岩

（李雪莹）

九三学社葫芦岛市委员会

【概况】　2009年，九三学社葫芦岛市委员会有市委委员15人，其中主任委员1人、副主任委员4人。社市委会机关有驻会副主任委员1人、驻会副秘书长1人。社市委会设四部一室。即：组织部、宣传部、参政议政部、科技工作部、办公室。有3个基层委员会：锌厂基层委员会、化机基层委员会；市直基层委员会；8个支社：锦西炼油化工总厂支社、锦化（集团）公司支社、中国化工新材料总公司锦西化工研究院支社、锦西天然气化工有限责任公司支社、市医院支社、连山支社、兴城支社、渤海船院支社。即：全社共有社员261人，其中女社员118人。具有高级职称的有176人，中级职称的有87人。

【主要活动】参政议政工作成绩突出。一是高度重视提案工作，撰写了高质量的提案。2009年市委会向市政协三届五次会议提交了70余篇提案，其中《关于尽快建立和启动本市农村新的养老保险机制的建议》、《关于兴城菊花岛开发利用的几点建议》、《应提高领导干部培训的效果和质量》、《合理抑制房价确保困难群体居者有其屋》、《关于加强农村生活垃圾处理建设新型农村的建议》等5篇提案被列为重点提案。二是积极参加各部门组织的各项活动。参加了中共葫芦岛市委、市政府、市政协、市中法等相关部门的“科学发展观”民主评议活动，市政协常委、社市委宣传部长杜尚云在参加市委、市政府的民主评议时，被陈晓琨书记、孙兆林市长亲点为“私人信息员”，有任何事情和意见可以直接向两位党政“一把手”报告。参了市直各部门行风评议会、经济通报会、座谈会等6场次，有效地履行了参政议政职能。

对外宣传和统战理论研究工作取得可喜成绩。2009年，社市委加大了对外宣传工作，在《人民政协报》发表文章3篇，《友报》上发表13篇文章、3条简讯，《葫芦岛日报》发表1篇；在全国“两会”期间，刘凤之主委接受了《人民政协报》的专访；在本市政协会议期间于德复副主委接受了《葫芦岛日报》的专访。2009年，社市委进一步完善了统战理论研究工作机制，在年初召开全委时向每个基层组织分配了理论研究的任务，共收集到各基层组织和社员的理论研讨文章10篇，报送市委统战部1篇，报送社省委的统战理论研讨会3篇。在今年的统战理论研讨会上，社市委共有3篇文章荣获《2008年度九三学社辽宁省统战理论思想研究优秀成果奖》

"四个一"活动又创佳绩。

开展扶残助学活动。在世界助残日，九三学社继续资助特教学校学生，送去了书包等用品，捐款、捐物2 000元。通过这些活动，激发了九三学社社员为构建和谐社会，建设社会主义新农村贡献力量的信念。

开展扶贫帮困活动。以"深入学习科学发展观，走进千家万户活动"为平台，市委会在全体社员中开展了 "献爱心 扶贫困 共建和谐社会"为主题扶贫帮困活动。为贫困户捐款、捐物共计3 000余元。新社员陆岩听为贫困户购买了一台21英寸电视，社市委副秘书长张亚莉为其安装了闭路电视并交纳了2年的收视费；社员赵洪伟了解到贫困家庭中的孩子想学习技术，立即与所在学校商量，决定免除一切学费，为其提供学习技术的机会，社员贡海云主动承担孩子学习期间的一切食宿费用。赵玉霞副主委购买了写字台、桌椅、橱柜等家具和一些必须的生活用品。

科技支农助农又有新佳绩。一是由市统战部的牵线，市委会在兴城市南大乡建立了种植新品种脱毒红薯试点，共选择10户作为试点户，由市委会无偿向这10户种植户提供种苗，农业专家服务团随时为种植户提供技术服务。今年南大乡10户试点喜获丰收，亩产达到7 000余斤，出粉2 000斤，每亩收入约6 000元左右，比种植其他作物可提高经济效益5 000元。此项工作已得到兴城市政府的高度重视，准备明年广泛推广种植。二是积极参与社省委的"九地合作"项目，以社市委刘凤之主委为技术核心，服务社省委在朝阳市的"酒葡萄基地"，刘凤之主委在酒葡萄基地成立了研发中心，为其提供技术服务。三是落实社中央和社省委《关于开展"百名专家进乡村入学堂活动"的通知》精神，社市委于10月10日启动了此项活动，并组织医疗专家到连山区沈屯进行议诊。

爱岗敬业活动也取得了显著成效。广大社员立足本职、爱岗敬业，产足于本职，发挥自身优势，服务于社会。据不完全统计荣获辽宁省劳动模范1人、晋升教授高工1人、辽宁省妇代会代表1人、获社省委先进个人2人、优秀社服工作者2人、市直基层委员会和连山支社荣获社省委先进基层组织、社市委被评为2008年度政协信息、统战信息先进单位，荣获市政协优秀新闻奖1人。还有多人被评为本系统的省、市先进个人。

自身建设不断加强。2009年，我社按照参政党建设目标要求，全面加强思想建设、努力提高自身素质，充分发挥参政党作用，紧紧围绕经济建设这个中心，自觉服务于改革发展稳定的大局，发挥优势，尽职尽责，扎实工作，努力为构建社会主义和谐社会献计出力。一是以自身建设为突破口、不断加强组织建设，着力培养"四种能力"，提高学社的凝聚力，市委会狠抓了组织建设；开展先进支社评比活动，在活动中各基层支社严格按照社市委要求开展工作，坚持了月会制，认真学习中共中央、省、市的重要文件，推进了基层组织的建设，保证了基层支社建设各项工作的开展。各基层委员会、各支社在年初制定了详细的工作计划，市直基层委员会、连山支社都制定了详细的学习制度、每月全会制度、参政议政制度、工作制度和信息员管理办法等。通过各种制度和办法的制定、实施和各项会议、活动的开展，社员的思想认识有了明显的提高，组织的凝聚力和参政议政能力显著增强。二是在全社开展了"以坚持走中国特色社会主义政治发展道路为主题的政治交接学习教育活动"，在活动中按照《九三学社章程》、《九三学社中央关于加强地方组织领导班子建设的意见》、《九三学社中央关于加强组织建设的若干规定》、《九三学社中央关于实施人才强社战略的意见》等文件要求，积极稳妥地做好组织建设工作，优化配备了支社班子及后备干部，取得了一定的成效。通过组织建设，提高了学社组织一班人的政治把握能力、参政议政能力、组织领导能力、合作共事能力，增强了组织的凝聚力。三是创新新形势下的组织建设和社员管理工作。基层组织担负着发展、教育、管理、团结社员的重要任务，也是社员工作的全部和战斗力的基础，为此，社市委在组织建设工作中，按照《九三学社中央关于加强组织建设的若干规定》、《九三学社中央关于实施人才强社战略的意见》等文件和《社章》要求，注重新社员发展质量，严把关，突出九三学社界别，注重政治素质和文化层次及参政议政能力，吸收高素质的人才入社，从而改善了社员的专业结构。在今年新入社的社员中，全部是大学本科毕业生，中级以上职称，而且还有涌现出了王志强等一批优秀的信息工作骨干。四是加强了后备干部队伍建设。按照《九三学社中央关于实施人才强社战略的意见》和社省委《关于加强后备社员队伍建设的意见》的要求，建立健全了后备干部的培养、使用、管理的工作机制，为九三学社的发展奠定了良好的基础。有18人参加了中共葫芦岛市委统战部举办的民主党派骨干成员培训班，接受了培训。1人参加了中共葫芦岛市市委统战举办的"第三期非中共青干班"培训，有5人参加了社省委在省社会主义学院举办的骨干社员培训班。五是抓了领导班子制度化、程序化、规范化建设；班子成员的民主化、科学化决策的程度明显提高，社市委制定了主委会议决策制度，遇到重大问题，由集体讨论决定，充分发扬了民主，集体智慧得到充分发挥。六是建设了一个学习型领导班子，根据市委会班子成员兼职人员多，班子成员都很忙、两名主副委都是单位一把手的特点，利用节假日、星期天召开会议，学习传达中央、省、市委下发的重要文件，使班子成员在第一时间了解中共中央、社中央、省、市委的最新精神和工作部署，做到了在思想、认识上和行动上与中共中央、省、市委、保持了高度的一致性。 七是自身建设受到社中央和社省委的一致好评。2009年8月，社省委召开了全省自身建设经验交流会，在会上市委会的“注重四和谐，三个注重”的经验受到社中央和社省委的好评，整篇经验材料被《辽宁九三学社》刊登。

【领导成员名单】

主任委员　刘凤之

副主任委员　赵玉霞（驻会）　张明义
　　　　　　于德复　周华文

（张亚莉）

工　商　联

【概况】 工商业联合会是中国共产党领导的统一战线性质的人民团体和民间商会，简称工商联。葫芦岛市工商联设办公室、会员经济部，编制 8 人。全市有会员 5 363 人。

【扎实开展调查研究工作】 市工商联开展应对金融危机，促进大学生就业的专题调研。撰写《以科学发展观为指导、推进民营企业服务工作》等 3 份调研报告，提出促进民营经济发展的意见和建议，供市委、市政府决策参考。全年市、县两级工商联共走访民营企业 100 余次，向各级人大、政协提交议案、提案 200 余件。本会在市政协会议上提出《关于加快解决民营企业融资难问题的提案》。开展《民营企业受金融危机影响情况调查问卷》和《民营企业就业情况调查问卷》。

【努力服务民营企业科学发展】 1. 人才服务：本会同市劳动局等部门举办民企招聘周活动。150 家民企进行招聘，共提供 1 200 个就业岗位。有 3 000 余人进场洽谈，其中签订意向 537 人。

2. 培训服务：党组书记、常务副主席带队组织 6 名企业家参加清华大学经济管理培训班。组织会员参加企业管理讲座。积极开展农村劳动力转移工作，选送 50 名学员到沈阳培训基地进行培训，为民企培训人员 200 余人次。

3. 法律服务：市县工商联都成立法律维权中心，聘请律师开展维权服务，共接收民事案件 40 余件，义务咨询 260 余人次，维护了民企合法权益，促进民营经济健康发展。

4. 招商引资：市工商联加强招商引资工作，使辽宁“老凤祥”集团投资 9 000 余万元的山城金店落户滨城。使辽宁百通药业有限公司在葫芦岛经济开发区建制药厂，该项目总投资 10 亿元，一期工程投资 3 亿元已开工。连山区工商联吸引两家企业在打渔山园区投资了 3 000 余万元建厂，向 20 家友好县区商会及泵业生产厂家发出邀请函，领导带队到吉林白山地区、内蒙通辽地区招商。

5. 外联服务：组织民营企业参加“第十一届环渤海经贸洽谈会”等招商活动。邀请黑龙江、吉林、辽宁省工商联主席和外省市工商界人士到本市进行考察，组织民营企业家赴经济发达地区进行商务考察。

6. 信息服务：利用市工商联网页和《葫芦岛商会信息》两个阵地宣传全市非公有制经济发展成就和非公有制经济代表人士先进事迹。全年编发《葫芦岛商会简报》6 期，有 26 份信息稿件被省工商联采用。

【大力开展光彩事业活动】 积极参与新农村建设。贯彻落实省工商联“一会一乡”农村创富活动和市委统战部“双百工程”活动，现在民营企业已与 87 个村结成了帮带对子，确定 64 个合作项目，共向帮扶村投资(引资)3 亿 9 千多万元，为农村修路 64.5 千米，培训农民 3 300 多人，安排就业 4 100 多人，捐资助学 273.55 万元。市工商联、建昌县工商联、连山区工商联被评为省工商联“一会一乡”创富活动优秀组织奖，关东钼业有限公司、市百货大楼、兴达冶炼厂、宏业集团、方迪食品厂等五家企业被评为省工商联“一会一乡”创富活动优秀会员企业奖。有 2 人被评为省工商联“一会一乡”创富活动突出贡献奖。

【引导非公经济人士健康成长】 本会与企业家杂志社联合创办民营专栏，报道民企先进事迹，扩大民营经济的社会影响。市工商联、连山区工商联、宏运集团被省工商联评为企业文化工作先进单位。29 名民营企业家被评为葫芦岛市首批优秀社会主义建设者。宏运集团被评为全国就业与社会保障先进民营企业。七星集团董事长宋树新荣获五一劳动奖章。葫芦岛爱心车队队长张鹏被评为葫芦岛“道德模范”。

【应对危机促进民营经济发展】 工商联工作的最终落脚点就是“促进发展”，即实现民营经济的健康发展和非公有制经济人士的健康成长。通过开展调研，促进企业文化建设，开展了思想政治工作，促进了民营经济的发展，如宏运集团、兴达集团、七星集团、绥中四建公司、凯森蒙制衣集团、天星集团、百货大楼等企业以高度负责任的务实作为，为政府分忧、为企业员工和群众解难。积极参与和全力支持本市经济振兴，发挥自身的优势和作用。在企业发展方式的转变中，秉承以人为本的理念，保护和用好企业员工这一企业发展最重要的资源，采取积极有效措施，不裁员、少减员，努力保持企业职工队伍的稳定，争当关爱员工的优秀企业家。全年发展会员 300 名，会员总数达 5 363 个。全市共有基层商会 85 个，有行业组织 19 个。

【领导成员名单】

主　　席　王宝军（不驻会）

党组书记 副主席　郭玉娟（女 不驻会）

常务副主席　沈秀霞（女）

副 主 席　李福常　刘　锐
　　　　　张树杰（不驻会）
　　　　　杨荣华（不驻会）
　　　　　牛世刚（不驻会）

张树海（不驻会）
苏泉涌（不驻会）
田兴东（不驻会）
李宝臻（不驻会）
宋树新（不驻会）
赵宝贵（不驻会）
龚文生（不驻会）
董广林（不驻会）
李玉环（不驻会）
董世安（不驻会）

（赵　越）

人民团体

总工会

【概况】 2009 年，面对金融危机的严重冲击，全市各级工会组织在市委和省总的正确领导下，戮力同心，奋力拼搏，全力以赴“保增长、保民生、保稳定”，为实现本市经济平稳较快发展作出了积极贡献。工会组织不断深化“一组三动”、“三个体系”建设，工会各项工作扎实推进，呈现出蓬勃发展的良好态势。

【积极应对金融危机 工会组织作用更加突出】 在金融危机面前，市总工会组织行动迅速，积极应对，组织开展了一系列活动。一是开展了“同舟共济保增长、建功立业促振兴”立功竞赛活动。全市参加竞赛活动的职工达28万人。二是开展了“共同约定行动”。以“建立企业与职工命运共同体”为主题，以“稳定就业、规范工资、促进和谐”为主要内容，广泛开展了“共同约定”行动，参与企业达 100 家，覆盖职工 10 万人。在全总介绍了工作经验。三是开展了应对金融危机千户企业调查工作，重点考察了50户企业单位的生产经营和职工生活状况，为市委、市政府科学决策提供了依据。

【服从服务于经济发展大局 工人阶级主力军作用更加凸显】 以创建“工人先锋号”为载体，以提升职工队伍整体素质为目标，组织职工开展了多种形式的职工技术创新活动。联合市科技局等四家单位举办第六届职工职业技能大赛，组织 31 个代表队、180 名选手参赛，有 40 名农民工首次参加了砌筑工、钢筋工技能比赛。隆重举办了市总工会建会20周年暨第六届市职工职业技能大赛颁奖晚会，在广大职工中营造了“学技术、比贡献”的良好氛围。深入开展“名师带高徒与职工技术晋级一体化”活动，有 36 家企业、33 000 名职工参与，结师徒对子 1 450 个，培养了大批实用型、技能型人才，在全省进行了学习推广。深入开展“工人先锋号”创建活动，共有 7 家单位荣获省工人先锋号，3 家单位荣获全国工人先锋号。一年来，全市职工提合理化建议 10 万条，实施近 9 万条，经济技术创新成果 305 项，创经济效益 1.2 亿元。深入开展“创争”活动，创建全总职工书屋示范点 2 个，市级 20 个，并投资 10 万元，为职工书屋购买图书 4.5 万册。与此同时，广泛开展了社会主义核心价值体系系列教育活动，职工队伍整体素质得到进一步提升，在推动本市经济平稳较快发展中充分发挥了工人阶级主力军作用。

【大力实施工会组织凝聚力工程 工会活力进一步增强】 以 25 人以下小企业为重点，以区域性、行业性联合会为主要形式，以“双措并举”、“二次覆盖”为主要措施，扩大工会组织覆盖面，提高职工入会率。全市新建工会 115 家，发展会员 21 100 人，涵盖法人单位 140 家。加强了工会干部培训，全年培训工会干部 3 068 人次。以开展建设“职工之家”活动 25 周年为契机，以推进工会组织规范化建设为重点，以激发基层活力为目标，深入开展建设“职工之家”活动，取得了可喜的成绩。在全总建家 25 周年座谈会上，作为城市一级工会代表，介绍了本市的建家工作经验，《工人日报》、《葫芦岛日报》对此相继作了报道，进一步扩大了本市在国内同行业中的影响。

【扎实推进维权覆盖工程 维权实效性进一步增强】 贯彻落实《辽宁省职工代表大会规定》，重点推行区域性、行业性职代会制度及中小企业职代会制度。全市企事业单位职代会“五权”落实率为 92%，职代会按规定召开率 96%，建立区域性职代会 7 个，行业性职代会 5 个。制定了《葫芦岛市企业民主管理规定》，为广大职工民主权利的实现提供了保障。与法院建立了劳动争议处理工作制度，加大了社会化维权力度。开展了2009年“春风行动”，为49 名农民工讨回工资 6.3 万元。深入开展职工“安康杯”竞赛活动，积极参与职工伤亡事故调查处理，查处事故隐患 32 起，整改 32 件。成立了市心理健康工作者协会暨职工心理健康促进中心，接待职工及心理咨询 1 100 人次，化解矛盾纠纷 150 多件，为和谐社会建设作出了积极贡献。

【大力实施帮扶救助工程 项目制帮扶成效明显】 2009 年两节走访共筹集资金 420 万元，走访慰问困难职工 7 500 户。广泛开展了“工会会员光明康复行动”，聘请专家为 440 名困难职工体检，为符合条件的 75 名职工免费治疗白内障和青光眼。充分发挥安置基地、培训基地作用，安置下岗职工 9 000 人，实现再就业培训 2 000 人。继续开展“金秋助学”和为农民工“送清凉”等活动，资助困难职工子女 190 名，发放助学金 40 万元。针对锦化集团出现的困难状况，紧急调拨资金26.4万元，对锦化333名困难职工子女实行助学帮扶，为维护企业和社会的稳定起到了积极作用。拨款20万元慰问农民工12 400人，并为700名农民工购买人身意外伤害险，免除了农民工的后顾之忧。加强棚户区改造帮扶站建设，投入资金100万元，使1 200户困难职工有条件搬进了舒适、宽敞的新居。

【加强工会自身建设】 以深入学习科学发展观为动力，开展“党员干部走进千家万户”活动，机关全体党员干部深入到42户帮扶群众家中，开展“一对一”帮扶救助，共捐助帮扶资金39 000元，大米、白面、油共计4 500斤，密切了工会与困难群众的联系；以创建健康文明机关为目的，参加了市直机关“万人徒步走”活动，组织参加了市第三届全运会7大项目的比赛和市直机关歌唱祖国“双庆”演唱会，建立了早操制度，机关工作更加充满活力；举办了“学习新党章、做时代先锋”学习报告会，增强了党员干部的理论素养；以工运学会为依托，开展了应对金融危机、落实科学发展观主题调研活动，组织机关干部到铁岭、本溪等地考察调研，激发了广大工会干部抢抓机遇、加快发展的热情和积极性；实行工会经费“收管并重”，经费收缴实现稳步增长，工会经审工作进一步规范化、制度化；产业工会结合自身的工作特点，在调研、政策参与、职工权益保障等方面发挥了积极作用。

【领导成员名单】

主　席　陈德良

副主席　季中华　梁国军　甄成立　朱渤海　罗志岩（女）

（赵艳春）

共青团

【概况】 2009年，团市委紧紧围绕市委、市政府的中心工作，求真务实，开拓进取，全市共青团工作呈现了创新发展的喜人局面。全市团组织获得国家级表彰2项，省级表彰12项，14名个人获得省级以上荣誉。3项工作在全省进行经验交流，3项工作被评为2009年度辽宁共青团优秀工作项目。

【团的社会影响力明显增强】 重点工作项目形成强大声势。年初，团市委确定“青年就业创业行动”、“希望工程捐资助学”、“团组织双拥工作”三项工作，为全市共青团重点工作项目。通过精心谋划、稳步推进，这三项工作在社会上引起了强烈的反响，得到社会各界的广泛认可，连续三个季度被评为市直机关最佳实事。青少年活动引起广泛关注。隆重举行了纪念五四运动90周年暨葫芦岛团市委成立20周年大会，成功召开了青年创业促进会成立大会和庆祝少先队建队60周年表彰大会，这些大型活动充分展示了葫芦岛共青团和葫芦岛青少年的朝气与活力。在市人大副主任王英杰亲自带领下，联合市综治办，全面开展预防青少年违法犯罪工作，提高了全市预防工作的整体水平，团市委被评为市社会综合治理工作先进单位。青年参政议政工作得到充分肯定。在青联委员中征集提案30余个，其中有3项被列为市政协重点提案和政协领导重点包案，为促进全市经济社会发展提供了有益参考。青年人大代表、政协委员认真履行各自职责，积极参与青年创业、预防青少年违法犯罪等专题调研活动，畅通了青少年的诉求表达渠道。据不完全统计，中央、省市新闻媒体刊播本市共青团工作新闻150余条。

【共青团组织的生力军作用充分发挥】 青年创业建功活动扎实有效。大力开展青年岗位建功活动，全市各级团组织共举办生产突击竞赛200余次，为企业增创效益4 300万元。以青年职工创新创效、技术攻关活动为载体，全年共实现青年创新成果60余项，培养青年技能型人才570名。组织开展青年企业家座谈交流、理论研讨等活动，引导他们为本市经济发展献计出力。青春建功新农村行动全面深化。各级农村团组织扎实推进新型青年农民科技培训工程，全年共举办各级各类农业技术培训班276期，培训农村青年8 300名。着力开展“送科技下乡”活动，直接为广大农民发放科普宣传资料26 000余份，接受咨询6 150人次。启动“共青团组织惠农助困行动”，有重点地传播致富信息、开展科技培训、解决青年农民生活难题。青少年生态环保实践活动不断丰富。全面加强青少年生态文化教育，广泛宣传生态文明常识，引导广大青少年牢固树立生态文明理念。组织开展了葫芦岛市首届青少年环保创意大赛，带动并影响更多的市民投身生态葫芦岛建设。青联委员参与社会交流活动不断丰富。邀请50余名省市青联委员、青企协会员和部分高校专家学者，参加“辽宁青年服务县（区）域发展行动”——走进绥中滨海经济区，直接为县域经济和本市经济园区的建设出谋划策。62名青联委员分别被聘为市政法系统执法监督员和交警警风警纪监督员，丰富了青年参与社会监督的工作方式。

【服务青年成长成才的能力显著提高】 服务青年就业创业长足进步。深入实施青年创业者培训工程，积极协调政府相关职能部门为青年提供政策咨询、税费减免、小额贷款担保等服务，为青年创业创造良好条件。2009年，全市各级团组织累计完成城镇实名制培训9 072人，农村劳动力转移培训11 656人，带动就业11 091人，创业培训807人。青年就业创业工作在全省就业创业工作经验交流会上进行交流，团省委书记曹爱华批示，在全省宣传本市青年创业培训的工作经验。服务青年求学需求载体丰富。在全市范围内开展了希望工程“春雨”行动，通过爱心储蓄、结对帮扶、找零捐赠等活动，为家庭困难学生提供帮助。截至2009年底，共吸纳爱心储蓄款3 000余万，收到助学资金27万元，募集爱心捐款8千多元。爱心储蓄所得利息及爱心捐款全部用于困难家庭子女完成学业。团市委被团省委评为“希望工程先进工作单位”。服务青年维权需要生动有效。深入开展法律知识宣传和青少年模拟法庭活动，着力深化“未成年人保护行动”，发挥“12355”青少年综合服务台的综合作用，深入实施“未成年人网脉工程”，启动“青少年远离毒品”行动，有力地维护了青少年的合法权益，净化了青少年的成长环境。青少年维权岗创建活动被评为省优秀工作项目，团市委被评为市禁毒工作先进单位。

【引领青年共建共享和谐的能力不断增强】 扎实开展青年志愿者服务活动。围绕重大纪念日，组织广大志愿者开展困难群体救助、社区环境美化和法制宣传等志愿服务活动，2400支志愿服务队，推出志愿服务项目100余个，为2万余名群众提供了志愿服务。组织1200余青年志愿者，开展了“爱心献功臣”主题志愿服务活动，为军烈属、伤残军人、孤老复员军人送去了生活用品，帮助他们做家务。全面开展青少年文化活动。抓住葫芦岛团市委成立20周年的有利契机，组织开展了“我与共青团”主题征文和“青春二十年”葫芦岛共青团工作成就图片展等纪念活动。以读书活动为重点，动员广大青年积极参与校园文化、企业文化、乡村文化和网络文化建设，推动青少年文化活动全面活跃。稳步推进青年文明号创建活动。利用2个月的时间，对新申报的275家创建集体进行了检查考核，突出“诚信和谐”的主题，深入开展“青年文明号信用建设示范行动”和“青年文明号扶贫帮困行动”等系列活动，带领青年职工弘扬信用道德、投身和谐实践。青少年思想政治教育生动活泼。在广大青少年中，深入开展学习实践科学发展观活动，使科学发展的理念不断深入人心。广泛开展国情、市情和团情教育活动，举办青少年书法美术摄影大赛和市青少年宫师生绘画展，激发了广大青少年热爱祖国的真挚情感。组织编撰《葫芦岛共青团志》，回顾总结20年共青路，填补了本市共青团史志类书籍的空白。

【团组织的自身建设实现创新发展】 全面加强团的基层组织建设。围绕“一个中心”和“三个坚持”，加强农民专业合作组织团建工作。全市建立16家农村专业合作社团组织。任命到本市的56名“大学生村官”为其所在村的团支部书记或副书记工作，进一步增强了农村基层团组织的战斗力。大力加强团干部队伍和辅导员队伍建设。全年共开展团干部培训班130余期，培训团干部1500人次，全面提高了团干部的素质。按照团中央抽调地市以上团干部驻县级团委指导工作的有关要求，分三批安排6名同志参加驻县指导工作。龙港团区委在全省首批驻县工作总结会议上进行了经验交流。出台《葫芦岛市副校级少先队辅导员管理办法》，推动了新时期本市少先队工作的创新发展。团市委机关建设全面加强。团市委领导班子围绕科学发展观、党的十七届四中全会精神等专题，精心安排中心组学习，切实提高了班子整体的思想政治素质。扎实开展警示教育活动，班子成员带头严格执行各项廉洁从政的规定，全年无任何违规违纪现象发生。团市委被评为党风廉政建设及行风建设先进单位。深入开展“党员干部走进千家万户”和“走进青少年”主题实践活动。走进对口包扶的29户贫困家庭，捐助款项近3万元，走访团员青年561人次，帮助解决实际问题43个。扎实开展健康机关创建活动，在市第三届全民运动会中，团市委获机关乙组团体总分第一名。

【领导成员名单】

书　记　柴力君

副书记　朱恩东　佟　欣　单　伟

（温　浩）

侨　　联

【概况】 2009年，市侨联在市委、市政府的正确领导下，立足大局，凝聚侨心，发挥侨力，汇集侨智，充分发挥侨联独特优势。在葫芦岛建设发展中发挥了积极作用。本市侨联伊效民主席荣获全国侨联系统先进个人称号；市侨联荣获省侨联先进集体，连山区侨联荣获全国侨联先进集体。

【立足大局 搭建平台】 一是发挥优势，服务中心。通过为葫芦岛市与海外联系牵线搭桥，吸引海外人才回国创业，免费输送优秀人才到海外学习等途径，积极投身经济建设主战场，2009年市侨联利用全国侨联第八次侨代会的机会，成功组织了“海外侨领葫芦岛行”系列活动，活动中本市作为全国唯一的地级市，在“中国侨联海外顾问、委员年会”上做了城市推介，孙兆林市长向来自70多个国家，300位海内外嘉宾介绍了本市市情及重点招商项目。现场发放宣传资料400多份，会后，来自30多个国家的47名侨领来到本市进行实地考察，此次活动对展示葫芦岛新形象，扩大葫芦岛知名度起到了积极作用，得到了全国侨联和省、市领导的充分肯定。

二是树立大侨务观念，实现侨务资源共享。把拓展海内外联谊空间作为重要的基础性工作来抓。2009年，市侨联邀请接待海外侨团、侨领21人次，参加各种海内外联谊活动17次，结识海外华侨，华人及侨商300多人。与此同时，我们还与北京，杭州、福清等兄弟侨联建立了长期友好关系，实现信息、资源互动与共享，从而扩大了交流与合作新途径，拓展了海内外联谊空间。

三是招商引资结硕果。通过各种联谊活动，侨联在招商引资方面取得了新进展，如美国大华府和统会副会长吴大为先后三次来本市，就聚氨酯项目进行了深入的探讨；旅美华人联合总会常务秘书长李竞芬女士也要在本市欣欣教育基金会翻建的台集屯中心小学基础上捐建一所学校；全国政协常委、香港广东社团总会主席、裕华集团主席余国春先生在考察后表示要将本市土特产品销往海外。

【以侨为本 践行为侨服务的宗旨】 市侨联始终把维护广大归侨，侨眷的根本利益作为工作的出发点和落脚点。一年来，我们通过《葫芦岛侨讯》、葫芦岛侨联网等媒体广泛开展侨务法律知识讲座，竞赛等活动。聘请了法律顾问，丰富了维权手段，紧紧围绕广大归侨侨眷最关心最现实的利益问题，摸清底数，帮其所需，对全市80多位生活困难的归侨侨眷坚持长年开展送科技，送医药、送温暖活动。侨联还为兴城市侨眷杨丽萍争取到专项扶贫款1万元，帮助她建了花木种植大棚，杨丽萍夫妇专程为侨联送来了锦旗以示感谢。绥中县侨联为贫困侨眷夏志刚申请到1万元无息贷款用于发展养殖业。建昌县侨联经多方沟通协调，为归侨苗祥林办理了养老保险，为归侨子女肖玉琴办理了加入新农合手续。

此外侨联还通过“掌握动态，及时帮扶”等方式，为政府排忧解难，重点走访在锦化集体工作的8名贫困归侨、侨眷，并耐心细致地做他们的思想工作，为促进社会和谐稳定做出了积极贡献。

【凝聚侨心 发挥侨力】 2009年结合新中国成立60周年和建市20周年，在全市开展了以“亲情中华，携手未来”为主题的系列活动。

一是举办了侨界书画作品展，以书画艺术为纽带，共绘海内外华人华侨、归侨、侨眷同根同心和祝福祖国繁荣昌盛的壮美画卷，共有来自海内外的300多幅作品参加展出。

二是举办侨界迎中秋茶话会，建昌县侨联在国庆节、中秋节与县政协、统战部召开了“庆国庆迎中秋茶话会”，各级领导与参会归侨、侨眷代表欢聚一堂，畅谈我国改革开放以来发生的巨大变化，进一步增强他们的光荣感和使命感及爱国爱乡的热情，纷纷表示立足本职，心系家乡为葫芦岛的建设发展建功立业。

三是开展丰富多彩活动，发展壮大基层侨务工作。连山区侨务进社区工作受到了来本市考察调研的省侨联领导的高度评价，全区98个社区中，先后已有56个社区开展了社区侨务工作，先后在各社区组建了侨心秧歌队、侨友腰鼓队、摄影社、太极拳队等多个侨眷文艺群体，丰富了广大归侨侨眷业余文化生活，调动其参与到本市经济建设中来，为其他县（市）区开展社区侨务做出了表率。龙港区侨联在侨界中开展了向海内外亲友写一封信（或打一个电话），向区侨联推荐一名具有一定经济和社会地位、关心区经济社会发展并愿意为之出力的亲友，就区经济社会发展有关问题向区侨联提出一条合理化建议，向区侨联提供至少一条可能有助于区经济发展的信息的“四个一”活动。通过开展活动，增强了基层组织的活力，激发了广大侨界人士参与推动科学发展，建设和谐社会的积极性。

四是开展侨界“我和我的祖国”征文活动，侨联干部和归侨侨眷撰写了纪念文章138篇，以亲身经历颂扬了改革开放给家乡人民带来的幸福生活。泰国归侨黄王奇编写的《抗美援朝时期的军中华侨兵》一书，得到省侨联和全国侨联的高度重视，全国侨联主席林军为该书题写了《铁血侨魂》书名。

【创新工作机制】 市侨联始终坚持在自身建设上下工夫，一是树研究之风，建学习型机关。今年我们把恢复，建立县（市）区侨联组织作为重中之重，先后7次到基层调研，写出了较高质量的调研报告，有四篇论文获省级优秀论文。二是完善了机关各项制度，机关文秘、行政、安全、保密等各项工作得到加强；三是强化信息档案化管理，将海内外重点人物、图片、资料等都实行了档案化管理。

【领导成员名单】

主　席　伊效民

副主席　朴海兰（女）　曲玮晶（女）　付连刚

（赵　航）

妇　　联

【概况】 2009年，市妇联组织以科学发展观为统领，全面落实中国妇女十大和辽宁妇女九大精神，紧紧围绕市委、市政府中心工作，以服务“保增长、保民生、保稳定”为主线，突出重点、发挥优势、开拓创新，带领广大妇女在本市的经济建设和社会发展中争先创优、建功立业，为推动本市经济建设实现跨越式发展做出了自己的贡献。市妇联被评为“全国巾帼文明示范岗”、全国“阳光心语”活动优秀组织单位；在全省开展的“万名妇联干部走进妇女,共促和谐”主题活动中，被评为辽宁省妇联系统先进集体；还先后被辽宁省妇联授予“增收致富项目进家庭”工作最佳业绩奖、“双学双比”、“未成年人思想道德建设”、“信息工作”、“妇女儿童权益工作”先进集体等多项殊荣；获得市级表彰7项，“抓万名巾帼家庭志愿者队伍建设，为贫困家庭排忧解难”和“开展系列援助行动，切实使贫困妇女得实惠、常受惠”活动，先后被市直机关工委评为季度最佳实事。

【重要会议】 1．1月15日，召开三届四次执委（扩大）会议。市妇联执委、市直机关妇委会主任和大中型企业女工部部长参加了会议。会上，市妇联主席郑学勤同志做工作报告。市委副书记阎生同志出席会议并作了重要讲话。2．3月6日上午，市妇联召开了纪念“三八”国际劳动妇女节99周年暨“十大女性经济人物”颁奖大会。市委副书记阎生出席表彰大会并讲话。3．3月20日，葫芦岛市召开了“双学双比”工作会议。市“双学双比”竞赛活动协调小组副组长、市妇联主席郑学勤做了工作报告。大会授予李华等10名同志为2008年度葫芦岛市十大科技致富女状元，对2008年“双学双比”工作目标责任状进行奖金兑现，市协调小组组长、副市长敖凤玲与各县（市）区协调小组组长签订了2009年“双学双比”工作目标责任状，并做了总结讲话。

【“双进家”活动】 一是加大培训力度。以市妇女专家培训团为依托，以提升农村妇女素质为目标，加大对农村妇女的教育、培训力度，举办各类实用技术培训班402期，培训妇女34 679人。组织巾帼专家服务团开展送科技下乡活动20多场次。组织农业专家进村入户，帮助解决生产过程中的有关技术难题，现场答疑解惑100余次。编印发放农业宣传资料5 000余份。开展“技能培训到山乡”活动，培训输出农村富余女劳动力2 000多人。二是加强示范带动。全市各级妇联组织积极引领农村女能手、女经纪人，发挥其示范、辐射和带动作用，鼓励她们带头发展科技示范基地。建立了两个省级巾帼科技示范基地，85个巾帼示范村；建立经济合作组织26个，发展女经纪人87人。三是加速信息传递。为指导农村妇女的生产实践，市妇联与中国移动葫芦岛分公司合作开通了农信通平台，定期向农村种、养殖大户发送科技致富信息。截至2009年，通过农信通平台，已向全市农村累计发送科技信息3 000多条。四是争取资金扶持。深入开展小额贷款进家庭活动，全市各级妇联组织协调发放227.6万元信用贷款，帮助969户农户上了致富项目；积极向省妇联争取资金支持，协调资金20万元，建成了兴城市海滨乡棚菜育苗中心和连山区虹螺岘镇虹东村秸秆生物反应堆技术项目两个省级巾帼科技示范基地。

【“巾帼建功”活动】 各级妇联紧紧抓住就业这个民生之本，多措并举，积极配合政府做好妇女就业再就业工作。一是深化“巾帼建功”活动。加大行业共创岗位文明活动的力度，使“巾帼建功”活动不断上档次、上规模、出精品、见效益，赢得了社会的普遍认可和广泛赞誉。二是搭建促进就业平台。为了有序安置妇女就业，各级妇联组织、妇联干部对本辖区内妇女劳动力情况进行调查摸底，建立无业妇女劳动力库，为下岗女工争取优惠政策，通过岗位援助、创业援助和教育援助等一系列对策帮助失业妇女实现就业。三是多渠道促进就业创业。各级妇联组织联合劳动就业培训部门，为下岗女工免费举办了家政服务、月子护理、手工编织、美容美发、服装加工等培训班220期，培训妇女32775人。市妇联与市劳动就业培训中心联合举办了“春风送岗位”招聘会，为400余名求职和咨询人员提供了就业指导，发放宣传材料2 000多份。同时积极发展以手工编织、贝壳加工为主的“炕头经济”，不断为广大妇女创造更多的就业岗位。四是做大家政服务品牌。市妇联成立了“辽宁省新风采家政连锁有限公司葫芦岛分中心”，借资、借力、借台、借策，充分发挥“联”字作用，整合社会资源，帮助下岗失业妇女充分就业。同时，积极争取省“巾帼再就业资金”和女性创业培训项目资金25万元，为妇女创业和再就业提供资金援助。

【“和谐家庭”创建】 各级妇联组织通过各种形式，向家庭成员宣传法律知识、家庭文明知识等，本市和谐家庭宣传普及率达到90%以上，5户家庭被评为全国五好文明家庭，2户被评为省十大和谐家庭标兵户，12户家庭被评为省和谐家庭。与市环保局联合开展了绿色家庭创评活动，表彰市级“绿色家庭”100户，“绿色家庭标兵户”10户，并开展了环保布袋子设计制作大赛，发放环保小册子5万份，制作板报200个。在创绿活动中，全市发动组织城乡妇女97 324人，植树536 164株，绿化9万多亩。

广泛开展志愿服务。在全市开展了万名巾帼家庭志愿者公益活动，并对志愿者进行了实名制登记和档案化管理，制作了统一标识、锦旗。据不完全统计，本市共有实名登记在册的巾帼家庭志愿者11 486人。全市各级妇联组织定期组织志愿者深入村屯、社区，开展帮助老人、关爱儿童、普法宣传、化解矛盾等公益活动，为创造和谐环境发挥了应有的作用。

创新宣传教育形式。面向妇女、立足家庭、依托社区，全市各级妇联组织抓住各种有利契机，开展丰富多彩的宣传教育活动。成功举办了葫芦岛市首届“十大女性经济人物”评选活动。为庆祝建国60周年，各级妇联组织还开展了“爱国歌曲大家唱”歌咏展演、“我和我的祖国”演讲比赛、“魅力滨城，祝福祖国”书画大赛、国庆有奖征文等活动，通过这些形式多样的活动，展现了全市妇女积极进取、健康向上的精神风貌。

【维权助困】 “三八”妇女节期间，各级妇联组织通过开展各种活动，广泛宣传《妇女权益保障法》、《婚姻法》、《未成年人保护法》等法律法规，促进妇女学法、知法、用法，依法办事，依法维权。开通了12338妇女维权公益热线，为妇女维权提供便捷及时的服务。继续深化“律师进社区”活动，全市有98名律师进入86个社区参加活动，共办理法律事务955件。此外，还通过开展“送法进社区、知法促和谐”等活动，不断提高广大妇女的法律意识。

扎实推动两规两纲全面实施，不断加大依法维权保障力度。加大源头参与和政策维权力度。召开了法律顾问工作会议，推动解决了一批侵害妇女儿童权益的典型案件，提高了维权工作的实效性。建立严格的信访接待登记制度，全市妇联系统共接待来信来访案件497件，其中市妇联接访78件，结案率、群众满意率均达到95%以上。完善监测评估机构，制定监测评估方案，对联络员进行统计监测培训，撰写了《葫芦岛市2008年妇女儿童发展规划统计监测报告》，还协同市人大内司委对六个县（市）区实施《妇女儿童发展规划》情况进行督导检查。

切实关注妇女儿童民生大计，深入开展实事化维权助困服务。一是扎实开展援助农村单亲贫困母亲活动。协调资金27万余元，为农村单亲贫困母亲援建住房15户、危房改造31户；发放价值25.5万元的29寸纯平彩色电视机及机顶盒85台。二是高效开展“爱心助学、援助贫困母亲”活动。筹集助学资金70余万元，帮扶贫困学子400多人，其中市妇联机关筹资15万元，资助47名贫困大学生。三是深入开展关注关爱留守流动儿童活动。建立了5所省级儿童活动指导站，60个留守流动儿童之家，创立了“爱心妈妈联盟站”；开展了“共享蓝天,共筑和谐”留守儿童关爱活动，为贫困儿童捐资捐物总计10余万元。四是全面开展关爱女性健康活动。市妇联与解放军第313医院联合开展了“关爱滨城女性健康暨38万医疗援助行动”，免费救助10名特困女性患者。与市慈善总会、卫生部门联合开展了育龄妇女生殖健康医疗救助工程，为72 853名已婚育龄妇女免费进行了体检。开设了“96338”关爱女性健康公益热线，使广大妇女普遍受益得实惠，受到了广大妇女特别是弱势妇女群体的热烈欢迎和积极响应。

【自身建设】 夯实基础，完善妇女基层组织建设。坚持党建带妇建、妇建服务党建原则，积极探索妇联基层组织设置模式，建立了妇代会+协会的新型基层组织模式。不断夯实基层工作基础，加强“双学双比”、“巾帼建功”、“文明家庭”、“和谐家庭”创建等活动之间的互联互动，提高了基层妇女组织的战斗力和凝聚力。转变作风，深入学习实践科学发展观。各级妇联认真开展深入学习实践科学发展观活动，加强理论武装，认真查找存在问题，制定落实整改措施，建立完善规章制度，努力把学习实践活动成果转化为推动工作、服务妇女发展的新思路、新举措。市妇联机关14名党员完成了对接贫困户的帮扶任务。同时，健全机制，完善制度，进一步加强了妇联机关目标责任制工作，实现了机关目标责任制工作的科学化、规范化、制度化。

【领导成员名单】

主　席　郑学勤（女）

副主席　宋　敏（女）　滕秀英（女）

　　　　吉银霞（女）

（常明秀）

科　协

【概况】 2009年，按照省科协的总体要求和部署，2009年围绕市委市政府的中心工作，在科协班子的密切配合和全体干部职工的共同努力下，坚持“三服务一加强”的工作思路，围绕重点、突出主题、创新求实，圆满地完成了各项工作任务。

【推动科技进步和技术创新】 开展“讲、比”活动、“金桥工程”活动，立项285项，采纳合理化建议150条，节约资金3 664万元，创经济效益2.87亿元。开展创建院士专家工作站工作，出台了创建院士专家工作站方案。邀请哈工大张杰院士到锦天化帮助解决废水处理问题。征集、评选自然科学学术成果110篇，报省科协参评46篇。

【推动农业产业化 促进农民增收】 加大对重点农技协、科普示范基地、科普示范乡镇、科普示范村的扶持指导力度，发挥他们的典型引路作用。一是实施“科普惠农兴村计划”。在农村乡镇全面实施“一站、一栏、一员、一校”的“四个一”工程，完成了年初制定的百村“四个一”工程建设。连山区马铃薯生产基地、建昌县小德营子乡农技协，今年受到了国家“科普惠农兴村计划”活动的表彰，兴城市花园村养猪协会等三家受到省科协“科普惠农示范工程”的表彰。建昌县获赠中国科协科普大篷车一台。二是组织开展优质农产品进超市活动。经过两个月的对重点农技协的指导，本市组织7个农技协14个优质农产品参加了辽宁省优质农产品进超市展销活动，本次活动本市组织的规模最大。葫芦岛电视台、葫芦岛日报也对此进行了专访。这项活动，对推动本市农产品高质发展将起到积极的促进作用。三是引进推广新品种、新技术。为金星镇科普示范基地，引进了玉米新品种“美国改良超甜一号”和优质高产脱毒马铃薯种薯。四是参加农展会。组织基层科协和有关农技协参加了中国寿光国际蔬菜科技博览会，本市科协推荐的6个农技协产品获奖，并获得优秀组织奖。

【深入开展科普活动 提高全民科学素质】 1、开展“科普之冬”活动。组织开展科技下乡、科普大集、科教进社区等形式多样、内容丰富的科普活动。全市共开展科技下乡活动980次，组织科技下乡服务团165支。举办科普大集98场次。2、开展创建社区科普大学活动。成立了葫芦岛市科普大学总校，新建科普大学分校25所，在图书、器材上我们分别给予了扶持，为社区开展科普活动奠定了基础。3、开展青少年科普活动。承办了辽宁省主题科普展巡展活动启动仪式，同时“趣味数学”科普展正式对公众免费开放。半年来，科技馆组织三十家中小学校学生来馆免费参观。本市第三实验小学科幻绘画作品、科教制作作品被推荐参加全国青少年科技创新大赛。连山区曙光小学代表本市参加全国第十三届“七巧科技”总决赛，获得“‘七巧科技’活动全国科技教育示范校”荣誉称号。4、开展“2009葫芦岛市暨连山区全国科普日活动”。举办了科普宣传、科技咨询、科普展览、科普大篷车、万人签名活动、《科普法》宣传纪念活动。随后用一周时间，集中组织开展了科普进社区、科普进校园、科普进机关、科普进农村等一系列科普活动。

【加强队伍建设 建设和谐机关】 按照市委的部署要求，及时制定了学习贯彻落实科学发展观活动方案和活动计划，成立了领导小组，召开了动员大会。专题民主生活会上，班子成员认真分析、查找、剖析了党性党风党纪方面群众反映强烈的突出问题，制约科协工作深入开展主要因素。实事求是地分析了存在问题的原因，提出了具体的整改措施。通过整改，通过强化廉政建设，广大党员干部的思想作风、学风、工作作风、工作积极性得到了提高，班子建设形成了互相理解、互相支持、团结协作的新局面。

机关环境建设宣传工作上，机关办公建立了两套局域网，实现了电子文件传输。市科技馆安装监控系统，对消防、电器设施进行了全面检查维护，并增设了3名专业保安。完善了葫芦岛科协网站，添加了视频宣传，建立开通了葫芦岛公众科技网；每月印发《葫芦岛科协工作简报》2 期，宣传农村科普基地、社区科普大学、科普示范校等典型经验。

【6 个新特色工作】 组织开展农技协优质农产品进超市活动、创建和加强社区科普大学建设、开展创建院士专家工作站工作、开展科普进校园活动、加强和规范基层科协组织建设、协助人大代表视察检查《科普法》执行情况。

【受到上级表奖情况】 连山区马铃薯生产基地、龙港区省科普示范区 9 个项目获得国家科协、财政部、省科协、省财政厅奖励，奖励奖金 85 万。市科协在省科协年中综合评比中被评为先进集体。

【领导成员名单】

主　席　王　巍

副主席　刘　毅　项长海　张建军

（金　谦）

残　　联

【概况】 2009 年，全市残疾人工作坚持以科学发展观为统领，认真落实省委、省政府促进残疾人事业发展的文件精神，紧紧围绕全市保增长、保民生、保稳定、促振兴大局，从解决残疾人最关心、最直接、最现实的民生问题入手，扎实推进各项工作，使残疾人事业在新的起点上取得了新的成绩。

【组织建设与基础设施建设进一步加强】 连山区、南票区、建昌县残联通过省、市验收，完成基层残疾人组织规范化建设达标工作。协调市城乡就业管理局安排了 196 个公益岗位用于配备社区残疾人专职委员。基础设施建设取得新进展，市残疾人综合服务中心建设项目得到市领导特别关注和重要批示，正在与有关部门协调解决建设用地等问题，兴城市、南票区分别得到国家建设补贴资金 35 万元。第二代《残疾人证》换发工作全面启动，截至年末全市共换发第二代《残疾人证》3 万余个。

【康复服务和救助能力不断提升】 残疾人社区康复工作纳入基层卫生工作体系，开展面进一步扩展，普遍开展了肢体残疾儿童矫治、白内障患者复明等筛查工作，建立了规范化社区康复档案。全年救助 1 100 名精神病患者免费服药，其中 40 名免费住院治疗，为 270 名白内障患者实施复明手术，为 36 名肢残人安装了假肢，为 14 名肢残儿童进行免费矫治手术， 对 12 名聋儿进行语训，孤独症儿童和智力儿童康复训练 20 名。 为残疾人免费配发轮椅等残疾人辅助用品用具 1 000 余件，向市光荣院赠送了价值 5 千多元助听器。

【扶贫解困工作扎实推进】 争取省残疾人专项扶贫资金 20 万元和康复扶贫贷款 100 万元，重点扶持和带动了 128 户农村贫困残疾人家庭发展种植业和养殖业。为 80 户农村贫困残疾人进行了危房改造。元旦、春节期间走访慰问贫困残疾人 2 000 多户，发放款、物折合人民币 13 万多元。投入资金 5 万元资助残疾大学生和残疾人子女大学生 25 名。争取中国残联福利彩票公益金 2.5 万元，资助特教学校寄宿残疾学生 40 名。

【就业和培训工作再上新台阶】 通过多渠道、多形式安置残疾人就业 230 名，为 260 名残疾人办理了求职登记。投入资金 40 万元扶持“残疾人个体创业带头人”50 名。开办电动车维修、计算机应用等各类职业技能培训班 27 期，培训各类残疾人 877 人。组织开展了盲人按摩人员专业技术职务任职资格评审、“优秀盲人按摩社区服务点”评选等工作。

【信访维权工作扎实有效】 进一步强化了信访工作领导责任制，市、县两级残联共接待残疾人来访（来信、来电）5 000 余人次，其中群体访 12 次，办理残疾人司法救助案件 22 件，提供法律咨询、代书等法律服务 50 人次，有力地维护了社会和谐稳定。全力处置了残疾人机动三轮车运营者、水泥厂福利造纸厂残疾职工等群体上访和越级上访事件，对残疾人三轮车运营情况进行了摸底登记，到沈阳、铁岭等兄弟市开展了调研，结合本市的实际情况向政府及有关部门提出了处理意见和建议。

【宣传文体工作丰富多彩】 围绕重大活动和重点工作，广泛宣传残疾人事业，在广播、电视、报纸等媒体播发报道、节目 100 余篇次。精心组织了以“关爱残疾孩子，发展特殊教育”为主题的第十九次法定全国助残日系列活动，动员社会各界为特教学校捐款达 10 万余元。全市首家“盲人有声读物阅览室”正式投入使用。推荐了古筝演奏节目《战台风》参加了全国第七届残疾人艺术会演。选拔了 4 名智障运动员，代表我省参加了全国特殊奥林匹克运动会，取得了 6 枚银牌和 3 枚铜牌的优异成绩，本市代表队荣获了组委会颁发的“体育道德风尚奖”。

【积极出台《关于促进残疾人事业发展的实施意见》】 为认真贯彻落实《中共辽宁省委辽宁省人民政府关于促进残疾人事业发展的实施意见》（简称省委 4 号文件）精神，按照晓琨书记和兆林市长等领导的重要批示，在深入基层调查研究和广泛征求有关部门意见和建议的基础上，形成了《中共葫芦岛市委　葫芦岛市人民政府关于促进残疾人事业发展的实施意见》（征求意见稿），已分别经市政府常务会议和市委常委会议审议通过。

【自身建设不断加强】 进一步健全完善了各项规章制度，加强了机关规范化、程序化、制度化建设。积极开展了健康机关创建活动，大力加强了机关纪律作风建设。切实加强了党风廉政建设，完善和深化了干部廉洁自律考评，建立了个人廉政档案，开展了警示教育活动。按照省、市委统一部署，扎实开展了深入学习实践科学发展观活动，理清了科学发展的思路，形成了科学发展的共识，增强了科学发展的信心，制定了科学发展的措施。组织演唱团参加了市直机关庆祝建国60周年建市20周年演唱会，获得最佳表演奖。组队参加了市第三届全运会的拔河、棒牌、广播体操等项目的比赛。

【领导成员名单】

理事长　郃玉华（女）

副理事长　李志刚　李学峰　何小平

理事长助理　陈天武

（安海龙）

文　联

【概况】　2009年，在市委、市政府的正确领导下，市文联坚持以科学发展观为统领，以文艺大发展大繁荣为目标，认真履行联络、协调、服务、指导的职责，团结带领全市广大文艺工作者克服困难，成功开展了一系列的活动，取得了显著收效。

【开展主题活动】　2009年是新中国成立60周年，恰逢葫芦岛建市20周年。围绕这一主题，市文联开展了一系列的庆祝活动。

1．积极参与市委宣传部组织的“歌唱祖国”群众性歌咏活动。从文联机关和各协会几百名音乐爱好者当中，挑选20人积极参与排练及演出活动。唱响共产党好，社会主义好，改革开放好，伟大祖国好的时代主旋律。在大型歌咏比赛中，宣传系统合唱团获得优秀演唱奖。

2．组织“代表新时代”——庆祝建国60周年、建市20周年专场文艺演出。市文联从大量的文艺节目中甄选了12个精品节目进行专场演出。

3．举办“建国60周年、建市20周年美术、书法、摄影作品展”，展出优秀作品140余幅。市美协组织创作了40余幅优秀的美术作品，其中有两幅在省展中获优秀作品奖，13幅作品入选省展。14幅摄影作品在去年全国大展和省摄影艺术展中获奖。此外，还展出了陈文友先生赠送本市的60米毛体纸背书法长卷。

4．以“双庆”为契机，组织编撰出版《葫芦岛建市二十周年文艺精品集》。通过近一年的努力，编撰四卷本：美术、书法、民间文艺、文学，其中收录了在全国、全省有影响的精品力作，凝固建市20周年文艺作品之精华。此外，完成了建市20年摄影精品集和《放歌葫芦岛》歌曲集的编撰出版工作。

【全力打造“中国葫芦文化之乡”这一品牌】

1．圆满完成“中国葫芦文化之乡”申报工作。市文联凭借多年葫芦文化发展经验，深入开展资料搜集与专项调研，并组织、动员全市文艺家创作了众多高质量、充满地域特色的文艺作品。历经三年的艰苦申报历程，8月9日，本市被中国文联授予“中国葫芦文化之乡”称号。关东民俗博物馆、中国葫芦文化博物馆也纳入了中国传统文化之乡的管理范畴。这对于本市进一步发展、繁荣葫芦文化，提高葫芦岛知名度，推动葫芦岛经济建设和文化事业发展，都有重要意义。对此，《中国艺术报》等媒体均做了大量报道，在社会上引起很大反响。此活动被机关工委评为第三季度最佳实事。

2．积极组织、参与“第二届国际葫芦文化节”。组织以葫芦为题的美术、书法、摄影展，展期8天。其中市美术家协会、书法家协会、摄影家协会会员积极投入创作，完成作品近百幅，广受好评。此外，还组织了“百名葫芦娃绘制百米葫芦画”现场创作活动。市民间艺术家协会积极组织会员创作与葫芦有关的艺术作品，其中彩绘葫芦、烙画葫芦、葫芦雕刻、葫芦剪纸等广受欢迎。

【文学创作】　2009年，市文联的“梯次工程”成效凸显。老中青新四个作家梯队创作势头稳定，青年作家继续担纲领衔，并表现出了旺盛的创作劲头，全年共出版和发表作品达211篇（首），为历史最高水平，继续居辽西五市之首。盖尚铎的儿歌“十朵花，九个瓜”在中宣部、全国文明办等单位举办的全国优秀童谣评选中被评为一等奖；周建新的短篇小说“街灯不语”获第六届辽宁文学奖；闫耀明的儿童小说集《太阳花》由人民文学出版社出版，小说集《女孩的金秋》入选中国小小说50强，儿童短篇小说集《天使的声音》荣获冰心图书奖；齐明达的散文《院子里的树们》收入“中国名家散文集”；陆兴志的散文“续重读鲁迅”获中国作协、上海作协等主办的“我读鲁迅”全国征文大赛三等奖；于学利的散文“老叔的铁匠铺”被《散文选刊》转载，并列入中国散文年度排行榜；孙琳的散文“父亲的中国结”获《鸭绿江》奥运征文优秀奖。

【艺术创作异彩纷呈】　书法家协会陈亮南、刘生东、王铁军作品入选第六届楹联展；魏哲、马云鹏、陈亮南作品参加纪念辽宁省文联成立60周年书法作品展；陈亮南书法获第三届中国书法兰亭奖提名奖；魏哲被中国文联评为“送欢乐下基层”先进个人，作品入展“中蒙建交六十周年”全国名家作品展及“解放军赴香港美术书法作品名家邀请展”。美术家协会组织34件作品参加辽宁省第十一届全国美展评选，12件作品入选，其中陈济成的国画《大山迎亲》、詹恒的油画《行囊》获得优秀作品奖。3件作品入展第五届少数民族美术、书法、摄影展，其中陈济成的国画《朱林青峰荡笛声》获铜奖、王志远的国画《纵鳌飞云》和袁伟的国画《塑风》分别获优秀奖。摄影家协会牛国华、王友章的作品分别获得辽宁省少数民族美术书法摄影展金奖和优秀奖；黄志贵、牛国华均获得第十一届全国当代摄影艺术邀请赛三等奖；刘畅获得第十一届全国当代摄影艺术邀请赛优秀奖；谢江波获得2009上海“郎静山”国际摄影艺术金像奖；牛国华获国际民俗摄影“人类贡献奖”年赛提名奖；黄志贵获“施贵宝”杯全国摄影大展优秀奖。民间艺术家协会马松林的剪纸《有余》获得“中国渔文化剪纸博览会”三等奖，兴城市民协名誉顾问王树槐创作的葫芦宴夺得中国烹饪大赛特等奖，葫芦宴也申请了专利。音乐家协会组织创作参加辽宁省五个一工程奖，报送作品5首，其中李丹的作品《月光下的哨兵》获入围奖。市音协下属管乐学会以曾魁为指挥的10名队员参加国庆60年阅兵演奏。古筝家协会姜淼、王冬婉出访美国和加拿大演出；东方乐团参加中国北方农展会、辽宁省农民艺术节、葫芦岛船院五十周年校庆演出；姜淼应邀亚洲艺术教育论坛并参加演出；筝岛名家受邀到12个重点城市讲学。曲艺家协会阎福兴获中国文联“送欢乐下基层”先进个人荣誉证书，并随中央到四川灾区慰问演出；李洪文的故事《两只飞龙鸟》、《打龙袍》分别在《今古传奇》和《古今故事报》上发表。

【领导成员名单】

主　席　李荣军

副主席　周建新　齐　丽（女）

（陈　野）

红十字会

【概况】 2009年市红十字会在市委、市政府的领导下，在省红十字会的支持下，坚持科学发展观，努力发展红十字事业，充分发挥了红十字会在构建和谐社会中的独特作用，在组织建设、赈灾、救助、救护培训以及宣传工作等方面圆满完成了年初制定的工作任务。

【成功召开第三次会员代表大会】 8月4日，市红十字会经过认真筹备成功召开了市红十字会第三次会员代表大会和三届一次理事会。市委副书记闫生、省红十字会常务副会长刘琳娜出席大会并讲话。会议决定聘请市长孙兆林为市红十字会名誉会长，聘请市人大副主任姜淑艳、市政协副主席郝廷怀为名誉副会长。选举副市长敖风玲为市红十字会会长，孙征为常务副会长。会上，市红十字会与市人事局联合表彰了绥中县红十字会等8家单位先进集体，周航等25名同志为先进个人。

【积极推动县（市）区红十字会体制理顺工作】 2009年，市红十字会深入基层调查研究，利用各种机会向各县（市）区主要领导宣传依法理顺红十字管理体制的重要性和迫切性。2009年，继绥中县后，连山区红十字会机构又独立设置，并配备了专职副会长，其他县（市）区体制理顺工作正加紧进行中。

各县市区正积极推进成立乡镇基层红十字会组织，其中，兴城市、绥中县、连山区和南票区31个乡镇新建立基层红十字会组织，新增会员1 500余人，志愿者985人。

【加强宣传工作】 不断完善和更新市红十字会网站，加强网络宣传工作，今年通过网站发布各类活动信息15条。

“5•8”世界红十字日，市红十字开展了“凝聚人道力量，重建美好家园”系列宣传活动。组织了市内30余家会员单位和冠名机构及部分志愿者在龙湾公园广场举办了大型宣传活动。现场设展板40余块，发放宣传材料近5 000册。市机关有关部门领导也参加了活动。活动期间，百名出租车志愿者粘贴车体广告进行宣传。市红十字会还深入社区举办了四期红十字运动基本知识讲座，有200余人接受培训。

“世界急救日”，市红十字会联同连山区红十字会在连山区政府广场开展大型宣传活动。市中心医院等六家冠名机构和百名出租车志愿者参加了活动。市中心医院派出专业救护人员现场传授急救知识，发放宣传材料3 000余册，出租车行业红十字志愿服务工作站组织了百台出租车粘贴“急救为人道”横幅进行义务宣传，市红十字会为百台出租车无偿配备了急救包。

“世界艾滋病日”市红十字会联同市卫生局在市政府广场开展了艾滋病日宣传活动，展出宣传版二十块。同时还组织了各冠名医疗机构会员深入病房宣传艾滋病防控知识。组织百台出租车，部分线路车向乘客宣传艾滋病防控知识。共发放宣传材料6 000余份。

各县（市）区红十字会在重要纪念日也分别开展了不同形式的宣传活动。

市教育局红十字会组织部分青少年会员参加中国红十字总会组织的红十字知识网络竞赛答题活动，获优秀组织奖，绥中县王丽同学荣获个人优胜奖。

【继续做好“红十字博爱送万家”活动】 年初积极配合省会开展的“红十字博爱送万家”活动，接收省会救助物资家庭箱110个，大米50袋，价值2.6万元，全部发放给绥中县生活困难群众。元宵节前采购价值600元的汤圆探望市光荣院的孤寡老人，组织何氏眼科医院医务人员为老人检查眼疾，组织志愿者为老人义务理发。重阳节前夕市红十字会赴兴城滴绿山庄老年公寓探望孤寡老人，发放慰问物资价值3 000余元。今年本市部分县区遭受旱灾后，争取到省会捐赠水桶5 000只，价值15万元大米等救助物资，及时发放给受灾县区。

“光明行动”为家庭生活困难的白内障患者免费手术110例，得到何氏眼科医院减免手术费用19万元，市红十字会由彩票公益金资助手术费用66 000元；“心动计划”资助生活困难的先心病患者实施手术10例，由北京武警总院减免手术费用8万元，市红十字会由彩票公益金资助手术费用2万元；与爱心企业联盟为18名白血病患儿发放价值万元的保健药品，提高了患儿机体的免疫力；对5户艾滋病感染者家庭开展肉食兔养殖项目，为艾滋病患者遗孤定期提供学习和生活用品，帮助他们解决实际困难；争取省会援建项目，在本市绥中县小庄子乡打雀村建立了一所红十字博爱卫生站。

【红十字志愿服务工作】 继去年建立净宗图书馆红十字志愿服务工作站和出租车行业红十字志愿服务工作站以来，今年依托市中心血站建立了无偿献血志愿者服务工作站和干细胞捐献者志愿服务工作站，并分别开展志愿服务活动。

净宗图书馆志愿者一年来多次参与志愿服务活动，为人道救助基金捐款 4 200 余元，组织志愿者为光荣院孤寡老人义务理发，打扫卫生，救助困难群众，参加市红十字会组织的“临终关怀”活动项目，为晚期癌症患者进行心理辅导。

出租车司机志愿者组织开展“5 • 8”世界红十字日宣传，“世界急救日”期间组织百台出租车粘贴“凝聚人道力量，重建美好家园”，“急救为人道”条幅进行宣传，有的司机能运用掌握的急救知识和车内配备的急救包为突发心脏病的乘客施救，受到市民称赞。

【完善备灾应急救援体系】 依托冠名医疗机构在本市建立了一支红十字医疗救援队。并对救援队成员进行了培训。

由市政府办公室转发了市红十字会“关于在全市开展应急避险救护培训工作意见”，推动了救护培训工作的顺利开展。

与市旅游局联合对 289 名导游员进行了救护知识技能培训，并为培训合格的导游员颁发了急救员证。在社区、学校等场所开展了 30 期救护知识培训，受训人员达万余人次。

【继续做好无偿献血 造血干细胞 遗体器官捐献工作】 与无偿献血功臣开展联谊活动，招募无偿献血自愿者，保证了本市医疗急救临床用血。招募造血干细胞自愿者，为 637 名自愿者采集了干细胞血样。截至年底为 13 名报名捐献遗体器官自愿者办理了登记手续。

【开展对外交流与红十字青少年工作】 2009 年，本市红十字会与内蒙古呼伦贝尔市红十字会，扎兰屯市红十字会建立了友好会。就红十字青少年工作、救护培训等工作进行了交流，并签署了合作协议。

在辽工大葫芦岛校区建立了红十字会组织，发展了大学生会员和自愿者 8 000 余人，并开展了红十字运动基本知识传播培训和多种形式的自愿服务活动。

【领导成员名单】

会　长　敖凤玲

副会长　孙　征

（王景武）

政　法

法制工作

【概况】 2009 年，市政府法制办在市委、市政府的正确领导下，在省政府法制办的精心指导下，在各部门的支持配合下，以保增长、保民生、保稳定为大局，以推进改革、促进发展为重任，规范行政行为，强化行政监督，圆满完成了各项任务目标。自 2001 年以来连续九年获全省先进，充分发挥了在依法行政方面的参谋助手和法律顾问作用，有力推动了全市依法行政进程，确保全市政府法制工作再创佳绩。

【全面推进依法行政进程】 全面推进依法行政，建设法治政府，是贯彻“三个代表”重要思想、落实科学发展观、坚持执政为民的本质要求。2009 年，市政府法制办以科学发展观为指导，以贯彻《全面推进依法行政实施纲要》和《国务院关于加强市县政府依法行政的决定》为依托，紧紧围绕市委、市政府的中心工作，不断创新政府法制工作，充分发挥参谋、助手和法律顾问作用，全面推进全市依法行政进程，努力加快 “法治政府”的建设步伐，为全市经济社会又好又快发展提供强有力的法制保障。

【规范性文件制发质量逐步提高】 2009 年，坚持法制统一和与 WTO 规则不相抵触的原则，共制发市政府规范性文件 11 件（其中政府令 6 件、通告、公告 5 件）。收到省政府法制办和市政府有关部门法规、规章及规范性文件（草案）征求意见稿 20 件，并依法提出修改和补充建议。我们坚持牢固树立科学发展意识、改革创新意识和服务大局意识，服从和服务于市委、市政府的中心工作，立足于全市经济和社会发展的实际需要，以倡导以人为本、构建和谐社会为主题，关注民生，体察民意，着力解决现实生活和全面发展的热点、难点问题，适应了行政管理的需要。

【规范性文件备案审查扎实开展】 年内，我办设立了备案审查科，强化规范性文件前置审查、备案和清理工作。一年来共办理市领导交办和市直部门送审的前置审查文件 29 件，备案 3 件，组织清理规范性文件 4 件，均依法提出书面反馈意见。对送审的文件做到一事一审、随送随审、书面答复的方式，有效提高了规范性文件的质量，确保抽象行政行为合法。围绕“有件必备、有备必审、有错必纠”的工作目标，制发了《葫芦岛市规范性文件备案实施办法》，对规范性文件的报备时限、方法、内容等作出规定，有效解决了规范性文件备案不及时、不全面以及备而不审、审而不严的问题，把规范性文件备案审查工作推向新的阶段。

【政府法制监督深入开展】 围绕领导关注和群众关心的热点、难点以及民生问题，积极履行层级监督职责，及时纠正违法行政行为，认真维护行政相对人的合法权益。一是不断完善依法行政考核机制。根据 2008 年依法行政考核和社会评议结果，以市推进依法行政领导小组名义下发通报，连山区、杨家杖子开发区等 4 个县级政府、市建委等 22 个市级行政执法部门被评为推进依法行政优秀单位。通过开展依法行政考核和社会评议，全市各级行政执法机关和领导干部法治意识明显增强，依法履行职责的自觉性有所提高，执法状况趋于好转。二是切实规范行政处罚自由裁量权。按照省、市政府关于规范行政处罚自由裁量权的有关要求，继续做好规范行政处罚自由裁量权工作，对市直各部门上报的行政处罚自由裁量权标准进行审查，指导并监督各部门做好公示和落实工作。与市监察局联合下发文件，并做好准备工作，迎接了省监察厅、省法制办对全市开展规范行政处罚自由裁量权的检查调研，检查组对全市开展的这项工作给予充分肯定，取得较好效果。三是有针对性地开展行政执法监督。年初以来，我办紧密围绕影响全市经济发展和软环境建设的突出行政执法. 问题，及时开展专项行政执法检查，制定了专项检查计划，并对被检单位存在的问题，提出有针对性的监督整改意见。通过专项执法检查，规范了行政行政机关的行政行为，促进了全市执法环境的改善。加强行政执法投诉案件的处理，积极受理、认真查处当事人的举报和投诉。一年来，共受理行政违法投诉案件 16 件，经依法审查，撤销 3 件，责令行政机关自撤 3 件，维持 5 件，调解 5 件，有效维护了当事人的合法权益。

【行政复议工作成效显著】 按照《行政复议法》的规定，本年度共收到行政复议申请 51 件，经依法严格审查受理行政复议案件 37 件（其中：林地确权 12 件、土地确权 2 件、工伤认定 7 件、撤销证照 4 件、行政处罚 6 件、行政裁决 2 件，劳动教养 1

件、行政收费 1 件、其他 2 件）。目前，已审理结案 37 件，其中：维持 31 件，撤销 2 件，终止 4 件，均在法定期限内作出行政复议决定书及相关法律文书。通过办理行政复议案件，维护了当事人的合法权益，树立了政府形象，化解了矛盾纠纷，维护了社会稳定。工作中，认真履行行政复议工作职责，凡是应当受理的行政复议案件，均坚持依法受理，从不推诿扯皮。扩大行政复议“绿色通道”，保证行政复议渠道畅通，对外埠申请人的行政复议案件，做到立案即审，及时下达行政复议决定，保证自立案之日起 20 日内结案，真正做到复议为民、复议便民、复议利民。

【行政执法人员资格审查和考试发证有序进行】 继续坚持“重心向下，服务基层，减轻压力，方便工作”的宗旨，切实转变行政执法人员资格培训和考试发证工作方式方法。在进一步完善考试程序、辅导方法、组织形式、具体规则和检查制度的同时，将主动为基层服务和提高工作效率紧密结合起来，并取得较好效果。年初以来，共对 412 名新增的行政执法人员进行了资格审查，其中 388 人通过资格审查并参加了市政府法制办统一组织的考试，取得了行政执法资格和行政执法证件。同时，对在执法岗位工作的 719 名行政执法人员换发了行政执法证件，确保其持证上岗、示证执法。

【行政应诉能力不断提高】 年内，代市政府受理民事诉讼案件 2 件，经认真研究，积极应诉，1 起案件原告撤诉，1 起案件正在和解解决，为政府避免了巨额经济损失。虽然近年来行政诉讼案件呈下降趋势，但我办高度重视行政应诉工作，设立了行政应诉科，配备专人认真开展应诉工作，积极维护市政府的合法权益。继续推行行政机关负责人行政诉讼出庭应诉制度。加强业务学习，努力提高应诉人员诉讼能力和应诉技巧，降低败诉率，提高胜诉率。不断完善行政应诉工作机制。充分发挥自身职能，聘请知名律师作为政府的法律顾问，随时按照要求出庭应诉。成立了由法律专家、知名律师和政府法制工作人员参加的政府法律顾问组，为市政府领导提供优良的法律服务。

【政府法制宣传势头良好】 2009 年 10 月，于行政复议法颁布十周年之际，调动社会各界力量，采取下发通知、发放传单、悬挂条幅、张贴标语、现场咨询、发表文章等多种形式，组织开展大型宣传活动，取得了较好的社会效果。同时，积极开展国务院《纲要》和《决定》的宣传活动，并随着传媒形式的多样化而不断增加宣传形式。逐步由在报纸发表宣传文章，发展到制作专题广播、电视宣传节目，2009 年进一步增加了网络专题视频讲座。通过持续、深入开展法律宣传活动，促进了公民法律意识的提高，受到了广大相对人的欢迎和好评。高度重视学习型和研究性机关建设，深入开展调查研究，全办的理论调研水平收效明显。共撰写调研、案例分析报告 50 余篇、信息 40 余条，不但提高了自身的业务能力和水平，而且及时宣传了政府法制工作。

【市政府交办工作高质量完成】 按照市政府的部署和有关领导指示，认真履行参谋助手和法律顾问职责，依法审查、科学界定，及时、高质量地完成了市领导交办的 CBD 商务区开发建设、锦化集团法律风险规避、龙湾海滨望海搂及周边区域改造建设项目、世纪大厦闲置问题、市沿海观光路及景区开发建设、城市环境交通秩序综合整治、五里河工程改造拆迁和费用补偿、葳茗驾校违章建筑拆除、残疾人三轮车运营者上访、取缔市区三轮车营运、绥中六股河入海口部分渔民违法用海等调查和审查等工作，均依法提出书面意见和建议，市领导和有关部门比较满意。

（李　实）

公　安

【概况】 2009 年，葫芦岛市公安机关在市委、市政府和省公安厅的正确领导下，在人大常委会的依法监督下，紧紧围绕“保增长，保民生，保稳定”大局，以科学发展观为统领，以三项建设、国庆 60 周年安保为主线，以全力促进全市经济社会发展为中心，以维护社会稳定为第一要务，用“警务就是生产力”等全新理念指导公安工作，圆满完成了各项公安工作任务，有效维护了全市政治稳定和社会治安大局持续平稳，为全市经济社会发展做出了积极贡献。

【服务全市经济建设】 市局党委坚持把公安工作置于经济社会发展大局之中，紧紧围绕市委、市政府中心工作，牢固树立“警务就是生产力”理念，努力为全市经济社会发展提供优质服务。一年来，市局共收到企业、单位和社会各界群众赠送的锦旗 857 面、表扬信 1 013 封。9 月 2 日，葫芦岛市委下发了《关于转发<强化大局意识，发挥职能优势，主动为整治和优化经济发展环境作贡献>调查报告的通知》，号召全市学习公安机关积极服务经济发展环境的做法，并在全市各大新闻媒体上集中版面、集中时间，全方位、立体式推出市公安局的先进事迹。一是坚持公开服务，全面推行“阳光警务”。市局坚持“搭建公开服务平台、拓展公开服务渠道、发布公开服务承诺、接受公开服务监督”，不断扩大了公众的知情权、参与权和监督权，把各项服务承诺落到了实处。二是坚持上门服务，主动为企业和外来客户排忧解难。全市公安机关先后走访 397 家企业，走访企业代表 1 563 人次，帮助企业解决各类问题 148 件。组织开展了大规模的“问计于民”活动，共接待群众 1 434 人，征求群众意见建议 128 条，根据群众意见和建议出台了免费为大件车辆提供引导服务，主动为企业外籍专家办证、上门为企业检车等 100 条便民利民措施。在全省率先改革民爆物品购销方式，取消中间环节，实行炸药直购。全市已有55家矿山企业被省厅批准直购，直接为企业节省生产成本1 126万元。三是坚持强力服务，积极整治和优化经济发展环境。在全市范围内开展了“集中打击涉企犯罪，整治企业周边环境”专项治理行动。共清理、取缔废旧金属收购站等40家，侦破涉企案件29起，为国家挽回经济损失2 000余万元。四是坚持跟进服务，全力服务重大项目建设。密切关注CBD、高新园区等16个重点建设项目，每个重点项目都由一名局领导牵头负责，现场都设立了公安警务室，组建了应急处突分队。为保障大项目施工现场交通畅通，市局及时开辟“绿色通道”，深受各开发区、企业和外来运输人员的好评，扩大了葫芦岛市的对外影响。

【维护社会稳定】 市局从创建平安和谐、团结稳定的政治环境目标出发，着力加强了维稳工作：一是强化信息预警，积极排查和化解不稳定因素。年初，对金融危机条件下全市维稳工作进行了专题调研；派出维稳工作组进驻维稳形势严峻的企业，确保企业安全稳定。全市共搜集报送各类维稳情报信息350条。特别是结合国庆安保工作，对全市不稳定群体和对象进行了“地毯式”摸底排查。对排查出的不稳定因素特别是对可能进京上访的群体和重点人员，逐一登记造册，逐级逐人落实了化解稳控责任。二是积极妥善处置群体访事件。全市公安机关共妥善处置群访事件348起。其中百人以上44起。锦化集团由于生产经营形势恶化，职工和家属上访不断，多次封桥堵路，成为影响全市社会稳定最突出的问题，在省厅和市委、市政府的坚强领导下，市局抓住事前预防、事中处置、事后巩固三个环节，及时预警、超前准备、主动工作、使锦化问题得到了妥善处置，有力维护了全市社会稳定。市局创造性地开展了帮扶锦化集团特困职工活动，收到了特殊的维稳效果和社会效果。三是加大打击防范“法轮功”等邪教组织力度，有效遏制了“法轮功”违法犯罪活动的发生。全市共立“法轮功”案件17起，侦破15起，打击处理29人，收缴非法宣传品3万余件。四是加强反恐防暴工作。对全市217个重点目标和重点部位进行了拉网式安全大排查，完善落实了三级防护工作机制。加强反恐应急演练，得到省反恐办高度评价。特别是强力推进“情报、打击、防范、应急”四位一体的实战体制建设，切实提高了反恐实战能力。五是加强公安涉法访处置工作。从4月14日起，组织开展了全市公安信访案件“百日攻坚”战役。市、县两级公安机关领导带头包案、下访攻坚，省厅下交全市的91起涉法访案件全部办解，息访90起。信访案件“百日攻坚”战役全省排名第一。同时，狠抓源头治理，全年没有出现新的公安涉法访。六是圆满完成了警卫和安全保卫任务。共圆满完成警卫任务任务99批次，其中一级警卫3批次。同时，先后完成了全国“两会”、“五一”节日、高考中考等安全保卫任务，维护了“5.31”、“6.4”等敏感期和主要节日期间的社会稳定。

【开展打击整治工作】 坚持严打方针不动摇，始终保持主动进攻的高压态势，不断加大了打击刑事犯罪力度。特别是根据社会治安实际，有针对性地组织开展了“保卫春耕生产、打击刑事犯罪”专项行动、打击犯罪暨打黑除恶“百日会战”、打击假币犯罪“09行动”、打击强迫组织妇女卖淫犯罪活动等专项行动，有力维护了治安大局持续稳定。全市共发生刑事案件6 888起；破获现行案件3 076起，同比上升15.16%；全市命案发案42起，破55起（破现案40起、积案15起），命案破案总比值130.95%；共逮捕1 618人，同比上升14.75%；共抓获各类逃犯1 413人，同比增加10.69%。特别是通过成功破获南票“4.08”系列爆炸杀人案、绥中“3.02”杀人案等一大批现发大要案和南票“2006.8.27”爆炸案一批有影响的案件，有力震慑了犯罪，稳定了社会治安。

【强化社会治安管理】 2009年，全市共查处治安案件30 364起，查处违法人员30 528人，同比分别上升140.6%和127.4%。治安案件结案率、百警治安拘留数均全省第一。一是不断巩固和加强了全覆盖、全时空、全封闭的社会治安防控网络。精心构建了21个巡防中队、8个警务工作站、137个社区巡防队、205支企业联防队组成的“点线块面”相结合、多警种联动的治安巡防体系，特别是把公安信息化建设与巡防体系实战紧密结合起来，年内共在城区设立视频监控点位11 000余处，全面加强了集GPS卫星定位和车内外视频同步传输于一体的3G新系统建设。二是突出开展社会治安整治行动，全市共查处卖淫嫖娼案件90起、赌博案件145起、毒品案件79起。加强涉外管理，共走访了涉外企业单位1 088家，排查境外人员1 200余人，查处“三非”外国人34人。全年共浏览审阅帖子891 417个，编报网络信息679篇，在人民网、新华网、新浪、搜狐、网易、腾讯等网站发帖800多个，正面报道事实，正确引导网民舆论。特别是针对群众反映强烈的传销问题，精心组织开展了打击非法传销“利剑行动”，共端掉非法传销窝点294处；立刑事案件30起，刑事拘留47人；立治安案件977起，行政拘留1 029人；审查参与非法传销人员10 664人，教育遣返9 635人。目前，非法传销在全市基本绝迹。三是不断强化了公共安全管理工作。加强危爆物品管理，积极开展了矿山企业爆炸物品安全管理、打击非法制贩爆炸物品违法犯罪、防范涉枪违法犯罪、爆炸物品集中清查4项专项整治行动，收缴枪支56支、炸药449公斤、雷管31发、子弹3 166发。加强交通安全管理，交警部门共处罚交通违法行为427 030起，查验危险化学品运输车25 446辆，行政拘留了严重交通违法人员6 339人。拘留总数占全省交警系统的三分之一强。全市共发生交通事故184起，死亡134人，受伤157人，直接经济损失105.32万元。事故四项指数同比分别下降2.65%、16.77%、8.91%和0.30%。交通事故死亡人数同比减少103人。加强消防安全管理，相继开展了春季防火、两项“整治”、第二阶段消防安全保卫专项行动和国庆消防安保百日决战。全市共检查消防单位

11 509家（次），部位97 552个，发现火灾隐患或消防违法行为5 100处，全部整改完毕。责令“三停”、取缔、查封违法单位3 340家，打击处理863人。全市共发生火灾188起，死亡2人，直接财产损失108.5万元，同比去年，火灾起数、死亡人数、直接财产损失分别下降12.5%、100%和0.7%。加强要害部位安全管理，防控部门对31家省、市级治安保卫重点单位进行了5次彻底排查，发现整改安全隐患1 051处。特别是为确保金融安全，市局在加强金融营业网点安全管理检查的同时，通过媒体向社会公开承诺，任何单位、个人取存款五万元以上可申请公安民警护送。目前，已安全护送取存款用户50人次，总金额2 000多万元，收到了良好的工作效果和社会效果。

【全面推进“三项建设”】 2009年，继续深入推进了公安“三基”建设。特别是紧紧围绕提高公安机关“软实力”，全面开展了信息化建设、执法规范化建设、和谐警民关系建设。在信息化建设上，在省厅考核验收中，取得了全省第四名的好成绩，先后于1月9日、3月1日、5月25日在省厅召开的会议上介绍了全市信息化建设经验做法。特别是在信息化应用服务实战上取得了突破性进展，通过信息化手段破获了一大批大要案件。现已总结出“网上追逃、网上串并案、网上检索、网上排摸、网上缉控”等多种战法。2009年，全市通过信息研判破获各类刑事、行政案件65起，抓获网上逃犯446人。在执法规范化建设上，制定出台了《执法过错责任追究规定》等多个执法规范性文件，对执法主体、执法过错责任追究、便民利民措施等多个执法层面进行了规范，进一步提升了队伍规范化执法能力和水平。特别是开发编撰了500万字、九大模块的《公安执法值勤大辞典》，有力服务了一线执法。在构建和谐警民关系上，深入开展了“公安民警进万家”、进企业、党员干部走进千家万户、帮扶锦化集团困难职工等活动。全市公安机关共建立联系户10 518户，为帮扶群众累计捐款、捐物49万余元。中央电视台《新闻联播》栏目两次报道了市局边防支队大走访活动情况。年内实现了“民心网”举报投诉案件受理率、办结率、满意率三个100%，市局“民心网”投诉办理工作在全省公安系统排名第二。

【圆满完成国庆安保任务】 7月6日国庆60周年安保工作启动以来，全市公安机关在市委、市政府和省厅的坚强领导和直接指挥下，坚持把国庆安保作为压倒一切的重大政治任务和中心工作，坚持“严而又严、细而又细、实而又实”的工作标准，全警动员、全力以赴，通过3个多月的艰苦奋战，圆满完成了各项安全保卫工作任务，顺利实现了“大事不出，小事也不出、确保万无一失”和“七个不发生”的工作目标。全市加强堵卡、重点人稳控、武装巡逻等4项安保工作做法，被省厅安保办推广。市公安局、交警支队、治安支队、防控支队、控申处、万家检查站等多个集体被省公安厅授予“国庆60周年安保工作先进集体”，多名个人立功受奖。

【强化队伍建设】 新一届市局党委坚持以“打造关外第一警队”为目标，以深入学习实践科学发展观活动为载体，不断加强各级班子建设和队伍正规化建设，严格落实“执法如铁、纪律如铁”的刚性措施，着力构建大教育、大培训、大宣传工作格局，为圆满完成“三项建设”、国庆安保、服务经济建设等各项工作任务提供了坚实的思想和组织保障。一是坚持政治建警。认真组织开展“深入学习实践科学发展观活动”，全面提升各级领导班子和全体民警的理论素质。二是加强班子建设。3月19日潘春吉局长上任的第一天，就在全市公安领导干部大会上叫响“全体民警向我看齐”的口号，代表局党委向全体民警作出“五个表率作用”、“五个严格做到”的郑重承诺和纪律要求，并向全市公安机关提出了“我的岗位我负责，我在岗位你放心”政治要求。为更好地指导、服务基层，市局开展了“党委成员每月当一天值勤民警、每月参加一次夜间巡逻”活动。三是坚持素质强警。着力构建大教育、大培训格局，通过全面系统开展教育培训活动特别是开展群众性大练兵活动，不断增强了队伍的整体素质。年内共举办各类培训班35期，培训1 026人。在全局计算机基本技能考核验收中，民警达标率实现了100%。四是坚持从严治警，实现“执法如铁、纪律如铁”。严格执行“五条禁令”等各项队伍管理制度，出台了《加强全市公安机关队伍正规化建设规范内务管理方案》等五项队伍管理制度；加强执法监督，利用158个派出所电视电话系统和276个执法单位语音图像督察系统，对办案单位、窗口单位警务活动实施全程监督；严肃查处违法违纪问题。共查办内部违纪案件21起，处分31人。先后对5名违反局规办升学宴、搬家宴、越级上访的领导干部予以免职，把9名无所作为、不适应本职岗位工作的交警调到偏远的基层单位锻炼。特别是针对少数民警不遵守交通法规问题，明确规定对公安机关内部违反交通法规的司机一律按最高限处罚，并在新闻媒体上公开曝光，接受全社会监督举报。五是坚持从优待警。全面落实休假、体检制度，开通了民警医疗救助“绿色通道”，组织安排患重大疾病民警去省会诊。注册成立葫芦岛市公安英烈救助协会，成立民警心理健康服务中心，广泛开展了走访慰问活动，共慰问民警100多人次，发放慰问救助金124.2万元，国庆安保超时补助金200余万元。年内免费为民警及家属办理驾驶证165个，为35名老民警争取解决了正副科级非领导职级待遇，协调理顺148名军转干部定级工作，安排109名老干部体检并组织了参观考察活动。六是加强公安宣传。坚持抓选题、抓策划、抓精品、抓机制，全力建设宣传工作大格局。组建了52人的市局宣传骨干队伍，制定了《关于进一步加强公安新闻管理的规定》、《市公安局对外宣传奖励规定》等制度。年内共在各级新闻媒体刊播发稿件1 782篇，在《人民公安报》刊发专版12个，全省排名第二。特别是在“三项建设”宣传月活动中，我局稿件总分排名全省第二，扩大了葫芦岛市公安机关在省内外的影响力。共推荐省级以上典型单位11个，个人16名。其中交警万家大队被确定为省级精神文明单位；法制处蒲文涛同志获“全国公安机关十佳行政复议应诉能手”荣誉称号；边防支队、边防支队吴魁同志被公安部确定为群众工作重大典型。共表彰集体 42 个、个人 726 名。

（姜　梅）

审　判

【概况】 2009 年，葫芦岛市中级人民法院在市委、市人大、市政府、市政协的正确领导、监督和支持下，坚持以科学发展观为统领，以“三个至上”为指导，坚持“为大局服务，为人民司法”的工作主题，充分发挥司法的能动性，紧紧围绕全市工作大局开展工作，各项工作取得了新成绩，为葫芦岛的和谐稳定和经济发展做出了积极贡献。

【对书记员进行考核定岗】 为提高书记员的业务水平，优化书记员资源配置，进而提高审判质量和效率，提高法院的司法能力，自 3 月 6～20 日，对书记员实行了 以考核为基础、以双向选择为重点、以党组统筹为补充为主要内容的考核定岗。此次考核定岗，初步建立了公开、公平、选贤任能的用人机制、优胜劣汰的竞争机制和奖优罚劣的激励机制，是对探索管理、使用书记员方法的大胆尝试。

【在全省率先成立军人维权案件审判庭和未成年人案件审判庭】 针对本市驻军多、军人多、军属多的特点，为维护国防利益和军人军属的合法权益，市法院在全省率先成立了军人维权案件审判庭。同时，为积极推进审理未成年人案件司法制度的改革，专门成立了未成年人案件审判庭，成为我省继沈阳中院之后第二个成立独立建制的未成年人案件审判机构的中级法院。

【院领导班子集体到基层法院调研】 根据市委学习实践科学发展观活动领导小组的部署，结合两级法院的工作实际， 4 月 22～ 29 日，市法院领导到六个基层法院进行了集体调研。此次调研活动是我院建院以来首次院领导集体调研。六个基层法院领导班子按照调研内容进行了充分准备，作了详细汇报，使院领导们对基层法院工作有了更深的了解。

【诉讼服务中心正式挂牌】 为切实方便人民群众诉讼，加强诉讼服务与审判工作的衔接，全面提高审判效率，按照省法院要求，市法院将立案大厅改建为诉讼服务中心，于 9 月 24 日正式挂牌。这标志着市法院司法为民工作走在了全省法院的前列。

【首次以注射方式执行死刑】 10 月 13 日，发生在建昌县震惊全国的灭门惨案被告人胡德志被依法执行死刑。此次死刑执行采取注射方式进行，这是市法院落实省院文件精神而采取的首次以注射方式执行死刑，也是市法院审判改革的一大进步。

【数字化法庭建设如期完成并投入使用】 为深入贯彻落实《最高人民法院关于全面加强人民法院信息化工作的决定》及辽宁省高级人民法院信息化建设工作会议精神，市法院积极与市政府协调，市财政部门严格把关，严格按照程序完成了前期招、投标工作。并于 11 月 12 日提前建成了 2 个具有庭审现场光盘刻录功能、远程提讯功能、法院局域网及互联网在线直播、点播功能的数字化法庭。

【成功实现首次互联网庭审直播】 12 月 3 日 下午 2 时，市法院利用新建的具有内外网直播功能的数字法庭系统，就万春青盗窃一案的庭审实况进行了互联网的全程直播。这是市法院数字化法庭建成后的第一次互联网直播，标志着市法院信息化建设的新发展。

【召开与各民主党派 工商联 无党派人士座谈会】 为进一步畅通民意沟通渠道，保证市各民主党派、工商联、无党派人士对法院工作的知情权、建议权、监督权，根据《辽宁省高级人民法院与省各民主党派、工商联、无党派人士联络工作规定（试行）》的要求，通过与市委统战部协调， 11 月 12 日，市法院召开了与市各民主党派、工商联、无党派人士座谈会。会议由市委统战部副部长穆在敏主持，柴学伟院长在会上发表了重要讲话。

【本市特大涉黑案件庭审圆满结束】 11 月 14 日，以李辉、何文华为首的黑社会性质犯罪案件在市法院第一法庭公开审理，这是本市建市以来最大的涉黑案件。本案涉案被告人 63 名，涉嫌犯罪罪名为领导、组织、参加黑社会性质罪、故意伤害罪、以危险方法危害公共安全罪等 12 个罪名。此次庭审共动用全市法警 65 人，武装警察 60 人，公安警察 30 人，共出动警力近 2 000 人次。至 22 日庭审圆满结束。

【领导成员名单】

院　长　柴学伟
副院长　王　敏　姜宏伟　孙一博
　　　　曹　忠　范晓杰
纪检组长　池俊宽
政治部主任　高艳莹
执行局局长　张德元

龙港区法院院长　张汝成
连山区法院院长　骆忠山
兴城市法院院长　项　雷
绥中县法院院长　郭　彪
建昌县法院院长　刘国军
南票区法院院长　陈春秋

（贺亚军）

检　察

【概况】 2009 年，全市检察机关紧紧围绕“保增长、保民生、保稳定”的工作大局，深入贯彻落实科学发展观，认真履行宪法和法律赋予的职责，各项检察工作有序推进。

【全力维护社会和谐稳定】 全市检察机关始终把维护社会稳定作为首要任务，加强与公安、法院等部门的密切配合，认真做好检察环节各项维稳工作。一是严厉打击严重刑事犯罪。针对社会治安突出问题，深入开展“打黑除恶”专项斗争，不断加大对严重刑事犯罪的打击力度，依法批准逮捕各类刑事犯罪嫌疑人 1 648 人，提起公诉 2 070 人，其中批捕黑恶势力犯罪以及爆炸、杀人、强奸、绑架、抢劫等严重暴力犯罪嫌疑人 297 人，审查起诉 284 人。两级院重点审查起诉了三个黑恶势力犯罪团伙，133 名成员受到法律严惩，取得很好的法律效果和社会效果。二是正确贯彻宽严相济的刑事司法政策。认真坚持区别对待的原则，准确把握批捕、起诉条件，对罪行较轻的初犯、偶犯、青少年犯罪等无逮捕的，决定不批捕 199 人；对犯罪情节轻微，依照刑法规定不需要判处刑罚或者免除刑罚的，决定不起诉 132 人。三是扎实开展涉检信访排查化解工作。深入开展涉检信访积案化解和“解百案”专项活动，认真做好 60 周年国庆等重点时期的信访维稳工作，努力化解各类矛盾纠纷。全年依法处理群众信访案件 229 件、控告申诉案件 47 件。四是积极参与社会治安综合治理。深入开展“优秀青少年维权岗”创建活动，积极协助做好对判处管制、缓刑、假释、保外就医人员的教育改造工作，通过检察进学校、进社区、进村镇等形式广泛开展普法宣传教育，努力预防和减少违法犯罪。市检察院连续四年荣获全市综治工作先进单位。

【积极推进反腐倡廉建设】 全市检察院始终把查办和预防职务犯罪摆在突出位置，整合资源，加大力度，积极推进反腐倡廉建设。一是依法查办贪污贿赂职务犯罪。加强统一指挥和协调，集中力量查办大案要案，立案侦查贪污贿赂、挪用公款等职务犯罪案件 25 件 47 人，其中立案查处大案、要案 35 人，占立案总人数的 74.5%。通过办案，为国家挽回经济损失 425.26 万元。二是不断加大查办渎职侵权职务犯罪力度。认真贯彻落实市人大常委会《关于加强反渎职侵权工作的决议》，不断完善办案工作机制，重点查办影响科学发展、损害民生民利、危害公平正义、破坏和谐稳定的渎职侵权案件。全年依法立案侦查渎职侵权犯罪案件 11 件 14 人，案件侦结率、移送起诉率、有罪判决率均为 100%。市检察院反渎职侵权局被省政法委评为“人民满意的政法单位”。三是积极做好职务犯罪预防工作。不断探索和完善以个案预防、专项预防、警示教育、预防检察建议为主要内容的专业预防措施，对重大典型案件开展个案预防 9 件，发出预防检察建议 8 份；对 7 项重点建设工程实施专项预防，总金额达 184 亿元；举办预防职务犯罪展览、法制讲座、报告会和警示教育近 15 场次，开展行贿犯罪档案查询 11 次。

【努力维护社会公平正义】 全市检察机关始终把诉讼法律监督作为工作重点，抓住群众反映强烈的执法不严、司法不公等突出问题，强化监督，注重实效，努力维护社会公平正义。一是加强刑事诉讼法律监督。对应当立案而不立案的，督促侦查机关立案 12 件 17 人。对应当逮捕而未提请逮捕、应当起诉而未移送起诉的，决定追捕、追诉 19 人。对依法不应当追究刑事责任或证据不足的，决定不批准逮捕 137 人、不起诉 89 人。按照二审程序提出抗诉 2 件 2 人，按照审判监督程序提请省检察院抗诉 3 件 3 人。认真组织开展刑事审判法律监督专项检查工作，共复查 2008 年以来起诉并判决的案件 42 件 57 人，复查法院裁定减刑 21 人、裁判暂予监外执行 8 人，未发现违法违纪问题。二是强化刑罚执行和监管活动法律监督。依法监督纠正减刑、假释、暂予监外执行不当 3 人次。严格坚持超期羁押提前预警制度，认真组织开展集中清理纠正超期羁押工作，保持了多年检察环节无超期羁押案件。集中开展了打击“牢头狱霸”专项行动，对市县两级看守所在押的 1 058 名人犯作了体表检查，向在押人犯发出调查问卷 841 份，发出工作建议 9 份。三是积极开展民事审判和行政诉讼法律监督。依法受理和及时审查不服人民法院生效判决、裁定的申诉，对认为确有错误的民事、行政裁判提出抗诉 18 件，法院改判 9 件，通过工作使 97 名涉案当事人息诉服判。

【全力保障经济平稳较快发展】 针对国际金融危机的严重影响，全市检察机关紧紧围绕“保增长、扩内需、调结构”等一系列重大决策部署，充分发挥职能作用，着力优化经济发展环境。市检察院制定下发了《充分发挥检察职能，服务全市经济平稳较快发展的实施意见》，以“保增长、保稳定”学习实践活动为载体，认真组织开展了整顿和规范市场经济秩序、治理商业贿赂、查办危害能源资源和生态环境渎职犯罪、查办涉农职务犯罪、工程建设领域突出问题专项治理等一系列专项活动，集中整治经济领域出现的突出问题。2009 年依法批捕破坏市场经济秩序犯罪案件 43 件 80 人，提起公诉 22 件 39 人；立案查处商业贿赂犯罪、工程建设领域和涉农职务犯罪 17 件 42 人；加大重点工程建设专项预防力度，对北港工业园区基础设施、龙湾中央商务区、滨海公路、绥中电厂二期、乌金塘水库除险加固和青山水库等重点建设项目实施跟踪预防，努力保障政府投资安全。

【确保检察权的正确行使】 全市检察机关始终把强化自身监督寓于执法办案之中，既敢于监督别人，又勇于接受监督。一是进一步推进和深化检务公开工作。市检察院制定下发了《关于深化检务公开的实施方案》、《市检察院十二项公开承诺》，不断充实和完善检务公开内容，健全诉讼权利义务告知、检察文书说理、新闻发言人等制度，扩大公开渠道，增加工作透明度。二是深入推进人民监督员制度。对13件拟作撤案、不起诉处理和犯罪嫌疑人不服逮捕决定的三类职务犯罪案件进行了监督，其中人民监督员不同意办案部门意见的1件。三是加强对执法办案的内部监督。全面推行队伍建设和执法质量“两大考评”体系，加强对立案后拟撤案、不批捕、不起诉、撤回起诉等重点案件的督察，坚持派员列席基层院检委会制度，执法水平和办案质量明显提高。重点加强对自侦案件的监督制约，严格坚持讯问职务犯罪嫌疑人全程同步录音录像制度和职务犯罪案件立案、逮捕必须报上一级检察院备案审查，撤案、不起诉必须报上一级检察院批准制度；全面部署实施职务犯罪案件审查逮捕程序改革，市县两级院直接立案侦查的案件由上一级检察院审查决定逮捕；认真组织开展扣押、冻结款物专项检查工作，对2004年以来两级院办理的48件职务犯罪案件涉及的1 318万元扣押款项进行复查，促进了规范执法。四是自觉接受人大依法监督和政协民主监督。认真落实人大及其常委会的决议和要求，定期编发《代表委员联络专刊》，及时汇报检察工作进展情况。市检察院向市人大常委会专题报告了反渎职侵权工作和贯彻执行市人大常委会决议情况，并按照审议意见进行认真整改。市政协历时两个月，对全市检察机关公正执法情况组织开展了民主评议活动，进一步促进了检察权的正确行使。

【着力提高法律监督能力】 全市检察机关始终把队伍建设作为根本任务，积极推进专业化建设，努力提高法律监督能力。一是深入学习实践科学发展观活动。认真学习市委和省院确定的必读书目和胡锦涛总书记等中央领导同志对检察工作的重要指示，深入到6个基层院开展调研，各位副检察长在全院干警大会上交流了各自的调研成果。认真组织开展“党员干部走进千家万户”、“保增长、保稳定”和“送法下乡，检察进社区”实践活动，实现了“检察人员受教育、法律监督上水平、执法为民显成效”的目标。二是大力加强执法能力建设。以执法办案一线干警为重点加大业务培训力度，市检察院先后举办专项业务培训8期，培训检察人员300多人次，占全市检察干警的57%。深入开展以庭审观摩、案例研讨、业务竞赛为主要内容等岗位练兵活动，广大干警的检察实务技能普遍增强。认真组织全市检察机关反贪部门岗位素能测试，全市80名反贪干警参加测试，测试成绩均在良好以上。全面落实高检院、省院基层检察院建设会议精神，重点加强基层基础建设、检务保障建设和执法能力建设。三是大力加强执法形象建设。研究制定了《关于加强机关纪律作风建设实施细则》，认真组织开展“小金库”治理和评比表彰清理等专项活动，全面推行检务督察制度，并围绕作风纪律、办案安全防范、信访接待、警车管理、执行“禁酒令”等工作组织专项督察37次，执法形象明显改善。

【领导成员名单】

葫芦岛市人民检察院

检 察 长　王恩忠（2009年1月12日离任）
　　　　　于守江（2009年1月12日任职，2009年9月17日离任）
代检察长　慕　宁（2009年9月17日任职）
副检察长　鄢常贵　张一昭　牛宝成
　　　　　郑亚文　戴东风
政治部主任　魏艳春
纪检组长　刘国权
反贪局局长　戴东风（兼）
党组成员　高智君
反渎职侵权局局长　商广华

兴城市人民检察院检察长　张学军
绥中县人民检察院检察长　宋书海
建昌县人民检察院检察长　刘如棣（2009年11月25日离职）
　　杨忠伟（2009年11月25日任代检察长，2009年12月24日任检察长）
连山区人民检察院检察长　姜公臣
龙港区人民检察院检察长　白银燕
南票区人民检察院检察长　罗继双

（李东虹）

司　　法

【概况】 2009年，全市司法行政机关在市委、市政府的正确领导下，在市人大和社会各界的监督支持下，坚持以党的十七大和十七届四中全会精神为指导，全面贯彻落实科学发展观，以服务“保增长、保民生、保稳定”为主线，突出重点，突破难点，各项工作水平得到了全面提升，为促进经济社会发展、维护社会和谐稳定做出了积极贡献。

【维护社会和谐稳定工作成效显著】 人民调解工作“第一道防线”作用得到有效发挥。全市各级人民调解组织紧紧围绕“三保”中心工作任务，深入开展“迎国庆、保稳定、促和谐”化解矛盾在基层活动，大力开展矛盾纠纷百日大排查、大调处，全年共排查各类民间矛盾纠纷402次，调处纠纷8 611件，调处成功8 064件，防止群体性上访案件122件，防止民间纠纷引起自杀案件32件，防止民转刑案件167件，有力地维护了基层社会的和谐稳定。

积极开展安置帮教工作，以刑释解教人员管理软件为平台，及时分发和上报刑释解教人员信息，做到底数清，动态明。在全市聘请157名帮教志愿者，对辖区内的释解人员开展结对帮教。年内共安置刑释解教人员214人，安置率达98%，有效预防和避免了重新违法犯罪的发生。

【劳教工作呈现良好局面】 劳教工作始终把保稳定保安全作为首要任务，将“人防、物防、技防”三道防线有机结合，进一步完善了以“四项机制”为主要内容的场所安全管理工作的长效机制。积极开展专项整顿活动，及时发现和掌握场所安全状况和人员思想动态，牢牢掌控场所安全工作的主动权。按照“首要标准”的要求，通过规范课堂教学，强化职业技能培训，开展心理健康教育等措施，全面提高教育改造质量。全年未发生监管、生产安全事故，实现了场所持续安全稳定。

【法律服务工作健康发展】 律师、公证、法律援助等法律服务工作紧紧围绕全市工作大局，立足“三保”中心任务，拓展服务领域，其职能作用得到了充分的发挥。年内，全市律师共办理各类案件2 716件，担任法律顾问200家，公证机构办理公证事项35 979件，鉴定机构办理鉴定事项1 056件，基层法律服务机构办理各类诉讼、非诉讼案件3 418件，担任法律顾问383家，解答法律咨询2.3万余人次。

律师工作，积极服务于重点经济项目建设，组建“法律专家团”，围绕全市重点工程项目、“一线七区”经济带建设，开展重点法律服务。为促进中小（民营）企业的健康发展，组织11家律师事务所与15家中小企业结对子。积极参与社会主义新农村建设，与新闻媒体联合开办《律师法律服务在线》、《科技面对面》、《新农村建设法律专家服务团在行动—专家讲坛》栏目，围绕新农村建设这一主题，搭建群众法律咨询平台。积极服务于维护社会和谐稳定，组织律师参与社会矛盾调处工作，建立律师值班制度，发挥律师在社会矛盾调处中的特殊作用，引导上访群众依法妥善解决利益诉求。

公证工作，围绕“五点一线”沿海开发、社会主义新农村建设等工作大局，积极拓宽服务领域。推行阳光办证，扩大减免收费范围，并将具体的8项便民措施予以公示。对涉及我市重点工程、领取最低生活保障的城镇居民、农村五保户、经济困难的残疾人、符合法律援助条件及其他需要减免的，公证服务收费实行减免；对人民群众生活密切相关的房屋买卖等公证事项酌情减免收费，安居保障房减免收费；对符合法律援助条件的社会弱势群体实施公证法律援助。全市共有参考人员351人，通过66人，通过率18.8%。

【法律援助工作全面推进】 法律援助工作紧紧围绕保障服务民生不断推进。按照“百站千点”的法律援助体系目标要求，在全市93个乡镇，33个街道，共建立法律援助工作站126个，在村委会、社区共建法律援助工作联络点729个，并在工、青、妇、残、船院、老龄委、军分区设立了法律援助联络部，在市福利院建立了法律援助工作站，形成了有效的法律援助工作网络。扩大了法律援助范围，细化了便民措施，为老年人、妇女、未成年人、农民工、下岗工人等开辟了“绿色通道”；对残疾人实行网络申请，电话预约，律师上门服务制度；向社会公开承诺延时服务，开通了法律援助网站和法律服务专线，尽最大努力使社会弱势群体平等享受到法律保护。

全年全市两级法律援助机构共办理各类法律援助案件1 944件，受援人总数达2 991人，咨询、代书及接待“三访”人员6 574人次。

【法制宣传教育工作不断深化】 继续推动“五五”普法规划的落实，以法治城市、法治县（市）区和“民主法治示范村（社区）”创建活动为载体，不断深化“法律六进”活动，全年共举行大型普法宣传18场，法律知识讲座150场次，开展法律知识竞赛5次，法制征文1次。在全市党政机关开展“双十佳”学法用法示范工程活动，推进法律进机关，提高公务员依法行政、依法办事的能力和水平。在农村实施“四个一”工程，即在每个乡镇建立一个农民法律夜校；每个村委会建立一个法律辅导站；每个村民组确定一个学法中心户；每户家庭培养一个法律明白人。评选并表彰全市“民主法治示范村（社区）”37个。连山区高桥镇高城子村被评为全国“民主法治示范村”。与有关部门联合组织开展了“学法守法用法、建设美好祖国”青少年法律知识网络竞赛活动。

【司法行政的基层基础工作不断加强】 2009年，完成第五批国债资金支持乡镇司法所办公用房建设项目37个，在建项目6个。加大了基层司法所规范化建设的巩固、完善、提高工作力度，不定期深入各基层司法所开展督促指导检查。积极建立人民调解激励机制，推广了连山区《人民调解委员会和人民调解员奖励办法》。

系统内帮扶共建活动扎实推进。年初，选派了19名优秀劳教干警赴街道司法所，协助开展社区矫正和安置帮教等工作。积极开展律师事务所与乡镇法律服务所“结对帮扶、共创共建”活动，帮助乡镇司法所解决实际困难。

（汤晓贺）

军　　事

军分区

【概况】　2009年，军分区党委认真贯彻党的十七届四中全会精神，突出主线抓党建，聚焦中心做准备，帮带基层打基础，依法从严保稳定，圆满完成各项工作任务，全面建设取得新的进步。军分区被中央政法委和总政治部联合表彰为全国涉军维权工作先进单位，被沈阳军区评为先进警备司令部、财务工作先进单位，被省军区评为新闻报道、计划生育工作先进单位；司令部和教导队被省军区评为先进单位。市委书记陈晓琨被沈阳军区评为党管武装工作模范书记。岗位与货币相结合安置随军家属办法在全省推广。

【战备工作进一步落实】　2009年，军分区适应新形势、新任务的需要，突出抓好《一个计划四个方案》的修改完善工作，提高了战备方案的科学性、实用性、规范性。按照“齐全配套、功能完备、方便适用、符合实战”的要求，抓好战备库室和各类值班室配套设施建设，达到“三分四定”的要求。落实国防工程维护管理制度，定期普查国防工程维护管理情况，为启动、开发、利用创造良好条件。加强战备值班分队建设，定期组织紧急战备拉动演练。按照“观战争、深思考、想自己”的思路，深入探索反恐斗争特点规律，研究反恐斗争对策措施，定期组织反恐演练，圆满完成葫芦岛市反恐维稳任务。

【首长机关参加锦葫要地防空联合演练】　5～6月，针对高技术条件下局部战争的特点，借鉴伊拉克战争经验，军分区组织首长机关参加锦葫要地防空联合演练。演练前，收集整理近年来外军空袭作战资料和全国重点城市防空袭作战的研究成果，分析军分区系统组织防空袭作战准备所面临的难点问题，以及敌人可能对葫芦岛市实施空袭的基本样式，明确演练的主要课题和任务。演练以新时期军事战略方针为指导，紧密结合军分区所担负的防空袭作战任务，着眼“打赢”需要，立足现有装备，采取“理论探讨、网上作业、战术标图、情况诱导、综合演练”的方法，重点抓好以作战筹划、组织指挥、综合防护、火力抗击、消防空袭后果5个训练问题、12个内容的演练。拟制演练导调文书15份，完成作业文书40余份，标绘首长决心图3份。通过演练，使首长机关掌握了敌人实施空袭的特点、规律，熟悉了对重点目标的防护和消防空袭后果的方法，检验了各种防空战法的运用，提高了首长机关组织指挥防空袭作战能力。

【直招士官主动“抢兵员”】　6～8月，针对招收士官数量多、“门槛高”、专业相对集中的特点，葫芦岛市采取主动“抢兵员”的方法，在高等院校中寻找士官招收增长点。军分区首长、机关干部深入渤海船舶职业学院、辽宁工程技术大学等高校第一线，与大学生面对面的宣传招收士官政策规定、标准条件、优抚待遇、安置政策，解答大学生关注的“热点”问题。在校园网站开设工作动态专栏，刊登招收士官工作信息和滚动字幕宣传广告，将招收士官信息粘贴到互联网上学生班级的校友录里，发送到每名学生的QQ群里，邮寄到学生的实习单位，让更多的学生掌握士官招收政策和规定。学生返校期间，在学校专门设立招收士官报名办公室，派出工作人员住校办公，专门负责登记报名、政策咨询和疑难问题解答。利用学生饭后和就寝前时间，工作人员多次深入宿舍，以聊天的形式做好宣传发动工作。开通校园24小时招收士官咨询热线，悬挂招收士官横幅、标语180余条，粘贴招收士官公告1 000余张，发放招收士官宣传单2 000余份。通过主动“抢兵员”，有380名大学生参加报名应征。经过身体检查、政治审查，有80名船舶电气、自动控制、船体修造、机电、焊接等专业大学生被招收入伍，是2008年的4.5倍，无1人走“后门”托关系和请客送礼，既防止了不正之风，又提高了兵员质量，直招士官的做法被辽宁省军区转发。

【组织民兵进行救援器材操作训练】　5月12～6月2日，根据《训练大纲》的规定和民兵应急分队担负的任务，军分区采取“理论学习、讲解示范、实际操作、考核验收”的方法，认真抓好以气动切割刀、手动破拆工具组、起重气垫、躯体（肢体）固定气囊、手提式防爆照明灯、救生抛射器、50米救援绳、多功能担架、抢险救援头盔、安全带、防坠落辅助部件、警示绳、发光标志牌、救援手套、多功能液压钳、生命探测仪、剪电钳、剪线钳为主要内容的民兵应急分队救援器材操作使用训练。参训人数88人，训练成绩总评为良好，训练优秀率达32%。通过训练，参训人员掌握了救援器材的操作使用方法，提高了民兵应急分队应付突发事件的能力。

【警备纠察成效明显】　2009年，根据《警备条例》的要求和警备纠察的特点，军分区认真抓好警备纠察人员条令条例学习和纠察业务培训，增强警备纠察人员条令法规意识，提高依法纠察能力。按照每周派遣2次纠察勤务、节假日每天派出勤务的要求，采取设卡路检、重点巡查、突击检查和固定设点与流动检查相结合、白天纠察与夜间巡查相结合的方法，深入城区、重点街路和公共场所（空车配货市场、商品批发商场、车站、公园、网吧、饭店等），重点治理军车不遵守交通规则、私设警报、手续不全、号牌外借、私自营运、伪造军车号牌、地方车辆挂军车牌照、不遵守交通规则和军人违规违纪、军容不整等问题。全年派出纠察勤务2 700余人次，出动车辆350余辆次，检查过往军人450人，军车2 400余辆次，现场纠正军容不严整人员55人，检查违规违纪军人11人次，查处假冒军车38辆，收缴销毁军车号牌75副（含伪造、临时、过期号牌），警灯警报5套，假证件、过期证件35件，处理军民纠纷3起，帮助过往军人、军车解决困难12起，较好地维护了军人的合法权益和军车良好形象，葫芦岛警备司令部被军区评为先进警备司令部。所属的万家军检站站长刘峻松被军区评为警备工作先进个人。

【随军家属和退役人员参加再就业培训】　2009年，为帮助随军家属和军队退役人员掌握再就业技能，提高市场经济条件下竞争上岗能力，军分区积极协调市劳动局、民政局，采取集中上课、专科辅导、实际操作、结业考核的方法，在市劳动大厦联合举办4期由驻地部队524名随军无工作家属和军队退役人员参加的免费再就业基本技能培训班。培训内容：计算机、面点、烹饪、美容美发、宾馆服务、会计业务、英语辅导等。通过培训，使每个随军家属和军队退役人员学会了一项专业知识，由过去没有专业技能的“门外汉”成为今天有一技之长的“明白人”。“八一”前夕，为使参加培训的随军家属和军队退役人员实现再就业，军分区与市政府一起，协调有关部门，在市劳动局大厦举办首届驻地部队随军家属和军队退役人员大型就业洽谈会。133家企事业单位提供需求岗位737个，有306人与招聘单位签订了就业合同。驻军某部副营长的妻子王晓兰在这次招聘会上被市东方英语成才中心聘为英语教师，月基本工资为1 450元。当与用人单位签订就业合同时，喜悦之情溢于言表，“真的感谢市政府、军分区，为军分区创造了一个这么好的再就业机会。

【完善基础设施建设】　2009年，本着配套适用、建管结合、保质保量的原则，军分区加强后勤基础设施建设。投资14万元，改造供水管线、更换供电线路、维修供暖管道，提高供水、供电、供暖水平。投资7万余元，安装楼面彩色闪光灯900米，美化、亮化了营区。投资48万元，整修教导队教学楼，更换官兵宿舍、值班室、门卫生活设施，购置了床、柜、炊具，达到整齐划一、摆放统一、朝向一致的要求。筹资60万元，购买5类30种抢险救灾设备，提高了应急救援保障能力。

（邓顺然　张　东）

武　警

【概况】　中国人民武装警察部队葫芦岛市支队为正团级单位。机关下设司令部、政治处、后勤处，下辖一个直属大队，八个中队。主要担负看守、守卫、城市武装巡逻等任务，隶属于武警辽宁省总队，支队机关驻地葫芦岛市龙港区龙湾新区海月路1号。

【政治思想工作】　2009年，葫芦岛支队突出抓好学习实践活动和培育当代革命军人核心价值观两件大事。通过学习教育，进行解放思想讨论，分析查摆问题，开展各类配合活动，统一了上下思想，打牢了官兵思想根基。《突出实践特色，注重解决问题》的经验做法被总队转发。细致做好经常性思想工作，认真落实人员思想分析和预防犯罪形势分析制度，定期开展官兵涉法问题排查和谈心交心活动。营区政治环境建设快速推进，“七室三场一廊”功能有效发挥，内部关系和谐融洽。在退伍老兵中广泛开展的“三个一”活动，收效明显。

【执勤战备工作】　按照“以人为本、信息主导、正规执勤、确保安全”的要求，党委加大抓中心、议中心、保中心力度，狠抓执勤制度落实、执勤秩序规范、执勤隐患治理，加强方案演练，实现了固定目标万无一失。认真贯彻总队执勤工作会议精神，投入100余万元，建立支队作战指挥中心，为四个执勤中队安装了防护网。加大军事训练力度，提高官兵执行任务能力。2009年，共圆满完成警卫、武装押解、扑救山火、城市武装巡逻等勤务30余次。尤其是出色完成了“两会”和国庆期间万家堵卡任务，配合公安机关抓获犯罪嫌疑人和网逃24名，查获违禁物品270余件，受到各级首长表扬。

（樊新建）

消　防

【概况】　2009年，在市委、市政府、省消防总队和市公安局的正确领导下，市消防支队深入贯彻落实科学发展观，以宣贯新《消防法》为主线，以防火和灭火工作为中心，以预防和减少火灾发生为目标，狠抓工作措施落实，较好地完成了各项工作任务，全市火灾形势平稳，队伍高度稳定，部队灭火救援能力进一步增强。

【消防监督工作】　2009年，市消防支队积极发挥职能作用，全面推动消防工作责任制落实。市政府于年初召开了全市消防工作会议，向6个县（市）区政府、4个开发区管委会、19个市直部门下达了消防工作目标责任书，11月份开展了考核验收。市综治委、市公安局下发了《葫芦岛市2009年消防工作检查考核标准及考核办法》，设立了四项“一票否决”指标。市委市政府将消防工作纳入了《葫芦岛市2009年社会主义新农村建设村庄整治规划实施方案》，将消防规划纳入了160余家新农村建设试点村的规划编制和审批范畴。全市93个乡镇中有30个基本达到农村消防工作“十有”标准，全市建立消防工作试点村和试点社区各12个。市政府出台了《关于加快全市建筑业发展的实施意见》，市建委、市规划局、市公安局等部门就贯彻新《消防法》和公安部106号、107号、108号令下发了通知。支队进一步完善了消防行政执法服务和举报投诉机制，制发了《葫芦岛市企事业单位消防安全标准化管理考核实施办法》。城区和兴城市、绥中县、建昌县全部完成了消防规划编制、评审工作。新建了3个消防站，完成了2个消防站的立项、征地、规划工作。全市消防水源建设得到进一步推进，新建消火栓153个，城市抗御火灾能力显著提升。支队相继组织开展了第二阶段消防安全保卫专项行动、公共聚集场所易燃可燃材料装修专项整治、高层与地下建筑专项整治、中小学校舍安全工程、企业周边消防安全环境治理、国庆消防安保百日决战、建筑消防设施及消防控制室专项治理等工作，市政府主要领导亲自挂帅，公安机关多警种联动配合，进一步净化了社会消防安全环境。2009年，全市公安消防机构共检查单位22 951家(次)，发现火灾隐患8 058处，整改完毕8 058处，罚款96.32万元，拘留1 551人，查封、取缔5 394家，责令“三停”3 626家，完成了国庆消防安保任务，被公安部消防局评为“全国消防部队国庆安保先进集体”。

【消防宣传工作】 2009年，市消防支队不断加强社会消防宣传教育，在三大主流媒体设置了消防宣传专栏，采取播放户外视频、设立大型公益广告牌、悬挂条幅标语、发送消防安全短信、组织消防“大篷车”下乡等形式开展消防宣传，启动了“消防巡回大讲堂、知识免费送万家”活动，将消防安全常识培训纳入了市委副县级以上干部培训、市人事局公务员业务培训、行业监管部门特殊工种培训和中小学素质教育之中。2009年，共在国家级媒体刊发稿件245篇，省市级媒体刊发稿件1 103篇，举办大型宣传活动100余次，播出户外视频300万余频次，发放各类宣传品37万余份，发送手机短信20万条，消防站接待群众6.5万余人，共培训社会各类人员3.6万余人，提升了各层面人员消防安全意识和社会抗御火灾能力。

【火灾与灭火救援】 2009年，全市共发生火灾188起，死亡2人，无人员受伤，直接财产损失1 085 087元。同比2008年，火灾起数下降12.5%，死亡、受伤人数持平，直接财产损失下降0.7%。2009年，支队不断深化打造公安消防铁军工作，确定了“攻难点、创亮点、抢占制高点”的工作思路，将打造铁军工作纳入了党委整体工作、信息化建设和灭火救援社会应急联动“三大体系”，分别组建了灭火救援专业队、水域救援专业队和高速灭火救援专业队，加强了指挥员队伍建设，强化了灭火救援攻坚组建设，完善了灭火救援全勤指挥部，与市有关部门联合组建了灾害事故处置和灭火救援指挥决策专家组，进一步完善了支、大队两级灭火救援基础业务档案建设和档案管理工作，深入开展了管区情况“六熟悉”和重点单位实战演练。2009年，共开展“六熟悉”和“三位一体”演练950次，出动车辆2 849台（次），出动人员12 186人（次），进一步锻炼了部队联动反应、协同作战、处置特种灾害事故的技战术水平。2009年，支队共接警274起（含抢险救援、社会救助），出动车辆485台（次），出动警力2 258人（次），抢救被困人员102人，疏散被困人员63人，抢救财产价值402.2万元，保护财产价值数千万元。

【思想政治工作】 2009年，支队集中开展了胡锦涛总书记“三句话”精神主题教育、“当代革命军人核心价值观教育”和“弘扬公安消防精神、忠诚履行职责使命”主题教育活动，将机关、基层干部挂职轮训制度化，利用总队干部培训系统开展全员业务培训、信息化技能培训10次。对2008年地方院校毕业生、2009年部队院校毕业生分别开展了为期百天的岗前培训。建立了大走访责任制度、联络点制度等六项制度，出台了《便民利民十三项措施》，走访单位2 250家（次），帮助企业解决隐患困难3 000余项。深入开展了“双争”活动和“创建安全年、争当无事故单位”和“安全双百日竞赛活动”，结合实际出台了相关制度规定。组织官兵深入到驻地敬老院、困难群众家庭、儿童福利院走访慰问27次，赠送油、米、面等日常生活用品价值2万余元，开展了“息息相关、心心相连”爱心储蓄活动，为贫困学生开展爱心储蓄89 000元。

【后勤建设】 2009年，支队不断加大消防经费争取力度，消防经费取得突破性进展，市本级预算经费总量由2008年的1 440万元增长到2009年的1 650万元，争取购置消防车、执勤补助等各类预算外资金达600多万元，全市消防经费总额达3 966.3万元。支队投资800余万元加强营房和基层基础设施建设，投资350万元完成了移动指挥中心、短波电台和IDB数字交互平台等信息化装备的招标采购。投资70余万元配置计算机，建设网络，完成了公安网横向通过100M线路接入市公安局，纵向通过4M线路直连所辖大、中队。投资30余万元，开发了消防监督工作统计研判平台、消防通信指挥系统数据库、消防水源GPS卫星定位导航系统和网络版政治工作综合管理系统。投入236万元购置了4辆水罐消防车和1辆多功能抢险救援车，投资400余万元购置了生命探测仪、火源探测仪、移动自摆炮等一大批特种器材和攻坚组装备，为部队建设打下了坚实的基础。

（李安国）

边　防

【概况】　2009 年，葫芦岛市公安边防支队在辽宁省公安边防总队、葫芦岛市党委政府及市公安局的领导下，紧紧围绕“保增长、保民生、保稳定”的总体要求，加强沿海地区管控，深化爱民固边战略，积极推进部队正规化管理，突出“三项建设”这一重点，全力服务葫芦岛沿海发展战略大局，圆满完成了各项公安边防工作任务。

【党委核心领导作用进一步增强】　2009 年，支队把创建“学习型、团结型、务实型、廉洁型”班子作为加强班子自身建设的目标，系统学习科学发展观的内容，撰写理论文章、调研报告 14 篇。年初，党委成立专门的调研组，对所属基层单位进行了走访调研，归纳整理出官兵反映的实际困难34件，征求促进部队发展的建设性意见 22 条。为使支队各项建设赢得地方党委政府及公安机关的信任，班子成员积极作为，分级分片，集中开展了走访地方党委政府活动，对驻地 17 个市（县）区乡镇党委政府、公安机关、职能部门及辖区群众代表进行了走访，主动在汇报中争取支持，在跟进服务中提升地位，在积极作为中赢得信任。定期下基层面对面地指导，帮助解决实际困难，先后投入经费 13 万余元。为基层购置了单警装具及计算机、照相机、打印机等办公设备和空调、热水器等生活设施；协调市局每个月为工作环境恶劣，危险性较高的中兴、石屯所发放执勤补助 5 000 元，每人每月补助执勤费 200 元等一系列举措，赢得了广大基层官兵的信任和认同。

【国庆安保任务圆满完成】　国庆安保期间，支队严格按照总队、市局的工作部署，狠抓各项安保措施的落实，较好地维护了边防辖区的社会稳定和政治安定。一是加强领导，部署有力。支队成立了的国庆安保工作领导小组，负责国庆安保工作的组织领导和指挥协调，建立了支队到派出所民警的“三级责任制”，并多次召开动员部署会、办公会、研讨会，坚持每 3 天对国庆安保工作进行一小结，分析工作形势，明确工作任务。二是落实制度，明确责任。安保期间，支队党委成员深入基层，包片蹲点，严格落实领导带班、外出审批、值班备勤、请示报告、协作配合等制度，保证充足的警力应付突发事件。党委成员按照“纵向到底，横向到边”的工作思路，坚持每日督察、两级督察、电话督察，紧盯当前紧迫任务，实行昼夜不间断督察。为保证督察效果，明确了奖惩措施：一旦发现问题，各单位第一责任人“一次通报批评，两次诫勉谈话，三次自动辞职”，在部局、省厅以及市局督导组的多次督导中，均未发现问题，得到相关领导的一致肯定。三是集结演练，提高能力。支队结合实际制定了《国庆安保工作处突总体预案》，成立了处突分队，设置了 15 种可能在辖区出现的突发或恐怖事件的假想情况，期间，各单位共动用警力 360 余人次，车辆 196 台次，组织开展各类演练 27 次，提高了官兵应对突发事件的快速反应能力；出动警力 11 人，配合市局分别在 102 国道万家段、京沈高速公路塔山段和葫芦岛高速西出口 3 处设立检查点，对过往车辆、人员进行检查，共检查车辆 48 500 余台次，比对人员 16 万余人次，抓获网上逃犯 7 人，登记重点人员 23 人，收缴管制刀具 30 余件，查获珍惜野生动物 7 000 余只，充分发挥了环京“护城河”的作用。四是情报主导，广辟信息。支队由以往每半月调整为每周对辖区不稳定因素进行一次摸排，对排查中掌握的隐患分类梳理，制作了《辖区不稳定因素动态跟踪表》，建立起支队到派出所的三级情报搜集体系，重新确定兼职情报侦查干部 51 人，共向驻地党委政府、上级公安机关反馈信息情报信息 132 条，通过及时收集预警性信息，化解矛盾纠纷 23 起，处置 20 人以上群体性事件 6 起，有效地发挥了情报信息的预警研判作用。五是开展排查，消除隐患。结合“大走访”活动，对辖区重点人员、重点场所进行了滚动式、反复式排查，共摸排出重点人员 385 人，登记外国人 191 人，特别是对曾进京赴省上访人员、扬言滋事闹事人员和有可能进京赴省制造事端的严重不满人员，逐人见面、谈话、备案，逐人落实疏导化解和稳控措施，实行民警 24 小时严管严控，每天开展回访查验，确保万无一失。对辖区出租房屋、宾馆旅店等场所实行“实名、实数、实情、实时”登记、上传，共排查登记娱乐场所 64 个、洗浴 32 处、旅店 208 家、网吧 36 个、废品收购站 26 家、企业单位 164 家；加油站、天然气站 25 个；登记暂住人口 25 481 人，与相关单位和人员签订安全管理责任书 319 份，有效维护了辖区治安稳定。六是巡逻防控，消除盲点。支队在 4 个城市派出所实行“网格化”巡逻，坚持每天晚 6 时～次日早 7 时不间断巡逻，最大限度地把警力和各种社会治安辅助力量利用起来。龙湾所在巡逻中增加技防手段，建立“国庆安保指挥平台”，集社区安防系统、巡防指挥系统、值班系统于一体，科学整合现有警力和社会资源，把指挥、防范、控制等多种措施有机结合，发挥了统一指挥、快速指令、协调作战的效用。农村派出所加强“护港队”“护村队”建设，并推出了“我为大家守一夜，大家为我守一月”的新型警民联防形式，调动了群众共同参与群防群治的积极性。七是破案追逃，确保稳定。支队按照公安机关部署，以国庆安保工作为中心，通过深入开展集中清查、网上追逃、打击“两抢一盗”、打击涉枪涉爆等专项行动，确保了社会治安大局平稳。全年共破获刑事案 72 起、查处治安案件 276 起、打击处理违法犯罪人员 305 人，抓捕各类网上逃犯 62 人。其中，石屯派出所破获系列团伙盗窃摩托车案件，抓获犯罪嫌疑人 4 名，收缴赃车 13 台，挽回经济损失 2.5 万元；杨家所民警通过细致摸排，获得重要线索，将涉嫌故意杀人的犯罪嫌疑人孙士明抓获，绥中县公安局对民警乔小立予以嘉奖；连山边防大队通过信息研判，周密部署，成功打掉一个连续盗窃高速服务区车主财物的团伙，将三名犯罪嫌疑人全部抓获，涉案金额 10 余万元，10 月 6 日中央电视台《法治在线》栏目以此为题材录制专题节目播出，引起强烈反响。在葫芦岛市公安局全市刑侦工作表彰会议上，二河口、葫芦岛边防派出所被评为“打击犯罪工作先进派出所”、龙湾边防派出所荣获“社区巡防工作先进单位”荣誉称号。在葫芦岛市公安局召开的国庆安保总结表彰中，支队26名同志被评为“国庆安保工作先进个人”，占表彰现役部队总人数一半以上，得到市公安局领导充分肯定。

【沿海辖区管控能力明显提高】 一是加强海防监控体系的规划和建设。支队严格按照上级海防委的统一部署，在地方党委、政府的大力支持下，完成对海防监控系统选址的规划、论证。目前，支队已经完成3.4公里海防执勤道路修建以及菊花岛、小坞码头2个海防监控站的建设，剩余2.7公里海防路以及止锚湾、二河口两处海防监控站的前期勘验工作也已经完成。二是认真组织开展反偷渡、制止越界捕捞专项行动。针对朝韩海域的严峻形势，开展了船舶排查专项整治活动，登记在册各类船舶2 210艘，渔船民5 615人，做到底数清、情况明。召回在外作业渔船，对具有越捕能力的大马力船只，纳入重点监管范围，严格出海渔船民证件的办理程序和船只报港手续，签订了制捕工作责任状，并建立定期联系制度，随时掌握其动向，做到管控到位。特别是提前掌握了辖区绥中海域渔民与河北渔民有可能进行群体性械斗的预警性信息，及时派出海上执法小组，对本市渔民“约法三章”，逐人签订保证书，避免了恶性事件的发生。经过努力，全年无偷渡、走私、越界捕捞案件或事件发生，海上重特大刑事犯罪为零，省公安厅钱珑副厅长到葫芦岛沿海一线督导检查工作时，对支队沿海管控工作给予充分肯定。三是做好海蜇保护及旅游旺季的执法执勤。在海蜇看护敏感时期及旅游旺季，支队在313海滨、兴城海滨、绥中海滨三处，组建了3支沙滩巡逻中队，在313海滨设立了巡逻、救助一体化警务室，免费为游客寄存贵重物品，并同313医院医护人员成立救护小组，使得游客安全感增强，便民服务深入人心。全年，支队共出动警力3 310余人次，车辆1 230余台次，制止海蜇违捕行为44起，处置海滨各类游客纠纷374起，浴场偷盗扒窃等可防性案件较去年同期相比下降21%， 8月31日晚，中央电视台《新闻联播》报道了支队的工作做法和成果。

【执法规范化和信息化建设明显进步】 在执法规范化建设上，协调地方公安机关，建立了民警定期轮训和重要业务随时培训制度，保证全体民警每年受训率达到100%；汇编了《葫芦岛支队执法规范化指导手册》，提升了民警执法能力和执法公信力；举办执法执勤安全工作培训班，聘请市局防暴支队一线民警现场讲解，提高民警自身安全防护能力；协调市局法制处成立了“执法质量服务队”，深入基层派出所，解决执法难题。在总队执法资格认证考试中，全支队合格率达到95%以上。在信息化建设上，面向基层民警举办了三期信息化建设培训班，并成立信息化建设考核小组，以考促练，分梯次进行信息化应用技能考核；帮助各大队培养了一批信息应用尖子，组建了一支“小教员”队伍，协调把基层单位纳入到各县区局信息化培训、考核计划，边防派出所民警统一参加地方公安机关信息化考核，民警计算机“四会”合格率达到100%；各单位在市公安局信息采集录入大会战考核中成绩显著，葫芦岛所、海口所、钓鱼台所、齐屯所排名均位列各县区局前列，12名民警被公安机关评为“警综平台信息采录能手”，受到了公安机关的表彰。

【部队管理和“两防”工作扎实有效】 支队严格落实《公安边防部队内务规定》，采取有力措施，狠抓部队正规化管理和“两防”工作，提升了部队管理水平，确保了部队内部的安全稳定。一是抓机关促基层，抓典型带全局。支队组织专门人员重新完善了《葫芦岛支队管理制度汇编》，对会议制度、日常管理做进一步规范，坚持每天早8时班子成员开早会、值班领导每晚查铺、值周干部每日早饭前检查讲评内务卫生、周一至周三早操、会议前点名签到等20余项制度，做到“每项工作有标准，时时处处有规范，训练生活有章法”；召开了机关正规化建设现场会以及全支队范围内的“正规化建设及处置突发事件现场观摩会”，以机关正规化管理为样板，推广了兴城大队机关、海口所、钓鱼台所的部队管理经验，激发了基层单位“学先进，赶先进”的工作热情。二是创新督察模式，确保警钟长鸣。在原有的每日督察、电话督察、两级督察基础上，增加定期通报、督察问责两项制度，督察人员对督察情况详细记录备案，对发现的问题以《督察快报》的形式下发部队，起到了警示作用，并在日常督察中严格执行“一次通报批评，两次诫勉谈话，三次自动辞职”责任追究制度，确保警令畅通、令行禁止，确保部队秩序正规、高度稳定。三是“抓两防”促“三无”，查隐患保安全。支队以“无违纪、无责任事故、无重大刑事案件”为目标，逐级建立了“两防”责任制，签订《“两防”工作目标责任状》。国庆安保期间，支队出台了党委成员包片蹲点、机关干部下基层“当兵”、值班备勤、请示报告、营门“自卫哨”、车辆审批派遣等六项铁的纪律加强部队管理；深入开展了安全稳定教育整顿活动，挖掘和整改了制度上的“小漏洞”、内部关系上的“小摩擦”、个别人身上的“小毛病”、管理上的“小松劲”，努力健全完善了部队安全工作的长效机制。特别是在老兵复退时期，党委成员分片包干，对补选退人员普遍开展一次谈心谈话活动，组织开展“老兵驻地一日游”“我为部队添光彩”“为复退老兵办一件实事”等活动，并对部队管理中常见的、易发的案件事故进行归纳整理，制作“两防”工作提示卡，增强了各级对安全工作常抓不懈的意识，对官兵起到有效的提醒作用。坚持每月开展一次保密常识教育，对重点敏感岗位工作人员进行摸底排查，逐一建立信息档案，严格对涉密文件和涉密计算机信息的管理工作，防止“一机两用”和失泄密事故的发生。

【部队政治建设全面加强】 一是深化学习实

践科学发展观活动。制作编写了《学习实践活动资料汇编》，开通了专题网站和“短信课堂”，积极开展知识竞赛、演讲比赛、“科学发展观大家谈”、为驻地经济发展“建一言，献一策，做一件实事”、公安边防工作“群评群议”、组织官兵到辖区大型国有企业参观学习等活动，进一步丰富了学习形式，调动起官兵参与学习的积极性，巩固了学习效果。二是强化了基层班子建设。把强化基层班子建设，作为确保政令警令畅通、贯彻上级指示精神的有力抓手，年内，调整了2名大队主官、10名派出所主官，提拔8名年轻干部走上基层主官工作岗位，年轻、有朝气、有活力的基层班子带动了各项工作的创新与发展。三是经常性思想工作扎实有效。支队紧紧围绕中心工作开展经常性思想工作，共排查出工作帮扶对象5人，签订了“个别人员管理帮扶责任书”，指定了“一帮一”责任人，通过“三互”小组、交心谈心活动等形式进行重点帮扶，确保不出现问题。四是认真落实从优待警措施。支队党委急基层所急、帮基层所需、办官兵所盼，明确规定基层民警福利年最低保障额为3 000元，积极争取为官兵发放国庆安保补助10万元，鼓舞基层官兵干劲；合理安排基层干部休假，并在任务繁重时期，开展机关干部下基层“当兵”活动，解决基层警力不足的难题；积极协调市教育局为官兵中考子女加分，并做好8名转业干部的安置及2名老干部的移交工作，达到“安置满意，走的舒心”的良好效果。五是宣传报道工作成绩显著。支队按照“突出重点、推出亮点、打造边防品牌”的要求，加强与中央级、省市级媒体的通联关系，对外宣传工作成果喜人，先后接受了《军队党的生活》、《解放军生活》等专刊记者的实地采访；“网络警务室”、“边防民警进万家”以及救助斑海豹等感人事迹被中央电视台1套、7套栏目做了专题报道，引起社会各界强烈反响。全年，支队在新华社、《人民日报》、中央电视台《新闻联播》等中央级媒体刊稿42篇、省市级媒体刊稿450篇，在全总队名列前茅。

【部队综合保障能力全面增强】 一是不断加大基层投入力度。支队为27个基层单位车辆上缴了保险，投资30万元开通4个大队、22个派出所的视频会议系统，投资10余万元为基层配发了单警装备，并为基层统一制作了业务簿册，对部分基层单位营房、锅炉进行了维修、改造，修建了篮球场、购置了空调。二是积极沟通协调争取各方支持。支队坚持在主动汇报中争取领导，在主动服务中赢得支持，定期将实施爱民固边战略等工作情况向市委、市政府和市公安局领导汇报。

（王　迪）

人民防空

【概况】 2009年，全市人防工作以科学发展观为统揽，以贯彻落实国发4号和沈阳军区8文件精神为契机，结合本市实际，紧紧围绕“战时有作用，平时有作为”人防建设总体目标，全面加强人防工程建设和指挥信息化建设，市区人均掩蔽率达到全市“十一五”人防规划目标，城市防护能力明显增强，人防经济稳步发展，人防综合实力逐步提高，人防宣传覆盖面逐步扩大，基本实现进机关、进学校、进企业、进社区、进网络。人防机关“准军事化”建设成效明显，2009年，市人防办被评为市基层平安示范单位，保持了保密工作先进集体，档案管理省一级管理单位等荣誉称号，财务科和通信站分别获得省级和市级“青年文明号”荣誉称号，审批大厅窗口连续5年被市政府评为先进窗口，第一党支部被评为市直机关党建示范点。2009年8月全省人防办主任会议在本市召开，现场观摩了机关“准军事化”建设情况，受到与会领导高度评价。

【人防工程建设与管理】 认真贯彻落实以建为主原则，严把审批关。应建应收率均达到国家规定标准。全年收缴人防工程易地建设费总额比去年有较大提高，尤其是南票区在结建费收取上实现了零的突破。全年对批建工程设计、施工、竣工验收等环节进行全面跟踪监督检查，工程质量监督率、受监率均达到100%。严格贯彻落实人防工程管理使用规定，做到了人防工程安全和消防安全零事故。严格按照辽人防字[1 995]31号文件规定，履行拆除人防工程审批手续，全年审批拆除人防工程5项，补建面积3 392平方米。年初，开始了本市地下空间利用规划的修编工作，11月完成了规划修编初稿。

【人防组织指挥体系建设】 本市基层人防组织基本建立健全。按照8号文件精神，全市各乡镇街道均成立了人民防空组织领导小组，设置了专兼职人防干部，明确了任务和职责。重要目标防护建设进一步完善。对全市16个重要目标防护预案和保障方案进行了完善和修改，做到了防护预案与保障方案相配套。全市人防七种专业队伍健全，管理规范。完成了七种专业队伍整组工作，达到了归口管理、归口建设、归口保障的要求，专业队伍组织健全，专业人员定岗定位，职责明确。举办了为期5天的防化专业分队训练，参训50人，优秀率100%。人防指挥中心管理实现了正规化、制度化。制定了市基本指挥所设施建设计划，先后投资20万元，对市基本指挥所内部功能进行了完善，实现了音频、视频地上地下对接。积极开展疏散体系建设试点。选择了兴城市为疏散体系建设试点，投入大量精力，科学制订规划，深入调查论证，高质量地完成了人口疏散体系建设试点工作。

【人防信息化建设】 为了提高人防信息化建设水平，按照省人防办部署，结合本市人防信息化发展实际，制定了《2010年信息化发展计划（草案）》和《2015年信息化发展规划》。为加强县（市）区信息化建设，制定下发了县（市）区人防信息化指导意见。对电子地理信息系统进行更新。积极开展演习演练，全面提升应急保障能力。圆满完成了

“L-0909”全省指挥通信区域协同演练任务。为了确保省人民防空指挥、通信协同演练成功，成立了市办演练领导小组，按时完成了演练各种实施方案拟制上报工作，按照省人防办要求，进行了精心编排和多次推演。整个演练过程能够充分体会省人防办意图，组织严密，达到了预期效果，受到省人防办领导的充分肯定。会同龙港区政府和武装部共同组织了城市居民应对空袭和突发事件的疏散演习，取得良好效果。圆满完成了9.18警报试鸣演练，警报鸣响率达100%。加强通信专业人员的训练与培训，数传台和警报台值班做到全天守听、联络无休息日，联络、收听、抄报无失误。

【人防平战结合建设】 2月，金帝大厦人防工程内部通风管道维修改造结束后，顺利投入使用。全年收取平战结合使用费87万元，实现平战结合净收益增长6.12%。积极推动葫芦岛901人防工程项目建设。经过认真考察论证，葫芦岛901人防工程选址在市中心医院广场及连山大街南段地下，工程总建筑面积3万余平方米，战时为地下急救医院、物资储备库和人员掩蔽部，平时作为地下停车场、商业街，预计总投资1.5亿元。11月底，已完成工程开工前的准备工作。结合龙湾大街北段改造工程完成了龙湾大街福祥贵宾楼与富尔沃商业区地下通道顶板的修建工作。

【人防机关准军事化建设】 深入开展学习实践科学发展观活动，加强干部职工队伍建设。全市人防系统干部职工积极参加学习实践科学发展观活动，尤其是班子成员带头参加政治理论学习，认真撰写心得体会，通过自学、专题讲座、观看辅导录像、研讨交流和座谈讨论等形式，进一步强化了学习效果，班子成员领导人防科学发展的能力得到明显提高。市人防办机关结合深入开展学习实践科学发展观活动，将党建工作纳入制度化轨道，大力开展基层党建示范点创建活动、“解放思想、科学发展”大讨论、大调研和党员干部研讨交流比赛活动，全办党员谋求人防科学发展的能力明显增强。结合人防事业发展需要，科学界定责权、规范程序，圆满完成了下属事业单位机构改革。经市编委批准保留了市人防监察大队和市人防通信站；对原有的市人防工程平战结合管理处和金地大厦人防工程管理处进行了科学整合，在保留人员编制不变的基础上，成立了市人防工程设施管理处、市人防质量监督站、市人防指挥信息中心三个正科级事业单位。在此基础上，大力开展“行业通”学习训练活动。通过采取业务骨干讲课、邀请专家学者授课、举办业务培训班等形式，组织广大干部职工进行业务学习。全市人防系统干部职工大力发扬“唯实、唯新、唯先是夺”的人防行业精神，以创建文明机关、健康机关、节约型机关等活动为载体，大力开展“准军事化”文明机关建设。积极开展软环境建设，主要领导亲自带队深入到全市开发区和开发建设单位征求意见和建议，受到市软环境建设工作领导小组的通报表扬。制定完善机关管理制度93项，形成用制度管人的机制。开展了丰富多彩的业余文化活动，增强了广大干部职工的团队精神。

【人防宣传教育与依法行政建设】 人防宣传教育覆盖面逐步扩大。全年为市四个班子领导、军分区首长、人防委成员单位、重要经济目标单位、全市初级中学等赠阅人民防空杂志300余份。在龙港、连山重要社区设置人防宣传栏二处，定期更换宣传内容。免费为全市城镇中学初二年级学生发放“三防”知识教材1.2万册，人防“三防”知识教育课程开课率和受教育率均达到100%。充分利用报纸、广播、电视等媒体大力宣传人防法律法规知识。结合9·18和《人民防空法》颁布实施纪念日等在市区重要场所举办人防知识图片巡回展，现场发放宣传单2万份。与龙港区双龙社区、中石化锦西分公司联合举办了人防知识答题竞赛活动，发放问卷3 000余份，并对优胜者进行了表彰。加强了人防网站的管理，网页更新及时，增加了发布人防信息的工作量，使人防网站更具有时效性、可看性，提高了网民参与人防建设的积极性。目前，全市人防宣传基本实现进机关、进企业、进学校、进街道、进媒体的人防宣传“五进”目标。积极推进依法行政，进一步规范和完善了人防行政处罚自由裁量权。修订完善了人防依法行政实施方案，建立了政务公开信息员制度，在政府信息网上公示审批程序、审批事项和项目、实行网上审批，接受社会监督。行政审批网上报件累计88件，全部按承诺期限按时办理，无超期现象发生。会同规划、财政部门联合组织执法检查，严厉查处违反结建规定的行为。对未办理结建审批手续擅自开工的建设单位责令其限期办理，对欠缴易地建设费单位及时下达催缴通知书，依法催缴。全年共执法检查及上门催缴300人次。

【人防财务和审计工作】 A将人防资产录入人防国有资产管理软件，实行计算机管理。对人防国有固定资产实行“统一领导、分级负责、责任到人”三级管理体制，按照规定程序办理审批人防固定资产的购置、变动、处置、报废等手续，保障人防国有资产完整安全、保值增值，实现了人防资产最大化。全年完成了市自来水公司人防工程和富都家居广场人防工程人防工程的确权和登记发证工作。积极协调市物价局，调整了拆迁补建费和工事使用费标准。严格执行《人民防空财务管理规定》和《政府采购法》。坚持经费“收支两条线”的原则，对各项收入均足额纳入国库，纳入预算管理。实行政务公开，制定采购制度，从制度上堵塞漏洞，小到办公备品大到人防工程和通信建设项目都实行招标制，进行政府采购。全年办理采购项目46项，节约资金65.28万元。

（李建军）

农　业

综　述

2009年，全市农业战线广大干部群众以科学发展观为统领，认真贯彻落实党在农村的各项政策，以现代农业建设为主线，以增加农民收入为目标，开拓进取，扎实工作，积极应对金融危机和特大旱灾，农业农村经济发展形势好于预期，为葫芦岛经济企稳回升及社会和谐稳定作出了重要贡献。

2009年，全市粮食总产量达到72.1万吨，比常年的80万吨略有减产，减产10.5%；蔬菜产量达到204.4万吨；水果、水产品和肉蛋奶产量分别达到77.7万吨、50.4万吨和56.9万吨，分别增长7%、10%和18.3%。县域生产总值实现366.6亿元，比上年增长24.2%；县级财政一般预算收入实现20.9亿元，比上年增长21.7%。农民人均纯收入达到5 595元，增长8.6%。

一、现代农业发展势头强劲

1．农业结构调整有序推进。2009年，全市完成农作物播种面积2 379平方千米，其中，玉米1247平方千米、水稻87平方千米、杂粮67平方千米、花生253平方千米、马铃薯123平方千米、蔬菜375平方千米、其他267平方千米。新建设施蔬菜小区2 878个，比上年增长120%，累计达到4533个。新建畜禽标准化养殖小区324个，比上年增长100%，其中有9个小区列入省级标准化小区。畜牧业生产呈合作化、区域化发展。绥中县生猪生产列入国家“一县一业”重点县行列，连山区的蛋鸡、奶牛生产列入省“一县一业”培育县行列。改造老残及低产果园65平方千米。桑蚕制种3万张。各类中草药种植面积4.41平方千米。鲜切花生产面积0.77平方千米，生产鲜切花1 710万支。新增干果经济林面积5.76平方千米。新建海水水产健康养殖示范区项目14个、淡水养殖示范单元10个，新增水产品加工项目4个。

2．农业产业化经营步伐加快。2009年，新建省级现代农业示范基地2个、市级现代农业示范基地15个，总数分别达到11个和55个。全市农业产业化龙头企业发展到235家，比上年增长14.6%。其中省级17家，市级以上98家。农业产业化龙头企业销售收入实现75亿元，比上年增长9.5%。带动农户45万户。2009年，农民从农业产业化经营中获得的纯收入实现1 800元/人左右。农民专业合作社发展到646家，比上年增长53.8%。出资人数6 771人，同比增幅59.69%。出资总额7.94亿元，增幅103%；入社社员7.5万人，比上年增长25.6%。带动农户26万户，占农户总数的46%。合作社总收入15.6亿元，比上年增长44.4%。合作社纯收入2.1亿元，增长40%。合作社农产品申请注册商标24个，无公害农产品认证24个，绿色食品认证16个，有机食品认证1个。

3．农业科技成果转化水平不断提高。2009年，全市推广引进农业新品种205个，农业新品种覆盖率达到93%。创建粮油作物高产示范区20个，面积133平方千米，增收粮食8.2万吨，其中2个获得部级奖励。“测土配方机械化深施肥技术研究与应用”获得省政府科技成果转化奖。建昌县牤牛营子乡章京营子村村民包福林选择利用“二比空模式”种植“丹玉96”玉米品种，亩产达到1 095公斤。本市玉米示范田亩产首次突破1吨。

4．农业标准化生产发展迅速。2009年，全市认证无公害农产品70个，累计达到121个；绿色食品6个，累计达到52个。到2009年底，全市认证无公害农产品、绿色食品总量达到173个，面积达到2 533平方千米，居全省第二位。认定无公害畜产品产地9个，畜禽养殖规模达到3万只。认证有机食品基地6个，面积13平方千米。农产品质量安全三检抽检生产基地60个，抽检产品360个，抽检合格率达到100%。认证企业年检率100%。

二、农业基础建设成效显著

1．农田水利建设得到加强。2009年，全市完成各类农建骨干工程718项，治理水土流失140平方千米，7座大中型病险水库改造全部开工。本市最大水利工程——青山水库建设工程通过国家环评，即将开工建设。到2009年，本市已连续13年荣获省政府“大禹杯”奖励。

2．农业生态建设工程扎实推进。2009年，全市人工造林175平方千米，绿化村屯、校园149个。改良天然草场141平方千米，建设人工草地348平方千米，完成建昌草原沙化治理一期工程。建成“一池三改”户用沼气项目6 000户，累计达到24 962户，比上年增长31.5%。建设农村能源乡村服务网点28个。完成大中型畜牧养殖能源环境工程6处，累计达到14处。

3．农业机械化水平进一步提高。到2009年末，全市农机总动力达到125.5万千瓦，比上年增长2.15%；拖拉机拥有量达到19 521台，比上年增长5.12%；农机总值6.21亿元，比上年增长23.1%；农业耕播收综合机械化水平达到50.2%，比上年提高2个百分点。2009年，全市建立重点保护性耕作试验区、示范区和推广区16个，其中试验区5个，示范区5个，推广区6个，分布在5个县（市）、区。本市玉米精量播种机拥有量达到971台，完成作业面积233平方千米，比上年增长16.7%。机械深松完成87平方千米。花生机械精量播种面积达到133平方千米。棚菜生产机械化程度进一步提高，全市共有园田管理机52台，参与菜整地小型拖拉机60多台，推广卷帘机近1.2万台。

4．防疫基础设施条件显著改善。2009年，本市动物疫病预防控制中心投入使用，建昌、兴城、连山3个县（市）区动物防疫站完成改扩建，29个乡镇兽医站相继建成。

5．耕地保护和人工影响天气成效显著。2009年，全市签订耕地保护责任书34.4万份，实现了耕地占补平衡。开展人工增雨作业11次、人工防雹作业17次，为农业生产提供了有力保障。

三、农村民生明显改善

1．农民创业就业工作取得新成绩。2009年是全省开展新一轮整村推进的第一年，本市围绕“项目拉动、设施配套、长期受益”的工作思路，重点对42个贫困村实施项目开发、设施配套和产业培育。到2009年底，已经完成扶贫开发项目107个，占项目总数的97.2%，其余为跨年度项目。实施移民扶贫300户，比上年增加200户，其中，建昌县150户，绥中县100户，兴城市50户。通过移民动迁彻底改变了搬迁户的生产生活条件，基本达到当年搬迁当年致富目标。5.12万低收入人口实现稳定脱贫。扶贫开发工程得到深入开展。到2009年末，全年培训农村劳动力5.7万人，培训进城务工农民1.6万人。实名制有组织劳务输出6.16万人。

2．农村社会保障工作取得新突破。2009年，“新农合”参合率达到92%，基金使用率达到106%。农民最低生活保障标准提高到年人均1 240元，累计发放保障金、救助金6 820万元，惠及农村低保户、低保边缘户5.9万户、9.7万人。农村五保供养标准年人均提高300元，发放供养金2 440万元，基本实现应保尽保。农民工参加养老、医疗、失业和工伤保险人数分别达到2.1万人、4万人、5 334人、6.4万人。争取水库移民后期扶持资金3 634.7万元，用于发放直补资金1 747.3万元，完成111个基础设施建设项目。建设农村饮水安全工程368处，解决了15.6万人的饮水安全问题。

3．农村各项事业取得新进展。2009年，修建农村公路357.4千米，全市1 066个行政村100%实现村村通油路，提前1年完成“十一五”规划任务。全市行政村通客车率达到99%。新建九年一贯制（寄宿制）学校19所，农村小学和初中生公用经费定额标准分别提高50元和180元。落实“两免一补”资金4 271万元，惠及23.7万农村中小学生。建设乡镇综合文化站18个、农家书屋161个，改善了30个乡级计划生育中心基础设施条件。

四、惠农政策和改革措施得到认真落实

到2009年底，全市发放粮食综合直补、良种补贴、农机购置补贴、家电汽车下乡补贴2.65亿元。其中，发放粮食综合直补资金18 521.48万元，享受粮食综合补贴总面积2 043平方千米，平均每平方千米补贴资金90 645元；良种补贴2 021.6万元；农机购置补贴资金3 330万元，直接带动农民投入7 770万元，共购置拖拉机1 000台，农具900台（套）；家电汽车下乡补贴2 626.92万元。2009年，实施农业政策性保险828平方千米。完成草原确权面积5万公顷。建立林业综合管理服务中心2个、林业专业合作组织28个、各类林业专业协会27个。在3个乡（镇）启动了农村土地承包经营权流转市场试点建设。全市18家水管单位体制改革基本完成。农垦改革成效显著，全系统社会总产值实现2.4亿元，增长41%；人均纯收入达到7 500元，增长30%，均创历史新高。

（刘九维）

种 植 业

【概况】 2009年，农业种植业认真贯彻落实国家惠农政策，围绕稳粮、增收、强基础、重民生，增强农业科技支撑，全面开展工作。全市农作物播种面积0.23万平方千米，受伏旱影响，粮油总产77万吨。

【稳定发展粮食生产 着力提高单产】 认真宣传落实粮食和良种补贴政策，全市粮食播种面积1 800万平方千米，比去年增加70平方千米；玉米播种面积1 300平方千米，增加100平方千米，其他作物与去年相近。受伏旱影响，全市粮食产量72.1万吨，但因采用新品种、新技术，仍出现一批高产典型，其中尤以建昌县农民包福林选择二比空模式，种植丹玉96，玉米亩产达1 095公斤最为突出。

【春耕备耕督察和农资打假工作有力】 开展春耕调查督察，编发春耕简报5期，指导农民适时早播。制定农资打假专项治理活动实施方案，编印简报4期，组织成员单位开展大检查2次，其中土肥系统查处无证产品25吨，植保系统查处违法行为87起，查获假劣农药0.4吨。

【全力开展抗旱救灾工作】 2009年本市遭受严重伏旱，农作物受灾面积1 400平方千米，其中接近绝收200平方千米。市农业中心每天统计上报灾情，编发简报6期，并组织技术人员深入32个乡、125个村，指导农民科学自救。

【现代农业示范基地建设稳步推进】 组织申报省级基地，本市上报2个基地都被定为省级基地，累计达到11个；完成市级基地45家申报单位审评工作，15家被评为市级基地，累计55个。

【认真落实农业保险政策】 2009年全市实行玉米、水稻、花生、大豆全覆盖的农业保险政策。

制定下发全市农业保险实施方案，并召开各种形式动员会，印发资料50万余份。全市共承保0.08万平方千米，给受旱灾农民弥补了一定经济损失。

【深入开展创建粮油作物高产示范区活动】 继去年粮食高产创建活动，2009年本市共落实创建粮油作物高产示范区20个（玉米13个，马铃薯5个，花生2个），总面积0.01万平方千米。通过制定工作实施方案、组建领导小组和技术指导组，并组织人员测产，高产示范区创建取得成功，共增收粮油8.247万吨，再次验证了新品种和新技术的功效，其中：绥中县塔山和王宝镇玉米、小庄子乡马铃薯三个国家级示范区产量在省里排名居前。市农业中心被省评为“粮油高产创建工作先进单位”。

【新品种(技术)引进 试验 示范 推广取得新进展】 全市共引进各种农作物新品种85个、新技术3项，其中：结合前两年试验，认为辽单565、郑单958、沈玉21等耐密玉米品种适宜本市种植，并总结出一整套高产栽培技术，玉米全膜覆盖双垄沟播技术试验成功；另外，建昌喇嘛洞乡马铃薯膜下滴灌旱作节水示范区示范成功，结合兴城市新发花生根结线虫病害做了6种药剂试验，植保“三诱”、毒饵站灭鼠等技术得以推广。

【继续实施测土配方施肥行动计划】 2009年是实施测土配方施肥工作第四年，本市共完成测土配方施肥600平方千米，采集土样0.9万个，安排示范区3平方千米，落实“3414”试验90个，制定肥料配方36个，发放施肥卡22万张，指导农户20万户。全市配方肥应用量3.1万吨，共节省肥料投入0.165万吨。市土肥站被省评为“先进工作单位”。

【重大病虫害防控和植物疫情监控卓有成效】 设市、县测报点25个，实行病虫信息周报制度，并发布简报40期，准确率100%；对东亚飞蝗、稻飞虱、稻水象甲统防统治60平方千米；在兴城建立花生和果树病虫安全控害示范区各1个；在连山、兴城、绥中做150个蔬菜大棚垄鑫等药剂土壤处理，辣椒根腐病死苗率为0。全市全年农作物病虫草害发生面积7 500平方千米次，防治面积7 300平方千米次，共挽回损失3.96万吨。开展疫情普查，并对兴城市发现疫情予以扑灭和跟踪处理；设苹果蠹蛾监测点46个（其中部级17个，省级8个）。市植保站被省评为“病虫害测报防治工作先进集体”。

【高度重视农区统一灭鼠工作】 全市建立鼠情监测点5个、农区无鼠害示范村8个，共下拨鼠药9吨，鼠夹2 500只，毒饵站500个，农区统一灭鼠300平方千米、28万户。

【加强农业科技培训和服务】 积极参加新农村建设专家服务团工作，共派出专家100余人次，直接培训基层技术人员和农民0.5万余人，并制作媒体专题讲座17期，发放技术资料1.5万余份；举办“测土配方施肥技术”、“农药安全使用技术”业务培训班150余次，培训人员1.55余万，使实用科技得以普及应用，进而促进农业生产高产、高效、安全，农民增收。王新江、方丹鹏被市委人才办评为“优秀专家”。

（马秀敏）

畜　牧　业

【概况】 2009年，全市的畜牧业生产和动物卫生工作，深入贯彻落实科学发展观，扎实抓好畜牧业生产方式转变、重大动物疫病防控、畜产品质量安全监管等各项工作，努力消除经济危机和国外生猪感染甲型H1N1流感的不利影响，促进了全市畜牧业的又好又快发展，确保了建国六十周年、建市二十周年期间全市重大动物疫情稳定和畜产品质量安全。2009年，全市畜牧业总产值完成49.8亿元，比上年增长5.5%；畜牧业增加值完成23.4亿元，增长6.8%，畜牧业占农业总产值比重42.5%，比上年增加3.2个百分点。肉蛋奶总产量实现56.9万吨，比上年增长18.3%，其中：肉类总产量30.7万吨，增长19.3%；蛋总产量22.1万吨，增长16.7%；奶总产量4.1万吨，增长19.6%。

【积极实施现代畜牧业推进计划 稳步推进畜牧业持续健康发展】 一是加快标准化养殖小区建设步伐。根据省局《关于进一步加强2008-2010年度畜牧标准化养殖小区建设项目及财政扶持资金管理办法》，认真抓好2009年度畜牧小区项目的实施，对新建小区坚持建设标准合理规划和设计，扩大规模养殖的数量，提前指导小区选址、饲养品种、饲养规模等项工作，做到工作有部署、有检查、有指导。年初，省下达本市畜禽标准化养殖小区计划指标141个，针对本市严重旱灾情况，将小区指标增加38个，达到179个。经检查验收后确定全市合格小区为324个，超额完成145个，较上年增长177%，同时有9个小区顺利通过验收，进入省级优秀畜牧小区行列。二是大力推进畜牧业合作化、区域化发展。把建设农民合作经济组织工作作为畜牧业生产发展重点，切实提高农民组织化程度，增强养殖业抵御市场风险的能力，全年新建养殖合作社达到166个。努力调整畜牧业产业布局，绥中县生猪生产列入“一县一业”培育县，连山、兴城等县（市）区正在争取进入省“一县一业”培育县行列。三是全面加强草原建设。此项工作在全省获得单项优胜，并被评为2009年市直机关第三季度最佳实事；全市安排了38个鼠虫害测报点，其中鼠虫害各19个，专职测报员57个，每周一进行一次实地观测，及时掌握鼠虫害发生动态。同时认真开展国家级草原无鼠害示范区项目实施工作。四是加强畜牧业生产监测和种畜禽监管工作。实现了数据录入准确全面，并及时进行了更新，对畜牧生产和市场销售价格坚持季度生产形势分析制度，为指导生产提供依据。开展《种畜禽生产经营许可证》清理工作，加强了对办证场（户）的管理，规范各县（市）区种畜禽监督管理站档案管理，同时完成了省种畜扩繁场绥中韩家种猪场120头种猪的测定工作。五是积极发挥畜牧科技支撑作用。全市推广生猪配套技术164万头，蛋鸡配套技术657万只，肉鸡配套技术2 800万只，肉牛配套技术19.2万只；全市共利用秸秆51.3万吨，秸秆利用率49%，其中“三贮一化”18.3万吨；全市猪人工授精站点达88个，年配种96 836头，人工授精头数占可繁母猪总数的53.6%；在5个县（市）区推广发酵床养猪技术16户，共建发酵床16 295平方米，生猪存栏3 084头，此项工作被评为2009年市直机关第四季度最佳实事。同时积极开展专家服务团活动，加大对养殖户的指导服务力度，举办各类集中培训班15次，直接培训养殖户1 000余人。六是有效落实畜牧惠民政策。认真实施《辽宁省畜禽标准化养殖小区建设项目及畜产品加工业建设项目财政扶持资金管理办法》，为计划内176个小区争取扶持资金1 760万元，同时还可争取计划外124个小区扶持资金1 240万元，两项合计达3 000万元。完成对全市牛（10头以上）、羊（50只以上）饲养户每户2 000元共695.6万元的补贴发放工作。完成省级优秀畜牧小区资金补贴核查工作，争取省扶持资金560万元。

【开展重大动物疫病防控工作 确保全市无重大动物疫情】 一是圆满完成春、秋季重大动物疫病防控工作。全市共免疫禽流感3 589.2万羽，其中鸡3 507.3万羽、鸭鹅和其他禽类81.9万羽；口蹄疫免疫251.1万头，其中猪147.9万头、牛11.3万头、羊91.9万头；猪瘟172.7万头，猪蓝耳病135.1万头；鸡新城疫2 951.6万羽；狂犬病免疫7.1万条。畜禽免疫率、免疫卡发放率、免疫耳标佩戴率、免疫档案填写合格率均达100%。二是切实做好动物疫病监测和预警预报工作。完成了省局下达的各项监测任务、流行病学调查任务和本市计划监测、免疫效果监测任务。全市共完成O型口蹄疫免疫抗体监测4 731份，H5亚型禽流感抗体监测14 373份，H7亚型禽流感感染抗体监测2 355份，新城疫免疫抗体监测6 102份，猪瘟免疫抗体监测2 381份。三是积极采取措施应对生猪感染甲型H1N1流感。制定下发了《防控猪感染应急预案》和《应对人间甲型H1N1流感应急预案》，加强猪流感监测和流行病学调查，共监测种猪场12个，商品代饲养场户2 169个，散养户44 918户，交易市场45个，屠宰场57个，临床监测样品数703 201份。四是加强重大动物疫情应急管理和物资储备工作。按照预案要求，针对各种重大动物疫病，分别编制防控实施方案。并于8月在兴城蜜蜂原种场举办了全市重大动物疫情防控应急演练，为有效防控重大动物疫病，确保60年国庆期间疫情安全打下了良好的基础。市本级储备库于2009年10月份投入使用，面积达到122平方米，达到省级标准，市级应急物资通过政府采购的方式得到补充和更新。市疫控中心实验室于11月正式投入使用。五是积极开展牛羊“布病防控手套工程”惠民活动。分别在兴城、连山、建昌举办了三次布病防治知识培训，向养羊户赠送防护手套3 000付，印发宣传单5 000份，深受群众欢迎，并被评为2009年市直机关第二季度最佳实事。

【强化动物防疫监督 加大监督执法力度】 一是深化动物检疫工作。不断加强产地检疫工作，规范统一了产地检疫收费标准，推进检疫申报制建设管理工作，共设立检疫申报点1 052个，全年产地检疫猪64.2万头，牛1.2万头，羊42万只，禽1 598万只。屠宰检疫得到规范，推行产品检疫公示及检疫服务承诺，制作了市场检疫公示牌650个，确保检疫证明持有率100%，全年屠宰检疫猪36万头，牛0.51万头，禽868万只。二是严格各种证件使用管理。进一步完善了动物卫生监督证章标志标识管理制度，实行专库保存、专人管理。对证章、标志、标识的领取、发放、使用、回收、保存和销毁等实行登记制度，做好详细记录，使各种证件使用合理、规范，未出现任何违章行为。三是加强活禽经营市场管理。建立定期休市、消毒制度，推进禽类定点屠宰，建立起规范、科学、统一的活禽经营市场秩序，达到防疫条件审核面100%，活禽检疫率、持证率、标识佩戴率100%。同时加大对贩卖、运输、加工病害畜禽的打击力度。四是加强外引动物监管。开展外引动物监管集中专项整治月活动，下发通告1 300份，外引动物报批报验宣传单3 500份，全年外引猪1 282头，羊222只，禽25 800只。同时加强检查站管理，确保了本市畜禽动物及动物产品的出入境检疫安全。

【加强畜产品安全监管 确保畜产品质量安全】 一是加强饲料生产企业监管。积极开展饲料生产企业和饲料经营单位专项整治行动，进一步规范了企业的生产行为，建立了有效的饲料产品质量追根溯源制度。开展2009年饲料生产企业年度备案工作，严格按省局提出的备案条件来审查企业备案，并对每个企业进行现场检查核实。二是开展畜产品质量安全执法年活动。制定了《葫芦岛动监局2009年畜产品质量安全执法年实施方案》，召开全市畜产品安全监管会议，提出了畜产品质量安全执法工作各项措施和工作要求；认真贯彻执行《辽宁省畜产品质量安全和动物防疫有奖举报管理暂行办法》，从9月1日起，在全市范围内实行畜产品质量安全和动物防疫有奖举报制度；开展打击违法添加非食用物质和滥用食品添加剂专项整治活动，并于9月份举办了禁止销售使用“瘦肉精”培训班，全市饲料企业和经营单位无违法添加事件发生。三是加强兽药饲料市场监管。开展了专项检查活动，清理地方标准兽药、假劣生物制品，市县两级动物卫生监督部门共检查兽药经销单位108个，兽药使用单位68个。出动监管人员366人次，车辆92台次，印发宣传单3 000份，没收假劣兽药783盒（瓶）。全市监测兽药336个批次，饲料230个批次，动物食品 6 600 个批次。同时对现有 67 饲料生产企业家实行备案制度，加强监督检查，严格证件管理，有效规范了兽药饲料经营使用行为。四是开展无公害畜产品产地认定工作。全市新认定无公害畜产品产地 9 个，同时强化了对取得认证单位的监管工作，市县两级动监部门对全市61 个取得认证的无公害畜产品产地进行了全面检查，对发现的问题及时解决，提出整改意见，保证本市畜产品无公害认证管理工作健康发展。

【加强兽医医政管理 推进行风建设】 一是强化基层监管体系建设。深入开展了“三好”先进所、“五好”村防员评选活动，召开了 2009 年全市兽医医政工作会议暨“三好”、“五好”表彰大会。进一步加强了与全市 15 个基层联系点的工作，落实好基层联系制度。同时加强行风建设和培训工作。二是加强实验室管理。积极开展 2009 年兽医实验室生物安全管理“三项行动”和“安全生产月”活动，与各实验单位签订了责任状，落实责任。同时加大法律法规宣传力度，完善兽医实验室生物安全管理规章制度，落实属地监管责任，确保不发生重大生物安全事故。三是开展全市动物诊疗机构清理整顿工作。召开清理整顿会议，公布了《葫芦岛市动物诊疗机构清理整顿专项行动实施方案》，对工作进行细化，提出明确要求。并于 9 月份举办了贯彻落实《动物诊疗机构管理办法》暨执业兽医培训班，对动物诊疗诊所的选址、开办、人员、基本设备要求、现场审核和审批时限等进行了政策解读。

【坚持政务公开 确保依法行政】 一是制定下发了《葫芦岛市动监局依法行政工作要点》，结合动监系统实际对本市动监依法行政工作做了全面部署和要求。二是改版网站。公布《软环境服务承诺》，梳理行政审批项目，做到许可项目及时受理，网上公示按时办结，努力打造高效透明服务型机关，真正做到服务为民。三是开展《行政处罚法》的培训讲座。进一步加强执法人员对政策、法律、法规的学习，提高执法人员业务素质，增强分析问题、解决问题的能力，促进依法行政。四是开展社会监督员走访工作。向他们征求意见，同他们交流沟通，共议行风建设，以促进工作开展。

五是开展依法行政专项监督检查工作。对工作中存在的问题提出整改意见，对检查结果予以了通报。2009 年各种案件办理 221 件，是 2008 年的 1.9 倍，全年行政执法监督效果明显，全市无行政复议和行政诉讼案件发生，局依法行政工作被评为市优秀单位。

【加强机关自身建设 全面提高行业素质】 一是深入开展贯彻落实科学发展观活动和学习党的十七届四中全会理论精神活动，党员走进千家万户活动取得明显实效，切实解决了一些群众的生活难题。二是加强机关党风廉政建设。党员干部理论业务素质都获得了极大地提高，树立了较好的廉洁自律形象。2009 年，党风廉政建设工作被评为市先进单位。三是加强政务信息和媒体宣传工作。通过各种媒体积极宣传党和国家有关畜牧业发展和动物卫生工作的方针政策，宣传本市畜牧业发展和动物卫生工作的新动向、新举措、新成就，为畜牧业发展营造良好工作舆论氛围。2009 年，局信息工作被市委评为优秀单位。四是积极开展文明机关创建活动。市重大动物疫病控制中心和市动物卫生监督所两个事业单位获得青年文明号荣誉称号，局办公室获得文明科室称号，并分别受到表彰。五是积极开展创建健康机关活动。制定了市动监局开展创建健康机关活动方案，积极参与创建健康机关启动仪式暨万人徒步健身走活动，举行登山比赛活动，组织全局干部职工进行常规体检及体质检测。积极参加本市第三届全民运动会，取得机关乙组第七名的优异成绩。六是完成市重大动物疫病预防控制中心楼建设项目，于 11 月 30 日正式使用。大楼总建筑面积 5 236 平方米，兽医实验室、兽药饲料监测检验室、疫苗储藏恒温库、应急物资储备库、重大动物疫病防控指挥中心及人员办公等设施完备，各项功能齐全，达到全省一流水平。大楼的投入使用，保证了重大动物疫病防控、畜产品质量安全监管各项检测和风险预警的科学准确性，彻底改变了本市重大动物疫病防控和畜产品安全监管基础设施落后的局面，为做好本市重大动物疫病防控、畜产品质量安全和畜牧业健康发展，提供了强有力的保障。

（张福全）

农　机

【概况】 2009 年，农机工作以中央一号文件精神为指针，随着国家对农业投入的进一步加大，紧紧围绕社会主义新农村建设，大力推广农机新技术，逐步优化农机装备结构，积极创新农机服务体系，不断强化农机监管工作，努力提高农机化综合水平，全面完成了 2009 年工作计划。

【农机化综合水平创历史新高】 及早部署农机具检修工作，全年共检修拖拉机 7 728 台，检修机具 8 912 台（套）。及时召开春播种、秋整地动员现场会，推动农机生产全面展开。作业中期，组织现场拉练会，交流经验，寻找差距，解决问题，掀起农机生产新高潮。2009 年，全市农机总动力达到 127.28 万千瓦，拖拉机拥有量达到 19 455 台，分别比上年增长 3.6%和 5.1%。耕播收综合机械化水平达到 50.2%，比上年增长 2.2%。

【保护性耕作全面实施】 认真制定《葫芦岛市保护性耕作实施规划》和《葫芦岛市加快发展保护性耕作实施的意见》，全市共建立保护性耕作试验区、示范区和推广区 16 个，其中试验区 5 个，示范区 5 个，推广区 6 个，分布在 5 个县（市）、区，21 个乡，110 个村，完成作业面积 90 平方千米。

【农机购置补贴政策充分落实】 2009 年是国家农机购置补贴政策实施的第五年，全市落实补贴资金 3 330 万元，比上年增长 137.8%，直接带动农民投资 7 770 万元，购置拖拉机 1 000 台、农具 900 台（套）。

【以科技项目为载体促进农机科技推广】 市农机管理总站组织实施的测土配方机械化深施肥技术研究与应用项目获辽宁省政府科技成果转化三等奖和葫芦岛市政府科技进步一等奖，测土配方机械化深施肥技术应用与推广项目获辽宁省农业科技贡献一等奖，实用新型勺盛式花生播种机研制与推广项目获葫芦岛市政府科技进步三等奖。

【经济作物机械化有新进展】 2009 年花生机械精量播种面积达到 130 平方千米。棚菜生产机械化程度进一步提高，全市共有园田管理机 52 台，参与菜整地小型拖拉机 60 多台，推广卷帘机近 1.2 万台。

【大力宣传贯彻《农业机械维修管理规定》】 自《规定》实施以来，市农机管理总站高度重视，认真组织学习，深刻领会其精神实质，并广泛开展宣传。市农机总站主动与市工商行政管理部门联系，按照《规定》要求，对全市的 638 个农机维修点进行了全面的调查摸底，重新核定技术等级，完善审批手续，建立维修管理档案。2009 年，核发、换发农机维修《技术合格证》66 个，办理职业技能鉴定证 400 个。

【农机服务体系逐步完善】 市农机总站从强化服务入手，以经济效益为中心，狠抓农机服务体系建设。一是创建农机作业合作社。本着“民建、民管、民受益”的原则，连山区成立了东城、兴农农机作业合作社；兴城市成立了兴盛农机合作社；南票区成立了农机合作社；绥中县成立了农机协会。二是积极拓展县级农机技术中心（站）服务功能。三是大力发展农机科技示范户。全市农机科技示范户发展到 82 户，其中拥有农机固定资产 20 万元的农机科技示范户 68 户，拥有农机固定资产 50 万元的农机科技示范户 6 户。

【农机监理依法行政】 市农机监理所不断强化自身队伍建设，树立农机监理良好形象，2009 年，本市农机安全生产情况良好，无农机重大事故发生。一是认真开展安全检审验工作。机车检验率达到 87%；驾驶员审验率达到 91%，为农机安全生产打下了良好基础。二是认真开展农机安全宣传教育工作。宣传农机安全生产的意义和重要性，宣传覆盖面达 50 万人次，形成了安全生产的良好氛围。三是认真开展路检田查工作。排查事故隐患 800 次，教育驾驶员达 4 000 人次，切实保证了本市农机安全生产。

（李　晖）

果蚕业

【概况】 水果生产喜获丰收，水果面积在稳定 8 万平方千米基础上，产量打破了在 70 万吨左右徘徊的局面，首次突破 80 万吨大关，实现产量 83.6 万吨，比 2008 年增加 7 万吨，增长 9.1%，水果资源和产量均居全省第二位；桑蚕制种 2 万张；鲜切花生产面积达 0.77 平方千米，其中设施栽培达 0.64 平方千米，产鲜切花 1 710 支；中草药面积达 4.4 平方千米；果树设施栽培面积稳定在 1.31 平方千米，标准日光温室 1 311 栋。

全市果蚕花药总产值实现 21.2 亿元，比上年的 18.6 亿元增加 2.65 亿元，增长 14%，其中水果 19.2 亿元，比去年 16.7 亿元增加 2.5 亿元，增长 15%；桑蚕、花卉、中草药特色产业 2 亿元产值的经济效益，比上年增加 0.15 亿元。

【果蚕花药各业常规管理技术得到广泛应用】 2009 年，全市老残果园及低产果园更新改造完成 64 平方千米。全市共完成果树春灌 1 610 万株，春季施肥 1 090 万株，秋施基肥 1 800 万株。果树整形修剪 4 500 万株，人工授粉 1 500 万株，角额壁蜂授粉 800 万株，果树稀花、稀果 1 800 万株，果实套袋 14 亿个。蚕种集体催青在全市推广。花卉、设施栽培标准化管理技术得到普遍应用。中草药早产早丰技术推广 3 平方千米。

【果园“革新改造技术”辐射面进一步扩大】 苹果先导示范园和新建的梨先导示范园带动、辐射全市果园总面积达 67 平方千米，苹果和梨先导示范园平均平方千米产分别达 45 000 公斤和 37 500 公斤，平方千米效益分别达到 225 000 元和 112 500 元，周边均可看到采用先导示范园的技术模式进行生产管理，这样的管理模式广大果农既欢迎又认可。关键技术得到广泛应用，特别是引进角额壁蜂授粉、果园生草覆盖、铺反光膜等科学技术已被广大果农普遍接受，并大面积推广应用。

【省部级果实套袋示范补贴项目顺利实施】 今年是省、部级果实套袋关键技术示范补贴项目实施的最后一年，本市绥中县、建昌县继续实施的辽宁省、农业部优质果袋直补项目，经过积极争取，前所果树农场、兴城市也得到了省里项目补贴。全市果实套袋 14 亿个，其中推广优质果袋 2 亿个，惠及果农的直接补贴达到 420 万元。果实套袋补贴项目的实施对提高本市果树科学管理产生了深远影响。通过多方的共同努力，使果实套袋补贴项目进展顺利，果实套袋项目在全省检查验收评比中获得了省内专家的一致好评，绥中、建昌两个项目区在全省名列前茅，分别获得了全省第一名和第三名的好成绩。通过果实套袋项目开展，促进了全市果树管理水平的整体提高，改善了果品质量，增加了果农收入。

【老残果园 低产果园更新改造步伐加快】 按照省农委编制的《辽宁省种植业“4115”工程规划》中6.67万平方千米优质水果开发与改造工程规划（2009～2012年）要求，本市制定了“321”优质水果开发工程计划，既在2009～2012年完成200平方千米苹果、133平方千米梨、67平方千米葡萄及其他树种的老残果园、低产果园更新改造与开发任务。2009年全市实施老残果园示范改造工程66平方千米。本着促进优势效益最大化的原则，加快树种、品种结构调整。及时向广大果农推荐了苹果、梨、葡萄三大树种的早、中、晚熟主栽品种和促进水果提质增效的主推技术。全市分别引进了优良品种10余个，目前全市优新品种及地方特色品种所占比例达75%以上。

【桑蚕制种】 由于蚕茧价格及蚕种销售等因素的影响，加之桑树资源不足，今年桑蚕制种比去年有所减少，2009年制种2万张，把增加桑园面积作为工作的重点，进一步加强原蚕基地建设，促进蚕业生产发展。

【花卉产业】 全市鲜切花生产面积达11.5平方千米。其中设施栽培达0.64平方千米，有标准日光温室700栋，年平均产鲜切花1 100万支，产值可实现9 000万元；裸地栽培14平方千米，年产鲜花610万株，产值可达1 120万元。两项合计花卉总产值达11 200万元。

【中药材产业】 全市种植各类中草药面积达440平方千米，品种有辽五味子、甘草、防风、黄芪、独角莲、柴胡、丹参、人参等。平均中药材平方千米产值达4 700元左右，可实现总产值6 800万元。

【果树设施栽培稳定发展】 截至2009年10月，全市果树设施栽培面积稳定在1.3平方千米，建标准日光温室1 311栋，平均温室长60米\宽7.5米，棚内有效面积450平方米。据2009年5月底统计，果树设施栽培每个温室平均产值1.4万元，总产值可达1 835万元。

【果业科技管理水平进一步提高】 通过科普之冬、科技下乡、科技培训、专家服务团开展进村入户对接等活动，不断提高果农科技素质，新品种、新技术在生产上得到广泛推广。一年来，全市举办各类培训班120场次，组织科技人员下乡400多人次，累计培训农民5万人次，培训农村专业技术人员200人次，推广新技术30项，试验、示范、推广新品种4个。

（李宝昱）

水　利

【概况】 2009年，市水利局紧紧抓住国家扩大内需、加大水利投资之机，共争取省以上水利资金1.2亿元，较去年增加20%。完成各类水利骨干工程300余项，连续十三年荣获省农建“大禹杯”，省文明机关、省妇女工作先进单位等殊荣，取得了可喜的成绩。

【水源工程建设】 青山水库工程自2008年8月启动以来，在省委、省政府，市委、市政府的高度重视下，经省市直有关部门的不断努力，工程得到了跨越式的推进。2009年1月，《青山水库项目建议书》获得国家发改委的批复；2009年12月29日，国家环境保护部批复了《青山水库工程环评报告书》；2010年3月4日，国家发改委批复了《青山水库项目可研报告》。按照大型水利工程前期工作程序，完成全部的前期工作至少需要两年的时间，而本局只用了10个月的时间，使工程得到了超常规的推进，工程开工已开工建设。《猴山水库项目建议书》已经编制完毕，并通过国家水利部水规总院长江院专家的技术咨询。

【防汛抗旱工作】 为确保全市安全度汛，今年共落实防汛工程资金2 229万元。一是积极储备防汛物资和落实抢险队伍。全市共储备救生衣、救生圈、桩木、沙石料等防汛物资，总价值343万元。组建了专业抢险队伍，并做好培训和演练。二是加强防洪工程建设。安排河道防汛工程81处；新建堤防32 332米；加固、修复堤防11 135米；新建护岸1 950米；加固修复护岸1 700米，新建丁坝16座；清除了河道内垃圾、清淤清障6 190米、采砂弃渣520 000立方米，清除占河树木6 000株。有效保障了汛期的安全。

抗旱期间，分别启动了：抗旱Ⅳ级应急响应和抗旱III级应急响应。共投入抗旱资金1 663万元，抗旱设备1.701万台（套），运水车辆41 372台。抗旱浇灌面积77.1平方千米，确保了农业的丰收。

【以省农建“大禹杯”活动为载体 高质量完成五项工作】 2009年，省农建办将饮水安全、水库除险加固、水管体制改革、水土保持、生态治河等五项工作纳入“大禹杯”竞赛考核体系，为了确保夺得今年的“大禹杯”，高效完成五项工作。

一是饮水安全工作。今年共投入饮水安全工程资金7 216万元，其中省以上投资4 633万元。完成饮水安全工程368处，解决15.61万人，10万大牲畜饮水安全问题。

二是水库除险加固工作。全市7座大中型病险水库全部开工建设。马道子水库和宫山嘴水库除险加固工作已经完成；碱厂水库、虹螺山水库、龙屯水库主体工程在2009年12月底前全部完成；乌金塘水库（投资1.2亿元）、大风口水库（投资1亿元）已经开工建设，年底完成主体工程的80%；同时，对 11 座小型水库除险加固工程正在进行招投标工作，年底前开工建设。

三是水管体制改革工作。全市共有18家水管单位，目前，按照水管体制改革的要求，已经基本完成改革工作。改革要落实“两定”和“两费” 工作。目前来看，绥中县、兴城市“两费”没有落实到位，乌金塘水库市编委和财政还没下达“两定”、“两费”的文件。

四是水土流失治理工作。共完成了水土流失治理面积 140 平方千米，总投资 787 万元。减少土壤流失量 190 万平方米，增加降水有效利用量 3 600 万m^3，增加经济收入 4 400 万元，受益人口 25 000 人。

五是生态治河工作。今年全市共完成河道生态治河面积 4.02 平方千米，典型示范区 12 处，总投资 2590 万元。

五项工作的高效的完成，为全市第十三次蝉联“大禹杯”夯实了基础。

【加大移民后扶工作的开展】 全市共有移民总人口 44 962 人，其中原迁移民 14 028 人。今年，共争取全省统筹大中型水库移民后期扶持资金（简称 600 元以外资金）466.09 万元，完成了农村道路和农田水利工程 9 项，争取小型水库移民后期扶持基金 286 万元，完成农村道路和农田水利工程 8 项。通过移民后扶项目的实施，改善了移民的生产生活条件，确保了社会的稳定。

【依法治水工作全面加强】 2009 年共查处水事案件 21 起，查封深井 12 眼，挽回经济损失百余万元，有力维护了全市正常水事活动的开展。

全市实行取水许可制度、收费制度，实行计划用水。今年共办理取水许可证 101 套，取消取水许可证 11 套；收取地下水资源费 200 万元，下达用水计划 5 624 万立方米。开展辽宁省区域经济可持续发展水资源配置规划编制工作。推动全市水资源的合理开发、高效利用、有效保护和科学管理水平。

海洋与渔业

【概况】 2009 年，本市海洋与渔业工作在市委、市政府的正确领导和上级主管部门的热情指导下，以深入开展学习实践科学发展观活动为契机，围绕保增长、扩内需、调结构、促发展主题，紧紧抓住年初确定的目标任务，突出为沿海经济带建设做好服务，常规工作有序推进，专项工作圆满完成，实现了全市海洋与渔业工作平稳较快发展。2009 年全市海洋经济总产值实现 246.2 亿元，比 2008 年增加 22.2 亿元，增长 9.9%；渔业经济总产值实现 40.2 亿元，比 2008 年增加 5.2 亿元，增长 14.8%；水产品总量达到 50.2 万吨，比 2008 年增加 4.5 万吨，增长 10.3%；出口创汇 1 000 万美元，比 2008 年增加 325 万美元，增长 48.1%。

【全力为沿海经济带建设做好服务】 全面履行职能，积极为本市“一线七区”沿海经济带建设服务。为确保用海项目能得到及时快速的受理审批，成立了海域使用项目审核委员会和海域使用论证报告专家评审委员会，规范了项目用海审核程序，并对各开发区用海项目提前介入，现场指导，跟踪服务，重点用海项目跑省进京，现场办公，确保重点用海工程顺利实施。2009 年全市共审核、审批重点用海项目 15 宗，用海面积 6.47 平方千米，保证了本市沿海经济带建设用海的需求。

【完成急难任务成绩突出】 根据龙湾中心商务区工程建设的需要，市委、市政府决定由本局牵头完成东窑村渔船的收购处理工作，成立东窑渔船收购工作小组，精心组织落实东窑渔船收购工作，最终核定 131 条“三证”合法有效的渔船为收购补偿对象，清理出 251 条不符合收购条件的渔船，仅此一项就为政府避免损失 2 500 万元，有力地确保了龙湾中心商务区建设顺利推进。2009 年，本市沿海各级政府、各职能部门强化海蜇管理政府行为，坚持统一领导，属地管理，联合执法，严把渔船集中停泊、船网分离、人船分离等“五关”不放松。各级、各部门直接参加海蜇管理的人员达 2 047 人，出动管理车辆 250 台，执法船艇 24 艘，确保了统一开捕，确保了海蜇生产安全，海蜇管理实现第七年统一开捕的目标。全力做好制止非法越界捕捞工作。根据国家、省、市关于制止非法越界捕捞工作的要求，与公安等部门积极协调，多次召开会议，精心组织打非，狠抓责任落实，迅速积极组织开展了大宣传、大排查工作，层层建立包保责任制，签订责任书，召回在辖区外作业渔船，强化进出港签证和海上检查等措施，把《辽宁省人民政府关于严禁非法越入朝韩海域捕捞作业的通告》精神宣传到每个渔村、每条渔船、每位渔民。确保了本市越界零船次。

【海域使用管理水平不断提高】 坚持海域使用制度和海域管理配套制度，严格海域使用审批程序。落实国家和省“双十条”， 抓住机遇用好政策。年初，市局到各开发区及重点用海企业现场办公，宣传“海十条”，帮助解决他们用海难题，推进了本市项目用海的审批和区域用海规划的编制工作。完成了2009年度海域使用监管系统业务运行工作方案报批工作。根据最新海岸线修测成果，更新了基础地理数据。在 6 月份更新完善海域使用权属数据，并根据修编后的葫芦岛市海洋功能区划，全面更新了功能区划数据。

【海洋环境保护工作正规有序】 开展了陆源入海排污口及其邻近海域监测、养殖区监测、近岸海域监测、赤潮监控区监测、生态监控区监测等 16 项监测项目。开展海洋工程建设项目环境影响评价工作，组织召开了“葫芦岛经济开发区船舶制造配套园区港池围海工程海洋环境影响报告书”专家评审会。加强了对建设项目污染物排放的监督管理，强化了倾倒活动的现场监督检查。积极推进了海洋观测预报体系和能力建设。编制发布了《2008年葫芦岛市海洋环境质量公报》。5月12日，在龙港区、兴城市、绥中县三地同时举行“防灾减灾日”宣传活动，向市民发放宣传单等物品，普及海洋防灾减灾知识，提高市民的环境保护意识。

【海洋渔业健康发展】 坚持海洋渔业事业持续健康发展，海洋渔业经济实现了平稳较快增长。促成了市政府与中国水产科学研究院达成共建葫芦岛鲆鲽类产业化示范园区战略合作。申报的25个省级水产健康养殖示范区项目和新增水产品精深加工项目顺利通过省海洋与渔业厅、财政部门审查，其中，海水水产健康养殖示范区建设项目14个、淡水养殖示范单元8个、水产品加工新增项目3个，申报项目总资金890万元。圆满完成农业部与辽宁省人民政府主办，黄渤海渔政局、省海洋与渔业厅和市政府承办的辽东湾海洋生物增殖放流活动。从6月1日至6月14日，本市首次同时在近岸海域增殖放流海蜇、日本对虾及部分牙鲆、中国对虾苗种。放流区域覆盖8个沿海乡镇。其中，放流海蜇苗4 797万头，比2008年增加11%；日本对虾苗15 099万尾，比2008年增长49%；中国对虾放流在本市已中断20多年，人工放流牙鲆也是首次试验，对提高渔民经济收益产生积极影响。省人工鱼礁建设项目继续在止锚湾海域实施，2009年共投放M型混凝土构建鱼礁礁体2 449个，争取省资金225万元。葫芦岛龙运井盐水水产养殖有限责任公司被批准为国家级大鲮鲆良种场建设单位，绥中电厂三益水产养殖有限责任公司被批准为国家级刺参良种场建设单位。兴城市被农业部确定为鲆鲽类健康养殖示范县。“兴城多宝鱼”地理标志商标创建工作得到了市政府和省海洋与渔业厅批准，已呈报农业部审批。

【执法监察工作进一步加强】 坚持依法治渔，依法管海。严格坚持渔业许可制度，深入开展伏季休渔工作，组织开展了大规模伏季休渔宣传周活动，渔政执法人员深入到渔村、渔港、码头进行渔业法律法规宣传，严格伏季休渔“船进港、人上岸、证集中、网入库”的管理措施。海监部门积极开展“碧海2009”、“海盾2009”行动，组织海陆执法检查、四级海监联合执法检查220多次，开展对非法采砂、非法倾倒的专项整治行动，查办案件14起。

【水产品质量安全工作扎实开展】 认真落实农业部、省厅“2009年农产品质量安全整治暨农产品质量安全执法年活动”精神，制定印发了《2009年葫芦岛市水产品质量安全专项整治行动实施方案》，组织开展了联合执法检查，抽检样品110个，合格率99%。有7个产地和7个产品通过了省无公害水产品产地认定和产品认证，认定面积达27.05平方千米，居全省第一位。全市39家育苗场全部办理《辽宁省水产苗种生产许可证》。

【年度工作再创佳绩】 被省海洋与渔业厅评为“2009年全省海洋与渔业系统目标考核一等奖单位”、“2009年全省海洋与渔业倍增发展市级优胜单位”、“2009年全省海洋渔业安全生产目标管理达标单位”。2009年，市海域使用动态监管中心被评为“国家海域使用动态监管系统建设优秀单位”；市海洋与渔业环境监测中心站被评为全国海洋工作先进集体；市海监支队被评为“北海区模范支队”；经农业部渔业局复审，市渔政处、市渔监处再次被评为全国渔业文明执法窗口单位；市海洋与渔业环境监测中心站被命名为“市级青年文明号”；市水产品质量监督管理处被评为“葫芦岛市十大杰出青年创业团队”。

（胡晓舟）

林　业

【概况】 2009年是极不平凡的一年。中央、省委、市委史无前例地分别召开了首次林业工作会议，本市启动了“辽西绿色生态长廊”建设工程；市局机关事业单位机构改革圆满完成，并乔迁新址；同全市人民一道抗击了60年一遇的重大旱灾；全市林业工作克服重重困难，在市委、市政府的正确领导下，坚定不移地推进林业改革，毫不动摇地加快林业发展，各项重点工作务实推进，在全省14个市20项绩效考评中位次前移，受到省林业厅的表扬与奖励，较好地完成了年初制定的各项目标任务。

【造林绿化工作扎实推进】 全市造林绿化工作以“辽西绿色生态长廊”建设为平台，以国家三北防护林、沿海防护林和退耕还林等重点工程为依托，主要围绕林业扩大内需、龙湾CBD周边山体绿化、滨海大道绿化等重点项目展开。完成人工造林作业174.7平方千米，其中三北防护林19.3平方千米，沿海防护林126.7平方千米，退耕配套荒山造林12.0平方千米，其他16.7平方千米；全民义务植树895万株；封山育（护）林50.0平方千米；退耕还林补植60.0平方千米；绿化村屯131个、校园18所。全市造林绿化工作扎实推进，全市生态体系建设逐步完善，“辽西绿色生态长廊”建设开局良好。

【集体林权配套改革全面启动】 在学习借鉴先进经验，抓好试点的基础上，通过明确目标任务、加强检查指导等措施，在基本完成集体林权主体改革任务基础上，全面启动了集体林权配套改革工作。全市超标准建立林业综合管理服务中心2个；建立林业专业合作组织28个；建立林业专业协会27个；完成村级森林经营编制方案170个，办理林权抵押贷款4 600万元，集体林权改革工作居于全省先进。

【林业产业加速发展】 继续坚持“生态建设产业化、产业建设生态化”的方针，积极争取资金上项目，努力培育产业发展典型。全市新增经济林5.8平方千米、野生动物养殖圈舍0.005平方千米；灵山森林公园被评为省十佳森林公园，“建昌礼品1号”获全国核桃大会银奖。通过典型的示范带动，“做给农民看，领着农民干”，有效推动了全市林业产业的加速发展。2009年全市林业总产值实现27.7亿元，比2008年增长20.4%，有力地带动了山区农民增收致富，促进了农村经济结构调整。

【资源管护工作全面加强】 严格执行森林采伐限额制度，全市使用限额5.03万立方米，仅占指标的34.4%，森林资源消耗得到了有效控制。林地保护管理进一步加强，共查处非法占用林地案件82起、面积0.068平方千米，乱征滥占林地行为得到了基本遏制。森林防火工作力度不断加大，森林火灾发生起数有所下降，全年受害森林面积1.7888平方千米，森林火灾受害率为0.24‰，没有重、特大森林火灾和人身伤亡事故发生。全面实施重点林业有害生物治理工程，防治各种林业有害生物437.3平方千米，防治率达99%，成灾率为0；检疫造林绿化苗木2 578万株，苗木产地检疫率达99.8%；建立固定监测点72个，实际监测面积6 526.7平方千米，监测率达99%。积极开展野生动植物保护工作，举行了“关注鸟类、保护自然”为主题的“爱鸟周”等宣传活动，救助野生动物26种158只，放飞各种野生鸟类近3 000只，野生动物保护工作连续8年位于全省第一。通过上述大量工作，有效保障了全市森林资源的基本安全和资源总量稳步增长。

【林业支撑和保障功能发挥充分】 注重推动基层林业站建设，积极举办基层林业站长培训班，提高基层林业站的业务和管理水平。深入开展“百乡千村林农科技致富行动”、“林业专家进村入户”和“赶科普大集”等惠农活动。重点推广林业实用技术12项，引进林业新品种10个，建立各类示范基地12个，科技示范村20个，科技示范户2 460个。林业站和林业技术推广工作在全省名列前茅。强化了“林以种为本、种以质为先”的理念，完成林业育苗7.5平方千米，超计划41.3%，总产苗木1.15亿株，其中容器育苗4 450万株，实现了自给自足。Ⅰ级苗供应率达83.7%，质量明显好于往年。种苗工作在全省继续名列榜首，并获得全省行业管理先进单位。为“辽西绿色生态长廊”工程的全面推进提供了有力的技术支撑和苗木保障。

【机关建设再上新台阶】 2009年，通过深入学习实践科学发展观，狠抓思想政治建设，林业队伍的凝聚力、战斗力进一步增强。进一步完善和充实了各项管理和工作制度，将制度建设贯穿于机关建设的各个方面和各个环节。积极推进政务公开，增加办事透明度，切实加强和改进了作风、行风和机关效能建设。机关干部坚持服务宗旨，按照制度规定的程序，热情接待、周到服务，杜绝了门难进、脸难看、话难听、事难办的作风。2009年荣获了市级文明机关的光荣称号，在市直机关目标责任制管理中有望实现“十二连优”。

（宋占东）

开发区

市沿海经济带

【概况】 葫芦岛市沿海经济带纳入国家发展战略后，市委、市政府紧紧抓住这一机遇，把沿海经济带的开发开放作为实现“保增长、保民生、保稳定”的重要举措，放在全市经济工作的首位，全力加强沿海经济带的基础设施建设和招商引资工作。

【市沿海经济带建设基本情况和阶段性成果】 本市沿海经济带包括三区（经济开发区、龙港区、连山区）、一市（兴城市）、一县（绥中县）沿海部分，覆盖市中心城区和兴城市、绥中县城区及27个乡镇，土地面积3 000平方千米，占全市的29%；人口130万，占全市的48%。

截至2009年12月，本市沿海经济带各地区实现GDP246.36亿元，占全市89.85%（全市274.2亿元，扣除建昌20.3和南票7.54）；引进内资76.8亿元，占全市81.4%；实际利用外资到位2 404万美元，占全市99.9%；外贸出口9 988.6万美元，占全市41.6%。

本市沿海经济带基础设施建设正在紧张有序进行，已完成总投资73.33亿元，50平方千米实现“七通一平”，173.5千米的滨海大通道9月份建成通车，各重点发展区域的基础设施配套逐步完善。沿海经济带招商引资项目总数达到232个，总投资达878.01亿元。其中建成项目38个，总投资35.75亿元；在建项目50个，总投资188.14亿元；拟开工项目67个，总投资396.4亿元，在谈项目77个，总投资257.72亿元。

北港工业区规划面积34.94平方千米，分为船舶制造配套园区、葫芦岛港港区、仓储物流园区、综合工业园区、商务区、石化机械装备制造园区等七个功能区。产业定位：依托葫芦岛传统优势产业，结合区域比较优势，努力构建四大产业集群，一是造船与船用配套、石化机械装备制造及新能源装备制造产业，二是石油化工和精细化工产业，三是有色金属精深加工产业，四是仓储物流产业。累计完成基础设施建设工程13大类100余个单项，实现总投资40亿元。招商引资项目总数99个，计划总投资598.84亿元。落实项目达到74个，其中，建成项目29个，总投资19.8亿元；在建项目19个，总投资90.94亿元；拟开工项目26个，总投资230.38亿元。在谈25个项目，总投资257.72亿元。

打渔山工业园区规划面积10.3平方千米。产业定位：全力打造“中国泵业基地”，同时积极发展船舶修造、石油化工、机械制造、仓储物流和生态居住等相关配套产业。基础设施建设总投资6.2亿元。招商引资项目总数37个，其中，拟开工项目4个，总投资32.92亿元，达成投资意向的3个，在谈项目30个。

船舶产业园区规划面积约7平方千米，其中，一期规划面积3.71平方千米，二期规划面积约1.4平方千米，三期规划面积1.89平方千米。产业定位：依托渤船重工，以海洋工程和船舶制造为主导，全力打造中国海洋工程装备制造基地。已经完成了15亿元的基础设施建设工程。引进项目7个，总投资56.5亿元，实现投资约6亿元。

龙湾中央商务区跟省外经贸厅、市外经贸局联合实行捆绑式招商，规划面积13平方千米，建设面积8.05平方千米。发展定位：建设成为“立足东北、辐射东北亚”集“商务会展、康体休闲、旅游度假”为一体的海洋生态型中心商务区、人气集聚区、商贸发达区、经济核心区和景观繁华区。重点发展会展、金融、商务、商贸、商住、文化娱乐、旅游度假、康体健身等八项服务产业。基础设施建设共投资4.43亿元。在谈项目11个。

兴城临海产业区规划面积为52.49平方千米，分A、B两个区域。其中A区规划面积20.29平方千米，B区规划面积32.2平方千米，起步区面积11平方千米。发展定位：以机械制造为主的环保生态产业区，其中起步区11平方千米定位为中国北方输配电产业基地，具体规划为五个功能区：一是输配电设备生产加工区，二是输配电设备配件加工区，三是仓储物流区，四是配套服务区，五是生活管理区。其中生产加工区主要包括电缆加工区，高低压开关设备加工区，自动化控制设备加工区，变压器、变电站加工区。配套服务区主要包括行政金融服务中心、产品研发中心、技术培训服务中心、产品检测中心。基础设施投入建设资金1.6亿元。招商引资项目总数12个，其中，建成项目6个，总投资9.95亿元；拟开工项目2个，共投资22亿元；在谈项目4个。

绥中滨海经济区规划面积100平方千米，一期开发37.88平方千米，起步区面积14.87平方千米。发展定位：“海岸中关村，生态新城区”，重点发展高新技术产业、旅游地产和装备制造，全力打造生态宜居城市。其中，14.87平方千米的起步区发展定位为辽宁（万家）数字技术产业基地，重点发展高新技术产业。基础设施建设已投入 6.1 亿元。引进项目 62 个，总投资 159 亿元，其中在建项目 27 个，总投资 47.9 亿元；拟开工项目 35 个，总投资 111.1 亿元。

葫芦岛经济开发区

【概况】 2009 年，在市委、市政府的正确领导下，在市人大、市政协的亲切关怀及市直各有关部门的鼎力支持下，面对国际金融危机对投资和项目落地带来的严重冲击，全区上下戮力同心、顽强拼搏、攻坚克难，圆满完成全年各项任务指标，实现了又好又快发展。

2009 年，全区（不包括船园及打渔山工业区，下同）生产总值实现 6 320 万元，比上年增长 23.2%；财政一般预算收入完成 10 018 万元，比上年增长 35.9%；固定资产投资完成 22.7 亿元，比上年增长 41.9%。市里考核的三项主要指标皆超额完成。其中，引进内资完成 13.84 亿元，比上年增长 45.7%；引进外资完成 1 553 万元，比上年增长 41.2%；出口创汇完成 514.8 万美元，实现逆势上扬。

【招商引资工作富有成效】 按照体制机制创新的总体要求和“全员招商、目标管理、专兼结合、经费包干、奖惩分明”的基本模式，全区以 5 个专业招商局为主体、以 8 个兼职招商局为补充的全员招商建制全面投入运行，招商思路更加明晰，招商重点更加突出，招商方式方法更加多样，招商政策更加灵活，招商引资工作氛围更加浓厚。

2009 年，全区新签约注册项目 32 个（不包含船园及打渔山，下同），计划总投资 57 亿元。截至 2009 年底，招商引资项目累计达到 99 个，计划总投资 488.5 亿元。重大项目推进工作得到明显加强，总投资 10.2 亿元的渤海造船项目正式投产，两艘出口新加坡的 3.5 万吨级散货船开工建造，预计今年还将拿到 10 亿元订单；总投资 36 亿元的海擎重工项目一期工程竣工，近期将投产；总投资 11.4 亿元的百通药业项目完成桩基础工程；总投资 8.36 亿元的中冶镍钴精炼项目、总投资 10 亿元的渤船重工核电装备项目、总投资 30.8 亿元的大唐国际热电联产项目均有望年内开工建设；总投资 185 亿元的千万吨炼油项目也在积极推进中。

【企业服务工作细致入微】 一是强化对企业服务工作的总体调度与协调。利用服务大厅投用的有利条件，构建起以招商部门为前导，以企业服务中心为枢纽，各部门分工负责贯穿全程的“一站式”办公和“一条龙”服务格局。累计为入区企业协调办理工商、税务、规划、土地、环评、安评等手续 710 余件次，解决各类问题 950 余件次。二是千方百计降低企业建设成本。全面落实行政事业性收费减免政策，共减免各种费用超过 1 亿元。还协调可研、环评、安评等方面的社会中介服务机构，降低收费标准，累计节约企业支出 4 000 余万元。三是多渠道帮助入区企业解决融资难问题。积极联络本市银行，主动邀请市外金融单位，采取银企对接等形式使银企合作进展顺利。截至目前，帮助企业累计获得银行贷款超过 2 亿元。成功引进北京大通资本集团进驻园区，合资成立了注册资金 1 亿元的贷款担保公司，完善了园区金融服务职能，拓宽了企业融资渠道。此外，积极争取省政府对企业的贷款贴息，累计获得贷款贴息 5 000 万元。四是成立了园区外贸出口代理公司，方便了园区企业外贸出口业务的开展。五是大力推行《首问负责制》。实行全员挂牌上岗，明确岗位职责，规范服务程序，加强工作督察，堵塞服务漏洞。服务工作得到入区企业的一致认同，服务品牌效应日益显现。

【基础设施配套日臻完善】 截至 2009 年底，全区累计完成基础设施建设工程 13 大类 118 个单项，实现总投资 54 亿元。规划区内已开发土地面积 20.84 平方千米，实际利用土地面积 13.29 平方千米。

2009 年实施建设的道路及排洪暗渠、绿化等工程全面完工；为海擎重工、中小企业园区等项目用地回填土石方 500 万立方米，保证了项目建设需要；保税仓库顺利通过海关验收，已正式运营；污水处理厂完成生产调试；滨海大道开发区段提前竣工通车；疏港铁路建设可研通过专家评审、公司组建已经完成；园区一次变建设获得省电力公司批准，各项前期工作有序展开。工程监管工作得到同步加强，全年送审审减率创下 1.25‰的新低。

【领导成员名单】

管委会主任　潘东波

常委会副主任　刘桂甫　沈劲松　李　利　陈海洋

（金　雷）

葫芦岛高新技术产业开发区

【概况】 葫芦岛高新区在市委、市政府的正确领导下，以党的十七届四中全会精神为指导，认真贯彻落实科学发展观，积极应对国际金融危机，抢抓辽宁省沿海经济带上升为国家战略的重大机遇，科学定位、创新发展，提出了“打造中国北方聚氨酯产业基地”的奋斗目标。全区干部职工戮力同心、克难攻坚、扎实工作、锐意进取，园区主要经济指标保持了稳步增长，招商引资成效明显，基础设施建设推进快速，投资环境全面优化、科技创新能力得到增强，园区核心竞争力大大提升，呈现出良好的发展态势。

截至 2009 年底，高新区完成总产值达到 20 亿元，同比增长 12%；技工贸总收入达到 23 亿元，同比增长 14%；工业增加值达到 3.5 亿元，同比增长 12%；高新技术产品产值达到 14 亿元，同比增长 11%；

出口创汇 1 983.2 万美元；固定资产投资 10 亿元，同比增长 42%；引进内资 13 亿元，同比增长 113%。全口径财政收入完成 27 091 万元，同比增长 24%，一般性财政收入完成 8 459 万元，同比增长 18%。

【全力推进聚氨酯产业基地建设】 2009 年是园区实现跨越式发展的关键年，年初，高新区工委全面总结几年来的发展经验，梳理了制约发展的突出问题，以提升园区核心竞争力为总的发展方向，充分依托本市石化产业优势，并结合国际国内石化产业发展现状及发展前景，提出了“打造中国北方聚氨酯产业基地”的构想。经过近一年的努力，“基地”建设基础性、阶段性各项工作取得了较快进展。“聚氨酯产业基地”占地面积 6.02 平方千米，规划了 18 个项目区，总投资 200 亿元人民币，重点发展 ADI、MDI、TDI 及其下游产品、泡沫材料、弹性体、氨纶、合成革、黏合剂、新型建材、涂料等，涵盖了聚氨酯产业从上游的原料生产到下游的最终端产品的各个环节，构成完整的产业链条。基础设施工程前期工作现已筹备完毕。

【招商引资工作显成效】 围绕打造“中国北方聚氨酯产业基地”这一核心任务开展招商引资。截至 09 年底，规模以上企业 38 家，新增入驻企业共 19 个，其中产业化项目 13 个，总投资 16.94 亿元，在谈项目 12 个，投资总额 190 亿元。

2009 年 9 月，高新区承办了“中国（葫芦岛）聚氨酯产业高峰论坛”，这是中国聚氨酯产业举行的层次最高、规模最大的一次论坛，到会专家、学者、企业家达 280 人，在境内外产生强烈的影响。葫芦岛高新区已不仅是国内聚氨酯产业领军企业投资焦点，而且已成为境外一些知名企业跟踪的重点地区之一。

突出“三个重点”抓招商。第一是突出聚氨酯产业重点抓招商。加强专业招商队伍建设，聘任化工行业专家组建招商四局，聘请上海聚氨酯促进中心资深研究员担任本市经济顾问，专为聚氨酯产业基地建设出谋划策，拓宽了高新区招商引资工作的范围。第二是突出化工产业集聚地区重点抓招商。围绕“中国北方聚氨酯产业基地”主题概念，开展了各种形式的招商活动，境内主要面向上海、北京、广州、深圳、苏州、温州以及重庆等地区，并面向香港和台湾以及新加坡等，全年走出去招商 20 余次。第三是突出重点客商抓招商。主要是通过“走出去”与“请进来”的招商活动，对一些投资意向强的进行全力跟踪推进，对有可能投资的加强宣传推介，收到好的成效，成功引进上海中科合臣、台湾完美公司等化工行业知名企业先后入驻园区，并与亨斯迈、巴斯孚等聚氨酯行业国际巨头建立了良好的关系，为高新区的后续发展提供了有力支撑。

【重点项目进展顺利】 对在谈项目紧盯不放，争取尽快谈成；对签约项目千方百计协调、解决存在的问题，促进项目尽早开工；对在建项目努力提供好服务，争取使项目早日建成投产。目前，在建的重点项目共 7 个，续建的重点项目共有 10 个，已签约的重点项目共有 6 个，在谈的重点项目共有 12 个。

【有效解决影响发展的突出问题】 较好地解决了制约园区发展的三大难题：一是土地问题。在市国土局努力工作下，一次性将高新区规划范围内的基本农田全部调出，土地规划调整大纲得到了省政府的批准。二是资金问题。成功得到中国银行 3 亿元人民币的贷款。同时，国家发展银行也明确表示给予 3 亿元的资金支持。三是政策问题。成功获得省政府同意将高新区纳入省“五点一线”重点支持发展区域，可以享受“五点一线”各项优惠政策。

【加大基础设施建设】 完成高新九路东延道路工程；完成天然气气源入区工程；启动 2 万吨污水处理厂工程建设；开展生活服务区续建及锦山生活区建设工程；完成高新区入区广场景观建设等，提升了园区对外形象。

【领导成员名单】

管委会主任　黄晓霞

管委会副主任　盛海翔　高　飞　原中瑞　李治军　纪　敬

（王　姝）

杨家杖子经济开发区

【概况】 2009 年，全区在国际金融危机的大背景下，GDP 实现 73 542 万元，同比增长 23.8%；财政一般预算收入完成 4 199 万元，同比减少 16.2%，其中税收收入完成 3 774 万元，同比减少 20.6%；全社会固定资产投资完成 134 947 万元，同比增长 79.8%；社会消费品零售总额完成 9 873.5 万元，同比增长 18.5%；城镇居民人均可支配收入 7 652 元，同比增长 16%。

【经济社会健康发展】 1. 重点工业项目扎实推进。2009 年，开发区工业备案项目 5 个。冀东水泥、钼深加工、海绵铁、钼都石材等项目申请报告编制完成，前期准备工作已经就绪。同时，争取国家补助资金 2 452 万元支持企业建设。先进陶瓷工业园建设项目启动了一期工程（电子元器件）。

2. 城市基础设施获得改善。“老杨线”莲花山路段公路拓宽改造工程，已基本竣工并开始试通车。220 千伏输变电工程按计划进行，2010 年投资 1.2 亿元，年底前试运行。污水处理厂工程已接近收尾。“三河”治理工程（即黑鱼沟河、富儿沟河、白沙河），自 2006 年启动到现在，历经三年多的治理改造，现工程已基本结束。地质环境综合治理工程，一期工程 2009 年立项开工，2010 年竣工。

3. 民生工程惠及百姓。基础教育园区工程，2007

年破土动工，到现在一期工程已完工，二期工程力争今年结束。莲花山职业学校改扩建工程，一期工程交付使用，预计 2010 年招生规模可达到 1 000 人。棚户区、采沉区治理改造工程，自 2006 年开工到现在，历时三年累计完成 34.6 万平方米住宅建筑，力争 2010 年整个棚改工程全部交付使用。

4. 软环境建设进一步优化。经过多方工作，国务院已正式批准开发区为全国资源枯竭城市，由此可以享受到国家更多优惠扶持政策。

5. 经济运行中的突出矛盾得到有效缓解。一是积极帮助企业解决融资难问题。2009 年，开发区充分发挥金誉创业担保投资公司作用，先后为中小企业融资达 1.2 亿元。二是对新开工项目随时协调，帮助解决项目推进过程中遇到的具体问题。三是不回避矛盾，敢于接触问题、解决问题。保持了企业正常生产经营活动。

二、科学发展观实践活动取得成效

1. 对科学发展的认识产生了质的飞跃。

一是广大党员干部深刻认识到：唯有发展，才是解决杨家杖子地区一切问题的根本，发展是解决杨家杖子所有问题的“总钥匙”。

二是广大党员干部特别是领导干部深刻认识到：越是经济发展遇到困难，越要坚持发展为了人民、发展依靠人民、发展成果由人民共享，把保障和改善民生放在首位，落到实处。

三是广大党员干部深刻认识到：无论经济形势发生什么样的变化，都不能顾此失彼，而必须按照科学发展观的要求，统筹兼顾，总揽全局，抓住关键，促进全面协调可持续发展。

2. 解决了涉及稳定全局的突出矛盾和问题。

2009 年，对时间久远、情况复杂、政策缺失、比较棘手的历史遗留问题，组建了专门班子进行摸底调查，疏理归类，然后，依据政策逐一拿出解决办法。开发区在财力十分困难的情况下，妥善解决了原矿务局部分退休职工上访多年的医疗补贴等问题；较好处理了工业公司大集体职工因企业放假、职工下岗、家庭生活困难多次越级进京上访积案。组织全区 207 名党员干部与困难家庭进行了“一帮一”帮扶，共捐现金 2.2 万元，捐物折款 8 700 元，帮助解决实际问题 245 件。

【领导成员名单】

开发区党工委书记 管委会主任　郑子清
开发区党工委副书记 管委会副主任　王佳喜
开发区党工委副书记　何志刚
开发区党工委副书记 管委会副主任　张世功
开发区管委会副主任　付　越　单亚光　王锦纯

八家子经济开发区

【概况】 2009 年，全区经济实现稳步发展。GDP 实现 13 亿元（含宏跃集团），全口径税收实现 8 600 万元（含宏跃集团），本级财政一般预算收入实现 1 000 万元（不含宏跃集团），农民人均收入实现 7 000 元。

【项目建设卓有成效】依托资源，创优环境，全面扩大招商引资新项目，积极扶持壮大老企业，工业经济实力进一步增强。

招商引资成果显著。面对金融危机造成的严重影响，大力发展新兴产业，努力使工业经济在应对危机中实现优化升级。开发区利用资源、设施、人才等有利条件，不断加大招商引资的力度，引进了一批科技含量高、污染消耗少、发展后劲足的新项目。一个是国药药材辽宁投资公司投资 5 000 万元的取沙、选铁、复田项目，该项目不仅无污染，还可以改良土壤的耕作层，复耕后可增加土地耕种面积 0.66 平方千米，现已达产，年产值 2 亿元，税金 3 000 万元以上。另一个项目是全祥矿业有限公司，因采矿手续被撤销，停产多年，经过多次协商，重新办理了各种审批手续，重新注入资金，现已达产，年产值达 2 亿元以上，税金达 3 500 万元。

【转型改革不断深化】 开发区充分发挥服务职能，加大对宏跃集团现有项目的推进，搞好接续项目，加快了铁选项目、钼选项目及其他项目的进程，实现了企业效益和开发区税收双赢。宏跃集团凌河第二化工厂，一期年产 1 万吨乳化炸药生产线，现生产运行状况平稳，年利税 3 000 万元，二期年产 1 万吨乳化炸药生产线，现已正式运行。宏跃集团尾矿库尾矿复选项目，投资 1 200 万元，年选锰精粉 10 万吨，铁精粉 3 万吨，硫精粉 1 万吨，硫银矿 2 000 吨，实现产值 9 260 万元。宏跃集团电解锰项目，投资 2.2 亿元，年产电解锰 3 万吨，投产后年产值 4.4 亿元，上缴税金 5 800 万元。原有福利铅锍矿、永鑫矿业、虹源矿业等多家企业都保持着平稳良好的生产势头。

【安管 环保力度不断加大】 在发展经济的同时，开发区时刻不放松对企业的安全检查工作，安全管理领导小组不定期深入企业生产一线进行安全隐患检查，全年共计检查、复查 42 次，发现问题及时纠正、及时整改，整改率达 100%，在国庆期间，对所属企业商业网点进行了联合检查，进一步地确保了人民生命安全和企业安全生产。

【新农村建设扎实推进】 以“农民增收、农业增效、农村发展”为中心，不断加大对“三农”的投入扶持力度，扎实推进社会主义新农村建设，农村基础环境进一步改善，农业产业结构进一步优化，农民增收渠道进一步拓宽。开发区全部完成了“八个一”工程，即第一个“一”是投资 300 万元，0.66 平方千米棚菜开发工程，第二个“一”是引进一个紫苏深加工项目，第三个“一”是投资 60 万元，开发 0.66 平方千米紫苏种植基地，第四个“一”是投资 29.5 万元，1 000 米的治河工程，第五个“一”是开发多种高效作物 0.66 平方千米，第六个“一”

是投资35万元，建一个畜牧小区，第七个“一”是荒山治理0.66平方千米，第八个“一”是投资60万元，建滨河绿化带1 000延长米。

【基础设施建设再上台阶】 开发区委托省规划设计院编制完成的区域发展整体规划，是本区城市今后发展的蓝图和范本，这就使今后城区规划更加科学、详细合理。投资70万元，新安路灯74盏。投资80万元，新铺设开发区门前至建材市场沿线及南岸彩砖3 000平方米，栽植树木400株，安装路灯30盏。投资130万元，新建消防队办公楼一栋，建筑面积1 300平方米，新建建材市场一处，建筑面积10 000平方米，建材市场门前平整场12 000平方米。新建宾馆一座，建筑面积1 500平方米，投资24万元，新建文化站一处，建筑面积300平方米。完成瓦西线水泥路面尾欠工程3千米。

【民生工程扎实推进】 开发区在民政、劳动、文教卫生、计划生育、通讯等各项事业的工作中也都走在全县的前列，全区经济发展，社会稳定。民政工作积极开展，全区共落实城保对象2 364人，农保对象405人。全年累计向低保户发放低保金398.2万元，落实贫困建房三户，维修房屋18户。在开展城乡低保工作中，不断健全和完善审批手续，保障对象有进有出，做到应保尽保。认真做好优抚工作，累计发放优抚金18.4万元，殡葬工作逐步走向正规，全年完成火化83具，同比增长13.7%。劳动和就业工作稳步开展，全年完成劳务输出4 100人，完成劳动力备案登记1 680人。计生工作依法有序开展，全年征收社会抚养费3.1万元。护林防火工作扎实有效，全年无一次火灾发生。新型农村合作医疗参合率100%。按照市、县相关政策，开发区本级支付资金近100多万元，最先成功地完成了70名大集体职工改制问题，解决了老有所养的问题。在刚刚闭幕的全县经济表彰大会上，荣获财源建设贡献奖，招商引资发展民营经济工作一等奖，农建“大禹杯”三等奖，发展设施农业推进种植结构调整先进单位，发展林业生产工作二等奖，实施畜牧倍增计划发展养殖小区工作一等奖，推进劳务输出工作一等奖，推进社保扩面工作一等奖，社会主义新农村建设先进单位，发展农业机械化先进单位，扶贫开发工作先进单位，人口和计划生育目标管理工作一等奖，民政工作先进单位，安全生产工作先进单位，共14项奖励。

【领导成员名单】

管委会主任　高庆伟

副主任　朱学印

（任庆志）

工　业

综　述

2009 年，面对国际金融危机冲击等诸多不利因素影响，工业经济一度下滑严重，全市工业系统在市委、市政府的正确领导下，深入贯彻落实科学发展观，抢抓机遇，加强对工业经济的跟踪监测，积极帮助企业解决生产经营中遇到的实际困难和问题。从 5 月开始，规模以上工业增加值增速逐月回升向好，9 月开始，累计实现正增长，保持了工业平稳较快发展的良好势头，完成了市委、市政府制定的“保增长、保民生、保稳定、促振兴”任务目标，为本市工业加快发展奠定了坚实基础。

【工业基本概况】 企业基本情况。本市现有规模以上工业企业 571 户，净增加 31 户。2009 年规模以上工业企业完成工业增加值加值 138.75 亿元，增长 4.8%。完成工业总产值 684.32 亿元，下降 7.0%；其中，产值超 100 亿元的企业 1 户；产值 10～100 亿元的企业 5 户；产值 5～10 亿元的企业 16 户；产值 1～5 亿元的企业 64 户。产值前十位企业见图一。

第一：中国石油天然气股份有限公司；第二：渤海船舶重工有限责任公司；第三：中冶葫芦岛有色金属集团有限公司；第四：绥中发电有限责任公司；第五：连山辉宏有色金属有限公司；第六：锦化化工（集团）有限责任公司；第七：锦西天然气化工有限责任公司；第八：锦西化工机械有限责任公司；第九：葫芦岛天星实业有限责任公司；第十：辽宁南票煤电有限公司。

行业情况。按照工业行业大类分，本市共有煤炭采选业、黑色金属矿采选业、食品加工业、食品制造业等 27 类行业，其中有 20 个行业产值超亿元。产值超 10 亿元的行业有：化学原料及化学制品业、黑色金属、交通运输设备制造业、有色金属冶炼和压延加工业、电、蒸汽、热水的生产和供应业；产值超 100 亿元的行业有石油加工业和有色金属矿采选业、食品加工业。

按照工业综合行业类分，分 9 大类，详见下图。

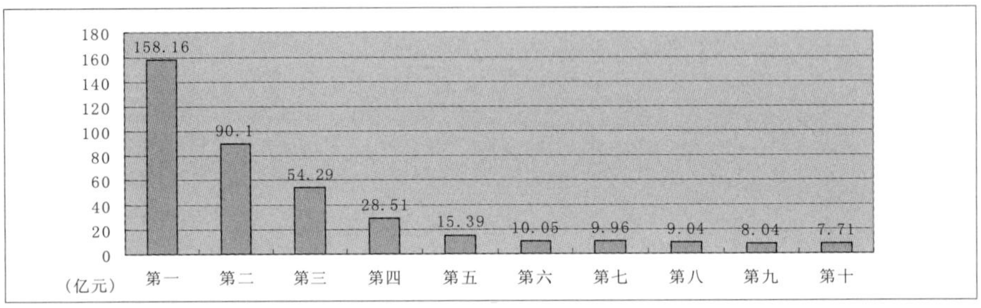

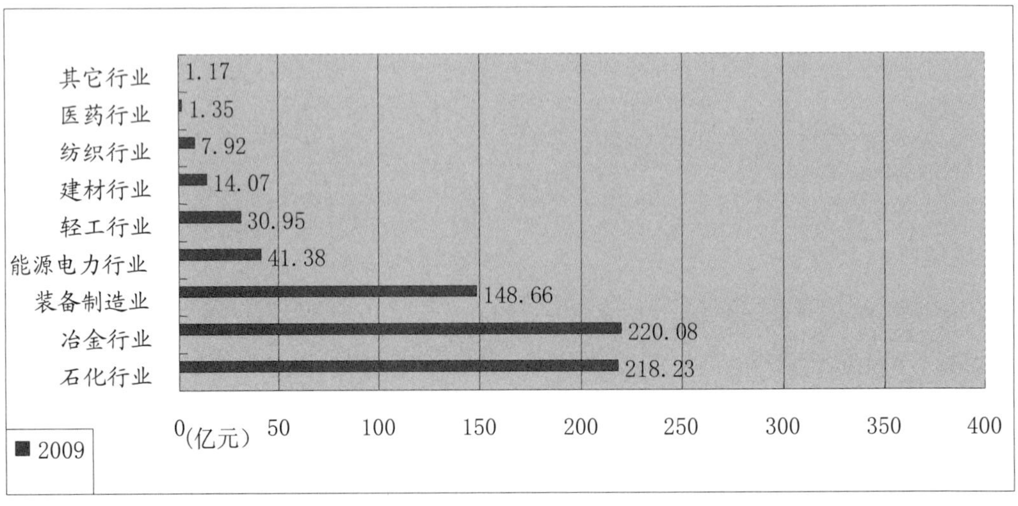

产品情况。本市主要工业产品有民用钢质船舶、铁合金、铜、锌、汽油、柴油、水泥、化肥等29种。2009年受市场需求不振影响，本市重点工业产品产量减产品种较多。增产的产品有：民用钢质船舶完成113.9万吨，同比增长262.2%；铜完成2.24万吨，同比增长19.1%；硫酸完成60.99万吨，同比增产3.7%；发电量完成113.84亿千瓦时，同比增产9.2%；原煤完成262.25万吨，同比增产0.3%。减产的产品有：聚氯乙烯完成2.87万吨，同比减产36.9%；原油加工量完成419.56万吨，同比减产33.2%；烧碱完成20.98万吨，同比减产17.8%；成品钢材完成30.63万吨，同比减产7.1%；合成氨完成32.61万吨，同比减产4.4%；水泥完成205.86万吨，同比减产2.5%；锌完成35.28万吨，同比减产0.9%；

【2009年工业运行的特点】 从10月份开始，本市工业生产出现探底回升。截止到10月底，规模以上工业完成增加值同比增长2.8个百分点；1～11月，规模以上工业完成增加值同比增长3.9个百分点，增长速度呈现了逐月上升的趋势；截至年底，规模以上工业完成增加值同比增长4.8个百分点，工业增速企稳回升态势得到巩固。

1．产业结构进一步优化。一是改造传统产业，全市共实施重点工业技改项目29个，总投资366.7亿元，这些项目的实施对全市工业结构调整具有牵动作用，其中，茂华生物花青素项目、宝丰精细化工气体分馏项目等14个项目完工；中冶葫芦岛有色公司富氧顶吹炼铜项目等11个项目正在建设中，锦西石化1 000万吨/年炼油等4个项目计划开工建设。全年为13个项目成功争取省技改贴息资金6 048万元，可拉动投资15亿元。二是大力发展精深加工业，拉长产业链，石油化工、有色冶金、船舶配套等行业精深加工取得一定成效，轻工纺织类、农产品深加工企业数量明显增加，年加工产值达180亿元以上。三是开展节能降耗和淘汰落后产能，对全市年用能量3 000吨标煤以上企业进行能源审计，对40户重点耗能企业进行专项检查，对7户违法企业进行了处罚，实现节能量54万吨标煤，全市万元GDP能耗下降4.6%，完成了年初确定的目标。加快淘汰落后产能步伐，根据产业发展指导目录，确认本市有6家水泥企业属于限制类企业，对其新建、扩建的项目和单纯以扩大产能为目的的技术改造项目不予备案，积极推进淘汰落后产能工作。

通过努力，本市工业结构调整取得明显成效。全市装备制造业总产值占工业总产值的21.72%，同比提高了5.21个百分点。

2．工业规模不断做大

全年实施1 000万元以上重点工业项目124个，投资总额达1 473亿元，比上年增长81.2%。其中，5 000万元以上94项，比上年增加16个，亿元以上的63项，比上年增加13个；超十亿元的18项，比上年增加8个；投资过百亿元的5项，比上年增加3个，124项工业重点项目中，续建50项，新建35项，做前期准备39项。全年工业固定资产投资实现151亿元，比上年增长44%，实现历史新高。一批具有重要牵动作用的工业项目相继开工投产，其投入力度和建设规模为历年之最。如：投资36亿元的海擎压力容器一期建成；总投资6.6亿元的锌厂10万吨粗铜改造项目竣工；投资8亿元的5万吨/年TDI投产；投资78亿元的绥电二期、投资13亿元的南电二期和投资4.5亿元并网发电；总投资17亿元的渤船重工第二个30万吨船坞，已完成总投资的73%，2010年竣工使用，为本市工业迅速扩张打下了坚实基础。

3．科技创新能力得到增强。一是促进企业建设技术中心，建立技术创新体系。今年化工研究院、葫芦岛德容制衣有限公司2户企业技术中心已被评为省级企业技术中心，本市省级以上技术中心已达到13户。二是争取各项优惠政策，发挥财政专项资金扶持作用，引进PVC装置消化创新提产节能新技术和辽宁万来轮胎有限公司的利用套接技术生产丁基内胎两个项目获得省企业技术中心专项资金80万元；三是提高民营企业科技水平，对兴城桃花岛海产品有限公司、葫芦岛钼都矿冶研发中心等发展较快的高成长企业给予技术创新政策支持，使其成为带动地区和行业技术发展的龙头企业。四是积极组织开展产学研活动，举行了市政府与大连工业大学战略合作活动，本市6家企业、部门与大连工业大学签署了科技协作、产学研对接等协议，双方就人才培养、食品工程、服装设计等领域达成多项合作意向，这必将进一步提高本市的自主创新能力，加快经济结构调整，加速产业结构升级。

2009年新产品开发480项，增长20%，实现新产品产值110亿元，增长7%。

4．临海工业快速发展。本市紧紧抓住辽宁沿海经济带上升为国家战略的历史机遇，构筑了“一线七区”开发开放新格局。“一线七区”规划面积230平方千米，已有60平方千米实现“七通一平”；招商引资项目338个，建成和在建项目196个，完成投资170亿元。经过3年多的开发建设，园区由小变大，面貌日新月异，均明确了主题概念，已成为全市对外开放的先导区和特色工业产业的聚集区。葫芦岛经济开发区建设新能源装备制造基地，建成和在建项目55个，完成投资72亿元，财政一般预算收入超亿元。高新技术产业园区建设中国北方聚氨酯产业基地，规模以上企业达到38个。绥中滨海经济区建设数字技术产业基地，引进项目72个，开工建设项目40个，完成投资9亿元。兴城临海产业区建设输配电和新型建材产业基地，完成投资5亿元。打渔山泵业产业园区建设中国泵业基地，引进项目10个，完成投资8.7亿元。船舶产业园区建设船舶修造和海洋工程基地，入驻企业8个，完成投资17.2亿元。

5．县区工业迅猛增长。2009年，本市县域经济呈现高速增长势头，六个县（市）区和经济开发区共完成工业总产值300.66亿元，同比增长37.37%。其中连山完成工业总产值73.98亿元，同比增长42.9%；龙港完成工业总产值46.82亿元，同比增长19.7%；南票完成工业总产值15.5亿元，同比增长58.9%；兴城完成工业总产值55.58亿元，同比增长57.3%；绥中完成工业总产值28.14亿元，同比增长47.8%；建昌完成工业总产值44.73亿元，同比增长

22.9%；杨杖子完成产值 13.77 亿元，同比增长 52.7%；高新园区完成产值 17.64 亿元，同比增长 6.2%；北港完成产值 4.50 亿元，同比增长 142.5%。

6. 企业改革不断深化。一是企业重组步伐加快，锦化机集团与沈阳黎明发动机制造有限公司已于 2008 年签订了合作意向书，双方通过近一年的工作，已经完成了重组的准备工作，于 12 月底签订合作协议，完成企业重组工作。二是平稳推进企业托管工作，2009 年 8 月市经委与锦化集团两户厂办集体企业签订了托管协议书，既减轻了化工总产的负担，又为下一步的改革创造了条件；三是积极推动海外并购工作，认真落实省政府推进“双百工程”的工作要求，全力推进海外科技型企业并购工作。09 年完成企业海外并购 2 户，有 2 户已签订并购合同。这为本市企业走出国门提供了有意的尝试。

（穆中剑）

石油化学工业

2009 年，国家出台了《石化产业调整和振兴规划》，国内石油和化工行业经济出现了企稳回升、总体向好的发展局面。主要石化产品消费量持续回升，但各产品价格走势差异明显。有机原料、合成材料市场呈明显回暖趋势；化肥、无机原料价格持续低迷。本市石化行业形势也有所好转，但部分企业受年初限产、设备检修影响，同期生产装置停产较多，石化行业主要经济指标完成情况有所下降。

2009 年，全市石化行业主要经济指标完成情况：规模以上企业 79 户，实现工业总产值 218.23 亿元，占全市工业总产值的 31.89%，其中，产值 10 亿元以上企业 2 户，5～10 亿元企业 4 户，1～5 亿元企业 7 户；出口交货值 2.89 亿元；销售收入 218.35 亿元；上缴税金 47.57 亿元。

1、产业布局日趋合理，提高了产业集中度。以石化产业为基地的北港工业区和以中国北方聚氨酯产业基地著称葫芦岛高新技术产业园区已初具规模，入驻企业达 500 余户，累计完成资产投资 112 亿元。跟踪洽谈项目 30 余个，总投资 500 亿元。2、做大石化产业，形成规模效应。本市抓住国家振兴石化行业的有利契机，规划亿元以上重点石油化工项目 15 个，总投资 285 亿元，完成投资 80 亿元。主要项目有 1 000 万吨/年炼油项目，总投资 185 亿元；环氧丙烷皂化渣循环利用项目，总投资 3.8 亿元；5 万吨/年 TDI 二期项目，总投资 3.5 亿元；16 万吨/年 MDI 项目，总投资 35 亿元。这些项目的实施，对推动本市石化工业产业升级，实现资源优势向产业优势、经济优势转化有着重要意义。3、延伸产业链，提高产品附加值。为延伸产业链，改善本市石油化工产业油头大、化身小的结构性矛盾，本市积极与中石油、中海油、兵器集团等国家重点企业开展合作，围绕石化优质资源积极推进实施中海油精细化工项目、10 万吨/年 TDI 期项目和 40 万吨 MDI、10 万吨 PC 项目。聚氨酯产业基地和精细化工园区已形成产业规模。

（穆中剑）

重点企业选介

中国石油锦西石化分公司

【概况】 中国石油天然气股份有限公司锦西石化分公司（以下简称锦西石化）位于葫芦岛新华大街 42 号。公司占地面积 640 万平方米，现有员工 10 812 人，直属单位 68 个，炼油化工装置 54 套，以加工辽河油、大庆油和进口油为主，年原油一次加工能力 700 万吨。主要产品有汽油、航煤、柴油、液化气、润滑油、石蜡、石油焦、苯乙烯、碳酸二甲酯、煅烧焦等。

2009 年是锦西石化是近十几年来生产经营最为困难的一年。按照中国石油天然气集团公司的安排，关停了具有 40 年历史的润滑油系统。受国际金融危机影响，年初加工大庆油装置临时停工，一季度加工负荷 40%，主要生产经营指标受到影响。全年加工原油 419 万吨、产品产量 386 万吨、销售收入 161 亿元。

【生产经营】 2009 年，锦西石化生产组织非常困难，一季度装置单系列开工、7 月、8 月份又先后有 11 套装置检修改造，致使物料平衡困难。公司要求各部门加强协调，严密组织，科学调度，克服困难。生产车间加强生产受控管理，提高操作水平，保证了产品质量和装置的平稳运行，实现产销率 101%。为有效降低成本，锦西石化适时调整原油采购计划，选择合适的原油品种；充分利用 APS 系统，加强效益测算；根据国际国内油品市场情况，开展来料加工业务，取得较好的经济效益。公司连续四年被集团公司被评为统计工作先进单位。在抓好生产的同时，锦西石化一直加强节能减排工作，通过提高加热炉运行水平、完善系统水伴热系统、开好污水回用装置，全年节能节水工作效果明显。6 月 22 日 15 万吨/年聚丙烯装置正式投入运行，这套装置的建成投产，改善了公司产品结构，提升了公司的竞争力。为保障装置长周期运行，设备维护工作加大现场管理力度，加强设备维护与检修，推广应用“四新”技术，优化动力运行，全年大机组运行平稳。

【安全环保】 2009 年，锦西石化安全环保工作取得了较好的成绩，连续第六年获中国石油安全生产先进单位，同时荣获中国石油环保工作先进单位。全年重点做了以下工作：

一是以贯彻《HSE 管理原则》和《反违章禁令》为主线，采用喜闻乐见、寓教于乐的形式，大力开展具有锦西石化特色的安全文化建设。推行“快乐安全”理念，引导员工以轻松愉快的心情和积极主动的态度做好安全工作。全年成功举办12期《快乐安全》节目，使员工享受快乐中受到安全教育，成为公司深入推进安全文化建设的重要载体，这一活动得到了地方政府和中石油管理部门的好评。

二是大力加强HSE体系建设。对公司23个程序文件和《管理手册》进行了全面修改完善，建立起以手册为纲领、程序文件为支柱、作业文件为主体的体系文件框架，使HSE体系程序文件与企业实际情况结合的更加紧密，操作性更强，提高了HSE体系运行的有效性。

三是积极贯彻中国石油天然气集团公司“有感领导”、“直线责任”、“属地管理”原则，增强各级领导干部和员工的安全环保责任意识。坚持“作业和操作要受控”方针，对用火、有限空间作业、高处作业、临时用电、破土等直接作业环节，严格监管，狠抓“三违”。尤其在历经45天的装置检修中，无任何轻微事故事件发生，创造了安全检修的新纪录。

四是进一步提高危险源识别和应急预案编写、演练水平，全年组织公司级预案演练1次、基层应急演练95次。认真开展清洁生产审核工作，有18套生产装置通过辽宁省和股份公司审核评审。认真做好清污分流工作，完善水污染四级防控体系。按作战方式训练、按训练方式作战，提升消防实战能力，消防支队被股份公司评为达标优秀单位。2009年累计投资7 385万元，对一批安全环保隐患项目进行了治理。加强安全环保源头控制，顺利完成120万吨/年汽油加氢等项目。

【科技发展与项目建设】 锦西石化以促进公司发展为目标，紧密结合生产实际开展科技工作。完成年1 000万吨长期发展规划，为公司发展确定目标。在项目前期管理方面，做好项目方案论证和可研编制评审工作，全年完成设计委托63项。在工艺技术管理方面，完善工艺卡片和操作图，开展操作规程修订工作。在生产辅助化工原材料管理方面，选取技术先进、性能优秀的产品用于生产，为提高公司技术经济指标服务。在新产品、新技术开发方面，积极开展外部合作，推广新技术2项，开发新产品3项。在科研管理方面，顺利推进2项股份公司科研项目、12项公司级科研项目，圆满完成节能减排示范工程和焦化蜡油脱氢工艺研究。“锦西石化科技馆”建成投用，全面展现了公司三十年科技发展成果，成为厂情厂史教育的重要基地。

锦西石化的信息化建设一直走在中石油所属企业的前列。2008年锦西石化实现ERP系统融合上线试点工作，2009年，ERP系统与财务融合上线成功，完成了统计及合同系统接口，实现ERP系统真正意义上的单轨运行，成为集团公司第一家融合上线单位。

2009年锦西石化完成了21项基建、技改、技措项目和装置检修、抢修工作。顺利完成了焦化一炉两塔项目、煅烧焦密封输送和自动包装项目、重整扩能改造项目、厂东干式柜项目、五个五万立汽油罐项目、拔头油储存装车系统项目等，为公司稳步发展、节能减排打下良好基础。

【基础管理】 锦西石化注重发挥内控、审计和法律职能作用，突出对重大投资、建设工程、成本费用以及经济合同等方面监管，防范经营风险。完成内控管理四个板块39个流程的梳理工作。坚持审计监督与服务并重，加强审计工作，全年先后完成公司6个专项审计项目和股份公司委托的7个审计项目，提出有价值审计建议22条。法律工作注重事前防范、事中控制和事后化解，审查经济合同3 592份，办理诉讼案件14起。财务工作以提高科学理财能力为重点，强化预算执行的监控分析，预算刚性得到保证；开展对标分析，控制成本费用，五项费用比上年降低10%；加强现金流掌控，加大清欠力度，有效降低了资金风险；搞好资产管理和股权管理，配合完成收购资产的评估审计；认真开展税收自查和迎检工作。认真抓好质量和标准化管理工作，制定了公司《产品质量管理办法》，修改完善了一系列产品标准，质量和标准化管理基础得到了加强。提高能源计量器具配备率，做好计量仪表系统维护检修，提高计量管理水平，有效降低了原油进厂和产品出厂损失。全面加强培训工作，全年共举办培训班69个，培训9 000多人次；鉴定55个工种1 056人，822人取得职业资格证书；组织10 000多人次参与各层次技术技能竞赛活动。在参加集团公司竞赛中，安全管理、加氢裂化装置操作工、延迟焦化装置操作工、消防战斗员四个岗位竞赛，共取得了个人一金、两银、一铜、三名优秀选手，团体加氢裂化优秀组织奖、延迟焦化团体第三的好成绩。

【矿区建设】 2009年，锦西石化按照“保障生产、服务生活、维护稳定、构建和谐”的要求，积极推进矿区基础建设，提高服务质量。完成了职工医院住院楼工程收尾工作，具有50年历史的职工医院旧貌换新颜；中心幼儿园、商业网点门市楼、农贸中心、莲花馨苑高层等工程项目相继完工，员工生活条件将得到改善；南山区危旧楼房改造工程开始实施；住宅区水电远程集抄项目正式运行，入户查表方式成为历史。绿化管护达到《城市园林绿化养护管理二级标准》，液化气供应连续12年实现安全供气；离退休服务认真贯彻“两个待遇”和“六个老有”方针，为老干部安度晚年创造有利条件。

【党群工作】 2009年，公司党委以十七届四中全会精神为指导，深入贯彻落实科学发展观，积极应对挑战，认真开展党建、思想政治工作和群团工作，充分调动了广大干部员工的积极性。2009年锦西石化党委被评为辽宁省先进党委。

锦西石化按照集团公司的统一部署，历时3个多月，开展深入学习实践科学发展观活动，圆满完成了学习调研、分析检查和整改落实三个阶段任务，党员干部思想素质有了新提高。开展“四好”班子创建活动，提高领导班子思想政治建设。全面深入开展了干部考核工作，为班子配备、干部使用提供了依据。认真开展党建工作，基层党组织和广大党员提出合理化建议1 209项，制定《党小组工作条例》，合理设置离退休“楼栋”党支部，有党员班组比例达到92%以上，党员班组长比例首次超过50%。学习贯彻《国有企业领导人员廉洁从业若干规定》等文件精神，加大党风专题教育和廉洁文化建设力度，推进惩治和预防腐败体系建设，制定“三重一大”规则，开展效能监察工作，全年接信访举报13件。紧贴生产经营和员工思想实际，开展了“形势、目标、任务、责任”主题教育和六个“为什么”学习教育活动，广大员工责任意识、政治觉悟进一步提高。公司获得辽宁省政研工作先进单位称号。

按照上级工会组织的规定，建立健全基层工会组织。认真履行“维护、建设、参与、教育”职能，突出维护职工合法权益。坚持“送温暖工程”，健全“扶贫帮困”制度。全年走访慰问困难员工、伤病员工、困难离退休人员、工亡、病亡员工遗属、军烈属和生活困难的有偿解除劳动合同人员家庭共1 856户，发放救助金230.68万元；在国庆、中秋两节期间，走访慰问1 534户职工家庭，发放救助金206万元。继续开展创建“职工之家”活动，丰富职工的业余文化生活，全年举办了职工安全趣味运动会、职工钓鱼、象棋、围棋、毽球、乒乓球、篮球和竞技拔河等项比赛，推动了公司群体活动的普及。公司女子拔河队代表中石油集团公司参加全国拔河锦标赛暨2010年第四届全国体育大会选拔赛，取得全国第五名和第四届全国体育大会参赛资格；在葫芦岛市第三届全民运动会上，锦西石化取得团体总分第一名。在中国石油集团公司石油歌曲电视大赛活动中，锦西石化参赛作品《奥运火炬 石油荣光》在50余家单位154件电视作品夺得“最佳歌曲创作奖”和“作品一等奖”两个最高奖项。

在庆国庆系列活动中，制定周密的现场警卫实施方案和突发事件处置预案，确保了活动现场的绝对安全。在7月14～10月10日近三个月的国庆六十周年安全保卫工作中，共出警1 430余人次（其中国庆安保出警1 068人次、各种活动现场警卫出警362人次。有效地保证了国庆期间的安全平稳，公司保卫处被葫芦岛市委、市政府评为“国庆安保先进集体”的荣誉称号。

（李牧民）

锦化化工（集团）有限责任公司

【概况】 2009年，是锦化化工（集团）有限责任公司（以下简称锦化）生产经营极为艰难的一年，全球性经济危机的持续蔓延，加重了锦化的困难局势。国内化工产品市场持续低迷，生产负荷逐步下降，严重地制约了企业的生产经营。在这种困难情况下，葫芦市岛委市政府加强了锦化领导力量，成立“锦化生产经营领导小组”，全面接管锦化的生产经营，千方百计筹措资金，以提高经济运行质量和经济效益为中心，科学组织生产；积极推进社会职能移交工作，逐步减轻企业负担，企业逐步步入正轨。在此基础上主动寻找战略合作伙伴，为下一步锦化的可持续发展奠定基础。

在锦化全体员工的共同努力下，2009年锦化完成现价工业总产值100 455万元，实现营业收入111 440万元，其中产品销售收入94 288万元。产销率和回款率实现100%。2009年，实现进出口贸易总额2 710万美元。

【生产经营工作】 2009年，锦化受国际金融危机、化工市场低迷、沉重的企业债务等诸多因素的影响，生产运行非常不稳定，特别是三季度大部分装置处于停车或半停车状态。在锦化生产经营领导小组“分流减负、生产自救、重组再生”的工作思路指导下，生产经营工作取得了较好成绩，生产自救工作获得阶段性胜利。进入9月份，锦化对装置停车检修工作进行了梳理，尤其对关键设备和重点环节进行了强化和整改，投入1 366万元分别对锦化氯碱分公司13台F_2型电解槽、17台M_3型电解槽和1台B_1型电解槽进行了检修；对八万吨离子膜装置Ⅰ效蒸发器设备进行国产化改造，对聚醚进口冷冻机做了国产化替代工作。

为了确保复产开车一次成功，锦化制定了开车方案，锅炉系统9月19日一次点火成功。烧碱和环氧丙烷装置也于9月20日前后相继开车投入运行，复产开车工作圆满成功。从四季度开始，装置生产负荷比复产前提高55%左右。2009年9月～12月边际贡献较大的产品均完成计划指标，其中烧碱（100%）计划72 500吨，超产8.31%；氯化苯计划5 940吨，超产18.21%；液氯商品量计划24 420吨，超产1.9%。主要产品定额完成较好，与复产前相比，大宗原料消耗因定额下降节约460吨，其中，12月份8万吨环氧丙烷车间的丙烯定额完成855公斤/吨，为历史同期最高水平。

【分流减负工作】 2009年，锦化加强人力资源管理工作，健全人力资源制度，完善人力资源信息系统，加强了人员库的跟踪与核对，为企业规范管理奠定了良好的基础。

2009年锦化下发了《关于对不在岗人员进行调查的通知》和《不在岗人员调查表》，对富余人员、单位协议放假人员、停车放假人员、自行离岗人员、挂名人员等各类不在岗人员进行了分类调查，为规范企业管理，合理利用人力资源创造了有利条件。下半年，历时3个月完成了40、50人员的退休工作，经劳动部门审核符合条件的3 059人，办理正式退休的2 761人，办理预退203人，为锦化下一步重组奠定了基础。

在市委市政府的大力支持和领导下，锦化加快与各对接单位进行协调与沟通，全力推进企业主辅分离和社会职能移交工作，把离退休管理办公室（退管办）、培训中心、职工医院、水电暖管理处、物业公司、房地产开发公司以及华服公司、劳服公司8个单位从企业中分离出来，移交政府有关部门托管，切实减轻了企业负担。

【供应与销售工作】 在原料采购方面，锦化克服了采购资金紧张等困难，加大采购工作的力度，并调整策略，把原料业务按供应的区域划分，分片管理，明确责任，集中精力，及时了解和掌握市场信息，拓宽原料采购渠道，千方百计寻找新资源，并与老客户建立长期稳定的供应关系，最大限度的保证原料供应。全年国内采购原盐 297 869 吨，丙烯 17 435 吨，焦化苯 13 455 吨，保证了生产的持续运行。

复产后共销售液氯 18 990 吨，氯化苯 7 022 吨，同比增加 3 526 万元，增加东北、华北地区液碱销售比例，减少液碱船运数量，11 月份液碱在东北地区销售量达 44 142 吨，增加附加值高的聚醚 820 销售量，820 的销售量由 11 月份的 260 吨提高到 320 吨；增加适销对路的 3 型聚氯乙烯树脂销量，仅 12 月份销售 3 型树脂 561 吨。复产后产品销售的产销率、回款率在完成 100%以上的同时，锦化的产品市场也得到了有效的恢复。全年累计出口液碱 11 700 吨，创汇 110 万美元。

【安全环保工作】 2009 年，锦化牢固树立“安全第一、预防为主”的安全理念，将日常和定期安全大检查工作贯穿于整个生产之中，全年共进行了 4 次安全综合大检查，并开展了各种类型的专项安全检查，加大隐患排查力度，排除隐患 80 余项，尤其对重大隐患进行了整改。通过各单位的共同努力，锦化全年消灭了死亡、重伤事故、多人中毒事故、重大火灾、爆炸事故和环境污染事故，完成了千人负伤率为 0.06‰的安全生产目标。

2009 年，锦化围绕企业节能减排，全身心致力于企业的环境管理。1、抓住契机，克服困难，努力争取市污染源治理专项资金 500 万元，为锦化减排增效的盐水脱除硫酸根项目赢得了启动资金。2、锦化停车检修期间，为了不影响锦化顺利复产，预见性的维持污水处理厂连续运行，从而为锦化顺利复产奠定了坚实的基础。3、全力的帮助四氯化钛、石英玻璃、康醇、邻氨基苯甲醚等项目解决了环境管理方面的难题和实际问题，特别是在两个四氯化钛解决废酸水排放等环境的问题上所作的大量工作，有效缓解了其对污水处理厂的冲击，使其环境形象大为改观。

【改革创新工作】 2009 年锦化继续开展技术改造和创新工作，取得可喜效果。其中：1、氯化苯副产盐酸吸收装置兼用联产盐酸吸收的改造方案总投资 70 万元，既改善氯化苯副产吸收装置，又满足联产氯化氢气体的吸收。2009 年 4 月份已投入运行。2、锦化电力调度信息系统技术改造总投资 47 万元，主要满足市电力部门的要求，提升电网的管理水平，监测电厂并网发电情况，确保电网安全运行。2009 年 6 月份已运行。3、完成氯化苯回收热水用于分公司办公楼供暖方案。氯碱公司办公楼取暖由于烧碱车间进行供暖，每年在取暖期间消耗大量能源，现改用氯化苯生产的蒸汽尾气对分公司办公楼进行供暖，每年可节约大量能源。4、完成氯化苯车间副产装置兼用联产吸收技术改造方案。在现有氯化苯副产盐酸吸收装置的基础上，通过技术改造使该装置满足兼用 HCL 气体的吸收，节约资金 60 万元。

【科研成果工作】 年初，锦化《液相加氢法康醇生产工艺技术优化》获得辽宁省科技进步三等奖，完成科技成果省级鉴定，被评为葫芦岛市政府科学技术一等奖。该项目是葫芦岛锦明化工有限公司与锦化化工集团氯碱股份有限公司合作完成的，其技术原理是以糠醛为原料，采用高压液相加氢连续管式反应塔生产技术制得成品糠醇。该项目通过对传统糠醇生产工艺技术的催化体系、精馏体系进行的技术优化，解决了传统工艺生产强度低，产品残醛含量高，产品质量差的行业难题。该工艺技术先进且投资少，装置技术水平达到国内领先，使锦明化工有限公司糠醇的生产能力由 2 万吨/年增加到 5 万吨/年，同时蒸汽消耗量降低 50%，多消耗氢气 780 万 Nm^3/年，减少了资源浪费和环境污染，年创经济效益 4 381．5 万元。

（乔玉荣）

锦西天然气化工有限责任公司

【概况】 2009 年，公司全体干部员工，认真贯彻落实集团董事会和两级职代会精神，牢固树立和落实科学发展观，开拓进取，勇于创新，克服天然气供量不足、甲醇市场低迷、合成低变触媒失效、脱碳系统再沸器 $100E_{13}$ 泄漏等内外部不利因素，深入推行精细化管理，精心组织生产，各项消耗为多年来的最低，并创下本年度尿素装置 A 级连续运行 166 天的历史最高水平。

全年生产合成氨 32.6 万吨，尿素 57.4 万吨，甲醇 1.9 万吨，安全生产实现重大人身、设备、火灾、爆炸及多人中毒事故五项为零。全年累计实现销售收入 10.2 亿元，利润 1.9 亿元，上缴各种税金 8 737 万元。

【实施精细化对标管理 严控隐患】 公司在生产运行、设备维护、装置优化等方面重点推行精细化管理，以“精细化”理念指导生产操作和工艺控制，向行业最先进的管理水平对标看齐，重新构建装置成本、消耗等生产考核指标体系，借助生产执行系统(MES)等控制平台，实现了生产运行管控一体化。在确保装置安全、连续、长周期运行的同时，更关注装置的经济运行和工艺指标的优化，努力实现装置经济运行，追求效益最大化。全年合成氨装置有效运行 337.14 天，尿素装置有效运行 335 天。

由于主装置已运行近二十年，设备进入了老化、隐患多发阶段，装置抗波动的能力较差，公司高度重视提高事故预判的准确性、事故处理的及时性，对关键设备实行特护，对重点隐患进行时时跟踪与监测，特别是针对脱碳系统再沸器 $100E_{13}$ 泄漏，建立了公司级重大隐患安全预警机制，采取科学手段加强对隐患的在线监测与实时分析，及时掌握隐患的发展趋势，为装置稳定运行和计划抢修提供了时间与技术支持。

加强生产系统的指挥调度，准确下达调度指令。严格交接班管理，保证各班知悉设备运行详情。让生产一线的操作人员清楚装置隐患的严重程度，熟练掌握相关应急预案，精心操作，为生产运行提供了应急保障，真正做到了防患于未然。

同时，针对2009年严冬寒流侵袭的恶劣天气状况，公司特别加强了现场仪表的保温伴热的监控，在程序上、管理上、监控机制上不留缺口，避免出现冻堵事故，确保了装置的安全稳定运行。

重视安全、环保工作，努力实施装置的本质安全和源头治理。公司本着一切从“生产实际出发，重在科学预防，强调快速反应，严格监督整改，及时解决隐患”的原则，认真总结、吸取行业中的各类安全、环保事故的经验、教训，细化关键工序的过程监控，确保装置安全运行和环保指标的达标排放。

【优质高效完成装置大修】 2009 年装置年度大修实现了 22 天两头见尿素的目标，真正做到了“安全、优质、高效”。实际上，从 5 月 20 日停车开始，到 5 月 29 日已经具备引天然气开车条件，但是由于上游海上平台作业问题，6 月 6 日天然气才恢复供应，延迟供气达 8 天之久，这也是锦天化自建厂以来首次遭遇的事件，给公司正常的生产经营带来了很大影响。

此次大修计划时间紧凑，涉及范围广、技术难度高、安全作业风险大、各工种交叉频繁。从总体上讲，计划严密、配合得力，工艺处理细致，检查验收严格，停开车工作严谨有序。在各部门的精心组织和全体参检人员的密切配合下，圆满地完成了计划检修项目和技术改造项目。

【争供气 抓减排】 公司根据大修后装置的实际运行状态，积极主动与上游协调沟通，努力争供气，确保日供气量达到 120 万方以上，为装置满负荷运行提供了前提和保障。

同时，通过外购辽河化肥厂液氨和炼化公司二氧化碳，最大限度地增产尿素，不断扩大装置产能和利润空间。运销部门进一步整合销售流向和公路、铁路运力，建立了安全快速的装车流程，大大节省了延时费，实现全年产销平衡。

作为国家千家节能减排重点企业之一，公司积极推进节能减排工作，在确保装置连续运行的前提下，尽可能降低天然气单耗和合成氨单耗，保证 CO_2 和蒸汽没有放空，达到节约了能源和减少排放的目的。同时，公司还加快装置节能改造步伐，具体做法包括：增设合成脱氯装置，启动中水回用项目，进行循环水横流改逆流改造等。

【把握市场 严控成本】 2009 年，尿素产品市场价格下滑，甲醇市场处于低迷震荡调整状态，公司结合天然气供应、尿素和甲醇市场以及装置的实际运行状况，科学合理地测算多套装置总体的经济运行指标和边际效益，努力实现装置经济运行，追求效益最大化。特别是甲醇产品，由于受金融危机的影响，整个市场明显萎缩，价格急剧下滑。公司经过市场调研和科学测算边际效益的基础上，于 2 月份果断决定甲醇装置全线停车，并在市场回升时及时恢复生产，及时止损达 400 多万元，有效规避了经营风险。

生产、企管、财务等职能部门结合生产经营目标重新修订产量、消耗以及成本费用预算及激励措施，层层分解，重在落实。做到有措施，有考核，环环相扣，并通过每周综合调度会，对各单位指标完成情况进行集中讲评，以此促进公司管理水平的不断提升。生产系统以班组为单位，以装置长周期运转为标准，结合精细化管理，狠抓装置的节能减排增效工作。对各种操作规程、开停车方案和事故应急预案进行分类提炼，制定每个岗位的工作标准和经济核算标准。

公司严格执行全面计划预算，未列入公司年度预算的项目一律不安排。各职能部门严格执行资金使用计划，杜绝预算外资金的支出，提高执行效能。同时，加大了管理费用的支出管理与考核。

【推进项目建设 实施技术改造】 根据集团公司的总体发展规划，2009 年公司建成了 40 万吨大颗粒尿素，并对碳酸二甲酯装置进行了技术改造。

在大颗粒项目的工程建设期间，在人员少，任务重的情况下，为了确保工程的按时完成，公司采取“设计-施工-考察订货”三同步的原则。设备、材料采用招投标方式，在满足设计要求的前提下，以“经济、合理”为优先原则，并且充分考虑投资价值，最大限度地降低了投资水平。该项目总体投资为 4 248 万元。项目已具备工艺试车条件。

碳酸二甲酯装置改造，是在充分吸收借鉴了山东石达胜华技术的基础上，对原有工艺、设备的缺陷进行了调整和改型。最大限度利用现有设备、材料，努力降低投资水平，严格控制在预算范围内。目前该项目进入试车准备阶段。

其他几个技改项目，其中低变脱氯已完成设计，土建基础施工已完成，管道、管件、阀门等材料应已经到厂；尿素排放槽土建基础已完成；凉水塔改造项目，于 9 月 21 日签署技术协议，30 日完成设计审查后，进入施工阶段。

【整合管理资源 推动管理增效】 2009 年，公司将一体化运行与“精细化管理”相结合，推动企业管理增效。通过一体化与精细化的结合，进一步规范管理流程，明确管理职责，制定体系文件，共同推动企业基础管理的进一步升级。基于业务流程优化与再造原则所确定的新的业务流程与相关的程序文件、流程说明书和职位说明书等管理文件相结合，使流程运作更清晰，更具有操作性，并通过信息技术增强队伍的执行能力，使公司的基础管理适应发展的步伐。

【完善人才培养机制 激活人力资源潜能】 公司把人力资源管理工作的重点放在员工文化素质提高、专业技能提高、工作效率提高上，并逐步完善收入与技能贡献和企业效益挂钩的同步调整机制。

根据集团公司总体培训规划，结合实际情况，公司制定了《2009年锦天化培训工作纲要》，通过岗位培训与现场操作相结合，采取集中面授、与自学相结合等方式，较好完成了岗位培训、操作技能培训、职业技能鉴定，继续学历教育等培训任务，实际计划执行率95%以上，员工参加培训率100%，技能鉴定合格率100%的工作目标。同时，公司充分利用岗位技能大赛这一练兵平台，增强广大员工"刻苦学习新知识，努力掌握新技能，不断增强新本领"的主动意识。

为增强薪酬管理工作的严谨性和透明度，公司于9月出台了《薪酬管理发放流程》的管理规定，使工资管理工作更加科学化、系统化和规范化。

公司从集团公司整体大局出发，全力以赴支援集团公司油化和乙烯工程项目建设。先后选派专业技术骨干（共六批56人次）参加新项目的建设、试车，在新项目中从事预算员、施工员、仪表调试、电气、化工、生产调度等技术性很强的工作。另外，公司又抽调19名员工远赴新疆阿克苏化肥厂工作。

【融入中心 党政互动】 按照（集团）党委新体系建设的总体部署，公司全力抓好两级班子建设和三个队伍建设。紧紧围绕安全生产、经营管理、改革发展、队伍稳定这几个中心开展工作，以"34555"（"3"是指管理讲制度、办事讲原则、工作讲程序的"三讲"管理理念；"4"是指"政治素质好、经营业绩好、团结协作好、作风形象好"的"四好"班子创建活动；第一个"5"是指"领导班子好、党员队伍好、工作机制好、群众工作好、经营业绩好"的"五好"支部创建活动；第二个"5"是指"政治思想好、业务能力好、创新创效好、模范作用好、遵章守纪好"的"五好"党员争创活动；第三个"5"是指"信仰不动摇、工作不落后、私利不伸手、群众不脱离、党纪不触犯"的"五不"基本行为准则。）工程活动为载体，以作风建设为重点，把创建工作融入企业的中心工作之中，同生产经营紧密结合，同创建学习型企业和企业文化建设紧密结合，不断丰富创建内涵，形成了党政互动，共谋发展，共创和谐的良好局面，为企业发展提供精神动力。

公司扎实推进党风廉政建设工作，落实党风廉政建设责任制。在责任制推行过程中，采取了"一岗双责"制，坚持两个文明并重，把生产任务和党风廉政建设一起部署，一起落实，一起检查，一起考核。从结合企业实际出发开展效能监察工作，以承包方式对节能减排、物资采购、项目建设、产品定价机制等六个关键环节开展专项监察，力求在工作思路、工作方法等方面创新监督理念，不断提升整体监察水平。全年取得直接经济效益445万元，避免经济损失400万元，促进了国有资产的安全运行和保值增值。严格遵照"三重一大"决策程序，在生产经营、建设项目、人事任免和大额资金运作等重大决策问题上，集体讨论后上报集团公司批准实施。

重点加强干部队伍组织原则培训，推行内部中层（管理）干部绩效考评机制。

公司工会、共青团等群团组织充分发挥桥梁和纽带作用，结合自身特点，创造性地开展工作，为企业生产经营、改革发展助力。

（孟祥友）

冶金工业

2009年，本市冶金行业整体保持企稳回升，生产各项指标增速加快。尽管黑色金属行业受产能释放较快，市场价格难以起色影响，仍趋于巩固回升势头。有色金属行业生产呈现逐月加快，企业效益好转局面。

2009年，全市冶金行业主要经济指标完成：规模以上企业149户，实现工业总产值220.08亿元，占全市工业总产值的32.16%，其中，产值10亿元以上企业2户，5～10亿元企业10户，1～5亿元企业27户；出口交货值1.89亿元；销售收入220.27亿元；上缴税金2.75亿元。

2009年葫芦岛冶金产业新特点。1、加大技术改造力度，节能降耗取得新突破。为了改造传统工艺，解决环保问题，使本市冶金产业走上可持续发展的道路，年内重点实施了总投资87亿元的富氧顶吹密闭鼓风炉熔炼铜技术改造等各种技改、节能、环保项目百余项。其中，中冶葫芦岛有色金属（集团）有限公司中块漏子制型煤项目每年可制造5.1万吨型煤，年内减少中块煤入炉量4.4万吨，实现了中块漏子库存为零。中冶葫芦岛有色金属（集团）有限公司全年77项技术经济定额指标76项达到或超过历史最高水平，实现节能总量6.436万吨标煤，超额完成了中冶集团和经委下达的年节约1.42万吨标煤任务。

2、做大冶金产业，形成规模效应，全年规划亿元以上的重点冶金产业项目17个，总投资233亿元。有忠旺集团投资94亿元的新型建材产业园项目，主要生产镁合金、铝合金、钛合金，产值140亿元/年。总投资87亿元的富氧顶吹密闭鼓风炉熔炼铜技术改造项目。中冶投资78.9亿元的3万吨镍、6 000吨钴项目，一期投资20亿元，年产镍1.5万吨、钴1 015吨，电子级Co_3O_4 6 800吨，新增产值20亿元/年。

3、多方开拓资源，抓好原料保障。一方面进一步搞好矿产资源的勘探工作，摸清家底，加强资源管理，合理开发利用，根据本市冶金工业的发展现状，积极发现新矿源和新矿种，提高勘探深度和储量级别。另一方面，把握原料价格下跌的有利时机，向上游产业拓展，先后考察了蒙古国乌兰铅锌矿、尼日利亚铅锌矿、蒙澳大利亚 Copper Strike 铜铅锌矿、Geovic cameroon 镍钴矿的情况。全面启动尼日利亚矿产资源开发项目。在尼日利亚注册成立了葫芦岛（尼日利亚）矿业公司，与尼日利亚GN公司签订了《尼日利亚矿产资源项目合作备忘录》，对尼日利亚境内UBURU等4处铅锌矿点进行了项目考察，已完成两个矿权的转移。中冶葫芦岛有色金属(集团)有限公司投入5 000万元建设资金，于8月份正式启动了西藏选矿厂建设，选矿厂及配套建设工程已完成70%，2010年7月竣工投产，确保了原料的供应。

（穆中剑）

重点企业选介

中冶葫芦岛有色金属（集团）有限公司

【概况】 中冶葫芦岛有色金属集团有限公司（中文简称中冶有色，英文简称MCCHNGC）地处葫芦岛市龙港区，是有色金属冶炼和化工产品生产联合企业。公司始建于1937年，于2007年12月18日与中国冶金科工集团重组，现为中国冶金科工集团控股子公司。截至2009年12月底，公司拥有总资产115.9亿元，占地总面积490万平方米，员工16 496人。公司注册资金166 065万元，由一个控股子公司和三个全资子公司组成，即葫芦岛锌业股份有限公司（上市公司）、葫芦岛东方铜业有限公司、中冶葫芦岛有色进出口公司、葫芦岛市龙港有色冶金设计研究院。

公司主要经营有色金属冶炼、加工及综合利用产品，化工产品、金属材料、碳化硅制品、建筑材料、高纯产品、稀贵金属产品、境外期货贸易，兼营废旧设备、废旧物资和废旧物资再生产品、渣处理产品。主要产品生产能力：精锌25万吨、电解锌13万吨、电解铜10万吨、电铅3万吨、黄金4吨、白银80吨、硫酸100万吨，在锌冶炼行业具有较强的影响力。主产品葫锌（HX）牌锌锭获国家产品质量免检证书，并在伦敦金属交易所注册，电解铜在上海金属交易所注册，硫酸获国家金质奖，精锌、精镉、锌粉获国家银质奖，铟锭获辽宁名牌产品。

【生产经营】 2009年，是公司面临困难较多的一年，也是生产经营工作经受严峻考验的一年。公司在省、市和中冶集团的坚强领导与大力支持下，深入学习实践科学发展观，不断强化管理，堵塞漏洞，各项工作取得了可喜的进步。全年完成有色金属总量38.9万吨，实现营业收入55.9亿元，完成工业总产值54.3亿元，锌业股份公司盈利6 300万元。

强化对生产的组织与管理，各项经济定额指标向历史最高水平看齐，挖潜工作取得实效。从稳定工艺入手，主要在金属回收率、直产率上做文章，千方百计大打定额水平仗。全年151项技术经济定额指标117项超过历史最高水平，28项达到历史最高水平。加大了中间物料的处理力度，停止一切有价中间物料外销出厂。充分发挥多种工艺并存互补的优势，针对产出和积压量较大的物料品种进行立项攻关，12种物料逐步实现产用平衡，铅、锌、铜等冶炼回收率创出历史最高水平。全年共消化处理各种积压物料8万多吨，节省原料费2亿元。同时，公司通过实施锑铋综合回收、大窑渣综合利用等技术改造项目，加大有价金属回收力度，取得了可观效益。

紧紧围绕经济效益中心，加强对经营系统的管理，改进工作方式，提高工作质量。规范产品销售工作，大力开发华东、江浙市场，在东北、华北、华东、江浙等地设立5家区域合作代理，努力运作长单模式，客户群结构日趋合理。锌锭直销比例同比提高15%，热镀锌提高7.1%，铅锭提高8.9%。主产品长单客户销售比例达到40%，主市场销售比例达到73%以上。成立了以公司领导和销售等部门领导组成的价格决策组，改每周定价为每日定价，参照上海有色金属网确定升贴水，锌品全年实现升水550元/吨，同比提高326元/吨，多创价格效益1.1亿元。坚持“提质减量”的方针规范燃料采购工作，将50余家供户缩减为19家，基本取消了中间供户。并与供户签订质量协议，根据煤炭价格变化及时调整采购策略。2009年，公司共采购燃料93.4万吨，同比减少34.1万吨，节省采购资金2亿元。规范原料供应工作，成功实施了原料储备计划。根据市场形势变化，合理调整采购策略，形成了国内、国外两个市场互为补充的有利格局。2009年底，厂内原料库存及港口库存达15万吨，完成锌精矿价差5 002元/吨，铜精矿价差6 501元/吨，原料平均加工费保持国内领先水平。

【节能减排】 公司加大节能减排工作力度，全年能耗总量考核指标完成率97.6%，实现了年初确定的能耗指标，达到历史最高水平。同比累计节电2 100万千瓦时，节水119.61万吨，节省蒸汽6.14万吨，节省中块煤5.02万吨，节省洗煤4 300吨，节省原煤3.61万吨。

扎实开展现场达标活动，下大力气对现场进行清理，对原燃料及中间物料的仓储、运输、堆放、使用进行合理规划，减少飞扬损失，重点治理设备的跑冒滴漏，厂区环境明显改善，物流井然有序，厂区面貌焕然一新。

【改革管理】 公司针对管理的薄弱环节，认真梳理矛盾，找准症结，从严治厂。加强财务管理，建立和完善了26项财务管理内控制度，堵塞了资金使用和结算环节的漏洞。进一步加大了成本控制力度，期间费用大幅降低，仅招待费、差旅费、办公费就下降了1 200万元。加强了融资和倒贷力度，同比减少利息支出8 500万元。加强物资采购管理，进一步规范采购渠道，直采率达到90%以上。在坚持厂家直采的基础上，以“最优性价比”为定价原则，采取议标、公开招标、制定科学定价机制等方法，确定合理价格。大幅压缩非生产性采购，生产物资采购额每月控制在1 500万元以下，同比降低800万元，物资采购总额较上年降低近亿元。加强质量管理，完善各项质量管理制度，注重工序控制，生产系统27项质量考核指标完成26项，完成率为96.3%。加大了进厂原燃料的质量认证力度，杜绝假冒伪劣原燃料进厂。成立了产品质量服务组，根据用户需求改进产品质量，树立了企业的良好形象，并顺利完成了质量管理体系的换版认证工作。强化审计职能，注重发挥内部审计作用，全年共开展了经济责任审计、财务收支审计、工程结算审核等9个类型、200余个小项的审计项目。

实施机构改革，将业务相近的部门进行合并，行政职能部门由18个精减为11个，经营部门由10个精减为5个，科室由108个精减为82个，生产单位由22个精减为17个，二级直属单位由65个精减为48个。中层干部由278人减少到168人，一批文化水平高、年富力强、品德好的生产技术骨干走上领导岗位。经营系统业务人员经过任职条件筛选、民主评议和公开竞聘，解聘58人，精减比例为47.7%，生产系统压缩辅助岗位297个，实行内部退养682人。

【矿产资源开发和技改项目建设】 对蒙古、尼日利亚、澳大利亚等地矿山进行考察。在尼日利亚注册成立了葫芦岛矿业公司，并与尼日利亚GN公司签订了《合作备忘录》，对其5座矿山进行考察。投入5 000万元资金，启动了西藏选矿厂建设。10万吨粗铜造项目累计完成投资5.5亿元，澳炉主厂房、土建工程、安装工程已完成，2010年上半年可竣工投产。

（孙中江　孙　博）

装备制造业

2009年，本市机械行业各项主要经济指标增长势头良好，呈现出规模不断扩大、技术水平不断提高、机制不断创新的发展态势，生产、销售、出口继续保持平稳增长，经济效益水平明显提高，为本市工业发展起到了有利的支撑和拉动作用。

2009年，全市机械行业主要经济指标完成情况：规模以上企业135户，实现工业总产值148.66亿元，占全市工业总产值的21.72%，其中，产值10亿元以上企业1户，5～10亿元企业1户，1～5亿元企业16户；出口交货值25.57亿元；销售收入145.52亿元；实现利润3.09亿元；上缴税金2.78亿元。

2009年葫芦岛装备制造业新特点。1、对全市工业拉动作用明显。以渤船重工和锦西化机为代表的装备制造业在2009年继续保持了快速增长势头，造船总吨位和机械生产能力创历史新高。全年装备制造业完成工业总产值148.66亿元，同比增长22.6%，增幅高于全市工业平均水平29.6个百分点。其中：渤船重工完成工业总产值90.1亿元，同比增产9.5%；锦西化工机械(集团)有限责任公司完成工业总产值9.04亿元，同比增产10.5%。

2、装备制造产业园区初具规模。船舶产业园区，建设海洋工程基地，面积6.7平方千米，入驻企业10个，总投资76亿元，完成投资17亿元；兴城临海产业区，建设输配电产业基地，规划面积52.5平方千米，其中起步区11平方千米，已完成投资5亿元。年内，已引进项目13个，总投资25.5亿元，其中开工项目5个，总投资10亿元；打渔山泵业产业园区，建设中国泵业基地。规划面积10.3平方千米，已引进项目29个，总投资45亿元；已开工项目7个，完成投资8.7亿元。正在规划设计占地0.67平方千米的东北机电产品交易市场。

3、创新能力得到增强。本市12个省级以上企业技术中心中有5个来自于装备制造业，特别是渤海船舶重工有限公司的技术中心是本市惟一的国家级技术中心；船舶制造和配套产业检测技术平台还列入了省中小企业公共技术服务平台。本市的装备制造业技术创新体系初步形成，企业科技创新能力得到增强。锦化机集团百万吨级干燥机填补了PTA装置关键设备国产化的空白，渤海船舶重工有限公司以国内首创32万吨VLCC研发、16.3万吨原油船燃油舱双壳保护设置、模块制造管理系统开发及研发的38.8万吨矿砂船创矿砂船载重最大世界纪录4项成果入选。至此，渤船重工已有4批共11项成果创中国企业新纪录。

（穆中剑）

重点企业选介

锦西化工机械（集团）有限责任公司

【概况】 2009年公司经受住了国际金融危机的重大考验，企业重组取得圆满成功，企业管理上了新的台阶，主要经济指标大幅增长，职工人均收入有所提高，党建工作深入开展。

主要经济指标完成情况：集团公司工业总产值完成115 821万元，同比增长0.1%；工业增加值完成25 899.6万元，同比增长18.5%；新产品产值完成29 734.3万元，同比增长15%；新增订货完成71 434万元，同比增长11%；集团公司上缴税金6 487万元，其中本级上缴税金5 581万元，同比分别增长21.0%和13.60%；

【新增订货指标完成得好】 2009年，国际金融危机冲击实体经济，面对恶劣的市场环境，公司将压力转化为动力，积极采取应对措施，及时调整经营策略，踏实做好每项工作，较好地完成了订货任务。经销总公司、技术中心、泵阀厂和物贸公司完成了订货和回款两项指标，其中物贸公司、技术中心订货、回款增幅较大。

外经贸公司克服了出口压力大等困难，较好地完成了进口材料和零部件的采购任务，基本满足了重点工程和生产急需，实现订货16 659.1万元，回款7295.1万元，较好地完成了各项工作。

【产值突破11亿大关】 2009年，生产部科学组织，各单位听从指挥、团结协作、攻坚克难，圆满地完成了生产任务。PX铁道罐车、盘锦五百万吨重油深加工项目等保质、保量地完成了任务，受到了用户的好评。完成工业总产值115 821万元，同比增长0.1%。各考核单位都完成了内部利润指标，由于产品结构等原因，部分单位没有完成产值或结算价指标。产值、结算价、内部利润三项指标全部完成的单位有两家，分别是重机厂和压力容器构件分公司；重容车间、容器车间、罐车厂、齿轮厂和不锈钢车间完成了产值和内部利润指标；搅拌车间、热处理车间和没有产值考核的金工车间完成了结算价和内部利润指标。

安全生产秩序良好。全年共开展安全大检查4次，日常安全检查30次，隐患整改合格率为98.7%。“重伤、重大火灾、爆炸、多人中毒、多人负伤事故”为零，轻伤事故率下降了20%。

发运处坚决执行领导带班制度，发运工作组织得力，特别是在氮气罐、甲醇合成塔等设备的发运过程中，克服了时间紧、天气寒冷等困难，圆满地完成了发运任务。

各生产单位加大了管理力度，劳动纪律得到了加强，现场环境明显改善，质量意识、节约意识有所提高。全年车间经费支出1 385.1万元，较计划节约73.6万元，13个考核单位全部完成了计划指标。

【技术创新取得新成果】 各单位质量意识普遍有所提高，质量系统加大了质量检查力度，严把生产工序的每一个质量控制点，产品质量整体有提高。公司一次焊缝返修率为2.30%，低于计划指标0.2个百分点。7个考核单位中，除搅拌车间外都控制在2.5%以内。公司共发生内外部质量损失365 183元，实现了质量损失不超过产值千分之一的目标。其中内部质量损失为49 854元，同比下降了13.6%，外部质量损失为315 329元，同比有所上升，2010年质量管理工作要把重点放在降低产品质量损失上，特别是要降低外部质量损失。非标聚合釜、非标设备、减速机、高压设备和回转设备的优质品率达到了计划指标，定型釜和铁道罐车接近完成计划指标。各单位的一次交检合格率全部达到了计划指标。

质检分公司定期举办培训班，提高检查员的业务水平，与生产单位召开座谈会，发现问题及时沟通及时解决，保证了产品质量，促进了生产的顺利进行。计量分公司、无损检测分公司配合生产及时、有力，无损检测分公司还积极开展对外创收，回款56.3万元。

研究院积极配合生产和经营工作，完成工艺文件219项，合同价48 535万元，非标产品设计48项，合同价7 832万元；配合经销完成报价技术文件172项，555种设备，报价金额13.4亿元；积极配合风力发电塔架、甲醇合成塔、PTA/CTA干燥机、煤基合成油试验设备等项目进行技术交流；完成了年产60万吨PTA/CTA干燥机、VH型高压离心式氯气压缩机、新型外置全启式弹簧安全阀、6m³MR蒸煮釜等新产品研发和技术储备，完成了换热器管头的自动旋转氩弧焊设备改造，已成功推广使用；较好地完成了各项技改设计任务和其他基础工作。

【机动系统加强管理】 机动系统重点加强了设备管理工作，建立健全重点设备日运行交接班制度，加大了对精、大、稀、关设备的巡视检查力度，设备完好率保持在97.46%以上；加强了能源管理，多次对风、水、电、气进行检查，跑、冒、滴、漏现象明显减少；认真落实节能降耗工作，本级万元产值能耗费用为232.29元，同比下降了3.95%，其中电、水、焦炭、柴油、汽油、液化气等消耗量同比分别下降9.11%、19.93%、44.51%、52.32%、8.93%和22.87%。万元工业增加值能耗费用为782.48元，同比下降了22.48%。年产百万吨乙烯和百万吨PTA关键设备国产化技术改造项目全部竣工，顺利地完成了设备搬迁工作，全部设备已投入使用；对房屋防水和厂区道路进行了修复，改善了生产和工作环境。

【企业管理再上新台阶】 人力资源部为应对金融危机，在调查研究的基础上，调整完善了工资承包方案，对各承包单位的生产、质量、节约和订货回款指标进行综合考核，较好地发挥了工资的调节和杠杆作用；对工人技师进行培训、考试和考核，整顿提高了工人技师队伍；加强协调管理，使职工培训工作有了较大提高，全公司参加培训2 600多人次。安环处、焊培中心等单位开展特种作业培训395人次，全部考核合格，研究院坚持每周开展技术培训，取得了明显的效果；公司资助的成人学历教育取得成果，51人取得了本科教育学历，6人取得了工商管理硕士文凭；经过培训和严格考试，招收65名新职工，整个招录过程真正做到了公正、公平、合理，实现了录取名单公布后零上访，经过岗前培训已到岗工作，车间反映这些新职工素质较好；完成了企业重组核实数据测算和相关材料的准备工作；工资管理、劳动保险、职称评定等日常工作开展较好。

财务部全年融资8 500万元，办理银行承兑汇票13 750万元，相对节约利息支出201万元，筹措短期借款2 100万元；配合国家财政部、省地税局完成了对本公司高新技术企业资格的审查和复核；配合省财政厅和省审计厅完成了技改项目的评价和审计；对甲醇合成塔等重点工程进行分析和总结；积极争取政府的政策支持，完成了国税、地税历史陈欠税的减免批复工作；通过诉讼，清回河南蓝天、浙江华联三鑫等货款和物资 165 万元，在受国际金融危机影响，资金紧张的情况下，努力为公司增收减支，保证了生产经营和各项工作的顺利进行。

审计处在物资采购、产品外协、工程对外发包、车辆维修和物质出门等方面加强了控制，全年共节约资金 69.35 万元。

公司办围绕公司中心工作，加强协调，强化服务，努力改善办公环境，较好地完成了文件收发、档案管理、会议接待、信访接待等工作，加强了公车管理，公务用车费用同比减少 21 万余元，仅为车改前的一半，修车费用也有大幅下降。

企管处在配合企业重组改制上克服困难，多方协调，赶在规定的时间内办理了新公司营业执照；重新修订了“一体化大检查”实施细则，将“6S”管理纳入考核内容；完成了核电标准的培训和申报资料的准备工作。

武装保卫处继续发挥为公司保驾护航的职能。2009 年加强了门卫管理和消防等工作。对重点部门、重要物资、重点工程加大了保卫工作力度，在五里河河道改造期间，连续三个月进行 24 小时不间断的保卫工作，公司未发生被盗或被破坏事件。圆满地完成了国庆安保工作，确保了公司的稳定与安全，并被省公安厅授予国庆安保集体三等功。

【职工工资有所提高】 在岗职工年人均劳动生产率为 46.9 万元，同比增长 7.7%。在岗职工年均工资 24 022 元，月均工资 2 002 元，同比增长 5.3%。其中一线单位月人均工资 2 060 元，同比增长 1.5%；二、三线单位月人均工资 1 570 元，同比增长 5.4%；项目制人员月人均工资 2 874 元，同比增长 5.2%；经销人员工资仍有较大幅度增长。在全国企业应对金融危机的形势下，尤其是今年上半年，部分企业停产、开工不足，很多企业减员、下岗或轮岗，开资十分困难，而本公司职工工资在保持稳定的前提下有所增长，实现了“不减员、不下岗、不降薪”的承诺，较好地落实了中央“保增长、保民生、保稳定”的战略方针。

【节约工作开展较好】 公司共实现节约 2 373 万元，其中物资采购节约 1 067.69 万元，运费节约 260 万元，外协、工具、工艺、工装节约 642.1 万元，财务利息相对少支出 201 万元，审计节约 69.35 万元，进口材料采购节约 100 万元，重机厂修旧利废节约 32.86 万元。车间和办公室长明灯、长流水等浪费现象明显减少，节约意识初步深入人心。

【子公司实现良性发展】 子公司实现了良性发展。销售收入、实现税金、利润等指标大幅增长，其中税金和利润指标翻一番。物贸公司在资金紧张的情况下，精心安排采购任务，加强施工准备工作，及时掌握市场价格，千方百计保证供应，基本上满足了生产的需要。加强了对库房、料场及焊材等材料的管理，既改善了环境又减少了浪费。全年订货 5 094 万元，回款 3 017.6 万元，完成销售收入 3 965 万元，实现利润 10.4 万元，比计划和上年同期都有较大幅度的增长，圆满地完成了全年工作任务。

热力公司克服困难，加强管理，节约购煤资金 50 万元，通过改造锅炉既提高了供暖温度又节约了用电、用煤，利用市政府供暖基金改造五区低温区 4 万平方米，较好地完成了 2009 年供暖工作，并得到了广大用户的认可。积极主动配合公司生产，确保风、氧、氮气管线畅通，保证了公司各项工作的顺利进行。全年共实现收入 581 万元。

锦化机石化装备（内蒙古）有限公司 2009 年完成产值 10 006.24 万元，销售收入完成 11 642.35 万元，订货 13 516.52 万元，回款 9 113.01 万元，实现利润468.36 万元，较好地完成了全年计划指标。经过两年多的发展，内蒙公司各项工作都取得了很大的进步，二期扩建工程正在按计划有序进行。2009 年初，内蒙古呼伦贝尔市政府邀请公司去当地发展装备制造业，并提供十分优惠的条件，经过实地考察综合多方意见，决定在那里投资建厂。已取得了营业执照和税务登记证；完成了立项和环评，配给合资公司的 1 亿吨煤炭资源已经完成市级审批，待报自治区批准；部分关键设备已经采购；厂房总体设计已经完成，厂房地基已经完成部分浇注；各项基础性工作也在有序开展。

【党的建设和思想政治工作深入开展】 党委、工会和共青团紧紧围绕企业中心工作，积极开展思想政治工作和劳动竞赛活动，有效地促进了生产经营工作。公司党委结合实际深入开展学习实践科学发展观活动，组织得力、工作扎实、重点突出、特色鲜明，使公司理清了企业发展的思路，明确了奋斗目标。较好地完成了市委下达的扶贫任务，帮助扶贫对象翻建了住房，解决了子女上学等问题，赢得了当地政府和受助群众的赞誉。在纪念建党八十八周年之际，开展了“我为党旗添光彩”献礼工程活动，表彰了 2007～2009 年度先进集体和优秀个人。国庆前夕，举办了板报展览，庆祝祖国六十周年华诞。党群机关围绕企业生产经营工作，深入到基层搞调研，组织干部参加劳动，解决生产急难问题。工会、团委组织了多项有益员工身心健康的活动，丰富了员工的业余文化生活，加强了交流，加深了感情，促进了团结，提高了队伍的凝聚力，营造了一个健康和谐的企业环境。离退处热心服务，离退休职工队伍稳定。

（王　海）

能源电力行业

2009 年，本市发电企业受电力需求萎缩，化工、有色金属、矿采选等重点行业产能下降影响，发电量比上年同期有所下降，利润空间下降。在国家宏观调控下，煤炭需求增幅有所减缓，部分煤矿超能生产被停牌，煤炭行业整体产量和效益下滑。

2009年，全市能源电力行业主要经济指标完成情况：规模以上企业33户，实现工业总产值41.38亿元，占全市工业总产值的6.05%，其中，产值十亿元以上企业1户，5～10亿元企业1户，1～5亿元企业1户；销售收入41.42亿元上缴税金3 924万元。

2009年葫芦岛能源电力业新特点。1. 重点发电企业平稳增长。本市能源电力企业发展不平衡，化工、有色金属、矿采选等重点行业受产能下降影响，加上中油锦西石化分公司等企业自备电厂，导致发电量下降较多，发电量总量比上年同期有所下降，但重点发电企业平稳增长，其中：绥中发电有限责任公司完成工业总产值28.49亿元，同比增长16.6%，创造了发电量94.1亿千瓦·时这一历史最高水平，实现利润101万元，利税156万元。南票煤电完成工业总产值7.71亿元，同比增长7.5%。

2. 发电企业产能迅速扩张。绥电二期项目，建设2×100万kw机组，总投资77.8亿元，2009年12月份一台机组并网发电，2010年全部投入运营，装机总容量达到360万千瓦，成为东北地区最大火力发电厂。将实现产值60亿元，增长110%，税收5亿。南票电厂二期工程建设2×15万千瓦级超高压循环硫化床湿冷煤矸石发电机组，配套2台480吨/小时循环硫化床锅炉，总投资13.2亿元，两台机组将于2010年上半年实现并网发电。南票电厂二期工程建成后，南票煤电有限公司发电装机容量达到50万千瓦，公司生产的劣质煤、煤矸石可全部用于发电，使一次能源就地转化为二次能源，大大提高能源利用效率，保护生态环境，实现资源的综合利用。

（穆中剑）

重点企业选介

供　电

【概况】 葫芦岛供电公司于2007年1月1日正式成立，是辽宁省电力有限公司所属大型供电企业，担负着葫芦岛市6个县（市）区1.04万平方千米、280.4万人口电网发展和优质供电任务。公司现有职能部室14个，二级生产机构20个，其他机构10个，员工2 575人。2009年，葫芦岛地区全社会用电量为67.69亿千瓦·时，公司售电量为51.91亿千瓦·时。公司固定资产原值36.02亿元，上缴各种税金1.7亿元。

2009年，在市委、市政府和省公司党组的正确领导下，公司以安全生产为基础，以经济效益为中心，以科技进步为动力，超前思考，主动作为，推动各项工作顺利进展，各项指标全面完成。城市供电可靠率完成99.914%，城市电压合格率完成99.63%，均高于考核指标。售电平均单价完成544.33元/千千瓦时，比计划指标提高9.69元/千千瓦时；综合线损率完成3.68%，低于年度计划0.02个百分点；实现全口径销售收入29.29亿元，同比增长2.59%；市场占有率完成90.95%，同比提高1.48个百分点，高于年度计划0.99个百分点；上缴电费完成率100%；当期电费回收率完成100%。

【电网概况】 葫芦岛供电公司辖有220千伏输电线路36条，线路回长788.5千米；66千伏输电线路77条，线路回长986.8千米；10千伏配电线路137条，线路回长974.5千米。辖有220千伏变电所9座，主变13台，主变容量1 885兆伏安；66千伏变电所25座，主变51台，主变容量1 123兆伏安。配电变压器2 465台，总容量为533.3兆伏安。

【安全生产】 公司坚持“安全第一、预防为主、综合治理”方针，加强现场管理，强化现场监督。制定《公司领导班子分片包干管理办法》、《现场管理人员到岗到位标准》和《公司管理人员到岗到位现场检查提示卡》，明确到岗到位标准和检查重点。定期召开安全生产分析会和领导班子碰头会，认真梳理问题，提出解决办法。重点对102户高危和重要客户的供用电安全隐患进行了全面排查与整治。修订和完善应急预案，全年共计开展各类应急演练和反事故联合演习15次。圆满完成国庆60周年等重大节日及《星光耀祖国 魅力葫芦岛》等大型演出活动的保供电工作。

【电网建设和发展】 完成葫芦岛地区“十二五”电网规划的修编工作，完成葫芦岛地区“十二五”城市配电网、通讯和农村配电网等专项规划的编制工作。2009年，公司完成投资计划8.9亿元，比上年同期增加6.3亿元。2010年计划开工的1个220千伏和6个66千伏等9项电网建设项目均获得核准，总投资3.37亿元。

加大电网建设宣传力度，积极争取地方各级政府支持，有效解决了500千伏绥高线的线路通道受阻问题。2009年，新增变电容量22.3万千伏安，新增220千伏线路19.09千米、66千伏线路76.18千米。沈山电铁工程的220千伏岭南开关站和220千伏东辛庄开关站获得“国网优质工程”，基建系统连续3年实现安全“双零”目标。

【电力营销】 实施低压台区承包，完善考核和奖惩机制。打破原有用工模式，开展营销岗位竞聘。通过台区承包，低压线损率同比下降0.91个百分点，全年少损失电量500余万千瓦时。

在市政府的大力支持下和锦化集团的积极配合下，收回锦化集团陈欠电费5 210万元。加强居民电费回收管理，开展“居民电费无垫付结零”竞赛活动，实现全年电费结零目标。

【优质服务】 建立健全规范化服务规章制度，制定95598热线首问负责制和经济责任制考核办法。开展“展供电服务风采，点亮美丽滨城”优质服务竞赛活动，从服务态度、服务质量、服务方法、服务能力着手，不断提升窗口服务规范化水平。以“评星创优”工作为重点，认真落实“三个十条”。以“迎祖国60华诞，展供电服务风采”活动为载体，大力开展创建“群众满意基层站所”活动。履行社会责任，接受社会监督，召开行风建设社会监督员座谈会，完善行风建设评价体系，构建优质服务常态机制。公司被评为行风建设优质服务“评星创优”活动三星级供电企业，在葫芦岛市地方民主评议行风工作中继续站排头。

【党建和精神文明建设】 深入开展学习实践科学发展观活动，全面完成“三个阶段”的任务。积极开展“找差距，强素质，争标杆”和“我为公司科学发展献计献策”等丰富多彩的主题实践活动。

深入开展企业文化“四统一”理念宣传教育活动，弘扬国家电网公司“诚信、责任、创新、奉献”核心价值观，引导优秀企业文化落地。广泛开展“三优”工程和“电网先锋党支部”创建活动，加强党员培训和教育，党员队伍、积极分子队伍不断壮大。认真落实“一岗双责”，党风廉政建设与经营管理工作同部署、同落实、同检查、同考核，“三化三有”特色惩防体系建设稳步推进。

走访慰问特困员工，积极开展“金秋助学”行动。组织开展丰富多彩的职工文化体育活动，成功举办了以“祖国奋进、电力同行”为主题的大型文艺演出。认真落实离退休人员“两个待遇”。落实维稳工作责任，加大重点信访件的办理力度，公司保持平稳和谐的良好局面。

（王鹏宇　张　威）

农　电

【概况】 2009 年，在上级单位的正确领导下，全市农网系统广大干部职工认真贯彻落实省、市公司年初工作会议精神，以高度的责任感和严谨的工作态度，转变思想，真抓实干，圆满完成各项工作任务，实现了年初制订的工作目标。全年未发生人身死亡事故，未发生重大设备损坏事故和误操作事故，未发生重大火灾及交通事故，顺利实现了安全年；农网供电可靠率完成 99.74%；电压合格率完成 96.05%，均优于省电力公司下达指标。

【做好划转工作】 2009 年 8 月 12 日，国务院国有资产监督管理委员会正式批复了辽宁省农电局等 79 家地方农电企业（单位）国有产权无偿划转工作，标志着辽宁省实行 20 多年的农电代管体制正式结束。8 月 26 日辽宁省电力有限公司下发了《关于印发农电企业国有产权整体无偿化转总体工作安排的通知》，对移交整合依据、原则、工作内容和程序、具体工作要求作出了明确的规定。

为确保划转工作的顺利实施，公司下发了《关于成立农电企业划转接收工作领导小组及相关办事机构的通知》，并成立了财务、综合、生产等多个接收小组，保证了划转工作的圆满完成。

【积极开展标准化建设工作】 公司将“集团化运作、集约化发展、精益化管理、标准化建设”工作要求向县级供电企业延伸，按照国网公司“抓基础、上台阶，大力推进农电标准化建设”的工作部署，把推进农电标准化建设列为农电系统 2009 年重点工作。明确各级具体职责，并按照以点带面、逐步推广、循序渐进的方式开展建设工作。

【积极争取资金 加快电网建设步伐】 经过努力争取，2008 年 12 月～2009 年 7 月，省发改委共下达本市农网扩大内需工程三批，投资共计 16 983 万元；省电力公司共下达扩大内需工程初步设计批复 20 个，概算资金 17 353 万元。

农网扩大内需工程第一批各项工程已经全部竣工，2009 年下达后续两批农网完善新增投资工程（共 17 项，概算资金 15 523 万元）已经全部开工。这些工程的陆续实施，极大地强化了葫芦岛地区农村电网的网架结构。

【深入推进新农村电气化建设工程】 新农村电气化建设是贯彻落实党中央建设社会主义新农村战略部署，加强“三农”工作，更好地推进社会主义新农村建设的一项重要举措。2009 年，葫芦岛供电公司对供电范围内的 2 个镇（乡）、38 个村实施了新农村电气化工程，已按照计划全部完工，并通过了市级验收。新农村电气化建设工程的实施，极大地改善了农村地区的用电条件，有力地促进了农村经济的快速发展。

（王鹏宇　张　威）

绥中发电有限责任公司

【概况】 2009 年，绥电公司以科学发展观为统领，贯彻集团及国华电力年度工作会精神，围绕“夯实基础保安全、成本领先增效益、人文和谐促稳定、五型创建谋发展”的总体要求，克服重重困难，扎实有效开展生产、基建、经营、党建和企业文化等各方面工作，圆满完成了各项工作任务。

关键业绩指标完成情况。全年未发生轻伤及以上人身伤害事件、一般及以上设备事故、环境污染事故及职业病事故，圆满完成了“两会”、“国庆”等重要保电任务，实现跨年度安全生产 1 632 天；年累发电量完成 94.08 亿千瓦·时，超目标值（81.6 亿千瓦时）12.48 亿千瓦·时；全年实现利润 101 万元，超目标值（-6 600 万元）6 701 万元；二期工程进度可控在控，年内各考核节点均按期或提前完成；一期两台机组全部实现烟气脱硫，各项环保指标均符合国家标准。

【安全体系持续完善】 2009 年，一期生产、检修任务繁重，二期基本建设进入安装调试高峰，交叉作业范围广、高危项目多，加之外部承包队伍多、人员构成复杂，安全管控风险较大。针对以上特点，公司进一步强化“生产、基建、政治、经济和工余安全”为内容的大安全理念，完善安全制度体系，加强员工安全技能培训，防、控并举，查、治结合，使安全局面持续稳定，实现了安全年。1、持续完善本质安全体系。组织修编完善了国华管控体系发电管理系统的本地实施细则，进一步细化了责任考核，尤其是加大了对人为责任事故的考核力度，建立了反习惯性违章监察体系。进一步规范“三标一体”的运作形式。对生产现场危险源进行识别和预控，开展了应急管理、人身伤害、环保事件、特种设备隐患的排查治理，完善修订了32个应急预案。2、注重检修项目安全管控。机组检修期间，及时调整安全管理工作重点，层层落实责任，对高危项目采取集中管控、集中风险评估、集中制定风险管控措施，保证了检修过程安全。3、注重安全活动实际效果。开展了春秋检、安全生产月及预防季节性事故的普查整改系列活动，参照《安全质量标准化》和《二十五项反措》，对生产设备、电站锅炉、安全生产等22个项目进行了评价。结合“三项行动”、“百日安全”、“安康杯”及安全生产年活动安排，缜密策划迎峰度夏、国庆保电方案，圆满完成保电任务。

【生产管理水平日趋精益】 针对两台800MW机组实际特点，周密策划全年机组运行、检修维护工作并按计划稳步推进，年内设备检修、技改项目实施等工作圆满完成，设备健康水平得到了进一步提升。1、稳步推进设备治理工作。深入开展前期准备，水源管线重大隐患治理项目已经开工，计划于2010年9月交付使用；机组次同步振荡隐患治理项目有序进展；实施了13号空预器密封装置改造、汽轮机通流间隙测量和调整、高压缸调节级阻汽片恢复、锅炉酸洗、凝汽器铜管高压冲洗等节能技改项目，主要运行参数逐步接近和达到设计值。2、高质量完成1号机组A级检修。共完成检修项目1 709项，项目完成率100%，综合检修项目优良率98.9%，合格率100%，机组一次启动成功。3、科技创新取得丰硕成果。14项成果、论文获得国华公司级及以上奖励。“羟基乙酸复合有机酸清洗工艺在超临界直流锅炉上的应用”获首届全国电力职工技术成果二等奖、“实施‘双五’培训模式，提高企业培训绩效”获全国电力行业管理创新成果三等奖；QC小组活动继续呈现蓬勃态势，公司获得“全国电力行业QC小组活动优秀企业”。

【二期工程建设稳步推进】 以打造安全、优质、高效、节约、阳光、和谐“六优工程”，力争实现国优为目标，实施全方位、全过程管控，稳步推进二期扩建工程建设。3号机组于12月31日一次并网成功，充分验证了工程建设的管控效果。1、加强安全管理。深入开展危险源、危险点风险辨识、分级工作，强化承包商、分包队伍管理，加强大型起重机械作业安全管控，加大应急预案完善与执行力度，强化现场监督检查，继续保持“零事故、零伤亡”。2、加强质量管理。坚决落实“谁施工谁负责”责任制，严格按照相关标准进行工程施工和质量验收，主厂房框架、汽机机座、烟道支架等33个项目创精品。锅炉10余万道受监焊口一次合格率和焊口外观抽检一次合格率均达99%以上。厂用电系统受电、机组化学清洗、锅炉压力试验、锅炉点火、制粉系统投入、机组稳压吹管均一次成功。3、加强进度管理。实施工程进度预警分析，对影响进度的设备交货、施工资源配置、客观环境条件等提出纠偏或预防措施，充分调动各种资源，推进工程有序建设。有效地化解了2008年四川大地震、奥运会及国庆60周年期间供货滞后给工程进度带来的影响，年内各考核节点项目均及时或提前完成。4、加强投资控制。全面开展四清工作，通过设计优化、合同盘点、物资清理等方式，加强投资控制，竣工决算投资总额有望控制在70亿元以内，体现了规划统筹、目标前瞻的优化设计理念，在全国百万机组中造价控制处先进行列。5、做好生产准备。按照大型发电公司管控模式整合组织架构、科学配置人员，发电B厂成立了发电生产部、安全技术部，检修分公司成立二期维护项目部，人员配置基本完成，并进驻现场，全面参与工程建设，跟踪、监督、检查工程施工、安装、调试各项工作。

【企业盈利能力明显增强】 年初，针对预计亏损1.65亿元的经营局面，深入实施成本领先战略，制定、实施“增收创利一个亿，节支创利一个亿”即“两个一”的经营策略，为实现扭亏为盈发挥了关键作用。1、“双增双节”活动成效显著。成立“双增双节”领导小组，制定了《双增双节实施细则》，建立了考核评价机制。通过基建四清、替代电量、财务费用管理、修旧利废、优化运行等“双增双节”活动，共创造价值约40 245万元。2、外部市场营销彰显功力。在辽宁火电机组利用小时大幅下降（同比下降643小时）的背景下，通过与出让方谈判，与有关政府、电力部门沟通，获取替代电量800小时。在年度电量调整过程中，争取了200小时合约电量指标。年度利用小时数在辽宁电网20万以上机组排名第三。3、脱硫电价争取抢得先机。成立脱硫电价争取组织机构，提前与环保、物价部门及省网公司进行沟通，最短时间获得批文，并抓住国家调整电价的时机，积极向价权部门反映诉求，最终按完成168小时试运结束日执行脱硫电价，实现增利4 300余万元。4、财务管理工作成效突出。密切关注经营形势变化，为经营决策提供支持；各项费用预算指标全面完成，合理压缩安全生产以外的其他各项费用，全年节约可控管理费用4 234万元；合理运作资金，引入新的金融产品信托贷款和项目营运期贷款，最终实现节约财务费用5 207万元，节约建贷利息5 434万元；全年实现设备抵扣增值税2.8亿元，不但节约基建成本，从而增加利润3 500万元，为完成年度盈利目标起到积极作用；精心组织、周密筹划，及时完成一期脱硫工程决算工作。5、物资管理降本效果显著。年底库存金额较期初降低301万元，消耗历史库存542万元，提前完成年度目标。

通过签订厂级长约、谈判采购、询价比选等方式同比降低采购成本284万元。

【人力资源管理更趋科学】　面对人力资源分流稀释造成岗位定员减少、从业人员水平降低的状况，通过提高人员素质、合理调整岗位等手段，优化配置人力资源。1、注重员工职业基础培训。建立三级培训网络，逐级落实培训任务和责任。根据不同岗位制定了有针对性的培训计划和考核办法。全年进行两次职业技能鉴定工作，包括生产短期工20人在内共199人参加培训。144名从事特殊工种人员取得特种作业证书，持证率达100%。153名生产班组人员参加国家计算机等级考试培训、考试、取证。2、不断优化人力资源配置。以辅业薪点制实施为先行，发挥薪酬的激励作用。通过公开招聘、择优选拔的方式，21名辅业优秀员工充实到主业，既减少了辅业人员数量，又控制了用工总量。采取岗位招聘和统筹配置相结合的方式，将辅业人员充实到生产附属岗位，将外围运行人员调配到主机运行、检修岗位，A厂员工向B厂补充。全年岗位调整423人次。员工实现阶梯形合理流动，最大限度开发和盘活了人力资源。

【内部控制规避企业风险】　进一步完善管理制度，建立风险预报机制，规范授权管理，保证了经营活动的效率性和效果性、资产的安全性、经营信息和财务报告的可靠性。1、健全、完善公司管理制度。按国华新版管控体系，对现有制度进行整合和修订，修改了《劳动合同管理办法》等涉及员工切身利益的十七项公司管理制度，新增制定七项管理制度。全面修订《综合考核条例》，更名为《综合管理考核标准》，与《绩效管理办法》形成配套管理体系。修订《授权管理手册》，进一步明确责、权、利。2、风险预控发挥作用。深入分析、预测2009年经营、生产、基建形势，识别、评估各项管理风险，制定了《重大风险管理报告》，确定“电力市场疲软”、“电煤价格不确定”等九项公司重大管理风险，分析发生原因及影响，研究对策并制定了具体控制和规避措施。完成部门风险辨识和评估，并制定了对应措施。

【信息化建设促效率提升】　不断深化信息系统在安全生产、检修维护、成本控制、费用管理、风险预测、数据分析等方面的应用，取得了良好效果。1、扩展系统、升级软硬件，增加信息平台功能。在BFS++、ERP、RBM、PI、OA等系统成功应用的基础上，ABC作业成本法核算系统、SCM二期顺利上线，BFS++在二期工程中全面实施。各系统有机融合、互相渗透，软硬件不断升级、优化，形成了层级合理、模块齐全、功能强大的信息管理平台，整体功能得到提升。2、基础数据进一步完善。完成二期工程设备KKS编码编制；对一期设备KKS编码进行修正，完善编码层次结构，共修改编码30 000余条，补充增加8 000余条，修改完善后总数60 000余条。现已形成准确、完整、规范的数据库，为公司生产管理、成本核算、物资采购等分析决策提供了可靠依据。

【党群工作彰显生机活力】　公司党委融入“一个中心”，抓住“三条主线”，突出“五个重点”，使“三个作用”得以充分发挥，为实现公司和谐健康发展提供了政治、思想和文化保障。1、党建工作得到巩固和加强。学习实践科学发展观活动达到了“党员干部受教育、科学发展上水平、员工群众得实惠”的总体目标。开展“我是党员 向我看齐”活动，全体党员在公司建设、改革和发展中亮身份、树形象、做表率，凸显先锋模范作用。党群贯标体系圆满通过复审认证。反腐倡廉建设继续保持“零违纪”、“零案件”目标。2、宣传、企业文化和思想政治工作有创新。以“四爱”为核心，开展“构建心灵契约”主题活动，营造和谐氛围。开展“节约每一分钱 创造每一分价值”主题活动，引导员工为实现 “两个一”目标作贡献。开展“全员读书”活动，陶冶情操，充实底蕴。整合提炼基建“六优”文化，宣传二期工程的优质管控经验。凝练班组文化，制作E刊，促进企业文化落地。正向引导，宣传工作助力中心。借助员工论坛，思想政治工作又添开放式沟通平台。3、工会工作品质不断提升。加强民主管理，员工提案解答率达到100%。成立足球、篮球、乒羽、摄影、车友、集邮、棋类等七个协会，活跃社团。组织四季文体活动，激发员工追求美好生活的热情。开展“爱心扶困”活动，形成扶贫济困的长效机制。关爱女工和青工生活及身心健康。务实抓好班组建设工作。4、综合治理和稳定工作整体向好。公司被命名为葫芦岛市“社会治安综合治理工作平安示范企业”。国庆安保工作被辽宁省公安厅荣记“集体一等功”。

（侯　铮）

辽宁南票煤电有限公司

【概况】　2009年，辽宁南票煤电有限公司（以下简称公司）认真贯彻落实科学发展观，全面加强企业管理，积极调整营销策略，沉着应对金融危机影响。安全生产形势稳定好转，经济运行质量显著提高，采煤工艺改革进展顺利，非煤产业稳步推进，员工收入稳步增长。重组后的公司呈现出矿区安定和谐，矿山安全生产，矿工安居乐业的良好局面。

【安全工作取得较好成绩】　年内，公司上下以“三项行动”为主线，全面加强隐患排查治理，强化现场安全管理，作业环境明显改善，狠抓责任落实，创新教育培训方式，员工行为更加规范。事故起数和伤亡人数同比分别下降67%，邱皮沟矿和小凌河矿实现了安全生产，热电分公司实现机组连续安全运行1 189天。

加大安全资金投入力度，提高安全装备水平。年初，煤矿安全费提取标准由25元/吨增至35元/

吨，全年提取安全费 6 500 万元，全部用于安全投入。利用国补、省补安全改造资金 5 225 万元，相继补套了高瓦斯矿井抽放系统、监控系统，更新改造馈电开关、变压器、提升机等老旧杂设备 417 台（套）。强化煤矿安全和质量标准化建设，完善支护工艺，彻底消除了“爬行”巷道。

加强员工安全教育培训，增强自主保安能力。先后开展了“岗位标准学习季”、“创建安全教育示范区”等主题教育活动，开展了案例分析、知识竞赛、安全演讲等教育活动。投资 40 余万元装备了培训中心多媒体教学系统。三级培训中心对 16 个特殊工种、896 名特业人员进行安全岗位技能培训。四级培训中心加强重要岗位人员的培训工作，从业人员素质全面提高，安全防范意识明显增强。

【煤电联营经济稳步运行】 受金融危机影响，工业用电需求下降，坑口电厂发电机组不能满负荷运行，一台机组停机备用 65 天，高灰分煤连续积压 22 万吨，公司及时调整营销策略，采取控制原煤产量，提高煤炭质量，加大入洗量，增加外销量等一系列有效措施，保证了生产经营工作的平稳运行，全年生产原煤 198 万吨，发电 12.2 亿千瓦·时。销售收入 55 000 万元，其中：煤业 17 000 万元，电业 38 000 万元。员工人均收入 18 156 元/年，同比提高 1 620 元，增幅 10%。

开展节支降耗活动，降低生产运行成本。全年节电 1 357 万千瓦时，原煤单耗 57.24 千瓦·时/吨，同比下降 7.18 千瓦·时/吨。原煤灰分 48.53%，比控制指标下降 0.43 个百分点。原煤单位成本 200 元/吨，扣除材料、电费涨价、提高安全费提取标准等因素，同比下降 1.2 元/吨。取得了较好的经济效益。

【采煤工艺改革进展顺利】 2009 年，公司加快采煤工艺改革进程，投入省补资金 3 009.4 万元，进行设备招标采购。购置了两台掘进机，其中 160 型掘进机于 8 月 1 日在三家子矿-700 东一区投入使用，11 月 30 日已完成开拓及掘进工程。电牵引采煤机、刮板运输机等设备全部到货，进入安装阶段，预计 2010 年 1 月份设备安装完毕，2 月份试采。大窑沟矿-800 东三区一石门采煤工艺改革正在按计划进行，采用壁式采煤、悬移支架、全负压通风， 为 2010 年 1 月设备安装做好准备工作。

【非煤产业稳步推进】 南票电厂二期 30 万千瓦扩建工程按计划进行，累计完成投资 11 亿元。预计 3#机组、4#机组将分别于 2010 年 3 月、7 月试运行。电厂二期配套工程——苇子沟洗煤厂筛分配煤系统改造工程全部完工，赵家屯洗煤厂改造工程预计 2010 年 2 月份完工。铁路线路改造全部完成，购进 2 台东风 5 型内燃机车已投入运行。

日产 5 000 吨熟料水泥生产线项目，完成了可行性研究报告的编制与审查，压覆矿床、地质灾害、水土保持、工程地质、等量替代等报告和文件通过主管部门的审查与备案。资源勘察、环境影响评价等也在同步推进。

【企业文化建设取得新成就】 深入学习实践科学发展观，把增强企业凝聚力、领导干部的执政力、培育员工团队精神作为企业文化建设的中心，积极推行企务公开，切实维护员工利益。各级党组织紧密结合生产经营实际，充分发挥党支部的战斗堡垒作用和党员的先锋模范作用，有效推进了公司各项工作的健康发展。

公司投资 340 万元，对各矿办公楼、员工浴池、学习室等办公场所进行改造和装修，改善员工工作环境。小凌河矿新建了员工食堂，全天 24 小时对员工开放，解决了通勤员工、夜班员工、住宿员工就餐难问题。在学习实践科学发展观活动中，公司百名领导干部与百名困难员工结成帮扶对子，累计捐款 5 万元对困难员工进行走访慰问。春节和中秋节为每名员工发放了米和油等生活必需品。

（刘国臣 荣学军）

旅　游

【概况】 2009 年，在市委、市政府的正确领导下，在省旅游局的有力指导和社会各界的大力支持下，局领导班子带领全行业干部职工，以科学发展观为统领，按照“十一五”旅游发展规划，以提高旅游产业地位为中心，以推进旅游项目建设为重点，突出抓好旅游目的地建设、旅游精品开发、旅游市场开拓、旅游行业创优和旅游人才培训等重点工程，全市旅游业实现了持续、快速、健康发展，实现了旅游各项经济指标的新突破，全年接待国内旅游者预计 1 100 万人次，同比增长 25%，国内旅游收入 75.2 亿元人民币，同比增长 60%；入境旅游者 4.55 万人次，同比增长 30%，外汇收入 2 631.46 万美元，同比增长 30%；旅游总收入预计 75.46 亿元人民币，同比增长 59%。

【优化旅游产业结构 提升旅游产业素质】 一是指导旅游子规划编制完成。在编制完善了葫芦岛旅游总体规划的基础上，指导建昌县完成了《白狼山修建性详规》、《龙潭大峡谷修建性详规》的编制工作；指导绥中县完成了《滨海经济区旅游带控制性规划》、《永安堡长城景区控制性规划》；指导连山区编制完成了《虹螺山宗教文化旅游景区的概念性规划》；指导龙港区编制完成了《葫芦仙岛总体规划》。这些子规划的相继完成，对本市旅游业的有序健康发展和旅游招商引资起到了重要的推动作用。目前，绥中滨海经济开发区已完成迪拜水城、翡翠山庄、富都生态度假村、瑞富德游艇码头和俱乐部等旅游项目的招商引资工作；永安长城景区基础设施建设项目，也已通过省发改委评审，现已上报国家发改委。

二是积极争创 A 级旅游景区，推进旅游景区升级和档次的提升。为了培育优势产品，坚持不懈地围绕“打造战史文化品牌，展示走廊风光特色、突出度假体验主题、体现地域民俗风格”宗旨，推动景区升级和档次的提升。绥中九门口景区已初步完成了景区的大门、碧云寺、停车场、景区餐厅等景点和配套设施建设，完善了景区的功能，丰富了景区的内容，顺利通过了国家 AAAA 级景区评审。永安长城景区旅游公路和建昌大峡谷景区公路，菊花岛景区公路提质改造工程已完成。塔山阻击战纪念馆已开工建设。葫芦山庄经过改造升级，已经申报了国家 AAAAA 级景区。另外，建昌白狼山景区、大峡谷景区和连山灵山森林公园景区都已通过了 AAA 级景区的评审。为了提升景区点的管理水平，制定了《葫芦岛市旅游景区管理办法》。

三是规划大项目，整合大资源，全力做好旅游产品开发。独特的区位优势、上乘的资源品种和难得的机遇，为本市旅游产品优化升级提供了新的发展平台。本市地处辽西走廊的核心地带，东北、华北、内蒙古东部的节点区域，京津唐经济区和辽东半岛的结合部，环渤海经济圈的重要城市。国家沿海开放和扩大内需的重大机遇、辽宁“五点一线”沿海发展的重大机遇以及旅游者需求变化的重大机遇。用现代生活的理念发展休闲度假产品，突出舒适性和康乐性，今年着力抓好葫芦岛 CBD 中央商务区、绥中海岸中关村两大度假区的招商引资工作，推动新城区生态旅游健康发展；用文化体验的理念提供体验与知识积累性优秀产品，为度假者创造放松与充电结合的休闲条件，突出文化体验特色，重点抓好永安堡长城体验区、碣石历史文化公园、兴城古城、温泉、建昌杨树湾漂流、白狼山森林公园、龙潭大峡谷、连山虹螺山宗教文化园、龙港葫芦山庄等原生态旅游产品，不断推动县域旅游经济发展；以启动“葫芦岛人游葫芦岛”活动，拉动旅游内需。以“看房游”大篷车推介活动为契机，推动购物旅游快速发展。

四是学习外省旅游产业发展经验，促旅游产业转型升级。为了进一步理清全市旅游产业发展思路，有针对性学习借鉴外地经验，使兴城古城难得的文化旅游资源更好的发挥经济社会效益，使建昌峡谷资源、山水资源得到科学开发，增强市旅游局指导和服务重点旅游项目的针对性和实效性，4 月 12 日至 15 日，由市委常委、纪委书记王德波带队赴山西平遥、河南云台山、洛阳栾川等地进行专题考察学习。平遥、云台山、栾川旅游产业的快速发展让考察人员深受启发，解放了思想，转变了观念，开阔了眼界，增长了见识。特别是让兴城市、建昌县参加考察的主要领导，亲身感受平遥、修武、栾川旅游产业快速发展及其巨大带动作用，加深了对旅游产业的认识，增强了科学发展旅游产业的信心。通过此次考察，对做大做强葫芦岛市旅游产业具有重要的借鉴意义，并对兴城古城、建昌大峡谷、建昌乡村游的开发与建设提出了具体可行性建议。

【强化旅游宣传促销 提升旅游形象】 为了更好更快地提升本市旅游经济，宣传促销旅游产品，按照国际化、现代化、市场化、特色化、产业化的方向，积极开拓和经营客源市场，丰富旅游文化内涵，努力建设国际旅游目的地。

一是启动了“葫芦岛人游葫芦岛”活动。向市民发布了“葫芦岛人游葫芦岛”线路及优惠政策；葫芦山庄景区现场发放了旅游代金券。会上华夏旅行社承诺向本市民发放50万元的优惠券；葫芦山庄景区向本市市民发放20万元的优惠券；全市各景区承诺凭本市身份证，门票全年半价等。9月13日，“秋季采摘游”活动又在绥中九门口双凤山庄采摘园启动。举办民俗艺术节，展示地方民俗风情。另外，与新闻媒体加强联系，分别在电视台、电台开设旅游专题节目和栏目，向家乡人展示家乡的旅游资源，拉动葫芦岛市旅游消费市场，做大做强葫芦岛市旅游产业。

二是组织“看房游”活动。今年3月17～4月13日，市旅游局会同市房屋开发办公室组织旅行社、房产商前往长春、哈尔滨、秦皇岛、唐山、北京等东北、华北主要城市开展旅游产品促销、房地产营销活动。大规模、远距离、长时间“看房游”大棚车推介活动，行程4 000多千米，走过了13个城市，发放宣传材料68 850份。这次宣传促销活动取得了前所未有的成功，本市的城市形象进一步得到了提升、旅游产品被广泛了解，特别是房地产外销市场的成功开拓，具有里程碑作用。房交会期间共有400多户外地人签订购房合同，占总购房签约的30%以上。

参加俄罗斯远东国际旅游交易会，宣传展示葫芦岛市著名旅游景点、旅游线路、名胜古迹；会邀请了10家主要做中国市场的旅行社负责人和1家专门宣传中国的旅游网负责人参加小型招待酒会，向他们播放了葫芦岛风光片，用俄语向他们推介了葫芦岛市的旅游资源和产品，以及葫芦岛市具有的得天独厚的优势。

三是开展旅游区域合作。继朝阳、唐山、大连旅游局来本市洽谈合作之后，秦皇岛市旅游局、北京房山区旅游局又与本市建立了旅游合作伙伴关系，并共同开发周末短线精品游线路，做大做强两地旅游市场，共同应对金融危机带来的不利影响。

来葫考察旅游市场的俄罗斯海参崴旅行社代表团与市旅游局达成了开发赴葫芦岛旅游线路的合作意向：从今年暑期起，海参崴旅行社将组团开发海参崴—葫芦岛10日游和海参崴—葫芦岛—北京15日游。俄罗斯远东权威网络“走遍中国”并用专门栏目和相关链接专题介绍了本市“吃、住、行、游、购、娱”等方面情况。

四是设立旅游咨询服务台。在高速公路葫芦岛出口设立了旅游咨询服务台，咨询服务台的值班人员，针对游客的不同需求，为其提供合理的旅游路线及食宿介绍，并免费赠送旅游交通图等宣传资料，共发放宣传资料5 000份。同时又投资30多万元维修本市境内高速公路出口的旅游景区点展示图；在京沈高速公路设立旅游形象广告牌，宣传葫芦岛的A级景区和星级饭店；又投资50万元在中央电视台播出旅游广告宣传片。

五是重新改版葫芦岛旅游网站。与深蓝科技有限公司合作，对本市旅游网站进行了重新改版，进一步挖掘文化内涵，充实内容、完善功能，安排专人定期整理资料，对旅游信息及时更新，便于外地游客了解葫芦岛旅游资源和旅游产品；与市电视台合作拍摄《魅力葫芦岛》30集旅游专题片。

【加强旅游行业规范管理　优化接待环境】

一是增强星级意识，提高管理水平。按照“又好又快，好字当头”的要求，制定和完善了《葫芦岛市星级酒店评定办法》，注重产业素质建设，实现了旅游产业发展由数量型向质量效益型转变。通过企业自身的调整和改造，以“晋星”为手段，深入贯彻星级饭店标准，推动旅游饭店建设，加快饭店改造和星级评定步伐，增加本市高星级饭店的数量，星级饭店服务质量和管理水平明显提升。开展了旅游特色餐馆评选活动，推出了凌河大酒店（宾馆综合类）、徐家烧烤二部（烧烤类）、风波酒店（武侠文化特色）、鑫龙湾生态园（生态园林特色）、牛街饭店（清真类）一批具有地方传统风味的特色菜品餐馆。积极参与生态城市建设活动，景区点生态环境得到改善，提升了景区点管理水平，制定了《葫芦岛旅游景区管理办法》。富都饭店、葫芦山庄旅游景区、葫芦岛交通国际旅行社等五家企业在省旅游局授予的全省旅游星级酒店、十佳旅游景区、优秀国内旅行社中榜上有名。另外，今年又启动了旅游景区道路标志系统建设，在京沈高速公路、102国道、滨海大道和市区主要路段，陆续推出一批景区旅游标志路牌。

二是规范行业管理，优化发展环境。依法整治旅游市场秩序，开展了旅游市场整顿活动及旅游市场专项检查工作。建立健全各项旅游市场监管办法，严厉查处“黑社”、“黑导”营造良好的旅游环境。全年共接到投诉电话及信函115个（咨询50个、投诉65个），已经全部调解处理完，其中省纠风办在网上的督办案件两起在规定时间内及时处理完毕，投诉游客非常满意。检查旅行社全年共出动110人次，到旅游景区检查旅游团队80个，纠正不规范导游行为12件，其中警告3起，扣留导游证2个，所有受检导游员信息全部报到国家旅游局。重点查处黑社1家，处罚旅行社1家（大唐旅行社），按照规定程序目前已经移交法院执行。使旅游投诉件件有着落、件件有回声，受到了游客的好评。另外，在3.15维权消费日，进行普法宣传发放资料600余份，制定葫芦岛市旅游行业甲流H1N1流感工作方案，下发各县（市）区旅游主管部门，并下发宣传品、健康告知书600余份。在黄金周和旅游旺季期间联合公安、工商、消防等相关部门集中开展旅游安全大检查，制定旅游安全生产“三项行动”工作方案，报市安监局、应急办；本局领导又分领四组执法人员分别到全市的各景区进行专项检查。转发省旅游行业2009年“安全生产日活动方案”的通知，告知旅游企业悬挂安全生产日活动条幅。上半年，本市对于违法经营，欺客宰客的旅游企业实施一票否决制。为了更好地对旅行社不规范广告和景区点、旅行社违规违法经营行为的查处，成立了旅行社行业协会，推进旅行社的“六统一”行业自律条约的执行。成立了导游服务中心，加强对导游人员的检查和管理。本市旅游市场秩序得到进一步净化。

三是强化安全意识，开展旅游安全生产宣传活动。本着务求实效，人人皆知的原则开展了旅游安全生产宣传教育活动，先后在日报、晚报、电视台、电台的相关栏目普及旅游安全常识，强化旅游安全意识，并要求各相关部门和各县（市）区政府要着重发挥新闻舆论监督职能。在旅游旺季时，本市几家新闻媒体随检查组到受检单位，对落实检查工作的予以全市通报表彰，对落实工作不到位的单位予以通报批评，情节严重的给予警告直至停业整顿。通过强大的宣传攻势，引起了全社会对旅游安全生产的广泛关注和积极参与，推进了全市旅游安全生产工作的健康发展。另外，又与各县（市）区旅游经营单位签订《旅游安全生产管理目标责任状》，与有关部门积极配合，加强本地区旅游安全的日常管理和检查，并对旅游旺季安全生产情况进行重点检查。

【加强人才旅游资源开发　培育各类旅游人才】　坚持科技人才强旅战略，按照国际国内一体化的理念，引进和培育具有适应国际化机制、国际化体制、国际化标准的复合型人才，制定旅游人才发展规划，建立完善人才选拔和竞争机制，加快高、中级旅游管理人才和实用技能型人才的培养和引进；为适应本市旅游市场发展的需要，进一步提高旅游从业人员的整体素质，满足旅游企业对各类人才的需求，搞好旅游从业人员上岗和在岗培训，对本市 350 名导游员进行了年审培训，培训合格率100%，导游员的素质得到提高。另外，今年又有 144 名考生通过了导游员资格考试。

为了更好地完成导游员的年审培训工作，利用本市电视、报纸等媒体进行宣传发动，使导游员对年审培训有了更新更高的认识和了解。聘请经验丰富的专家学者讲授培训课程，并在培训期间与导游员签订了带团质量保证协议书，下发了辽宁省导游员管理办法、导游员计分管理办法等文件。同时又开展了旅行社和星级酒店经理培训班、景区点解说员培训班。通过培训，优化了旅游行业人才结构，培养发现了一批优秀的旅游人才，为加快发展建设沿海旅游开放城市提供智力支持和人才保证。

【加强领导班子建设】　一是狠抓班子建设，不断提高执政能力。认真学习和贯彻科学发展观，认真学习和研究新时期党的路线、方针和政策，学习和研究各地发展旅游业的经验与作法，坚持科学决策、坚持依法执政、坚持重大事项民主决策，班子的驾驭能力得到增强。

二是以绩效考评为抓手，努力建设高素质干部队伍。年初将全年工作任务进行量化分解，并落实到部门和人员，形成“一级抓一级，一级对一级负责”的责任体系，充分调动全体干部的工作积极性和主动性。根据有关法律法规和政府的规范性文件，结合本局实际，进一步完善了《理论和业务学习制度》、《局党委中心组理论学习制度》、《民主生活会制度》、《会议制度》、《请（休）假制度》等35项制度。在全局上下增强了大局意识、责任意识、团结意识和创新意识，营造了“有为才能有位”、团结向上的氛围，机关干部才干增强，工作效率有了明显提高。

三是深入开展学习实践科学发展观和解放思想大讨论活动。按照市委和市直机关工委部署，组织广大党员干部认真学习、深入领会科学发展观的科学内涵、精神实质和根据要求，积极探索机关党组织和广大党员学习实践科学发展观的有效形式和具体方法。努力把学习实践科学发展观活动与旅游局工作实际结合起来，使党员干部牢固树立科学发展观的理念。同时结合本市及旅游局发展形势，组织机关干部开展“解放思想、破解难题、科学发展、学赶先进”大讨论，进一步统一思想、振奋精神，增强全体机关干部的创新意识和服务意识。加强党风廉政建设，促进诚信经营和产业发展，通过开展廉政学习和多项反腐倡廉教育活动，落实《党风廉政责任制度》，党员干部都能严格要求自己，坚持廉洁自律，勤政为民。

四是从大局出发，着力解决群众切身利益问题。为了深入践行科学发展观，把党和政府的温暖及党员领导干部的关爱送到千家万户，组织局机关干部到贫困户家庭进行慰问，并赠送了慰问金，局党委还研究从旅游局办公经费中挤出部分资金，购买大米、白面等物品送到贫困群众家中，使贫困群众感受到了党和政府对他们的关怀。通过这次“党员干部走进千家万户送温暖”活动，进一步拉近了党和人民群众的距离，使其成为增进党群关系的一个有效载体。

（赵凤香）

城乡建设 城乡规划

综 述

2009 年是全市城乡建设工作取得明显成效的一年。市房地产业实现了平稳健康发展，建筑业发展不断加快，民生工程全面完成，城乡环境面貌明显改善，为全市保增长、保民生、保稳定作了重要贡献。据统计，全市房地产和建筑业增加值占全市 GDP 的比重 8.6%；城镇建设投资占全社会固定资产投资比重 69.2%；房地产和建筑业上缴税金 9 亿元，占全市地税收入比例 28%，上缴财政收入 7.2 亿元，占全市财政收入比例 28.8%，城乡建设工作已成为拉动全市经济增长的主力军。

龙湾大街北延路改造

【概况】 4 月 20 日开工，7 月 15 日道路全线通车。改造道路全长 2 980 米，机动车道宽 21 米，隔离带宽 4 米，非机动车道宽 7 米，人行道宽 8.5 米，道路扩展红线 60 米、绿线 100 米。新铺黑色路面 9.9 万平方米、人行步道 5.1 万平方米；更换边石，铺设方砖，新装简洁明快、环保节能型路灯 124 盏；市内首次新建港湾式公交站亭 10 座；立体绿化体系层次分明，双排栽植行道树银杏 1 529 棵、模纹造型 14 万平方米，改造后整条大街特色鲜明、设施完善、景观优美，达到了城市一级路水准。

五里河防洪治理

【概况】 全线完成五里河防洪治理工程。治理了化工桥至五里河桥河道 2 300 米，拆除有照房 2 042.6 平方米、无照房 122.8 平方米，拆除大墙 700 米，拆除厕所 134 平方米、水泥地面 360 平方米；完成了防洪墙 556 米，橡胶坝 1 座，两侧护岸总长 4 295 米，台阶 34 个，人行步道 11 条 6 095 米，河道清淤长度 1 700 米，拆除废弃污水井 35 座，废弃管线 1 150 米，同时在五里河桥至化机桥南岸新修 650 米长、7 米宽的城市次干道，为化工地区出行提供了便利。城区 9 公里河段全部达到 50 年一遇防洪标准，生态环境明显改观，秀水两岸景色初步显现。

五里河桥改造

【概况】 将原建于上世纪五十年代的北侧桥拆除重建，并将整座桥进行景观改造和亮化。5 月 1 日开工，已于 7 月 30 日顺利通车。建成后新桥全长 102 米，桥面拓宽至 40 米、双向 8 车道，有效缓解了新老城区交通压力。五里河新桥，全桥 67 个桥墩、65 公分的空心预制板、8 公分的防震混凝土，坚固耐用，富有创意的海鸥造型，将功能性与景观性融合一体，在国内是第一例，成为城市一条靓丽风景线。

城市亮化

【概况】 从 7 月中旬开始，市建委举全委之力，聚全委之智，统筹谋划，知难而进，强力实施亮化攻坚战，精心打造魅力海滨城，仅用 5 个月时间，高标准完成了新老城区 11 条主要街路、7 个广场、400 余栋建筑物、近千家商户的亮化工作，城市夜景焕然一新。先期推进龙湾大街、海辰路、新华大街、中央路、连山大街以及公园广场亮化。二期全力推进老城区火车站广场、中央大街、连山大街、新华大街、兴工大街、民安步行街、五里河两侧、新区海日路、海月路、海星路及重点桥梁、广场的亮化工作。主要利用路灯、灯箱广告、街路两侧建筑立面楼型灯、地面射灯、高杆灯等亮化方式，全方位、立体化对道路两侧建筑物进行美化亮化，营造璀璨绚丽的城市夜景，彰显现代城市魅力。龙湾大街、海辰路、新华大街、五里河桥、站前广场、连山大街等处夜景璀璨，充分体现了魅力葫芦岛、浪漫海滨城的新风貌。

城市管理

【概况】 以推进“网格化、规范化、制度化、数字化、长效化”为重点，全面实施城市精细化管理，进一步提升城市形象，优化城市发展环境。

【市容市貌综合整治】 以迎接建国60周年和建市20周年为契机，重拳出击，依法治建，取缔了百货大楼周边多年占道经营"钉子户"，清理露天烧烤300余处，清除广告张贴12万张，清运垃圾1.9万立方米。拆除高速路西出口和龙背山窗改门等违章建筑；市场化运作，更新了中央路、新华大街两侧护栏；自筹资金，安装路灯383盏、变压器13台，消除了城区16条"摸黑路"。城镇"绿叶杯"竞赛活动受到省里好评。顺利通过了国家园林城市和龙湾海滨国家4A级景区复检。城市绿化、城区防洪、海滨管理、冬季除雪等项城市管理工作有序开展，逐步纳入了规范化的管理轨道。

【城市绿化】 2009年本市绿化覆盖面积27.93平方千米，绿化覆盖率42.59%；绿地面积27.23平方千米，绿地率41.52%；公用绿地5.61平方千米；人均绿地面积12.04平方米；建成区面积增加0.66平方千米；植树25.3万株；绿篱50.2万株；草坪2.28万平方米；花卉30万株。圆满完成了龙湾大街北延道路改造工程，五里河桥双侧四个桥头景观的施工；对龙湾公园、芳园、翠园进行修缮，在改造前向群众发征集意见函上百份，并汇总成改造方案，重新铺设了园路，调整了场地，安装了路灯和健身器材，群众满意率100%；生态公园进展顺利，完成了前期调查，树种普查、现场路勘等工作，总体规划、可研报告评审、环评工作已经结束，进入立项实施阶段。

【物业管理】 加强行业监管、强化资金归集、全面提升物业管理水平，圆满完成了各项工作任务。开展了住宅小区环境整治、"省优"、"市优"评比、物业经典品牌展示等活动；起草了物业管理及维修资料加去的修订草案；组织了物业招投标和承接验收工作；妥善决了滨海公寓弃管问题；完成了锦化物业公司托管工圆满完成了"六路一街一河一广场"48个项目的亮化任务，进一步提升了本市物业管理整体水平。2009年，物业管理三项工作在全省同行业中排名位居前。一是东方国际花园等3个项目被评为"辽宁省优秀住宅小区"，通过率100%，名列全省第一；二是维修资金全年归集约1.1亿元超额完成全年计划344%，资金归集增长率位位居全省第一；三是维修资金档案管理全部移交市档案局，资金档案数字化、电化、专业化管理在列全省第一。

公用事业

【概况】 投入供热设施改造资金6 900万元，新建换热站6座，更新改造管线33.4千米，消灭低温区54万平方米。妥善应对低温寒潮天气，全力确保深冬期供暖质量达标。乌金塘饮用水除钼工程通过省疾控中心专家评审，取得了供水卫生许可证，恢复向市区供水，日增水量5万立方米。燃气、公交、污水处理等公用行业安全平稳运行，为广大市民提供了民生保障。

【城市供水】全年完成售水量1 913万立方米，同比增长231万立方米；实现自来水销售收入4 318万元，同比增长301万元；管网漏失率控制在30%；水质综合合格率达98.6%；管网压力合格率达100%。新建船园二期、三期给水工程，铺设管线总长度3 400余米；改造完成连山大街DN100管线2 000米；杨屯油库平房地区管线910米；为北河老化肥厂350户住宅进行二次管网改造；更新怀仁小区、辽建粮库等地DN100米管线1 000余米；水表出户293户；进行马仗房、隆泰、小街供水主管线及分支入户管线改造3 200米，水表出户300户；除钼工程通过省卫生学专家组评审、验收合格，签发用水许可，正式供水；水表检定站全线自动化升级改造竣工，并通过省级技术监督部门验收投产，其检定设备和技术水平在辽西地区处于领先地位；设计院完成丙级资质的办理，挂牌成立，实现面向市场自主经营。老城区20个泵房合并为10个的改造工作全部完成，节能降耗效果明显；组织各部门协管锦化生活区供水，对泵站进行改造，安装三级计量水表，维修电机设备，进行办公区清扫和整理，落实人员编制方案，为化工地区日后供水改造打下良好基础。重建新区泵站，开展技术攻关，对高塔水厂8眼水井进行节能改造，年耗电下降27万度。更换老合台水厂、玉皇阁水厂加氯机2台，提高净水能力。

【城市供暖】 继续实施"温暖工程"，创造城市供热开局稳健、质量提高、管理加强的良好态势，管热管理工作在全省位列三甲。累计完成投资6 900万元，新建换热站6座，新敷设供暖管线3.5千米；维修锅炉32台、辅机71台（套），外管线更新改造33.4千米，分户改造54.2万平方米，消灭低温区54万平方米。着力解决维修改造和燃煤储备资金短缺、煤源紧张问题，协调中信银行落实供热专项贷款3 000万元。统一组织供热企业到阜新煤矿落实燃煤23.9万吨；从省建设厅和市公安局、交通部门办理公路运煤通行证270张，群众满意度攀升。

【热线指挥中心】 2009年市建委热线共接收各类信息12 291条，其中咨询类6 336条，求助类2 635条，投诉类3 121条，举报类35条，提出各种建议13条。热线信息处理率和反馈率均达100%，实际办结11 984条，办结率为97.5%。建委热线共接待群众来访23次28人次，所反映的问题热线指挥中心均给予解答或交有关单位处理。热线指挥中心共出现场124次152人次，为广大市民提供其服务范围内的各种应急救助服务。

建筑业

【概况】 着力整顿建筑市场秩序，规范各方主体行为，起草并以市政府文件形式下发了《关于加快全市建筑业发展的实施意见》，为促进建筑业发展提供了强有力的政策支持。深入开展冬期施工，大力推进建筑业发展。全年完成建筑业产值80亿元，从业人员6.5万人。11家企业走出市外，创产值5亿元，为历年最高。建筑业产值增幅达175%，年度全省排名第一。加强建设项目初步设计和施工图审查，审查总建筑面积133万平方米。建筑安全评价位居全省前列，建筑工程质量合格率100%。开展执法、治理、教育为主要内容的三项行动，进行隐患排查、专项整治和全面安全生产大检查，施工现场管理取得较好效果。在9月中旬全省安全大检查中，本市受检的5个施工现场全部达到优良标准，平均得分达到了88.84，最高分达到93.5分。工程招投标管理得到加强，监管范围有所扩大。应招标工程和应公开招标工程招标率均达到了100%。完成进场交易工程项目40项，交易金额8.9亿元，完成全年计划的127%。招标代理业务有所扩展，承揽到多项委外工程。加强工程造价信息发布管理，工程造价咨询业务进一步规范。深入开展既有建筑节能改造，完成改造面积20万平方米；着力规范新型墙体材料市场秩序，节能、环保型新墙材得到广泛使用。6个项目获省世纪杯工程，14个项目获省优质主体工程，市中心医院病房楼获鲁班奖提名奖，填补了本市建筑史上的空白。

房地产业

【概况】 立足扩内需、保增长，出台了个人购房优惠政策，成功举办了“春季房交会”、“旅游大篷车”和“假期看房团”等促销活动，商品房外销和交易市场进一步活跃。房地产全年完成投资40.7亿元。商品房销售面积287.2万平方米、销售额79.5亿元，两项指标增幅全省排位第一。房屋产权交易持续火爆，全年办理6.3万件。住房保障工作卓有成效。践行“高标准、多元化、重保障、广覆盖”的工作宗旨，建立健全了保障性住房体系，全面创新住房保障理念，把学习实践科学发展观活动不断引向深入，实现了住房保障事业的跨越式发展。全年争取国家资金4 146万元，新增租赁补贴2 497户，是任务量的210%，筹集实物配租房源3 557户，是任务量的149%，两项指标增幅全省排名第二位。新建经济适用房460户、2.7万平方米，是任务量的150%，增幅全省排名第一位。

村镇建设

【概况】 开展了全市村镇房屋产权产籍管理大检查。根据省建设厅《关于转发＜辽宁省村镇房屋权属登记管理办法＞的通知》（辽建发［2003］110号）文件要求，对全市村镇房屋产权产籍管理工作进行了一次全面检查，全市村镇的房屋产权产籍工作基本走上了正轨；组织申报2009年省级小城镇建设资金项目和资金申请工作。经考核筛选，报送省级小城镇建设和村屯规划建设项目15项，项目总投资约3 181.8万元，其中市、县、镇三级自筹813.6万元，申请省补助资金2 285万元。

（张　旭）

城乡规划

【概况】 2009年城乡规划工作以打造沿海经济城市为目标，突出重点区域、重点项目规划，树立“规划服务于发展、规划引导发展、规划促进发展”的理念，探索创新，真抓实干，较好地完成年初各项工作任务。规划龙头和调控作用得到充分发挥，服务经济建设的发展环境更加宽松便捷，规划行政管理效能得到全面提高。2009年全市房地产开发新项目44项，总用地面积443.6万平方米，总建筑面积658万平方米，准予建设建筑面积90万多平方米。

【各类园区项目规划】 积极落实市经济工作会议精神，充分发挥规划的龙头作用，全力支持服务“一线七区”和重大项目建设。集中力量全程参与了龙湾中央商务区的规划、建筑设计、招标、方案审查、专家评审等一系列工作。商务区的控规和核心区详规已被市政府批复，为CBD开工建设创造了前提条件。参与指导了绥中滨海新区、兴城临海产业区规划的编制。紧盯全市重点工业项目，组织编制了千万吨炼油、绥中煤码头、徐大堡核电站等项目的规划选址报批和相应的规划设计工作。完成了经济开发区、高新区、船舶配套园区和打渔山工业园区13个项目的规划设计及审批工作。

【城市近期规划】 依据城市总体规划，合理调控城市建设用地并编制各类规划。组织编制了城市综合防灾工程、生态公园及城市风貌等专项规划。编制完成了连山区范围内和龙港区范围内的控制性详细规划，总用地面积39.83平方千米，控制性详细规划覆盖率达到75%，较2008年提高了5个百分点。修建性详细规划完成45项，总用地面积3.91平方千米，建筑面积333.9万平方米。完成了南山跃进村花园、炼化总厂五区及东城区所在地块等8项5万平方米以下棚改规划。不断推进村庄整治规划，按计划组织完成了80个村庄整治规划的编制，已累计完成400个村，占全市区划村编制数的39%。

【规划审批管理】 认真落实国家住房和城乡建设部组织的房地产领域规划变更调整容积率会议精神。对全市房地产领域规划变更调整容积率问题进行了清理和整改。制定了《葫芦岛市城市规划区经营性建设用地容积率管理规定》，使建设容积率管理走上规范化、制度化轨道，提高了依法行政的水平。健全了城乡规划委员会、专家咨询、公众参与等规划决策机制。每一至二个月召开一次城乡规划委员会，研究决定城乡规划重大问题；聘请省内外知名专家对11项控规进行了评审，提高了规划管理的决策水平。为应对金融危机，积极落实市政府调结构、保增长部署，坚持住宅地产、商业地产和工业地产规划齐动，城乡规划联动，加大了商品住房建设的力度。全年审定修建性详细规划27项；审批办理用地规划许可36件；建设项目选址意见书35件；出具规划设计条件122件；审批办理建设工程规划许可199件；乡村建设工程规划许可243件。坚持狠抓建设项目批后管理，狠抓违章建筑综合整治。查处违章建筑21项，立案审查11项，强制拆除违章建筑1项。

【城市规划研究】 充分发挥同济大学葫芦岛市城市空间发展研究中心作用，有效地指导了城市重点区域、重要地段的规划建设，尤其是对龙湾商务中心区的规划、绥中滨海经济区、兴城临海产业园区等城市设计。成功地组织了以“扮靓城市色彩、打造宜居滨城”的中国（葫芦岛）城市色彩规划高峰论坛。于10月31日组织并通过了葫芦岛市城乡风貌规划的评审。将市区内建筑分为五类色彩控制区，并提出相应的色彩带规划控制守则。现已纳入各类规划的法定图则中。城乡风貌规划工作走在了全省乃至全国的前列，人民日报、经济日报，中国建设报、中央人民广播电台等国家级新闻媒体对论坛及本市城市风貌规划成果进行了报道，提升了葫芦岛市的知名度，树立了形象。

【城建档案和测绘管理】 认真执行《葫芦岛市城市建设档案管理办法》，签订竣工档案责任书34份，核发初验合格证87份，整理各类档案764卷。完成了葫芦岛市控制网改造、北港工业园区、棚户区和新农村建设的地形图补测和放线任务，放验线134件，补测地形图134件计200万平方米。启动了GPS卫星定位动态测绘系统。在全省控制点普查工作中，有3人获得普查工作先进个人，测绘院获得先进集体称号。

（徐立军）

城市建设投资融资

【概况】 2009年，市城建投资有限公司围绕市委、市政府中心工作，坚持融资与经营并重，加强对本市“一线七区”重点发展区域和重点项目的融资服务，各项工作取得好成绩。

【融资工作取得较好成效】 按照市委、市政府的部署，2009年市城投公司承担龙湾海滨中央商务区、兴城临海产业区、绥中滨海经济区、市高新技术园区和青山水库4个重点区域和一个重点项目的开发银行政策性贷款融资任务。其中：龙湾海滨中央商务区3亿元，兴城临海产业区和绥中滨海经济区各2亿元，高新技术园区1.5亿元，青山水库10亿元，总计18.5亿元。经过积极努力均取得较好成果。一是龙湾海滨中央商务区3亿元借款合同签订，当年到位资金2亿元。二是兴城临海产业区、绥中滨海经济区各2亿元贷款，当年申报，当年获批。三是高新技术园区的贷款材料除土地批件没有完成外，可研、环评、规划已经完成。四是青山水库项目计划总投资29.47亿元，开发银行已经出具了《贷款承诺函》，承诺额度为10亿元。

【签约项目贷款资金到位情况良好】 2009年，市城投公司除了承担上述4个重点区域和一个重点项目新的融资工作外，还承担着“五点一线”重点发展区域已经签约的开发银行贷款项目资金的申请和拨付工作。其中，根据北港工业区建设需要，申请拨付到位4.51亿元；根据船舶配套园区建设需要，申请拨付到位1.95亿元；根据打渔山工业区建设需要和可用资金额度，申请拨付到位0.5亿元。总计到位开发银行贷款资金6.96亿元，贷款资金按需到位率达到100%。有效地促进了上述重点区域的建设和发展。

【转企后的经营工作扎实有效开展】 2009年9月份市城投公司彻底转为企业。在着力抓好政府项目融资工作的同时，市城投公司积极开展经营工作，拓展收入来源，取得了初步成效。一是新设立的恒泰热力公司经营工作步入正轨。恒泰热力有限公司是市城投公司全资子公司，注册资本100万元，负责热源厂的经营和管理。成立之后狠抓经营和管理，严格控制成本支出，管理和经营步入正轨。二是合资企业股权经营项目取得新进展。与新奥燃气公司合资的两个股权项目通过加强资产监督管理，保证了国有资产的安全和股权收益及时分配到户。与北京国信公司合作开发的地下管网经营项目，2009年分别与绥中滨海经济区、龙湾海滨中央商务区和龙港区交通局签订了建设经营合同，取得了经营权。全年地下管网建设达到80千米，取得较大进展。

【公司转制后的社保理顺工作圆满结束】 为了最大限度减少公司转企给职工造成的损失，保障职工的各项权益，公司高度重视转企后的职工社保工作。2009年12月份，公司所有职工的养老保险、医疗保险、失业保险、工伤保险和住房公积金关系全部理顺，养老保险补缴结束。从2010年1月1日起，公司所有员工的社保均可以正常办理。

【机关管理和建设取得新成效】 公司开展了健康机关建设，为职工进行了体检，出资购买了服装和体育器材。扎实开展了学习实践科学发展观活动。党员干部走进千家万户活动圆满结束，职工个人捐款6 800万元，单位支出3 090万元，年末扶贫济困职工捐款6 850元。

（王景田）

环境保护

综　　述

2009 年全市环境保护工作紧紧围绕市委三届十次全会的工作部署，全力推进重大项目落地，加大饮用水源保护力度，严格建设项目审批管理，持续开展整治违法排污行为专项行动。在污染减排、环境空气质量改善、固体废物安全处置和放射源管理等方面，取得了长足的进步，为全市经济快速发展和社会和谐稳定做出了积极贡献。

环境综治

【全市环保恳谈会】 2 月 18 日，市环保局召开了全市推进重大项目环评审批工作恳谈会。王志兴局长提出，全市环保工作的重点将以污染减排为中心调整为以推进重大项目落地为中心，坚持依法推进，合理变通，有破有立，服务大局，以科学发展观为基础，全力推进重大项目通过环评审批，促进葫芦岛经济又好又快发展。会议听取了各与会单位重大项目实施情况，以及对环评工作提出的建议和意见。副市长刘宁绥对此次恳谈会给予了充分肯定，并就如何做好环评审批，推进重大项目落地提出了以下要求：一是开辟“绿色通道”，规范审批程序，缩短时间，减少审批环节；二是提倡政务公开实行阳光操作；三是把环评和“三同时”作为一个系统工程来抓；四是坚持以人为本，维护人民群众的环境权益；五是强化优质服务，依法审批。

【污染减排工作】 2009 年，推进了重点项目工程，淘汰和关闭了一批落后生产工艺和设备，完成了 30 项总量减排项目，全年减排二氧化硫 15 256 吨，减排化学需氧量 966 吨，与 2005 年相比，化学需氧量和二氧化硫排放量分别下降了 9. 3%和 23. 2%，二氧化硫提前一年完成了“十一五”减排目标。全市环境空气质量持续好转，城区环境空气质量优良天数达到 350 天，达标率 95. 9%，高出全省平均值 2 个百分点。近岸海域功能区水质达标率 100%，地表水质量明显提高。

【项目监管工作】 积极推进项目环评服务工作，对符合产业政策、科技含量高、污染少、能耗低的项目尽量压缩环评审批时间，提高环评审批效率，开辟环评审批绿色通道，为全市经济振兴创造良好的条件。严格项目监管工作，认真执行“三同时”制度，提高项目准入门槛，严控“两高一资”项目的审批，从源头上杜绝了规划不科学、选址不合理项目的产生。积极推进重大项目落地，提前介入，及早规避矛盾，主管领导和分管领导多次赴省进京协调沟通，累积起来达到四个月，12 月 29 日，青山水库项目通过环保部的环评验收。

【农村环保工作】 组织开展了全市畜禽养殖调查工作，开展了畜禽养殖示范工程项目建设，争取国家和省级补助资金 119 万元，自筹 180 万元。在建昌县马家店村建设了一套养猪污水一体化处理设施。有效地解决了畜禽养殖污染问题。在建昌县灰窑子村建立了占地 200 平方米、集厌氧池、发酵池、管网、湿地于一体的人工湿地，该湿地的建成彻底地解决了该村生活污水的处理问题。本市利用中央农村环保专项资金对建昌县马家店村、兴城市上长茂村进行了环境综合整治，经过整治，进一步优化了人居环境。采用国内外最新技术手段和研究方法，开展了农村土壤污染的调查和研究工作，建立了葫芦岛市土壤环境质量调查数据库，填补了本市土壤环境监管工作的技术空白。创建了 6 个有机绿色食品基地。开展了环境优美村镇的创建工作，建昌县喇嘛洞镇被评为省环境优美乡镇，钢屯镇下兰家沟村等 7 个村被评为省环境优美村。

【生态保护工作】 积极开展了“环保攻坚惠民”实践活动，确定了菊花岛乡、北港街道笊笠村、建昌县石佛乡灰窑子村等13 家单位为葫芦岛市第二批“环保攻坚惠民”实践活动试点村、镇。8 月 8 日，在市环保局召开了《葫芦岛生态市建设规划大纲》论证会，市政府副秘书长郑守义出席了会议。

【环境质量监测工作】 完成了市区 4 个自动监测站污染因子的自动监测工作，环境空气优良天数达 350 天，达标率 95. 9%，二氧化硫浓度较去年同期（0. 044 mg/m^3）下降了 11. 4%，可吸入颗粒物浓度较去年同期（0. 076 mg/m^3）上升了 22. 4%。完成了女儿河、六股河、大凌河、兴城河、五里河、茨山河枯、丰、平 3 个水期 31 项因子的监测。六股河水质基本达到地表水 II 类标准。完成了平山水源 27 项因子的 12 次监测工作，各项监测因子均达到了III类标准，水质与上年同期相当。较上年同期相比：

女儿河水质有所好转，其他河流水质无明显变化。近岸海域水质良好，无单项超标因子，枯、平水期各类功能区均达标，达标率 100%。经过监测，4 个功能区噪声昼间、夜间均达标，市区内的声环境质量良好，区域环境噪声平均等效声级为 55.8dB(A)，各功能区平均等效声级分别达到各类功能区标准。

【污染源普查工作】 自 2007 年 8 月开展全国污染源普查工作以来，在省普查办的指导和帮助下，市污染源普查领导小组办公室顺利完成全市污染源的普查工作。通过开展全国污染源普查工作，全面掌握了工业源、生活源、集中式污染治理设施、农业源的现状，摸清了主要污染物产生量、排放量，建立了污染源信息数据库。市环保局编写的《辽宁省葫芦岛市第一次全国污染源普查》荣获市科技进步一等奖。

【机关作风建设情况】 重点加强了机关素质能力建设和党风廉政建设。一是继续开展机关及事业单位科以上干部结合岗位分工每人为全局授课活动。二是结合健康机关建设组织了第三届全市环保系统乒乓球比赛，参加了由省环保厅组织的首届排球比赛，市环保局获得了全省环保系统女子组第三名，男子组第四名的佳绩。三是结合建国 60 周年、建市 20 周年组织全局 180 人员参加的大合唱比赛，获优秀组织奖。四是党风廉政建设稳步推进，经过市委目标责任制检查组考核，市环保局党组被评为党风廉政目标责任制先进单位。

【环境影响评价工作】 完成了葫芦岛市近岸海域功能区划调整方案工作。对农村典型乡镇水源饮用水环境现状进行了实地调查，在此基础上，完成了葫芦岛市地表饮用水源地保护规划课编制工作，市环境科研所编制的《葫芦岛市地表饮用水源地保护规划》荣获市科学技术进步一等奖。开展了北港工业园区危废处理项目、建昌造纸厂技改项目、汇泉低品位多金属矿处理及南票污水厂项目的工程环境监理工作。2009 年 7 月，市环境科研所向省环保厅申报化工石化环评资质报告，得到了国家环保部的批准。2009 年，市环境科研所共编制环评报告书 40 项，报告表 26 项，为全市建设项目的环评审批打下了坚实的基础。

环境监察

【环境应急工作】 修改完善了葫芦岛市《突发环境事件应急预案》，并印发到各县（市）区、开发区环保局和市属以上各企业。同时指导各级做好各自预案的修改完善工作，及时调整补充了应急指挥机构。指导各县（市）区环保局和开发区环保局做好突发环境事件应急预案的演练工作，严格规范环境应急事件的报告制度。完成了应对突发环境事件环境风险隐患本底调查工作，建立了风险防范档案，掌握企业风险源种类、数量、防范措施、应急预案及物质等的具体情况，为预防环境突发事件打下了良好基础。

【环境信访工作】 开展了信访攻坚惠民百日百案活动和环境信访积案化解年活动，切实解决涉及群众切身利益的热点问题，组织落实了环境信访维稳工作，对信访苗头做到早发现、早部署、早化解。坚持信访案件预防和处理相结合。在加强环境监管的同时，最大限度减少信访案件重访率。并按照后督察工作原则，确保各项措施落到实处。全年涉及本市百日百案活动的 7 个重点案件，民心网反映的噪声扰民案件、行风面对面 5 个案件都得到了有效处理。2009 年市本级共接待环境信访 114 件，处理率 100%，结案率 98%。通过强化环境监管工作，信访案件同比下降了 35%，实现了信访案件负增长。

【环境质量监察】 为了改善海洋生态质量，2009 年 8 月，市环保局对年产污水 100 吨/年的企业进行了联合执法检查，在检查的企业中，渤海造船厂、绥中电厂、绥中 36-1 油田工业生产的废水稳定达标排放。

【排污收费工作】 开展了葫芦锌厂、锦化化工集团、绥中发电厂等 11 家市属重点排污企业排污费核定工作。按照法定程序，本着依法、全面、足额征收的原则，全面开展排污费征收工作。强化了排污费清欠工作，对拒缴排污费的供暖企业进行了立案处罚。强化了对县区工作的监督考核，及时向各县区下达了 2009 年排污费征收计划。向县区转发了省厅关于开展全省排污费稽查工作的通知，全年排污收费工作保持了良好的势头。

污染治理

【固体危险废物管理工作】 完善了危险废物行政审批工作，加强了对固体危废的管理，严把危险废物转移联单审批关，做到了受理规范化、办事程序化、审批制度化，全年共办理各类危险废物联单 84 次，总计 40 280.7 吨，其中转移外省 50.7 吨。对 4 家重点产废企业、10 家有资质处废企业的危险废物运输车辆安装了 GPS 全程监控系统。组织开展了危险废物及持久性有机污染物更新调查工作。会同公安部门对全市废弃危险化学品和放射源进行了安全检查，共妥散处置了废弃危险化学品 10.9 吨、剧毒品 3.5 公斤，及时消除了环境隐患。会同市卫生局、市技监局、市消防局等部门对全市医疗废物处置情况进行了全方位的检查。完成了医疗废物焚烧处置点的选址、筹建工作，这座投资 1 322.96 万元、日处置医疗垃圾 5 吨的项目建成后，将极大提高全市的医疗垃圾处置水平。开展了固体危险废物申报工作，上报医疗废物 302.47 吨、工业固体危险废物 168.12 万吨。

【放射源管理工作】 建立了放射源管理系统。承办了2009年省第十期辐射安全与防护培训班工作，对全市放射源使用单位及射线装置单位的从业人员进行了岗位培训，410人取得了辐射工作人员培训合格证，30人取得了国家级培训合格证。对全市33枚放射源进行了强制收贮，18家企业均取得了辐射安全许可证。开展了射线装置取证材料的初审工作，38家企业射线装置材料已上报省厅核安全局。

【污水处理厂建设工作】 按照省市长责任状要求，全市投入2.92亿元，完成了6座污水处理厂和一个污水收集管网工程的建设任务，截至2009年底，有4座污水处理厂已投入试运行，另2座污水处理厂已完成主体工程建设。工程全部建成后，日收集处理污水约为13.3万吨，将极大地提高本市的污水处理能力。

【机动车排气污染防治工作】 2009年检验机动车尾气15 000辆，核发机动车环保合格标志13 500套。为1 790辆新注册机动车办理了排污申报登记。完成了建国60年大庆期间进京车辆尾气检测和进京合格标志发放工作，检测尾气659辆，核发进京合格标志634套。全年共抽检机动车3 100辆，对1 400辆尾气逾期未检和超标车辆，进行了限期整治。处罚尾气拒检、超标车103辆。实行机动车环保检验合格标志管理，严格执行黄绿标志核发标准，严格核定每辆车的尾气排放状况。完成了全市机动车污染源普查。全市现机动车保有量已达到218 770辆。

专项整治

【环境案件督察工作】 2009年11月，市环保局联合市公安局、市电力公司等部门对43个企业进行了现场检查，对各县（市）区案件处理不到位的列为挂牌督办案件，并对企业进行了严肃查处。

【国庆安保工作】 为了营造建国60周年、建市20周年喜庆氛围，市环保局在8月份、9月份、10月份共出动环境执法人员3 500余人次，车辆1 200余台次，检查企业2 000余家次，共排查出隐患23个，及时制止违法行为30余起，依法对4家企业实施了行政处罚，对3家企业进行了责令整改，及时处置了废弃危险化学品11吨。

【水源保护专项整治工作】 强化了水源保护工作。一是组织了各县区环保局对水源流域内企业开展全面摸排，建立了管理档案。二是开展了大规模的监督稽查。先后重点检查了70余家企业，对乌金塘水库周边企业加大了检查频次，按照专项行动方案要求，对存在问题的数家企业进行了立案处罚。三是对违法排污企业开展了联合执法检查。会同公安、电力、安监、监察等部门，开展了联合执法活动，对非法选矿企业厂房和设备进行了强制拆除。进一步巩固了水源保护成果。

【噪声整治工作】 重点组织开展了中、高考期间噪声专项整治行动，在全市实施静音工程。对城区内建筑施工场地和产生噪声的工业、企业、铝合金加工网点等进行了全面排查。对群众反映强烈的区域开展重点检查，杜绝了夜间违法施工行为，同时组织连山区、龙港区环保局对娱乐场所进行了全面检查，在监测部门的协同下，检查连山区娱乐场所90家，龙港区娱乐场所80家，对噪声超标的13家娱乐场所下达了限期整改。

【禁磷工作】 强化禁磷检查，巩固检查成果，市环保局组织有关人员重点对市区内重点商场、市场开展禁磷检查，经检查，本市目前销售的都为立白、雕牌等名牌产品且产品上均有无磷标志。

【重金属污染专项整治】 加强了重金属污染企业的环境监管，在全市范围内开展了钢铁和重金属污染企业专项整治。成立了由刘宁绥副市长任组长的专项行动领导小组，召开了有专项行动成员单位、县区主管领导及县区环保局局长参加的全市专项行动动员大会，对专项整治进行了全面的安排部署。深入开展重金属污染企业专项检查工作，全面排查了涉铅、镉、汞、铬和类金属砷企业，摸清企业重金属污染物排放情况，严肃查处企业违法建设、超标排放等违法行为，遏制了重金属污染事件频发的势头，努力改善了环境质量，确保了社会稳定。

宣传教育

【宣传报道工作】 以全力推进重大项目建设、扎实推进污染减排、强化饮用水源及农村环境保护、着力解决危害群众健康、影响可持续发展的突出环境问题等工作为宣传重点，借助新闻媒体这个平台，广泛开展宣传报道。截止到11月底，在各级媒体上发表宣传报道169条，其中：《中国环境报》3篇、《辽宁日报》13篇、《葫芦岛日报》80篇、《葫芦岛晚报》14篇、葫芦岛电台98篇、葫芦岛电视台35篇。

【6·5世界环境宣传日】 以“6·5”世界环境宣传日为契机，开展多种形式的宣传教育活动，不断增强全市人民的环境保护意识。围绕“减少污染，行动起来”这个主题，组织开展了形式多样的环境宣传教育活动。6月5日，与市妇联、团市委、连山区环保局联合，在连山区政府广场举办了主题为“减少污染，行动起来”的大型宣传活动，50多名环保自愿者和连山区环保局的30多名干部，向行人发放环保宣传单2 000份、宣传品2 000个、利用旧衣服自制的环保购物袋2 000个，“6·5”期间，

市环保局与市妇联联合，在全市开展了“百户绿色家庭”创评与环保购物布袋子比赛活动，全市2 000多户绿色家庭参加了此项活动，制作购物布袋子3 000多个。

【绿色系列创建工作】 完成省级绿色社区和绿色学校的推荐上报工作。绥中文化社区、兴城建海社区2个社区被评为辽宁省绿色社区；绥中县第一初级中学、绥中实验小学、兴城刘台子满族乡中心小学、建昌县凌东高级中学、建昌县第一初级中学等5所学校获得省级绿色学校表彰。完成市级绿色创建活动的考评和表彰命名工作。绿色学校21所，绿色社区5个，绿色机关8个，绿色酒店1个，绿色家庭标兵户10户，绿色家庭76户均通过了考核验收。市环保局宣教中心获得辽宁省绿色社区创建活动优秀组织单位，和市绿色创建优秀组织单位。

【环境宣传教育工作】 围绕大气环境与健康内容，组织开展了“中国环境与健康宣传周”活动。2009年5月31日，在绥中县利伟高中开展了“大气与环境健康”知识讲座。全校3 000多名师生参加此次讲座。市环保局除采取课堂授课、专题讲座等形式外，还制作了宣传板摆放在校园，悬挂环保宣传标语，散发环保宣传单，营造良好的氛围。3月28日组织各县市区环保局开展“地球一小时”活动。配合市人大完成了中华环保世纪行宣传采访活动。在市实验二小，举办了主题为“减少污染，行动起来，倡导低碳生活方式”的全市中小学生演讲比赛，全市有近百所学校参加了此项活动，收到了良好的宣传教育效果。

（曹邦伟）

交　通

铁路运输

【概况】 2008 年，葫芦岛火车站各级党组织及广大干部职工围绕安全生产、运输经营、信访稳定等工作目标，团结一心，扎实苦干，顺利完成全年各项工作任务。葫芦岛站日均接发列车 136 列，其中旅客列车 54 列，葫芦岛站现员 505 人，专业技术人员 35 人，下设运转车间、货运车间、客运车间。

【安全管理】 全站紧紧围绕路局、车务段关于开展安全大检查、安全专项整治活动的各项安排及要求，结合实际，扎实、深入地开展了安全大检查和安全专项整治活动。各有关部门坚持突出规范管理、强基达标，按照车站统一部署，围绕具体整治目标，针对宾至如归全突出薄弱环节和隐患问题，坚持下大力气规范安全管理机制，严格作业标准的落实，提高自管设备质量，改善工作职场环境，稳步强化安全基础工作。特别是结合突出问题，组织干部职工举一反三，深入剖析原因，认真吸取教训；按照有关规定及要求，完善了各项控制和防范措施；突出重点，规范和强化了车辆防溜、货物装载、危货运输等 安全管理工作；进一步细化了不良天气、施工封锁等非正常情况下安全行车的保证措施。使车站的安全工作稳步保持在有序、可控的规范化发展轨道，安全形势日趋稳定。截至 12 月 31 日，车站实现无人身责任死亡事故 8 343 天，无人身重伤事故 10 052 天，无货运一般事故 6 784 天，无货运重大、大事故 21 663 天。

【运输生产】 由于经济危机的巨大冲击和影响，加上周边企业经济持续低迷，全站的客货收入大幅下降。面对这种严峻形势，车站领导思想认真高度统一，认真落实责任包保，全力组织抓落实。车站及时制定了切合实际的增运增收目标，并针对影响运输生产的关键难点问题及时制定或调整相应对策。各有关部门积极加大市场营销力度，千方百计克服各种困难，大力组织挖潜提效。全站干部职工不断强化大局观念和风险共担意识。货运干部职工坚持深入企业积极走访开展营销活动，了解企业经营状况，掌握货源变化情况，积极寻求新的货源增长点。客运干部职工坚持依靠优质服务抢占市场，主动上门办理售票和行包托运业务，并抓住春、署运等有利时机，努力增强客运收入。经全站共同努力，全年装车完成 49 316 车，日均装车完成 135 车，全年卸车完成 37 136 车，日均卸车完成 101 车，发送吨累计完成 246.2 万吨，日均发送 6 728 吨，运输收入累计完成 24 838.8 万元，日均运输收入 67.9 万元，完成年计划的 106.6%，较上年增收 2 070.7 万元。

（张　健）

公路运输

【概况】 2008 年，在市委、市政府和省交通厅的正确领导、支持下，市交通局坚持以科学发展观为统领，以滨海公路和村通油路建设为重心，不断加强交通基础设施建设和道路运输管理，大力推进行业文明建设，较好地完成了年度各项目标任务，为本市提前完成“十一五”建设目标奠定了良好基础。2008 年，全市累计完成交通基础设施建设投资 14.13 亿元。滨海公路主线全长 173.5 千米，按照“十一五”《规划纲要》要求，本市将于 2010 年完成建设任务。2008 年 5 月，省委、省政府提出，要在 2009 年 10 月 1 日前确保滨海公路全线竣工通车。在市委、市政府和省交通厅的高度重视、支持下，经过沿线各级政府和各级交通部门的艰苦努力，全线路基工程已基本完成；完成黑色路面 40 千米，占总里程的 23%；桥梁工程完成 6 422 米/92 座，占总量的 67%；绿化景观试验段工程全长 18 千米，已完成 16.2 千米，占总里程的 90%。完成投资 10.3 亿元，占总投资的 43.3%。村通油路工程是社会主义新农村建设的重点，也是“十一五”规划中确定的重要建设任务。2008 年，本市计划完成 200 千米路面工程，解决 54 个行政村通油路（水泥路）。全年实际完成路面工程 443.5 千米、按计划超额完成 122%，解决了 137 个行政村通油路（水泥路），按计划超额完成 83 个村；并完成路基改造 310.7 千米，桥梁工程 2 504 米/89 座，过水路面 1 824 米/30 处；完成乡道大修 48.7 千米。公路大中修和养护管理投资 1.96 亿元，完成公路大中修路基改造 23.6 千米，为计划的 186%；路面工程 262.6 千米，为计划的 107.6%，桥梁 679.3 米/14 座，为计划的 139.6%，全市道路通行质量明显改善。公路养护水平不断提高，完成路基整修 3 225 千米，新开挖大边沟 38 千米，清理边沟 6 533 千米，整修路肩 2 906 千米，补修坑槽 9 073 平方米，完成公路绿化 71 千米，中修工程 50.8 千米；对全市所辖干线公路村外道口实施规范化治理，完成道口标注预制7 408根，铺设过道盖板2 246块。路政管理工作以综合治理为载体，以控制区管理为重点，共拆除违建10处、897平方米，制止违建21处、1 869平方米；清理占路摊点589个；拆除牌幌486个；规范道口129处；全市发生路产案件119起，破案率、结案率均为100%。超限治理工作继续保持高压态势，全市共监测车辆35 208台，查处超限货车532台，卸载货物1 784吨，罚款78万元，超限运输现象得到有效遏制。2008年，本市计划完成公路通行费征收2 440万元，实际完成2 696.6万元，为年计划的110.5%，比2007年增收480.3万元。圆满完成春运、黄金周和节假日旅客运输任务；全市运管规费征收完成2 715万元；客运量完成4 980万人次，货运量完成3 300万吨。认真落实奥运反恐安保和运输保障工作部署，出动人员2 400余人次，车辆240余台次，完成车辆安全例检25 676台次，处置突发事件2起，收缴并销毁危险品485件，圆满完成各项任务。大力实施运力结构调整，共更新中高级客车76台，新增旅游包车7台。加强客运网络建设，新开通两条省际长途线路（葫芦岛—哈尔滨、葫芦岛—太原）。客运集约化经营稳步推进，完成建昌至杨树湾线路的集约化经营，全市集约化线路已达54条。货运业迅猛发展，全市新增货车2 900余台，超额完成年度计划。农村客运发展再上新台阶，完成荒地、缸窑岭、宽邦子3个乡镇客运站建设；发展和延伸农村客运线路18条，本市通公路的行政村通车率达100%。启动实施了农村区域公交试点工作，使农民真正享受城市居民生活，出行更加安全、便捷。出租车行业健康稳定发展，全年更新出租车550台，为车主免费发放服务卡3 000余本、坐垫套2 000余套，免费安装顶灯2 400个。处理出租车服务投诉75件，投诉回复满意率达100%。年内评出“好的哥、好的姐”15名。大力开展“严厉打击非法经营行为、维护客运市场秩序专项治理”工作，共查处违法营运车辆130台，查扣证件46本，行政拘留5人，刑事拘留1人，逮捕1人，出租车市场“黑车”非法经营和异地经营现象得到有效遏制。整顿汽车维修市场，对占用公共场地修车行为进行清理，向16家维修企业下发了整改通知，取缔了8家维修企业。投资10余万元增设二级维护远程监控平台，杜绝了只收费不维护现象，全年评定车辆技术等级5 800台，抽检二级维护车辆1 493台。狠抓从业人员培训，驾驶员全面实行计时操作培训，全年培训各类从业人员6 500人，信誉考核52 000人，培训各类驾驶员约10 000人，换发新版从业资格证5.2万本。地方铁路监管、服务能力增强，全市地方铁路行业325名特种人员首次实现统一培训、持证上岗。全年完成货运量1 054.2万吨，货运周转量4.98万吨/千米。更换灰枕3 200根、道岔110组，大修线路16.5千米，中修线路116.2千米，补充道碴5 000立方米，刷新、更换道口标志210块，大修内燃机16台、客车3台。依法行政工作不断深入。共开展全市范围的交通执法大检查2次；大力实施政务公开，积极开展网上行政许可办理；完成交通执法人员行政执法培训540人次；清理违规交通执法车辆15台。采取联合稽查、分散行动、异地稽查、源头稽查相结合的工作方式，全市共查处道路运输违章案件22 438起，罚款1 513万元。工程总体质量明显提高。成立了交通工程质量安全稽查大队，积极推行公路、水运建设市场信用评价制度，落实监管部门责任，充分发挥监理作用。全年质监部门共开展工程质量综合大检查4次，专项检查18次。着重把增加科技投入、加大科技含量作为提升工程质量的重要手段，筹集资金200余万元，配备了落锤式弯沉仪、雷达测厚等设备，更新改造了100吨万能材料试验机。工程建设注重推广应用新技术、新工艺和新材料，在部分路段大修中，应用了基层冷再生施工技术、面层橡胶沥青砼技术，经对比测试，工程质量明显提高。全市304台中级以上客车全部安装了行车记录仪；实施病、险桥改造339.4米/6座，维修河底铺砌7 369平方米、锥坡105平方米、翼墙214立方米；补充和增设道路交通标志39套；交通安全生产实现重特大事故为零，被市政府评为全市“安全生产工作先进单位”。2008年，本市正式启动了交通史志的创修和《葫芦岛2010年-2030年交通综合发展规划》编制工作。认真开展创建“人民满意机关”等活动，大力推进民主集中制建设、作风建设和基层组织、党员队伍建设，各级班子凝聚力和战斗力进一步增强。坚持不懈地开展党风廉政建设，围绕交通基础设施建设的重点部位和环节，强化廉政监督力度，有效预防了腐败现象的发生。各级交通部门坚持以改进机关作风、树立窗口形象为重点，加强行业作风建设。机关各科室充分发挥职能作用，转变工作作风，不断提高办事效率和服务水平，为完成年度中心任务提供了强有力的组织保障和思想保障。2008年，交通系统克服了诸多矛盾和困难，圆满完成了各项工作任务，并取得了可喜成绩：本市连续4年被评为全省公路文明市（其中2006年、2007年名列全省第一）；市交通局被评为全市目标责任制优秀单位和双拥工作模范单位；有两家基层单位被评为全省交通系统建功立业先进集体；兴城客运站被评为省级文明服务示范窗口单位；系统内有1人被评为全国交通执法先进工作者。在全市“最佳实事”评比中，两座“民心桥”通过验收、为滨海公路绿化景观带工程争取建设资金和奥运安保3项工作被评为“最佳实事”。

【春运工作圆满完成】　2008年春运工作从1月31日开始至3月2日结束，为期40天，按照市政府和省交通厅的要求，市交通部门周密部署、狠抓监管，在各相关部门的大力配合下，春运工作实现了“安全、优质、畅通、有序”的工作目标。春运期间本市日均投放运力1 168辆，加班车242台，包车620台，累计发送班次123 047个，发送旅客301.9万人次，累计客运周转量13 692万人千米。

【开展清理违规减免车辆通行费工作】　为进一步落实国务院、省政府关于开展清理违规减免车辆通行费工作的通知精神，解决本市特权车和人情车逃费问题，严肃收费纪律，规范收费秩序，维护社会公平，加速收费还贷任务的完成，从2008年3月15日起，在全市范围内长期开展清理违规减免车辆通行费工作，力争彻底杜绝特权车、人情车等违规减免车辆通行费现象，真正做到依法、规范征收公路车辆通行费。减免车辆通行费的政策范围：1、军队车辆免收通行费；2、武警部队车辆免收通行费；3、正在执行抢险救灾任务的救护车、消防车、抢险救援车辆免收通行费；4、公安机关在辖区内（以地级市为行政区划，以车牌号为依据）执行任务的制式警车免收普通公路通行费；5、运输跨区作业的联合收割机（包括插秧机）的车辆免收通行费；6、在国家和省确定的绿色通道上合法装载鲜活农产品的车辆减收通行费；7、普通公路收费站所在地（市、县）公路管理部门工作用车，凭《行车执照》免收普通公路通行费；8、警卫车辆所带车队在一般情况下提前与公路管理部门协调后，免收通行费；9、普通公路收费站所在地附近（行政村）农民农业生产用车，免收普通公路通行费。其它车辆实行月票制；10、副省级以上领导车辆仍采取现在的放行方式，年底根据车辆累计通行的费用统一划结；11、本市副市级以上地方领导的车辆继续采取放行方式，可在年底统一划结车辆通行费；12、各县（市）区副县级以上地方领导干部的车辆在本辖区内公路收费站经过可采取放行方式，定期统一划结车辆通行费。清理工作重点和范围：1、特权车；2、人情车；3、使用假警用标识、假牌照的车辆；4、使用假警官证、假交通证件或其他假证件通行的；5、辱骂和殴打收费工作人员的；6、破坏收费站设施的；7、恶意闯杆逃费车辆。

【改善民生办八件大事】 第一件：强化公路建设与改造，提高城乡道路通行质量滨海公路工程力争169.2千米路基建设全线完成，黑色路面完成50千米，中小桥争取全部完成，特大桥及大桥完成50%；干线公路改造计划完成黑色路面工程244千米，桥梁工程489.1米/6座；拟安排公路绿化工程25千米，完成病、险桥改造1 256米/12座，补充和完善道路交通标志52千米/81处；着力抓好公路附属工程建设与路域环境的综合整治，提升道路通行效率和城市对外形象，为市民提供更安全、更畅通、更环保、更优质的出行环境。第二件：解决54个行政村通油路，加快新农村建设步伐继续保持农村公路快速发展的良好势头，千方百计筹措建设资金，坚持建设标准不动摇，狠抓工程质量不放松，让农民群众早日告别行路难；计划完成200千米路面工程，解决54个行政村通油路（水泥路），预计投资6 115万元；加大农村公路养护管理力度，增加道路养护科技投入，实现精细化设计、施工和管理，让农民走上“放心路”。第三件：继续发展壮大货运业，促进社会就业增收 截至2007年底，全市共有个体货运车辆11 806台，就业人员约6万人，年营业收入7.08亿元；2008年，全市计划新增货车2 000台，增加就业人员约1万人，年营业收入增加1.08亿元，增加税收约690万元；全市约有7万户家庭依靠发展道路运输业进入小康，货运行业已成为本市经济增长的一项重要支柱产业，今后仍是交通系统重点发展的产业。第四件：拓展城际客运网络，提高城市知名度2008年，本市力争新开通城际客运线路10～20条，500千米半径以内的大中城市将主要依靠公路运输衔接；全市日发送旅客量将由目前的22 000人次，增加到25 000人次左右，全年旅客运输量约增加109.5万人；引导更新高档新型客车，提高中、高级环保型、节能型客车比例，提高客运服务水平。第五件：加快农村客运发展步伐，改善农民出行条件2008年计划完成杨家杖子三级客运站建设和虹螺岘、东辛庄、荒地、王宝、宽帮子5个乡镇客运站建设；重点延伸和新开通农村客运线路18条，加快农村客运的公交化步伐，力争在三个乡镇试开通“环乡小公交”，让村屯百姓出行更便捷，努力构建与城市公共客运网相衔接的农村客运网络；积极争取发展农村客运的优惠政策，使农民出行次数由2007年的人均15次，提高到人均19次。第六件：规范公路客运市场，提高文明服务水平加快运力结构调整，扎实推进客运集约化，加强客运市场监管，严厉查处不良服务、欺诈旅客及非法营运等违规、违法行为；力争市区出租车全部使用统一标志，加强车容车貌管理，不断提高司乘人员服务质量；配合物价部门争取早日完成运价调整，市区内2 500辆出租车全部实行计价收费，出租车收费更加科学合理，减少乘客乘坐出租车发生的矛盾纠纷，使出租车成为展现本市风貌的流动窗口。第七件：抓好从业人员培训工作，增加驾驶员就业几率按照条例和教学大纲要求，实行计时操作培训，监管好驾校的教学和管理工作，培训营业性客货车驾驶员7.1万人，扩大就业人员和就业门路；在2007年4 000名驾驶人员就业的基础上，2008年就业人数力争实现5 000人，继续为创建和谐社会、小康社会作贡献。第八件：强化维修市场监管，促进维修行业规范化对未经批准，不按规定修车的厂家，如马路修车、配件修车等进行专项整治；引导汽车维修市场注重节能减排，减少环境污染；培训维修人员500名，扩大就业门路，使汽车服务行业更加规范、便民，价格更低廉。

【整顿市区中巴车运营秩序】 市交通部门为迎接夏季旅游高峰的到来和北京奥运会的举行，针对目前本市市区中巴车运营秩序存在的问题进行专项整治。一是召开两次一路中巴车经营者及司乘人员共200多人次参加的职业教育培训会议，进行强化服务意识、服务技能、职业道德、行车安全常识的教育；二是对一路中巴车的车容、车貌进行了规范。用一周的时间进行自检自查、自行维护修理、清洁车内外卫生。安排管理人员逐台车进行了检查，对4台不合格的车辆给予停业整顿的处理，整改合格后上线运营；三是市交通部门出资2 000余元为43台中巴车重新粘贴了营运标志、举报监督电话、“迎奥运、讲文明、树新风”的标语；四是市交通部门在龙湾海滨站点新配备了3名站务、调度人员，督促车辆进站按时、按序、签单发车，并安排专门管理人员，加大对违规行为的处理。通过整治，一路中巴车的服务质量有所提高，运营秩序进一步规范。

【为地震灾区捐款超过13万元】 四川省汶川县发生特大地震灾害后，市交通局系统广大干部职工在局党委的号召和带动下迅速动员起来，积极为灾区人民尽自己的一份力量，献一份爱心。市交通局党委对此项活动高度重视，张海平局长亲自组织部署，并召开了市交通局系统赈灾捐款动员会议，进一步统一了思想，提高了认识，明确了赈灾捐款活动具体要求。全局系统干部职工、离退休老干部积极踊跃参与赈灾捐款活动，截至5月15日，市交通局系统已筹集赈灾捐款13.079万元，并交由市红十字会送往灾区。5月16日，市交通局所属市长途客运总站将举行“葫芦岛——钢屯”线路车主赈灾捐款献爱心活动，该线路44台车业主决定将5月16日全天的营业收入捐献给灾区。

【高考期间组织500辆出租车免费接送考生】 高考期间，为给考生出行提供方便，市交通部门组织市区出租车开展免费接送考生活动。近年来，每逢高考、中考，市交通部门都组织出租车都免费接送考生，赢得了社会各界的称赞。为继续发扬出租客运行业为社会献爱心的优良传统，再塑行业新形象，在今年高考来临之前，市交通部门再次发出倡议，希望广大“的哥、的姐”再次为考生服务。共有500辆出租车报名参加免费接送考生活动。为确保免费接送考生活动顺利进行，市交通部门成立了领导小组，对参与这一活动的500辆出租车前风挡玻璃位置张贴“市区内免费接送考生”标识。成立了事务组，专门负责出租车拾到考生准考证等考试用品的处理，确保考生顺利考试。

【开展安全生产百日督查专项行动】 为全力做好奥运安保工作，结合“安全生产月”、安全百日督察、维护社会稳定等工作，市交通局于6月18日成立了由分管局长、纪委书记带队，局机关相关科室参与的“安全生产百日督查专项行动” 督查小组。分别对道路运输、安全畅通保障等领域进行长期督查，确保实现安全隐患、问题排查治理常态化，保证交通系统安全生产形势持续稳定。督查组先后来到市运输总公司、二运公司、市汽车客运总站等重点运输企业，分别对各企业修订完善相关应急预案、组织开展安保演习、加强危险化学品货物监管、维护社会稳定、履行安全责任制等情况进行了监督检查。督查组要求各单位要把做好奥运安保工作作为近段时期工作的首要任务，与“安全生产月”等活动紧密结合起来，主要领导要亲自研究部署，分管领导要深入一线检查，制定出切合本单位实际的实施方案，确保把专项行动抓细、抓实，抓出成效。要针对本行业、本单位的重点部位和关键环节，进一步落实企业的主体责任，明确工作重点，把责任分工落实到具体人，确保责任体系完整。通过不懈努力，进一步消除事故隐患，坚决防堵重特大事故，有效地提高了事故防控能力。

【向全市农村线路客车和出租车发放燃油补贴】 从6月25日起，市交通部门开始为全市出租车和农村线路客车发放燃油补贴，总补贴金额为3 877万元。全市4 159辆出租车总补贴金额2 842万元，1.6以上(含1.6)排气量的每辆补贴8 360元，其中1～5月份补贴3 875元，6～12月份补贴4 485元；1.6以下排气量的每辆补贴6 634元，其中1～5月份补贴3 075元，6～12月份补贴费3 559元。全市647辆农村客运班车总补贴金额664.8万元，每辆补贴10 275元。市区内219辆与城市公交并行的车辆总补贴金额为370.26万元，每辆补贴16 905元。

【圆满完成奥运安保任务】 经过半年多的努力奋战，全市交通系统圆满地完成了市委、市政府及省交通厅下达的奥运安保任务，交上了一份满意答卷。市交通局党委高度重视奥运反恐安保工作，严格落实市委、市政府及省厅反恐工作部署，全力确保奥运期间交通系统的安全稳定。交通局就成立了以局长张海平为组长，各副局长为副组长的反恐安保领导小组，制订了《全市交通系统奥运期间反恐安保工作方案》、《反恐怖袭击应急协同预案》。先后召开14次会议、组织现场办公6次、对重点部位进行暗访5次、组织督查组8次下到各县（市）区进行督导、召开3次奥运安保现场调度会。局党委书记、局长张海平同志在多次现场检查时要求，全系统职工干部要提高对奥运安保工作的认识，在思想和行动上都要进入战备状态，做到招之即来，来之能战，战之必胜。同时，市交通局采取“谁主管，谁负责”的工作原则，强化监督检查，完善反恐安保应急机制。做到了“六个严防”，即严防发生暴力恐怖袭击事件，严防发生敌对势力捣乱破坏，严防发生群死群伤安全生产事故，严防发生重大治安热点问题，严防发生大规模上访和群体性事件，严防发生影响北京主赛区安全的问题。奥运期间，市客运总站累计安全例检车辆11 535台次，在“三品”检查中收缴危险品345件。此外，市交通部门着力加强奥运期间反恐应急准备工作。切实提高交通部门应急响应能力，在6月21日、7月5日市政府有关部门组织的两次奥运安保交通应急演练中，交通部门响应迅速、组织周密、任务完成圆满出色。市交通系统广大干部职工以高度的责任感和使命感，用辛勤和汗水确保了本市交通部门奥运安全工作任务的圆满完成。向党和人民交上了一份满意的答卷。

【全市2008年农村公路建设任务全部完成】 2008年本市农村公路建设省预安排计划路基改造工程310.7千米，已全部完成，路面工程省预安排计划443.5千米/116条，实际完成469.4千米/141条(其中规划内路线超长实施83.2千米，规划外路线实施55.7千米/25条)，桥梁工程完成1 797.5米/70座，过水路面2 382米/31处，完成1 541米/19处。农村公路大修工程省预安排计划41.2千米，按计划全部完成。2007年结转路面工程28.8千米/4条，桥梁工程26.8米/2座，过水路面460米/2处，按计划全部完成。按照省农网建设会议的总体要求，剩余路面建设在2009年底全部完成，提前完成“十一五”农网规划，解决全市1 066个行政村通油路。

【本市开通农村区域公交车】 按照党的十七大统筹城乡经济发展、推进社会主义新农村建设的总体部署，年初以来，市交通局和市运管处的有关负责同志走村屯、访农户，围绕构建与城市客运网络相衔接的农村客运网络展开深入调研，了解广大农民在公交出行方面的期望和要求。为了支持绥中滨海经济区和绥中电厂二期工程两个具有牵动作用的重点项目建设，市交通部门决定把第一条农村区域公交试点线路定在绥中。交通部门遵循运营车辆不出镇域、停靠站点密集、环绕行政村运行的原则，经过几个月的紧张运作，这条区域公交线路目前已经规划完成。该线路由民营企业绥中滨海经济开发区新农客运有限公司负责运营，眼下公司已经购置了5台客运中巴车，司机和管理人员正在进行岗前培训。12月1日，正式通车。绥中县以前所为中心、22个村屯的10万农民，将享受到城里人的生活，可以在家门口乘坐区域公交车出行。为了积极推进农村区域公交工程，市交通局出台了多项扶持政策，还出资80万元建设了前所、九门口2个农村客运站。目前，站牌、站点正在制作和建设中。未来2、3年内，交通部门将把发展农村区域公交作为一项重点工作，在全市进行推广。届时，区域公交将惠及更多的农民群众。

（董万忠）

海洋运输

【概况】 截至2009年12月底，本市共有水运企业14家，其中经营国内普通货物运输2家，6艘散货船，总计12.64万载重吨；经营兴城至菊花岛水上旅游运输企业2家，8艘客船，1艘客滚船，普通货船2艘，总计3 750客位，4个车位；经营各旅游海滨快艇公司6家，快艇30艘，近岸观光船4艘；筹建期4家。水服企业总计27家，其中国际船代2家，筹建1家，国内船舶代理、货物代理24家。上年完成货运量175万吨，完成货运周转量263 832万吨千米，客运量16 6 771人，客运周转量433.6046万人千米。

（聂　峰）

邮　电

邮　政

【概况】 2009 年，是葫芦岛邮政进一步深化体制改革，保持快速、协调、健康发展，向现代化邮政企业迈进的关键一年。葫芦岛市邮政局下辖兴城、绥中、建昌 3 个县（市）局；内设职能机构 6 个：办公室、人力资源部、计划财务部、市场部、安全保卫部、工会。下设生产单位 8 个：函件广告分局、集邮公司、发行投递分局、电子商务分局、金融业务部、信息技术分局、分拣转运分局、营业分局。全市共有邮政局（所）107 个、邮政储蓄网点 78 个，邮路总长度（单程）1 033 千米；固定资产总值 1.11 亿元。服务面积 1.05 万平方千米，服务人口 278 万人。全部从业人员 1 059 人，其中在岗职工 446 人，劳务工 613 人。

2009 年，在省公司、葫芦岛市委、市政府的正确领导下，葫芦岛邮政坚持以经济效益为中心，积极创新工作方式方法，强化市场营销，深化企业改革，运行质量稳步提高，全面完成了省公司下达的预算指标。全年实现业务收入 12 535 万元，同比增长 21.83%；收支差额完成 1 357.35 万元，超额完成省公司下达的预算目标；全员劳动生产率达到 11.19 万元。

【邮政经营】 全市邮政部门紧紧围绕企业经营工作中心，不断改善服务，提高收入质量；改善业务结构，做大效益型业务，圆满完成了市局三届一次、三届二次职代会确定的各项目标任务，主要经营发展指标均居全省邮政中上游。针对速递物流类业务专业化经营，及时调整了经营思路，在确保金融类业务稳步发展的基础上，进一步加大了邮务类、速递物流类业务的发展力度。在业务发展中逐步调整结构，在结构调整中不断促进业务发展，努力实现了三大板块业务的协调健康快速发展。邮务类业务发展势头良好，实现收入 2 318.79 万元，同比增长 15.33%。函件业务实现收入 671.09 万元，同比增长 25.73%。联合团市委、市教育局成功开展了第五届“商业银行杯”中小学生书法大赛活动，制作专用邮资信封 5 万枚，采集学生名址 3 万多条，取得了良好的经济效益和社会效益，实现了函件业务又好又快发展。集邮业务实现收入 338.03 万元，同比增长 9.81%。制作了绥中滨海开发区专题折 200 册、建市 20 周年纪念册 1 500 本，为全市经济建设及建市 20 周年形象宣传作出了贡献。报刊发行业务实现收入 593.28 万元，同比增长 10.66%。认真抓好党报党刊收订工作，稳步切入“农村书屋”建设，全区先期建成“农村书屋”161 个。《辽沈晚报》、《特别关注》、《环球时报》等畅销类报刊和《参考消息》、《新华每日电讯》等新华社主要报刊的发行规模进一步扩大，巩固了邮发报刊的主渠道地位。电子商务业务实现收入 412.05 万元，同比增长 14.39%。在保持以往代收费业务稳步增长的基础上，成功推出了代售福利彩票业务、代售飞机票、火车票业务，进一步丰富了代办业务种类，方便了全区广大人民生活。速递物流类业务稳中有升，实现收入 1 226.21 万元，同比增长 23.07%。速递业务实现收入 1 055.21 万元，同比增长 19.77%。着力加大了国内同城及国内异地两项业务的发展力度；利用中速环球空运邮件在沈阳、大连直发的新渠道，着力拓展了国际速递业务；全区广大干部职工联动，深入开展了“思乡月”寄递活动，为广大市民传递了家人、亲友间的款款深情。物流业务实现收入 171 万元，同比增长 37.9%。中邮快货和农资分销正逐步成为全区物流业务新的增长点。进一步加强了中邮快货业务大客户的维护工作，注重对大客户进行走访和重点开发。加强了进口中邮快货业务的投递管理、信息反馈和代收货款收缴工作。国际包裹业务实现收入 22.31 万元，同比增长 10.72%。依托窗口的有效宣传和优质服务把国际包裹业务与 EMS、物流业务整合到一起，通过上门营销，进行了组合式宣传和开发。分销业务在政府强民、惠民政策支持下，以大肥、微肥销售为重点，酒水、日化产品配送为依托，全面支持全区服务三农建设。代理金融类业务发展态势平稳，实现收入 8 900.46 万元，同比增长 26.28%。储蓄余额达到 47.85 亿元，比上年同期累计净增 6.91 亿元；活期余额累计净增 2.74 亿元，活期比重达 38.20%。发放绿卡 16.8 万张，卡均余额达 1 455 元；代理保险实现规模保费 2.43 亿元，累计实现收入 535 万元；商易通共安装 510 户，沉淀余额 3 399.3 万元，户均 3.26 万元；理财业务累计完成 122 万元，基金累计销售 106.49 万元，基金赎回量累计为 79.30 万元，国债累计销售 1 176 万元，分别列全省中上水平。

【邮政服务】 通过开展优质服务月活动，积极推进我局服务示范窗口和标准化创建工作，邮政对外服务形象得以进一步改善。严格执行岗前培训制度，全面提高一线营投员工综合素质。加强了邮政服务投诉受理工作，进一步强化服务监督检查，继续执行“首问负责制”，设立了投诉电话和局长公开电话，同时召开了社会监督员座谈会和大客户座谈会，认真听取社会各界的意见和建议，主动接受社会监督。服务地方经济取得新进展，全面开展了中小企业用户走访和服务推介活动，有效拓展了服务领域。

【通信能力建设】 2009年全区邮政完成固定资产投资2 038万元。其中，购置局房8处、改造局所14处、购置相关生产车辆和办公设备。完成了兴城海口支局、绥中新兴路支局的购建及兴城古城支局、绥中塔山支局和新区办公大楼的装修改造等工作，进一步改善了办公环境和局所条件，基本达到了净化、美化、亮化的要求。

【企业管理】 进一步加强了财务管理。加强了成本费用管理，全区成本费用总支出10 451.9万元，同比下降2.8%。制定了成本费用管控目标及措施，建立了成本削减机制，进一步规范了成本管理，在增收节支、降本增效的同时，积极支撑各项业务发展。加强了固定资产管理，对县（市）局资产、闲置房屋等进行了重新清查核实。按照“效益优先、突出重点、资金平衡、促进发展”的原则，确定2009年投资方向和建设重点。加强了资金管理，从1月1日起正式实行了省市资金收支两条线，及时上划了省公司收入资金，实现了对资金的实时监控，同时对发票、业务材料用品用具领用、缴款等进行了检查，为职工工资发放和各项业务的开展提供了坚实保障。继续深化了预算、结算、核算“三算”工作。结合省市收支两条线做好资金管理，加强了财务管理系统应用工作，继续利用量收系统加强收入核算工作。加大了审计工作管理力度，进一步完善了审计内控制度，加强了工程审计工作，有效监控和规范了企业经营行为。进一步强化了人力资源管理。做好了“双定”、劳保、人事档案、金融从业人员排查等工作，按照省公司“双定”工作要求，对全地区营业网点进行定员定编测算，对全区金融从业人员进行了大排查。做好了教育培训工作，切实开展了全地区二类网点支局长金融业务班远程培训工作，组织全地区营销员和客户经理参加了远程培训的选修课、必修课考试。做好薪酬管理、劳动用工管理和人力资源管理系统工作，对全地区合同到期的在职职工进行了续签。配合省公司做好干部管理和大学生招聘工作。根据在职职工和劳务工的变动情况，及时调整人力资源管理系统。进一步加强了安全生产工作。成立了维稳工作领导小组，对维稳工作进行周密部署，将维稳工作落实到部门及个人包干。国庆60周年及“两节两会”期间下发了突发事件应急预案，并加强了市局机关管理人员值班值宿。组织对全地区的支局长进行安全教育，集中观看全国金融系统犯罪案例。配合防控支队完成金融系统信息录入。未发生安全生产责任事故。

【企业改革】 稳步推进干部人事制度改革，管理人员继续实行竞聘上岗；速递物流公司1月1日起正式独立运营；顺利完成了从优秀劳务用工中择优招用为合同用工的转聘工作；薪酬制度改革扎实稳步推进，强化了对薪酬改革工作的组织领导和统筹协调，进一步完善了岗位职级套改和薪酬标准套改工作，实现了薪酬制度改革的平稳进行，同时也调动了职工的工作积极性。

【和谐企业建设】 领导班子和干部队伍建设进一步加强，加强了对领导干部的效绩考核，提高了执行力，增强了履职的严肃性。落实党风廉政建设责任制，建立了干部廉政档案，强化了效能监察。在省公司党组领导和市委的指导下，紧紧围绕企业经营工作，开展了深入学习实践科学发展观活动，有力推动了“两个文明”建设的协调发展。强化了理论学习，制定了学习计划，顺利完成了深入学习实践科学发展观活动“学习调研”、“分析检查”和“整改落实”三个阶段的学习。在四川汶川大地震一周年和“六一”儿童节来临之际，积极响应集团公司和省公司工会的号召，在全局范围内广泛开展了“爱心包裹”捐赠活动的组织与宣传工作，动员了更多的客户与群众参与到献爱心的活动中来。积极营造学习先进的良好氛围，先后组织开展了向王顺友、尼玛拉木和北京东四邮电局学习活动，把宣传先进典型和凝聚职工、稳定队伍、增强主人翁责任感有机结合起来，推广选树先进典型。市局相继组织召开了“五.四”青年座谈会和先模经验交流会，积极营造良好的学习氛围。工会、共青团组织通过开展各种劳动竞赛、为企业创效、争创青年文明号等形式多样的活动，进一步增强了企业凝聚力。

【“家电下乡”业务营销效果初显】 国务院实施家电下乡政策以来，按照市委、市政府要求，从全国家电下乡管理系统获取了全市240家销售网点详细名录和相关资料，并安排专人进行走访、营销，取得了较好效果。其中，为市联通公司制作“政府补贴买手机　入网联通送大礼”宣传单50 000份，随《辽宁农民报》等农村类报纸夹报投递；为市百货大楼制作企业内刊3 000本；利用农村干部、农村养殖户等数据库名址为海尔电器等制作家电商函5 000封，赢得了良好的社会声誉。

【成功发行《关外第一市 魅力葫芦岛》专题邮品】 紧紧围绕市委、市政府提出的把葫芦岛建设成为辽宁省重要的石化、有色、造船、能源基地，区域性、多功能的重要口岸和商业物流集散地，对外有较强吸引力的海滨旅游观光、度假疗养胜地的号召，充分发挥“中国邮政”的品牌优势，借助葫芦岛建市20周年之良好契机，开发制作了葫芦岛建市20周年邮品《关外第一市 魅力葫芦岛》1 500册，设计个性化邮票3 000版，有力宣传了本市对外形象。

【世界邮政日活动丰富多彩】 经过市局精心组织，全区各县（市）局、市局各相关部门联动，“世界邮政日”宣传营销活动开展得热火朝天、丰富多彩。党委书记孙连顺在10月9日《葫芦岛日报》上发表邮政日致辞，向全区各界展示了葫芦岛邮政近年来的可喜变化、“三网合一”的资源优势、能够满足人民群众多元化用邮需求的产品和业务等，同时也对社会各界对葫芦岛邮政一如既往的帮助和支持深表谢意。

【党风廉政建设 局风建设结硕果】 按照《邮政企业落实党风廉政建设责任制实施办法（暂行）》，进一步明确了党政主要领导在落实党风建设中的职责，分解细化党风建设年度工作目标和阶段性工作目标。加大党风廉政建设责任制检查考核力度，完成了党风廉政建设责任制落实情况的考核，并将考核结果作为干部业绩评定、奖励惩处、提拔使用的依据。各单位层层签订《党风廉政建设责任书》，对领导人员从业行为进行有效监督。同时，将党风廉政建设和反腐败工作与业务工作同部署、同落实、同检查、同考核，不断增强拒腐防变能力。进一步转变作风，树立勤俭办企业的观念，强化为群众服务的意识，领导干部真正做到了服务群众、真抓实干、廉洁从政、勤俭节约的表率，形成了良好的企业风气。

（刘洪军）

中国移动通信集团辽宁有限公司葫芦岛分公司

【概况】 中国移动通信集团辽宁有限公司葫芦岛分公司隶属于中国移动通信集团辽宁有限公司，位于葫芦岛龙港区龙湾大街6号，现有A、B、C类员工506人（其中正式员工202人）；下辖兴城、绥中、建昌、郊区四个县、郊分公司及连山、龙港两个营业部。市公司8个职能部门：综合部、党群工作部、财务部、人力资源部、市场经营部、集团客户部、网络部、工程建设部。综合部下辖物资采购与行政事务管理中心；人力资源部下辖存续事务管理部；市场部下辖业务支撑中心、渠道终端管理中心；网络部下辖交换网优中心、无线中心和传输中心。

【完善经营体系】 2009年，葫芦岛移动公司按照省公司的工作精神，确立了市公司发展的“137”战略，即以市场经营为中心，面向个人、家庭、集团客户，全面提升七种能力，为广大客户提供全业务服务，实现公司持续较快发展。一是开展多种多样的营销活动，有效保有老客户、吸引新客户，加大新业务和增值业务的营销力度。通过“让祝福满格”系列活动、“手机拜年移动花钱”活动，增加了客户的在网时长、提升了话务量、推广了全球通88套餐，保持了中国移动的品牌优势；结合话音优惠产品，向城镇和广大的农村推广无线座机；积极开展校园迎新活动，扩大动感地带品牌的影响力。二是切实提高服务水平。以提升客户满意度为目标，深入细致地开展便捷服务工作；完善了投诉管理体系，明确了公司各部门职责及分工；完善《商家联盟管理办法》，成立了商家联盟项目经理团队，通过服务考核督促联盟商家单位加强服务；在一线员工中开展培训与竞赛活动，提高员工的服务和营销能力。三是加强渠道建设力度。公司在市场经营上实行区域管理，全市共形成35个区域。通过区域实现了对末端渠道的掌控，为发展市场提供了有力支撑，全年购置14个网点，新开业5个自有厅；新增指定专营店110个。四是将宣传工作深入落实。在日常宣传的基础上，2009年公司以客户过百万为契机，开展“超越百万感谢有你”大型宣传活动，在全社会范围内宣传中国移动先进的技术、业务、服务、管理和队伍，提高了公司的美誉度和影响力；同时结合建国60周年、葫芦岛建市20周年开展大型回馈演出活动，并举行短信互动和答题；年底，公司向广大客户赠送了“超越百万感谢有你”的精美台历和挂历，表达了中国移动对客户的感谢和尊重。

【全面推进集团保有与拓展】 将集团走访作为常态性的工作，实行首席客户经理走访制度，加强和集团的联系与沟通，进一步拓展集团空白市场。推荐集团产品，维系与集团关键人的关系，同时也达到了用黏性业务捆绑客户的目的；实行中小集团“深耕计划”，通过“超越百万感谢有你”启动大会号召全员参与集团保有，在全体员工中进行集团客户的认领，大大减少了中小集团客户的服务盲点，实现了中小企业资料的准确和基础集团业务覆盖。同时通过VOIP、V网、综合V网等语音产品捆绑客户，保有现有集团，吸纳更多的集团客户新成员。

【集团信息化成效显著】 车务通在出租车、混凝土、军事领域均取得了良好的应用；校迅通成为公司的一项亮点工作，大部分的中小学均使用校迅通业务，为广大师生和家长带来了沟通上的便利；2009年完成了18个集团的深度信息化应用项目，涵盖了党政机关、部队、大型企业、保险、百货、供电、发电、医院、药品销售、广告传媒等行业，通过深度应用项目的实施，拓展了与客户的合作领域；以深度信息化为依托，发展与客户办公等系统深度结合的短信MAS，新发展葫芦岛市公安局等10家重要集团客户，MAS业务的健康度有了较大提升。加大专线业务的营销力度，全年新发展专线70条。与铁通公司联合营销，积极探索小区、品质楼宇、聚类客户的互联网和固话接入，与武警8624部队签署战略合作协议，实现铁通固话进班组，为下一步的部队信息化打下基础。与供电局和92493部队合作，机器对机器业务得到了积极的拓展。响应国家提出的“建设社会主义新农村”号召，大力推动葫芦岛市农村信息化建设，为葫芦岛市政府提供农村信息化解决方案。与葫芦岛市农委联合开展乡、镇核心服务站建设，发展葫芦岛本地特色的信息源，充分利用现有移动网络资源，为广大农户提供快速、便捷、经济、实惠的农业服务信息，促进农业现代化建设。

【网络运行稳定可靠】 全面推进软交换设备IP化工作，先后完成阿尔卡特新型、大容量BSC的更换；完成了TD RNC的安装、调测工作；加强互联互通，增开关口局到各运营商互联互通电路；积极协调处理葫芦岛各运营商拨叫188号段若干问题，确保TD放号顺利。十一前，对所有网元进行详细的健康检查，按照省公司要求进行红橙黄蓝应急预案演练工作，对两个机房进行安全检查，确保了国庆期间网络运行状态良好。配合建设部门完成2009年全网新建基站71个，并对2008年和2009开通的基站进行了终验和初验。加强基站及网络优化设备代维管理，加强设备巡检力度，做到有问题早发现早解决，缩短小区故障历时。加强对自身及代维人员的管理，保证基站及网络优化设备的正常运行。及时发现机房基站的电源隐患，积极处理基站电源故障，对电源进行健康检查，基站全年累计发电6 330多站次。对23套已经报废的基站开关电源、35组基站蓄电池进行改造，并对部分电源和空调进行节能改造。完成本地网开通电路780条，长途30条，全年共完成1 500多条信息的修改和录入。完成了18处干线及本地网的迁改工作，完成了省内二级干线过河保护维修及新建共计7处，确保了干线光缆的平稳运行。完成了葫芦岛邮政楼—综合楼IP承载网电路双路由改造的现场勘察及前期准备工作，敷设光缆跳纤50余条，新建备用路由，定期进行测试和维护，为IP承载电路的安全运行奠定了坚实基础。做好重大节日和重大活动的预警分析，进行相应的扩容、启动应急通信装置，有效缓解了突发的话务高峰。加强高铁专网建设，有效解决高铁覆盖，减少切换次数，提高接通率，降低掉话率。

【建设响应能力全面提高】 2009年是建设任务最为繁重的一年，建设部克服了时间紧、协调难度大等不利因素，确保了13期和TD三期任务的顺利完成。完成13期77个基站、TD三期62个宏站、96个TD室内分布系统的建设任务，配套改造56个基站；完成架设杆路480千米，铺设光缆线路1 477千米、市内管道89.97千米；对中兴9个2.5G节点的传输及配套电源设备、8个汇聚节点的10G设备进行了安装调测和验收；完成10G设备的割接入网、200个基站的传输设备改造和双归属改造。完成IP专用承载网省内延伸二期扩容工程安装并已完成调测；完成小区短信三期扩容工程；2009年数据末端接入工程完成接入50；完成Cmnet三期、MDCN网四期扩容工程。

【全面加强综合管理】 日常账务处理严格按照全面预算管理实施，对各部门成本、费用进行计划分解；积极开展资金、资产安全大检查及专项审计工作；按省公司的要求，顺利实施财务集中核算工作；完成资产清查的收尾工作，做到账卡物相符；全面推进内控管理，每一项工作严格按照SOX的要求去完成；严把工程审计关，对维修、装修、加工、广告等项目，严格实施审计流程。加强人力资源的前瞻性管理，围绕2009年的中心任务，制定人力资源管理工作计划，使人力资源管理工作助力于企业战略发展；举办各种特色培训，提高员工的综合素质；推广移动网上学院，完善员工的知识结构。开展深入学习实践科学发展观活动和各种健康有益的文体活动；加强党政工有机结合、加强支部建设；激发全体员工爱党、爱祖国、爱社会主义、爱企业、爱客户的热情，营造了葫芦岛移动温暖和谐大家庭。

（敖金荣）

中国联通集团有限公司
葫芦岛分公司

【概况】 2009年是葫芦岛联通公司重组后全业务运营的开局之年，更是深化融合、创新发展的关键一年。面对激烈的全业务竞争形势，公司加快融合，创新经营，克服了重重困难和挑战，卓有成效地开展工作，使各项经营业绩稳步提升，主要收入指标完成情况位列全省前列。3G业务的正式商用，为移动业务的发展带来新机遇；宽带升级提速的积极推进，为固网发展带来重大影响；网络、业务、薪酬、人员的深入融合，推进了组织结构的持续优化，公司实现和谐稳定发展。

【经营工作】 2009年，以融合为契机，发挥全业务优势，形成营销合力；通过细分客户市场，提高精确营销水平，重点发展移动、宽带和增值业务，积极保有固网语音业务，全力打好“3G业务推广”、“星火燎原计划”、“宽带提速升级”三大战役，想方设法开拓市场，千方百计提升效益，实现由数量规模型向规模效益型发展模式的转变，增强核心竞争力，全面完成了省公司下达的各项任务指标。

一、移动业务

2009年，市公司抓住增量市场，重点做好校园与县乡的旺季营销及增值业务的持续营销；加快3G发展，形成竞争优势，确保G网用户与收入的稳定增长；整合渠道资源，发挥合力，实现社会渠道和自有渠道的协调发展；采取切实措施，做好小灵通用户保有及风险用户主动转网。

截至年底，2G通信服务收入累计1.78亿元，同比增长3 217万元，增幅22.11%；3G通信服务收入累计82.78万元。

1.3G业务突破性发展。

自2009年10月1日商用以来，公司把3G运营作为一号工程，突出发展高端客户，多次组织3G业务销售竞赛，开展营集团客户促销、与电脑经销商联销、网上营业厅营销，迅速占领3G业务市场，快速扩大收入规模，实现突破性发展。截至2009年底，3G用户累计发展 6 521 户。

2. 2G 业务健康有效发展。

2G业务是公司实现可持续发展的基础，是拳头业务。2009年利用网络实现质的提升的契机，实现G网业务新突破。截至2009年12月，2G出账用户达40.05万户，净增14.32万户。

3. 大力拓展校园市场。

校园市场是非常重要的增量市场，公司以2G销售为主，结合融合业务，引入3G体验；将营销重心前移，注重环节营销；抓住销售旺季、开展暑期及秋季开学营销活动，大幅拉动了校园用户及收入增长。

二、宽带业务

宽带业务是固网业务中保持增长的核心业务，具有举足轻重的意义。2009年，公司通过加强客户细分、丰富产品、稳定价格、提升服务等措施，打造宽带核心品牌优势。各基层营销单位和一线营销人员以宽带提速、宽带促销为重点，加大互联网应用业务推广力度，带动了联通宽带业务的整体发展。

三、融合业务

2009年，为充分发挥全业务经营优势，市公司先后开展了两次融合业务发展竞赛活动，坚持简单捆绑与深度捆绑齐头并进的方式发展融合业务，实现亲情号码、交叉优惠、亲情1+手机版等多点开花，实现融合业务的规模发展，有效促进了公司整体经营业绩的增长。

四、集团业务

2009年，市公司以强化客户关系为手段，主动营销和满足需求并举，整体服务和个性化服务同时提升，确保现有市场的稳定；发挥客户资源优势，以实施全业务经营为突破，深入挖掘潜在需求，通过对业务组合和重点产品的营销，拉动市场增量，从而实现集团客户业务收入稳步增长。

【建设工作】 2009年以满足市场、客户群发展、支撑战略转型、网络改造为着力点，深度融合网络资源，加强网络资源的精确配置、网络结构优化和网络功能提升，推动市场创新和业务拓展，建设宽带化、综合化、IP化、光纤化网络。

一、固定网络建设方面

1. 传输网

提前25天完成180个3G基站的配套传输网络建设，在全省第一个完成了3G配套传输建设任务。该工程共敷设光缆436千米，敷设管道11孔千米，扩容两端骨干层密集波分设备，不仅为3G基站提供了充足的资源保障，还使公司传输网络结构更清晰、网络更安全、功能更完善、承载能力更强。

2. 语音网

共建设接入网点313个，割接语音用户6.6万线，使585个村屯覆盖区域宽带接入速率达4M以上。解决了城内主干电缆覆盖半径1.5千米以上区域及农村出局电缆超过3KM区域的网络建设。

3. 数据网

2009年共扩建、更新宽带33架65框、新建节点189个，共增加容量4.9万线。通过PON+LAN技术实现近1 000栋楼宇3 851个单元提速改造，形成LAN端口能力4.632万个。

二、移动网络建设方面

2009年移动网络共计新开通GSM基站312个，WCDMA基站201个。完成了GSM 13期、14期扩容工程；WCDMA一期工程；GSM15期、16期扩容工程等。

【维护工作】 2009年，公司维护工作以客户为中心、以市场为导向、以保障网络安全运行为基础，以提高用户感知为目标，逐步建立适应新形势的制度和流程，建立了高效快速的响应机制，积极实施网络融合与优化，打造优质安全的精品网络。

1. 推进网管系统集中监控

2009年完成电源系统监控系统二期扩容，强化了对本地网一点管理、一点监控能力。制定了《网络运行集中监控工作规范》，实现各专业网管系统告警2小时确认及时率达98%以上，快速主动响应告警，有效提高网络故障处理速度。

2. 积极推进双网融合

结合3G配套传输网建设，以网络资源整合为出发点，将原网通、原联通网络资源按“一张网”目标进行了整合改造，提升网络承载和接入能力，对长链和长环的接入方式进行成环和拆环改造，以提高网络安全性，对微波接入方式进行光缆接入改造，改善了传送质量。

3. 开展宽带网络优化提升竞赛活动

市公司在5至9月开展了宽带网络质量优化提升竞赛工作。在7月底前完成了285个配线区、2 659个电缆接头的整治，有效解决了“三个重点区域”宽带接入质量及装机问题。通过竞赛活动开展，实现ADSL宽带用户申告障碍修复及时率同比提升0.21个百分点，宽带重复障碍率同比降低83.77%，线路原因造成的宽带退单率同比降低6.56个百分点，宽带客户端故障申告过滤率达90%以上，客户满意度持续提升。

4. 开展AAA达标，实施规范化整治

市分公司在2009年6月份开始实施AAA达标工作，完善运行维护流程及制度、开展机房标准化整治。7月份实现A达标，12月底实现AA达标，干线枢纽/万门以上通信机房100%达标，其他通信机房31.29%达标。

【服务工作】 2009年，葫芦岛分公司在融合初期承受了巨大的外部投诉和内部协调压力。各级服务人员在各部门、各环节贯彻“大服务”理念，全面提升客户响应速度，完善差异化服务模式，有针对性地改进服务短板，打造独特服务优势，客户感知明显提升。

一、扎实落实客户感知“双提升”工作

2009 年，公司着重开展了客户服务感知“双提升”工作。相继开展了中层领导深入到客服呼叫中心客户投诉处理班的“服务体验”活动、“多说一句话”活动、VIP 客户体检活动、“生日祝福”活动和“VIP 会员维系”活动、“VIP 会员亲情服务”活动，这些活动的开展有效地提升了客户感知。

二、针对服务短板，推出有效整改措施

针对宽带及固话障碍超时的服务短板问题，2009 年在两次服务分析会上进行专项通报。并从 11 月起开展为期三个月的修机专项管理活动。截至年底，障碍投诉已大幅下降。

2009 年二季度省公司 G 网客户满意度测评中，客户对强行业务体验、定制等行为反响强烈。公司从源头上严格管控客户体验、免费试用的客户数据，制定了业务体验、业务宣传类短信开通的管理办法。通过严格管理，业务强行体验、定制问题得到缓解。

三、开展系列 VIP 客户活动

2009 年，公司共组织大型特色活动 3 次，建立结盟商家 6 家；组织全地区服务窗口、客户经理培训 3 次。先后开展了“积分抽奖活动”， VIP 客户羽毛球比赛和体检活动、全业务 VIP 客户维系工作和全业务积分应用工作。维系工作的开展，推动了全业务高端客户维系质量的不断提升。2009 年公司的 VIP 会员保有率为 99.7%，在全省排名第四。

（白　平）

港口 口岸

综　　述

一、港口规划建设。

积极推进葫芦岛港柳条沟港区二期工程建设。葫芦岛港柳条沟港区是葫芦岛港的主体港区，也是重点发展港区，全面推进柳条沟港区建设步伐对葫芦岛市及周边地区经济发展和对外开放意义重大。随着一期工程1#、2#散杂泊位通过竣工验收，两油泊位的配套工程正在进行，2009年柳条沟港区二期工程开始建设3#、4#、5#泊位。截至目前，工程建设总投资达到15.8亿元。工程建设进度情况如下：

1、码头、泊位数量及吨位。

目前已经形成泊位7个。其中1万吨级石化泊位1个、5万吨级成品油泊位1个、3个7万吨级散杂货泊位已经完工。

2、航道工程量

一期工程35 000吨级-10.9米深航道已经完工；7万吨级航道工程-14.5米深、宽170米、长14 000米除港池口门部分外基本完工，预计12月31日全部完工。

3、堆场面积及堆存能力

已经形成堆场面积200万平方米，全部完工后可存储100万吨货物；经硬化处理并形成生产能力的有60万平方米，可存储货物30万吨。

4、装卸机械

已经安装14台门座起重机，铲车5台、叉车8台，轮胎吊2台。

5、开放查验设施及其他

含检验检疫库，海关监管库、监管场地，海关卡口、监控，港区封闭，汽车衡等。

二、积极推进绥中煤炭码头和千万吨炼油码头建设项目

1、绥中煤炭码头项目

葫芦岛港绥中港区煤炭码头项目，是按照省委、省政府关于加快辽宁省内港口资源整合的战略构想及加快"五点一线"沿海经济带开放开发的要求，为承接蒙东煤炭下海而建设的能源大通道。此项目建成将对振兴辽宁老工业基地，特别是加快提升葫芦岛市经济发展和社会全面进步具有重要战略意义。

2008年11月23日，葫芦岛市人民政府、大连港集团公司、大唐国际辽宁分公司、国电东北电力分公司，在葫芦岛签署了建设辽西蒙东煤炭通道—葫芦岛港绥中港区煤炭码头项目战略合作框架协议，股比分别占5%、37%、29%、29%。

根据绥中港区自然条件及船型预测结果，经综合考虑，本工程拟建4个煤炭专用泊位，其中5万吨级泊位1个、7万吨级泊位1个，10万吨位级泊位2个，建设相应配套设施。新建泊位设计吞吐能力为5 000万吨，投资估算为614 573万元，施工工期为3年。

绥中港区煤炭码头项目得到了市委、市政府的高度重视，市委常委书记王德波，以超常规、高节奏的工作速度，带着强烈工作责任感，率领煤炭码头领导小组积极开展工作，认真落实各项工作。市政府加大工作力度，定期组织协调会，部门齐动，提高工作效率。按照领导小组各部门区分的工作任务，经常立会，深入现场，分析形势，解决问题。项目领导小组办公室积极做好绥中港区煤炭码头项目建设信息通报工作，将开展工作所需各种信息资料及时送发到成员单位及投资方，目前共刊发23期《葫芦岛港绥中港区煤炭码头建设动态》。

为加快推进项目早日开工建设，积极做好项目前期工作。2009年2月17日，由大连港集团、国电东北电力有限公司、大唐国际辽宁分公司、葫芦岛市政府四方人员组成了葫芦岛港绥中煤炭码头项目筹建组，并责成大连港集团牵头制定项目办公室工作职责及运作模式。为了便于尽快选定港址，确保2009年码头开工建设，委托交通部规划研究院和中交水运规划设计院进行码头选址工作，并制定了完整的煤炭码头选址前期工作大纲，与此同时，按照设计要求，分别委托天津水运工程科学研究院、辽宁省勘察研究院、长江水文水资源勘测局、国家海洋环境检测中心（大连站）进行了水下地形测量、地质勘测、水文泥沙测验、海域底质取样、海冰观测等选址阶段的五项前期工作。3月3日，《葫芦岛港绥中港区煤炭码头一期工程预可行性研究报告》编制完成。3月22日选址阶段的五项前期任务已全部完成并提交设计部门。3月31日，葫芦岛港绥中港区煤炭码头项目办已委托中交水运规划设计院编制《葫芦岛港绥中港区煤炭码头一期工程可行性研究报告》。4月17日，市委常委、纪检委书记王德波在大连与大连港集团公司总经理孙宏就绥中煤炭码头建设进行了工作会谈。就下一步加快项目推进进行了认真的研究，尤其是对积极报批手续和工程实际进展同步进行达成了共识。

6月9日，主持召开了就解决绥中36-1新建输油管线与绥中港区煤炭码头发生部分交叉问题协调会议。

6月23日，市港口与口岸局、沈阳铁路局赤峰-

绥中合资铁路建设筹备组、绥中县港航局主要领导及专家，到绥中港区煤炭码头港址进行了实地考察，就绥中港区煤炭码头疏港铁路建设，特别是疏港铁路港前站及编站的位置布局，进行了深入细致的研究与技术分析。

6月25日，由辽宁省发改委组织召开了葫芦岛港绥中港区煤炭码头一期工程预可行性研究报告评估会。专家咨询意见主要结论认为本项目的建设与蒙东煤炭外运需要相适应，建设蒙东煤炭装船港是必要的、合理的，绥中港区煤炭码头建设项目可以作为蒙东煤炭外运通道选址方案之一。

7月9日，省发改委和葫芦岛市政府组织召开葫芦岛港绥中港区煤炭码头项目建设合作四方联席会议。会议达成如下共识：1、尽快成立项目公司。2、立即启动项目基础设施建设。3、各方要共同努力，积极争取大秦铁路东延。4、加强合作，共同推进。

9月22日，《葫芦岛港绥中港区煤炭码头一期工程可行性研究报告》编制工作已全部结束，历时5个半月，期间共完成可研阶段地形测量、地质勘察2项前期工作及港区波浪条件及数模计算、港区平面二维潮流泥沙数模计算2项专题研究工作。

9月23日，筹备组把《葫芦岛港绥中港区煤炭码头一期工程工程可行性研究报告》上报给了葫芦岛市发改委。9月24日，葫芦岛市发改委把《葫芦岛港绥中港区煤炭码头一期工程工程可行性研究报告》上报到了辽宁省发改委，经沟通并形成以下意见：1.省发改委同意发出《关于同意开展绥中港区煤炭码头一期工程项目前期工作的通知》；2、葫芦岛市相关部门和省环保厅、省国土资源厅、省海洋与渔业厅进行沟通，取得上述单位的《关于同意开展绥中港区煤炭码头一期工程的初步意见》；3、筹备组抓紧编制《工程项目申请报告》上报省发改委，会同省环保厅、省国土资源厅、省海洋与渔业厅《关于同意开展绥中港区煤炭码头一期工程的初步意见》，一并上报国家发改委，申请核准。

9月26日，大连港集团有限公司与葫芦岛市人民政府签订了《葫芦岛港绥中港区煤炭码头合作协议》，就大连港集团参与开发、建设、经营葫芦岛港绥中港区煤炭码头相关事宜达成重要协议。

10月28日，葫芦岛港绥中港区煤炭码头项目开工庆典成功举行。

2. 千万吨炼油码头项目

为了更好地落实市委、市政府工作部署，我局会同市发改委、市规划局、市海洋与渔业局等部门，对千万吨炼油码头建设的有关问题进行了研究，并听取了交通部规划研究院、中交一航院、省交通厅港航局、中石油锦西分公司等有关领导和专家的意见，采取依托柳条沟港区建设千万吨炼油项目码头工程。经多次协调，中石油锦西分公司与葫芦岛港集团已签订框架协议，明确双方权利、义务。葫芦岛港集团公司已成立项目组，由专人负责。目前已完成项目预可研报告的编制工作。为促进该项目尽早落户起到了积极作用。

3. 积极推进《葫芦岛港总体规划》的编制工作

为了加强本市岸线资源的管理，经市政府批准，启动了对全市261千米海岸线进行规划，使之形成《葫芦岛港总体规划》和《葫芦岛市岸线利用规划》，以进一步科学合理地使用岸线资源，为本市“三点一线”沿海经济带的开发与利用提供科学依据。在实际开展工作中，由局领导带队会同市发改委、交通部规划研究院领导及专家，深入到绥中县、兴城市、龙港区等地，对岸线需求情况进行调研，并形成了规划大纲。2009年9月8日《葫芦岛港总体规划》通过专家审查。专家认为葫芦岛港定位和发展方向为：葫芦岛港是辽宁沿海港口群的重要组成部分；是葫芦岛市发展临港产业、扩大对外开放的重要依托；是辽宁沿海经济带持续、协调发展的重要保障之一；是蒙东地区物资对外交流的便捷出海口。近期主要为葫芦岛市经济和临港产业发展服务，并建设成蒙东等地区煤炭外运装船港之一；远期逐步发展成为具有一定规模和现代化水平的综合性港口。通过本次审查，本市港口规划工作迈出了坚实的一步，《规划》修改完善并经批准后，将作为未来一段时期内葫芦岛港发展和建设的指导性文件。结束了多年来本市无港口总体规划的历史；必将大力促进港口及临港经济的发展，特别是临港大项目落户；同时，也为本市“以港兴市”的战略构想打下了坚实的基础。

三、航运市场管理

1. 航运市场规模逐步发展壮大

2008年，受世界金融危机冲击，本市水路运输企业面临困境。在国家拉动内需政策促进下，本市水上运力呈增长趋势，截至目前，水上货运运力已突破13万载重吨。

2. 水路运输管理进一步规范

水上旅游运输是热点难点问题，关系到旅游的窗口形象。建局伊始，就把规范龙湾海滨水上旅游运输经营行为定为一项重要工作。开展全市水上旅游运输从业人员法律法规和旅游职业道德岗前培训；制定龙湾海滨水上旅游运营制度，实现统一管理、统一停靠、统一着装、统一售票、统一分配的“五统一”管理模式。逐步形成了教育、管理、监督多种方式并举的模式，使得龙湾海滨水上旅游运输投诉率明显降低，游客反响较好，满意度较高。2009年，整合了龙湾海滨水上旅游运输资源，由多家经营模式转变成一家经营模式，杜绝了哄抬价格现象，降低了内部消耗，提高了企业竞争力，逐步形成了规范有序的水上旅游运输环境。

四、安全生产工作

1. 加强监督检查，促进整改落实

为了从源头上遏制安全事故的发生，坚持每季由局长亲自带队检查安全工作、安全科每月进行安全检查的工作制度，对所辖各企事业单位采取明察暗访相结合的方式进行检查，不断加大检查力度，以查促防，以查促改。安全工作做到了月有小检查、季有大检查，检查有记录、有整改措施、有工作总结，有效地杜绝了安全事故的发生。

2. 抓好专项整治，确保安全生产

根据交通部、省、市关于安全生产专项整治工作的要求，成立了专项整治工作领导小组，并制定了“葫芦岛市港航系统安全生产隐患排查治理专项行动实施方案”，根据企业分布和行业特点，在全市港口和水运领域开展了安全生产隐患排查治理专项行动，重点检查内容包括：各项制度是否健全，落实是否到位；重点场所、重点部位是否采取有效安全措施；工作人员的专业培训及上岗证书情况；来船作业计划及值班布置情况；安全教育及安全例会记录、应急预案演练情况；消防、通信及救生设备配备情况。发现问题及时处理，将安全生产隐患消灭在萌芽状态。港航系统安全生产事故数为零，伤亡人数为零。

3. 把握重点部位，确保陆岛交通安全畅通

兴城至菊花岛间的陆岛交通运输，涉及岛上5 000多居民的生产生活，以及20余万来本市旅游观光游客出行安全。组织专门工作小组，对兴城陆岛交通码头和水上客运企业实行时时监督管理。一是抓企业内部建设，完善各项规章制度，制订应急预案，层层落实安全生产责任。二是抓经营管理，对客运船舶发航前实行“三查”制度：查配员，查消防、救生设备，查实载人数，确保每航次船舶均处于安全受控状态。

五、口岸开放工作

1. 全力推进口岸扩大开放工作

完善口岸功能，创造良好的口岸投资环境，实现葫芦岛港全面开放，是建局以来口岸工作的重中之重。

2007年12月13日，国务院以国函[2007]129号文件正式同意葫芦岛口岸对外国籍船舶开放。标志着葫芦岛口岸迈向新的历史阶段，必将推动经济又好又快地发展。葫芦岛口岸扩大开放征得了军方的大力支持，并于2008年8月15日正式签订了《葫芦岛港商务运营与军事设施安全保密管理协议》。为了圆满完成口岸开放验收工作，2009年在口岸查验设施的规划建设方面，根据上级有关文件精神，在认真进行调查研究的基础上，充分与各查验单位沟通协调，本着“满足港前现场工作需要、适度超前、集中建设”的原则进行规划设计，既满足开放后查验单位的工作需求，又减轻了港口企业的建设负担。随着葫芦岛港口岸扩大开放验收进入冲刺阶段，为如期完成市政府确定的港口各项工作目标，确保葫芦岛港扩大开放验收顺利完成，按照市政府办公会要求，结合当前实际情况，对验收准备各项工作排出了进度时间表，落实了责任单位，各责任单位落实了责任人。及时准确掌握工程进度情况，积极协调解决推进中出现的问题，确保各项工作进度如期完成。葫芦岛港扩大开放取得实质性进展，已完成省级预验收。

2. 深入推进“大通关”工程建设

随着“大通关”工程的不断深入，口岸系统各部门围绕建设服务型口岸，经常通过各种渠道主动与进出口企业沟通交换意见，提高口岸政策咨询力度，确保意见建议有反馈，沟通协调有渠道，通关服务有保障，实实在在地为进出口企业解决了很多实际问题，有效地改善了口岸软环境建设，提高了口岸工作效率，创造了良好的口岸环境。同时，建立了口岸现场处置突发事件联系配合机制，明确了各部门职责和24小时联系方式，确保口岸现场出现各类突发事件时，职能部门第一时间到达现场，及时处理。

六、港口与口岸相关指标和数据

2009年全市港口货物吐吞量为580万吨，预计全年820万吨，与上年同比增加2.75%。旅客运量22.8万人次，上年16.7万人次，同比增加36.5%。水上运输量为138万吨，预计全年192万吨，与上年同比增加10.3%。2009年货运量200万吨，货物周转量320 000万吨千米。2009年本市口岸运输预计全年完成210万吨，基本与上年持平。

（靳立山）

海　　关

【概况】 2009年，葫芦岛海关按照科学发展观的要求，认真学习贯彻全国海关关长会议和沈阳海关关区工作会议精神，全面落实“文化兴关，内涵发展”治关理念，不断加强队伍建设和业务基础建设，着力优化监管和服务，努力在国际金融危机快速蔓延的大背景下，为“保增长，扩内需，调结构”的国家宏观政策和促进葫芦岛新港对外开放做出海关应有的贡献，顺利完成了全年工作任务，在沈阳关区基层建设考评中排名第四位，同时被评为“全省精神文明建设先进单位”。

【全面落实治关理念实施纲要】 根据《沈阳海关党组关于贯彻落实“文化兴关，内涵发展”治关理念的实施纲要》要求，制定了落实方案与措施，注重与各项实际工作的结合，不断加强队伍建设。一是加强“三力”建设，提高整体工作效能。加强领导班子自身建设，严格落实民主集中制，坚持集体议事规则；坚持理论中心组学习，要求领导干部上党课，提高班子政治理论水平和综合素质；提高科级干部的执行力，全年有4名科级干部参加总署、总关举办的各类培训班，通过培训汇报会的形式延伸学习成果；根据党组的统一要求，加强对各项工作的计划和统筹，每月及时形成全关工作综述和计划统筹图，上网接受监督，做到全面快捷反馈各项工作，受到了刘晓辉关长的肯定批示。有1个业务科室被评为沈阳海关基层建设考评先进科室。二是以文化浸润为手段，不断提高关员文化修养。大力开展文化建设，营造“爱读书、勤思考”的文化氛围，充分利用图书阅览室，增订图书期刊，定期开展“读书日”活动，丰富关员知识面；通过工会组织文体活动，为关员创造交流空间。三是以坚定理想信念为目标，着力打造和谐集体。依托支部和工会等载体，组织关员参加“我与祖国共奋进，我为海关作贡献”主题教育活动、庆祝建国60周年等各项活动，培养关员的爱国主义精神和奉献精神；开展“送温暖”活动，及时了解关员思想动态，看望生病关员5人次，构筑和谐集体氛围。四是加强作风建设，积极创建精神文明先进单位。不断创新精神文明建设理念、方法、形式和机制，及时修订、完善精神文明创建计划，使之更具有针对性、操作

性和实效性，把精神文明创建工作与队伍管理、业务建设有机结合起来，逐步形成文明创建良性循环的良好工作格局。有 1 个业务科室被推荐参加省文明窗口竞赛；市海关被评为全省精神文明建设先进单位。

【全年主要业务数据】 截至年底，共征收税款 3.7 亿元；接受申报进出口报关单 270 票，同比增长 29.8%；监管进出境货物 89 万吨，同比增长 88.5%；备案加工贸易合 64 份，同比增长 16%，备案金额 2.1 亿美元，同比增长 210%；制发减免税证明 22 份，审批减免税货值 1 120.5 万美元，减免两税合计 1 658.6 万元；核销结案手册 44 本；受理企业注册 35 家。办理转关 72 票，监管出境船舶 4 艘、船员 69 人次；查验货物 45 票，下厂核查 53 次；报废技术设备 35 台，价值 14.9 万元。

【全力做好税收工作】 受金融危机影响，整体税收形势十分严峻。对此，采取多种手段积极应对，截至 10 月末征收税款 2.95 亿元，完成全年税收任务的 136%，并再创历史新高。一是深入分析，广泛调研。与税收征管重点企业加强沟通联系，对锌、铜等重点税源商品进出口情况进行分析，科学预测税收量；二是进一步完善通关模式。加强与锦州海关的联系与配合、提高通关效率、简化通关手续等措施，进一步完善了“多点报关，口岸验放”通关模式，在方便企业进出的同时，有效提高了监管效能。同时积极开拓“属地申报，口岸验放”区域通关模式的领域，在 2009 年已征收税款 600 余万元；三是加强与职能部门的互动配合，加强后续监管效能，堵塞税收监管漏洞。与总关稽查处联合对中石化锦西分公司开展原油加工贸易稽查，补税 342.8 万元人民币，实现了此项工作历史性突破；四是寻找新的税收增长点。根据国家有关政策规定，自 2009 年 7 月 1 日，部分减免税项目的进口设备重新征收增值税。将此作为增加税收的重要来源，争取绥中电厂等大型减免税企业申报进口，共征收增值税 553 万元。

【加强加贸管理和减免税审批工作】 随着国际经济形势的变化，业务情况发生较大变化，加贸方面：传统泳装备案减少，船舶制造、原油加工备案增加，一是调整相关业务流程，全面开展电子化手册业务，建立电子化手册台樟，对手册有关情况实时进行登记、更新；二是对扶植重点备案企业，积极宣传相关政策；三是做好推广中介机构参与海关保税核查的工作，受理 5 家本市会计师事务所参与核查保税前期备案申请，提高监管效能。减免税方面：2009 年国家税收政策和减免税政策均出现了大幅度调整，减免税业务量不断增长，给审批工作带来了多重压力。特别是进口发电设备中许多减免税进口商品的编号属于不予免税目录，多次受到总署和总关的审核。对相关政策进行深入研究，严把审核关，保证政策执行正确。在总署组织的减免税业务抽查中，并未出现审批错误。同时，将统计监督工作与业务自查紧密结合，开展进出口贸易情况分析和监控。截至 10 月份，共撰写统计分析 2 篇，上报统计监督信息 2 篇，发现有问题报关单 2 份。

（马颖韬 ）

海　事

【概况】 2009 年，葫芦岛海事局以科学发展观为统领，按照“抓安全、促改革、谋发展、保稳定”的基本思路，认真履行“保障水上安全、保护水域环境、维护国家主权”的职责，切实提高“三个服务”的能力和水平，全力服从服务于经济社会发展大局，保障了葫芦岛地区水上交通安全，呈现出良好的发展态势。

【重点工作有效推进】 平安航线稳步运行 海事局不断强化措施落实，确保兴城——菊花岛安全、畅通、文明航线建设有序、高效运行。兴城海事处全体执法人员对陆岛运输船舶实行“开航必检”的工作准则，严防客货超载、非法装运危险品等违法、违规行为发生；执行“船长开航前声明”、“船舶通航风级限制”制度，强化签证责任制度；多次组织航运公司及各港航管理单位召开“兴城辖区陆岛旅游船舶安全工作会议”，提出安全管理工作的具体要求；开展安全宣传，提高船员的安全意识；一旦发现安全隐患督促船方立即整改，对不符合适航条件的船舶坚决予以停航。这些措施的采取在确保旅客和船舶安全的同时，树立了海事执法权威，扩大了海事执法社会影响力，为地方经济社会发展、保障人民群众安全出行作出了贡献。2009 年，辖区陆岛运输共办理进出港签证 3 680 艘次，运输旅客 46.4 万人次，无任何水上安全事故发生。兴城平安航线建设和 NSM 体系推进工作已进入实质阶段，在这个航线上到处可以看到海事工作二十字方针——“船舶适航、船员适任、安全畅通、有效监管、优质服务”的缩影。两船整治取得实效，2009 年，葫芦岛海事局严厉打击了非法采运砂石行为，进一步规范了辖区海上砂石作业管理和采运市场。一是组织人员完成对绥中二河口采砂作业情况的前期调研，贯彻落实《葫芦岛市集中整治违法经营渔港及非法运输船舶实施方案》的有关要求，完善辖区海上采运砂石安全监管网络。二是加大源头管理，严把船舶审批关和市场准入关，坚决打击内河船舶、非法船舶从事海上采运砂石作业行为，确保船舶适航、船员适任。三是加强对业主单位的管理，多次组织辖区各相关部门和航运企业召开渔港货物运输安全管理和海上采运砂石作业协调会，提出采运砂石的相关要求，签订安全生产责任状。四是深入开展联合执法，采取多种方式进行巡航，与海洋渔业、海警等职能部门多次联手，开展海上联合执法统一行动，对辖区非法采砂、运输砂石作业的船舶开展大规模的集中检查、综合治理，共处罚违章船舶 57 艘次。五是加大对船员安全知识的宣传教育，举办船员业务培训班,提高船员适任能力。六是为所有投入运营的采砂船配备船载 AIS 系统，保证了船与船、船与岸台的信息交换，对防止船舶碰撞、规范采砂作业船舶交通安全管理、提高应急反应能力、保障辖区安全生产形势稳定起到了推动作用。

【重点时段安保】 战寒潮抗海冰，恶劣天气预控有效。根据辖区水域特点，针对恶劣天气，严格按照部海事局和辽宁海事局的相关要求，制定严密的防范措施，加强值班，保持应急通讯畅通，随时待命，确保一旦发生险情能得到及时有效处理。2009年年末，在应对一号、二号寒潮大风期间，按照上级有关指示，结合辖区实际情况组织相关部门对防抗工作进行周密部署，制定并向各海上搜救成员单位发送了《关于做好防抗 2009—2010 年寒潮大风工作的通知》； 国庆安保完成出色，联合执法运转协调。2009 年，多次召开专题会议对安保工作进行部署，查找安全隐患，制定安全措施，紧紧依靠地方政府解决辖区管理的难点问题，并形成《关于国庆期间维稳工作有关情况的报告》上报市政府。“十一”期间，由副市长亲自挂帅，领导干部和执法人员与各有关部门组成综合执法队伍，对采砂作业区进行了三次专项统一行动，共查扣违章船舶 11 艘次，8 艘采砂船全部停止作业，有力地维护了辖区通航秩序,为建国 60 周年大庆构建了和谐稳定的水上交通环境。

【帮扶企业】 2009 年 4 月，提出了助推地方经济社会建设八项具体举措，引起了市委市政府的高度重视，陈晓琨书记做了重要指示，对海事部门助推地方经济社会发展的具体举措给予了高度评价。还从实际出发，召开座谈会， 多次走访辖区各港航企业，征求其对海事部门加强安全监管工作和服务企业发展的建议和意见，提出政府与企业抱团取暖、共渡难关，制定具体措施，提供政策上的扶持和协助解决技术上难题，帮助航运企业度过危机。同时积极开展辖区船员培训工作，解决制约地方航运发展的瓶颈问题，促进葫芦岛地区海员产业发展。通过大量努力和不懈探索，与地方政府建立了互相提携、良性互动、共同发展的协调关系，形成了依靠地方政府、实现科学监管的管理模式，赢得了地方政府的尊重和支持。春节前，葫芦岛市政府派专人到辽宁局走访，书面向辽宁局反馈葫芦岛局对地方经济发展所做的贡献 给予了高度的认可和评价。

【积极开展专项整治】 按照上级部门的要求，结合辖区实际，及时下发了《关于进一步加强春运和“两会”期间海上安全监督管理工作的通知》《葫芦岛海事局 2009 年“安全生产年”活动实施方案》《葫芦岛海事局 2009 年“安全生产月”活动实施方案》等文件，认真组织实施了“砂石运输、施工船舶”、“驾驶台资源专项检查”、“运输船舶吨位丈量专项检查”、“2005-2007 年建造海船检验质量专项检查”、辖区航标效能检查等专项整治活动，督促辖区相关航运单位积极申办 MMSI 证书，积极开展了辖区海上移动通信业务标识码证书管理工作。提高船舶监管水平。严格按照《中华人民共和国船舶登记条例》、《船舶登记工作规程》等文件要求，进一步理清部门职责，理顺内部流程，认真在船舶登记相关制度建设、人力资源、规范管理等方面下工夫，严格执行三级审核制度，加强船舶登记管理，重新审视本单位船舶登记工作实际情况和存在的问题，认真采取纠正措施，规范管理，严格把关，优质服务，进一步提升船舶登记工作水平。在日常工作中，还不断规范船舶安全检查工作，健全安检工作机制，加强船舶安全检查员队伍建设，提高船舶安全检查的专业技术水平，切实保障安检船舶的安全航行和运营。强化船舶通航管理。为消除辖区安全隐患，营造安全畅通的良好通航环境，结合辖区实际情况，租用和借用港航企业船舶，因地制宜采取多种有效措施开展辖区巡航工作，有效解决了没有巡航船舶的困难。同时，充分利用辽宁海事局和营口海事局船舶来葫的契机，加大力度，对绥中采砂作业区和辖区水工作业区域进行高密度巡航，有效打击了辖区非法采运砂石行为。推进水域环境保护。葫芦岛海事局完成了辖区危险品申报单位的备案、信息变更、信誉类别评定工作；组织现场执法人员对辖区内一切可能污染源开展摸底调查和搜集整理工作；贯彻实施《2001 年国际燃油污染损害民事责任公约》；走访辖区重点港口、码头及溢油应急单位进行业务交流和专业指导，对减少污染事故的发生、降低污染损害、保护海洋环境起到了积极的推动作用，进一步提升了船舶防污染管理水平，有力保障了辖区危险货物运输安全，遏制了船舶污染海洋事故的发生。2009 年 9 月 10 日，在精心组织协调下，葫芦岛辖区海上溢油、消防应急联合演习在绥中 36-1 原油处理厂码头成功举行，通过险情处置、海上清污、消防三个阶段的演练，有效检验了应急预案的可操作性及应急处置能力，为推进辖区应急处置能力建设、提高应急事态下的处理控制能力、增强从业人员安全环保意识和企业主体责任起到积极的推进作用。完善应急能力建设。对《葫芦岛市海上搜救应急预案》进行修改和完善，对搜救成员单位进行更新，有效提升海上搜救及应急反应能力；在兴城客运码头组织开展了陆岛旅游客船消防应急演习，提高旅游船艇的海上安全事故应急反应能力。2009 年，共接警六次，在辽宁省海上搜救中心、辽宁海事局和地方政府的领导和支持下，快速反应，高效行动，积极协调多方救助力量，采取多项救助措施，克服重重困难，全力以赴对遇险船舶和人员进行搜救，较好地履行了海上搜救中心的职责。特别是“海达 8 号”沉船事故发生后，克服海况恶劣等困难，夜以继日搜救遇险人员，共协调出动救助飞机 2 架次、搜救船舶 101 艘次参与搜救工作，中央电视台、新华社、辽宁电视台等多家媒体对“海达 8 号”的救助行动高度关注，做了一系列正面报道，在社会各界产生了广泛的影响。船东代表、船员家属和上级领导也充分肯定了搜救行动和善后处置工作。

（马颖韬）

边防检查

【概况】 2009年，认真贯彻落实部局、总队两级党委扩大会议精神，遵照“保增长、保民生、保稳定”的总要求，紧紧抓住队伍建设这一根本不放松，以强化班子建设、做好港口开放前的准备工作、国庆安全保卫、提高边检服务水平、深化部队政治教育、确保队伍安全稳定为重点，狠抓部队正规化、“三基”工程、队伍素质和保障机制建设，实现了班子能力增强、服务水平提升、人员素质提高、部队科学发展、港口开放前准备工作基本就绪的工作目标，部队整体建设呈现出良好的发展态势。

【主要工作完成情况】 1、思想政治教育效果明显。认真开展了“深入学习实践科学发展观，做党的忠诚卫士和人民群众的贴心人”主题教育和深入学习实践科学发展观活动。为使教育活动取得实效，站里通过邀请市委党校教授授课、党委成员轮流授课、制作下发《深入实践科学发展观活动应知应会常识汇编》、组织官兵到“辽西第一村”参观见学、清明前夕祭扫烈士陵园、开展主题教育征文比赛、演讲比赛、笔记展评、召开学习实践科学发展观活动推进会、到葫芦岛市福利院开展“迎端午、送关爱”活动、八一节前慰问兴城光荣院老军人等系列活动，有力地推动了主题教育和学习实践活动的不断深入开展。2、经常性思想工作扎实有效。充分发挥“三互”小组的作用，全程跟进重点工作开展期间的经常性思想工作，在国庆安保、补兵退伍、战士考学等敏感时期，开展针对性谈心帮教达20多人次。开设了心理教育课堂，组织官兵观看了心理教育片，并适时开展心理疏导，有效优化官兵心理结构，提高了官兵心理素质。国庆安保工作结束后，组织全体官兵开展了一次拓展训练活动，通过训练有效地鼓舞了官兵士气，缓解了官兵的工作压力。3、支部战斗堡垒作用充分发挥。年初，站党委对机关和基层支部班子进行了调整充实，优化了支部班子结构；4月份举办了一期支部党务知识培训班；6月份站里组织新党员到驻地飞天广场开展了一次入党宣誓活动；7月份组织了一次以“了解党，热爱党”为主题的党的知识测试活动。另外，站里还坚持从提高党员素质和理论水平入手，不断加强党员队伍的党的创新理论教育。通过党课教育、自我教育等形式，使党员思想觉悟、政策水平都显著提高，先锋模范作用也更加彰显。7月份，站监护中队党支部被总队评为优秀党支部、政治处干事朱宝被评为优秀党务工作者、监护中队排长李超群被评为优秀共产党员。4、干部队伍积极性有效激发。进一步完善了《干部量化管理规定及考核实施办法》和与之配套的奖惩措施，强化了对干部日常管理和履行职责的考核，并建立了考核档案。在干部的任用上坚持优秀破格、先进先用，对工作责任心强、日常表现突出、有培养前途的干部提前晋职、放手使用，充分调动了干部的工作积极性。全年共晋职5人，晋衔6人，6人取得了等级检查员资格。5、宣传文化建设卓有成效。年初制定了《新闻报道管理规定》，并选派1名优秀新闻报道员到边防警察报社学习。全年，在部局政工网上稿10篇，其中理论文章4篇；总队政工网上稿42篇，其中理论文章7篇；中央级媒体刊稿14篇，在地市级媒体刊稿17篇，超额完成了总队下达任务，进一步扩大了社会影响力，树立了边检部队的良好形象。同时，通过开展摄影、书法、绘画作品展、纪念建党88周年、到驻葫海军某部军史馆参观学习、参加总队大合唱比赛、举行国庆升国旗仪式、国庆60周年演讲比赛等活动振奋了官兵精神、提高了部队士气，增强了官兵的集体荣誉感，满足了官兵的精神文化需求。在省公安厅举办的“和谐警民情”摄影、书法、绘画比赛中，退休干部林伟荣获摄影作品类三等奖；在总队组织的迎国庆60周年大合唱比赛中，本站取得了全总队三等奖的骄人成绩。6、双拥共建步伐不断加快。进一步加大了双拥共建工作力度，加强公共关系建设，多渠道、宽领域、深层次的开展工作，充分运用多种形式和手段向群众、向社会介绍警营生活，扩大部队与社会各界的接触交流，增进人民群众对边防工作的理解与支持。通过组织官兵看望慰问驻地贫困户、为农民工子女发放课外读物、开展“警营开放日”等一系列活动有效地拉近了警地、警民关系。同时通过开展绿化植树、为共建单位军训、参加地方组织的广场文艺演出活动、反假币宣传、鞭炮知识进课堂、为失学儿童开展“爱心储蓄”等活动加强了与地方政府和人民群众的血肉联系，奉献了爱心，为边防站的双拥共建工作丰富了内容，增添了亮色。

【全力做好各项边检硬件设施建设】 采取“请进来，走出去”等多种形式，着力提高边检官兵的业务素质。一是采取走出去的方式，开阔视野。为学习借鉴兄弟单位的先进经验，上半年由参谋长带队，业务科检查人员参加的学习考察组，先后到鲅鱼圈、锦州边检站进行学习考察，实地观摩了勤务组织模式和常见勤务问题处理流程，了解现场查验设施建设、查检器材的配备、监控系统建设等情况，考察了港区封闭、电子口岸建设和“反偷渡封志”的使用与管理，为做好港口开放后的边检工作打下了坚实基础。二是采取请进来的方式，进行针对性培训。为保证葫芦岛港港口按时对外开放、进一步提高边检服务水平和更好地服务地方经济的发展，于11月邀请锦州边检站2名业务教员来边防站授课，党委成员和全体官兵一同参加了培训。在培训中，采取了教员授课、模拟执勤场景、业务考试等多种形式，并组织本业务科人员与锦州站教员一起开展了业务交流活动。通过此次业务培训，有效地激发了官兵的学习热情，进一步提高了全体执勤人员的业务素质。

【保障口岸安全稳定】 落实总队反偷渡专项行动和执法执勤安全工作专项整顿的通知要求，大力开展了情报信息工作，加大了对口岸辖区的监管力度，坚持定期对待开放的港区进行巡查巡视，每逢重大节日和重点敏感时期都组织官兵进行了处突演练，同口岸各部门、市公安局国保、反恐部门，签订了打击偷渡、三股势力、反恐协作协议，在港区形成了反偷渡、反三股势力、反恐怖的高压态势；工作中，党委成员亲临一线指导工作，进一步加强了对勤务工作的组织实施。共检查出港船舶4艘次，出境船员71人次，未出现任何执勤差错和事故。

【保持部队内部安全稳定】 1、严格落实《内务规定》和各项规章制度，狠抓部队管理。4月份，按照总队的统一部署，利用一个月的时间认真开展了“条令条例学习月”活动，从抓机关管理和坚持一日生活制度入手，培养、提高管理干部的工作能力，严格落实干部、战士八小时以外管理和查铺查哨等制度，明确责任，加强官兵执勤期间和营区外的管理，坚决杜绝管理松懈、纪律松弛、作风松散现象，切实提高了官兵遵守条令条例和各项规章制度的自觉性。2、严格按照大练兵实施方案的要求，提高官兵军事、体能素质。年初在总结了去年大练兵活动经验的基础上，制定了《2009年度深化大练兵苦练基本功实施方案》。严格按照“全警参与、重在基层、立足岗位、注重实效”的要求，坚持周二军事体能练兵，周三政治学习练兵，周四业务学习练兵，每日1小时体能锻炼等制度。做到了月有计划，阶段有总结，半年有考核。大练兵活动中官兵参训率达到了100%，全年军事训练考核成绩均在良好以上。3、法制建设得到进一步加强。加强法制工作建设，将法制经费纳入站经费预算，健全完善了法制工作领导小组和法制工作制度，设立了兼职的法制人员。认真落实部局、总队《公安边防部队加强执法规范化建设方案》等通知要求，领导干部在法制学习教育中，带头学习、研讨，为部队树立了良好的学风。被葫芦岛市综治委评为先进单位。4、机要工作上了一个新的台阶。机要查控科按总队的统一部署，深入开展了密码业务大练兵活动，不断提高密码干部队伍的综合素质，在总队组织的机要岗位知识测试中分别取得1次第二名、3次第三名、1次第四名的好成绩，在11月中旬举行的机要岗位理论知识和业务技能竞赛中取得团体第四名的优异成绩。5、加强信息化建设，部队信息化水平显著提高。一是加强网络基础设施建设。在做好现有公安网络和梅沙网络维护的基础上，在上级技术部门指导下，顺利完成了二级网改造工作。二是依托葫芦岛港即将开港的契机，信息中心在吃透各项技术标准后，参考港前联检楼和中队机关营房弱电图纸，与地方口岸局及港务公司取得联系，对港前网络建设提出了有益的意见和建议。三是加强了涉密计算机和移动存储介质的管理。涉密计算机和涉密移动存储介质注册率达到百分之百，未发生失泄密事件。6、抓好“两防”工作，确保部队内部的安全稳定。紧贴提高边检服务水平、国庆60周年安全保卫等重点工作，狠抓了公安边防部队《内务规定》和各项条令、条例和规章制度的落实，实现了部队内部的安全稳定和年初制定的“两防”工作目标。一是充分利用每月一次的安全分析会，针对人、车、章、密、财、枪等重点环节开展分析，制定相关措施。不断强化了人员和物资管理，严格执行条令条例和各项管理规定，重点加强了驾驶员和值班人员对“五条禁令”、“四个严禁”、总队车辆驾驶“八条禁令”的落实，建立了正规的执勤、训练、工作和生活秩序。二是在做好安全教育、安全检查的同时，按照《葫芦岛边防检查站督察工作方案》的要求，每月至少开展一次督察活动，有步骤、有侧重地开展不同时期的专项督察活动。对检查出的问题，通报批评，指定专人负责，限期整改。通过开展集中教育、随机教育、节前安全教育以及专项督察等活动，提高了官兵的安全意识。三是下大力气抓好纪律作风整顿和安全教育整顿工作。按照部局、总队关于纪律作风整顿和安全教育整顿工作的统一部署，于5月5日～7月31日，认真组织官兵高标准地完成了学习教育、排查剖析、落实整改、考核验收等各阶段工作。通过教育整顿，营造了“人人想安全，处处抓安全”的良好氛围，确保了部队内部的安全稳定。

【加强车辆军械管理】 一是规范车辆档案管理、严格落实车辆派遣制度。年初，重新修订了《车辆管理规定》，对车辆管理制度进一步深化和细化，完善“专车专卡”加油制度，降低油耗，全年耗油12万余元，与上年同期相比节约油料资金近4万元。二是严格执行《枪支弹药安全管理规定》，坚持每季度和重大节日前，对站军械室进行一次安全检查。10月底，严格落实总队指示精神，高标准地完成了站军械室的改造工作，确保了军械装备的绝对安全。

（朱　宝）

检验检疫

【概况】 2009年，积极响应辽宁局的号召，认真贯彻落实辽宁局党组的工作思路，紧紧围绕检验检疫中心工作，始终坚持十六字工作机制，以绩效管理为总抓手，认真履行职责，大力加强领导班子和干部队伍建设，不断提高工作质量和工作效能，积极扶持企业战胜金融危机，为地方经济发展作出了积极贡献，圆满地完成了各项工作任务，在业务建设、内部管理、精神文明建设等方面都取得了显著成绩。已经申报省级文明单位，机关党支部被评为市直机关先进党支部，综合科申报省级文明窗口，全局继续保持零投诉、无举报、企业满意的工作目标。全局共检验检疫进出口货物1 987批次/11 072万美元，其中：出口货物1 980批次/10 069万美元，同比批次增加14%，货值减少79%；进口货物7批次/1 003万美元，同比批次和货值分别减少33%和64%；共检出17批次/44万美元不合格出入境货物，检出率约为1%；共签发各类产地证400份，货值2 408万美元，签证量增加11%，货值减少14.8%。

【全力做好绩效考核管理工作】 1、重组织领导，抓指标分解，局党组高度重视绩效考核工作，成立绩效管理工作领导小组，确立了一把手亲自抓，分管领导具体抓，小组成员有专责的组织领导体制，积极制定绩效管理考核办法，将各项考核指标进逐条细化、量化，具体分解到部门，落实到个人。2、重规范管理，建绩效考核档案，为确保管理按章法、考核有依据、责任能落实，结果可追溯，按三个层次建立绩效考核档案。一是局绩效办考核档案，内容涵盖辽宁局绩效管理的各项管理办法、工作要求等文件及相关文件规定等范围。二是科室考核档案，内容涵盖科室月份工作完成情况、动态工作和主体工作进展情况。三是个人考核档案，内容涵盖对每个人进行日常考核和定期考核的材料。3、重层级管理，结合工作量考核，按照一级抓一级，一级考核一级，一级对一级负责的原则，落实层级管理制度，局党组考核各科长及科室主要工作，各科长考核工作人员，逐级进行评价，将其作为月份考核结果存入考核档案。通过考核突出和强化既保质又保量的指导思想，彻底杜绝干多干少一个样、干好干坏一个样现象。4、重日常考核，促重点工作完成，将工作纪律、会议纪律、办公秩序、环境卫生、上报材料报告情况、主体工作进展情况、重点工作完成情况等方面纳入日常考核范围，设计专门记录，实施日常考核。不断转变工作作风，提升机关整体文明形象，促进各项重点工作优质高效完成。5、重激励鞭策，设月度考核简报，每月编制月度考核简报，实施绩效考核定期通报制度。由绩效办按月汇总绩效考核结果，经局党组研究、局长审定后在全局范围内发布，及时反映绩效管理工作的进展情况，表扬在绩效管理和考核工作中表现突出的部门和个人，批评落后行为。达到了激励先进、鞭策后进，全面推进绩效管理的目的。6、重体系融合，强工作基础，积极探索将绩效管理体系和 ISO9000 质量管理体系有机融合的途径。对质量手册、程序文件、作业指导书等体系文件进行修改、补充和完善，增加操作性、实用性，突出检验检疫行政执法工作，重点抓好检验检疫和监督管理的关键环节。9 月 1 日，ISO9001 质量管理体系正式运行。目前，正在积极探索绩效管理与质量管理体系的有效融合，努力实现两种管理手段互相补充、互相促进，共同提高，更加突出总抓手作用，为全面提高检验检疫工作质量和机关效能提供坚强保障。7、抓整改措施，做到持续改进，对于在检查中发现的问题，做到明确落实责任、逐一分解任务、仔细分析原因、及时整改纠正、认真跟踪检查，确保整改措施得以真正贯彻落实，确保每次检查和整改都有所收获、都有所提高，坚决消除和避免同一问题多次发生的现象，把持续改进的原则落实到具体工作中。8、重以人为本，促和谐机关建设，把“以人为本”的理念作为推行绩效考核的前提，把工作实绩作为考核的最重要的内容，确定绩效考核的内容和目标，对德、能、勤、绩、廉进行全面考察。明确将年度绩效考核结果作为职工评先选优、干部选拔任用的主要依据。确保想干事、能干事、干成事的人得到充分肯定和认可，为干部队伍建设、和谐机关建设打下坚实基础。

【做好葫芦岛港口开放各项准备工作】 1、抓硬件，认真搞好检验检疫配套设施建设。及时与市政府相关部门沟通，从办公用房、卫生检疫、熏蒸处理、取制样、监视系统等方面多次提出要求，并得到政府有关部门的支持。地方政府已经为本局配备了必要的检验检疫设施，包括办公楼、检验检疫处理区、熏蒸处理库房、港前制样室、隔离病房和检验检疫监管库房。2、抓软件，做好人员储备和培训。一是设立专门机构，成立口岸科，具体负责口岸开放的各项工作。二是积极做好人员培训工作。积极派人参加鉴定培训和卫生检疫培训，做好有关标准、资料的收集整理，制订作业指导书和口岸各种预案，适时演练。三是指导帮助港方加强衡器管理，达到使用标准。3、积极做好硬件准备，随时为正式验收做准备。做好购置必备计算机和办公桌椅等办公设备，进行装饰装修，与网通公司联系，铺设数据专线等工作，为顺利通过验收奠定基础。

【大力提高检测能力】 把实验室建设作为一项重点工作，通过改造实验室结构，购置、安装和调试仪器设备，开展人员培训，进行比对试验等方式，切实提高检测能力，已经具备了出口花生全项检测能力，即将正式开始花生全项检测。1、完成布局改造。制订改造方案，并以最低的成本、最快的速度，完成了室内结构改造、水电气管线扩容和改造、样品室、制样室、操作室重新设置等各项工作。2、加大设备投入。在辽宁局的大力支持下，共投入 100 多万元的资金，按照政府采购的标准和程序，通过招标的方式，完成仪器设备的采购工作。3、开展人员培训。一方面，积极组织技术人员从多方面收集检测技术资料，进行研究学习和研究，确定各种项目检测依据和标准。另一方面，派人先后到辽宁局技术中心和兄弟局虚心学习农药残留等室内检测技术，逐步培养独立检测技能，提高检测技术。4、适时开展室内检测。组织实验室人员开展了“中午少休一小时，晚上多做一批样，周六继续干一天”的活动，不断改进辅助器具、检测手段和工作流程，缩短检测时间，实现多批次样品同时检测。已经帮助出口企业完成 6 批普查样品的 30 项次农药残留检测，完成 3 批出口样品的 3 项次黄曲霉毒素检测以及 15 项次农药残留项目检测比对实验，确保实验室能够检得出、检得准、检得快，促进当地花生顺利出口。

（吴爱军）

商业 外贸

对外开放

【概况】 2009 年全市直接利用外资实际到位 7 447 万美元，完成省考核指标的 124.1%，实现了高速增长，增幅为 43.1%，高于全省平均增幅 15 个百分点。实际到位内资 157.1 亿元，完成省考核指标的 142.8%，在 2008 年翻番的基础上，又实现了翻番的目标，增幅为 109.5%，高于全省平均增幅 10 个百分点。

【重点工作】 1、全力做好招商引资工作 （1）打造主题概念，积极开展招商引资活动。开放办紧紧抓住招商引资这条主线，围绕发展规划、资源优势，突出重点领域和优势产业，打造了 10 个主题招商概念，开展产业集群招商。先后 5 次组织各县（市）区、开发区及市直有关部门赴香港、“珠三角”、“长三角”开展主题概念招商引资推介活动。4 月 8～12 日，组织在深圳开展主题概念招商活动，共与 60 多家企业进行了有效对接。陈政高省长亲自帮助本市推介“深智科技产业园项目、PU 组合料、预聚体和仿木及保温板材加工项目”；孙兆林市长在主题概念招商座谈会上，推介了“海岸中关村生态新城区、龙湾 CBD、聚氨酯生产基地”三个项目，中核集团、茂业集团、田禾集团等 20 多家企业已经到本市进行了实地考察。5 月 21 日，筹备并参加打渔山工业园区在温州举行的“中国北方五金机电产业基地”投资环境说明会；7 月 16～18 日，参加在温州举行的赴长三角（温州）主题概念招商活动。(2）协调组织召开全市招商引资工作调度会，全市共组织召开 6 次招商引资工作调度会。一是 3 月份筹备召开全市首季度招商引资工作“开门红”调度会；二是 4 月份组织召开赴香港主题概念招商工作调度会；三是 5 月份筹备召开了全市对外开放工作会议，加强与市委办、市政府办以及市直有关部门和企业的沟通，落实会议有关事项；四是 7 月份组织召开了招商引资工作“时间过半，任务过半”调度会；五是 9 月份召开全市招商引资及外贸出口三项指标完成情况调度会；六是 10 月份精心组织协调，召开全市招商引资及外经贸工作调度推进会，6 个县（市）区和 3 个省级开发区及龙湾 CBD 围绕本地区招商引资及外经贸工作的完成情况和重点项目进展情况进行了汇报。孙兆林市长全面总结了前三季度招商引资及外经贸工作成绩，分析指出因受金融危机影响面面临的严峻形势，就当前存在的问题提出了解决办法，明确了任务和要求，为完成全年省定招商引资及外经贸任务指标起到了积极的推动作用。（3）加强对外联系和对外推介工作. 充分利用每次招商引资说明会、中国（辽宁）非公有制经济发展论坛、达沃斯论坛和辽宁台湾周活动等平台，加强对外联系和对外宣传推介。全年共组织或参与各种说明会、论坛等活动 10 余次，参加人员达 200 人次，宣传推介了本市良好的投资环境和 10 个主题概念 100 余个招商项目，共发放宣传材料 3 000 余份。 2、抓好全市招商引资指导、协调和服务坚持把履行好职责、落实好责任制作为活动基本要求，为各县（市）区、开发区招商引资出点子、想办法。积极策划四、七月份赴香港、深圳、温州招商活动，积极协助南票区和龙湾中央商务区筹划主题概念招商，并于四月初在香港、深圳、7 月份在温州举办推介会。协助连山区打渔山工业区策划打造“中国北方五金机电产业基地”主题概念，帮助、协调指导园区规划，开展主题概念招商活动。

对全市各县（市）区、开发区的内资数据实行按月调度，及时上报省经合办。编制了葫芦岛市“一线七区”内资统计表，便于及时掌握本市沿海经济带引进内资进展情况。

对本市沿海经济带各地区开发建设情况相关材料及图片进行了搜集和整理，编制了葫芦岛市“一线七区”建设情况汇总表及葫芦岛市“一线七区”概况一览表，及时地掌握本市沿海经济带各先导区的开发建设情况。

根据葫政办发[2008]57 号《葫芦岛市外经贸主要指标月通报制度实施方案》文件，本市正式建立外经贸主要指标月通报制度，按照要求，预计全年编制印发《葫芦岛市外经贸主要指标情况通报》共 11 期。3、重点项目跟踪推进工作加大对重点项目跟进力度，重点跟踪推进项目 163 个，总投资 326.15 亿元，拟引进资金 319.42 亿元，全市实际到位资金 99.87 亿元。4、对县（市）区、开发区三项指标的检察与考核工作按照《关于印发＜葫芦岛市对县（市）区及开发区招商引资、外经贸工作考核办法＞的通知》（葫委办发[2009]19 号）文件要求，市政府副秘书长孙永兴带领市政府督察室、开放办和外经贸局相关负责人，于 9 月 9～14 日对各县（市）区、开发区 1～8 月利用外资、引进域外资金、外贸出口三项指标完成情况进行了督察和考核。通过这次督察考核，了解并掌握全市完成省定三项指标情况，及时发现各县（市）区、开发区存在的潜在问题，提出了一些合理建议和措施。5、认真落实市委、市政府领导批示。（1）开展调研。按照市委、市政府领导指示，全年共开展了四项专题调研工作。一是围绕进一步完善招商引资外经贸工作机制组成调研工作组，深入县（市）区、开发区（园区）和企业有针对性地调研。经过大量的调研，起草了《葫芦岛市对县（市）区及开发区招商引资、外经贸工作考核办法》和《关于进一步强化市直部门招商引资的实施方案》，“考核办法”和“实施方案”出台后，进一步完善了招商引资工作机制．二是面对当前国际金融危机，开展了应对国际金融危机，促进招商引资及外经贸工作实现跨越式发展的专题调研。三是开展了学习实践科学发展观、强化招商引资及外经贸工作，实现“保增长、保民生、保稳定”的专题调研。四是针对各县（市）区、开发区出台的优惠政策和招商引资现状，起草了“关于进一步规范招商引资秩序、防止恶意竞争的有关规定”，下发到各县（市）区、开发区。（2）筹备全市对外开放工作会议。按照市领导指示，全力筹备全市对内对外开放工作会议，一是组织起草会议相关材料；二是加强与市委办、市政府办以及市直有关部门和企业的沟通，落实会议有关事项；三是与40家国有大中型企业和15家外资企业等参会企业进行沟通，确保了全市对外开放工作会议的成功召开。（3）接待工作。全年共接待境内外（新加坡、德国、日本、香港、深圳、北京、山东东营等）考察团组14个、共70余人次，分别推介了本市投资环境、政策和区位、资源优势及相关主题概念、重点项目等情况，先后考察了北港工业区、高新技术产业园区、绥中滨海经济区、兴城临海产业园区及龙湾 CBD 等地，对接洽谈项目90余个。（4）提案办理。依据领导批示，对市政协三届五次会议代表提案第140号、第302号、第337号和市三届人大代表提案第13号、第14号、第41号等6个提案进行了办理。

（陈立新）

商业（粮食）

【概况】 2009年，市商业（粮食）局按照市委、市政府的总体部署，认真履行为社会商业服务的基本职能，超额完成了省下达的各项工作目标。全市社会商品零售总额完成198.7亿元，增长18.4%；“万村千乡市场工程”新建连锁农家店397家，超额完成省政府下达指标（330个）67个。服务业增加值实现200.1亿元，同比增长15.5%（此项指标居全省排名第8位，增幅居第9位），占全市GDP比重达到41%；服务业固定资产投资144亿元，增幅为45%；服务业地方税收实现16.2亿元，增幅为37.3%，占全部地方税收比重为50.3%。

【全面推进流通服务业发展】 2009年，市商业（粮食）局以“扩内需、促消费、保增长”为目标，促进城乡市场日趋活跃。一是开展系列主题活动，繁荣城市市场。动员和组织全市商业企业开展丰富多彩的系列主题商业活动，营造出商气浓、人气旺、销售火的节日市场氛围，有效地扩大了假日消费。二是积极开拓农村市场。从2006～2009年，已建1 016个农家店，全市农家店覆盖率（行政村）达到80%以上，拉动农村消费1亿多元，农家店销售额普遍增长30～50%以上；全面推进“家电下乡”，累计销售6.3万台，销售额1.2亿元，补贴1 400多万元；积极开展“汽车、摩托车下乡”，财政兑付补贴数量18 626辆、补贴总额2 495万元。三是实施“走出去”战略，促进地方经济发展。先后8次组织县（市）区及企业参加国内各类商品展销会，成交额5 000多万元，扩大了名优产品在国内外市场的影响；完成市政府下达的招商引资任务，已到位资金1 000万元。四是创造产业发展环境，促进服务业结构升级。大力实施项目牵动战略，与财政局共同完成国家和省支持服务业项目的推荐、申报、考核与验收工作，共申报17项，批复11项，争取补贴资金1 390万元，特别是为中央商务区争取到国家资金支持500万元。五是完善各项调控措施，确保市场平稳运行。在全市商品、粮食流通重点领域和行业建立77个生活、生产必需品监测网络，对搞好宏观调控、防止市场波动起到了积极的作用。

【抓好服务业和城区经济工作】 2009年8月份，根据省政府机构改革和职能调整，市政府将全市服务业发展和城区经济工作职能转交本局。在市机构改革尚未到位，各方面工作关系尚未理顺的情况下，完成了扩大城区政府经济管理权限调研、向省提供相关考核指标和报表、申报全省服务业重点聚集区、重大投资项目、领军型企业等项工作，分别提出了全市服务业和城区经济2010年工作安排意见。这项工作的推进，得到市政府领导的赞扬。

【强化行业管理和市场经济秩序整顿】一是推进依法行政，运用法律手段管理全局的各项事务。协调组织整规工作成员单位依法整顿和规范市场经济秩序，效果显著；加强酒类市场监管。查处假冒伪劣酒3 000余瓶，不法经营户150余家，办理酒类批发经营许可证400余户，酒类流通备案登记证的覆盖率达到90%以上；加强定点屠宰管理。生猪定点屠宰厂（场）由原90家撤并为77家，生猪屠宰量达到36多万头，病害猪无害化处理700头，确保了上市肉品质量。全市县城以上的市场肉品100%来自定点屠宰厂（场）、乡镇达到95%以上；加强美容美发和餐饮等行业管理。协助市电台开办“931生活美食”节目；在市美容美发行业评选推荐省示范店3家、美发（美容）师18名；在本市启动“家政服务工程”，省下达400人培训指标，实际完成430人；整顿规范二手车交易市场。进行现场调查、到省内学习考察，市政府已下发《会议纪要》；加强生产资料市场和散装水泥行业监管。对多家不规范经营的成品油企业下发了整改或停业整改通知书，效果明显。特别是在加强散装水泥行业监管中，通过拓展城区禁现区域，加大禁现执法检查，建立农村推散服务站启动推散试点工作，并利用各类媒体开展散装水泥城市禁现对绿色环保、促进节能减排重要作用的宣传，取得实效。散装水泥供应量50.10万吨，散装率49.02%，全省排序位居前列。散装水泥供应量首次突破50万吨大关，创社会经济和综合效益3 000多万元。散装水泥专项资金征收额完成100万元；强化典当、拍卖等特殊行业管理。通过规范企业经营行为，没有出现各类违法违规行为。全局共依法限期受理行政许可96件，实施行政处罚95件。二是积极开展商务综合执法试点工作。本市被国家商务部列为第二批试点城市，经过精心组织筹备，于12月8日在全省率先开通了“12312商务举报投诉服务热线”，对维护市场秩序、保障社会公众消费安全起到积极作用。

【粮食政策措施落到实处】 一是重点工作目标有效落实。对储备粮油计划、粮食仓储设施建设及扭亏增盈工作，与各县（市）区签订了目标责任状。市政府下达的地方储备粮油计划全部落实，原粮储备规模达到40 300吨，超过省定指标149%。成品粮储备970吨，食油750吨，达到城镇人口10天以上应急供应的需求；抓住国家有关扶持政策机遇，申报粮油仓储设施建设项目单位两家，拟建仓容2.35万吨，投资1 190万元；申报粮食仓储设施维修改造项目单位15家，拟维修仓容量15.1万吨，投资3 010万元。地方自筹资金650多万元，新建仓容7 000吨，地坪5 600平方米，维修改造仓容8 500吨，并增加了部分配套设施；全市粮食购销企业实现扭亏增盈，实现利润109万元，较2008年亏损118万元减亏227万元，利润同比增幅192%。二是加强储备库存管理。重新制定了《葫芦岛市市级储备粮油管理暂行办法》，加强储备库存监管，共组织原粮和成品粮库存轮换3.2万吨，确保储备粮油储存安全。三是加强粮食监督检查工作。各县（市）区全部建立了行政管理和执法机构；组织开展粮食市场各种专项检查活动；组织开展全市粮食清仓查库工作，粮食数量达到账实相符，受到省政府督察组表扬。四是加强军粮供应管理工作。筹集资金近1 000万元，购置土地0.02平方千米，建设市军供站新站址。严格落实军粮管理各项政策，保证部队官兵吃上了满意放心的粮油。五是全面做好粮油检测工作。各县（市）区全部建立粮油检测机构；加强对地方储备、军供粮油及粮食市场的质量检测工作，保证了粮食安全。

（刘 颖）

供 销

【概况】 2009年，全市供销社工作坚持服务“三农”宗旨，突出抓好农产品流通，重点实施“新网工程”，大力发展农民专业合作经济组织，推进开放办社，做强做大龙头企业，解放思想，大胆创新，脚踏实地，真抓实干，努力促进供销合作事业又好又快发展，为新农村建设作出贡献。

【经济指标】 商品销售额实现5.25亿元，同比增长5%；利润总额168万元，同比增长5%。全系统供应化肥18.5万吨，农药630吨，农膜1 600吨。构建农村现代流通网络，加强县级区域配送中心建设，发展100家农资连锁店、40家日用消费品连锁店、35个村级综合服务社，培育农民经纪人骨干500人。

【加强新农村现代流通网络体系建设】 建设农业生产资料现代经营服务网络。对供销社农资经营企业和基层供销社农资经营网点的改造，整合网络资源。农资经营网络改造以市、县农资企业为龙头，以基层农资供应点、村级综合服务社为基础，逐步形成覆盖广大农村、上联工厂、下联农民的经营网络。各县（市）区供销社以龙头企业为依托，实行集中采购、统一配送，构筑县域、区域配送中心和连锁经营网点，发展农资直营、加盟连锁店。每个县（市）区社建立一个配送中心，农资连锁店要逐步实现“村村有”。建设日用消费品现代经营网络。一是按照“小超市、大连锁”的思路，对原有经营设施、经营网络进行改造、整合。在县城、乡镇发展日用消费品连锁超市，在村屯发展便利农家店。二是有步骤地对基层供销合作社门市部及村级服务社进行超市或“农家店”改造，择优吸纳一批系统外农村社会网点资源加入供销合作社连锁经营网络，鼓励与系统外连锁企业合作，尽快构建以市县为主体、乡镇为骨干、村屯为基础的农村新型日用消费品经营体系。三是在把价廉物美、适宜农村消费水平的日用品送到农村市场的同时，把当地的农副土特产品带入城市连锁配送网络。建设农产品市场购销网络。围绕水果、蔬菜等主导产品和供销社传统经营行业，结合农业产业化经营和“千社千品富农工程”，通过整合现有农产品流通、加工、仓储资源，积极参与农业产业化经营。搞好各类农副产品批发市场和零售市场建设，发展各类农产品种养、加工型专业合作社，并与农副产品批发市场及农产品产加销企业对接，形成“市场＋龙头企业＋专业合作社＋农户”的产业化服务格局。同时，实施农产品名牌战略，大力创建名牌农产品，通过举办展示会、交易会等方式，推介名牌农产品，以为超市配送为重点，不断提高农副产品在新型经营业态的经营比重，提高市场占有率。建设再生资源回收利用网络。以资产、利益为纽带，对系统内再生资源经营企业进行改革、改组，打造龙头，延伸网点，重构上下结合的再生资源经营网络。

【全力抓好龙头企业建设】 切实加强供销社出资企业建设，要依托供销社的传统优势产业，做强做大龙头企业，壮大供销社的经济实力。进一步理顺供销社和出资企业的关系。供销社要既不干涉企业的正常经营，又能保持对企业的有效控制，实现社有资产的保值增值。进一步深化企业改革，打破出资企业单一产权结构，推进投资主体多元化。积极开拓新的业务领域。要在做好农资、农副产品、再生资源、烟花爆竹等传统业务同时，积极开拓新的业务经营。要积极开发供销社自身的有效资源和本县区农业资源和特色资源，发展新兴产业，培育骨干企业和龙头企业。积极扩大业务范围，发挥自身优势，切实加强招商引资工作。坚持开放办企业，联合求发展。牢固树立“开放办社”的观念，以现有经营设施和场地等扩大招商引资，根据当地市场需求情况拓展新的经营项目，创造新的经济增长点。加大了培育农业产业化龙头企业的力度。充分利用国家和省、市的有关惠农政策，积极争取资金，培育全系统乃至全市、全省的典型，发挥带动作用，引导专业合作社和农业示范基地建设，带领农民发展农业产业化经营。发展农业示范基地的步伐。各县（市）区供销社在继续培育原有的农业示范基地的同时，围绕各地农业优势资源和特色农产品，以龙头企业为依托，借助农产品协会和经纪人提供的有关信息，大力发展新的农业示范基地，形成“龙头企业+农业示范基地+农户”的格局，带领农民大步奔小康。切实做好旅游商品开发与营销工作。抓住培育和做强旅游产业的契机，由供销社企业或专业合作社牵头，利用当地主导农副产品，将其深加工、精包装，制成绿色无公害旅游商品，为供销合作社“老字号”注入了新活力。同时严把产品质量关、服务关，绝不能损害游客利益，打出供销合作社的品牌，逐步把特色产品做成优势产业。各县（市）区社依托当地旅游资源，推出具有地方特色的旅游商品。

（王少刚）

物　资

【概况】 2009年，在市委、市政府领导下，以深入开展学习实践科学发展观活动为动力，以创建服务型机关为载体，坚持“深化企业改革是第一要务，维护社会稳定是第一责任”，
圆满完成了各项工作任务。

【开展资产经营 自筹改制资金】 市物资企业改制后，大部分资产抵顶了国家银行债务，但仍有部分资产被查封未作处置。抓住这个机遇，通过回购债权、以资抵债等方式，精心运作，拆借资金630万元：回购债权7 110万元；收回土地使用权38 976平方米，经评估价值2 436万元。还对剩余边缘资产进行了清理拍卖，全部收益136万元上缴了市财政，为处理改制遗留问题筹集了资金。

【狠抓清欠工作 减少资产流失】 加大了“清欠”工作力度，并逐案落实责任到人。A集团欠款案胜诉后收回欠款17.8万元；B信用社多占37.8平方米门市楼案收回资金10.6万元；C开发公司欠款案，执行第三人收回资金17万元；市木材公司办公楼案收回资金18.7万元。还在市房屋产权处、连山地税局的协助下，清理收回了市中物房地产开发公司被借用、占用商品楼15户，评估后全部低价卖给了下岗特困职工，既减少了国有资产流失，收回资金154万万元，还解决了部分下岗特困职工住房难的问题，该项工作被评为市直机关第四季度最佳实事。

【调处资产纠纷 偿还银行债务】 市物资企业改制前欠国家银行债务4. 8亿元，经过多年的努力还有债务7 717. 7万元。2009年，以资产抵顶了中国长城资产经营公司5 347.7万元债务，市中法下达了“终结执行裁定书”。对最后的2 370万元债务，已同债权人达成回购意向。还参与了3起资产纠纷案件的诉讼工作，支付债务赔偿资金12.5万元，减少经济赔偿58万元；收回债权资金17.8万元。

【解决疑难问题 促进社会稳定】 处理改制遗留问题，一是按照上级文件向民政部门移交了原60年代精简退职职工管理工作，回绝了乘移交之机力图享受国家补贴的说情者，维护了历史公正性和政策的严肃性；二是为198名符合退休年龄的职工办理了退还住房公积金手续；三是为21人查阅了原企业财务档案，冲抵债务19.1万元，偿还债务8. 2万元；四是在市供电局帮助下预算投入资金45万元，启动了杨屯物资库区159户下岗职工住宅用电设施改造工程；五是投入2. 3万元重点帮扶了36名生活困难和重病的下岗职工；六是认真接待了598人次上访，其中集体访3次，解决矛盾纠纷11起，资金补偿1. 8万元，投入工作经费2. 9万元。全系统近4 000名下岗职工无一人因改制问题到市以上机关上访，促进了社会稳定。

【做好基础工作 推进企业破产】 为了实施企业破产，合并了11家“壳”企业，规避了部分债务，在此基础上还重点做了三方面工作：一是对改制10年来存在的问题开展了调研，撰写了《市物资集团改制工作汇报》，为市领导决策提供了依据；二是对准备破产企业债权债务进行清查，逐笔登记、核实，落实破产程序条件；三是培训了业务骨干，学习了外地流通企业破产操作经验。

（张文生）

烟草专卖

【概况】 2009年，葫芦岛市烟草专卖局（公司）深入贯彻落实科学发展观，紧紧围绕国家局提出的“烟叶防过热，卷烟上水平，税利保增长”的战略任务和省局提出的切实抓好6个方面工作的总体要求。广大干部职工艰苦奋斗，乘势而上，企业的综合实力进一步增强、员工的综合素质进一步提升。继续保持了良好发展态势。

【经济效益创历史最高水平】 2009年，面对严峻的经济形势，牢牢把握行业的中心任务，始终坚持“两个适度，一个平衡”原则，认真落实“保牌、稳价、规范、增效”经营措施，不断提高企业

经营能力和水平，经济效益再创历史最高水平。

全年卷烟销量 87 996 箱，同比增加 1 901 箱，增长 2.21%。卷烟销售额 95 151 万元，同比增加 6 201 万元，增长 6.97%。单箱销售收入 10 817 元，同比增加 3.92 元。一类烟销售 3 655 箱，同比增长 427 箱，增长 13.22%，二类烟销售 3 807 箱，同比减少 86 箱，减少 2.2%，（政策性减少）三类烟销售 16 123 箱，同比增长 2 832 箱，增长 14.94%。低档卷烟销售 30 600 箱，完成计划 100.34%。全年实现利税 18 963 万元，同比增加 153 万元，增长 5.74%。其中实现税金 7 614 万元，同比增加 3 892 万元，增长 95.60%，实现利润 11 349 万元，同比增加 2 861 万元，增长 30%。截至 2009 年底，葫芦岛烟草资产总额达到 4.3 亿元。为国家和地方作了新的贡献。

【网建工作】 网建工作是烟草行业的生命工程。在网络建设过程中，始终把“三个只有、三个才能”、“坚持三个过程”、“五个切实做到”不折不扣地贯彻于网建工作的始终，实现了网建工作的跨越式发展，连续三年被省局评为网建优秀达标单位。一是突出抓好订单供货工作，不断完善货源分配制度。以提高把握市场能力为目标，加强市场分析研究，充分发挥市场配置资源的积极作用。以订单是否满足市场真实需求为重点，先后与 9 家工业企业实现了网上配货供应链。与 ISO9000 质量管理体系认证工作相结合，进一步梳理订单供货工作制度和流程，提高了把握市场真实需求的水平。二是突出抓好工作业绩考核工作。以规范经营、规范服务为切入点，实现营销、物流、专卖全面互控，建立客户投诉回访机制，不断加强“三员”、“五部”的互动和协调，完善内部管理机制，保证网建工作整体运行顺畅。三是突出抓好信息化资源共享工作。充分发挥“电话访销、分拣打码、电子结算、市场监管”在卷烟销售网络建设中的重要作用。四是突出抓好客户服务、注重服务效果。以提升客户满意度为载体，开展以“亲密接触、亲情服务万名客户进课堂”为主题的客户培训活动。共培训 101 期，培训客户 9 052 户。与此同时，继续深化“五个一”工程，城镇推进 100%，农村推进 85%以上。全地区客户满意度达 93.11%以上。五是突出抓好“示范街、示范店”活动。以改善卷烟零售终端的店面形象为目标，努力为消费者提供整洁、舒适、安全、方便的购物环境。六是突出抓好现场管理和成本核算管理，提升物流管理水平。以降低成本为目标，不断优化送货线路。全地区送货路线由上年的 195 条减少到 185 条，实现单车满载率 87.5%以上。以“7S”现场管理为手段，注重加强现场管理培训，促进了员工职业素养的提高，确保卷烟配送工作的高效低成本运行。七是突出抓好对标、对点工作。按照省局网建工作第四阶段的部署，以“两对两提”，增强竞争实力为要求，结合地区实际，制定了对标、对点实施方案，认真找准“标”和“点”。在对标工作中，在订单供货指标、物流费用指标、客户满意度指标上初步实现了由对标、追标到达标、创标的转变。

【卷烟打假破网成效显著】 2009 年，专卖管理工作在行业内部监管、卷烟打假打私和加强县级局职能建设方面发挥着越来越重要的作用。为确保卷烟市场规范有序经营，提高企业综合竞争力提供坚强保障。第一，为切实加强专卖内部监管能力和水平，制定了《葫芦岛烟草内部专卖管理监督工作规范》，进一步明确任务、严格制度、规范流程，运用信息化手段实施有效监管，全面推进专卖内管长效机制建设。第二，始终保持打假高压态势，坚持“端窝点、断源头、打网络”的卷烟打假重点，与刑事司法机关紧密合作，严厉打击各种“两烟”违法经营活动。全年共计查办案件 1 129 起，登记保存卷烟 3 033.43 万支，假冒卷烟 2 866.53 万支，罚没款共计 29.96 万元。查办一起国网标准的售假网络案件，批捕 3 人，涉案卷烟 4 082 条，标值 102.74095 万元。第三，不断加强卷烟市场监管。以开展“两节”期间市场专项治理活动为契机，累计出动检查人员 1 725 人次，检查车辆 368 台次，查处各类违法案件 123 起，卷烟 2 291.37 万支，其中假冒卷烟 2 257.81 万支，端掉窝点 9 个，运输案件 4 起，有力地维护了市场的正常秩序。第四，加强卷烟零售许可证管理。按照《烟草专卖许可证管理办法》的规定，市县两级全面完成 2009 版许可证的延续工作，全年共计办理新零售许可证 251 个，处理许可证变更事项 2 580 次，停业 633 户。切实提高许可证的监管水平。第五，不断加强县级局职能建设。经过市县两级的共同努力，已经初步形成了“机构人员落实、岗位职责明确、执法行为规范、内管全面到位、工作流程科学、按照标准考核”的模式。第六，专卖队伍自身建设不断加强。通过举办“岗位大练兵”、“大比武”活动，提升了专卖人员的行为果敢能力；通过“案卷制作”、“卷烟鉴别”等竞赛活动，提升了专卖人员的处理识别能力；通过开展各种专业知识的培训和竞赛、提升了专卖人员的思维应变能力；通过定期或不定期的绩效考核，提高了专卖人员的综合执法能力。

【企业文化建设】 2009 年，为全面落实省局“企业文化年”活动，扎实开展企业文化建设。在企业文化建设过程中，注重从葫烟的创业历程、人文精神等方面进行深入的挖掘。以“勤俭”、“孝道”为核心的葫烟“家园”文化建设理念，越来越被广大职工所接受。先后编纂完成了《家园文化手册》、《员工行为手册》、《论文集》和《诗歌集》等，进行专题培训和宣贯。年内共举办各种专题培训 8 期，参加培训人员 1 060 余人次，并结合“岗位在我身、责任在我心”主题演讲活动，深入三个县局进行巡回演讲和专题培训。为丰富企业文化建设内涵，相继开展了全地区“和谐杯”篮球比赛、党员干部走进千家万户活动；企业文化优秀论文评选、“家园杯”文体竞赛活动；“我的家园，我的故事”讲故事活动；“唱响家园”大型红歌会、工商零营销文化论坛、全员拓展训练、全民健身、创建文明健康机关等一系列活动，陶冶了职工思想情操，增强了企业凝聚力、向心力、文化力和竞争力。2009 年，葫芦岛烟草企业文化经过不懈努力，荣获省“先进单位”。

（王长余）

石油经营

【概况】 2009 年，是中国石油天然气股份有限公司辽宁葫芦岛销售分公司（以下简称葫芦岛分公司）进入新世纪新阶段以来经受考验最多、实现发展最坎坷的一年。经过全公司广大干部职工的共同努力，依然取得了预期的经营管理成果，基本实现了各项考核指标。

2009 年，全公司实现销售总量 30.03 万吨，其中，实现零售量 22.14 万吨。实现汽油零售量 6.02 万吨，完成全年计划的 102.67%。实现润滑油销售 8 818 吨，比计划多完成 3 876 吨。实现非油品销售额 1 240.12 万元，比计划多完成 290.12 万元，完成年度计划的 130.54%。

在安全管理上，实现全年等级责任事故为零的安全管理目标。在稳定工作方面，全年没有发生集体进京访事件。在党建和群团工作中，公司被申报为辽宁省文明企业标兵，工会被申报为辽宁省模范职工之家，公司团委被辽宁销售公司评为先进团委。

【营销管理工作】 在营销工作中，面对炼厂开工不足、个别品种时常断档的严峻形势，充分发挥兴城油库铁路专用线作用，确保品种齐全。特别是进入冬季以来，营销部门加大-3 号柴油购进力度，为实现销售目标奠定基础。重点对辖区内几十家用油大户进行开发。配合市发改委、商业局、质量技术监督局等政府部门，加强对乙醇汽油市场监管力度，对社会加油站进行拉网式检查，有力地打击了假冒伪劣油品。

在零售工作中，以开展“上销量、保增长、强基础、促发展”劳动竞赛活动为主线，通过开展“百日会战”、“情感营销”、“小额配送”、“超销奖励”等活动，努力提高优质服务水平，提高了零售比和零售市场占有率。同时制定科学管理办法，提高了加油站精细化管理水平。

【强化各项基础管理工作】 稳定工作。2009 年，葫芦岛分公司的稳定工作达到了近几年来最高水平，没有出现集体进京访事件，为企业在困难中生存和发展创造了良好的内部环境。随着上级部门一些相关政策和措施的陆续出台，很多矛盾和问题得到了化解，特别是离退休人员、有偿解除劳动关系人员、集体人员的利益得到了保障，不稳定因素逐步消除。安全保卫、安全生产工作。内部安保工作开展有力。认真落实安保责任，建立覆盖全公司的安保网络，在公司本部和基层单位开展安保综合检查，确保实现治安目标，为中心工作提供保障，得到了市综治委的充分肯定。

2009 年，葫芦岛分公司实现了全年安全生产无事故。这一成绩的取得，是全公司干部员工牢固树立“安全第一”思想的结果，是认真落实安全生产责任制的结果，是加强隐患整改的结果。

2009 年，继续签订安全承包责任状，实行副科级以上干部与油库、加油站安全责任直接挂钩办法，使安全责任得到进一步明确。加大隐患排查治理力度，开展“百日安全专项整治”活动，确保储油设备完好率、消防设备完好率和设备密封泄漏率达到规定的标准。做好 HSE 管理体系建设工作，开展应急预案评审和修订，明确领导及职能部门 HSE 职责，完成两书一表编制，进一步做好 HSE 信息系统维护和应用，体系工作有效开展。加强消防安全教育及培训，增强全员安全消防意识。加强油品数质量管理工作，按时对油库、加油站进行交叉盘点，确保数据真实、准确。加强油库、加油站、第三方承运油品入库、储存、调配、运输、销售各环节质量管理工作，确保油品质量符合国家标准。成立维修站和计量站。两个站在短时间内做了大量工作，保证了维修作业安全，规范了基层计量行为。人力资源管理，做好干部管理工作。根据机构设置情况，适时调整了部分中层干部岗位。推荐优秀人才参加省公司统一组织的入学深造培训，全公司有 3 人被录取。学习结束后，分别被安排在经营部副经理、五星级加油站经理、计量站副站长岗位上进行挂职锻炼。

做好技能鉴定工作。2009 年，全公司共有 217 人参加省公司统一组织的加油站操作员职业技能鉴定，其中初级 108 人，中级 109 人。总体合格率为 60.35%，初级合格率为 71.9%，中级合格率为 48.6%，有效地提高了一线操作人员的职业技能水平。

【党建和精神文明建设工作】 2009 年，葫芦岛分公司进行了一次深刻的科学发展观理论教育，为公司实现又好又快发展奠定了深厚的思想理论基础，党建群团工作也在科学发展观理论指导下实现了新的发展，取得了新的成绩。开展深入学习实践科学发展观活动。按照中国石油辽宁公司党委的统一部署和要求，自 2009 年 3 月份开始，历经 4 个月左右时间，公司党委组织党员干部完成了科学发展观学习实践活动的三个阶段目标任务，基本实现了党员干部受教育、科学发展上水平、人民群众得实惠的目标，得到了辽宁销售公司党委第二指导检查组的大力支持和充分肯定。加强基层党组织建设，做好党员发展工作。根据工作需要，调整基层党支部设置，配齐配强党支部班子。积极在油库、加油站一线和社会用工中展党员，及时为党组织补充新鲜血液，增强党组织凝聚力。做好党风廉政建设工作。与副科级以上干部签订《党风廉政建设责任状》和《领导干部廉洁自律承诺书》，开展反腐倡廉教育，努力从源头上遏制腐败现象的发生。努力做好群团工作。认真贯彻落实职代会制度，开展扶贫济困送温暖活动，开展金秋助学活动，做好工会经费收缴和使用工作。进行团委换届改选，组织团员青年积极投身到“上销量、保增长、强基础、促发展”劳动竞赛中来，引导优秀团员青年到基层建功立业，充分发挥团员青年的突击队和生力军作用。

（黄秀娟）

对外经济贸易

【概况】 2009年，全市新批及增资外商投资企业25户，同比增加6户；合同外资4.3亿美元，同比增长3.1倍；实际到位外资7 447万美元，完成省考核指标的124.1%，在2007年、2008年连续翻番的基础上，又实现了高速增长，增幅为43.1%，高于全省平均增幅15个百分点。2009年实现外贸进出口10.1亿美元，同比增长4.3%。其中，进口5.2亿美元，同比增长78.2%，外贸出口完成4.85亿美元，同比下降28.2%。2009年，以船舶为主的机电产品出口2.8亿美元，同比增长49.7%。

【高质高效 筹备组织招商活动】 2009年组织部分县（市）区、开发区随省政府代表团分别于2月上旬赴日本、韩国和新加坡开展了为期12天的招商活动，于4月上旬赴香港开展了为期5天的招商活动，于8月中旬赴深圳开展为期3天的招商活动。主要采取省长、市长与外商面对面洽谈的方式，对重点项目进行推进。3次招商活动共推进外资项目39个，投资总额37.7亿美元，外资额18亿美元，其中省长会见外商推进项目35个，投资总额32.6亿美元，外资额14.9亿美元。

【精心策划 打造主题概念招商】 围绕发展规划和资源优势，突出重点领域和支柱产业，全市共推出龙湾CBD、绥中滨海经济区等10个主题概念，开展产业集群招商和“一对一、点对点”洽谈，全年共精心组织10余次高层推进的境内外招商活动，接待考察团组30余个，推进内资项目163个，总投资326亿元，推进外资项目39个，总投资38亿美元，外资额18亿美元，其中省长推进项目35个，投资总额32.6亿美元，外资额14.9亿美元。一批项目已有实质性进展。

【突出重点 实行捆绑式招商】 一是突出工作重点，对英国TESCO公司投资1亿美元建设连山区TESCO购物中心，法国圣戈班集团投资3 000万美元建设绥中纸面石膏板等大项目，给予重点关注，在项目考察、洽谈和推进过程中，深入参与，多方协调，起到了不可替代的作用。二是在省厅的指导帮助下，为龙湾CBD项目开展捆绑式招商：在沈阳举办了面向香港、新加坡地产商的龙湾CBD专题推介会；引入法国、新加坡、香港等地高档酒店集团和地产企业就投资龙湾CBD进行考察；对新奥集团在CBD引入的外资项目，就设立外资房地产开发企业的政策和程序进行了咨询和指导。

【加强对外贸企业服务力度】 面对全球金融危机的影响，为提高外贸企业竞争能力，不断创新工作方法。一是召开外贸企业谈会。4月29日组织召开了全市外贸企业座谈会。副市长王福林亲自主持会议，到会企业30余家。会上，葫芦岛海关、葫芦岛检验检疫局、国税、地税、市经委、财政局等相关部门的领导分别就个自业务范围针对企业提出的困难提出了相关应对措施。王福林副市长在会上鼓励企业危机是暂时的，政府一定会想方设法采取措施，帮助企业渡过难关。二是举办外贸企业政策宣讲会。5月19日结合学习实践科学发展观活动，举办了主题为“增强信心保增长，万众一心抗危机”的政策宣讲会，邀请来自省外经贸厅、省出口信用保险公司、沈阳海关、辽宁检验检疫局等4家涉外主管部门围绕抗危机、保增长分11个专题进行了讲解，80余家外贸企业120余人参加了宣讲会，会议还专门安排了企业就外贸业务，报关通关、检验检疫等问题进行了现场答疑。6月5日，邀请中国对外经贸大学国际经济研究院院长助理冯鹏程为本市涉外企业和涉外管理人员做了《全球金融危机下中国企业应对之策》的专题报告。以上活动，均收到了良好效果。三是深入调研，实施重点帮扶。为了解掌握外贸企业及出口产品受金融危机影响程度，开展了“进入百家外贸企业”活动，先后赴渤船重工、葫芦岛锌厂、葫芦岛钢管公司等10余家有代表性的外贸骨干企业进行调研，对钼铁、氧化钼、锌锭、钢管、农产品及服装等大宗出口产品进行了专题调研，对重点出口企业开展一对一包扶，为企业排忧解难，帮助企业树立信心，并将有关情况形成调研材料反馈给上级，为上级部门解决问题、制定促出口措施提供最直接、最全面的依据。四是全额兑现外经贸奖金。上半年共为46家外贸出口企业兑现了外贸出口奖金108万元人民币。一方面大力提高了政府在企业心目中的形象，另一方面在全球金融危机的大背景下，使外贸企业增强信心，进一步扩大出口起到了积极的促进作用。

【做好“双反”调查应诉】 随着金融危机的蔓延，各国家和地区贸易保护主义逐渐抬头，美国和欧盟等国家对中国钢铁产品进行“双反”调查，为了全面保护本市涉案企业，与省厅和国家公平贸易局进行沟通，并且组织相关企业做好“双反”应诉的相关准备工作，此项工作得到了市领导和市直相关部门的大力支持，同时也得到了商务部领导的肯定。

【境外投资实现突破性进展】 积极贯彻国家“走出去”战略，为本市企业“跨国并购”搭建平台。以七星国际投资集团为主的4家企业分赴澳大利亚、菲律宾、韩国、美国进行了海外投资（并购），境外投资额达6 700余万美元，同比增长110倍，这些企业的境外投资不仅提升了企业发展后劲，还带动了本市利用外资，同时带动了企业设备、技术出口和劳务输出。其中，七星国际投资集团并购的澳大利亚游艇项目，反投本市2 415万美元，形成产能后，必将为本市的外贸出口作出贡献。

（侯传水）

财政 税务

国资委

【概况】 2009年，根据省国资系统工作会议和市委、市政府部署，工作重心实现了由全力推进国企改革向完善国资监管体系、推进大型国企战略重组、巩固创新企业党建工作均衡发展的转变。圆满完成了各项工作任务。

【国资监管工作扎实推进】 一是国资监管队伍能力进一步提升。在国有经济的控制力和影响力牢牢占据主导地位、运行质量不断提高的大背景下，以正式实施《企业国有资产法》为契机，组织企业管理层和机关干部开展了学习宣传《企业国有资产法》活动，进一步明确出资人的职责和权利义务、企业管理者选聘和考核规范，以及国有资产交易等程序要求，着力提升国有资产监管队伍履行职责能力，推动国资监管工作不断探索创新。二是产权基础管理工作进一步加强。按照省国资委要求，对90户企业（一级企业74户、二级企业15户、三级企业1户）国有资产占有情况进行了年度检查和汇总。同时，完成了7项评估项目核准备案和企业国有资产评估统计分析，进一步明确和规范了企业国有资产评估等程序。三是统计评价体系进一步拓展。以加强企业资产质量为核心，不断加强统计业务素质能力建设，组织了企业相关人员培训，完成了2008年度经营性国有企业国有资产的统计报表、录入、分析和监管企业的财务决算备案工作。在此基础上，组织参加了全国国有资本经营预算工作培训，积极探索国有资本经营预算决算的有效途径。四是国有资本运营效率进一步提高。坚持生产经营和资本运营并举，积极盘活存量资产，协调解决锦化集团生产资金缺口难题，减少国际金融危机负面影响，稳定企业生产和职工生活。按照市委市政府部署要求，加大招商引资力度，争取尽快海水淡化项目落户本市，促进资源良性循环。

【国企改革重组稳步推进】 一是大型国企重组取得实质性进展。全力推进锦化集团改制重组，积极寻找战略合作伙伴。成立了锦化集团社会职能移交和辅业单位分离领导小组，制订了《锦化集团社会职能和辅业单位分离托管原则》，派驻工作组，开展帮扶活动，协调生产资金，帮助企业解决当前的困难和问题；着力推动经济发展方式转变，积极推进锦化机集团股份制改造，对黎明公司提出的合作相关事项进行了逐项落实，并就合作模式、资产、人员、政策等问题进行了协商，于12月9日签署了合作协议，12月30日挂牌成立了新公司。二是加快了企业破产终结和遗留问题处理步伐。加强了改制企业调研，提出了八二七一厂、市供销总公司破产操作和7019、9891厂改制遗留问题处理等资金缺口意见，并上报了市政府。三是积极维护企业和社会稳定。在稳步推进国企改革的同时，始终把维护企业和社会稳定作为一项重要任务。健全了信访工作组织机构和工作制度，公开了接待、咨询、监察电话和网上信箱。全年共接待来访职工、家属230余批（次），共6 700余人（次）。同时，在市委、市政府的领导下，妥善地处理了锦化工集团、渤海水泥集团厂办大集体、8271厂等企业职工家属大规模群访事件，协调解决了企业办中小学退休教师待遇落实问题，收到职工家属感谢锦旗2面。

【企业党建工作不断加强】 一是进一步加强企业党组织建设。积极谋划建立与现代企业制度相适应的党建工作新机制，以加强和完善党员的教育管理工作为重点，深入开展学习实践科学发展观活动。坚持以建立长效机制为着力点，全面加强了基层党组织建设和对流动党员的教育管理，多措并举，开展了“党员干部走进千家万户”和困难企业帮扶实践活动，协调生产急需资金，保证职工群众正常生产生活，组织机关干部捐款捐物34 000余元。二是进一步加强了企业领导班子建设。积极探索党管干部原则与市场化选聘经营管理者相结合的有效途径，以优化结构，提高素质为重点，加强了企业领导班子中心组学习，举办企业后备干部和党建干部培训班，增强了企业领导班子的整体功能。逐步建立与国有资产管理体制相适应的企业领导管理体制，加强了企业领导班子考核，调整了锦化工集团领导班子。继续在市属企业中开展了“双争双好”、在中省直企业中开展了“四好”班子创建活动。三是进一步加强了企业思想政治工作。以学习、宣传、贯彻党的十七大和十七届四中全会精神为主线，以企业文化建设为重点，开展了典型宣传和建党88周年、建国60周年群众性歌咏比赛活动。召开了建党88周年暨党建思想政治工作研究会活动表彰大会，表彰了11个先进党委、22个先进党（总）支部、15名党务工作者和35名优秀共产党员。四是进一步加强了企业党风廉政建设。认真贯彻落实党风廉政建设责任制和《实施纲要》，开展了经常性的反腐倡廉警示教育。签订廉洁自律承诺书，进一步构建了从源头上防治腐败的惩防体系。配合市纪委，完成了企业落实年度工作任务督导和党风廉政建设情况检查与调研。

（崔学刚）

财　　政

【概况】 2009 年，全市一般预算收入完成 37.3 亿元，完成年初预算的 102.2%，比上年增长 18.8%，高于全省平均水平 1.5 个百分点，高于东部沿海地区平均水平 6.1 个百分点，完成了省委、省政府提出的一般预算收入“两个不低于”的目标。一般预算支出 92.4 亿元，比上年增长 31.1%。市本级一般预算收入完成 141 315 万元，完成年初预算的 100.2%，比上年增长 15.2%；一般预算支出 336 730 万元，比上年增长 39.2%。

【大力培植地方财源 有效拉动本市经济增长】 积极贯彻落实结构性减免税费政策，通过深化增值税转型减轻了葫芦岛市企业税负 7 亿元，豁免部分企业 1997 年之前形成的历史欠税 1.5 亿元，落实中央和省政府取消和停征 220 项行政事业性收费等措施，为企业和居民减负 4 663 万元；采取财政补助、贴息、担保等方式为企业发放技改贴息资金 1.5 亿元，拨付节能减排科技专项等资金 8 507 万元，扶持中小企业资金 500 万元，用于重点项目建设，鼓励企业自主创新和科技进步；利用政府性资金存款存量，在各商业银行实行分配调节，刺激各商行加大对本市基础设施建设及中小企业的投入，目前已贷款 24.5 亿元，经济建设领域资金明显增多，园区经济取得长足进展，成为财税收入新的增长点；支持国有企业改制、解决遗留问题和帮扶解困 4.6 亿元，其中：为锦化集团解困 2.7 亿元，帮助企业度过了难关，维护了社会稳定；对购房缴纳契税实施财政补贴，全年共支出 9 054 万元，有效地拉动了投资与消费，促进了房地产业发展；支持招商引资、外贸出口投入 923 万元，用于引进外资、中小企业国际市场开拓、高新技术出口产品研发等，鼓励企业优化出口商品结构和开拓国际市场。

【发挥财政聚财作用 壮大政府财力规模】 强化税收征管，通过完善重点税源监控体系，加强了对重点企业、重点产品和重点税种的税收征管，同时财税部门联合强化税制执行，严格清理缓税欠税，加大税收稽查力度，以查补收，应收尽收；强化非税收入征管，通过加强收费项目管理、票据监管、改进征收方式和加大稽查力度等一系列措施，实现非税收入的科学化、制度化和精细化管理。全年完成非税收入 60 914 万元，完成年初预算的 109.6%，比上年增长 26%，缓解了财政支出压力，增加了政府统筹财力；充分利用财政体制、税收返还等政策，积极向上级争取资金，2009 年共争取上级财政对葫芦岛市各类转移支付补助 45 亿元，其中社会保障和就业 14 亿元，医疗卫生 3.8 亿元，农业和流通领域 7.3 亿元，基本建设领域 3 亿元，教育 1.8 亿元，中央扩大内需资金 4 亿元以及各种财力性转移支付补助；筹集“五点一线”沿海经济带园区产业化项目贴息资金 1 951 万元；争取国债资金 1159 万元、中央发行的地方债券 3.4 亿元，支持了葫芦岛市农业、教育、卫生等基础设施和龙湾商务区等重点项目建设。

【依法科学合理使用财政资金 支持经济社会全面发展】 发放农资综合直补、粮食直补、农作物良种补贴、购置农机具和退耕还林补贴等各项惠农补贴 2.5 亿元，增加了农民收入，提高了农民生产积极性；农村综合改革各项工作投入 2.6 亿元，巩固了农村税费改革成果，进一步完善了村级组织运转经费保障机制；农业发展支出 3.1 亿元，支持了现代农业发展，加强了农业基础设施建设，改善了农村生态环境，促进了农民增收；农业综合开发投入 6 942 万元，完成了土地治理 48 平方千米，扶持产业化项目 9 个，农业贴息项目 3 个；农村流通体系建设投入 4 933 万元，促进农村消费品市场发展和繁荣，其中：落实“家电下乡和汽车、摩托车下乡”补贴政策投入 4 616 万元，新农村网络工程和“万村千乡市场工程”投入 317 万元；整村推进扶贫投入 3 393 万元，促进了贫困村加快脱贫步伐；制定了《葫芦岛市县域产业项目库建设暂行办法》，使葫芦岛市县域产业项目发展动态管理进入到档案化、标准化和规范化阶段。补助县（市）区支出 2.9 亿元，支持了县域经济和社会事业发展；投入 7.5 亿元，保证了企业退休人员养老金、城乡居民最低生活保障金和优抚对象的抚恤以及生活补助的及时足额发放；支持了建昌县农村养老保险改革试点工作；投入 3.8 亿元，支持以疾病预防控制、妇幼保健和卫生监督为主的农村卫生体系和以社区卫生服务为基础的城市公共卫生服务体系建设，其中投入 1.1 亿元，开展新农村合作医疗工作，为参合农民支付医疗费用 1.8 亿元；投入 1 046 万元，开展城镇居民医疗保险，当年为参保居民支付医疗费用 984 万元；筹集 2 940 万元，支持城乡低保对象医疗救助、助学救助、取暖救助等；投入 1.9 亿元为全市城镇下岗失业人员实现实名制就业提供了资金扶持，为大龄就业困难对象在公益性岗位就业提供了岗位工资和社会保险补贴，为“4050”灵活就业人员提供了养老和医疗保险补贴，为城镇下岗失业人员和进城务工农民提供了免费培训经费，为全市安置零就业家庭成员和棚户区回迁下岗失业人员实现就业提供了资金保障；发放 408 万元，为 204 名下岗职工提供小额贷款，回收到期贷款 320 万元，超额完成当年回收指标；投入 6.3 亿元，确保了农村义务教育公用经费需求、免除城乡义务教育学杂费以及支持九年一贯制学校建设。支持了职业教育实训基地、县级职教中心品牌专业、职业教育高职示范校等建设以及困难家庭学生助学体系建设；投入 3.6 亿元，支持科学技术应用与研究、科普资源的开发与利用以及科普阵地建设、科技富农强县计划，支持农家书屋建设，开展“农村文化广场”活动以及全市重点文物抢险维修、农村广播电视村村通和改善全市体育设施条件、实施农村部分计划生育家庭奖励扶助等；投入 4.1 亿元，用于公检法司等支出以及食品、药品、产品质量和安全生产监管支出；投入 4 930 万元，用于防灾、减灾和灾害应急救援体系建设，其中2009年对口支援四川地震灾区恢复重建 3 140 万元，维护了人民群众生命财产安全和社会和谐稳定；投入 4 309 万元，为困难家庭购置廉租住房或发放货币补贴，确保困难群众有房住；发放石油价格财政补贴 3 216 万元，有效地缓解了油价上涨对社会公益行业的冲击；投入 2.4 亿元，支持青山水库建设和乌金塘、大风口水库保险加固工程以及五里河治理工程；投入5 603万元，用于城乡环境改造、生活污水处理以及企业污染治理等。

【深化财政改革 加强财政科学化精细化管理】 财政预算管理制度改革更加深入，在科学化、规范化和精细化方面更进一步，规范了预算执行，硬化了预算约束；国库集中支付制度改革增加了财政资金使用的透明度，提高了财政资金使用效益，仅市本级全年盘活国库资金 3.5 亿元，增强了国库资金统筹调度能力；政府采购范围和规模逐步扩大，采购行为进一步规范，全市执行政府采购预算 4.6 亿元，节约资金4 371万元，节支率达到9.6%；政府债务管理更加完善，制定了政府投融资管理和政府关联类贷款资金管理相关办法，规范了政府举债行为，明确了偿债责任，加强了关联类项目贷款的借、用、还各环节的管理，政府投融资与债务管理体制逐步健全。2009年，偿还各类债务2.2亿元；加强了行政事业单位资产监控，加大了资产清查力度，规范了资产收益和收入管理，提高了资产处置的透明度。严把资产评估、处置关，清理和变现域外资产和闲置资产，盘活了存量资产；财政资金监管更加有力，组织开展了“小金库”专项治理和扩内需、保增长资金专项检查，切实维护了财经秩序；审查重点工程16项、审减金额717万元，节省了财政资金；加强贷款担保资金管理，清理回收支农周转金和财政担保贷款85万元，通过司法手段查封被担保单位资产 750 万元，确保了财政资金安全；会计诚信建设得到加强，规范了会计从业资格管理，广泛开展了会计队伍继续教育。强化会计档案工作，为实现全市会计管理信息化，规范化打下了基础；加强“金财工程”建设，充分发挥信息中心技术支持作用，为全局工作提供了技术保障。

【强化队伍建设 提高财政干部综合素质】 切实加强了领导班子建设，坚持民主集中制，领导能力和决策水平不断提高，凝聚力和战斗力得到进一步加强；加强了党风廉政建设，党组与各科室签订《党风廉政建设责任状》，组织编写了《葫芦岛市财政系统惩治和预防腐败体系相关法规制度汇编》，在全市财政系统开展了规范权力运行工作，建立了反腐倡廉长效机制；认真组织开展学习实践科学发展观活动，全局党员干部走进贫困家庭，进行一对一帮扶，使困难群体充分感受到党和政府的温暖；加强了机关作风建设，政务、行政工作更加规范，职工教育培训工作有声有色，全年举办各类业务培训班12期，培训干部1 278人次。制定并完善了财政局财务管理制度、车辆管理制度和建设节约型机关实施办法，印发了机关干部健康手册，组织了廉政文化知识竞赛、青年团员演讲比赛以及行风面对面领导走进直播间活动。通过以上措施和活动，促进了财政局学习型、廉洁型、创新型、服务型以及健康型、节约型机关的建设，广大财政干部的依法理财能力明显提高；积极组织参加市里的各项活动，如全运会、歌咏比赛、万人徒步走、广播体操比赛等，均取得了可喜成绩，充分展现了广大财政干部的精神风貌。2009年，财政局有三件实事被市直机关评为季度最佳实事。财政部门决算和总决算双获全省第一名。省政府考核葫芦岛市绩效指标涉财部分全部超额完成。财政局连续多年被评为市直机关工作目标责任制优秀单位，并荣获全省精神文明建设先进单位。

（徐　娜）

国　税

【概况】 全市国税系统以科学发展观为统领，坚持聚财为国，执法为民的工作宗旨，抢抓国家沿海开放、扩大内需、东北振兴，以及葫芦岛市“一线七区”建设的历史机遇，主动应对金融危机带来的不利影响，税收收入创历史新高，税收征管进一步加强，为葫芦岛市政治、经济和社会的和谐发展做出了积极贡献。

【组织收入创历史新高】 2009年，国际金融危机持续蔓延，国内结构性减税政策陆续实施，国税部门的组织税收收入工作面临着巨大压力。全市国税系统群策群力，积极采取有力措施，最大限度地缩小了收入差距。一是加强税收分析与预测。及时深入重点税源企业走访调研，全面了解企业的生产经营状况，从宏观、微观、行业、税种等方面进行科学测算，准确预测税收收入，为指导组织收入工作的开展，为领导决策起到了重要作用。二是开展税收大检查。按照省、市人民政府关于完成阶段收入目标的要求和省局《关于做好2009年组织收入工作的紧急通知》文件精神，以“有序开展、务求实效”为原则，根据各地区的税负及上一年度的税收收入情况，确定组织收入奋斗目标，开展了2009年度税收大检查。税收大检查工作取得了理想的成果，全市共查补增值税、企业所得税近 6 千万元。三是加强纳税评估。不断拓宽行业税负预警项目，集中力量发挥专业化行业评估优势，突显了纳税评估在堵漏征收中的重要作用。2009年，全市国税系统累计评估约谈企业823户，取得评估成果20 822万元。四是开展所得税专家会诊。结合企业所得税汇算清缴工作重点，研究制定专家会诊工作实施方案，共完成企业所得税专家会诊 523 户，调增所得额16 079万元，补缴企业所得税2 268万元，课征滞纳金31万元。五是充分发挥稽查职能。紧紧围绕纳税稽查堵塞征管漏洞的职能作用，全面推行科学规范的分类检查方式，实现了传统检查方式向现代检查方式的转变，提高了稽查能力和检查效率。2009年，包括大检查收入，全市稽查查补税收入超过亿元大关，实现了历史新高。与此同时，全市国税稽查系统的选案准确率、查补入库率、偷税处罚率均达 100%，偷税案件率达到 80%，连续三年在省国税局的综合考评中名列前茅。

2009 年，全市国税系统共完成各项税收收入 558 789 万元，比上年同期增长 42.8%，增收 167 513 万元。市本级一般预算收入完成 19 255 万元，比上年减少 25.3%，超额 1.3%完成了市政府调整核定后的收入任务。

【规范管理征管水平全面提升】 全市国税系统把推进依法治税、加强征收管理视为税收工作的核心，征管工作水平进一步提高。一是建立示范园区，创新个体税收管理。在全市范围内建立了连山家电大厦等九个“个体税收规范化管理示范园区”，实现了登记信息准确率、发票开超补税率等 15 个百分之百。在“示范园区”的带动下，个体税收税源控管难、发票管理难、税款核定难的现象得到明显改观。二是实行按月考核，强化征管信息化建设。市局制订下发了《税收征管数据质量管理办法》，建立了三级业务运维体系，“数据质量管理信息系统”数据核实任务完成情况列全省第一。三是强化核查，加强流转税管理。全面落实新出台的各项流转税政策，及时研究解决新政策落实过程中发现的问题。制订并实施了《农民专业合作社税收管理办法》，开展了运费专项核查和稽核异常海关缴款书的清查。四是前瞻管理，推进所得税核定征收。对全市 3 520 户所得税纳税人分行业、分地区进行了摸底调查，与地税部门共同研究制定了企业所得税行业应税所得率，推行企业所得税核定征收。五是开发管理软件，加强普通发票管理。开发了以票控税管理系统和发票管理系统。结合税收大检查，全面开展了普通发票检查工作。

【和谐征纳关系不断推进】 继续坚持严格执法和优化服务并重的工作方式，通过规范税收执法，积极为纳税人营造公平、公正的竞争环境；通过优化服务，更新理念，转变作风，切实推进平等、互信、和谐的征纳氛围。一是开展帮扶活动，助力企业走出困境。按照市委、市政府关于“保增长、促振兴”工作的统一部署，全市国税系统开展了“保增长、促振兴，国税干部帮扶企业活动”。各县(市)区局、直属分局机关中层以上干部，各税务分局(所)长，每人都在辖区内选择一户工业企业作为帮扶对象，在特殊时期，在一定程度上，发挥了国税机关抓税源建设和促进经济社会稳定发展的作用。二是落实优惠政策，发挥税收调节经济职能。不折不扣地贯彻落实增值税转型政策的有关规定，为企业减负 7.4 亿元；为再生资源利用、进出口和福利企业办理退（免）税 36 326 万元，在世界金融危机持续蔓延的特殊年份，为企业的发展提供了有力的税收支持。三是推进政务公开，打造阳光国税。按照省局和葫芦岛市委、市政府的有关要求，以“公开公正，全面真实、及时便民”为原则，进一步推进政务公开工作。2009 年，市局被评为全省政务公开活动日工作先进基层单位。四是强化服务意识，为“一线七区”开辟“绿色通道”。各有关单位简化办事程序和审批手续，进一步建立健全包括宣传咨询、申报纳税、法律救济等内容的纳税服务体系，全力支持市政府“一线七区”建设，为招商引资工作提供宽松的办税环境。

【干部队伍素质进一步提高】 继续坚持以人为本的工作思路，努力提高干部两个素质，大力推进和谐机关建设。一是开展“深入学习实践科学发展观活动”。采取多种形式开展培训工作，撰写分析检查报告，并以座谈会形式展开大讨论和分析评议，形成整改落实方案，组织中层以上干部深入农村贫困户帮扶解困。二是圆满完成市局机关部分正科级职位竞争上岗工作。对流转税管理科、所得税管理科、计划统计科科长，信息中心、监察室主任等 5 个岗位进行了公开竞聘，竞聘工作体现了公开、平等、竞争、择优的原则。三是加强教育培训工作。组织兼职教师开展“送教上门”活动，对各基层单位进行相关辅导；举办了县（市）区局、直属机构班子成员及市局中层领导干部专题培训班；对县区局部分中层领导干部近 120 人进行了系统培训；开展税收管理员岗位练兵、岗位技能竞赛活动。四是加强系统精神文明创建工作。以争创文明单位、青年文明号和参加市全民运动会、组织拓展训练等活动为载体，积极开展各类精神文明创建工作，市局机关保持了“全国文明单位”荣誉，并获“辽宁省先进政治思想工作研究会”称号。

【党风廉政建设进一步推进】 将 2009 年作为系统的“作风建设年”，深入开展作风纪律整顿活动，全面推进党风廉政建设。一是开展作风纪律整顿活动。提出建设“学习型国税”、“效能型国税”、“法治型国税”、“廉政型国税”的奋斗目标，较好地整顿了机关纪律、改进了机关作风、提升了机关形象。二是加强廉政文化建设。将廉政文化建设的触角伸入到国税工作的方方面面和干部职工日常生活的各个领域，增强了廉政文化的感染力和渗透力。三是开展“主题月”廉政教育活动。确定了“点子创新月、廉政文化建设示范点争创月、税收执法监察月”等月份廉政教育活动主题，围绕主题开展活动，使活动更具针对性。12 月份，市局主动邀请市纪检委、市纠风办有关领导，组成联合小组深入 6 个县（市）区，以纪检委社会调查形式对纳税人进行暗访并征求意见，得到了地方党政领导的好评。

（马岩松）

地　　税

【概况】 2009 年，市地税局在省地税局和市委、市政府的正确领导下，坚持以党的十七大和十七届四中全会精神为指针，深入学习实践科学发展观，紧紧围绕“保增长、保民生、保稳定、促振兴”的工作目标，认真落实刺激经济发展的各项政策，积极采取各种措施，有效地克服了组织税收收入工作所遇到的空前困难，全面超额完成了各项税费征收任务，为葫芦岛经济发展和社会稳定作了贡献。

【以收税为主线 确保税费高幅增长】 2009年，是受经济危机的影响最集中、最严重、最困难的一年，是应对挑战、战胜困难、成果丰硕的一年。这一年，市地税局在省局、市委、市政府的正确领导下，以科学发展观为统领，坚持和发扬地税精神，敢挑重担、不辱使命、坚定信心、迎难而上、共克时艰，经受住了各种复杂局面的考验，取得了显著成绩。全系统征收税费突破50亿元大关，总规模实现了52.2亿元，同比增收5.61亿元，增长12%。其中：地方税收收入完成32.2亿元，同比增收5.6亿元，增长20.9%；社会保险费完成18.8亿元，其中统筹部分完成7.91亿元；河道费、工会经费、人防费、残保金、价调基金等完成1.2亿元。

省以下一般预算收入完成28.9亿元，比上年增收6.4亿元，增长28.6%；比省必保计划超收2.4亿元，超收8.8个百分点。

市本级一般预算收入完成8.98亿元，比上年增收3.68亿元，增长69.4%；比年初计划超收2.88亿元，超收47.3个百分点。

2009年，全系统组织税费收入采取了七项措施：一是加强收入工作责任制管理。强化组织收入考核，把任务层层分解落实到各征收单位、各税收管理员及各个岗位。市局党组成员多次到各县区沟通协调组织收入的想法，深入到每一个征收局，对组织收入工作进行重点督导、跟踪和协调，帮助各征收单位解决在组织收入中的难题。二是加强税收计划调度管理。及时召开税收收入分析会，准确把握收入形势，增强税源分析的针对性和准确性，对收入进度实行动态监控，及时解决影响收入进度的关键问题，有针对性地采取相应征管措施积极应对。三是加强清理欠税的管理。打开了网上欠税名单，翻开历年陈账，制定清欠方案，将清欠指标落实到人，对欠税大户，专门组织力量追征，全市共清理欠税3亿元。四是加强项目税源的管理。年初市局把全市项目意见书的内容分解到各个征收局，实施项目“跟踪”，各县（市）区分局强化项目进展管理，掌握政策，适时入库，重点项目各县（市）区、分局户共入库税款4 658万元。五是加强各园区税源的管理。市县两级局班子及时组成调研组围绕“一线七区”建设进行调研，与园区政府机构沟通协调，把握政策，强化征管，及时入库，共组织收入3.5亿元。六是加强重点企业和重点行业税源的管理。配置重点征管力量，各县（市）区、分局狠抓了本域内的重点企业、重点行业的税收征管，特别是加强了对房地产、石油加工、建筑业、交通运输等行业的征管，共组织收入8亿元；七是加强重点税种税源的管理。各县（市）区、分局加强了对营业税、企业所得税、个人所得税、土地使用税等税种的征管，共组织收入4.4亿元。

【坚持依法治税 营造优良环境】 一是规范执法，提高依法治税水平。加强对税收规范文件的管理，进一步规范了税务行政审批项目，继续组织开展日常执法检查工作，发现问题及时反馈、及时通报、及时整改。2009年，市地税局被中宣部、司法部、全国普法办评为全国“五五”普法中期先进集体。二是进一步加大税收稽查和处罚力度。全市各级稽查部门发挥稽查打击作用，把房地产业、重点税源企业等作为专项稽查的重点税源户，把营业税、土地增值税、契税等作为专项稽查的重点税种，向专项稽查要收入。全年共检查1 186户企业，采取扣压、查封等强制措施，查补入库税款1.53亿元，罚款450万元，加收滞纳金196万元，与公安税侦部门联合办理税收违法案件5起，查补税费390万元。三是落实好各项税收优惠政策。认真贯彻落实各项税收优惠政策，开展政策贯彻执行情况的跟踪监测和效果评析，使税收政策惠及人民群众。截至2009年12月底，全市共认定审批4 004户从事个体经营的下岗失业职工和11户企业享受再就业税收优惠政策，免征税款2 367.3万元，免征税务登记工本费8.3万元，从税收优惠政策中受益的下岗失业人员累计达到4 137人。四是完成了个体运输车辆税收定额调整，妥善处理了出租车司机群体上访事件。2009年7月份，市局在进行个体运输车辆税收定额调整工作过程中，严格执行税收政策，规范税收执法行为，积极妥善处理了出租车司机群体上访事件，既保证了出租车正常的营运秩序，又促进了税收收入的增长，得到了省局和市委、市政府的充分肯定。

【夯基础上水平 提高征管效率】 一是强化税收征管基础建设。把夯实税收征管基础工作作为重中之重，加强“金税三期”管理，严格执行税收管理员制度，依法有序促进征收，在组织收入工作中，加强纳税申报入库管理，纳税申报率达99.84%。二是提高信息化管理水平。加强对数据的规范、审核和分析处理。以数据质量管理为着眼点，建立数据质量定期通报反馈制度，将存在的问题及时反馈各县（市）区、分局，督促各县（市）区、分局提高和改善数据质量。2009年，在全省各县（区）纳税大户数据补录情况考核中排名第四。三是强化“金税三期”运维工作。认真做好运维平台问题单的处理和跟踪记录，定期编制分析报告，切实解决网络数据传输速度慢的问题，加强数据管理和系统网络安全管理，完善信息安全管理方案，形成完善的设备管理机制。2009年，通过运维平台共处理各类问题200多个。四是开展发票管理专项检查。为规范征收单位发票管理行为，在全市开展了一次内部发票管理专项检查活动，全系统发票管理的质量有所提高；集中时间、集中力量对餐饮业进行了专项检查，各县（市）区、分局组织自查了186户，有问题的5户，进行了严肃处理，有效规范了税收秩序。与公安部门配合，在全市范围内开展发票打假专项行动，严厉打击了倒买倒卖假发票的人员，净化了税收环境。五是开展土地税收清查工作。市局召开了专题会议部署此项工作，集中购置了18部运用卫星定位技术的测量仪，分发给 10 个基层局，并举办了 GPS 卫星定位设备应用知识培训。从 8 月初开始，在全市范围内组织开展了土地税收清查工作，截至 12 月底，共清理企业户数 4 486 户，增加应税土地面积 252.5 万平方米，清理征收税款 2 468.9 万元。六是创新服务形式，优化纳税服务。大力推行电子申报，拓展网上办税功能；发挥“12366”纳税服务热线准确、有效、便捷的优势，为 1 200 名纳税人提供了纳税咨询服务；明确短信服务对象，收集重点纳税人手机号码和群发短信 500 余条；及时更新市地税局门户网站，上传各类最新政策法规等纳税人关注的信息，为全市纳税人办税提供了更加方便、更加优质的服务。

【开展学习实践活动 加强班子和队伍建设】 一是扎实开展学习实践科学发展观活动。结合实际，突出主题，做到了自选动作有特点，邀请省委党校专家主讲科学发展观理论，局领导为全体党员作了专题报告，组织了科学发展观知识竞赛，召开了中青年干部座谈会。在学习实践中，我们还着重解决了干部因任务繁重而产生的畏难情绪，树立了服从大局的思想观念。做到了规范动作见成效，全局干部共帮扶 149 个贫困户，走访扶贫户 460 多人次，送米、面、油、衣物等生活必需品折合人民币 26 万元，群众给了较高的赞誉，送来了多面锦旗。二是大力加强领导班子和干部队伍建设。继续把提高组织税收收入水平作为班子建设的重要内容，把税收完成情况作为考核内容，在班子建设中认真落实民主集中制，完善党组议事规则和决策程序，为完成繁重的税收任务提供了政治保障。全系统进行了多层面、多内容的教育培训，取得了良好的成效，组织 104 人参加了全国稽查业务考试，平均 108.2 分，在全省 14 个市局中排名第二。2009 年地税局的干部教育培训工作经验在全国税务系统交流，龙港区地税局被国家人力资源和社会保障部、国家税务总局评为全国先进集体。三是顺利通过省局两基建设第一批达标验收。4 月份，省局进行第一批达标单位的考核验收，市地税局申报的高新分局、连山区地税局、龙港区地税局、南票区地税局、兴城市地税局、建昌县地税局以及钢屯分局等 18 个农村分局（税务所）顺利通过抽查验收。四是开展丰富多彩文体活动。为庆祝新中国成立 60 周年、地税建局 15 周年，成立百人合唱团，成功举办了地税专场晚会，参加了省局的合唱比赛，获全省地税系统歌咏大赛优秀奖。积极响应市委、市政府的号召，开展了健康机关建设，在葫芦岛市第三届全民运动会上，共参加网球、足球、棒牌、篮球、羽毛球、田径等多个项目的比赛，并取得好成绩，总分排名第四。五是继续开展党风廉政建设。强化了党风廉政建设责任制的执行，落实了“一岗双责”，完善了责任分解、责任考核、责任追究等配套制度，建立健全了行风投诉反馈系统，积极参加了市纠风办和市电台联合举办的“政风行风面对面”活动；加强了民心网工作，2009 年地税系统各直办联网单位办理质量总分排名第三，受到了省政府纠风办、省政务公开办的表彰；组织各县（市）区、分局一把手开展了集中述廉活动，加强了群众监督；组织了集中性的明察暗访 2 次，树立了良好的行业风尚；组织全体干部观看了《一个检察长的巧取豪夺》、《净化领导干部生活圈》等警示教育片，邀请省局“廉政勤政”标兵来我局做专场报告，使广大地税干部受到了一次深刻的教育，廉政意识进一步增强。

【加强内部管理 提高工作质量】 全系统认真执行机关工作规则，完善了管理机制，提高了行政效率；积极开展了政务公开和软环境建设，社会满意度进一步提升；建立了畅通的内部信息传递渠道，保证了政令畅通；加强了信息和新闻宣传工作，营造了良好的舆论氛围；细化了信访工作，全力解决上访和群访问题；进一步加强了保密和文书档案管理工作；认真办理了人大议案和政协提案，答复人大代表建议和政协委员提案 7 件；2009 年，省、市局分别组织了系统财务管理情况的内部审计和专项检查，系统财务管理工作有了长足的进步，财务监督职能进一步强化；加强了社会治安综合治理和后勤保障工作；加强了机关党务、工会、群团和税收研究会工作。

（李雪峰）

金　　融

综　　述

2009年，面对国际金融危机持续蔓延、国内经济金融发展遇到巨大困难的严峻形势，本市银行机构在市委、市政府的正确领导下，积极落实适度宽松的货币政策，加大信贷投入，改进服务措施，为本市经济发展提供了有力的金融支持，为葫芦岛经济保增长作出了重要贡献。

一、银行业发展健康稳定，金融运行呈现四个突出特点

一是贷款增量、增幅均创本市有史以来最高水平。截至2009年底，全市银行机构各项存款余额689.1亿元，较年初增加108.6亿元，增长18.7%，同比多增18.5亿元。各项贷款451.7亿元，较年初增加93.7亿元，增长26.2%，同比多增60.4亿元。增量贷存比达到86.3%，高于全省4.2个百分点，高于全国13.2个百分点。2009年，本市贷款GDP比为92%，比2008年提高了11个百分点，葫芦岛经济货币化、金融化水平不断提高。

二是非国有金融机构存款增幅较大。截至2009年底，本市国有商业银行各项存款同比增长46.6亿元，占全部存款增量的42.9%；非国有银行存款增幅较大，各项存款同比增长62亿元，占全部存款增量的57.1%，同比多增14.1亿元。

三是全市票据融资大幅增加。截至2009年底，全市票据融资额为32.4亿元，同比增加21.1亿元，增长185%，其中市工行和建行票据融资业务发展较快，两行票据融资总额31.2亿元，占96.3%。

四是外汇收入大幅下降，出现逆差。受主要进口国消费疲软影响，截至2009年底，外汇结汇收入3.3亿美元，同比减少2.7亿美元，售汇支出3.4亿美元，结售汇逆差0.1亿美元；其中，出口收汇1.87亿美元，进口付汇3.81亿美元，贸易逆差1.94亿美元。全年外商直接投资6 322万美元，同比增长29%。

二、人民银行切实发挥窗口指导作用，促进了适度宽松的货币政策的贯彻落实

适度宽松的货币政策实施以来，市人民银行认真研究具体贯彻措施，努力促进宏观经济金融政策在辖区的有效落实，实现政策宣传和窗口指导的有机结合。一是充分利用货币政策导向与地方政府目标取向一致的有利形势，积极加强与地方政府及各银行机构的有效沟通，寻找和培育新的经济增长点。二是搭建央行支持地方经济发展平台，采取窗口指导和货币政策工具等手段，向社会通报金融形势和货币政策，让政府、企业、银行及时掌握金融发展动态和资金投放重点，为“保增长、保民生、保稳定”提供了良好的金融环境。市人民银行办理再贴现6 700多万元，解决了部分银行临时资金不足问题。三是通过召开行长联席会、金融形势通报会等形式，对贷款的投向和结构调整提出建设性意见，引导辖区银行机构有效贯彻落实适度宽松的货币政策。

三、加大信贷投放力度，为地方经济发展提供了充足资金

2009年，全市银行机构围绕葫芦岛市经济发展目标，积极落实国家适度宽松的货币政策，加大对重点项目、基础设施、“三农”和中小企业信贷投放，有效支持了地方经济平稳较快发展。

支持了基础设施建设和支柱产业发展。各银行机构紧紧抓住东北老工业基地振兴和辽宁沿海经济带上升为国家战略的机遇，按照“区别对待，有保有压”的原则，不断优化信贷结构，加大信贷投放，提高服务效率，力保本市重点企业、产业和重大基础设施建设的信贷资金需求。2009年，全市各银行机构新增中长期贷款30亿元，支持了石油化工、机械造船、有色金属、能源电力等支柱企业的发展。市工行综合运用流动资金贷款、项目贷款、银行承兑汇票等金融工具，累计投放公司贷款28.5亿元。市中行为渤船重工申请了100亿授信总量，向本市园区开发建设及城市基础设施建设投放贷款15亿元。市建行向绥中电厂累计投入信贷资金46亿元。

促进了县域经济发展壮大。本市县域经济总量逐年扩大，2009年县域经济对全市生产总值的贡献度达到了73.7%，成为本市经济发展的重要力量。全市各金融机构在支持县域经济发展上，加大了信贷投入。市农发行不断深化银政合作，累计投放贷款6.2亿元，支持了兴城临海园区等5个县域经济发展项目。市商行将县域经济作为支持重点和新的收益增长点，全年共支持县域经济项目41个，投放贷款10.9亿元。连山农商行向通达水泵厂等120户县域企业累计发放贷款24亿元。

推动了社会主义新农村建设。市人民银行全年累放支农再贷款6.9亿元，支持了本市农村经济的发展和农村产业结构调整。各涉农银行机构增加了对农业的有效投入，全年累放农业贷款57.1亿元，同比增加9.4亿元。尤其在罕见春旱形势下，各涉农银行机构积极支持广大农户开展抗灾自救，保证了农产品供应，稳定了农产品价格。市农行围绕“新三农、大三农”经营战略，采取“公司+农户”办法，

发放农户贷款 1 600 多万元，“惠农卡”授信550 户。各农信联社实施“一乡一品”、“十百千工程”等支农举措，大力支持特色农业发展，增强了龙头农业企业的实力，提高了农民收入，增加了就业岗位。连山农商行以支持新型农村经济合作组织为载体，以“一畜一果一设施”为主攻方向，支持农村经济发展，连山区金星镇的蔬菜开发面积已达 247 平方米，成为辽西之最。

加大了对中小企业的信贷投放。各银行机构进一步加大对中小企业的支持力度，缓解中小企业融资难题，扶持中小企业不断发展壮大。2009 年市人民银行向市商行发放中小金融机构再贷款 9 亿元，支持了南票煤电、帝华味精、七星集团等 36 家 40 多个国家重点扶持项目。市中行成立钻石团队，大力扶持中小企业健康发展，为顺隆碳素等 8 户中小企业发放贷款 9 680 万元。市建行投放中小企业贷款 3 400 多万元，支持了华远化工机械、伟业气体等企业的发展。市中信银行新增贷款 7 000 万元，支持了顺达、泽洋等船舶配套企业发展。全市农村信用社投放中小企业贷款 10.7 亿元，较上年增长 122.1%，重点支持了葫芦岛港有限公司、渤海防腐工程有限公司及北港工业园区等龙头企业。

拓展了关涉民生的贷款范围。市农发行积极支持建昌县自来水净化、污水处理、垃圾填埋等民生工程，提高了城区居民的饮水质量，改善了居民的生产生活环境。市邮储银行 2009 年发放小额贷款 6.94 亿元，为农户、个人创业、住房等提供了信贷支持。市商行向下岗人员发放贷款 656 万元，扶持了下岗失业人员再就业；向供暖企业投放贷款 1.12 亿元，支持了温暖工程建设；为市中心医院投放贷款 8 000 万元，用于改善医疗条件。

四、强化金融服务措施，金融服务水平和质量不断提高

2009 年，各银行机构坚持以客户为中心，以市场为导向，不断拓宽服务领域，改进服务手段，创新服务方式，提高服务效率，打造了优质服务品牌，为社会提供了更加多样化、便利化的金融服务。

金融服务手段更加多样。市工行深化行长“坐堂”制度，支行行长现场办公，零距离接触客户，有效减少了客户排队现象。市中行推出了招手服务新模式，成为本市银行柜台服务的风景线。市建行与市房屋产权监理处签署个人贷款网上抵押合作协议，开拓了个人住房贷款业务办理的新渠道。市商行自助银行建设取得突破性进展，总部营业部、连山、绥中等单位开办了自助银行业务，开发了爱心储蓄、电费缴存、个人通知存款等新业务程序。连山农商行在全行开展了“优质文明服务月”和窗口服务竞赛活动。

中间业务进一步拓展。市工行大力销售个人理财产品，满足居民理财需求，累计销售基金、保险等各类个人理财产品 46 亿元，同比增加 30 亿元。市农行开创民营企业开办企业年金先河，为九江酒业、兴城粉末冶金公司制定年金方案。市中行大力拓展中间业务，与驻葫某部队成功签订“账户金钥匙”业务、开通了工商“E 线通”。市建行发行了省内首张数字龙卡，在全省率先开办了信用卡代缴费业务。市中信银行注重新业务和新产品的宣传、推广，为香港四拓金属材料有限公司开立了 NRA 账户，为葫芦岛市钢管工业有限公司办理了境内机构境外投资业务。市商行代发工资、代理社会保险等代理业务稳中有升，实现收入 170 万元。市邮储银行积极拓展金融代理业务及代收付业务，2009 年累计实现收入 40 多万元。市农信系统积极推进代理保险业务，实现手续费收入 40.8 万元。

网点环境日益改善。市工行加强网点升级改造和环境建设，新建成 1 家贵宾理财中心和 9 家一般理财网点。市农行制定了星级网点管理办法，加快了 22 个网点标准化服务导入，新增了 16 台 ATM 机。市中行投资 1 200 万元装修改造了多家网点，展示了中行品牌良好的社会形象。市邮储银行和市商行完善了网点布局和服务功能，为客户提供了良好的服务环境。

央行金融服务进一步强化。市人民银行把增加外贸企业经济效益放在首位，提升外汇服务水平，特批葫芦岛有色金属集团开立外汇资金集中账户，减少了企业汇兑损失和汇率风险。切实发挥央行支付中流砥柱的作用，完成同城票据交换等支付系统的上线推广工作，核准 3 家机构加入同城票据交换系统。加强人民币管理，完善了流通中人民币整洁度和商业银行现金服务客户满意度监测体系。加强国库服务职能，为 3 家县级国库财政集中收付资金汇划开通了大额支付清算“绿色通道”。加快了城市金融网建设，完成了 100 多家网点的升级改造。

五、积极推进金融改革，增强了银行业的竞争能力

市商行公司治理得到全面优化，现代企业制度和运行机制更加完善，实现了由五级行向三级行跨越，经银监会批准，更名为葫芦岛银行，成为可跨区域经营的城市商业银行。连山农村商业银行正式挂牌营业，成为辽宁省第一家农村商业银行。龙港联社各项指标达到组建农村合作银行要求，各项组建准备工作已基本就绪。盛京银行葫芦岛分行在本市设立，于本月 25 日正式营业，将增强本市银行业整体实力，有利于促进竞争，提升服务水平，推动地方经济发展。

六、着力优化金融生态，营造了良好的经济发展环境

完善了金融稳定协调机制。不断完善由人民银行牵头建立的金融稳定协调机制，建立了有金融机构高管人员参与的金融稳定联席会议制度，加强了人民银行与政府有关部门、金融监管机构、金融机构的联系，构建了信息共享平台。

加强征信市场培育和监管。继续完善基础信用信息数据库。稳步推进信用评级工作，组织各金融机构开展信用评级业务的宣传和推广。积极实施农村信用工程，扩大信用信息资料采集范围，促进了农村信用工程建设向纵深发展。

强化金融犯罪的打击力度。联合银监局、公安局、工商局和各商业银行，成立了葫芦岛市联合整治银行卡违法犯罪办公室，建立了银行卡风险事件的情报信息交换机制。密切配合公安机关开展了打击假币犯罪“09 行动”，全辖共收缴假币 38.8 万元。

七、不断改进内部管理，强化了风险控制能力

各银行机构不断加强内部管理，完善风险防范制度措施，推进了各项业务依法合规稳健运营。市工行进一步完善全面风险管理运行机制，利用风险管理委员会平台，审议决策重要风险管理事项。市中行不断加大案件防范力度，完善三道防线体系建设，有效遏制各类案件发生。市建行继续推进“平安建行”建设活动，强化积分管理工作，为业务发展营造了安全稳定的经营环境。市农发行加强了重点部门、关键环节和重要岗位的管理，建立了业务发展、廉政建设、风险防范三位一体的长效机制。市中信银行成立了风险合规部，制定10余项规章制度，为全面做好授信工作和防范风险打下坚实基础。市邮储银行制定了员工行为规范，加强了内部管理。市商行制定了财务管理、风险管理、项目审查等22项制度，健全了管理制度体系。

（刘运涛）

中国人民银行

葫芦岛市中心支行

【概况】 2009年，葫芦岛市中心支行坚持以科学发展观为指导，认真落实人民银行工作会议和沈阳分行工作会议要求；以实施适度宽松的货币政策为重心，有效履行宏观调控、金融稳定、金融服务职责；以开展工作创新为手段，着力推动全行整体工作再上新台阶，较好地完成了全年各项工作任务。适度宽松的货币政策实施以来，中心支行积极发挥并改进“窗口指导”方式，促进宏观经济金融政策在辖区的有效落实。一是准确分析判断辖内经济金融运行形势，充分利用货币政策导向与地方政府目标取向一致的有利形势，主动帮助地方政府寻找和培育新的经济增长点，对贷款的投向和结构提出建设性意见，并积极组织协调给予必要的资金和金融服务支持，得到葫芦岛市委和政府的充分肯定和认可；二是通过召开行长联席会、金融政策通报会、金融形势分析会、信贷投放和票据融资情况座谈会、约见谈话等形式，引导辖区金融机构有效贯彻落实适度宽松的货币政策，督促辖内金融机构加大信贷资金的有效投入，增强金融机构支持地方经济发展的动力；三是打造舆论平台，加强政策宣传和引导。以电视台、报纸等新闻媒介为宣传平台，打造经济金融宏观形势专题，进行政策宣传；按照市政府和相关部门邀请，以授课方式讲解经济金融宏观政策，使公众充分了解宏观经济金融政策，为顺利贯彻实施经济金融政策营造了良好的社会氛围。2009年，金融机构新增本外币各项存款108.6亿元，同比增长19.7%；新增本外币各项贷款93.7亿元，同比增长180%。

【合理运用货币政策工具】 一是积极扶持中小企业发展。中心支行在开展全市中小企业资金需求情况摸底调查基础上，对辽宁南票煤电有限公司、七星集团、渤海水泥厂等中小企业急需资金扶持情况给予了高度关注，多次深入企业现场办公，与贷款主办行研究资金落实问题，并向沈阳分行请示汇报，先后争取到中小金融机构再贷款9亿元，列全省中小金融机构再贷款占用第一位，全市共有36家40多个国家重点扶持和关系国计民生的项目获得了信贷支持，取得了良好的社会效益和经济效益。积极搭建银企平台，引导金融机构发放中小企业贷款。协助葫芦岛市经委、金融办帮助企业做好项目筛选、论证和建设，策划论证一批高质量的投资项目；积极参加政府举办的招商引资项目会、经贸洽谈会；对全市中小企业、民营经济项目进行摸底，编制了《银企项目推介表》，在全市银行行长联席会议上进行推介。二是有效支持社会主义新农村建设。立足“摸底行动早、资金筹措早、贷款发放早”这一主题思路，市县两级人民银行与农村信用社组成联合调查组，奔赴第一线开展调研摸底，匡算全市春备耕生产资金需求，将资金缺口及时向沈阳分行专题汇报，得到了分行的大力支持，4亿元支农再贷款仅在10天时间内就全额落实到位。2009年全市累计投放支农再贷款6.9亿元，确保了农业生产的正常进行。为加强支农再贷款管理，提高支农再贷款的运用水平，我们坚持把再贷款限额与当地农业结构调整和农业发展水平相结合，以支持绿色农业为主，重点向经营管理水平高、发展潜力大、农业产业化程度高、特色种养业优势明显、资金需求有缺口的产业倾斜，做到“突出重点，择优扶持”。全市已基本实现了“一乡一品”的良好格局，并打造出家禽饲养业、绿色蔬菜种植业以及花卉种植等10多种特色农业品牌。三是开办再贴现“窗口”，改善融资结构和融资方式。4月份，葫芦岛市中心支行再贴现“窗口”正式开办，经沈阳分行批准，再贴现额度达到3亿元。再贴现业务的开展，缓解了本市中小企业发展中的资金瓶颈，对当前扩大内需、促进经济结构调整起到了积极的推动作用。

【确保金融系统平安稳健运行】 创新金融稳定协调机制，发挥牵头人作用。一是在现有的金融稳定协调机制基础上，成立了由发改委、财政局和人民银行牵头、24个部门参加的葫芦岛市扩大内需协调小组，统一组织和协调全市扩大内需有关工作。二是与市委政研室、经贸委、金融办组成“地方经济联合调查小组”，深入重点行业进行实地考察，及时为银行提供金融需求的第一手资料，得到了市政府的高度肯定。三是与政府金融办、中小企业局建立了良好顺畅的监管协调关系，先后3次联合开展了地方金融管理、典当业、担保业及小额贷款公司监管及发展等调研活动，促进了新兴准金融机构的良性发展。

【提高风险监测水平】 继续加强金融机构日常监测。建立了地方法人金融机构贷款投放和直接融

资情况旬报制度，确保监测制度有效实施。2009 年撰写各类银行业风险监测报告 39 期，及时准确反应了本辖区金融运行的最新动态及存在问题。针对辖内地方法人金融机构 2008 年 9～2009 年 4 月底贷款集中度问题及时向葫芦岛市商业银行进行了风险提示。组织开展大、小额支付系统、国库业务系统、征信系统、中心计算机机房环境设施和公文传输系统、计算机网络、网间互联应急演练，指导县支行开展应急预案演练，提高了应急管理水平和应对突发事件能力。扎实开展经济运行监测。建立“一户一档”监测资料库，监测人员与被监测单位实现“零距离”；完善监测内容，调整了企业商品物价监测表，强化了对居民储蓄存款问卷管理，将工业景气问卷数据并重新输入新系统，确保了景气监测新老系统顺利并行。开展业务监管与宣传，保障货币政策有效执行。一是积极开展现场检查。全年共开展货币市场、消费信贷、支付清算、国库资金、外汇管理、支农再贷款、金融统计、征信管理、贷款卡业务、反洗钱、会计联行、银行账户、人民币管理等现场检查 30 余次，查出问题百余项，提出整改意见百余条，确保了全市金融机构合规经营和稳健发展。二是进行现场指导。对存在问题的金融机构负责人实行约见谈话和诫勉谈话制度，明确政策法规，指出经营隐患，要求限期整改或提供建议措施。三是开展户外宣传，并通过报社、电台、电视台等新闻媒体向社会播报，广泛普及公众金融知识。全年共开展下岗失业人员小额担保贷款、信用社区建设、个人征信知识、银行卡、反洗钱、反假货币、国际收支、诚信兴商等 10 余项宣传活动，收到了良好的社会效益。

【积极创新服务方式】 切实改进外汇管理与服务。一是创新服务手段，提升涉外企业经济效益。特批葫芦岛有色金属集团开立外汇资金集中账户，在各子公司间灵活调动外汇资金，提高资金使用效率。并协调中国银行减免保证金降低融资成本，全年累计开立远期信用证 8 900 万美元。联合中信银行扶持民营企业—葫芦岛钢管工业有限公司扩大生产能力，运用高新技术改造传统冶炼工艺，开辟国际销售市场，取得了较好的经济效益和社会效益。该企业已成为本市出口创汇龙头企业。配合地方政府扶持企业走出国门。4 月初，本市首个金额过亿的境外投资项目，即葫芦岛七星国际投资集团有限公司境外并购澳大利亚 EvolutionYachts 公司 60%股权的境外投资项目正式启动，协议投资总额为 2 亿元。该项目累计汇出前期并购款 405 万美元。市政府对本行支持企业的做法给予了充分肯定。二是改进外汇管理，推动贸易投资便利化。切实做好贸易收付汇核查系统企业开户和档案清理工作，补录 229 户企业信息，清理率达到 100%，位居全省首位。认真开展外资企业年检工作，2009 年完成企业年检 122 家，年检率达到 98.4%。

营造良好支付结算环境。一是加强支付结算和账户管理。全年核准人民币结算账户 4 023 笔，对全市 14 684 户单位银行结算账户的开户档案资料进行整理、核实，落实账户实名制。二是提高支付系统资源利用效率。核准邮政储蓄银行化工支行等三家机构加入葫芦岛市同城票据交换系统，全年组织票据交换 504 场，清算资金 671 亿元，处理全国支票影像提出提入业务 41 笔 372 万元。三是促进银行卡产业发展。开展了农民工银行卡特色服务宣传和“金融服务促消费.拉动内需保增长”银行卡营销活动，两次大型宣传活动共悬挂条幅 473 条，发放宣传宣传单 5 万余份，接待现场咨询近万人次，大幅提高了社会各界对银行卡的认知度。为预防和打击银行卡犯罪，我们联合银监局、公安局、工商局等部门，成立了葫芦岛市联合整治银行卡犯罪办公室，建立了重大风险事件、重大银行卡犯罪案件及重要风险线索“一事一报”情报信息交换机制。四是完善和规范反洗钱工作。

抓好货币金银工作。一是做好发行基金调拨工作。截至到 12 月底，全辖发行基金投放 96 亿元，回笼 114 亿元，轧差后净回笼 18 亿元，确保了全市货币供应。为满足中心支库新建期间各金融机构的资金需求，制定了《发行库改扩建期间保证现金供应的工作方案》，规范商业银行的存取款行为，保证发行基金平稳供应。二是强化发行库规范管理。严格执行发行库各项基本制度，坚决纠正经验性管理和习惯性违规操作，形成了按制度办事、靠制度管人、用制度规范行为的良好局面。三是加强人民币管理。严把入库钱捆质量关，对商业银行缴存发行库的钱捆进行了严格抽查，对不符合标准的坚决退回重新整点。加强了对“四项承诺”活动的检查，全年妥善处理 5 起群众投诉事件。四是扎实推进反假货币工作。组织召开了 2009 年全市反假货币工作联席会议，密切配合公安机关开展打击假币犯罪“09 行动”；组织各金融机构开展反假货币上岗资格培训及考核，为 265 名从业人员颁发了《反假货币上岗资格证书》，一线临柜人员持证上岗率达 87%；2009 年全辖收缴假币 373 990 元。五是圆满完成发行基金调拨押运任务。全年共执行发行基金押运 26 次，其中沈阳分行调缴款押运 11 次，县（市）支行调送款 12 次，实现了安全无事故。

继续强化国库管理。2009 年，国库部门积极拓展国库服务领域，完善服务手段，强化国库资金风险监管，确保国库资金安全，有效支持了地方经济发展，受到了当地政府、财政、税务和企业的好评。截至 12 月底，办理各级预算收入 51 841 笔、金额 79 亿元，市本级支出 11 部 924 笔、金额 76 亿元，退库 94 笔、金额 2 229 万元，更正 73 笔、金额 34 亿元。一是开通了县级财政国库集中收付业务和支农、社保等资金“直拨通道”，使商业银行每年减少垫款 31 亿元，为财政节约利息支出 14 108 元。全年为 3 县财政直接拨款 11 笔、5 500 万元，提高了财政资金的利用率。二是加强对新上线邮政储蓄银行的业务指导与培训，协调税务和银行间的横向联系。三是针对兴城市横向联网的签约率较低问题，及时召集兴城市财政局、国税局、地税局和商业银行主要负责人交换意见，及时解决了 TIPS 系统运行中的实际问题。四是创新国库监管制度。建立了季度检查、季度通报工作制度、约见谈话制度和国库经收处联合检查工作制度，提高了人民银行国库部门地位，也促进了国库监管工作开展。

扎实开展征信工作。继续完善基础信用信息数据库，与市环保部门沟通，落实有关环保信息采集工作；加强信用信息日常录入管理，全年共向总行个人征信数据库上报个人公积金缴存信息13万笔；有序开展贷款卡办理和年审工作，全年新办贷款卡234户，年审贷款卡542户；做好企业信用报告查询及异议处理工作，全年受理异议申请18人次，信用报告查询日均接待量超过10人次。稳步推进信用评级工作，采取召开座谈会、印发指导意见、组织业务培训等手段，组织各金融机构开展信用评级业务的宣传和推广工作。地方金融机构外部评级已经全面铺开。积极实施农村信用工程，组织农村信用社大力推进农户信用评分系统，扩大信用信息资料采集范围，促进了农村信用工程建设向纵深发展。

充分发挥科技支持作用。一是做好新程序的开发和推广工作，保证各部门业务顺利开展。圆满完成了新同城清算系统在全市100多家网点的推广应用工作，中央银行会计核算电子对账系统顺利上线。二是加强网络系统安全防范。从风险预警、内控检查、应急演练、病毒防治、信息安全等多方面着手，保证了信息系统的正常运行，特别是“两会”和国庆期间网络与信息系统实现了安全运行。三做好网络设备搬迁工作。对新址办公楼交换机房网络设备布局进行具体规划，完成了新办公楼通信线路的安装和调试；圆满完成了建昌县支行办公楼网络搬迁工作。四是组织开展银行卡联网通用检测，有效改善了本市银行卡应用环境。

【从严治行 内部管理规范有序】 加强机关运转管理，确保政令畅通。认真做好公文处理工作，全年累计收归档文件2 350件，其中收文1 752件，发文598件，复印各类文件资料30余万张，没有出现差错事故。在日常工作中，依托办公自动化平台，优化各项工作流程，实现了公文流转、信息处理与发布、内部管理事项等多方面工作的自动化、规范化、科学化运转；精心组织会议，全年共组织全辖工作会议、党委会、行务会、全行大会、专题会议等30余次；适时开展督察督办，使每一项工作都能做到有部署、有落实，事事有交代，件件有成果；严格执行政务值班制度，实行政务值班实名制，加强对值班记录的督促检查，确保了值班期间重大、紧急事项的有效处理。不断加强应急管理，建立健全了应急预案体系，针对辖区实际积极开展应急演练工作，提高了处置风险的能力和水平。扎实搞好后勤保障与接待工作。提高食堂卫生标准和饮食质量，改善了职工就餐环境；妥善处理水、电、气、物等问题，解决了业务部门和职工生活的后顾之忧；严格车辆维护及派遣制度，为全行业务提供了优良的保障；规范接待程序，全年圆满完成530人次接待任务。

做实各项基础工作，提升内部管理水平。坚持依法科学理财。合理安排预算资金，严格落实勤俭办行各项规定；加强对项目资金使用情况的监督检查，实行追踪问效；开展会计财务规章制度执行情况综合检查，构建防治“小金库”长效机制；加强固定资产管理，规范集中采购行为，全面推进节约型机关的建设。做好信访工作，在全辖大力开展信访矛盾纠纷排查和信访积案化解年活动，着重解决“三跨三分离”信访案件，把矛盾纠纷化解在基层，实现了全年无群众来信、来电、来访；突出保密管理。在全辖开展了保密承诺签订书签订工作和保密要害部门、部位确定工作，共签订各类保密承诺书292份，做到不漏一人一岗；11月，出台了《葫芦岛市中心支行涉密载体销毁管理制度》，涉密载体销毁实现了规范化管理。建立健全档案管理制度，制定了档案管理规定、文书档案、基建档案、声像档案、照片档案、实物档案等档案管理制度，档案管理更加细化、更加专门化。强化外网计算机管理，对全行外网计算机确定了保密责任人。做好组织人事工作。对中心支行系统行员进行了考核，完成了人事信息数据库维护、完善了养老保险统筹、干部教育、职称管理、学历认定、劳动工资、老干部管理等工作。八是做好基建前期准备工作。经过近一段时间的努力，发行库及营业办公用房基建项目相继转入了初步设计阶段和施工图设计阶段，设计单位已经做完《施工图》，审图工作正在进行之中。

深入推进政务公开，规范依法行政行为。完善政务公开工作制度，在发挥政府政务公开平台作用的基础上，构建了新的政务公开网络平台，拓宽了政务公开信息发布渠道，推动了阳光透明的基层央行建设。稳步推进依法行政工作。健全和完善法制制度，制定《葫芦岛市中心支行2009—2013年依法行政规划》，为全面推进依法行政工作提供制度保障。深入开展《行政复议法》施行十周年宣传活动，提高了广大群众利用行政复议程序维护自身合法权益的主动性，强化了中心支行干部职工的法律意识。做好法律顾问工作，对职能部门业务检查进行法律审查，对中心支行签订的11份合同提出了法律意见，为中心支行依法履行职责提供法律支持和保障。加强主动宣传，把握正确的舆论导向，充分利用中央银行在金融业中的核心地位，增强中央银行新闻发布的权威性，不断提升中央银行公信力。

强化内部监督，防范化解自身风险。坚持“制度立行”。对2008年规章制度进行了进一步修订和完善，编印了《葫芦岛市中心支行规章制度汇编》，形成了一套汇集280项规章制度、长达600多页的规范性工作文本，使制度体系更健全、更科学、更适用。事后监督成效显著。接收货币金银会计核算事后监督业务，实现了对中支会计核算业务的全面监督。全年共审核、整理、装订被监督部门会计凭证及附件134 435笔，报表、账册9 739份，纠正差错541笔，下发差错通知书27份。内审职责充分发挥。全年组织开展同级监督履职审计3项，离任审计1项，专项审计和调查8项，查出问题71条，提出整改建议42条，下发内部审计意见书12份。安全保卫常抓不懈。在抓好政务值班、保安守库、枪支弹药、门卫值更和消防设备管理的基础上，重点做好国庆60周年安保工作和保卫队伍建设，荣获辽宁省公安厅授予的集体三等功一次，取得沈阳分行实弹射击比赛轻武器射击团体第3名，冲锋枪射击个人第2名和第3名，手枪射击个人第3名的优异成绩；加强“三防一保”基础设施建设，构筑功能完善的“人防、物防、技防”的防范风险体系，连年被市委市政府评为“综合治理先进单位”。

【不断加强能力建设】 加强和改进基层党建工作。一是深入开展学习实践科学发展观。根据沈阳分行深入学习实践科学发展观活动整改落实阶段工作的指导意见，高质量完成了学习实践科学发展观活动和“回头看”活动。二是做好新党员培养与发展工作。对入党积极分子进行重新排队，确定了13名重点发展对象，在建党88周年前夕，发展9名中共预备党员。三是组织生动活泼的建党庆祝活动。“七一”前夕组织机关和绥中县支行全体党员在绥中县跳石沟度假村举行了以“游家乡、话家乡、促和谐发展”为主题的党建庆祝活动。庆祝活动形式新颖，生动活泼，既激发了全体党员的爱党爱国热情，又增进了同志间的团结和友谊。四是继续开展“创先争优”活动，建立健全考核、检查、评比、表彰等一系列制度，保证了争创活动经常化、制度化和科学化。2009年中心支行涌现出了一批默默无闻、爱岗敬业、无私奉献的集体和个人。在沈阳分行“创先争优”表彰活动中，有一个党支部被评为“沈阳分行先进基层党支部”，有两人分别被评为“沈阳分行先进党务工作者”和“沈阳分行先进共产党员”。深化文明单位建设。一是科学制定文明单位创建活动考评办法，坚持把加快发展作为创建的第一要务，把提高素质作为创建的第一追求，把突出业绩作为创建的第一载体，不断提高创建工作水平。二是积极开展劳动竞赛。通过女职工“三项创建”、青年文明号、青年岗位能手推荐评比活动，营造学先进、比干劲、先进个人进行促提高的良好工作氛围。年初，对系统六个先进集体及16名先进个人，机关六个先进集体及37名先进个人进行了表彰。三是充分发挥青年先锋队作用，积极参加“我为宏观调控献一策——2009年青年课题组暨青年论坛”，纪念五四运动九十周年——“弘扬五四精神　奉献央行事业”等大型青年调研活动，1篇文章获得沈阳分行优秀研究成果三等奖，青年课题组工作初见成效。四是丰富业余文化生活。购置大量健身器材，建立了职工活动室；成立了游泳、足球、篮球、象棋、桥牌、棒牌、乒乓球、羽毛球等八个兴趣小组，每周一、四集中组织到兴城参加游泳健身活动；组织了春节联欢会、冬季登山比赛、征信杯篮球赛、红色之旅学习考察、爱国歌曲大家唱、“我和我的祖国”摄影展等文体活动。

圆满完成“市、县一体化”改革。根据沈阳分行《关于辖区县（市）支行市县一体化改革》指导意见，中心支行严格按照制订方案、确定职位、动员部署、竞争上岗、人员安排等规定步骤稳妥推进，在时间紧、任务重的情况下，历时2个月，圆满高效地完成了任务。 一是提高认识，为改革提供思想保障。开展广泛深入的思想发动，使广大干部职工自觉将思想认识统一到分行和中支党委对改革的安排部署上来。二是强化领导，为改革提供组织保障。市、县行分别成立了一把手任组长、其他行领导为成员的“市、县一体化”改革工作领导小组，为改革的顺利进行提供了组织保障。三是周密安排，为改革提供机制保障。制定了《中国人民银行葫芦岛市中心支行待岗管理实施细则》、《中国人民银行葫芦岛市中心支行县（市）支行中层干部和一般工作人员竞争上岗方案》等配套制度。 四是注重实效，为改革提供特色保障。各县（市）支行坚持做到“一行一策”，灵活机动处理问题，充分体现了针对性和时效性。五是坚持原则，为改革提供法制保障。严格按照中心支行党委部署和要求规范有序操作，坚决避免因违规操作激化矛盾，影响队伍稳定，确保了改革顺利有序推进。

改革后选拔录用7名县（市）支行人员到中心支行工作，3家县（市）支行内设机构调整为三部一室，从业职位由原来的91个职位精简为58个职位，从业人员由86人精简到77人，至此，县（市）支行实现了从“小而全”向“专而精”、从职务管理向职位管理的转变。

（孙　颖）

中国银监会葫芦岛监管分局

【概况】 2009年，葫芦岛银监分局在辽宁银监局党委的正确领导下，认真履行监管职责，指导和引领辖内银行业金融机构立足自身实际，深入贯彻落实中央“保增长、调结构、扩内需”战略以及积极的财政政策和适度宽松的货币政策，努力克服国际金融危机影响，保证了银行业的稳健运行。截至2009年底，全市银行机构各项存款余额681.1亿元，比年初增加109.5亿元，增长19.2%，同比多增21.3亿元；各项贷款余额451.7亿元，增长26.2%，比年初增加93.7亿元，同比多增60.4亿元；受锦化化工集团不良贷款因素影响，全市银行业金融机构不良贷款余额比年初上升1.0亿元，但不良比例保持下降，为11.9%，较年初下降2.8个百分点；累计实现净利润2.1亿元。

【贯彻落实银监会和省局重大战略部署】年初中央经济工作会议就当前形势下做好2009年经济工作做出了全面、科学的部署。面对日益复杂多变的国内外经济金融形势，银监会和辽宁银监局按照十七大、十七届三中全会和中央经济工作会议精神要求，立足自身使命和职责，在监管政策、监管思想、监管指标上做出了重大战略性调整和部署，为2009年做好银行监管工作，实现“保增长、防风险、促稳定”的目标指明了方向。作为银监会派出机构，葫芦岛银监分局充分认识到，在当前形势下创造性的做好银行监管工作对于战胜国际金融危机冲击，维护改革发展稳定大局所具有的极端重要性和紧迫性，切实把思想和行动统一到银监会和辽宁银监局对银行业监管工作的各项重大部署上来，通过灵活扎实的运用窗口指导、数据监测、现场检查、监管联动、约见谈话和下发监管意见书等监管措施，全面监督和指导辖内银行业深入贯彻落实好各项政策要求，积极参与并投身到“保增长”、“促发展”的攻坚战役中去，为葫芦岛市经济转“危”为“机”，实现平稳较快发展做出积极贡献。前十个月，全市银行机构信贷投放速度超过以往任何一年，增速达到20.3%，高于同期19.6个百分点，有效保证了全市各项重点项目建设的资金需求。

【保增长 促发展】 越是在经济困难时期，越是需要冷静思考，沉着应对。2009年，葫芦岛分局立足于对宏调政策的深刻解读，不断强化工作主动性，努力做到在“保增长”、“促发展”过程中有所作为。1、强化政策解读，指导银行机构调整好信贷政策。2008年，国家宏调政策经历了三次重大调整，银监会紧跟形势需要，也及时调整了部分监管政策和思路：将2009年不良贷款监管目标由“双降”调整为“双控”；坚持宽严相济原则，提出了“不良贷款容忍度”指标；明确“六保一压”、“七个严禁”，设置银行贷款红线等，政策调整力度之大，内容之多，范围之广，近年少有。为了指导好银行业金融机构认真学习领会和深刻解读这些政策内涵，进一步理清政策脉络和发展思路，做到发展方向与社会发展需要保持一致，实现可持续发展，葫芦岛分局立足自身政策和信息优势，充分发挥职能作用，坚持利用季度经济金融形势通报会议、开展县域银行业监管现状调研、对部分银行机构落实国家宏观调研政策及新增贷款投向进行检查及驻行监管等方式，指导辖内银行机构准确了解和掌握政策意图，及时调整信贷政策，“有所为，有所不为”，有的放矢的做好金融服务工作。2、科学谋划统筹，及早落实保增长具体措施。督促银行机构切实履行社会责任，发挥好经济核心作用，围绕“保增长”、“促发展”的目标和“六保一压”的工作要求，找准支持地方经济发展的突破口，以支持辽宁“五点一线”沿海开发战略、葫芦岛市“三点一线”和四大产业基地建设为平台，制定并落实具体实施意见，科学做好2009年投放计划、支持重点、项目选择和审批程序简化等措施的统筹工作，做到工作有目标，措施有保障，推进有节奏，绩效有评估，确保收到实效。3、积极筹措资金，配合政府做好项目对接。督促银行机构及早做好2009年资金使用规划，及早筹措信贷资金，积极向上级行争取信贷规模，配合政府实施好“大项目牵动”战略，重点支持了兴城徐大堡核电、绥中5亿吨/年煤炭港区、锦西石化1 000万吨/年炼油三个全省重点项目及绥电二期、南电二期、渤船重工第二个30万吨级船坞、大金海洋工程装备等一批重大产业项目，牵动本市固定资产投资实现了新的突破。4、创新工作机制，争取小企业融资和信贷支农有所突破。配合省局进一步完善2 000户样本小企业贷款监测制度，按季收集整理5大行业141户小企业样本数据，监测小企业经营状况和银行授信情况；协助市经委组织召开了邮储银行与全市小企业银企项目对接会达成贷款意向6 000余万元；协助政府发展多层次小企业贷款担保基金和担保机构12家，注册资金7亿元；督促商业银行进一步加快小企业信贷专营服务机构设立步伐，建行已成立小企业专营机构，城商行总部成立小企业专营服务部，2009年，全市银行机构共向中小企业发放贷款逾20亿元，较去年增长近三倍；指导邮储银行继续加大有利小企业及小企业主融资的商务贷款投放力度，2009年，该行累计发放商务贷款17 562.6万元；继续强化对县域经济的信贷支持，紧密围绕县域经济工作四个重点(加快园区建设、抓好农业产业化、推进城乡一体化进程和继续深化农村综合改革)推动银行机构大力开办农户联保贷款和小额信用贷款，不断优化资金回流机制；指导农村信用社大力开发针对返乡农民工、农村青年的就业创业贷款、创新对农民专业合作社的信贷支持模式、探索开办林权和土地承包经营权等抵质押贷款，引导更多信贷资金投放农村。5、凸显服务意识，优化金融资源配置和使用。进一步鼓励银行机构在符合政策、有利经济发展和方便服务的前提下，到县域、城乡结合部、东城区、北港工业园区等金融服务不充分地区增设或迁设网点，对市政协《在葫芦岛市高新技术产业园区设立银行储蓄所的建议》的提案进行了书面答复；支持银行机构增设自助银行和ATM机，并在5月中旬对全市178台自助设备进行了安全检查；着手建设银行网点电子分布地图，结合机构分布特点，通过迁、撤、并、升格等措施，促进资源区域间均衡分布，完成机构设立、撤销、迁址、升格、更名22项，加快解决过度竞争和有效服务不足问题；加大工作力度，推动银行机构在服务“保增长”战略的前提下，加快信贷结构调整步伐，引导资金向中小企业、农村地区、绿色环保产业和高科技企业聚流，推动经济和谐发展。

【做好各类银行业风险管控工作】 坚持“风险为本”的监管理念和工作思路始终是做好银行监管工作的根本保证，在当前复杂的国际国内经济金融形势下，保持足够的专业敏感性，扎实有效的做好风险管控工作具有重大现实意义。1、坚决防止不良贷款大幅反弹，努力实现“双控”监管目标。2009年，银监会根据形势需要，将不良贷款监管目标由“双降”调整为“双控”。为了防止“双控”变成“失控”，葫芦岛分局结合本市实际，在年初确定各类银行机构不良贷款容忍度为：政策性银行比例控制在去年水平；股份制商业银行比例控制在1%以内；城商行比例控制在去年水平；邮政储蓄银行比例控制在1%以内；国有商业银行和农信社继续实行不良贷款“双降”，国有银行比例下降1个百分点，农信社比例下降10个百分点。围绕上述容忍度要求，葫芦岛分局制定了《2009年不良贷款抓降工作指导意见》，大力督促各行报备具体的“双控”、“双降”分阶段工作目标和措施，加强跟踪监测，逐月登记大额不良贷款台账，重点关注大额不良贷款迁徙变化；对不良贷款存量较大的农行、不良贷款上升的中信和工行进行了约见谈话，提出了监管意见，收到了切实成效，2009年，重点监管机构葫芦岛农行累计处置不良贷款2.4亿元，农村信用社不良贷款余额及比例分别较年初下降4.52亿元和9.9个百分点。2、有效强化资本约束和公司治理，防止中小银行机构监管指标出现反复。继续巩固城商行资本达标成果，督促和引导城商行同时兼顾资产扩张速度和规模，不断拓宽资本补充渠道，确保资本充足率始终保持在 10%、拨备覆盖率保持在 150%、流动性比例保持在 50%以上；以资本充足为前提，妥善有序地推进城商行不规范股东持股减持计划，葫芦岛市商业银行按照监管要求制定了《葫芦岛市商业银行 2008 年入股股东以贷款出资入股的股本金贷款清收方案》，加快了工作进展；继续推进中小银行公司治理，完善公司治理架构、议决事流程和约束制衡机制，具体工作：约见省联社葫芦岛办事处、建昌联社、南票联社就完善公司治理健全监督制约机制、配备高管人员等事项进行谈话，并提出监管意见；指导城商行修改并完成公司章程，扎实推进中小银行公司管理水平的提高。3、着力推进案件防控工作，不断巩固专项治理工作成果。2009 年经济金融形势复杂，经济下行波及社会稳定，加大了案件防控压力。年初，葫芦岛分局将 2009 年的工作目标确定为辖内银行机构零案件。围绕这个目标，分局不断加强银监部门、市县机构三级联防体系建设，全面实施驻行监管与内部审计联动机制，在继续推进农信系统岗位交流和履职回避制度的基础上，有序、稳妥地开展商业银行的岗位交流和履职回避工作；制定国有商业银行 2009 年案件防控工作 11 项措施，配合省局加强对农行特殊时期的风险监管，切实防御声誉风险；对重点机构实施重点监管，按照省局统一安排，部署农行、农信社开展全面风险排查和“回头看”情况检查，进一步巩固案件防控工作成果；针对在个别机构发生的 ATM 诈骗案件，会同公安机关开展了专项检查，提出五条监管意见，加强了安全防范。4、高度关注各类突出风险，严禁突破监管红线。2009 年银监会调整放宽了部分信贷监管政策，但是宽严相济，也设置了“七个严禁”的监管红线，不允许突破。葫芦岛分局严格落实“七个严禁”的监管要求，不断加大银行业风险监管力度，切实防范各类突出风险。配合省局深入开展葫芦岛志达集团及其关联贷款风险情况检查，并采取有效措施，妥善处置社会负面影响。开展了大型银行新增贷款投向、中行个人消费贷款和表外业务、工行票据贴现延伸、城商行落实宏调政策及贷款“三查”情况等现场检查，并就大型银行和地方法人银行机构单一客户贷款集中度过高问题开展了专题调研。针对政府融资平台类贷款开展了风险调查，并形成专题报告向上级进行了反馈。配合省局积极采取有效措施，妥善处置锦化化工集团 21 亿元贷款风险问题，并形成《银行业要情专报》，由银监会直报王岐山副总理，有关风险处置工作得到了李林局长的充分肯定。5、继续做好信息科技和理财产品风险监管工作。按照年初工作部署，葫芦岛分局不断加强银行理财产品风险监管，不仅开展了专项检查，还制定《贯彻落实银监会个人理财业务监管工作意见》，要求做到“三要求一加强”，即做到风险可控、成本可算、信息充分披露，加强售前、售中、售后全过程管理，坚决纠正把理财产品等同于存款客户管理的做法，引导银行业维护自身权益，坚持“买者自负”原则，做好客户服务工作。利用信访渠道，指导城商行妥善处置客户在《消费者日报》投诉理财产品事件，没有产生不良社会反映。信息科技风险监管重点在中小银行机构，组织城商行和农村信用社对信息科技系统安全性进行了风险排查，并与银行机构建立了常规工作联系制度，强化信息交流，增强工作合力。

【以改革创新精神不断推进银行业改革发展】　继续推进城商行评级升级工作。密切监控城商行资本充足率和拨备覆盖率等关键性指标保持达标标准，同时密切关注其他风险指标的变化情况，逐项对照监管标准，采取综合措施，推动城商行评级由 5 级跃升为 3 级；着力优化银行业结构。严格筛选合格发起人，由城商行和连山农商行发起，在绥中县和连山区拟设立 2 家村镇银行，筹建审批工作已进入最后环节；鼓励其他股份制商业银行在葫芦岛设立分支机构，其中民生银行正着手前期工作，盛京银行葫芦岛分行已经开始筹建，银行体系有效竞争和市场活力进一步提高；进一步深化农信社改革。按照现代银行的运营要求规范管理体制和运营机制，完成葫芦岛连山农村合作银行组建农村商业银行工作，成为辽宁省第一家农商行。按照农行股份制改革的要求，全力推进农行的改革进程。开展邮储银行管理体制有效性再评估。在 2008 年调查研究的基础上，继续针对邮储银行管理架构有效性开展了再评估，并形成评估报告上报了省局。

【提高应对复杂情况维护稳定的监管能力】灵活性，就是要能够具体问题具体分析，面对复杂情况，娴熟的使用各种监管手段，有效的发挥监管职能，综合统效的利用好一切有利因素和条件，形成工作合力，实现监管目标。进一步完善监管联动机制。加强与人民银行、政府宏观部门的工作联系，进一步完善了联动监管工作机制和程序，畅通联动各方信息沟通渠道，2009 年，与人民银行联合举办了全市银行业金融机构联席会议，与经委、金融办协调邮储银行举办了针对小企业的银企项目对接会，进一步提高了综合监管效能。加强与地方主流媒体的信息沟通，联合葫芦岛日报社创办《金融天地》，进一步加强金融舆情监测，正确引导社会舆论，防范银行业声誉风险；进一步强化县域银行业监管。出台《县域银行业监管工作规程》，进一步调整了县域银行监管组织架构，健全和完善了县域银行业监管工作流程，并由局长带队分赴三县（市）就监管现状开展了专题调研，掌握了县域银行业实际经营状况、加强了与地方政府的交流沟通、推进了监管力量下沉，通过强化监管，引导银行机构支持并依托县域经济，共求发展；进一步提高监管有效性。重点是采取切实有效措施，加强市场准入、非现场监测、现场检查能力建设，充分发挥市场准入的审慎监管和关口引领作用，增强非现场监测的风险预警和评估能力，提高现场检查的科学性和针对性，确保功能型监管流程切实发挥监管效能。

【扎实推进党建工作和内部管理】　按照银监会和辽宁银监局的要求，抓住开展学习实践科学发展观活动这一有利契机，进一步加强党建和干部队伍建设，努力强化内部管理，夯实基础工作。第一，继续扎实开展学习实践科学发展观活动。根据总体安排，认真完成好学习实践活动整改落实阶段的各项工作任务，针对剖析发现和职工提出的问题，分局党委进行了逐项研究，并认真整改。同时，通过学习实践活动与贯彻银监会、省局工作会议精神、落实本次会议的部署的紧密结合，引导广大党员干部把科学发展观的要求落实到保增长、防风险、促稳定的各项工作任务中去，让学习实践活动成果真正转化为复杂形势下努力工作、战胜困难的坚定信心和不竭动力，推动各项事业顺利发展。第二，大力加强领导班子和干部队伍建设。抓好中心组学习，先后组织中心组成员深入学习了十七大报告、省局纪检监察工作会议精神、李林局长年初工作讲话等内容，突出“学在实践中，用在实际中”，有效提高领导班子履职能力；抓好职业道德教育。以银监会核心价值观为教育内容，通过教育引导、活动促进、典型示范和舆论宣传等手段，进一步强化了广大干部职工的职业素养和道德水准；抓好干部轮岗。经充分酝酿和周密考虑，按照“尊重意向、人岗相宜、各展所长”原则，11名干部岗位轮换走上新的工作岗位，占到分局人员总数的16.9%，进一步活跃了分局工作氛围；四、抓好专业化培训。采取以解决问题为核心的培训模式，有针对性地开展培训，全年共组织集中授课6次，培训职工200多人次，推动了“创建学习型组织，争做知识型职工”活动的深入开展。第三，深入开展党风廉政建设。认真落实党风廉政建设责任制，完善目标考核办法，通过实行“五个工作到位”、开展“六个专题”活动，深入开展教育清理工作“回头看”活动，加强对领导干部特别是主要领导干部的权力监督。开展“党风廉政建设宣教月”活动、组织银行业反腐倡廉警示教育图片展、“八一”主题党日活动、行风评议等系列宣传教育活动，进一步筑牢广大职工拒腐防变的思想道德防线，推动反腐倡廉工作的深入开展。召开领导班子民主生活会，通过开展批评与自我批评，进一步总结归纳党员领导干部党风廉政建设的经验教训，促进党建工作再上新台阶。进一步推进行政公开，全面落实《全面推进依法行政实施纲要》的各项要求，依法、公开、公正在受理行政许可事项，严防职务腐败。第四，进一步加强内部管理，营造和谐工作氛围。以迁入新办楼办公为契机，及时下发《工作人员劳动纪律考核管理暂行办法》、《教育培训暨视频会议考核管理办法》、《工作人员行为规范》等三项制度，狠抓机关作风建设，进一步强化内部管理，推进机关文化建设。以提供信息支持、服务决策为目标，改进考核办法和工作机制，进一步强化信息调研工作，全年共报送信息66期，被《辽宁银行业监管动态》采用34期、银监会《监管工作信息》采用3期、派出机构动态采用2期、《信息专报》采用1期、《银行业要情专报》采用1期，综合排名位于全省前列。以网络科技管理为着力点，进一步加强保密工作，完善了相关保密工作制度。以维护银行机构、存款人利益为关切点，进一步加强信访和舆情监测工作管理，通过完善“三级”处置工作机制、加强信访件核查、做好特殊时期矛盾纠纷排查调处工作，提高了信访工作水平，维护了社会稳定。发挥党团工会宣传的特殊作用，围绕监管工作一盘棋，开展形式丰富、内容活泼、主题向上的各种活动，不断营造积极进取、团结友爱、和谐有序的工作氛围，推动了分局整体工作再上新台阶。

（刘兴友）

中国工商银行葫芦岛分行

【概况】 2009年，中国工商银行葫芦岛分行在市委、市政府的正确领导下，认真贯彻落实国家金融方针政策和总省行工作部署，以支持地方经济发展为己任，大力开展高端客户营销服务，积极拓展业务市场，实施全面风险管理，稳步推进各项改革，经营管理不断夯实，圆满完成了各项工作任务。全年实现经营利润1亿元。

【加大信贷投放力度】 2009年底，全行各项贷款余额54亿元，比年初增加13亿元。按照国家宏观调控政策和总省行信贷政策的要求，明确投放重点，优化服务流程，提高服务效率，鼎力支持本市重点企业、产业和重大基础设施建设。全年公司贷款累计投放28.5亿元，同比多投放2.1亿元；累计票据买入量同比增加35亿元。在行内组建了小企业金融业务中心和个人贷款中心，积极拓展中小企业和个人贷款市场，办理中小企业贷款200万元，个人贷款新增3 186万元。

【不断提高资产质量】 2009年底，全行不良贷款余额9 260万元，不良率1.72%，分别比年初下降1 899万元和1个百分点。综合利用以物抵贷、呆账核销、还款免息等方式处置不良贷款，不仅减轻了企业经营负担，支持了地方经济发展，而且调整了自身信贷结构，促进了信贷投放的良性循环。

【加强金融产品创新】 坚持以客户为中心，以市场为导向，加强创新，金融产品种类不断丰富，金融服务功能日臻完善。全年基金、保险、灵通快线等各类个人理财产品销售量同比增加30亿元，银行卡直接消费额同比增加5 013万元，网银交易额同比增加421亿元。实行“行长坐堂”，支行行长现场办公，零距离接触客户，提升了网点服务效率。加快网点装修改造，改善服务环境，配备大堂经理，增加自助设备，网点服务能力显著增强。

【积极拓宽筹资渠道】 2009年底，全行各项存款余额90亿元，比年初增加1.5亿元。建立营销团队，坚持重点营销战略，增强对中高端客户的服务能力，持续开展营销竞赛，年底储蓄存款余额63亿元，比年初增加2.5亿元。在对现有对公客户提供优质服务的基础上，积极发展潜力客户，全年新增结算账户504户，存款来源进一步扩大。

【强化内控外防】 制定了内部控制管理目标、内控风险管理考核办法、营业网点内控管理实施办法，将内控管理工作纳入支行行长绩效考核，内控管理水平进一步提高。认真组织观看省行警示教育案例巡演，员工按章操作自觉性不断增强。认真组织突击性关键岗位轮换和强制休假工作，对重点业务、重点柜员、重要环节进行突击检查。加大反洗钱工作力度，反洗钱工作水平不断提高。落实安全保卫责任制和国庆安保各项措施，强化物防技防建设，积极进行防抢防盗和消防演练，提高网点综合防范能力。

【夯实管理基础】 建立工作责任制。纵横落实工作任务，并层层签订责任状，对重点业务、重点项目、重点收入计划序时进度实时督办。强化财务管理。加大财务支出的审查力度，严把财务支出审查关。加强科技规范化管理。完成办公类各系统投产、升级，规范代理业务操作，加强计算机防病毒管理，对全辖ATM、自助终端设备进行程序升级。加强人员和机构管理。组织完成两批营业经理资格考试，重新选聘69名营业经理。加快标识更新改造，完成了市行办公大楼楼体标识改造和部分支行的门楣、灯箱和公共标识改造工作，进一步提升了企业形象和社会知名度。

【推进党建和队伍建设】 圆满完成了学习实践科学发展观活动各阶段工作任务。开展争先创优活动，对全行2个先进基层党组织、16名优秀共产党员和12名优秀党务工作者进行了表彰。制定党风廉政建设和反腐败实施方案，进一步明确各级管理者和相关部门的党风廉政建设职责。落实中心组学习制度，开好各级班子民主生活会，提高领导班子战斗力、凝聚力。推进民主管理，召开了第二届职工代表大会，对征集的职工代表提案进行了落实和答复。积极构建和谐银行，举办登山、摄影、征文、排球比赛等兴趣活动。在《城市金融报》、《葫芦岛日报》和《葫芦岛晚报》等媒体共计发表新闻稿件50余篇。全行荣获了全省电子银行业务比赛团体三等奖，连山支行、滨海支行和龙湾大街支行获得首届省行级文明单位荣誉称号。

（史　航）

中国农业银行葫芦岛分行

【概况】 2009年，中国农业银行葫芦岛分行在葫芦岛市委市政府的正确领导下，按照总省行“3510”发展战略和葫芦岛分行三年发展规划，本着“抓管理、带队伍、促发展”的原则，紧紧围绕有效发展这个中心，认真贯彻落实科学发展观，坚持有效发展和防控风险两手抓、两手硬的经营战略，不断完善运行机制、严格规范精细管理、积极拓展营销渠道，加快业务经营转型，全行各项工作稳步有效开展。呈现出党政关系明显改善、银企关系融洽、干群关系和谐、社会形象快速提升、经营成果凸显、基础工作夯实、安全无事故的良好局面。

【以有效发展为引领 定方略抓落实】 2009年，是葫芦岛分行加快有效发展的重要一年，是新一届领导班子站在新起点确定新目标实现新跨越的一年。在这一年里，认真贯彻落实总省行2009年工作会议精神，紧紧围绕有效发展这条主线，把目标管理贯穿于各项工作之中，确定了葫芦岛分行三年发展规划，进一步明确了“363”奋斗目标，制定了各项工作在全省排名“保五争四拼三”进位措施，实施了星级网点考核管理办法，开展了“四好班子”和精神文明创建等一系列活动。全行对发展目标更加明确，对发展思路更加清晰，对发展信心更加坚定。通过实行“全员式”的市场营销、发动“攻坚式”的不良清收、推广“精细化”的内部管理、营造“进取型”的企业文化、完善“激励型”的经营机制五大主要措施，大力提高了全行的业务经营水平、内部管理水平、风险控制水平，实现了业务总量更大、经营质量更优、市场形象更好、竞争能力更强的奋斗目标，全行各项工作实现了经营跨越型、安全效益型、文明和谐型的历史转变。

【以质量效益为中心 定措施抓经营】 2009年，面对严峻的经营形势和工作任务，把压力变动力，把劣势转化为优势，坚持以质量效益为中心，大力推进经营转型和精细化管理，全面防范化解风险，全行各项工作稳步高效发展，呈现出可喜的工作局面。

业务经营指标明显提高。2009年，坚持以业务经营为中心，充分发挥主观能动性，采取有效措施，合力攻坚，各项业务经营取得明显成效。负债业务发展提速，存款指标再创新高。截至年底，人民币各项存款余额实现681 364万元，比年初增加64 098万元。其中储蓄存款余额实现581 666万元，比年初增加58 979万元，市场份额排名第二。对公存款余额99 698万元，比年初增加5 120万元，完成省行年度必保计划的127.98%。银行卡业务实现新突破。新增贷记卡7 058张，POS商户336户，转账电话46 290户，个人网银54 560户，企业网银7户。经营效益不断提升，盈利能力日益增强。

星级网点管理初见成效。为了全面提升网点的竞争能力，打造一流的精品网点。研究制定了《葫芦岛星级网点管理办法》，各网点在内部管理、人员配置、服务水准、设施环境、经营业绩等方面发生显著变化。已经有13个网点达到了星级标准。其中，四星级网点2个，三星级网点3个二星级网点8个。网点增加存款58 979万元。特别是万通支行站前分理处，通过人员优化和机制转变，仅4个来月时间，储蓄存款就增加6 000多万元，又创一个亿元网点。

“一户一策”实现银企双赢。根据本行贷款的占用形态和不良贷款占比过高的实际，从减轻企业负担，弱化贷款风险，增加有效收入入手，把志达案件影响转化为优势，对不良贷款实施“一户一策”管理。及时向政府做了汇报并得到大力支持，召开银企座谈会得到企业的理解。截至年底，全行为13户一类客户制订了“一户一策”方案，减轻了企业财务成本，增强了发展后劲，进一步增进了银企合作关系。市政府对支行的工作给予充分肯定，这种做法在省行会议做了专题经验介绍，并以文件形式下发到全辖，在全省进行推广。

网点转型达到客户满意。年初，加快对全行22个网点标准化服务导入，将万通站前分理处设为全市标杆网点，在绥中支行召开网点导入现场会和经验交流会，促进了网点转型工作的开展。在网点装修改造时间紧任务重的情况下，班子成员出面协调沟通各方面关系，保证15个装修项目全部开工，16台ATM交付使用。市行营业室于12月28日提前竣工营业，举行了由葫芦岛副市长、省行副行长等社会各界人士参加的盛大开业庆典，在社会上引起了强烈反响，收到了良好的社会效益。

中间业务拓展效果明显。2009年，坚持以代理业务为突破口，锁定负债业务，全面拓展中间业务。成功地完成了葫芦岛市九江酒业有限责任公司和兴城市粉末冶金有限公司的年金方案制订与报备，开创了本市民营企业开办企业年金业务的先河。与信达证券等十余家证券公司签订了第三方存管合作协议，全年新增有效户5 527户，有效户总数达到8 435户，托管存款余额近16亿元。在保险“冲刺行动”活动中，多措并举，举行大型推介会3次，增加寿险保费收入6 141万元，任务完成率列全省第一。投资银行业务实现零的突破，代收代付中间业务收入完成率列全省第一。

三农试点初见成效。按照省行三农试点工作的要求，围绕“新三农、大三农”经营战略，在绥中抢占县域市场制高点，采用“公司+农户”的办法，合理确定客户定位，着力培育“三农”客户多元化的金融需求，在风险可控的前提下，加大三农金融服务力度。在全省发放首批三农贷款，到现在，发放“三农”农户贷款金额1 665万元，“惠农卡”授信户数550户。

【以班子建设为基础 定目标抓班子】 2009年年初，按照省行工作部署，为了建设一支“政治素质好、经营业绩好、团结协作好、作风形象好”四好领导班子，坚持以创建“四好”班子活动为载体，采取各种有效措施和办法开展四好创建活动。

加强沟通，开展交心谈心活动促进班子和谐。为了加强市县行两级班子建设，每周召开行长碰头会交流思想、研究部署工作。召开科务会与机关干部进行面对面得交流，广泛征求意见。深入基层与支行行长、科长、重点岗位人员进行谈话，解决了部分领导干部精细管理不到位、经营意识不强的问题，解决了9名大学生和内退人员的上访等历史遗留问题。

发扬民主，激发班子成员潜能。为了增强班子整体合力。自觉做民主决策的表率，做到没有调查研究不决策，没有咨询论证不决策，没有班子集体讨论不决策。班子成员自觉摆正位置，做到了大胆管理又不越权、不越位。民主作风把班子扭成了“一股绳”，形成了“一个拳头”，班子的凝聚力和整体合力不断增强，各成员独当一面的能力不断提高。

面向基层，切实解决经营管理中的实际问题。通过落实包片蹲点工作的开展，解决了支行班子“沉不下去”的问题，通过落实责任追究制，解决部分班子“作风漂浮”的问题。全行形成了“敢抓、敢管、敢于负责、敢于承担责任”的良好风气。

【以廉政建设为重点 定制度抓管理】 为了营造廉洁从业，风正心齐的内部环境。实施阳光管理运行机制。严格落实党风廉政建设各项制度，每季度开展一次廉洁从业活动自查，班子成员定期自查向组织报告廉洁自律情况。在用人上，坚持以德才用人、以业绩用人、以群众公认用人。“阳光操作”公开选拔21名副科级领导干部和13名客户经理。组织员工开展各种文体活动，逢年过节，行领导亲自登门走访慰问退休老干部、困难职工，体现了组织的温暖和关怀，增强了干群间的凝聚力和战斗力。通过抓“四好”班长建设，在班子内部形成了大事讲原则，小事讲风格。做到补台不拆台，推功不诿过，成为了志同道合的朋友，形成了团结协作的联合体。员工对班子的信赖度不断提高，得到了社会各界的好评。市政府在存贷款工作上都给予了大力支持，帮助协调各方面关系，解决“一户一策”和志达相关问题，有效促进了各项工作的开展。

【以安全经营为目的 定责任抓防控】 2009年，本行坚持“一手抓风险防范、一手抓业务开拓”，始终把内控案防放在工作首位，扎扎实实地推进全行各项工作的开展，确保了本行内控案防工作的稳健运行，实现了全年无案件、无事故的目标。

在全行范围内组织开展以《业务操作指南》、《员工违规行为处理暂行规定》等主要内容的学习教育活动。分层次、分专业进行 培训，使全行员工，特别是临柜人员和客户经理，规范操作流程、主动防范风险。同时，有针对性地安排组织测试，巩固、强化学习培训和教育效果，提高员工内控案防业务素质。

强化部门自查和支行检查力度。确定重点、明确内容，进行定期检查和随时抽查，特别加强节日期间内控案防的检查和巡查。定期召开案件防范和运行质量分析会，对自查和各级各类检查发现的问题，深入分析原因，落实责任人，明确整改时限，对屡查屡犯的问题严肃责任追究，加大处罚力度。

抓好网点负责人、会计主管、营业经理等职能人员的履职，有效防范各类违章、违规、违法行为，消除各类风险隐患，保证本行各项业务稳健发展。

（李子军）

中国银行葫芦岛分行

【概况】 2009年，是共和国60华诞和中国银行葫芦岛分行成立20周年，也是本行全面应对危机、迎接挑战和快速发展的关键一年。本行党委紧密围绕“扩大规模,调整结构，做优品牌，降低成本，练好内功，上高水平”二十四字工作方针，积极响应国家保增长、调结构、扩规模的号召，抢抓历史机遇，坚持科学发展，拓宽思路，创新机制，全行各项工作取得了骄人的业绩——信贷投放创历史最高水平，有力支持了本市三点一线开发及基础设施建设；本外币存贷款主要指标名列地区前列，实现了数一数二的目标；消费信贷以绝对优势位居全市第一位,始终领跑同业；新网点主义建设成果彰显，网点转型工作进展顺利；合规文化深入人心，全员防范意识增强，综合治理工作作用彰显。年内，本行被评为“2009年度辽宁省精神文明先进单位”。

【各项计划指标执行情况】 截至12月底，本行共实现净利润5 741.56万元，同比增加5 135.43万元，增长率847.25%，其中人民币净利润1 562.53万元，同比减少1 912万元，减少55.03%；各外币净利润612.02万美元，同比增加1 031.71万美元，增长率245.83%。成本收入比26.40%，同比下降6.06个百分点。各货币折人民币净收入25 044.84万元，同比增加13 347.22万元。

资产业务。1、人民币贷款。截至12月底，本行人民币贷款余额511 075万元，新增220 778万元，同比多增204 295万元，完成省行第一目标的195.38%。其中公司类贷款余额(不含票据和贸易融资)393 733万元，新增182 069万元，同比多增141 747万元；消费贷款余额93 412万元，新增31 455万元，同比多增24 756万元，完成省行第一目标的524.25%；人民币贸易融资余额18 167万元，新增4 858万元，完成省行第一目标的161.93%；票据融资余额5 763万元，新增2 396万元，完成省行第一目标的59.90%。2、外币贷款。截至12月底，本行外币现汇贷款余额14 274万美元，新增8 294万美元，同比多增12 208万美元。其中贸易融资余额11 214万美元，新增6 694万元，公司贷款3 060万美元，新增1 600万美元。3、排名：人民币公司贷款余额在全省排名第6位，同比提升1位；新增额在全省排名第5位，同比提升3位。零售贷款余额在全省排名第7位，同比提升2位；新增额在全省排名第4位，同比提升3位。人民币贸易融资余额在全省排名第5位，同比下降1位；新增额在全省排名第6位。票据融资余额在全省排名第10位，同比提升2位；新增额在全省排名第8位，同比提升2位。外币贸易融资余额在全省排名第2位，仅次于沈阳行，新增额在全省排在第1位，公司贷款余额在全省排名第4位，新增额排名第2位。

负债业务　1、人民币。截至12月底，本行人民币存款余额665 230万元，新增179 670万元，同比多增91 370万元，完成省行第一目标的143.74%。其中公司存款余额329 140万元，新增154 501万元，同比多增115 513万元；储蓄存款余额336 058万元，新增55 158万元，同比下降4 188万元，完成省行第一目标的84.86%。金融机构存款余额32万元，比年初下降29 989万元，同比下降19 955万元。2、外币。截至12月底，外币存款余额7 478万美元，新增加4 146万美元，同比多增3 998万美元，计划完成率829.20%。其中：外币储蓄存款余额2 855万美元，新增320万美元，完成省行计划的160%；外币公司存款余额4 594万美元，新增3 971万美元，同比多增3 454万美元，完成省行计划的1 323.67%。3、排名：人民币存款余额全省排名第8位，新增额全省排名4位。公司存款余额全省排名第6位,新增额全省排第2位，同比提升1位。储蓄存款余额全省排名第9位，新增额全省排名第9位，同比持平；外币存款余额全省排名第8位，同比提升2位，新增额全省排名第3位,同比提升5位。储蓄存款余额全省排名第11位，同比持平，新增额全省排名第10位，同比提升3位；公司余额全省排名第3位，同比提升4位，新增额全省排名第1位，同比提升4位。

中间业务　截至12月底，本行实现中间业务净收入3 735.76万元，完成省行计划的116.03%，同比增加761.24万元，增长25.59%，中间业务净收入占比为14.92%，同比略有下降。公司金融板块：净收入2 795.07万元，同比增加1 116.55万元，完成率135.62%，其中国际结算净收入1 486.32万元，完成省行计划的148.63%，同比增加580.04万元；国内结算净收入 203.42 万元，完成省行计划139.33%，同比增加 94.30 万元；金融机构收入218.99万元，同比减少24.94万元，完成省行计划的95.21%；公司中间业务收入实现677.90万元，完成省行计划的112.98%，同比增加267.42万元；对公代客实现208.44万元,完成全年计划的463.20%，同比增加199.73万元。个人金融板块净收入971.28万元，完成全年计划的81.96%，同比减少324.72万元。其中个金实现收入364.88万元，完成省行计划的74.47%，同比减少0.51万元；银行卡实现收入355.84万元，完成省行计划的104.66%，同比增加136.6万元；对私代客实现49.82万元，完成省行计划的199.28%，同比减少20.49万元；基金及托管实现 170.15 万元，完成计划的 51.56%，同比减少470.91万元。

资产质量：截至12月底，本行本外币不良贷款余额46 929.61万元，较年初增加16 780.20万元，不良率7.41%，较年初下降了 个百分点。其中公司类不良贷款余额 44 309.70 万元，占不良贷款总额的 94.42%，不良率 8.20%；零售类不良贷款余额2 619.91万元，占不良贷款总额的5.58%，不良率2.80%。

【创新思路 实现又好又快发展】 抢抓机遇，快速跟进，大力支持本市“三点一线”开发及基础设施建设。2009年，本行积极响应国家保增长、调结构、扩规模的号召，紧紧抓住省行与市政府战略合作以及辽宁五点一线沿海经济带上升为国家战略的历史机遇，紧密结合本市一线七区开发建设规划，确定了一把手亲自挂帅、各部门协调作战、全行上下统一行动的指导方针，年内先后十几次去总省行跑项目，确保了全年为本市一线七区开发及市政基础设施投放贷款累计15亿元，在全口径银行中处于绝对领先地位，其中重点支持CBD商务区6亿元、兴城临海园区3亿元、绥中万家基地3亿元、高新园区3亿元，有力支持了本市三点一线开发建设，得到了市委、市政府主要领导的高度评价。关心民生，重点扶持本市房地产企业发展，保持消费信贷强劲增长。一方面，本行先后为铂翔等4户房地产企业发放开发贷款2.48亿元，填补本行近五年来开发贷款的空白，扶持了房地产企业发展。另一方面，确定了以按揭贷款为龙头、其他产品并进的战略方针；开设便捷通道，对优良企业直接叙作，形成地区品牌效应。在中国·葫芦岛第一、第二届房交会上，本行成为市政府指定的惟一合作银行。率先推出按揭贷款网上抵押业务，做到了一站式服务。发挥先发优势，有力支持了本市企业海外并购。2009年，本行作为辽宁省并购贷款业务的唯一主办银行，积极开展工作，在省行大力指导和市政府的密切配合下，为七星集团并购控股澳大利亚 Ev0lutian Yachts 公司、斯达威公司并购美国 INGEAR 服装公司贷款1亿元人民币元和240万美元，得到了地方政府及企业广泛赞誉。成立钻石团队，大力扶持中小企业健康发展。本行于2009年8月份抽调精兵强将组建中小企业钻石团队，与59户目标企业取得联系，发出特快专递58封，牵头召开4次“政府、银行和企业”三方见面会。还积极联系名单外企业18户、上门拜访企业53户，为葫芦岛顺隆碳素有限公司等8户中小企业申请贷款1亿元，现已批复5户、授信总量6 980万元，让企业实现了扩大生产规模的目标。开辟绿色通道，大力推广新产品，多方支持本市四大支柱企业发展。2009年，本行发挥体制和机制优势，助力船舶、有色、石化、能源等本市四大支柱企业发展：一是为渤船申请100亿授信总量，从资金源头上保证其正常需求，为此，渤船在本市众多银行中选择本行作为最大国内国际结算行；二是为绥电申请25亿元授信总量，开通绿色通道为其发放二期工程固定资产贷款；三是为天然气等提供“融利达”、“汇利达”等新产品，支持企业出口创汇。

【个金板块多策并举 抢占市场】 大力开展“开门红”活动，为完成全年任务奠定基础；倡导机关员工揽存，仅一个月时间揽存3 000万元；开展夏季理财产品销售活动，列全省第二位；举办高端客户回馈活动，实现单笔销售基金500万元；与人寿联合举办客户答谢会，改变保险销售进度落后局面；推出“基金热销易方达、个金助你游东亚”活动，售出易方达100ETF基金2 456万元，计划完成率在全省排名第一。本行个金业务在省行第三季度开始的板块考核中连续两个月蝉联全省第一位。调动全员发卡积极性，开展交叉营销，举办大型“金牛送福”营销、“发卡竞赛活动”，发挥整体联动优势，成功签约宏运百货等多家大型百货类商户。截至年底，本行贷记卡发卡市场份额和占有率均居当地第一位；中银卡发卡16 100张，完成全年任务的101%，位居当地第一位；收单量1.41亿元，同比增加210.50%，列全省第二位，消费总额2.09亿元，完成全年任务的117.98%；银行卡净收入315.5万元，完成省行计划的92.8%，得到了省行大力表扬。

【抓住银政合作契机 上下联动 提升份额】 一、由于本行在支持地方建设上的突出贡献取得市政府极大认可，促成了政府关联类公积金存款、代发工资、财政性存款及土地出让金存款等业务在本行开展；多次与市商行、邮储银行沟通协商，分别吸收4亿元、20亿金融机构存款；二、完善国内国际结算考核和奖励办法，抓住市场信息和客户资源，激励员工多作贡献。在全市国际结算市场低迷情况下，全面完成了省行各项指标；上半年取得了结算收入增长率排名第一位、完成率第二位的好成绩；三、与65 037部队成功签订账户金钥匙业务，为省行春季国内结算产品竞赛活动画上了浓墨重彩的一笔。经过艰苦卓绝的营销，开通工商“E”线通，增加了中间业务收入，密切了银企关系。

【创新服务模式 提高服务水平】 第一，本行累计投入1 200万元装修改造并完成回迁了中大、连山等4家精品网点，奥园分理处、龙绣支行于2 010年1月1日正式对外营业。新网点主义堪称是全地区金融系统的典范，完美展示了中行的品牌形象。第二，推出新型服务模式—招手服务，成为本市银行柜台服务一道亮丽的风景线。第三，将优服竞赛单位扩大到四家，以点带面，从而推动本行整体服务水平日益提升。市行营业部荣获“全省文明服务示范窗口”，是全地区金融系统唯一的银行代表。

【积极跟进网点销售服务流程转型】 举办全辖个人金融板块知识竞赛，全行16支代表队、64名队员参加，激发了广大员工积极性，推动本行个金板块业务向纵深发展。同时举办全辖个金板块业务知识考试，177人员工参加考试，优秀率达94%，为配合网点转型奠定基础。举办网点转型示范会演，组织全辖机构负责人、大堂经理及员工观看，充分体现了本行员工对对网点服务销售流程1.0版本有进一步的理解和掌握。

【加强思想建设 深化企业文化建设】 召开党委扩大会议，对照发展主题，全面总结学习实践发展观“回头看”活动整改落实工作；进行“行风政风热线”直播访谈，向全社会做很好的自我宣传，树立了中行的社会形象。不断加大案件防范力度，落实党风廉政建设责任制，完善内控三道防线体系，有效遏制了各类案件事故的发生；通过精心组织和全员努力，本行技能测评共有88人次取得了一级能手资格，超额完成了省行计划指标18人，在全省二级分行中名列第一名；、举办大型女性沙龙，获得总行创意奖；举办首届登山活动和排球精英赛，陶冶性情，熔炼团队；开展“我与中共成长”征文大奖赛和员工书画摄影作品展等活动，推动本行企业文化建设和精神文明建设。

（杨轻羽）

中国建设银行葫芦岛市分行

【概况】　2009年，中国建设银行葫芦岛分行在省行党委和市委、市政府的正确领导下，按照市分行党委年初确立的工作思路，继续走可持续快速发展之路，以营销和服务重大项目为重点，以提高市场份额和位次为目标，克服各种困难，大力发展资产业务、负债业务、中间业务、战略性业务，经营管理水平快速提升，较好地完成了全年工作任务。截至2009年底，全口径存款日均余额88.08亿元，时点余额86.88亿元；各项贷款余额56.55亿元；中间业务收入4 507万元；实现拨备前利润8 741万元。

【公司类业务成效显著】　坚定不移地贯彻落实省行"对公业务唱主角"的工作部署，一方面加大重点项目营销力度，先后成功储备徐大堡核电、绥中煤码等项目，并开立基本结算账户。另一方面抢抓机遇，加大信贷投放力度。全年累计投放非贴现类贷款45.82亿元，回收47.28亿元。积极发展中小企业信贷业务。累计投放小企业贷款3 440万元，余额为9 290万元。利用电厂二期建设的有利时机，继续抢占票据业务市场份额，全年累计办理贴现174 412万元，累计回收76 979万元。加大对公存款营销力度，密切银企关系，及时掌握企业资金动向。

【个人金融业务效益贡献度有效提升】　巩固网点转型成效，加强主动负债管理，坚持每日监测网点存款变动情况，进行跟踪调度。加大中高端客户市场拓展和维护力度，优化用卡环境，发展普通收单商户82户，汽车分期商户3户。全年共发行信用卡12 397张，借记卡新增6.54万张。四是深入楼盘上门营销，优化流程与服务，大力发展房贷业务。全年累计发放个人住房贷款1.48亿元。五是抢抓电子银行业务市场，持续开展电子银行营销竞赛与激励活动，取得了较好成效。分行荣获了省行星光大道二等奖，全区28个网点有23个分获省行各类奖项。

【努力提升中间业务收入】　2009年本行中间业务收入在实现本外币结算、银行卡等传统产品稳定增长的同时，全行上下积极创新经营方式，努力拓展增收渠道。积极寻求信贷资产表外化，为绥中电厂发行乾图理财2亿元，实现相关中间业务收入49万元。大力营销保理业务等新兴供应链融资产品，全年累计受让应收账款3 312万元，发放保理预付款2 650万元，实现保理手续费收入24.30万元，预付款利息收入34.5万元。全省系统内第一家与广播电视公司合作发行数字龙卡，开创了全省信用卡代缴费业务的先河。全年累计进件10 837张,成功发卡9 800张。四是抓住鼓励信贷投放的有利时机，为异地客户中国船贸成功发放5 000万美元外汇贷款，填补了本行外汇贷款业务近10年来的空白。

【内部管理进一步加强】　增强信贷结构调整的紧迫感，对现有存量客户进行逐一梳理，分别制定不同的发展策略并逐步推进。全年本行共退出贷款2 990万元，计划完成率为107.09%。千方百计加大不良贷款清收力度。全年累计清收不良贷款572.68万元，其中清收公司类不良贷款504.06万元；个人类贷款68.62万元。强化内部控制和操作风险管理。组建抽检工作小组，对柜员岗位、营业网点、金库、自助设备等20个关键风险点按季度进行了检查，确保全年无事故。

【深入开展党建和企业文化建设】　开展系列中心组理论学习活动，贯彻科学发展观和十七届四中全会精神。组织进行了"打造高绩效团队"拓展训练活动。发展7名同志为新党员，9名预备党员转为正式党员。加大跨机构轮岗和调岗的管理力度，丰富用工形式，缓解网点人员紧张的现状。鼓励员工加强自学，对13名员工给予助学奖励。强化服务管理工作，组建服务抽检小组，出台相关办法，对全行28个营业网点的服务情况进行突击检查，并对责任人依据标准进行了处罚，收效显著。组织部分团员深入贫困山区建昌县老达杖子乡，开展了"五四爱心之旅"捐资助学活动。积极响应市扶贫办和市民政局号召，两次为对口扶贫点及困难家庭捐款，共计47 920元。在全行范围内开展书画摄影作品展览活动，并择优向省行推荐。与中核辽宁核电公司联合举办"友谊杯"户外登山活动，进一步密切了银企关系，充分展示了本行企业文化建设的良好底蕴。

（赵　明）

中信银行葫芦岛分行

【概述】　2009年，中信银行葫芦岛分行认真贯彻落实"重理性，审时度势抓机遇，强内功，攻坚克难求发展"的工作指导方针，深入开展"责任、执行、落实"实践活动，以增收节支活动为动力，积极推进格式化管理，克服储蓄存款波动较大、存款成本较高等突出问题，全行干部员工顽强拼搏，忘我工作，抢抓机遇，取得出色的工作业绩。在沈阳分行全辖综合考评和等级行考评中，分别名列第二名和第三名，与2008年相比双双提升11个位次，成功晋级B级行，打了一个漂亮的翻身仗，被沈阳分行评为先进单位。

【主要指标完成情况】　全行总资产达到31.47亿元，比2008年增加3.86亿元，增长13.98%。一般性存款余额达到28.9亿元，较2008年增加3.85亿元，增长15.37%。存贷比66.88%（不含贴现），较2008年增加12.01个百分点。资产不良率仅为

1.5%，实现考核利润2 077.2万元。

【公司业务提速发展】 抓好板块拉动，突出均衡发展，公司主线业务取得突出成绩。充分利用“信息发布、产品支持、绿色通道、客户管理、品牌推广”五项平台，坚持“存量挖潜、增量扩张、重点业务提升、同业联动”的四大板块拉动思路，从基础管理、营销平台搭建和客户营销策略等方面入手，强化主线推动，取得了突出业绩。公司主线存款时点增量、日均增量、贷款增量均创历史最高水平，并在项目贷款、船舶金融等方面取得零的突破，成功化解7 000万元不良资产。全年6家机构全部保持了公司存款的正增长，公司主线三项指标完成比例均超过100%的经营机构有4家，实现经营机构之间比拼发展、均衡发展的良好态势，为全行公司主线指标的均衡、快速发展起到了支撑作用。全行本外币对公存款日均增量42 798.79万元，计划完成率229.55%；本外币对公存款时点增量22 808.84万元，计划完成率120.05%；时点旬余额平均增量33 255.57万元，计划完成率1 575.35%；同业存款日均余额5 666.32万元，计划完成率113.33%。

【国际业务保持良好发展态势】 面对严峻的国际业务经营环境，主线人员坚持落实“三三战略”和“3S”营销策略，认真研究业务发展策略，充分调研市场，紧跟政策与形势变化，主线部门加大授信支持，调整业务结构，深入挖潜老客户，不断开发新业务。全年不仅超额完成业务发展计划，而且实现外汇资金安全运行无事故，国际业务市场占有率达到23%以上，比2008年提升一个百分点，在葫芦岛市排名第二位，取得自开办国际业务以来最好成绩。进出口收付汇量14 067万美元，计划完成率108.21%。

【零售业务较好完成各项经营计划】 克服储蓄存款波动较大的经营困难，做稳负债业务，采取“分级管理、分层维护、分片营销”的营销模式，持续开展贵宾客户升级工作。按照“获取客户、经营客户、提升客户”的经营思路，成功营销多家企业代发业务。开展“人人为行作贡献、机关人员带头行”的全员营销活动，机关部门揽储净增加5 000多万元。积极开发和推进个人经营贷款和综合消费贷款新业务，做深资产业务，资产业务取得突破性成果，计划完成排名第三位，提前一季度完全沈阳分行任务指标，实现零售业务的内生性持续增长。本外币储蓄存款日均余额增量39 716.91万元，计划完成率188.05%；管理资产增量25 313.09万元，计划完成率104.60%；本外币储蓄存款余额增量较年初增加15 686.36万元，计划完成率56.43%，理财产品增量2 321.65万元，基金增量5 640.07万元，电子式国债增量1 665万元；信用卡有效卡量1 330张，计划完成率141.49%。

【基础管理迈上新台阶】 扎实推行进格式化管理，组织各支行一把手到北站支行参观考察，学习格式化管理先进经验，全行各单位重新梳理、完善岗位职责，完善周例会制度，加强任务分解与督察催办工作，纳入管理考评之中，引进电子化协同办公系统，积极推进格式化管理迈上新台阶。不断提升全行服务品质建设，全行组织开展服务工作、机关部门内务秩序、全行员工着装等工作检查十余次，举办服务专题讲座一次，全行涌现出拣到客户钱包、手机积极寻找失主，帮助客户解决疑难问题等好人好事20余人次，收缴假币1 500元，堵截假存单事件1起，为客户挽回经济损失6万元。实现无重大投诉事件、无重大责任事故。积极强化安全防范工作，以建国六十周年、“两节两会”等特殊时期安全工作为重点，组织开展全行安全保卫工作、消防工作大排查，针对监控设备老化、监控中心无人值守、自助服务区防范弱化等安全隐患，进行认真整改。全行成立夜间义务巡逻队，对全行各网点每天巡逻一次，增强了全行防护能力，实现全年全行安全无事故。

【精神文明建设取得优异成果】 参加沈阳分行全辖《理念·战略·机制·文化》（卷三）知识竞赛，荣获团体总分第一名和个人成绩第三名、第四名，包揽三项奖项；参加沈阳分行“履职·超越·创佳绩”演讲，荣获三等奖。积极开展员工岗位技能竞赛，组织参加沈阳分行第三届岗位技能大比武，荣获团体第六名。组织开展员工文体活动，成功举办“迎新春、展风采、促发展”全行员工及家属联欢晚会；举办全行拔河比赛，增强了团队凝聚力和战斗力；参加沈阳分行第四届职工运动会，荣获团体总分第一名和优秀组织奖两项殊荣，展示了葫芦岛分行奋发图强、积极向上的精神风貌。组织全行干部员工献爱心，为全市贫困家庭、优抚对象捐款13 950元，为建昌牤牛营子乡贫困农户订阅《辽宁农民报》100余份，弘扬了中信人关爱社会的高风亮节。

（李祉萱）

中国农业发展银行

葫芦岛市分行

【概况】 2009年受国内经济环境、辽宁分行特殊时期小气候的影响，葫芦岛市分行业务经营受到冲击，业务发展严重受阻，队伍稳定面临巨大压力。面对诸多不利因素的困扰，葫芦岛市分行以加快业务有效发展，强化基础管理、风险管理和案件防控为主线，以解决调整信贷结构、优化信贷资产质量、保持财政补贴到位率等重难点工作为抓手，迎难而上，积极应对，合力攻坚，圆满完成了年度各项工作目标，实现了葫芦岛行持续、稳定、健康、和谐发展，全行上下形成了“人心思进谋发展、齐心协力干事业”的良好氛围。2009年，先后有1人次被省政府授予“辽宁省劳动模范”荣誉称号，3人次获得省行表彰，2个县支行被总行授予“粮油信贷管理先进单位”，市分行还被中华全国总工会授予“全国工人先锋号”荣誉称号。

【防范潜在风险 促进稳健发展】 2009年该行充分总结2008年的工作经验，进一步加强制度建设，完善了《结算资金管理办法》和《逾期贷款管理办法》，规范结算资金和逾期贷款管理工作。2009年累计结算资金占用仅为3 000万元，年底实现零占用。虽然结算资金占用得到了较好的控制，但受宏观经济形势影响，企业资金周转困难，逾期贷款同比大幅增加，全年累计出现6 919万元的逾期和不良贷款。对此，该行建立了以市行为主的清收工作小组，班子成员分任清收小组负责人，市县两级行采取共同协调县政府、县财政，强调企业改制的相关政策要求，利用中长期贷款的投放进行感情联络，取得政府与相关部门的理解与支持；深入企业调查、催收；外聘律师直接参与清收；积极帮助企业出主意、想办法等措施全力清收。通过多方不懈工作，累计收回逾期和不良贷款5 834万元，实现逾期贷款零占用，新增不良贷款绝对额和增幅均控制在全省最低。截至2009年底，该行13.80亿元准政策性和商业性贷款中，有担保类贷款13.78亿元，占比99.86%。在担保贷款中，抵押担保贷款8.23亿元，占比达到59.72%。在盯住、看住第一还款来源的同时，企业的第二还款来源保障力也明显增强，担保类贷款占比居全省首位，为信贷业务的可持续稳健发展奠定了坚实基础。

【开展银政合作 增长业务短板】 该行以总行和辽宁省政府签订《农业政策性金融支持新农村建设合作备忘录》为契机，进一步深化银政合作，建立高位营销、完善项目对接、信息发布和工作协调机制，先后择优支持兴城临海园区等5个县域经济发展项目。截至年底，已累计投放贷款62 256万元。建昌县自来水净化、污水处理、垃圾填埋三项民生工程基本竣工，提高了建昌县城区居民的饮水质量，改善了居民的生产生活环境，被当地政府和群众誉为“功在当代、利在千秋，造福子孙万代”的民心项目。中长期贷款项目的成功营销，不仅使该行初步形成一体两翼的发展格局，提高了经营效益，也极大改善葫芦岛市农村基础设施建设投放乏力的薄弱状况，推动了地方经济的发展，提高了农发行的社会知名度和建设新农村银行的品牌形象。与此同时，该行的不良贷款清降工作也得到了各级政府的鼎力支持。针对多数企业停摆的现状，该行年初就制定了不良贷款清收处置工作意见和考核办法，明确了年度目标、考核标准和奖惩措施。采取了以财政资金为主要突破口的清收策略，利用支持地方经济发展的契机，坚持市县行联动的工作机制，争取政府及主管部门的理解、支持和配合，全年使用财政资金实现现金清收87万元，超省行任务2万元。

【优化信贷结构 提高发展效益】 该行在积极构建信贷业务“一体两翼”发展格局的同时，突出强调提高政策性、准政策性和商业性贷款的均衡占用，提高有效益信贷资产的比重，进而提高经营效益。截至2009年底，该行各项贷款余额23.34亿元，其中有效益信贷资产占全部信贷资产的96.41%；各级储备、调控、非经营性及政策性挂账等有利息补贴来源的贷款14.45亿元，较年初增加1.11亿元，占全部贷款的61.94%，较年初增加6.73个百分点；在可用于周转使用的贷款中，传统业务贷款占比43.51%、商业性贷款占比21.71%、非经营性中长期贷款占比34.78%。各类贷款不仅实现均衡占用的同时，而且运行平稳，信贷风险保持在合理的容忍度之内。全行业务发展呈现以传统业务为主、商业性短期贷款与中长期贷款适度增长的格局。信贷结构的进一步优化，有力地推动了各项工作有效开展，促进了全行业务经营的稳健可持续发展。该行2009年实现利润5 452万元，超省行利润计划1 036元，完成省行计划的123.46%，居全省第二位；资产利润率实现2.10%，超省行计划0.53个百分点，完成省行计划的133.86%，居全省第一位。全行实现无经济案件、无刑事案件、无重大责任事故、无严重违规违纪问题的目标。

【强化补贴资金管理 确保地方补贴全额到位】 由于中长期信贷投放的增加，2009年该行应由地方财政负担的贷款本息及其他资金达到9 856万元，同比增加6 738万元，而2009年葫芦岛市地方财力却呈现下降趋势，使地方财政补贴到位工作难度明显加大。为此，该行进一步完善了《葫芦岛市分行财政补贴资金管理考核办法》，继续实行财政补贴工作“一把手”负责和专项挂钩考核制度，并提高了考核和奖惩标准，重点提出了在全额到位的前提下，力争实现年度内均衡到位的目标。在日常工作中，他们始终以融洽与政府和财政的关系为核心，坚持做到主管行长定期沟通、主管部门随时沟通，难点问题一把手亲自沟通，使沟通协调工作经常化、制度化、多样化，确保了地方财政补贴工作的顺利开展。通过注重感情联络与定期督促相结合，不厌其烦、不辞辛苦的工作，收到良好效果。全年地方财政补贴到位率连续多年实现100%，而且还实现了按季均衡到位。

（刘松林）

辽宁省农村信用合作社联合社葫芦岛办事处

【概况】 2009年，在省联社党委的正确领导下，在市人民银行、银监分局、地方政府和有关部门的大力支持下，葫芦岛办事处以科学发展观统领工作全局，在稳步推进办事处职能转换的基础上，认真贯彻落实省联社“增长年”的工作要求，以“深化改革、强化管理、规范操作、提高效益”为中心，充分发挥监督、服务、协调与管理职能，与全市信合干部员工同心协力，攻坚克难，各项工作早计划、早安排、早落实，多渠道组织存款，积极优化信贷投向，着力改善支农服务，有效防范和化解经营风险，各项业务快速发展，资本实力显著增强，经营效益大幅提高，取得了规模和效益同步增长的良好业绩。

【主要业务指标完成情况】 2009年，全市农村信用社各项存款余额达到1 190 339万元，较年初增加229 668万元，增幅23.91%；各项贷款余额为939 900万元，较年初增加244 846万元，增幅35.23%；不良贷款净下降50 355万元；政府关联类贷款全部清收处置完毕；经营利润实现26 214万元，同比增加12 207万元，取得了在全省农信系统综合排名第四位的好成绩。

【积极开展营销 增强资金实力】 一、以开展存款竞赛为切入点，全面调动资金组织工作积极性，实现存款工作“开门红”；二、以“月度+进度+结构”的考核模式，调动全员营销积极性，促进存款稳步增长；三、以金信卡发行为契机，加大宣传力度，有效增加存款份额；四、开展公关活动，拓宽增存渠道，着力组织吸收涉农财政资金存款。

【坚持服务“三农” 促进地方经济增长】 一、立足“三农”，抓好农户信用贷款和联保贷款发放，支持农村产业结构调整，有效的满足了农业生产信贷资金需求，在春耕备耕及应对旱灾期间，全市农村信用社累计投放贷款65 776万元，较去年同期增加45 696万元；二、认真落实省政府经济会议精神，积极做好政府项目贷款发放工作，促进了地方经济发展。全市农村信用社共确立17个贷款项目，贷款金额111 100万元；三、坚持择优扶持原则，优化信贷投向，全面支持中小企业发展。全市农村信用社投放中小企业贷款106 798万元，较上年增长了122.05%；四、把握县域特色，确定支农重点。连山商行以支持新型农村经济合作组织为载体，以“一畜一果一设施”为主攻方向，支持全区农村经济的发展，增加农民收入。连山区金星镇的蔬菜开发面积已达247平方米，成为辽西之最；绥中联社确定“一乡一品”的支农思路，着力支持特色农业发展。促进全县每个乡镇都有拿得出、叫得响的“拳头产品”：塔山镇的生姜，王宝镇的无核金皇后葡萄，网户乡的花卉，前卫镇的紫甘薯，范家乡的冷棚香瓜，大王庙镇的五彩椒，王凤台、大台山农场的苹果，明水、秋子沟乡的白梨，已走向了全国市场；建昌联社结合贫困县的特点，倾力“十百千工程”，即：支持县域内涉农龙头企业十个以上、农民专业合作社百个以上、规模农户千户以上，积极主动地加大信贷投入与引导，助推了县域经济快速发展。2009年，支持涉农龙头企业12个，涉农小企业274个，农民专业合作社172个。其中以水果加工为主的葫芦岛嘉伦食品有限责任公司，在信用社的支持下，产品获省级优质农产品证书，通过ISO9001国家质量认证，打入了北京、上海、广州、深圳等大城市市场，实现了年加工水果2.2万吨，盈利210万元的目标，不仅带动附近5个乡镇200户农户种植果树20万株，户均实现收入1万元以上，同时还有效解决周边地区200名剩余劳动力的就业问题；龙港联社结合区域实际，大力支持旅游农业发展，先后提供信贷资金1 000多万元，支持葫芦山庄有限公司完善景区设施，扩大经营规模，打造精品项目，支持开发了采摘园，开辟了游乐园，建成了民俗馆，使景区功能日趋完善，形成了植物观光、游乐观光、运动休闲等9大功能区，成为葫芦岛旅游的新亮点；兴城联社力促传统农业项目发展，把历史悠久的大根萝卜和花生种植作为支持重点，全年累计投放贷款4 320万元，确保种植面积只增不减。2009年全辖出产萝卜条8 400吨，较上年增加1 500吨，实现产值5 100万元，较上年增加900万元，花生产量达到15 000吨，在遭受严重旱灾的情况下仍保持了2008年水平，产值达到7 500万元，较上年增加500万元。

【认真做好清前堵后 提高资产质量】 落实责任人，明确清收责任，在建立三级不良贷款监控台账的基础上，推行责任追究制度，层层签订目标责任状；全面落实领导“包案”责任制，发挥领导干部在攻坚克难中的表率作用；进一步规范贷款档案管理，有效防范和控制信贷业务全过程中可能出现风险的环节，保证信贷资金安全。

【着力增收节支 提高经营效益】 认真推行会计委派制度和集中监督制度，加强对财务制度的监督和管理，切实增强财务节支意识，提高财务制度的合规执行力，2009年，全市6家联社（农商行）共委派会计107人，分区域设立集中监督机构16个；加大收息力度，确保实现阶段性利润计划，全年全市农村信用社贷款利息收入实现80 776万元，同比增加20 268万元，增幅33.50%；规范财务行为，严格控制财务开支，分别成立了采购工作小组，对大宗物品采购、工程招标和资产处置等方面从严予以规范；推进代理保险，增加中间业务收入，全年全市农村信用社代理保险保费、手续费收入分别较2008年翻了一番。

【合规经营 从严治社 强化内部管理工作】 切实加强稽核监督检查。按照省联社要求，完成了稽核体系建立工作，办事处组建了稽核部，县级联社（农商行）成立了稽核局，全市配备了23名专职稽核人员，并对2008年新增贷款、负债业务、重空凭证、储蓄存款利率执行情况、存单（折）的挂失等进行了专项稽核，并针对存在的问题，提出了具体整改措施，有效地促进了合规发展；建立统一经营，集中管理机制，全市6家联社（农商行）组建结算中心6个，财务审批中心6个，事后监督中心3

个，事后监督分中心 20 个，信贷管理中心（含法人客户管理中心）16 个，大客户中心 2 个，清收大队 5 个，全面建立起了集中管理架构。加强了安全保卫工作，2009 年共组织大规模的安全保卫检查 4 次，检查面达到 100%，市县两级共处罚责任人 87 人。同时为县级联社配备了 318 个现金提款箱，改造营业柜台防弹玻璃 1 923 平方米，延长柜台 1 300 米，加强了物防措施；在十一国庆期间，有 4 家联社（农商行）被省公安厅授予《国庆安保工作先进集体》、6 人荣获个人三等功。

【以人为本 大力推进队伍建设】 对 6 家县级联社（商行）领导班子和 25 名副科级以上领导干部进行了 2008 年履职情况考核，同时依据省联社党委的建议与决定，对 11 名干部进行了交流调整；全面贯彻德才兼备原则，做好干部选拔推荐工作，根据省联社印发的《辽宁省农村信用社联合社公开选拔县级联社副职（助理）领导干部方案》的要求，认真审查，严格把关，推荐 159 人参加县级联社副职（助理）公开选拔考试和稽核人员任职资格考试，其中有 8 人被录用到县级联社领导岗位；连山商行通过公开竞聘在青年员工和近年招聘的大学生员工中选拔 8 名青年干部到基层分理处任职。绥中联社采取考试和组织考核相结合的方式，公开选拔了 6 名理论水平高，专业能力强的同志到基层信用社任主任职务；办事处本着德才兼备，一专多能的原则，组织开展了办事处工作人员上岗竞聘工作，通过个人竞聘演讲、民主测评、办事处党委审查把关，最终聘任了 5 名人员为办事处工作人员。坚持常抓不懈，认真开展好"四好"班子创建活动。葫芦岛办事处把创建四好班子作为全面落实科学发展观的一项重要措施，成立组织，制订方案，摆上日程，常抓不懈，通过有效开展"四好"班子创建活动，提高了领导干部的两个素质，在群众中树立了良好形象，增强了班子的和谐团结与凝聚力，有效地促进了各项工作，实现了业务经营的跨越式发展；以提高两个素质为核心，加强员工队伍建设。2009 年举办各类培训班 165 期，培训人员 10 224 人次，培训面达到了 100%；招聘大学生 76 名，大学生志愿者 5 名，这些举措，改善了员工队伍的文化结构，提高了广大员工的综合素质。

【抢抓进度 确保改革工作顺利进行】 2009 年 8 月 30 日，连山农村商业银行正式挂牌成立，龙港联社各项经营指标也达到了农合行的标准，组建农合行工作准备就绪，兴城联社的"三定"试点工作，按时高质完成。

【认真做好网络维护工作 实现安全运行】 认真做好综合业务网络系统运行维护工作，对 184 家营业网点的网路运行状态实施监控，做到了及时发现问题，及时处理问题，保证了全市综合业务网络系统正常运行；全力做好信贷管理系统与办公网上线工作，对全市各网点线路与设备进行了多次调试，使所有网点都能与省中心连通；认真做好同城清算系统升级、账户管理及个人征信系统、电子对账系统工作，有效防范了金融风险；做好 ATM 机的安装与调试工作，本市辖内 6 家联社（农商行）都申请安装了 ATM 机，拓宽了本市农村信用社的服务渠道，提高了品牌竞争力。

（景一男）

葫芦岛银行

【概况】 2009 年 12 月 18 日，经银鉴会批准，葫芦岛市商业银行更名为"葫芦岛银行"，走上了由地方性银行向区域性银行转变的康庄大道。2009 年，是葫芦岛银行发展进程中重要的一年。在"依法经营、强化管理、优化结构、化解风险、提高效益、科学发展"工作方针的指导下，全行锐意进取、奋勇搏击金融危机，取得了令人欢欣鼓舞的经营业绩。截至 2009 年底，全行资产总额为 167.8 亿元，各项存款余额 140 亿元，较年初增长 16.7%；各项贷款余额 96.2 亿元，较年初增长 15.6%；不良贷款率 2.78%，较年初下降 2.1 个百分点，贷款损失拨备覆盖率 1665，同比增长 57.4 个百分点；实现经营利润 3.29 亿元，同比增加 0.64 亿元；上缴税金 1.1 亿元；资本充足率 11.1%，较年初增长 1.77 个百分点；资产利润率 1.2%，资本利润率 17.5%，分别增加 0.8 和 9.3 个百分点，均高于国际通行标准；全年没有发生案件。年初计划顺利完成，主要经营数据和监管指标再创历史新高。

【现代化的企业制度和运行机制日臻完善】 主体建设取得三个突破。胜利召开增资扩股后的首次股东大会，涉及全行改革发展的 43 个提案均全票通过，包括了公司治理规则、经营方案和发展计划等重要内容，使股东之间、股东与本行之间达成了新的共识。董事会、监事会实现了商业银行成立以来的首次换届。在监管框架内依法进行了换届，并在人员构成上吸收了企业家、学者和专家，提高了董事会和监事会的专业化水平。董事会的四个专门委员会正式组建并运作。风险管理委员会、关联交易控制委员会、财务与审计委员会、提名与薪酬委员会按照各自的议事规则开始履行职责，提高了董事会的战略管理与监督能力。董事会的全局把握能力不断提升。在信贷管理上，董事会风险管理委员会和关联交易控制委员会参与授信审批，全年共审查大额贷款 58 笔，涉及金额 34.3 亿元，承兑汇票 21 批次，涉及金额 20.5 亿元，有效加强了贷款集中度和股东关联交易的风险控制。董事会的风险管控较为到位。在复杂多变的市场环境中，董事会顶住各方压力，全力保障经营的安全与稳定。

【积极采取有效措施 促进负债规模增长】 通过采取扩大宣传，增加业务品种，改善服务，方便客户，重点攻关等措施，坚持以抓存款、抓客户为重心，改变传统的以时点指标考核为主的考核方式，实行了以日均指标为主、时点指标为辅的考核激励方式。着重营销重点客户。通过充分挖掘人力资源，营销外埠市场。利用地缘优势，走访周边市场商户等方式积极组织存款营销工作。截至2009年底，全行对公存款余额较年初增加11.42亿元。大力开拓储蓄存款市场。及时调整市场营销方向，调整资源分配，取得了明显效果。截至12月底，储蓄存款时点余额较年初增加8.65亿元。完善产品与服务。根据市场需要先后开发了单位通知存款、单位协定存款、单位协议存款、个人通知存款等产品；与团市委携手推出“息息相关心心相连”爱心储蓄希望工程活动，共吸收存款3 000余万元。同业合作成果喜人。同业机构授信申请均已通过，标志着葫芦岛银行经营管理水平得到了银行同业的广泛认可，也为票据客户提供了更宽的融资渠道。继续扩大中间业务。增加发卡量，银行卡存款余额较年初增加1.12亿元；代发工资、代理社会保险等代理业务的交易量稳中有升；推出代收电费业务，极大地方便了广大市民客户；吸收中央商务区动迁补偿款代发资金。

【信贷支持地方经济发展成果显著】 根据国家实施适度宽松的货币政策和积极的财政政策，遵循“有保有压，区别对待”的监管要求和扶优限劣的信贷政策，在审慎经营、风险可控的基础上加大信贷投放力度，全年累计投放贷款90.83亿元。积极平衡财政资金。向市、区二级财政投放贷款9.52亿元，用于支持财政拨付的本市基础设施建设及民生项目和年底平衡财政收支的资金需要。大力支持政府相关重点项目。为全市重点项目投放贷款5.34亿元，支持渤海水泥有限公司改造项目投产、市中心医院改造扩建和购置医疗设备、南票电厂“循环经济水泥项目”以及北港工业园区入园企业渤海石油钢管有限公司、渤海船舶制造有限公司等相关项目。帮助企业应对金融危机。为维护社会稳定，向锦化集团投放4.55亿元，使其恢复正常生产；为辽宁海洲药业、八家子矿业有限公司、锦西化机集团、百货大楼、有色金属集团等企业投放贷款，解决了中小企业的融资需求，提高了中小企业有效应对金融危机的能力。关注民生。向市供暖处等供暖企业投放贷款1.12亿元；支持本市基础设施建设，投放贷款1 000万元用于龙湾大街北延路改造工程；为市中心医院投放贷款8 000万元，用于医疗设备购置和医疗设施改造。推动县域经济发展。全年共计支持县域经济项目41个，投放贷款10.9亿元，为县域经济发展作出了贡献。加大个人贷款投放。全年新增个人类贷款逾7亿元，发放下岗失业小额贷款600余万元。

【强化信贷管理 风险管理水平稳步提高】 压缩非信贷资产。进一步完善修订《银行承兑汇票业务管理办法》，根据企业的风险状况，按照分类管控原则，适度提高保证金比例，降低敞口风险，同时加强交易真实性审查，减少操作风险。压缩银行承兑汇票规模，逐户逐笔研究分析制定了可行的压缩方案。推进“精细化”风险管理。实行“即时动态风险预警机制”和“客户分类管理制度”；坚持“信贷业务还款（解付）预报制度”、“到期贷款预警制度”，提高资产的流动性。抓好到期贷款回收，适时调整了信贷管理政策，受到因金融危机影响全部偿还到期贷款有困难的企业的欢迎。努力化解集中度风险，单户超贷款集中度户数比年初下降3户。完善征信数据，提高数据质量。全年累计上报信贷业务11.5万笔，征信工作受到了人民银行检查组的表扬。切实做好不良贷款清收工作。采取法律手段与协商调解相结合等方式，全年实现不良贷款率、不良贷款余额双降的目标。积极处置抵贷资产和不良资产。积极处置抵债资产，成功组织两次拍卖会，成交金额超出评估值55万元。修订了《不良贷款清收奖励办法》，激励支行加大清收陈欠贷款。

【筹建葫芦岛市首家村镇银行】 葫芦岛市商业银行积极响应银监会“加强对农村金融服务，有效支持社会主义新农村建设”的号召，按照市政府的要求承担起村镇银行的发起组建工作。先后赴有经验的村镇银行进行考察，汲取好的做法，借鉴成功经验；积极吸收当地资本参股，科学设计股权结构，实现资本构成的本土化和多元化；与辽宁省银监局和葫芦岛银监分局进行沟通协调，寻求政策支持和业务指导；争取到绥中县政府的支持，完成营业地点的选址；成立由董事长和行长挂帅的筹备小组，做好了审批材料的申报、人员调配和组织协调工作。绥中长丰村镇银行现已成立，作为一级法人机构，村镇银行将独立开展存、贷、汇等各项业务，主要为当地农民、农业和农村经济提供金融服务。开办村镇银行是本行发展战略向农村的延伸，对于提高网络覆盖，推动县域经济发展和新农村建设具有重要意义。

【各项业务取得明显进步】 加快网点改造和自助渠道建设。加快了网点装修改造的工作进程。根据全年网点建设规划，按照“先审批后开工”的原则，有6家网点的迁址及改扩建装修申请获得监管部门及公安消防部门的批准；经过相关部门紧张工作，完成了对7家支行的装修改造。自助银行建设取得突破性进展，总部营业部、连山、绥中等支行开办了自助银行业务，受到了广大市民客户的欢迎。在市公安局、大学城和国际酒店安装了3台离行式ATM机，延伸了“一通卡”触角，方便了公务员与大学生客户群体。在17家支行安装排队叫号机，规范维护营业秩序，提高了办理业务的安全性，受到客户欢迎。努力提高自主研发能力。自行开发了爱心储蓄、电费缴存、个人通知存款等新业务程序，完成了自助银行业务上线、新同城票据交换系统升级工作，确保了核心系统安全稳定运行和年终决算的顺利完成。提高资金运营效率。全年流动性比率、缺口率等反映流动性风险水平的主要指标均大幅优于监管要求。全年实现银行间市场业务收入超计划完成2 000余万元。

【强化管理 营运水平不断提高】 加强财务管理。制定并下达实施《2009年费用管理办法》，将资产利润率、成本收入率等指标首次纳入考核体系，促进支行增强盈利能力。根据各支行的存量存款、增量存款等指标完成情况拉开行际间收入档次，坚持绩效工资向业绩突出行、工作业绩突出的个人倾斜的原则，增强了费用配置和薪酬分配对提高经营水平的激励作用，取得了良好效果。适时调整贷款利率上浮幅度，全年利息净收入同比增加0.9亿元。严格核算管理。继续实行纳税备案制度，加强单笔费用支出的审核和资产购置的管理，调配行际间设备，有效利用现有资产；开展全行清产核资大检查，深入支行现场逐项清查、核实固定资产，建立科学规范的资产管理与核算制度。加强合规和法律诉讼工作。下发合规管理办法，注重对推出新政策、新业务产品的合规论证，全年出具合规意见书50份，对规避操作风险、政策风险和法律风险发挥了重要作用。参与并指导支行诉讼案件，减轻了基层行工作压力。继续进行综合柜员制试点。全行已在8个网点实施了柜员制试点，并进行业务跟踪，根据各支行的反馈意见进行业务操作指导，做到实施一家，达标一家，促进柜面业务健康、有序发展。保证现金供应。中心金库认真做好资金的预测和调拨供应，累计办理业务3 200笔，实现收付现金无差错。

【强化内控建设 防范操作风险】 按计划、有重点地开展内部审计，对财务决算等总计10大项内容实施了现场专项审计；内外联动，协同监管部门进行了操作风险现场排查；为加强内控制度建设，制定下发了《审计处罚暂行规定》和《内部控制暂行规定》、《反洗钱内控审计制度》，强化了内审的职能和权威。案件防控工作取得明显实效，实现全年无事故、无案件。严格对接收的市内网点实施审核监督，全年总计监督业务210万笔，各支行核算质量逐步提高。全年共制定出台事关财务管理、风险管理等方面管理制度和办法共22项，健全完善了管理制度体系。制定并实施了《重要岗位员工轮换管理办法》。编辑《规章制度汇编》，为规避操作风险提供制度保障。开展综治“争创”活动，打造和谐、平安商行。强化安全责任制的落实和安全防范意识，全年开展值班值宿电话及现场检查16次，防盗、防抢演练5次，配合公安机关、银监局检查4次，加强技防、物防安装改造，全年共投入资金160余万元用于新增安保设备。总部保卫部获得省国庆安保先进集体荣誉称号。

【优服 培训和宣传工作进一步加强】 组织总部营业部等11家单位参加省、市二级年度优质文明服务竞赛活动，有8家支行受到表彰。其中站前支行被评为“中国银行业协会文明规范服务示范单位”；营业部、海滨支行被评为“辽宁省银行业优质文明规范服务百佳金牌单位”；工商、银海、龙湾、渤船、绥中支行被评为“辽宁省银行业优质文明规范服务先进单位”。加大学习培训力度。加强同业间的学习交流，组织二级支行行长到广发银行学习服务管理先进经验。根据全行发展和实际工作需要，外派相关人员参加各类培训和学习36次，拓展了培训渠道，开阔了员工视野。举办岗位技能、专业知识等各类业务培训班34期，参加培训员工达1,758人次。宣传工作再上新台阶。2009年《金融时报》、《中国金融网》、《辽宁日报》、《葫芦岛日报》、葫芦岛电视台等7家中央及省市级新闻媒体，市委《昨日要事》、市政府《政务信息》、《辽宁银行业通讯》等对葫行宣传报道207篇次，11月份辽宁电视台在新闻联播中首次对该行支持中小企业发展进行了报道；在辽宁省银行业协会信息宣传优胜单位评选中获得佳绩，列全省50家省级分行及法人机构第一名；编发《商业银行》报16期，全年行内外发行赠阅6万份，实现了凝聚员工力量、鼓舞全行斗志、塑造商行形象的新闻宣传目标。档案管理实现新跨越，总部档案工作晋升为省二级，这是商行成立以来，总部档案工作实现的首次晋级，全行晋升省级以上先进单位已达4家。

【企业文化展风采 扶贫帮困履职责】 考察、开展全行CIS工程设计工作。通过调研、讨论与论证，确定了葫芦岛银行更名后新标识，完成理念识别、行为识别和视觉识别三方面工作，为更名后的应用和推广提供理论支持和规范模本。开展丰富多彩的文化娱乐活动，增强全行凝聚力。组织开展了慰问员工家属春节晚会、妇女节娱乐活动、青年节参观“九·一八”历史博物馆和抚顺雷锋纪念馆、“爱·责任·感恩”演讲比赛、“舞党旗　颂商行”庆祝中国共产党成立88周年演唱会等节日类庆祝活动。配合本市各种社会宣传，积极为全市文化宣传工作作贡献。组织员工参加市第三届全民运动会；冠名市“中国太极岛”活动；设计制作精神文明办路牌广告；承办希望工程爱心储蓄存款活动；冠名市文化广场活动，为本市文化产业做出了积极贡献；组织“激情五一　环卫之光”慰问全市环卫工人专题演出活动；赴绥中、建昌两地开展专场慰问演出等。做好扶贫帮困、捐资助学活动，积极履行社会职责。为建昌县素珠营子乡解决河道治理、韩国枸杞种植项目等困难，帮助其渡过难关；冠名市白内障慈善复明行动，解决患者治疗费用10万元，治愈患者200人；于重阳节走访慰问市福利院的孤寡老人；组织青年文明号集体资助化工一小、实验一小、渤海小学等学校的30名贫困学生。

（袁　丁）

中国人民财产保险股份有限公司葫芦岛市分公司

【概况】 由于经济危机影响、农业旱灾严重，葫芦岛市分公司2009年业务发展面临着艰难的困境和巨大的挑战，针对不利局面，葫芦岛市分公司总经理室带领全体员工，团结一致，坚定信心，既保持业务发展速度不减，又坚持拓展利润空间，在客观环境艰难的基础上，充分发挥自身的主观能动性。团结一心，从容应对，围绕大灾理赔、车险保效益，销售能力建设等方面实施了一系列强有力的举措，截至 2009 年 12 月 13 日，全市累计实现保费收入 23 042.19 万元，比同期增加 3 892.41 万元，增速 20.33%，完成实收保费（不包含 745 万元分入业务）22 542.54 万元，比同期增加 4 165.92 万元，同比增速 38.90%。

2009 年葫芦岛市分公司累计承担风险责任 5 359 816.72 万元，同比增长 71.89%；受理当年出险报案 30 908 件，同比增加 6 843 件，增幅 28.4%；出险估损金额共计 16 660 万元，同比增加 3 810 万元，增幅 29.6%。已决赔款 13 452.68 万元，同比增长 35.32%，社会服务功能明显增强。

【积极化解农业旱灾损失 保持财务状况稳定】 面对辽宁省 60 年不遇的农业灾害，人保财险葫芦岛市分公司表现出强烈的大局意识，做了大量艰苦细致的工作。农业旱灾发生后，人保财险葫芦岛市分公司以高度的社会责任感，统一指挥，统一组织，总经理室亲赴一线查勘，积极开展查勘定损和大灾理赔，重合同，守信誉，在理赔过程中不拿群众一针一线，充分展现了优秀企业公民形象，得到了政府和人民的好评。

【加大市场开拓力度 扩大保险覆盖面和渗透度】 在总经理室的带领下，公司上下大力发展外埠业务，行商天下的理念深入人心，外埠业务星状辐射，业务结构多元化发展。2009 年葫芦岛市分公司取得石武铁路、厦深铁路、包西铁路建筑工程险的承保权，并首次以再保人身份成功承保了 MARSH 保险经纪公司的利比亚铁路工程险 2009 年 6 月与中核沽源轴业有限公司签订了企业财产综合险的投保单，外埠业务的发展有效调整了业务结构，打破了单一的以车险为主的业务结构。深化销售能力建设，延伸触角，提升销售能力，扩大销售队伍，组建销售团队，持续有效进行增员，并对新员工进行业务培训及素质考核，加强人员管理，提高人员工作能力、工作技能、忠诚以及自身素质。交通协管员与农网两网并行，延伸覆盖范围。交通协管员建设和农网建设并进，全面扩大网络延伸覆盖范围，从而使得综治险、农险、能繁母猪、农信合业务充分发展，占领市场，控制市场份额。

【强化服务基层意识 基层活力不断增强】 2009 年公司机关各部门服务于基层的责任意识明显增强。抓好市场情况跟踪，适时调整和完善承保政策，增强业务竞争的针对性；针对大宗业务的竞争，果断采取灵活的承保政策，加大了竞争力度；抓优势比对，指导展业竞争；突出重点、分片督导，实行机关包片联系点工作制度，对业务发展难度较大的公司，帮助其分析滞后原因、确定展业重点、进行具体部署。

经过全体员工的团结拼搏，开拓进取，在业务拓展、内部管理，树立形象等方面取得了较大的成绩，市公司不断加大对基层公司的倾斜力度，整合资源、优先一线，最大限度调动基层积极性和创造性。顺利完成组织架构调整和事业部资源配置。以产品线为重心，实现了产品线的专业经营，事业部的分类指导，构建了产品线利润种是实施政策核算，事业部建设初见成效。全年出台了“激活点”指导意见、各产品线竞赛奖单元，整合了业务经营管理职能，明晰责、权、利，强化分险励办法。调整费用和薪酬分配，压缩机关支出，将费用资源向基层公司倾斜，提高一线员工待遇，逐步与市场接轨。通过深入学习《若干意见》和开展“改革创新、跨越式发展”大讨论活动，逐步解决了各级领导干部使命感、危机感、责任感的问题；解决了员工队伍信心、勇气、士气的问题，进一步激发了一线广大干部员工争先恐后干事业的热情。形成全员为一线，全员为客户的浓厚氛围。强化基层班子建设，着力培养和选拔年轻干部，提高班子整体素质。系统队伍更趋稳定，基层战斗力进一步增强。

【精细化服务奠基 应对竞争升级】 随着行业监管越来越严格，市场秩序正逐步走向规范化。提升服务质量已成为今后业界经营管理的一张王牌，葫芦岛市分公司靠服务、靠创新，拉近与客户的距离，提升客户服务水平，尤其是人性化的贴心服务，真正感动客户，留住客户。最大限度地投入资源，改造窗口职场。营造现代化文明服务的环境。坚持有效的考核机制，促进服务水平持续改进。通过电子评价系统量化服务态度和日常管理和业务质量两方面的针对性考核提高了服务技能和服务效率。制定礼仪服务标准，全方位倡导“尊重和感恩”理念。要求员工细细体味“客户乃衣食父母”的内涵，时刻怀着尊重和感恩的心态去拉待和服务每一个客户。推行差异化服务，巩固客户忠诚度，提升公司品牌价值。从限时承诺和限时查勘上做文章，提升服务质量。

【强化内部管控 推进稳健经营】 加强承保管控，大力发展优质客户扎实防范风险，夯实业务基础，推进承保的精细化管理，实行差异化的承保政策。规范承保操作流程，严控出现业务操作技能失误。加大打击保险欺诈力度，增设专人法律岗进行法律诉讼案件处理，收效显著，提高核算意识，算好经营大帐。对保费收入、实收保费、应收保费、赔款支出、税金支出、手续费等指标实行月度预算管理，合理配置资源。加强员工培训，提高员工素质。对员工进行业务技能、服务技巧、礼仪规范等方面的培训，认真组织员工进行网上学习的开展，将工作落到实处。加强机关作风建设，树立“务实高效、敬业和谐”的良好形象，提高责任意识，加强团队意识，加大执行力度，提高执行意识，加大对制度学习力度，对制度执行的监督检查彻底务实。狠抓队伍建设，提升队伍战斗力。通过召开专题会议、工作会议、民主生活扩大会等端正思想，教育员工想正事、干实事、不整事；讲团结、比干劲、论贡献。提倡高标准做事，严要求做人。使机关员工强化服务意识，基层强化竞争意识，从而形成团结、奋进、向上的良好氛围，稳住业务发展根基。

（张宏影）

经济管理

发展改革

【概况】 2009年，市发展和改革委员会按照全面落实科学发展观、构建社会主义和谐社会的要求，紧紧抓住国家扩大内需、东北振兴和辽宁沿海经济带开发开放上升为国家战略的发展机遇，围绕服务全市经济社会发展、促进重点项目建设这一工作目标，齐心协力，扎实工作，较好地完成了全年各项工作任务。

【国民经济和社会发展执行情况】 2009年，全市国民经济平稳发展，人民生活水平不断提高。全市地区生产总值实现486.9亿元，比上年增长10.5%。其中，第一、二、三产业增加值分别实现61.7亿元、225.1亿元和200.1亿元，分别增长-5.8%、10.6%和15.5%。人均生产总值达到17 327元。全社会固定资产投资完成317.1亿元，增长44.9%。万元生产总值能耗下降4.6%，主要污染物指标下降2%。社会消费品零售总额实现198.4亿元，增长18.2%。实际利用外资7 447万美元，增长43.1%。地方财政一般预算收入实现37.3亿元，增长18.8%。城镇居民人均可支配收入实现15 305元，增长9.8%。农民人均纯收入实现5 595元，增长8.6%。城镇登记失业率控制在4.4%以内。人口自然增长率为4.2‰。

农业经济保持稳定，新农村建设继续推进。2009年，在遭受大面积旱灾的不利条件下，全市农村积极抗旱，加强农业基础设施建设，确保农业稳定。全年粮食总产量完成72.1万吨，比上年减产38.6%；蔬菜总产量200.2万吨，下降6.5%；水果总产量77.7万吨，增长7.0%；水产品总产量达50.4万吨，增长10.0%。全市农业新品种覆盖率达到93%。全年共争取中央扩大内需资金和省财力投资2.17亿元，用于水库除险加固、农村饮水、农村沼气、防护林和退耕还林等项目。全市完成农村饮水安全工程417处，解决了17.60万人的饮水安全问题。农业产业化经营水平不断提高，设施农业进展顺利，全市农业产业化龙头企业达到235家，比上年增长14.6%。创建万亩粮油作物高产示范区20个，面积133.3平方千米。新建设施农业小区2 878个，累计达到4 533个。现代农业示范基地建设步伐不断加快，新建省级现代农业示范基地2个、市级10个，累计省级现代农业示范基地达到11个，市级示范基地50个。解决了129个行政村通油路，全市1 066个行政村全部实现村村通油路，提前1年完成“十一五”规划目标。

工业生产有所增长，县域工业迅速壮大。2009年全市工业在复杂多变的宏观经济环境中仍然保持增长，全市规模以上工业增加值实现138.8亿元，比上年增长4.8%；产品销售率稳定在98.7%，比上年增长0.5%。县域工业继续保持强劲增长势头，全市6个县（市）区规模以上工业总产值实现269.3亿元，增长52%。葫芦岛经济开发区、高新技术产业园区、杨家杖子开发区和八家子开发区分别完成工业总产值5亿元、35亿元、11.03亿元和12.5亿元，分别增长11%、40%、-4%和22%，对拉动全市工业增长作用明显增强。全市万元生产总值能耗比上年下降4.6%，化学需氧量和二氧化硫分别比2005年下降9.3%和23.2%，提前1年完成了“十一五”减排目标。

商贸物流呈现规模化，金融信贷平稳运行。《葫芦岛市服务业发展规划》（2009～2020）编制完成。全市社会消费品零售总额实现198.4亿元，比上年增长18.2%。全年累计居民消费价格总水平下降1.0%。全市旅游业高速发展，全年旅游总收入实现75.5亿元，比上年增长59%，其中国内旅游收入75.2亿元，增长60%，旅游创汇2 631.5万美元，增长30%，接待国内旅游者1 100万人次，增长25%，接待入境旅游者4.6万人次，增长30%。物流业呈现规模化发展趋势，全年货运量完成7 407万吨，增长16.3%。“家电三下乡”使农民在购买推广下乡的家电产品时享受到财政补贴，有效扩大了农村消费市场，拉动了内需。全市实际利用外资实现7 447万美元，增长43.1%，引进内资达到123亿元，增长64%。受国际金融危机影响，本市外贸出口有所下降，全市出口总额完成4.9亿美元，下降28.2%。金融业平稳运行，有力拉动地方经济发展，全市金融机构各项存款余额689.1亿元，比年初增长18.7%，金融机构各项贷款余额451.7亿元，比年初增长26.2%。搭建了9个投融资平台，成立中小企业信用担保机构15个、小额贷款公司7个，初步缓解了中小企业融资难问题。社会信用体系建设平稳有序进行。

投资规模快速增长，重点项目建设取得新进展。全社会固定资产投资完成317.1亿元，比上年增长

44.9%。其中，城镇固定资产投资完成219.48亿元，增长37.9%，农村固定资产投资完成97.6亿元，增长63.6%。共争取国家、省基本建设投资9.6亿元，用于工业、农业、城乡基础设施、民生工程等领域建设项目。重点项目建设投资力度不断加大，工程进度不断加快，全市重点项目完成投资106亿元以上。辽宁渤海防腐工程有限公司5万吨/年金属表面防腐处理、七星钢管二期、北港污水处理厂、渤海水泥集团回转窑余热发电等一批重点项目竣工投产。龙湾海滨地区核心区（CBD）基础设施工程完成8.05平方千米基础设施的立项批复、环评、规划选址意见书核发等工作，“一场五馆”工程于8月23日开工建设。南票电厂二期工程、绥中电厂二期工程各有一台机组投入试运行。海擎重工大重型压力容器设备制造、辽宁东宝集团船舶制造有限公司船舶制造等重点项目建设进展顺利。中石油锦西石化分公司1 000万吨/年炼油、绥中煤炭码头一期工程、兴城徐大堡核电站一期工程、青山水库工程等重点项目前期工作均取得重大进展。

沿海开发开放战略稳步实施，“一线七区”建设势头良好。《辽宁沿海经济带发展规划》7月获国务院批准，辽宁沿海各市作为整体开发区域被纳入国家战略。本市沿海“一线七区”步入快速发展轨道，对全市经济的拉动作用开始显现。全市港口吞吐量完成1 051万吨，比上年增长21.9%，葫芦岛港二期工程已进入核准程序。全长173.5千米的滨海公路8月31日全线建成通车。葫芦岛经济开发区招商引资项目总数99个，其中已建成项目31个，在建项目24个，累计完成投资72亿元；打渔山泵业产业园区完成固定资产投资8.7亿元，引进项目10个，总投资13亿元；船舶产业园区完成固定资产投资17.2亿元，已有8家企业入驻；龙湾CBD完成投资6亿元，动迁、道路、管网等基础设施建设完成；绥中滨海经济区完成固定资产投资9亿元，起步区10公里的一期路网工程建成通车，起步区主干道“两横两纵”路网基本形成。51.2千米的二期路网已完成设计、核量、招标、放线工作，共入驻企业72个，总投资161亿元，其中开工企业40个，总投资57.2亿元；兴城临海产业园区完成固定资产投资4亿元，完成9.7千米的围堰工程，园区形成了“三横六纵”的路网格局，引进项目5个；高新技术产业园区累计入驻企业227个，完成总产值35亿元，增长40%，技工贸总收入40亿元，增长37%，完成固定资产投资10亿元，增长43%。

企业改制有序进行，各项改革稳步推进。大型国有企业重组取得实质性进展。积极推进锦化机集团股份制改造，完成八二七一厂、市供销总公司破产重组准备工作。农村税费改革进展顺利，全年农村税费改革转移支付资金发放2.7亿元。全面完成国有农场分离办教育工作。全面完成林权主体改革，林改面积达3 896平方千米，林改配套改革取得阶段性成果。发挥政府服务职能，为中小企业发展创造条件，中小企业发展环境逐步改善。行政管理体制改革迈出新步伐。教育、文化、卫生、劳动和社会保障等各项改革全面推进。

民生工程进展顺利，社会和谐稳定。2009年，全市实现实名制就业5.1万人，实名制扶持创业带头人260人，带动就业2 100人。普惠制就业培训下岗失业人员1.3万人，转移培训农村劳动力7.4万人。安置大龄就业困难对象2 000人，继续保持零就业家庭动态管理为零。实现实名制有组织劳务输出5.2万人。城镇登记失业率控制在4.4%以内。城市平均低保标准人均每月提高到270元，农村平均低保标准人均每年提高到1 240元。基本养老保险在职职工参保人数达30.6万人，失业保险参保人数达25.5万人，基本医疗保险参保人数达43.1万人，工伤保险参保人数达25万人，生育保险参保人数达17.1万人。城镇居民基本医疗保险参保率为86%。“三节板”成为本市第三批非物质文化遗产名录项目。杨家杖子开发区和南票区被列入国家资源枯竭城市名单，2008、2009年获中央财政财力性转移支付资金2.86亿元，杨家杖子矿区棚户区改造和采沉区治理工程获新增中央预算内资金1.1亿元。全市社区卫生服务机构的街道与人口覆盖率均达到100%，加强甲型H1N1流感等重大疾病预防控制，公共卫生体系逐步健全。新建10所农村九年一贯制（寄宿）学校，完成2.2万平方米农村教室危房改造、撤并30所中小学校。龙湾大街北延改造工程、五里河三期治理工程全部竣工。继续实施温暖工程，供热质量得到提高。民族宗教、外事侨务、新闻出版、地震、档案、红十字会等各项社会事业获得了长足发展。

【全市宏观经济计划管理】 2009年，市发改委完成《关于葫芦岛市2008年国民经济和社会发展计划执行情况与2009年计划(草案)的报告》，1月7日提交市三届人大五次会议审议通过，完成《关于2009年上半年国民经济和社会发展计划执行情况的报告》，8月19日在市三届人大三十次常委会审议通过。加大了对经济和社会发展中重点、难点问题的研究，先后完成一季度、半年和三季度经济形势分析报告，分析计划执行中存在的问题并提出具体措施意见，为市委、市政府决策提供参考。完成10余篇调查报告，其中《赴深圳港和防城港考察报告》得到市委书记陈晓琨的批示。继续编辑并面向社会公开发布《2009年葫芦岛市国民经济和社会发展报告》（白皮书）。继续编写《2009年经济展望》（黄皮书），出版发行4期《经济与信息》，共4 000册。继续编辑发行《发展改革动态》24期，共3 840份。编纂《葫芦岛市乡镇发展报告》(2009年卷)并向社会出版发行，全面反映了近年来全市县域经济和各乡镇经济社会发展状况，收到良好的社会效果。根据市委、市政府安排，组织全市各部门、各县（市）区、开发区和重点企业编纂了65万字的历史纪念文献—《葫芦岛20年》，总结了1989年建市以来全市经济社会各行各业的发展成果。

【规划编制工作】 1月，《葫芦岛市绥中滨海经济区开发建设总体规划》通过省级评审，4 月得到省发改委批复，绥中滨海经济区作为新的经济增长点，将对本市经济发展产生重大影响。3 月，《杨家杖子经济开发区经济转型总体规划》获得省发改委批复。6 月，市发改委与中国人民大学共同编制的《葫芦岛市服务业发展规划》通过专家组论证，付印发布。《葫芦岛市港口发展总体规划》编制工作已接近尾声。积极配合国家发展改革委综合运输研究所和交通部规划院编制完成《蒙东地区煤炭下水通道及港口建设研究》，对本市港口建设提供了有效依据。本市积极参与《辽宁主体功能区规划》编制工作，向省发改委提供编制《辽宁沿海经济带发展规划》所需资料和数据，将本市发展思路及一些重点项目纳入其中。按照省规划编制工作会议要求，本市认真筹划，精心组织，正式启动了全市“十二五”规划编制工作。

【项目管理工作】 2009 年，本市主要工业企业经营困难增多，形势严峻。但全市重点项目建设形势良好，全市固定资产投资完成 317.1 亿元，比上年增长 44.9%。

加大重点项目前期工作力度。国家出台一系列政策措施应对国际金融危机，本市抓住有利契机，全力推进项目前期工作。经多方争取，1 月 24 日青山水库项目建议书获国家发展改革委批复，12 月争取到省财力 2 000 万元，用于“三通一平”等前期工作费。中石油锦西石化分公司 1 000 万吨/年炼油项目安全审查、总体规划、规划环评等 17 个专题报告得到省及国家有关部门的批复，已完成 2.23 平方千米土地平整及部分外围配套工程的条件确认工作。绥中煤炭码头一期工程预可研报告已编制完成，6 月通过专家组审查，9 月 25 日市政府与大连港集团签订协议，注册了项目合资公司。兴城徐大堡核电站一期工程初可研报告通过国家电力规划设计院专家审查，5 月初中核辽宁分公司在本市正式挂牌成立，厂区生产、生活配套设施规划方案基本完成，该项目已被纳入国家核电发展总体规划。猴山水库《项目建议书》编制完成。

加快重点项目协调推进。坚持项目规划制度，全市规划实施 5 000 万元以上项目 212 个，亿元以上重点项目 100 个，总投资规模 1 681.8 亿元，印发了《葫芦岛市 2009 年重点项目简介》。继续实施重点项目月调度制度，对重点项目进行跟踪管理。2009 年渤船重工第二个 30 万吨船坞等项目建成投产，绥中电厂二期、南票电厂二期工程主体工程基本建成，滨海公路建成通车，全市村通油路工程提前 1 年完成“十一五”规划任务。山东海擎重工大重型压力容器、东宝集团船舶制造等项目开工建设，进展顺利。

加强重点项目稽查。在扩大内需项目建设过程中，国家、省、市各级纪检、发改、审计等部门多次对项目进行专项审查。本市积极配合中央扩大内需促进经济增长政策落实检查工作领导小组、省发改委，对杨家杖子棚户区和采沉区综合治理、市廉租房建设等项目进行专项检查。市纪检监察局、发改委、财政局、审计局组成联合检查组，对全市市属 19 个、绥中县属 114 个扩大内需项目进行检查。派出稽查组分赴 6 个县（市）区及市直相关部门，对 15 个中央预算内投资项目和政府投资项目进行了全面稽查。9 月～10 月，国家审计署专项审计调查组对本市中央扩大内需项目进行专项审计，市发改委牵头协调、配合，对发现的问题及时提出整改意见，会同相关部门对审计署形成的审计报告进行了答复。

加强项目招投标管理工作。继续加强全市招投标管理，严把招标公告审查关，规范评标工作。全年在辽宁省招投标监管网审查发布招标公告 218 份，代理机构发布中标候选人 132 份，中标结果 116 份，招投标报告备案 16 份，网上点击率 49 万次。招标项目 178 个，招标总额 28 亿元，通过招投标管理，共节约建设资金 3.5 亿元，节约率 12.7%。

【积极争取上级资金】 2009 年，本市及时把握国家政策、资金投向，收集、筛选、包装项目，在产业结构调整、新农村建设、基础设施建设、社会事业和廉租房建设等民生工程上，大力争取上级资金支持。为做好项目的上报审批和资金争取工作，市发改委多次跑省进京，积极协调落实，为本市争取到上级各类建设资金 9.69 亿元，其中：中央预算内投资 51 135 万元，省本级 16 579 万元，农行贷款（省统贷统还）12 418 万元，为杨家杖子开发区、南票区争取财政财力性转移支付资金 16 800 万元。

【加大体制改革工作力度】 2009 年，本市积极开展医药卫生体制改革工作。成立葫芦岛市医药卫生体制改革领导小组，办公室设在市发改委，市医药卫生体制改革领导小组办公室已经完成《葫芦岛市 2009 年～2011 年医药卫生体制改革实施方案（草案）》，下发有关单位征求意见。年内，完成了市淡水鱼种场总体改制方案审批，原则同意葫芦岛市淡水鱼种场改制方案。

【大力支持沿海“一线七区”建设】 2009 年，本市积极组织、督促、指导各开发区做好贷款贴息、污水处理、招商引资等项目的申报工作，共为北港工业区、打渔山园区、龙港船配园、绥中滨海经济区和兴城临海产业园区等 5 个园区 12 个项目争取省“五点一线”园区产业项目贴息 2 440 万元。

【推进资源枯竭地区经济转型工作】 2009 年，杨家杖子开发区和南票区被国务院列入全国第二批资源枯竭城市，将连续 4 年获得中央财政财力性转移支付。已获得 2008、2009 年两批转移支付，其中杨家杖子 2008 年获 4 700 万元，2009 年获 6 700 万元，南票区 2008 年获 7 100 万元，2009 年获 10 100 万元。3 月 19 日《杨家杖子经济开发区经济转型总体规划》获省发改委批复。

【推进“信用葫芦岛”建设】 2009年，本市加快信用数据交换中心建设。“一个平台、三个数据库、一个网站”，是本市信用数据交换中心的重要组成部分，市信用数据交换中心进行了机房装修改造和设备安装，硬件建设基本完成。“信用葫芦岛”网站是以后平台运行的主要窗口，市信用体系领导小组办公室和市信息中心，认真研究了信用平台关于信用信息数据的结构特点和数据要求，结合各信源单位业务特点，在省信用办的指导下，明确报送数据的项目组成、数据结构，制定工商、税务、国土资源等18个信源单位的数据模板，规范报送方式，就出现的问题协调有关部门及时解决，为下一步更好地归集、报送工作奠定了基础。根据商定的数据报送项目和报送要求，定期向信用平台报送信用信息数据，共向信用平台报送民政和食品药品监管系统基础信用信息数据700余条。

【继续加强政务公开】 2009年，本市先后对政府网站进行改版，提高影响力。参照由中国软件评测中心提供的“2008年地级市政府网站评估指标体系”内容，先后对“中国·葫芦岛”政府网站首页及子频道进行了改版。新版采用DIV+CSS的框架模式，增设了“走进葫芦岛、法规公文、服务绿色通道、百件实事网上办、办事流程、办事导航、征集调查”等全新栏目，开设了深入学习实践科学发展观、龙湾海滨核心区（CBD）、高考、两会等相关专题，制作了森林防火、政务访谈、五一劳动节、红十字协会、甲型H1N1流感的防控与治疗、建国六十周年、建市二十周年等宣传横幅。“中国·葫芦岛”政府网站首次推出“政务访谈”和“政务讲堂”两大栏目，市发改委、劳动局、教育局、住房公积金、工商局、粮食局等部门领导先后做客“政务访谈”，就广大群众关心、与其切身利益息息相关的教育收费、医疗保险、住房公积金等问题，进行剖析讲解，澄清了广大受众的疑问。政府网站已经成为建设透明型政府、服务型政府的重要切入点，政务信息更加透明，网上办事流程更加完善，公众参与度大大提高。年内，网站总访问量3 086 560人次、当天在线人数最高达4万余人次，上传信息13 779条，上传图片1 000多幅。市长信箱备受网民关注，平均日受理信件3件～5件，办复率90%以上。“葫芦岛论坛”越来越受到广大市民的关注和支持，论坛注册会员已达66 222人。数字认证工作步入正轨，数字证书开始在地税网报税平台使用。

（刘晓絮）

统计工作

【概况】 2009年，市统计局紧紧围绕市委、市政府的中心工作，认真履行统计职责，充分发挥统计“信息、咨询、监督”三大职能，全体统计干部忠于职守，开拓创新、甘于奉献，高质量地完成了各项统计工作任务，为全市经济社会发展做出了积极的贡献。

【加强统计规范化管理】 2009年，市统计局进一步加强了各科室GDP相关数据质量审核，通过计算万元GDP能源消耗、地区财政收入和税收占GDP比重等各种指标对市县两级GDP进行综合评估测算，把统计数据进一步靠实，真正起到经济运行“晴雨表”的作用。

【统计基层基础工作得到加强】 2009年，本市强化基层基础建设。以统计法制和统计现代化建设两种手段，全力促进统计基层基础工作的切实改进和提高，切实做到不进假数：继续推进乡镇、街道统计现代化建设。进一步加大市、县（区）两级统计部门的协调指导力度，乡镇统计“四个一”工程建设中已经基本实现了“一机率”100%，同时，我们把加强街道统计的基础建设提上了日程。加强对部门统计的管理，搞好与有关部门的统计协调。我们与市人民银行联合检查了全市银行的统计机构，规范银行部门统计工作，为搞准金融业的统计数据奠定了基础。加强统计基础规范化建设。在统计计算手段逐步实现现代化的过程中，不放弃统计基础工作的优良传统，健全原始记录，建立统计台账，加强资料管理。规范基本单位名录库建设。以第二次全国经济普查为契机，进一步充实和完善各级基本单位名录库，各县（市）区也配备了专人负责单位名录库的管理和维护，建立起常规的动态更新和维护机制。

【积极参与县域经济考核】 2009年，本市制定了《葫芦岛市县域经济社会发展综合考核办法》，在全市范围内开始考评，极大地增强了统计工作地位。同时注意加强对单独考核的各项指标和参与考核的各项指标的动态监测，在省政府考核的指标中，统计局负责政府考核的地区生产总值、全社会固定资产投资总额、农民人均纯收入、社会消费品零售总额、地方财政一般预算收入占地区生产总值比重、地区税收收入占第二三产业增加值比重六项指标。及时地向市委、市政府主要领导和有关部门提供统计数据服务。

【抓好统计优质服务】 2009年，市统计局围绕社会经济生活中的热点、难点问题，深入实际开展调查研究，加强了对经济形势和存在问题的调查分析。全年撰写统计分析、调查报告、统计动态237篇，各级不重复采用109篇，其中国家采用2篇、省采用54篇、市采用53篇。发布统计信息529条次，市以上采用229条。

【完成各项调查工作】 2009年，本市开展第二次全国经济普查，这次普查的内容比第一次增加了许多内容，工作中抓好组织、人员、经费三落实。在普查开始前，市局领导亲自带队，到各县区，与相关领导沟通，协调解决普查的组织领导、普查员选调和经费落实问题，进一步强化了各级政府的普查主题地位。市普查办与工商局、税务局联系好，将各种登记名录与进行的经济普查名录相对照，准备好经济普查的前期工作。集中全力抓好调查工作。经济普查开始后，组织各县区，对全市的普查数据进行甄别，进行深入、细致、耐心的核对工作。在开展经济普查的同时，按照省统计局统一部署，市统计局还进行了社会安全感调查、私营企业工资状况抽样调查、城镇劳动力调查、妇女儿童纲要调查、企业创新调查、工业企业亏损原因调查、服务业调查、春耕备实调查、商业抽样调查等多项大型调查、专项调查和重点调查，得到了省局的认可与好评。

（刘双元）

人力资源和社会保障

【概况】 2009年12月，按照市委、市政府机构改革工作总体安排，原人事局与原劳动和社会保障局合并组建了葫芦岛市人力资源和社会保障局，全局系统紧紧围绕市委、市政府中心工作，积极服务于“保增长、保民生、保稳定”发展大局，奋力拼搏，攻坚克难，完成了省政府考核本市的各项任务指标。

【就业局势明显好于预期】 2009年，本市认真贯彻国家、省、市应对金融危机的决策部署，坚持稳定就业与扩大就业并重，及时出台35项应对危机、促进就业的综合政策措施，对扩大就业规模，稳定全市就业局势起到了积极作用。全年实现实名制就业53 894人，完成省年度指标的127.7%，城镇登记失业率为3.92%，比省政府下达的控制指标低0.58个百分点，连续第4年下降。1.促进大学生和就业困难对象就业成绩突出。通过挖潜增岗，实施岗位见习，三支一扶、一村一名大学生等计划，进高校开展“三送”活动，对困难家庭毕业生实行兜底安置，举办高校招聘会等系列举措，有力促进了大学生就业工作，全市应届大学生综合就业率达95%。与此同时，开发公益性岗位安置就业困难对象2 511人，通过实施大龄灵活就业人员社保补贴政策等系列援助措施，继续保持零就业家庭动态管理为零。2.拓展就业、援企稳岗政策措施取得实效。启动“就业服务与招商引资项目对接”活动，共为1 365人就近就地实现了就业。同时，建立了失业动态监测和预警制度，对受金融危机影响严重的16户履行社会责任困难企业进行审核认定，发放社保补贴1 263万元，扶持了企业发展，稳定了就业岗位。3.就业培训工作质量显著提升。完善普惠制就业培训政策体系和管理措施，开展培训基地清理整顿工作，实行培训指标“二次招投标”制度，实现培训工作全程网络化管理，有效提升了全市培训工作的质量和档次。全市培训下岗失业人员16 350人，培训进城务工农民16 363人，分别完成省年度指标的125.8%和126%；开展农村劳动力转移培训57 230人。4.创业带动就业工作深入开展。通过开展创业宣传，组织创业培训，提供创业服务，扶持创业带头人等举措，深入开展了省级创业型示范城市创建活动。全市共实名制扶持创业带头人686人，带动就业4 113人，均完成省年度指标的298%，发放小额担保贷款1 214万元，完成省年度指标的173%。5.农民工就业工作扎实有效。建立返乡农民工动态监测制度，将农民工纳入失业保险范畴，强化技能提升培训，开展跨区域劳务合作，全市实现有组织劳务输出61 597人。针对严重旱灾，及早与对口援助城市开展对接工作，先后两次举办“受灾地区劳务输出洽谈”活动，帮助12 467名灾区劳动者实现转移就业。

【社会保障体系更加完善】 2009年，本市社会保险覆盖面继续扩大，全市养老、医疗、失业、工伤和生育保险参保人数分别达到31.2万、43.3万、25.4万、25.2万和17.2万，分别完成省年度指标的105.8%、103.5%、100.2%、104.4%和102.9%。社会保险基金征缴保持持续增长。全年五项社会保险基金收入21.04亿元，同比增长12%，尤其是完成省政府下达的7.9亿元养老保险统筹基金征缴指标。确保了各项社会保险待遇的按时足额支付。养老保险制度得到进一步完善。初步实现养老保险市级统筹目标。完成企业退休人员连续第5次养老金调整工作，养老保险待遇水平继续有序增长。争取到并高标准启动了作为全省8个试点县之一的建昌县新农保试点工作，为实现养老保险的全覆盖打下了坚实基础。城镇职工基本医疗保障水平不断提高。按照企业、财政、社保三方承担原则，解决了全市9万名困难企业退休人员医疗保险问题。医疗保险报销病种范围扩大到1 061个，报销比例超过了75%。同时我市作为全省首个列入全国门诊统筹15个重点联系城市之一，探索拟定了门诊统筹制度。城镇居民基本医疗保险试点目标基本完成。截至2009年底，全市城镇居民基本医疗保险参保27.8万人，参保率达86%，完成省年度指标的103.9%，并建立了与之相适应的参保缴费机制和待遇水平，使此项工作在我市得到成熟和发展，基本完成试点伊始所确立的工作目标。处理破产改制企业能力明显增强。综合处理一批破产改制企业历史遗留难题。尤其是妥善解决了锦化集团特殊工种人员退休问题，保证了锦化集团的平稳过渡。并按照要求对锦化技校和退管中心进行了委托管理。

【人才队伍建设成效明显】 2009年，本市继续加强人才队伍建设。招才引智工作取得新成效。深入推进“人才强市”发展战略，继续实施“1244”等人才引进工程和“重点项目人才智力支持工程”，全市共引进各类人才3 000名。认真开展“引进海外研发团队项目”工作，执行国外引智项目4项。专业技术人员队伍建设得到新发展。完善高层次专业技术人才选拔评价机制，全年培训各类专业技术人才2万名，新增国务院特贴专家3人，“百千万”

人选 8 人。加强农村实用人才队伍建设，建立前所果树农场等 10 个农村实用人才科技服务示范基地，并依托基地培训当地农民 1 200 人。职称评审工作进一步完善。适当调整了市直卫生、教育系统部分事业单位中、高级专业技术岗位结构比例。加强职称考试资格审查和职称评审审核力度，为 1.1 万名专业技术人员颁发了资格证书。企业高技能人才队伍建设不断强化。全年培养技师 353 人，1.53 万人获得职业技能资格证书，组织了全市第三届职业学（院）校数控、电焊等 5 个工种的技能大赛，对促进高技能人才队伍建设发挥了积极作用。人力资源市场基础性配置作用明显增强。全市各级人力资源市场加强与用人单位联系，多方收集就业岗位，及时发布供求信息，积极为人力资源供需双方搭建平台，召开用工洽谈会 496 场次，提供岗位 7.9 万个，对接成功 2.7 万人。

【人事制度改革稳步推进】 2009 年，本市继续稳步推进人事制度改革工作。公务员队伍建设得到全面加强。完成市直政府序列 112 个参照公务员管理的事业单位和县（市）区政府直属 49 个参照公务员管理部门登记审批工作，认真开展了公务员素质培训，举办培训班 23 期，培训公务员 4 000 名。推行机关和事业单位中层干部竞聘上岗和轮岗制度。公务员考核、任免、调配等工作有序开展。较好完成省政府对本市政府 31 项目标绩效评估考核工作。事业单位人事制度改革有序推进。积极推进事业单位用人制度改革，全市事业单位近 9 000 个工勤岗位实行全员岗位等级聘任，实现考评等级资格与聘任岗位等级待遇分开。出台《葫芦岛市事业单位岗位设置实施意见》，全面开展了事业单位设岗推聘工作。收入分配制度改革逐步深化。完成 1.4 万名工作人员年终奖金审批。为 9 000 名市直公务员和事业单位人员调整了级别和薪级工资。完成全市 3.2 万名义务教育教师、市直 8 000 名非义务教育系统和其他类事业单位人员提高待遇审批工作，使他们月均增资 700 元，工资收入达到市直同类公务员标准。军转干部安置任务全面完成。完成计划分配军转干部安置工作。强化对自主择业军转干部的管理和服务，保持了企业军转干部的总体稳定。

【维护劳动者合法权益】 2009 年，本市继续加大力度维护劳动者合法权益。劳动用工行为规范发展。深入开展劳动合同签订“春暖行动”、“和谐企业和工业园区”创建活动、“双合同月”大型宣传活动及“共同约定行动”，着重加强劳动用工行为管理工作力度，劳动合同签订率达到 95%以上。劳动监察功能有效发挥。进一步畅通投诉举报渠道，完善建立劳动者维权长效机制，尤其是加大了农民工维权工作力度，保证了劳动关系和谐发展。全年主动检查用人单位 3 340 户；督缴社会保险费 1 257 万元；为 6 842 名劳动者追发工资待遇 1 586 万元；受理投诉举报案件 482 件，到期投诉举报案件结案率达到 100%。劳动争议调处机制不断完善。注重劳动争议的案前调解，极力将矛盾化解在仲裁程序之外。同时创新案件处理机制，联合相关部门积极开展疑难案件研讨活动，确保案件处理的准确性和公正性。全市共立案受理各类劳动争议案件 314 件，到期结案率达到 90.1%。信访矛盾得到及时化解。坚持首席信访接待员制度，规范信访工作流程，疏通信访受理解决渠道，建立大信访大接待的工作机制，有效化解了一批信访矛盾，共上报《重要情况反映》10 次，受理来信来访 2 765 件次，解答率 100%。

（王美菊）

安全生产监督管理

【概况】 2009 年，市安监局坚持“以人为本”，坚持安全发展，全面落实“安全第一、预防为主、综合治理”的方针，深入开展“安全生产年”活动，全面加强安全生产工作，全市安全生产呈现总体稳定、持续好转的形势，为维护全市经济平稳较快发展和社会和谐稳定提供安全保障。

2009 年，全市安全生产工作实现“事故总量、伤亡人数、经济损失三下降”，未发生重特大事故，各项指标均在省控之内。与上年同比，事故总量、伤亡人数、经济损失分别下降 7.7%、20.5%、12.3%；其中，工矿企业下降 5.9%、5%、14.3%。特别是煤矿全年未发生事故，是建市 20 年来首次。本市被省政府评为安全生产先进市。

【安全生产宣教工作取得新进展】 2009 年，本市以“关爱生命，安全发展”为主题，开展安全生产月等宣传教育活动，突出安全法规知识传授、突出安全文化活动宣传、突出安全管理务实辅导、突出营造安全文化氛围。举行大型活动 302 次，累计参加人员 34 万人次；培训各类人员 7.2 万人，其中农民工达 5.7 万人，获评第四季度市直机关最佳实事。组织召开新闻发布会、专题采访等 20 次，发布安全生产新闻 768 篇，树立安全文化示范企业 11 家，10 个企业参加“诚信企业”评比活动，有 6 个社区参加“安全社区”评比活动。安全生产月期间，与国家安全生产月组委会办公室联合开展的安全生产专题报告会、专题文艺晚会、进企业送安全文化用品三项大型活动，本市第三次荣获“安全生产月”活动全国优秀单位称号，并作为惟一的地级市在大会介绍经验。期间开展的职业健康安全知识竞赛获全国优秀组织奖。报送的安全文艺汇演节目《安全生产促和谐》，获得全国曲艺类节目铜奖。

【加强安全生产执法和专项治理】 2009 年，本市坚持与解决安全生产突出问题相结合、与落实经济政策相结合、与安全生产日常工作相结合，继续组织开展煤矿、非煤矿山、尾矿库、危险化学品安全生产执法，对安全生产各行业（领域）的 10 种非法违法、违规违章生产经营行为进行严厉打击。查处非法、违法行为 8 964 件，停业整顿企业或生产系统 94 个，取缔 203 个。7 月～11 月，开展“雷霆”专项执法行动，共检查单位 1 587 个，责令改正项目 1 039 个，责令停产停业整顿 31 个，关闭 101 个（其中吊销证照 65 个）。

深入开展煤矿、非煤矿山、尾矿库和危险化学品专项整治。煤矿专项整治。全市 76 个地方煤矿都不具备恢复生产条件，批准复工 53 个，其中 41 个煤矿进行维护，批准进行技改施工煤矿 6 个，6 个煤矿进行采煤方法改革施工。非煤矿山专项整治。经过资源整合、延期换证，非煤矿山关闭 49 个。尾矿库专项整治。经过反复整改、严格把关，关闭尾矿库 56 个。危险化学品专项整治。通过许可证延期和换证，淘汰一批不具备安全生产条件的生产、经营单位，注销生产经营单位 15 个。

在“两节”、“两会”等重点时段，全面开展安全大检查和专项整治，确保安全生产形势稳定。60 周年国庆节期间，深入开展安全生产隐患排查治理和专项整治“百日行动”，共检查企业（场所）4 249 家，发现隐患 5 378 项，督促企业投入资金 1 203 万元，治理隐患 5 230 项，整改率达到 97.2%，下达限期整改指令书等法律文书 669 份，停产停业整顿企业或生产系统 22 个。

【增强安全生产保障能力】 2009 年，本市加强应急救援能力建设，成立 2 个矿山救护队，配备应急指挥车和救援设备 4 台，制定或修订应急预案 288 个，签订救护协议 375 个；29 个铁路道口全部安装报警器，17 个铁路道口安装视频监控系统；所有煤矿安装了自动报警系统；全市露天采石场全部实施中深孔爆破技术，7 个机械行业、62 个非煤矿山企业达到标准化要求；394 处重大危险源辨识、评估、登记、建档、监控等工作全面完成。严格市场安全准入，规范生产经营行为。认真贯彻执行《安全生产法》和《安全生产许可证条例》，严格新设立以及换证企业的审查、颁证工作。审查验收“三同时”建设项目 35 项，安全设施投入 1.12 亿元。审查办理安全生产许可证 236 个，经营许可证 345 个，取缔不合格企业 80 个。非药品类易制毒化学品生产备案换证 3 个，春节期间审批烟花爆竹经营（零售）许可证 515 个。与市总工会共同组织开展全市“安康杯”安全管理达标班组创建活动，收到良好效果。

【强化安全生产法制建设】 2009 年，本市加强法制建设，下发《生产安全事故和重特大生产安全事故隐患举报奖励办法》、《县级政府安全生产工作目标管理考核实施办法》等 9 个规范性文件。进一步落实安全生产责任制，开展安全生产工作绩效评定考核，把考核结果作为县（市）区政府及重点企业的政绩的重要内容，实行“一票否决”，对县区政府、国有大中型企业、县区安监部门实行责任目标全过程考核。加大对国有大中型企业的考核力度，使其加强对安全生产工作重视程度。

（李　薇）

审计监督

【概况】 2009 年，市审计局坚持“依法审计、服务大局、围绕中心、突出重点、求真务实”工作方针，服从和服务于“保增长、保民生、保稳定、保振兴”的大局，认真履行审计监督职责，不断提升审计工作层次，充分发挥审计“免疫系统”功能，较好地完成了各项工作任务。全年计划审计 28 项，实际完成 37 项，超计划 32.1%，配合省、市相关单位工作 10 项。涉审单位 254 个，查出违规及管理不规范资金 20.5 亿元，促进财政增收 3 906 万元，核减工程投资 3 014 万元，核减鞍山市农村义务教育其他债务 954 万元。

2009 年，市审计局荣获全国“三八”红旗集体称号。

【预算执行审计工作成效显著】 2009 年，本市对市财政具体组织预算执行和市直 12 个部门及所属 42 个单位预算执行情况进行了审计，查出应作未作预算收入、挤占挪用专项资金等违规和管理不规范资金 1.7 亿元。重点对 30 个部门及所属 36 个单位 2007 年～2008 年度的会议费、出国考察经费、招待费情况进行专项审计调查，查出部分单位超预算、无预算列支会议费 495.2 万元、出国考察经费 65.8 万元，超标准列支招待费 612.4 万元。对政府采购资金管理情况进行专项审计调查，揭示了超预算采购、违规自行采购等问题。

预算执行审计，查出的五个方面的问题均得到认真的整改和处理，增加财政收入 1 104 万元，归还原渠道资金 1 335 万元，促进下拨财政资金 729 万元，工作取得实效。预算执行审计报告得到了人大、政府充分肯定。《审计工作报告》市人大常委会上全票通过。

【固定资产投资审计取得重大突破】 2009 年，葫芦岛市固定资产投资审计工作取得重大突破。本市制度了《葫芦岛市国家建设项目审计办法》（以下简称《办法》），5 月 15 日，经市政府常务会议审议通过后，市长签发第 120 号政府令发布实施。市审计局对化工棚户区改造、南票采煤沉陷区治理、北港工业区基础设施建设、葫芦岛海滨观光路等 14 个工程项目进行了审计或审计调查。审计资金总额 4.2 亿元，核减工程造价 3 014 万元。投资审计拓展至一些新的领域，在开工前审计、投资可研审计、安全工程审计等新领域进行了积极尝试和探索。葫芦岛海滨观光路投资项目审计过程中，审计确认投资 1 155 万元，核减 1 438 万元，为政府确定补偿额度提供了科学、可靠的依据，节省了财政支出。

【经济责任审计取得创新性成果】 2009 年，本市对 24 个单位、25 名领导干部（人员）任期经济责任履行情况进行了审计，向纪检监察部门移送违法违纪案件 1 起。面对经济责任审计任务量比往年增加较大的情况，积极开拓思路，整合内部资源，在机关内部进行科学分工，并制定统一的审计工作方案，确保按时、高质量完成任务，充分发挥了经济责任审计工作对领导干部的监督作用。会同市纪检委、市组织部等经济责任审计工作领导小组成员单位共同起草了《关于深化全市经济责任审计工作的意见》以及领导干部经济责任审计结果利用、离任办理经济事项交接等两个办法。

【专项资金审计成果突出】 2009 年，本市重点加强了关系人民群众切身利益的民生资金审计，促进了惠民政策的落实。对“五项”社保、住房公积金、农业综合开发、土地出让、石油价格补贴、世界银行贷款、县域产业集群基础设施建设、林业、扶贫、粮食综合直补、农民“四项补贴”、计划生育特别扶助、部分民营企业参保缴费、城市中小学减免学杂费、中高等职业教育等 15 类专项资金的管理、使用情况进行了审计或审计调查。连续第 3 年对“五项”社保基金征缴、管理和使用情况进行了审计。近 3 年，提出审计建议 21 条，相关单位已整改 17 条，正在逐步整改 4 条。农业综合开发资金跟踪审计，跟踪落实未完工程项目资金 1 837 万元。对石油价格补贴资金管理和发放情况进行了审计。

【“金审工程”建设取得新成效】 2009 年 1 月，全市审计系统“金审工程”建设完成，审计管理系统正式投入使用，稳定运行。整个“金审工程”建设全市共投入 203.8 万元，其中：市本级 126.6 万元，县区局 77.2 万元。整体建设成果经专家鉴定后确认达到省内一流水平，实现了高起点、高质量、高标准的要求。审计机关实现无纸化办公，审计机关实现上下联动、信息资源共享。建立了审计法规数据库，收录法律法规 43 754 篇，为依法审计提供了保障。计算机审计在社保、投资、企业等 6 个领域发挥作用，审计工作效率明显提高。

【建立审计专家资源库】 2009 年，本市制定《聘请外部人员参与审计工作管理办法》，通过在社会中介、企事业单位内审和其他专业机构选拔优秀等方式建立了审计专家资源库。入库机构 20 个，审计及相关专业专家 195 人，涵盖 36 个专业领域。建立审计专家资源库实现了国家审计、社会审计、内部审计三方面审计资源的有效整合。北港工业基础设施建设等 7 个审计项目涉及投资企业、行政、社保、经济责任等多个行业，通过聘请外部审计专家参与审计工作，有效解决了审计机关人员少任务重的矛盾。

（李儒政）

国土资源管理

【概况】 2009 年，全市各级国土资源部门紧紧围绕葫芦岛经济社会发展和老工业基地振兴大局，深入开展学习实践科学发展观活动，解放思想，创新服务机制，严格规范管理，积极开展“保增长保红线”行动，狠抓资源节约和高效利用，全面提升国土资源保护水平和保障能力，努力促进葫芦岛经济社会平稳较快发展，完成了全年各项工作任务。

【开展保增长保红线行动】 2009 年，本市按照国土资源部和省国土资源厅的安排部署。在全市开展保增长保红线行动。及时成立了双保行动领导小组，制订了《工作方案》，对“双保行动”的任务与目标、具体行动步骤和有关落实措施等都提出了明确要求。在《葫芦岛日报》发表了专题署名文章和关于“双保行动”的通讯报道，扩大了“双保行动”的知情面，引起了社会各界的广泛关注，收到了较好的社会效果。通过编印《简报》、悬挂条幅、制作展板等有效形式，营造了浓厚的“双保”氛围。按照“突出影响搞好启动，注重实效稳步推进，围绕重点加强保障，查处案件决不手软”的原则，积极推进“双保行动”各项工作的展开。及时调度、汇总种各类基本情况，抓紧农转用组卷报批，加大供地力度。在全市范围内，掀起了新一轮的加强服务保障、促进规范管理的热潮。

【搞好用地服务保障】 2009 年，本市加强土地利用年度计划管理，提高建设用地审批效率。按照突出重点，统筹安排的原则将省分配给本市的 2.7 平方千米用地指标主要用于保障重点区域建设和基础设施建设。积极主动与省国土厅沟通协调，又申请追加用地指标 1.24 平方千米，有效解决了本市经济发展用地指标不足的难题。全市共受理批次用地 25 件，面积 4.28 平方千米，其中农用地 3.14 平方千米（耕地 2.28 平方千米），很好地保证了全市用地需求。保证了重点项目建设用地预审顺利通过。青山水库用地项目预审是保证工程顺利开工建设的重要前提，市国土局主要领导亲自带队，多次到国土资源部和省厅进行汇报沟通，使青山水库用地项目预审在上年 10 月份得以顺利通过完成了滨海公路、冀东水泥 2 个省级建设项目和 27 个市级建设项目的用地预审。积极协调解决重点区域发展土地规划问题。龙湾 CBD 和绥中滨海经济区万家数字产业基地项目被省政府列入 2009 年第一批扩大内需项目；高新园区等 52 个项目列入省政府第二批扩大内需急需建设项目，为本市重点区域下一步发展提供了用地保障。

【做好耕地保护和土地开发整理】 2009 年，本市建立健全了共同责任机制和耕地保护制度。成立了领导小组，明确了各部门的工作职责和分工。层层签订了基本农田保护责任书，将基本农田保护落实到具体地块和农户，做到责任明确，目标具体。全市共签订到村责任书 1 287 份，到组责任书 9 809 份，到户的责任书 332 607 份。严格落实耕地占补平衡和土地开发整理工作。完善了 2007 年～2009 年度全市申报和批准的 18 个土地整理项目实施，建设规模58.66平方千米，新增加耕地3.72平方千米，总投资 9 840.38 万元。2009 年全市占用耕地面积 2.28 平方千米，耕地补充面积 2.28 平方千米，实现了耕地占补平衡。加强耕地保护，保证了全市 2 259.60 平方千米耕地、1897.02 平方千米基本农田数量不减少，质量不降低，通过省政府检查验收。

【推进全市第二次土地调查和土地利用总体规划修编工作】 2009 年，本市全面开展了第二次土地大调查。全市共完成调查面积 6 916 平方千米；完成权属调查 6 120 平方千米，完成数据入库面积 138 平方千米。城镇 1：500 地籍调查已完成面积 113 平方千米。其他相关工作，按照国家和省政府计划正在稳步推进。积极推进土地利用总体规划修编。4 月，完成了土地利用总体规划大纲的初稿，经过市政府的审核，上报省国土资源厅。6 月初，通过了省国土资源厅组织有关专家论证。

【提高矿政管理水平】 2009 年，本市进一步加大了矿产资源整合力度，压缩矿山数量，优化矿业布局，调整矿业结构，使矿山数量控制在省下达的指标以内。加强了对探矿权和采矿权扩界、延续和变更审批的监管。建立并全面应用了采矿权审批网上远程申报审查、全国统一配号和在线监管系统。现已实现县级、市、及省厅三级网上审批和监管。进一步完善矿业权市场体系，加大矿业权二级市场建设力度，有效防止非法转让行为。有偿出让采矿权 29 宗，延续采矿权 194 个，收取采矿权价款及采矿权使用费 2 671.36 万元；有偿出让探矿权 1 宗，收取探矿权价款 26.3 万元；全市收取矿产资源补偿费近 700 多万元。全力配合省国土厅做好采矿权实地核查工作。通过对采矿权的实地核查，进一步摸清了采矿权分布现状、规律，核准采矿权实际范围，组织对每个矿山企业埋设界桩，提升采矿权监督管理信息基础，实现了对全市矿业权科学监督与有效管理；规范发证机关权限，对越权发证、越界开采等行为进行了规范，妥善处理核查中发现的各种问题。深入推进危机矿山找矿，地质勘察取得新进展。实施“突破辽西北地质勘察规划”，为本市矿业经济平稳、快速发展提供资源保障。全市争取省勘查基金 4 474 万元，共计 10 个项目，涉及金、铜、钼、铅锌和煤等矿种全面启动地质勘察；连山区钢屯镇兰家沟钼矿区 2 280 万元国家危机矿山接替资源找矿项目正在进行。

【积极推进生态环境整治】 2009 年，本市完成了《矿山环境保护与治理规划》、《废弃矿井治理规划》的编制工作。加强了对 2007～2008 年度地质环境治理、地质遗迹保护、地质灾害治理项目施工的监管。争取国家和省级矿山地质环境治理和地质遗迹保护项目资金 3 882 万元；申请实施市本级地质环境管理资金 160 万元，完成了地质灾害隐患点专业排查、汛期监测管理、气象预报预警、编制葫芦岛市地质环境公报。经我局积极沟通和协调，建昌龙潭大峡谷已被省国土厅批准为省级地质公园。开展了古生物化石产地保护和市场经营管理集中整治工作，对化石经营市场进行了认真检查和管理。

【加强国土资源执法监察】 2009 年，本市加强国土资源执法监察动态巡查。不定期对全市新开工建设项目的用地情况和各县（市）区局动态巡查责任制的落实情况进行了督察，共发现违法案件 126 起，立案 126 起，结案 40 起，拆除建筑物 98 516 平方米，没收建筑物 484.11 平方米，收回土地 6 300 平方米，其中耕地 2 800 平方米，罚没款 1 202.75 万元。另有 80 起已下处罚决定，并申请法院强制执行，立案率、结案率均为 100%。按照上级要求严格做好卫片执法检查。市国土局积极与纪检、监察、公安、建设、规划等部门密切配合，合理分工，扎实工作，及时把卫星图斑显现出来的问题搞清楚并及时将清查结果上报。上级共交办本市土地卫片 410 个（部卫片 281 个，省卫片 129 个）。在 281 个部卫片中，涉及违法土地案件 95 宗，面积 3.35 平方千米，立案 95 宗，处理到位 82 宗，罚没款 284.83 万元。129 个省卫片违法用地调查处理工作正在进行。

（马占一）

工商行政管理

【概况】 2009 年，全市工商系统紧紧围绕省局工作部署和市委、市政府中心工作，以科学发展观为统领，深入推进“扶企惠民”工程，整顿规范市场经济秩序，致力改善人民生活，不断加强自身建设，各项工作取得明显成效。

【扎实推进扶企惠民工程】 2009 年，本市以支持企业发展、服务新农村建设、改善保障民生为重点，全面开展了“扶企惠民”工程，在帮助企业应对金融危机，促进“保增长、保民生、保稳定”目标实现等方面做出了应有贡献。全市共登记国有集体企业 4 436 户、私营企业 6 944 户、个体工商户 83 716 户、农民专业合作社 609 户、外资企业 110 户，分别比上年同期增长 0.15%、8.5%、21%、65%和 12%，各类市场主体呈现出健康、稳定、和谐发展的态势。精心打造“12315”服务品牌，推进消费纠纷“和解通道”建设，全系统共受理消费者各类诉求 3 100 余件，为消费者挽回经济损失 50 余万元。全市共建立个私会员服务站 20 个，代办工商事务 3 910 件，为会员减免经济损失 4 万余元，协调安置下岗失业人员 8 500 人。深入开展红盾护农行动，查处各类农资违法案件 511 件，取缔无照经营农资 208 户，为农民挽回经济损失 2.19 万元。全市共发展“守合同重信用”企业 143 户，规范农业订单 200 份，新发展农村经纪人 52 人。全市新增地理标志商标 1 件、省著名商标 8 件、市著名商标 10 件，一般农产品商标注册达 161 件。市局成功举办葫芦岛首届知名商标商品展示会，召开“工商协会联手架桥，国企民企共渡难关”葫芦岛锦化建筑机械安装有限公司企业推介会。

【开展各类专项整治】 2009 年，本市组织开展了食品安全专项整治行动，创建“食品安全示范店”1 470 户，开展 42 类近 20 万批次食品的检测工作，办理流动食品送货车登记 623 个，已发放《食品流通许可证》800 余个，取缔无照经营食品户 489 户。全系统还开展了烟花爆竹、网吧、取暖器、电热毯、洗浴用品、化妆品、钢铁等行业的专项整治以及物业、电信行业“霸王条款”整治活动。全市工商系统共查办各类经济违法案件 3 789 件，有效地维护了市场经济秩序和消费者合法权益。

【查处商标广告违法行为】 2009 年，本市积极推行商标监管关口前移，及时查处食品、药品、保健食品市场危害群众利益的商标违法案件。全市共查处各类商标违法案件 19 件。通过培训、座谈、走访、监测等多种方式，加强对广告经营者的行政指导，加大监测力度，有效控制严重违法广告发布。监测全地区电视、广播、报纸广告 4 000 余条次，责令停止发布 120 余条次，严重违法率已下降 10%以下。共查处药品、食品、医疗广告等各类违法广告案件 142 件，当场予以纠正 57 条次，限期整改 36 条次，重点品种广告发布秩序明显好转。

【打击商业贿赂】 2009 年，本市积极开展商业贿赂治理工作，净化市场环境。共查办商业贿赂案件 10 件。依法规范电业、银行等行业的限制竞争行为，立案 5 起，有效地维护了正常的竞争秩序。严厉打击傍名牌等不正当竞争行为，查处了假冒“德氏”冷饮、侵犯蓝带注册商标专用权违法行为。

【加大打击传销力度】 2009 年，本市大力宣传《禁止传销条例》和《直销管理条例》，深入开展打击传销专项行动。全系统共捣毁传销窝点 82 个，清查传销人员 860 人，解救人质 92 人，印发宣传材料 9 000 份，开展宣传活动 5 次，较好地维护了辖区内市场经济秩序，取得了良好的社会成效。

（张　萍）

物价管理

【概况】 2009 年，本市物价局组织精干力量下县区、下企业，深入到农村、厂矿、经济开发区，开展生猪、农资、房地产、电力、城市供水、天然气价格、涉企收费和城市生活垃圾排放处理费等成本、价格的监测和调研。在摸清底数的基础上，对全年物价工作进行科学合理安排，为政府调控市场提出合理建议和对策。

【规范行政事业性 经营服务性收费】 2009 年，本市对全地区所有的行政事业性和经营服务性收费进行全面的清理规范。一方面按文件清理；一方面深入到执收单位和缴费企业彻底摸清情况。对全市 198 家的 333 项收费项目进行全面的清理整顿规范。4 月初，对省政府取消和停止征收的 220 项行政事业性收费项目进行全面清理。全市共取消和停止征收超定额用水加价、户口迁移证件工本费、农作物种子委托检验费、城市房屋拆迁管理费、劳动能力鉴定费、教育系统专业技术资格评审费等收费项目 39 项，涉及部门单位 26 个，年减轻群众负担 3 922 万元。对取消和停止征收的行政事业性收费项目涉及的相关单位的《收费许可证》，5 月底全部办理完变更、注销手续。收集汇编国家、省、市清理整顿涉农价格和收费文件，继续保留的涉农价格和收费文件，以及国务院、国家发改委、财政部、省政府和省物价局等有关的法规、规章和文件。与财政部门共同编辑、印制 5 500 册《葫芦岛市涉农收费手册》，免费发放到全市各有关部门和各县(市)区物价局、财政局以及具有涉农收费项目的执收单位和乡（镇）、村，对制止乱收费、落实中央和省、市惠农政策起到了积极的保障作用。

开展《收费许可证》年审和《收费许可证》办理网上公示工作。召开年审统计工作会，采取送审和抽查方式，对全市 38 个系统、143 个行政事业收费单位、76 个经营服务性收费单位进行了年审，换发《收费许可证》157 个。

对全市的物业服务进行考核，强化对物业服务收费行为的监管，指导县（市）区制定本行政区内《物业服务收费等级评定办法和实施细则》。根据市政府安排，经过深入调研和测算，两次召开听证会，对出租车运价、城市天然气价格进行小幅调整，保证全市物价指数低于全省平均增幅。

【加大价格监督检查力度】 2009 年，本市主要开展民爆器材价格、涉农收费、涉企收费、粮食收购、电力价格和收费、药品和医疗价格、明码标价执行情况等多项检查。

以检查明码标价为突破口，出动了 150 多人次对新老城区市场明码标价、虚假打折、缺斤少两、虚标产地品牌等价格欺诈情况进行了大检查。共向 460 个经营业主发放了统一印制的《关于商品和服务实行明码标价的规定》，进行提醒告诫。严厉查处超市、商行等经营单位，并在葫芦岛电视台、日报、晚报等新闻媒体进行曝光，使本市市场价格秩序有明显变化。

在药品和医疗服务价格专项检查中，采取由市局督导，县（市）区交叉检查的方式，检查单位 61 家，查出违法案件 15 件，涉案金额 900 余万元。对超规定标准收取检查费、超规定标准收取观察床、药品价格超过规定加价率、重复收取一次性卫材费等问题，依法进行处理。

中央储备粮直属库在 2008 年～2009 年收购国家临储玉米过程中，进行一定的感官扣量，多收价款 15 万多元，违反相关规定，予以清缴。打击了粮食收购时变相压级压价的价格违法行为。

充分发挥“12358”热线作用，加大执法力度。全年共接价格咨询、投诉420件，立案42件。做到了件件有着落，事事有回音。省政府纠风办交办的16件案件，有12件办理结果被评为5星，在全省物价系统民心网办案优秀率排前三名。

在机动车尾气检测多收出租车尾气检测费一案处理中，协调交警为出租车专门安排检测时间，开辟出租车检测绿色通道，极大地方便出租车业者正常运营。

【加强日常价格管理】 2009年，本市对猪肉、鸡蛋、粮油等生活必需品市场的物价动态重点关注，与电台联合，每日向社会公布农副产品价格行情，取得良好效果。对企业商品房办理入住环节和交易“一房一标价”情况进行跟踪检查。联合市发改委、工商局等部门，对全市乙醇汽油市场生产经营合法性、产品质量、价格水准等进行联合检查。按照《辽宁省汽车客运站站务费审批办法》有关规定，对兴城、绥中和建昌汽车客运站进行审核，对违反规定擅自收取站务费、车检费的客运站进行处理。对存在的问题，提出整改意见。

【基础工作扎实有效】 2009年，本市围绕《全省成本工作进度表》开展了全市7个品种的记账检查工作，完成了玉米、生猪、蛋鸡成本预测和农资下摆以及农户存售粮等专项调查。采取集中汇总的形式，对常规农本调查数据进行整理，保障上报数据准确无误。认证工作进一步加强，重点突出为经济建设服务的职能。受理各类价格鉴证（认证）业务171件，标的金额3 147.8万元。现场勘察渔船105艘。价格调节基金征收完成2 300万元。

（尚敬东）

质量技术监督

【概况】 2009年，市质量技术监督局以开展“质量和安全年”活动为载体，以加强和改进质量监管工作为主线，以食品和特种设备安全为重点，努力提高全市产品质量监管工作的能力和水平，继续加强行风建设，稳妥推进事业单位改革，为实现全市经济保增长的目标和维护社会稳定创造良好环境。

【完成“质量和安全年”活动】 2009年，本市按照国家质检总局“质量和安全年”活动的总体部署，围绕“质量宣传年、质量提升年、质量服务年、质量整治年和质量建设年”5个主题，大力实施质量兴市、名牌战略和标准化战略，全面深入开展“质量和安全年”活动，取得了明显成效。制定了《葫芦岛市质量技术监督系统“质量和安全年”活动实施方案》，下发到各县（市）区局和企业。4月16日和21日，下发了《深入开展真情服务基层，优化发展环境》和《软环境建设服务承诺》2个文件。“3·15”和9月份质量月大力开展宣传活动。全市出动宣传车30台次，进入企业进行宣传220人次，电台、报社、电视台等新闻媒体对质量安全工作进行了专门采访报道。制作了宣传板20块，发放各种传单17 500份，宣传了中国名牌、强制认证、许可等几项重要质量制度和质量标志；宣传严厉打击违法使用非食品原料、滥用食品添加剂生产加工食品等内容，现场接受消费者投诉和咨询240多人次。认真学习、贯彻、宣传了《食品安全法》、《乳品质量安全监管条例》。制作宣传版4块，发放宣传单2 000份，在葫芦岛广播电台举办了3期讲座，举办了1期食品安全法培训班，提高企业法人责任意识、监管人员监管水平和消费者食品安全意识。大力宣贯新修订的《特种设备安全监察条例》。特种设备安全监察人员先后进入锦西化工机械（集团）有限责任公司、锦西螺旋钢管有限公司等10家特种设备制造和使用单位进行工作。

【实施名牌战略深化卓越绩效管理】 2009年，本市着重抓好质量兴市和实施名牌战略。3月31日，市政府召开了全市争创名牌产品表彰会议，对1户获辽宁省质量管理奖、7户获2008年度辽宁名牌产品称号和6户获葫芦岛名牌产品生产企业进行了表彰授牌。获辽宁省质量管理奖荣誉称号的凯森蒙制衣集团有限公司做了“创新提升质量、名牌促进发展”的经验介绍。进一步提高参会企业对推进名牌战略的认识，培强企业自主创新，不断提升质量管理水平的信心与决心。9月份～10月份，聘请质量管理专家对14户名牌申报企业进行了综合诊断，对企业建立卓越绩效管理模式的7大方面即领导、战略、顾客与市场、资源、过程管理、测量、分析与改进、经营结果等方面予以指导培训，提升质量管理水平，促进企业不断追求卓越，使其跻身于具有较强市场竞争能力的一流企业，成功争创名牌产品。有7个产品获辽宁名牌产品称号和6个产品被评为葫芦岛名牌。

【加强标准化工作】 2009年，本市发挥基础作用，加强标准化工作，做好质量服务，促进地方经济平稳较快增长。启动了国家服务标准化试点工作。6月葫芦岛百货大楼获国家批准为商贸服务业试点单位，同月市、区两级举行了揭匾仪式。加强了农业标准化工作。如期完成农业标准科普音像片制作。为使农业标准走进千家万户，将文字标准转为图像标准，坚持“实际、实用、实效”的原则，编制好每个片子，全市于10月中旬完成了6个农业标准科普音像片制作工作。全市建立市级农业标准化示范区6个，验收通过了兴城市合盛源食品有限公司、绥中县家家乐有机蔬菜科技有限公司和建昌县养马甸子乡蔬菜合作社等3个市级农业标准化试点单位，为申报国家级服务标准化试点打下良好的基础。积极抓好采标工作。兴城市水泵制造有限公司生产的四个型号的离心泵、建昌县兰河建材有限公司生产的通用硅酸盐水泥两个型号申报了采用国家标准，并于11月初进行了采标标志验收，由于企业基础工作完善，准备充分，验收全部合格。提高了企业标准化水平。深入开展地理标志产品保护调研。经过调查摸底，初步选定兴城红崖子花生、辽宁高桥陈醋企业，兴城红崖子花生地理标志产品保护申请已报送省局并获批准。

【加强计量管理和监督】 2009年，葫芦岛市质量技术监督局加强计量管理和监督，积极推进计量惠民，强化法制计量工作。继续深入推进“关注民生、计量惠民”专项行动。重点组织县（市）区局对建档单位进行了计量专项检查，检查在用计量器具的使用、检定情况，查处利用计量器具作弊，损害消费者利益等计量违法行为，指导建立各项规章制度，诚信计量，遵纪守法经营。全市共监督检查集贸市场37个，在用计量器具3 450台件；检查医疗卫生单位240个，在用计量器具542台件；检查眼镜店28个，在用计量器具132台件；深入215个社区乡镇，提供免费检测、维修服务281次，处理投诉举报24起，查处各类违法案件16件，全面完成了“四个走进”的总体目标。开展了电子计价秤专项整治工作。制定了《葫芦岛市2009年电子计价秤专项整治实施方案》和具体的实施保障措施，实现了对全市电子计价秤全方位、全过程的整治。检查电子计价秤销售企业4个，检查大型超市、集贸市场和餐饮店140个，检查在用电子计价秤720台件，使电子计价秤的受检率达到了98%以上。结合强检计量器具建档，完善了电子计价秤动态监管档案。同时，建立了监管机制，提高了电子计价秤的受检率和合格率，严厉打击了利用电子计价秤作弊等计量违法行为。加强对进口计量器具的监督管理。重点检查了国有大中型企业和医疗卫生单位进口计量器具使用情况和销售进口计量器具的情况。检查企事业单位51个，其中进口计量器具单位48个，进口计量器具950台件；检查销售进口计量器具单位3个。继续做好加油站的监督检查，全面开展加油机防欺骗功能启动工作。重点检查了72个加油站360台在用加油机检定情况，是否存在超期、超差使用和作弊等不法行为。共抽查12个加油站45台在用加油机，查处计量违法案件3起。全面开展了加油机的防欺骗功能的启动工作。责令各加油站严格自查、自纠。加大计量监督检查力度。继续做好定量包装商品净含量省级专项抽查工作。共抽查29个生产企业，12个经销企业，完成了19个品种111个批次的抽检工作，抽查合格率93.7%，对7个不合格批次进行了后处理工作。积极参与企业节能降耗、节能减排的计量基础性服务工作。在各县（市）区确定的重点能源计量工作单位的基础上，挖掘整理了连山区局在这项工作上的做法及葫芦岛市辉宏有色金属有限公司能源计量工作的特点，归纳整理了调研报告（专项材料）上报。该公司采用新的生产工艺，通过对生产过程的计量控制和计量绩效考核及多种节能措施，年节能效益1 000多万元。广泛开展《辽宁省用水计量管理办法》的实施工作。积极开展了水资源利用计量情况的调查和检查工作。制定了《葫芦岛市质量技术监督局贯彻<辽宁省用水计量管理办法>实施方案》，使广大市民及用水单位对用水计量器具的配备和使用有了一定的了解，提高用水单位的计量法律意识。开展了近百家的用水计量状况的调查摸底和建筑工地用水计量专项整治，对民用建筑工程安装水表未经首次检定等违法行为进行了查处。

【监督工作落实到位】 2009年，葫芦岛市质量技术监督局进一步完善产品质量监管工作机制。以农资、建材、危险化学品、节能产品等为重点产品，以生产、销售、使用为主要环节，以查无证为主要手段，进一步落实了监管责任制。开展了对获证企业的巡查。对国有大中型获证企业和水泥获证企业，以及杨家杖子经济开发区和北港工业园区进行巡查，共巡查企业21个。各县区局也对本辖区获证企业进行巡查，共巡查获证企业48家/次，占获证企业45%。全市共填写《巡查记录表》69份。对巡查存在问题的获证企业下发《不合格通知书》15份。开展了以农资、建材、危险化学品、节能产品的监督检查，全市检查企业108个，查处各类质量违法违规案件36起。组织了农资专项打假行动。以复混肥和磷肥、农药为重点，开展农资专项执法检查，严厉打击制假售假违法行为。围绕春耕农忙时节，认真组织开展“查农资保春耕”农资打假下乡活动。年内，全市共出动执法（质检）人员625人次，车辆96车次检查农资生产企业11个，检查经销网点（含农资市场）98个，查处违法案件6起，封存不合格产品0.5吨，没收计量器具2台（件），查获假冒伪劣农资产品货值2.5万元。以扩内需、促增长、保民生为出发点，开展了打击借家电下乡名义销售假冒伪劣产品活动。拨专项经费对全市眼镜、水泥企业进行了监督抽查，抽查眼镜企业13个，产品25批次；水泥企业5个，产品5批次。根据省局的安排，集中力量配合了省局对复混肥、磷肥产品质量专项监督抽查和生产企业情况调查工作。全市共有5家复混肥生产企业，全部进行生产企业情况的调查摸底，上报省局，并对其中2家生产企业进行了抽样，抽样经省局质检机构检验合格率为100%。继续保持对假冒伪劣产品的高压打击态势。开展了以农资、建材、危险化学品、节能产品的监督检查，检查企业108个，查处各类违法违规案件405起。立案审理行政案件156起，没有发生行政复议和行政诉讼案件。

【做好认证全过程执法监管工作】 2009年，本市落实《强制性产品认证管理规定》，做好认证全过程执法监管工作，制定了实施细则，明确时间安排，落实了目标责任。提出了具体工作目标到年底实现三个100%，即全市获得质量管理体系认证企业100%建立监管档案，获得强制性产品认证的企业100%建立监管档案，对强制性产品认证获证企业100%进行监管检查。全我市共有质量保证体系认证企业256个，有强制性产品认证企业17个。7月份开始，共检查了130个企业，其中对强制性认证企业17个进行了全面检查，其中有2个企业已报暂停。对强制认证企业的认证证书有效性、认证产品名称、规格型号进行验看登记，并到成品库房进行核实检查，重点检查了认证产品的一致性、认证证书的使用、3C标识的使用以及是否超范围生产经营。对113个质量体系认证企业进行了检查，建立监管档案。办理强制性产品认案件1件。对绥中电厂二期工程所用3C产品进行了监督检查，帮助企业把关服务。本市计量认证企业49个，到期需复查换证企业24个，已先后受理上报省局。首次计量认证申报有2个企业，也已初审受理上报省局。49个获证企业已建立了监管档案，纳入全省检测资源数据中心平台。

【抓好生产加工领域食品安全监管】 2009年，葫芦岛市质量技术监督局继续抓好生产加工领域食品安全监管工作。组织开展了食品安全大检查。共检查企业70个。检查出问题164个，下达责令整改通知书62份，帮助企业制定整改措施164条，依法处理企业5个。通过检查督促70个企业建立各项质量安全控制制度和落实企业主体责任。申请监督抽查经费20万元，全年抽查12种产品99批次，批次合格率68.7%。并在葫芦岛日报上开办了3期专栏。打击违法添加非食用物质、滥用食品添加剂违法行为，开展重点区域、小作坊和潜在食品安全隐患专项整治。利用4个月时间，分三个阶段集中开展打击违法添加非食用物质和滥用食品添加剂专项整治，发现问题32起，责令企业整改32个，查处案件5起，有效遏制食品生产加工企业在食品生产中违法添加非食用物质、滥用食品添加剂、使用回收过期食品原料；开展了食品添加剂知识培训，实现了全市食品生产加工企业（包括食品加工小作坊）100%普及食品添加剂生产、使用知识，全市食品生产企业100%实行食品添加剂备案制度的“双百”工作目标。开展了重点区域、小作坊专项整治工作。确定了重点区域5个，确定急需整治的小作坊51个，县市区局有计划、分步骤开展了整治工作。小作坊质量安全承诺书制度达到了规范化、制度化、常态化。严格市场准入工作，加强了证后监管，确保获证食品企业产品质量可持续提高。开展了获证企业巡查、回访工作，加强了原材料、配料、生产过程、出厂检验、生产过程环境、关键控制点记录、台账、食品添加剂备案等方面监管，巡查164家，回访40家，发现问题196个，责令整改126家，消除隐患196起。抓好高桥万家屯粉条重点区域整治。创建“合作社（龙头企业）+标准+业户”产业化经营模式，鼓励达到整治要求的业户加入合作社，允许其作为龙头企业一个车间，由龙头企业带动，使用统一的产品标识，统一产品标准，统一检验合格后打上QS标志销售。新模式的建立即解决了食品安全问题、也解决了市场准入问题，使得13个业户的销售额由原来的4 000万元上升到7 000万元，创建新模式前13户产值占粉条总产值的20%，现在占50%。产品销往东北三省、深圳、广东、济南、青岛等地，扩大了市场，确保了农户增产增收。

【加强特种设备安全监察】 2009年，葫芦岛市质量技术监督局加强安全监督，排除事故隐患，保障人民生命财产安全。在安全执法行动中，以严厉打击非法制造、非法安装、非法使用和违规充装违法行为为重点，加大执法力度，严格查处违法案件。全年共查处违法案件15起。在隐患排查治理行动中，先后开展了气瓶、压力管道元件、起重机械和电梯维保专项整治，分别制定了整治方案，下发文件提出具体整治要求，均收到较好效果，促进了特种设备安全形势稳定发展。开展压力管道元件和起重机械专项整治取得实效。将压力管道元件和起重机械专项整治列为2009年特种设备安全监察的重点工作，下发了《关于进一步开展压力管道元件专项整治工作通知》（葫质监发[2009]24号）和《关于进一步深入开展起重机械专项整治工作的通知》（葫质监发[2009]53号），制定出具体的工作方案。通过专项整治已查明全市取得压力管道元件制造许可单位8个。在专项整治中，对全市石化、化工、造船、中海油等30多个企业进行了重点检查，出动检查人员90人/次，下达安全指令书8份，从安装环节入手，严查管道元件许可，坚决杜绝未经许可的管道元件进入安装和使用环节，确保压力管道元件安全质量。在起重机械专项整治中，全市共检查起重机械生产单位12个，检查起重机械使用单位287个，检查设备871台，发现安全隐患87项，已完成整改80项，下达安全监察指令书63份，行政处罚8家。继续推进高耗能特种设备节能监管工作，完成省局下达的“四个五”工作指标。召开了全市监察机构、检验机构、锅炉使用单位参加的全市工业锅炉节能减排专项会议，下发《关于做好2009年燃煤工业锅炉节能工作的实施意见》（葫质监发[2009]77号）文件，对新安装的锅炉全部开展能效测试，已完成16台新安装锅炉的能效测试，收到很好的效果。对能效测试不合格的督促整改，做到不合格的产品，不符标准的安装，安装后未经能效测试的、水质不达标的不予核准注册。全市参加达标活动锅炉房118座，通过考核已达标锅炉房67座，锅炉水处理达标锅炉126台，完成锅炉作业人员节能知识培训544人，完成推广节能技术3项，节能工作总成效，全年可节标煤71万吨。

【提升技术机构检验检测能力】 2009年，本市向基层投入近100万元资金，完善省泳装检验中心核心检验设备和向6个县（市）区局计量、特种设备投入，完成了3个县区的X光机、分光光度计、生化分析仪等计量标准建标考核，当年增加92台（件）仪器，6.22万元收入，给基层技术机构的发展注入了新的生机和活力。省局批准在兴城建立了辽宁省泳装（服装）产品质量监督检验中心，并取得了出口检验资质，为兴城市泳装（服装）行业的进一步发展提供了有力的技术保障。

（马来之）

食品药品监督管理

【监管体制改革取得新进展】 2009年，根据国家大部制机构改革方案，市食品药品监管系统处于人员、经费和职能划转的过渡状态，截止到2009年9月1日，基本完成了市、县两级机构的人员、经费和资产的下划。与卫生部门初步完成了本市餐饮服务环节监管工作的交接，有效避免了餐饮服务监管工作的真空状态，确保了思想不散，队伍不乱，工作不受影响。同时，依据新颁布的《食品安全法》和市政府的要求，不等不靠，积极协调，用较短的时间内完成了人员培训、各种文书的制作和许可办理程序的调整，及时启动了新的餐饮服务许可和监督检查工作。

【切实履行餐饮服务监管新职能】 2009年，按照市长办公会提出的餐饮服务监管工作不能出现缺位的要求，搞好餐饮服务的监督管理工作。针对夏季食物中毒高发季节的实际情况，2次组织餐饮服务单位相关人员进行培训，有效增强了餐饮行业从业人员的质量安全意识。同时，重点对旅游景点周边餐馆、学校、幼儿园、建筑工地食堂进行监督检查，收到了良好效果。全市共受理餐饮服务许可申请400个，发放许可324个；开展各类餐馆、学校、幼儿园及建筑工地食堂、保健品、化妆品监督检查3 349个次，出动执法人员11 675人次；完成大型聚餐和重要活动监厨58次，确保了餐饮环节的饮食安全，杜绝了食物中毒事件的发生。

【科学监管药品 医疗器械】 2009年，本市加强了对药品生产环节的监管，把好源头关。对全市7个药品生产企业组织现场检查41次；完成3个药品生产企业的GMP再认证和1个生产企业2条生产线的GMP认证工作；配合国家局飞行检查2次；配合省局完成4个药品品种的现场核查工作。加强了对药品医疗器械经营企业的监管，把好流通关。市局严格零售药店审批标准和准入条件，全年共审批零售药店38个；换发《药品经营许可证》154个，完成GSP再认证89家。全系统全年共检查经营企业846个次，覆盖率达到了100%，对239个存在问题的企业依法进行了处理。加强了对医疗机构的监管，严把使用关。依据《药品流通监督管理办法》和《辽宁省医疗机构药品和医疗器械使用监督管理办法》，加强了对医疗机构药械采购、储存、使用等环节的监督检查，全年共检查医疗机构2 387个次，检查覆盖率达到了100%。共查处医疗机构各类案件946件，占全系统全年办案总数的69%。加强了药品检验能力建设，严把技术关。药品检验所克服检验条件差、人员紧张、任务重等困难，加强人员管理，明确工作责任，严格按照《操作规范》做好药品检验工作，认真书写检验报告、原始记录，各级人员层层把关，从根本上确保了检验报告书无任何纰漏。全年共完成监督抽验350批，25批不合格，不合格率为7.1%，不合格率较往年有了大幅度降低。加强了药品不良反应和医疗器械不良事件监测，严把风险关。全年全市共上报药品不良反应618份，医疗器械不良事件9份，在全市杜绝了药品（医疗器械）群起不良反应（事件）的发生。

【药品安全专项整治收到新成效】 2009年，全系统继续保持打假治劣的高压态势，充分利用稽查管理网络系统，开展信息交流，实现信息共享，加强部门联合，形成稽查工作合力，稽查质量和工作效率不断提高。在全面开展整顿和规范药品市场秩序工作的同时，大力开展各项专项监督检查，组织了“防控H1N1药械专项检查”“疫苗质量专项检查”“非药品冒充药品专项检查”等专项整治行动15次，共出动药品监督检查人员9 814人次，查处药品医疗器械违法案件1 370件，涉案物品总价值16.24万元，收缴罚没款113.8万元；受理群众举报案件320件；取缔无证经营行为12起；责令停业整顿1家。有效规范了药械市场秩序。

（张培佳）

经济技术协作（招商引资）

【概况】 市经济技术协作办公室在进一步做好葫芦岛市的经济合作项目引进和对接，实施项目支撑，服务好葫芦岛市的“三点一线”沿海经济带的开发开放，组织好省委省政府、市委市政府布置的大型经贸洽谈会，组织好各项招商洽谈活动，继续做好对青海省治多县的对口帮扶，落实对口帮扶款的收缴。参与好区域联合，做好葫芦岛市参加的经济联合体的协调联络工作，做好全市经济合作项目的跟踪和统计工作。

【组织商品展暨经贸洽谈会】 2009年，本市根据组织了省政府、市政府安排的招商和项目推介会。5月13日～16日，组织参加了省政府安排的“第十二届中国（重庆）商国际投资暨全球合作采购会”。组织了相关企业参会。这次“渝洽会”进一步搭建了省、市对内对外开放的平台，展示了本市石油化工、船舶（机械）制造等方面的优势。在渝洽会中发布本市招商引资重点项目，洽谈重点产业发展项目的合作。其中本市葫芦岛经济开发区与西藏民营企业达成船舶分段涂装项目，签订了一个65 000万元的项目，到位19 500万元。本市与成都部分企业进行了交流，还有一些项目正在洽谈中。

【做好区域联合工作】 2009年，本市参加了环渤海经济联合体、辽西经济区域联合体经济、辽宁沿海联合体的有关活动。通过联合体的活动，推动了发展。参与好区域联合，做好本市参加的环渤海经济联合体、辽西经济区域联合体、辽宁沿海联合体的协调联络工作。通过联合体的活动，推动区域联合的发展。2月，参加了辽西经济区域联合体组织的中国北方农展会。4月，本市参加了辽宁沿海联合体理事会。辽宁沿海5个市相关部门领导同志参加会议。会上，提出了市场主导、公平开放、优势互补、互利共赢的合作原则。

【合作项目的跟踪落实及统计】 2009年，本市内联引进的经济合作项目的跟踪落实及统计是省政府对各市经济社会发展量化考核的31项指标之一。2009年本市内联引进的到位资金100万元以上项目共200项，项目资金总额400.63亿元，实际到位资金额129.87亿元。超额完成了省政府对本市下达的经济工作指标。

【做好对口帮扶青海省治多县工作】 2009年，本市继续做好对青海省治多县的对口帮扶工作，不断把对口帮扶工作引向深入。按照省政府提出的“积极努力，量力而行，稳定基数，逐年有所增加”的要求，本市继续做好对口帮扶工作。年初，治多县领导来葫，协商对口帮扶工作。3月，组织召开了各县（市）区、有关企业和市直部门参加的对口帮扶工作会，副市长王福林做了讲话。8月，本市有关部门赴青海省治多县，对2009年帮扶工作进行实地落实帮扶项目，解决藏族牧区人民生活亟待解决的困难。本市解决帮扶资金110万元，落实帮扶项目，有针对性地解决牧区人民急难问题。

【农业新品种新技术展销会】 2月20日～23日，本市举办了第七届葫芦岛农业新品种新技术展销会。展会共设展位70个，包括来自上海、河北、吉林、黑龙江多个企业。展销了农、林、水、牧、渔等高新种苗、种子、技术、设备及各种深加工农产品，参观者5万余人，成交金额400万元。农展会为农民引进利用农业新品种新技术搭建了良好的平台。3月，组织本市涉农企业参加了第十二届中国(锦州)北方农业新品种新技术展销会，为本市的涉农企业搭建平台，促进新农村建设。

【做好深化蛤蟆山煤矿改制工作】 2009年，本市进一步对蛤蟆山煤矿进行帮扶。市经协办分析了影响和制约煤矿的突出问题，努力推进科学发展。蛤蟆山煤矿国有股权占51%，股权额度3 110.95万元，民营股权占49%。按照市政府提出要公开出售国有股权的要求，对煤矿一、二井进行全面审计和评估。帮助煤矿解决企业资金问题，重点解决煤矿水平规模和深部资源开发。努力解决好矿区沉陷区治理和棚户区的基础工作，认真耐心细致地做好职工的思想工作。控制进京、省上访事件的发生。实现矿区实现社会经济稳定发展。

（李德刚）

科　学

科学技术

【概况】 2009 年全市科技工作以科学发展观思想为指导，围绕“保增长、扩内需、调结构”的战略思想和全市中心工作，积极应对金融危机，推进科技创新体系和特色产业基地建设。全年完成高新技术产品增加值18.5亿元。地方财政科技拨款5 191万元，占地方财政支出比重0.5%。列入各级科技计划项目108项，其中国家级5项，省级57项，市级46项；市科三费投入800万元，比上年增加70万元；争取省级以上资金4 670万元，是上年的3.5倍。认定登记技术合同41份，技术交易额达到8 572万元，比上年增长3倍多，创历史最高水平。全市共取得科技成果46项，有3项达到国际先进水平，21项达到国内领先水平，15项达到国内先进水平，2项为省内领先水平。修订了科技奖励办法，评出本年度市科学技术奖45项，其中科学技术功勋奖4项，科学技术进步奖41项，奖励科技人员389人。获省科技进步三等奖1项、省成果转化奖励三等奖1项。组织参加了海外学子创业周、东北亚高新技术博览会、振兴东北老工业基地专利新技术对接洽谈会、中国国际软件和信息服务交易会等四个大型科技交流活动，并第一次组织40名海外学子来葫考察。

年初，市生产力促进中心被授予“全国科技管理系统先进集体”称号，这是建市以来本市科技管理系统获得的最高荣誉。连山区、龙港区、建昌县通过2007～2008年度全国县（市）科技进步考核，进入全国科技进步先进县区行列。龙港区、绥中县获2008年度全市争创科技进步先进县（市）区活动优秀单位。市科技局被省科技厅评为特色产业基地建设突出贡献先进单位。

【支持万家数字技术产业基地建设】 绥中滨海经济区是全省“五点一线”重点支持区域，按照上级要求，市科技局积极配合省科技厅抓好绥中万家数字技术产业基地建设。全年重点实施了五项工作：一是帮助绥中滨海经济区起草了《关于申请建立省级高新技术产业园区的请示》，并以市政府名义报送省政府；二是安排市科技经费支持万家基地建设，并争取省科技厅经费3 850万元，支持了26个项目；三是编纂完成了《葫芦岛市支持企业科技创新优惠政策汇编》，使进入绥中滨海经济区以及本市“一线七区”的企业能够及时了解各项科技支持政策。四是派出得力干部协助滨海经济区管委会工作。五是组织绥中滨海经济区参加了在大连举办的“2009中国海外学子辽宁(大连)创业周”活动。“辽宁（万家）数字技术产业基地”作为本省特色产业基地之一在活动中展出，其独特的区位优势和良好的投资环境吸引了很多海外学子及国内外知名企业。会后又邀请了40名海外学子到绥中滨海经济区进一步考察洽谈，有7位在电子信息、新能源、新材料应用领域有相当成就的学子与绥中滨海经济区达成了合作意向，其中1人正式签订了合作协议。

截至年底，绥中滨海经济区建设情况进展良好，基地共签约各类企业98家，有43家已经开工。一些投资额度大、科技含量高、市场前景好的项目，如广东国笔科技有限公司投资20亿元的世界语言谷项目、太平洋金融财团国际金融财务公司投资20亿元的智能红外材料及LED芯片项目等纷纷落户万家基地。

【高新技术及产业发展】 全市高新技术产品增加值实现18.5亿元，同比减少14%，占全市工业增加值13%。认定市级高新技术产品11个、企业11家。锦西化工研究院被认定为国家级高新技术企业。全市各级高新技术企业总数达到30户，主要集中在船舶、石油、化工行业。

高新技术产品增加值减少的主要原因：一是按照国家新出台相关政策，军用船舶数据不准列入统计范畴，导致本市交通运输设备制造业统计总量减少；二是本市石油行业受到国际金融危机严重冲击，全年石油加工、炼焦及核燃料加工企业工业总量同比下降；三是由于特殊原因，个别大型化工企业停业整顿，化学原料及化学制品制造业累计完成量大大降低，同比下降严重。

支持引导具有一定规模和水平的民营科技企业提高自主创新能力，通过建立完善的研究开发机构或与高校、科研院所合作，研究开发具有自主知识产权的成果，形成企业的核心技术，增强市场竞争能力。辽宁海思科制药有限公司是一家集新药研发、生产、销售于一体的新型现代化民营制药企业，依托中国人民解放军军事医学科学院、上海医药工业研究院等科研机构的强大技术支撑，企业在开发具有市场竞争力的新产品方面取得了成效，正在进行研发的新药品种近30个，有10余个产品获临床批件，2个产品获生产批件，其中1个获新药证书。其小容量注射剂车间已于2009年1月通过国家GMP认证。葫芦岛辉宏有色金属有限公司与中国科学院过程工程研究所合作，完成了钒、铬工业废渣全组分资源化处理项目的自主研发，被列入国家2008～2009年度国家火炬计划。该项目采用多种国际、国内先进技术，从废渣中提取钒、铬、磷酸盐和铁精粉等金属材料，不仅变废为宝，化害为利，而且整个过程进行了无害化处理，实现了零排放。其组合技术达到世界领先水平，为世界首例钒、铬分离专利技术。

【科技支撑新农村建设】 全年列入市科技计划的农业项目共20项，占项目总数的一半；投入资金166万元，占项目总经费的42%。列入国家级计划1项、省级计划7项，争取资金近300万元。

继续实施农民培训工程。共选送288名农民学员进入沈阳农业大学、兴城果树所等省内四所高校和培训机构，进行为期4个月的农民技术员免费培训，投入培训经费20万元；“流动科技致富学校”举办培训班共14期，培训农民2 000多人次。

进一步深化科技特派工作，推动区域农业特色产业发展。全市共组建市县两级科技特派团65个，科技特派组10个，科技特派员438人。科技特派团围绕本市“两水一畜一菜”占主导地位的农业特点，侧重在水果、水产、畜牧、蔬菜等特色产业上，加强技术指导、技术服务和科技示范、技术推广工作，为特色产业基地提供技术支撑。全年共引进新品种134个，推广新技术29项，推广面积达到92 000平方米，新增示范基地12个，农民技术员领办、创办协会36个，带动农户26万户，创造经济效益12.6亿元。本市有2个科技特派团和6名科技特派员受到省科技厅表奖，其中1名被科技部表奖，2家企业获得省科技厅颁发的“农业科技龙头企业科技特派组”牌匾。

【知识产权工作】 全市专利申请量223件，其中发明专利72件，实用新型专利151件；授权134件，职务申请61件。发明专利申请量比上年增长21%，增长率居全省第五。有4项专利产业化项目列入省计划，获得资金160万元。4家企业成为省“双百工程”实施单位。

市政府出台了《葫芦岛市贯彻落实国家和省知识产权战略纲要的实施方案》，制定积极的扶持政策，明确了未来五年知识产权工作方向。在专利执法方面，共接待处理了4个案件，是历年少有的。正式开通专利虚拟网上交易平台，为技术产权买卖双方搭建对接平台，知识产权工作全面实现网上办公。在全省首次举办国家级、省级示范（试点）专利企业拉练评比现场会，省、市有关领导及本市示范企业参会，进行经验交流。此外，成功承办全省和全国区域性会议各一次，扩大了本市影响力。

【信息产业工作】 本市从事软件开发的企业10余家，其中有5家通过了国家双软认证，2009年软件方面的销售收入为7 000万元。制定了《葫芦岛市落实省信息产业三年倍增计划实施意见》，根据省委、省政府实现信息产业三年倍增要求，提出了以社会信息化为最终目标、以万家数字技术产业基地建设为龙头、以招商引资为手段、以中关村、大专院校、科研单位为依托的推动全市信息产业超常规发展的具体实施意见。组织3家企业的7个软件产品和绥中经济区参加了第七届中国国际软件和信息服务交易会，第一次设计了特装展区在展会中亮相，宣传了葫芦岛市信息产业发展的巨大潜力，为招商引资创造了条件。

（刘雅新）

气　　象

【概况】 2009年，在市委市政府和省气象局的领导下，全市气象部门以党十七届四中全会精神为指导，深入落实科学发展观，全面贯彻胡锦涛总书记等中央领导关于气象工作的重要指示和全省气象局长会议精神，扎实推进现代气象业务体系和“四个一流”建设，预报测报准确率、公共气象服务水平进一步提高，气象行政执法能力进一步增强，人工影响天气工作取得显著效益。

【公共气象服务工作进一步加强】 全年气象工作将人民安全、福祉和防灾减灾工作作为工作重点，努力做好各项气象工作，气象防灾减灾工作取得明显效果。与市政府共同起草制定并以葫政办发〔2009〕62号和65号文下发了《葫芦岛市强对流天气气象灾害防御方案》和《葫芦岛市重大暴雨应急预案》两个应急文件；成立葫芦岛市气象局气象灾害应急处置队伍，调整了气象应急专家组；与市政府应急办联合组织开展了围绕区域性暴雨天气的综合演练，在全省气象灾害应急演练评比中取得了第三名；预报准确率在2008年的基础上进一步提高，各项业务质量均达到或超过省局考核指标：短期预报一般降水正确率为76%，大风正确率为81%，暴雨正确率为50%，中期预报一般降水正确率为83%。全区乡镇天气预报质量为79%，乡镇预报温度和降水质量超过全省平均水平。全地区地面观测错情率0.0‰；气象服务内容多样化，每天除常规天气预报外，还制作海洋天气预报、城市空气质量预报，晨练指数、穿衣指数等环境气象指数预报。与国土资源、林业等部门合作开展地质灾害、森林火险指数等预报工作；气象灾害预警信息发布能力增强，充分利用广播、电视、报纸、网络、12121热线电话、手机短信发布平台等发布、传播气象信息。全年发布各类气象灾害预警信号186次，灾害性天气预警信息40余万条；气象决策服务准确及时，把灾害性、关键性、转折性天气的监测、预报工作作为重点，增强决策气象服务的敏锐性、主动性和针对性，准确及时地将气象决策服务信息送到相关领导手中。全年，向市领导及有关部门提供决策服务信息共202期。

【人工影响天气工作扎实开展】 全市共有移动增雨装置13套，防雹高炮18门。全年开展人工增雨作业11次，人工防雹作业17次，发射增雨火箭弹664发，防雹炮弹5 597发。特别是4月19日和8月19日的人工增雨作业为春播生产和缓解旱情发挥了重要作用，得到了市领导的批示肯定。

【气象监测现代化建设成绩显著】 逐步在全市各乡镇建立无人自动气象站，2009年完成了13个无人自动气象站的建设。目前在本市69个乡镇已建成自动气象站71个。

【强化气象行政管理工作】 依法加强对气象探测环境进行保护；加大了施放气球活动的管理、培训和安全检查力度，防止施放气球活动影响航空安全、人员伤亡和财产损失，特别是在建国60年大庆期间，每周安排行政执法小组，对相关工作进行检查。全年共检查31次；防雷工程设计审核和防雷工程竣工验收32家，防雷装置检测425家；市、县两级气象局对全市900所中小学校舍防雷安全工程建设进行了安全检查。校舍工程气象灾害风险评估工作初步完成。

【人才队伍建设进一步加强】 积极引进专业技术人才。以开展多种形式的基础知识教育和专业技能培训，提高全体职工的综合能力。鼓励支持技术人员参加各种层次的学术交流活动。制定市气象局科技论文和科研成果奖励办法和奖励机制，调动气象科技人员的积极性与创新激情。2009年市气象局有两人入选第二批中国气象局“青年新秀计划”。

【党建和精神文明建设工作稳步推进】 组织机关干部职工学习十七届三、四中全会精神；制定了《葫芦岛市气象局落实〈建立健全惩治和预防腐败体系2008-2012年工作规划〉实施办法》，扎实开展反腐倡廉工作，开展“党风廉政宣传教育月”活动，创办了《葫芦岛气象廉政之窗》电子刊物；积极参与市委市政府组织的各项活动。在市直机关“国庆60周年”歌咏比赛活动中获得了优秀组织奖。认真地完成了科学发展观学习实践活动的各个环节。开展“党员干部走进千家万户”活动；积极组织书画、摄影等丰富多彩的文体活动，利用“防灾减灾日”、“世界气象日”、“政务公开日”“科技活动周”等时机，宣传气象防灾减灾及气象法规等知识；组织所属单位参加“文明单位”、“青年文明号”创建活动，市气象台荣获2009年“青年文明号”称号，市气象局获得省级“文明单位称号”。

（赵　亮）

防震减灾

【概况】 2009年，市地震局在辽宁省地震局和市委、市政府的领导及大力支持下，以深入开展学习实践科学发展活动为契机，全面贯彻我国新时期防震减灾工作方针，认真执行《中华人民共和国防震减灾法》，不断加强防震减灾“三大体系”建设，完成了全年各项工作任务。

【密切监视震情 做好分析预报工作】 2009年，辽蒙交界地区、被国家地震局列为重点危险区，渤海海峡及邻区被国家地震局列为可能发生中强地震值得注意的地区。市地震局密切监视震情，始终坚持二十四小时值班制度，每月发一期“震情通报”，至今无一次缺漏。完成葫芦岛市年度地震趋势会商报告，参加辽宁省地震局年度会商会。根据省局的要求，2009年本市建立了十个地震宏观观测井和四个动物观测实验场。

2009年，本市虽然没有发生过有感地震事件，但出现过地震谣传，市地震局密切注意震情发展，掌握社会动向，保持了社会稳定。

【加强台站管理 不断提高观测质量】 2009年，本市省级4个测震子台，1个地下水前兆台网运行良好。建昌地震台、兴城地震站的基建基本完工。市地震局不断加强对地震监测台网的管理，协助省局做好台网的看护和维修，为提高台站观测人员的震情观念和观测质量，市地震局不断强调要提高警惕，坚守岗位。特别是在节假日期间，下发文件，要求各县（市）区更要注意，不断加强地震监测预报工作。在台站管理工作中积极帮助台站解决观测中存在的问题，为台站做好服务。

【继续做好防震减宣传工作】 3月19日，市地震局与市委宣传部共同下发了葫震发［2009］3号“关于印发葫芦岛市20 09年防震减灾宣传工作计划的通知”。通知要求市防震减灾宣传工作网络各成员单位按照“计划”要求认真做好年度防震减灾宣传工作。4月19日，在市科技宣传周活动中，市地震局积极主动，出动宣传板、散发地震知识宣传单，在市政府广场进行了大规模的地震知识宣传。4月29日，市地震局为庆祝《中华人民共和国防震减灾法》在5月1日重新修订实施，在市政府广场举办了大规模的防震减灾知识宣传活动。5月8日，与市红十字会及相关单位联合，在新区龙港公园，出动宣传板20块，宣传了防震减灾知识。市地震局局长徐宾5月12日在葫芦岛日报发表了“牢记汶川地震历史教训，做好我市防震减灾工作”的文章。5月12日，市地震局应锦西工业学校的邀请，结合四川地震，为全校师生宣讲了防震减灾的相关知识。5月12日，全国“防灾减灾日”。市民政局牵头，在老区体育运动休闲广场出动展板20块，进行了防震减灾知识宣传活动。10月19日，市地震局在市政府广场展出 20 块展板，参加了市应急办举办的庆祝《应急法》颁布实施的庆祝活动。

【做好地震综合防御工作】 1、努力做好地震安全性评价工作。大青山水库工程、中央商务区体育场馆工程项目是本市经济社会发展中的重中之重。市地震局接到这些工程项目地震安全性评价的任务后，局党组非常重视。按照市委、市政府的要求，地震局主要领导负责，立即与辽宁省地震局联系，事先预留了地震安全性评价队伍。场址确定后，马上进入场地，开展了建设场地的地震安全性评价工作。场地地勘资料到位后，立即形成报告，并送辽宁省地震烈度评定委员会审批，工程项目地震安全性评价批文如期提交给项目指挥部。按时完成了市委、市政府交办的任务，为本市重点工程建设项目的实施做出应有的贡献。同时，对大的工程项目进行跟踪管理。目前绥中煤码头、绥中猴山水库工程项目的安全性评价工作也在进行中。

2、认真开展农村公共设施抗震性能普查工作。按照省局统一的安排部署，市地震局全面开展公共设施抗震性能普查工作。市地震局认真研究，精心策划，在全市地震系统防震减灾工作会议上做了详细的安排部署。随后，各县（市）区相继召开了地震工作会议，对普查工作进行了布置，并对普查人员进行了培训。按照省局要求及时将市地震局普查结果提前报给省局。主要建构筑物：178 216 栋，学校建筑物：863 所、医院 104 所；办公建筑：126 栋；全市乡镇级道路 128 条、水库 49 座。进一步完善了震害防御数据库，提高了震后救援指挥系统的科学性和可操作性。

3、开展本市县区级地震应急预案的修改工作。

按照省局统一的安排部署，市地震局对各县区的地震应急预案进行了统一的修改。在省局规定时间内及时报送到省地震局。

【筹建葫芦岛市地震台工作取得重大进展】 除做好日常工作外，地震局党组把筹建葫芦岛市地震台工作作为全年工作的重点。局长徐宾同志先后几次向主管副市长、市长和辽宁省地震局局长汇报情况，并先后四次赴辽宁省地震局和中国地震局沟通情况，争取辽宁省地震局和中国地震局的支持。经过半年多的努力，市地震台的筹建工作已取得突破性进展。市长孙兆林同志已对市地震局上报市政府的《关于成立葫芦岛市地震台的请示》报告做出批示，同意成立葫芦岛市地震台并责成市财政局和市人事局就所需经费和人员编制拿出具体实施方案。辽宁省地震局专门召开党组会议对葫芦岛市成立地震台进行研究，决定对葫芦岛市成立地震台解决基建经费 240 万，人员编制 4 名，所需全部仪器设备纳入辽宁省“十二五”防震减灾规划重点项目予以解决，并将省地震局研究意见发函给葫芦岛市政府。目前市地震局正全力以赴协调有关部门落实市地震台筹建的有关工作。

（刘敬军）

信息化建设

【概况】 2009 年，全市政府信息化建设取得了新的进展。“中国·葫芦岛”政府门户网站，作为本市电子政务建设的重要组成部分，对促进政务公开、改进行政管理、提高行政效能、建设服务型政府起到了重要作用。

【政府网站建设】 2009 年，政府网站先后对其首页及其子频道改版。此次改版按照市委、市政府领导的要求，同时参照由中国软件评测中心提供的“20 08 年地市级政府网站评估指标体系”，将“中国·葫芦岛”政府门户网站作为建设透明政府和服务型政府的一个重要切入点，深化政府信息公开，推进网上办事。新版采用 DIV+CSS 的框架模式，增设了“走进葫芦岛、法规公文、服务绿色通道、百件实事网上办、办事流程、办事导航、征集调查”等全新的栏目。

截至 12 月底网站总访问量 3 086 560 人次、当天在线人数最高达 4 万余人次，从 2009 年 1～12 月，上传信息 13 779 条，上传图片共 1 000 多幅。市长信箱平均日受理信件 3～5 件，备受网民关注，办复率达到 90%以上。同时围绕市委、市政府的重大工作部署、群众关注的重大问题和国内外重大热点问题，及时开设深入学习实践科学发展观、龙湾海滨核心区（CBD）、高考、两会等相关专题，较好地展现了市委、市政府落实科学发展观，以人为本、关注民生。实时制作森林防火、政务访谈、五一劳动节、红十字协会、甲型 H1N1 流感的防控与治疗、建国六十周年、建市二十周年等宣传横幅。为了保证政府文件栏目及时准确的更新，在和政府办相关部门协调下实现“政府文件”栏目实现了全部自主维护，并增加了政府文件检索功能。完成北港工业园区、市政协、市消防局、实验二小、人民银行等子网站建设并上线运行，改版了计生委、仲裁委等部门子网站，修改完善了在线访谈、监督投诉等网站子栏目，并做好相关部门系统管理员后台维护培训工作。

2009 年和政务公开办联合推出了“政务访谈”、“政务讲堂”两大栏目。抓老百姓关注的民生话题、社会热点、焦点问题，邀请有关部门领导参加，解答提问。从 3 月份起，发改委、劳动局、教育局、住房公积金、工商局、粮食局等部门先后做客“在线访谈”栏目，各部门积极配合，秉着“凡是有关社会民生的问题就不是小问题”的理念认真做好相关访谈准备工作。就广大群众关心并和其切身利益息息相关的民生问题，如：教育收费、医疗保险、住房公积金等方面内容进行详细耐心解答，纠正其他报道中的片面提法，澄清受众的疑问。

葫芦岛论坛注册会员已达 66 222 人。葫芦岛论坛程序由 CGI 升级为 PHP，并增加了政务公开、建市二十周年、政协论坛等版块，网民在“葫芦岛论坛”上发帖更加踊跃，与前两年相比发帖量明显呈上升趋势。反映了“葫芦岛论坛”越来越受到广大市民的关注和支持。

部门网站作为门户网站的重要组成部分，其建设好坏对党政信息化牵动很大。目前子网站建设管理日趋完善。作为政府网站，定期对子网站开展网上检查工作，发现问题及时与各子网站联系，进一步完善子网站建设。同时，定期对子网站实时监察，每季度定期发布子网站点击率排名，促进网站发展。从而促进政府网站的全面建设，督促政务公开工作全面发展。

2009年是本市社会信用体系建设向纵深推进的一年，是向本市信用数据交换中心实现“一个平台、三个数据库、一个网站” 的目标迈进的一年。

年初，在认真研究了信用平台关于信用信息数据的结构特点和数据要求后，结合各信源单位业务特点，在省信处的指导下制定了报送数据的项目组成、数据结构、规范，明确了报送方式；另外还就其中出现的问题积极协调有关部门即时解决，为下一步更好地归集、报送工作奠定基础。积极报送信用信息数据，根据商定的数据报送项目和报送要求，定期向信用平台报送信用信息数据，截至目前，共向信用平台报送了民政和食品药品监管系统基础信用信息数据700余条。

为了更好有效的报送信用数据提高数据上报质量，根据省信用处提供的信用数据样例模板针对本市源单位的特点制定了工商、税务、国土资源等18家信源单位的数据模板，这些数据模板为信用数据格式的一致性提供了有力保障，节省了数据征集时间提高了征集效率。

“三库一网一平台”是本市信用数据交换中心主要组成部分，其中“信用葫芦岛”网站更是以后平台运行的主要窗口。10月着手组织建设的“信用葫芦岛”网站主要设有信用动态、信用法规、信用查询、信用知识、信用推介以及信用共建联盟等栏目。其中信用推介和信用共建联盟为信用数据以后的实际运行提供了平台，得到了领导的认可和好评。现在网站正处于最后的调试阶段预计明年初即可上网正式运行。

【网络结构完整 网络运行平稳 网络服务拓宽】 在党政网框架基本完善的基础上，面对近2 000台链接到党政网平台上的终端，针对由于设备的日益老化以及一些突发事故造成的对网络平稳运行构成的威胁，工作人员克服了工作量大、人员少的困难，及时了解情况并及时处理，对损坏的设备进行及时更换，用最短的时间恢复了网络的畅通，日处理大小事故在2～3件以上，细致周到的工作得到相关部门的认可。

中心机房服务器组管理工作继续加强，保证网站的平稳运行也是工作中的重点。年初，中心机房进行了迁移，利用节假日搬动、安装、调试网络线路和设备，最大限度地保证了网络用户的正常使用和网站的正常运行。同时，由于网络应用服务的增加，建立虚拟主机、开设FTP用户等，定期对服务器进行安全检查，防范层出不穷的网络病毒的入侵，使服务器免受病毒、黑客及其他突发事件的侵害，确保了“中国·葫芦岛”门户网站的平稳运行。

积极做好与在葫高校的交流。6月份应辽宁工程技术大学的邀请，到学校与网络工程学院及软件工程学院的学生进行了交流。并积极做好工作，配合该学院学生到我中心机房的参观学习。其中为600余名学生的讲解，受到师生的一致好评。

由纪检委立项的市行政审批电子监控工程已获批。信息中心作为其业务服务单位，负责为本市行政审批电子监察系统建设提供技术支持，并负责其运行、维护。目前中心已积极做好了准备工作，随时接受新机房组的入驻。这项工作业务的增加，势必使中心工作如虎添翼，使政府网站功能更加完备。

【经济预测分析及时、准确 质量有新提高】 从2008年，全球都出现了不同规模的经济衰退，给经济预测工作带来了前所未有的困难，但认真组织分析、吸取兄弟市和外省的经验，抓住本市经济运行的特点，会同委综合科，整理出《葫芦岛市2009年第一（二、三、四）季度经济运行情况分析》送交市领导审阅，并受到了认可。在此期间，还撰写了《葫芦岛市县（区）域经济发展综述》，对各县区的发展现状，做客观现实的分析；针对2009年下半年经济的复苏，又先后撰写完成了《全省各地级城市经济社会发展综述》、《环渤海地级市经济发展对比》等多篇调研报告，为领导提供有价值的决策依据。

《经济与信息》杂志创刊近十二年来，不断发展壮大。全年共发行4期计3 500多册，从栏目设置、人物采编，到出版行发都比往年有较大进步，社会反响进一步提高。

《葫芦岛经济展望》（黄皮书）自出版、发行以来，每年都受到领导的高度肯定。

5月份，配合市新闻出版局在本单位召开了葫芦岛市杂志年审工作会议。6月初，参加了省发改委主办的中德应对金融危机的盛京论坛。这些都将对今后的工作提供无形的支持与帮助。在2009年省中心召开的预测总结会议上，中心再次被评为预测工作“先进单位”，王洪军同志被评为“先进个人”。这些奖励也是对开展经济研究、预测分析工作的充分肯定。

【协会工作为营造信息化发展环境提供了支持】 信息协会努力扩展业务范围，想实事、办实事，集各方力量，争取做好为会员单位的服务工作。

市信息协会秉承了以前的作法坚持每年“三个一”活动：组织一次大型研讨、开展一次外出学习、进行一次交流联谊。与此同时，积极努力，在有关部门支持下，编辑、出版《葫芦岛市乡镇发展报告（2009年卷）》一书。并针对会员单位的需求，邀请外埠网络专家，为会员做免费技术培训。

【数字认证工作平稳推进】 本市数字证书认证工作自 2 007 年开展以来，已逐步进入正轨。全市涉地税企业近 2 600 余家已经都办理了数字证书业务，开始在地税网上报税平台应用。该系统的稳定运行，也促使了该工作的大力推广，为建立网络信用体系打了良好基础。

（张金发）

教　　育

综　　述

2009年，本市坚持以科学发展观为指导，全面贯彻落实国家教育方针，提高教育教学质量，加快布局结构调整步伐，积极促进教师整体素质提升，较好地完成了年初制定的各项工作计划，推动了全市各级各类教育均衡、持续、健康发展。

【完善扶贫助学体系】 2009年，本市农村义务教育阶段学生继续享受“两免一补”政策，惠及农村中小学生达237 022人，其中，落实免杂费资金2 065万元，免教科书补助资金2 206万元。继续执行《葫芦岛市农村义务教育阶段家庭经济困难寄宿生补助资金管理暂行办法》，保证对农村困难家庭学生“一补”工作进入规范化轨道。按照国家统一部署，再次提高农村中小学生公用经费标准，将农村小学全口径公用经费标准从最低300元/生/年提高到350元/生/年，初中从最低370元/生/年提高到550元/生/年，共落实各级补助资金5 686万元。落实免杂费资金470万元，免除了全市城市义务教育阶段49 000名学生的学杂费。

【提高学校安全工作水平】 2009年，市政府成立了全市中小学校舍安全工程领导小组，分别召开领导小组成员工作会议和领导小组办公室工作会议，落实了校舍安全各项工作措施，提升了学校安全管理工作水平。组织召开了全市第一届学校应急知识安全工作培训会。建立健全安全工作责任制，与各县（市）区教育主管部门签订学校安全责任状，强化责任意识，提高师生应对突发事件能力。认真开展学校安全专项整治活动。制定并下发了实施方案，召集专门人员，协调相关部门，组成检查组，对全市各县（市）区进行安全检查，内容包括饮食卫生、校舍安全、校车管理等多个涉及危害师生安全方面。认真做好甲型H1N1流感预防工作。按照教育部、省教育厅有关文件精神，市教育局多次召开会议，研究、部署预防工作，建立甲型H1N1流感防控机制，组织专业医务人员对全市学生进行体检，启动甲型H1N1流感零报告制度，要求各级各类学校一日一报，不得瞒报、漏报。全市各级各类学校安全稳定，教育教学秩序正常。

基础教育

【改善农村义务教育阶段学校条件】 2009年，全市改造危房学校29所，改造危房面积18 080平方米，总投资达1 087万元。九年一贯制（寄宿）学校建设工作进展顺利，全年全市建设九年一贯制学校19所（省补助项目学校9所，市自筹资金项目校10所）。其中，建昌县8所，绥中县4所，连山区4所，兴城市3所。19所学校总建设面积94 600平方米，总投资112 500万元（省补助2 100万元，市补助800万元，其余资金县区自筹）。19所项目学校已有13所已经竣工并交付使用，余下6所正在规划设计施工当中。同时，加大九年一贯制学校附属配套设施工程力度，全年对10所学校食堂、宿舍进行投资建设，总建设面积22 500平方米，总投资2 500万元。

【加强农村乡镇中心幼儿园建设】 2009年，市教育局完成了对2008年本市各县（市）区乡镇中心幼儿园建设的验收任务；召开了各县（市）区教育主管局长及科（股）长工作会议，规范各级各类幼儿园办园行为；组织参加了省级示范性幼儿园园长培训会议；完成了省级示范性幼儿园的复查和迎检工作。

【稳步推进素质教育工作】 2009年，本市主要在以下几个方面推进了素质教育。1.注重学生心理健康教育和思想品德教育。全市召开了“中小学心理健康教育教学研讨会”，成立了心理健康教育专业委员会，积极发展会员，极大地促进了全市中小学心理健康教育进程。2.认真贯彻落实《辽宁省中小学（幼儿园）思想道德建设实施方案》，按各年级段学生不同生理和心理个性特征，分层次研究探索学生“适应—人格—责任”养成教育，通过对学生进行反复“认识—体验—行为”训练过程，培养学生良好行为习惯的自觉性、主动性，形成高尚品德。以庆祝建国60周年、建市20周年为契机，组织筹备征文、演讲、图片展等活动，对学生进行爱国主义教育以及为振兴葫芦岛而努力学习的思想品质。3.认真贯彻落实国家、省《课程改革方案》，结合本市实际情况，制定了《葫芦岛市课程改革实施方案》

和《实施指导意见》。强化落实，狠抓管理。加强教师校本教研，采取过程评价与终结评价、定性评价与定量评价相结合方式，建立多元评价机制，以评促改革，以评促发展，切实提高学生学习效率，不断提高教育教学质量，积极推进全市课程改革良性发展。

【普通高中教育成果显著】 2009 年，全市面对全省平安高考的要求及“高考移民”上访的严峻形势，排除干扰、严密组织，确保了“安全、规范、有序、圆满”目标的实现，高考的组织工作、考风考纪和高考成绩均创历史最高水平，较好地完成了高考的各项任务，得到了省政府高考督察组、省招考办和包括广大考生及家长在内的社会各界的一致好评。全市考生 600 分以上总数 229 人，比 2008 年增加 94 人。达到一批本科录取分数线为 1 538 人，比 2008 年增长 0.46%；二批本科以上进线人数为 5 223 人，比 2008 年增长 2.02%；三批本科以上进线人数为 9 294 人，比 2008 年增长 6.34%；专科以上进线人数为 12 475 人，比 2008 年增长 3.42%。全市考取清华大学、北京大学共 7 人。

【积极促进语言文字工作健康发展】 2009 年，本市语言文字规范化示范校的创评工作取得新突破。全市语言文字规范化市级示范校已达 21 所，2008 年全市已有 5 所省级示范校，2009 年有 1 所学校晋升到国家级示范校行列。全国中华诵·2009 经典诵读大赛，全市 4 名选手入选辽宁省选拔赛，有 1 名选手入围全国大赛。

职业教育

2009 年，本市以品牌专业开拓就业市场，大力发展中等职业教育。1. 加强实训基地规划指导工作。完成了市一职专、建昌职教中心、兴城职教中心申报省实训基地建设专项项目。2. 强化示范专业建设。以市场为导向，积极调查研究，科学设置符合市场需求专业，完成专业备案工作，部署市级示范专业评估工作，打造品牌专业。3. 加大招生指导工作力度。组织召开了全市中等职业学校招生工作会议，制订计划，部署方案，加大高中阶段教育招生调控力度，采取多种形式的奖励政策，吸引更多学生到职业学校就读，均衡普通高中与职业学校发展比例。4. 注重培养职业学校学生实际操作能力。组织参加国家级、省级各种技能大赛，以赛代练，切实提高学生技能。全市 18 人分别获得省级技能大赛一、二、三等奖；连山职教中心汽车运用与维修专业代表辽宁省参加了国家技能大赛，并获得银奖，填补了本省县级职教中心在国家级大赛中没有获奖的空白。5. 加强职业学校骨干教师管理、培养工作。上半年，市教育局选送了 29 名教师参加了国家级职业教育培训，完成了市级专业带头人和骨干教师的考核工作。其中，专业带头人 11 名；骨干教师 56 名，充分调动了骨干教师积极性，真正地发挥了其示范带头作用。

高等教育

2009 年，本市努力提高办学质量，大力扶持高等教育发展。市教育局积极创造条件，加大对渤海船院的扶持力度，加强学院教学、管理和招生、就业工作的指导。学院克服全球经济危机影响，进一步加强毕业生就业指导工作，全年招生 2 180 人。本年度学生就业率已突破 70%。民办辽宁财贸学院正式成立。6 月，市委、市政府为辽宁财贸学院举办隆重的揭牌庆典活动，较大地提高了该校的社会影响力，提升了知名度，为 2009 年度招生工作打下坚实基础。

教师队伍建设

2009 年，本市积极加强骨干教师培养，继续提升教师队伍整体素质。1. 根据《葫芦岛市“十一五”期间学科教师专业素养提升工程实施方案》的要求，上半年，市教育局成功组织了全市中小学教师学科专业素养二级考核测试工作，参加测试考核教师达 15 968 人，全市小学教师考核合格率为 93.4%；初中教师考核合格率为 96%。学科专业素养培训讲义已经编写完成，共 36 册，220 余万字，由辽宁教育电子音像出版社公开出版发行，大大提高了全市中小学教师专业素养水平。2. 创新骨干教师考核模式。组织专人分赴各县（市）区进行市级骨干教师年度考核，改变了以往工作模式，方便了县（市）区教育主管部门和学校，极大地提高了工作效率。4 月 3 日～10 日，市教育局对全市 2008 年认定的市级骨干教师全部进行了年度考核，并评定出 1 802 名教师作为 2009 年度市级骨干教师，并且对全市骨干教师进行了“三级标准”离岗培训。组织参加了国家级中小学“现代教育技术能力”中级骨干教师培训工作。3. 学历提升工作继续开展。渤海大学教育硕士在读 29 人，东北师大现代远程学历教育本科在读 508 人。

（李宏宪　刘文莹）

文　化

文化事业

【概况】 2009年，全市文化广播影视工作按照“高举旗帜、围绕大局、服务人民、改革创新”的总体要求，以庆祝新中国成立60周年、建市20周年为契机，唱响主旋律，打好主动仗，抓活动、创品牌、做亮点、促和谐，取得了可喜的成绩。

【城乡文化综述】 2009年，本市文化惠民工程全面实施。乡镇综合文化站建设阶段性任务完成。争取国家和省建设资金432万元，完成了18个文化站建设项目，同时完成了12个文化站项目前期规划工作。

农家书屋建设稳步推进。争取各级政府投入资金817万元，建成高质量农家书屋161个，启动第二期363个农家书屋的选址等前期工作。161个农家书屋全面通过省政府验收并获好评，在全省14个市排名第二。

文化信息资源共享工程进展顺利。2月，本市启动了全市文化信息资源共享二期工程，确定了全市6个县(市)区、93个乡镇、1 066个行政村的文化信息资源共享二期工程建设点，全年共装机3 095户，超额完成省下达的工作目标。

农村电影“2131”工程进程加快。2009年，各县（市）区加大电影放映力度，采取一系列行之有效的措施，推动了“2131”工程的实施。全市共放映电影13 000场。

文化创先活动成果显著。绥中县绥中镇被评为全国文化先进乡镇。绥中县李家堡乡等6个单位被评为省级先进文化乡镇（村）、街道（社区）。连山区寺儿堡镇等9个单位被评为市级先进文化乡镇（村）、街道（社区）。

文化艺术活动亮点纷呈。首届农民文化艺术周开幕。以新农村建设为主题，组织了“希望的田野”首届农民文化艺术周。组成庞大演出团队，举行文艺会演，集中展示了太平鼓、霸王鞭等民间传统文艺精品，演出七场近100个节目。期间还举办了“图书馆服务宣传周”、“田野印象”农民书画剪纸展、“书墨飘香惠三农”特价图书展销等活动。

文化广场活动深入人心。组织了“振兴之歌”大型群众歌咏活动、中韩文化交流、市直机关专场演出、文化中心周末演出、“祝福祖国”大型歌咏晚会、第三届数字电影节等文化活动。历时4个月的文化广场活动，有数十个单位参演，以各具特色的演出将文化广场活动推向高潮。

文化新品牌备受青睐。以“求知·鉴赏·交流·分享”为主题，全新打造另一文化品牌--市民文化大讲堂。特邀全国著名专家、学者进行专题讲座。2009年共举办5期讲座。

高雅艺术不断引进滨城。特邀国家京剧院、辽宁交响乐团和辽宁芭蕾舞团来葫专场演出，分别举办了首届新年音乐会、国家京剧院三团《穆桂英大战洪州》、辽宁芭蕾舞团《天鹅湖》3场专场演出。

文化下乡活动深受欢迎。以“送戏下乡面对面、辅导下乡手拉手”为主题，结合全市“千名专家下乡进村入户保增长促提高”活动，组成文化专家服务团送文化下乡107场(次)，送图书万余册，受到了农民朋友的热烈欢迎。

文化艺术成果丰硕。组织老干部合唱团参加文化部举办的“永远的辉煌”第十一届中国老年合唱节，荣获三等奖。组织市艺术团参加首届东北三省民歌展演活动，荣获二、三等奖各1个。组织优秀节目及书画剪纸作品参加省农艺节，获一等奖2个，二等奖7个，三等奖10个

对外文化交流不断活跃。邀请韩国、俄罗斯等文化团体来葫进行文化交流9次。东方女子古筝新筝乐团多次赴爱尔兰、韩国等国家和地区交流演出，深受国外观众的赞誉。

图书馆延伸服务和评估定级再上新台阶。提升本市图书馆档次，开展图书馆上报定级工作，经过专家评估，连山区图书馆被命名为国家二级图书馆，兴城市、绥中县图书馆被命名为国家三级图书馆，建昌县图书馆被文化部评定为全国县级以上“二级图书馆”。

“非物质文化遗产”保护工作取得新进展。2009年“三节板”进入市级“非遗”名录，本市已有5个项目成为省级保护项目，9个项目成为市级保护项目，有2个项目申报国家级项目。

【文化市场工作】 2009年，本市“扫黄打非”工作成绩斐然。开展了“扫黄打非”、“春季攻势”、出版物市场整治及非法出版物封堵查缴专项整

治等多次行动，严厉打击违法违规经营行为。全年共出动执法人员6 826人次，检查音像、书刊场所522户。收缴各类非法出版物10万余件，创历年新高。图书、音像正版率达到95%。网吧管理取得新成绩。与市纪委监察局联手开展了网吧专项整治行动。对全市6个县（市）区500余个网吧进行了突击检查，有效地遏制了网吧违规经营行为，使网吧场所违规经营率由11.5%下降到2%。制定了本市网吧连锁实施方案，签订了连锁加盟协议。有514个网吧加入连锁经营，比例达99%。

【新闻出版工作】 2009年，本市多次并有效地开展了印刷业和报刊整治行动。开展了对全社会版权法规、《著作权法》宣传活动。在辽工大成立了辽西第1个版权工作站。完成了记者证换发工作。加大了报刊出版、印刷业市场侵权盗版行为等专项整治力度，对各类新闻出版违法活动的查处收到较大成效，全市出版、印刷市场秩序得到有效规范。

【文博工作】 2009年，本市文物保护力度进一步加强。完成国保单位兴城古城（南城墙、文庙、祖氏牌坊）抢险维修，省保单位缸窑岭明性寺、朱梅墓园、市保单位建昌天主教堂维修工作及塔山阻击战纪念馆扩建工程整改工作。全年共争取文物保护经费666万元，完成了白塔峪塔等23处第7批国家文物保护单位申报工作，编制完成国家重点文物保护单位姜女石遗址、九门口长城、锥子山长城、中前所城保护规划。

文物普查工作成效显著。第3次全国文物普查工作涉及本市乡镇、街道128个，区域面积10 375平方千米。经调查，发现存在不可移动文物1 441处，水下文物线索18处。发现早期燕长城7.3千米，调查明长城191千米，为锥子山长城争取规划维修资金150万元。其中，暖池塘镇香炉山“岩画”被省文物局列为全省文物普查重大发现，建昌山嘴子洞穴遗址的重要发现被定为文物普查重大发现之一。辽塔维修工程进展顺利。完成了6处7座辽塔工程维修方案的论证及5座辽塔脚手架搭建、安昌岘舍利塔已进入施工阶段。

馆藏文物不断充实丰富。经过努力，从国家博物馆将绥中三道岗海域出水的269件元代瓷器成功入藏本市博物馆，填补了本市水下文物馆藏空白。

【文化产业】 2009年，本市以葫芦山庄为代表的民营文化企业发展良好，葫芦山庄已获国家AAAA级旅游景区，成功承办了葫芦岛市第三届民俗艺术节，举办了第三届中国·葫芦岛国际葫芦文化节。葫芦岛市被命名为“中国葫芦文化之乡”。组织参加了第三届中国东北文化产业博览交易会，荣获本届东博会“优秀组织奖、优秀展位设计奖、突出个人贡献奖和优秀展品奖”四个奖项。本市文化产业产值实现23亿元，较上年增长35%。

【体制改革】 2009年，本市新华书店、电影院率先转企改制；市艺术团按照政府扶持、转换机制、面向市场、增强活力的指导意见进行改革，制定了业务考核制度、考勤制度、演出补贴制度、对外业务管理办法、排练演出规定等行之有效的规章制度，确保了艺术院团的严格管理和队伍素质提升。其他为群众提供公共文化服务的事业单位，以增加投入、转换机制、增强活力、改善服务为重点，深化内部改革，调动积极性，不断提高公共服务水平。

（田　青）

【深入开展新闻宣传】 2009年，本市组织开展了深入学习实践科学发展观活动新闻宣传活动；加速推进“三点一线”沿海经济带开发开放新闻宣传活动；庆祝建市20周年、建国60周年新闻宣传活动。葫芦岛人民广播电台开办了《深入学习实践科学发展观》、《积极应对金融危机，促进经济平稳较快发展》、《攻坚克难保增长》专栏；葫芦岛电视台开办了《科学发展、全面振兴》专栏。大力宣传了本市保增长、扩内需、调结构、惠民生，保持经济持续较快发展的重大决策部署和取得的成效，大力宣传全市集中开展深入学习科学发展观活动的目标要求、方法步骤、有效措施和主要成果。两台分别播出100多期。

【对外宣传工作稳步推进】 2009年，本市加大了外宣工作力度，外宣成果突出。其中葫芦岛人民广播电台在中央级新闻媒体发稿12篇，省级发稿230篇；葫芦岛电视台在省台发稿220条。上稿率比上年大幅上升。其中《渤船20万吨大船下水》等新闻在省内影响较大。葫芦岛电视台还投资50万元对通联网络进行改造，实现通过光纤、采用数字信号，在网络上直传新闻。

【提高节目质量】 2009年，本市利用葫芦岛人民广播电视业务研究和节目评奖工作，对采编播工作人员进行在岗培训，提高新闻队伍的整体素质，促进节目质量提升。广播电台的《新闻30分》、《政风行风热线》、《民生直通车》和电视台的《零距离》、《百姓》等民生栏目的节目质量不断提高，越来越收到受众欢迎。本市先后组织参加省以上广播电视协会组织的节目评奖12次，参评作品40多篇，其中获一等奖4篇，二等奖6篇，三等奖30篇。10月份，由中国伦理学会、中国民间文艺家学会、浙江省宁波市江北区人民政府联合国内百余家媒体、网站联合举办的寻找当代中华最感人的十大慈孝故事（人物）公益活动中，由市电台推荐的傻子粮油超市经理曹伟的事迹成功入围20强，并获得组委会颁发的奖杯、奖章和奖金。该奖项辽宁省仅此1人。

县（市）区广播电视节目质量也有较大的提高，9月，在中国广播电视协会组织的“辉煌六十年”全国县级百优广播电视局（台）评选活动中，兴城市广播电视局被评为全国百优广播电视局。

【做好电影接收工作】 2009年，本市根据国家和省局的要求，电影工作纳入广播电视局管理。省市电影划转工作会议以后，首先摸清了全市底细，了解和掌握基本情况；召开了农村电影放映工作会议，进行了一期数字电影放映员的培训，为下一步工作的开展打好了基础。

【数字电视整体平移速度加快】 2009年，本市完成对城区内15万户有线电视用户的数字电视平移转换的工作目标。同时确定了“严格按照平移计划科学合理地开展整体转换工作，全面推进本市有线电视数字化整体平移转换工作进程，尽快满足广大人民群众的精神文化生活需求”的总体思路。市网络公司针对数字电视整体平移转换现阶段实际情况，着力在加强宣传力度、丰富节目内容、确保安装质量和提高服务水平等方面加大工作力度，定期召开数字电视工作协调会，对工作中已经出现和可能出现的问题进行梳理分析，对群众反映强烈的问题进行集中解决，第一时间作出准确决策，明确工作方向。公司从工作细节入手，充分发挥广大干部职工主观能动作用，机顶盒卸车、每家每户发放整转通知、机顶盒发放和入户安装调试工作等均由公司员工自行完成，保证了工作质量。在提升节目质量的同时，不断增加节目套数，扩大用户选择空间，购买35套中数付费节目和21套辽数付费节目供数字电视用户免费观看。

【“村村通”建设成果进一步巩固】 2009年，本市完成有线电视“村村通”近3 000户，铺设光缆（皮长）近100千米。特别是在地处偏僻、有线电视始终未形成规模的木匠沟村大棚区，建立光站传输有线电视信号，既增加了有线电视“村村通”用户数量，又为当地政府解决了该地区住户的收视问题，受到当地政府及广大种植户的一致好评。同时，从2月20日起到3月中旬，市广电局组成检查验收组，对全市“村村通”工程建设情况进行验收。从检查结果看，兴城市采取“城乡联网，光纤到乡镇村屯”的方式，已实现全市23个乡镇、239个行政村、1 106个自然屯的光纤联网，实现了光纤到乡镇、村屯的总目标。绥中县采取有线电视光缆延伸入户和利用网通的光缆传输有线电视信号及村民自购卫星地面接收装置进行个体接收等方式，消除广播电视死角，实现“村村通”。建昌县主要采取利用网通的电话光缆主干线，建立乡镇有线电视末端网的形式，把有线电视信号传输到各个乡镇、村屯。市网络公司全力实施南票区、连山区“盲村”的“村村通”建设工程，建立了市、乡、村三级管理模式，实现了各乡镇与市网光缆联网，统一信号源，完全实现了光缆到自然屯。

【农村文化信息资源共享工程】 2009年，本市召开文化信息资源共享工程专项会议部署具体工作，第一期工程的工作任务是2 000户。为了完成这一工作目标，并在各县（市）区部分乡镇的行政村具体实施，对每个用户认真进行机顶盒领取登记，并签订使用协议。年内，共装机3 095户，超额完成省下达的工作目标，为下一步文化信息共享工程大规模推进夯实基础。

【完成了同步广播一期工程】 2009年，本市实施了同步广播一期工程，投资58万元在首山和高岭建两个调频发射台，有效地提高了全市的无线覆盖。葫芦岛人民广播电台、葫芦岛电视台入住广播电视大厦后，对所有播录、制作、播出设备进行全部更新，并达到全省先进水平。针对新设备、新技术，加强管理，加强技术培训，确保节目质量有一个新的提高。

【加强广告播出管理】 2009年，市广播电视局联合市工商局、市卫生局、市药监局等部门共同建立了广告播出管理联席会议制度，定期交流监管情况，分析播出形势，多家合力，齐抓共管，建立长效机制，清理整治虚假广告。同时督促各级播出机构依据广告播出情况，重新制定广告节目播出监审制度。

【整治境内外卫星地面接收设施】 2009年，本市深入贯彻《卫星电视广播地面接收设施管理规定》（国务院第129号令）和辽工商发[2009]53号文件精神，采取多种宣传手段营造浓厚的舆论氛围，利用报纸、广播、电视等媒体，发消息、发通告。市广电局还装配一台宣传车，在市内和各县区进行了为期2个多月的巡回宣传，并印制了近300份《通告》广泛张贴。会同公安、安全、工商、综治等相关部门在全市开展了多次大规模的集中整治行动。全市共查处27个销售点，没收90多个接收设备。市本级共查处13个销售点，没收30多个接收设施，出动30余人，拆除141个非法安装的接收设施。连山区在清理整顿行动中，出动车辆6辆，人数20余人，共查处8个销售点，没收25套接收设施。兴城市共查处了3个销售点，没收10余个接收设施。建昌县查处2个销售点，没收30余个是接收设施。绥中县查处1个销售点，没收2个接收设施。

（李泰营）

日　报

【概况】 2009年，葫芦岛日报社积极创新新闻宣传的观念、内容、形式、方法和手段，努力增强“经营报纸”的意识，进一步整合挖掘新闻资源，推进人事分配制度改革，不断加强基层党组织建设、队伍建设和精神文明建设，各项工作取得了积极成效。

【主题报道贯穿全年宣传工作】 2009 年，葫芦岛日报做到了五个结合，即：将宣传科学发展观同科学发展相结合，同保增长、保民生、保稳定相结合，同推进“三点一线”建设相结合，同庆祝建国 60 周年、建市 20 周年相结合，同宣传社会主义核心价值体系相结合，收到了很好的宣传效果。在二版开辟专栏《扎实开展学习实践活动　开创科学发展新局面》，对全市各机关、企事业单位开展深入学习实践科学发展观活动进行及时报道。“保增长”宣传充分具体，造势鼓劲、聚力引领。日报用多层面、多角度、大容量的新闻宣传，采用消息、通讯、新闻图片、新闻对话、典型报道、现场报道、新闻评论等多种形式，充分报道全市各行业、各部门直面挑战、破解难题、加快发展的做法和经验。先后开设了“全力保增长　确保开门红”、“全力保增长　实现开门红”、“滨城春来早　牛年开门红”、“提振信心保增长　科学发展促振兴”、“攻坚克难保增长”等专栏，发表了《帝华味精正式投产》等稿件百余篇。“双庆”宣传可圈可点。2009 年是建国 60 周年、建市 20 周年，从 3 月 17 日开始，在一版开设纪念建国 60 周年、建市 20 周年专栏“寻访大事亲历者”，旨在通过当年的亲历者，再现本市 20 年、60 年的沧桑巨变，重温共和国 60 年发生在葫芦岛这片土地上的大事、要事，先后发表了《这里的黎明来得早——杨连胜记忆中的锦西解放》、《贫下中农得解放——阎学余经历的土改岁月》等稿件 10 余篇。5 月 31 日，本报又在一版开设“向滨城人民汇报　纪念建国 60 周年建市 20 周年特别报道”专栏。此外，按照市委、市政府《关于开展“双庆”活动的安排意见》要求，本报还与市委宣传部、市总工会、葫芦岛市精神文明办共同开展“联通杯”《谁在领跑——走近滨城领军企事业（人物）》“双庆”征文活动，通过典型宣传和成就展示。

【阶段性报道成果显著】 2009 年，葫芦岛日报社新闻报道有突破和创新，充分彰显了作为主流媒体的权威性和影响力。1. 春节前夕，本报安排了《年关问民生》，文章从三个方面反映了市委市政府确保困难群众过好年的措施、做法。稿件 6 000 余字，在头版头条刊发，同时配发社论，而且当天的报纸是彩色印刷，隆重推出，引起巨大反响。2. 新闻对话栏目系列专题报道《听听村支书怎么说》关注当前热点问题，紧密联系实际。从 2 月 19 日开始，以记者与村支书对话的方式，紧密联系实际，从春耕备耕情况、如何让农民的钱袋子鼓起来、如何改善乡村民生等方面进行了深入的探讨与分析，连续发稿 8 篇，受到好评。3. 强力打造“房交会”宣传报道。葫芦岛 2009 年春季房地产展示交易会是市委市政府的一项重点工作，从 3 月 25 日，本报就全方位跟踪反映房交会的相关情况。房交会开幕当日的 4 月 24 日，本报出版了葫芦岛房交会特刊 68 版，刊发广告 46 版，当天日报广告收入 64 万。创建报 20 年以来单日收入之最。4.“走进一线七区”系列大型战役性专题报道，采访扎实深入，好评如潮。本报从 5 月 31 日开始在一版开设专栏“向滨城人民汇报　纪念建国 60 周年建市 20 周年特别报道　走进一线七区”，对本市的绥中滨海经济区、兴城临海产业园区、葫芦岛经济开发区、船舶产业园区、葫芦岛高新区的发展现状进行报道，发表了《“引擎”增动力　发展加速度——来自葫芦岛高新区的报道》、《移山填海筑巢急——来自兴城临海产业园区的报道》等稿件 8 篇。

【提高定向服务能力】 2009 年，葫芦岛日报社进一步扩大新闻宣传效果，日报整合版面资源、人力资源，5 至 8 版实现了由“大众”到“分众”的转变。2 月份，成立理论部和三个行业新闻部。同时，对版面进行调整：《地税新闻》、《金融天地》《国税新闻》、《联通世界》陆续创刊。这些专刊将新闻性与服务性有机结合，使日报在不扩版，不增加成本的基础上对目标人群实现了定向覆盖，满足了这些地区、行业读者的阅读需求，提高了党报的定向影响力与公信力。

【实施报纸经营战略】 2009 年，葫芦岛日报社组建强有力的发行班子和队伍，层层确定指标，分解到岗到人；建立起完备的流程、岗位责任、发行征订、奖励约束、发行队伍建设体系，固化了发行管理模式，使发行工作步入了科学调度、正规化运行的轨道；加强营销发行策划，与金融、通讯、学校等行业开展深度合作，不断拓宽发行领域。共发行日报 38 000 份，发行晚报 22 000 份。广告经营工作运行良好。随着报纸影响力的不断增强，在广告经营中“两报”广告霸主地位逐渐确立。受金融危机影响，房地产广告上半年下滑严重，随着楼市成交量的上升，下半年，房地产广告出现复苏回暖迹象。通过与正业集团、首创地产、天马地产的深度合作及带动作用，房地产广告投放在不断增多，广告经营收入超额完成全年目标。

（毕继民）

档案事业

【概况】 2009 年，葫芦岛市档案局以科学发展观为指导，按照省档案局工作部署，切实加强领导、科学规划、狠抓落实，圆满完成了全年各项工作任务。

【深入开展机关档案业务指导工作】 2009年，本市完成了《机关文件材料归档范围和文书档案保管期限表》审批工作。1月1日起，全市各机关、事业单位归档文件材料实施新标准。积极开展机关档案业务指导工作。以劳动保障、民政、教育、卫生、经济开发区等领域档案工作为重点，扎实推进机关档案业务指导工作全面开展。联合下发了《关于深入学习实践科学发展观活动文件材料收集归档工作的通知》，确保全市科学发展观学习实践活动档案归档齐全、有效利用。完成了全市污染源普查档案归档工作。深化机关档案管理工作水平。积极开展机关档案工作评定工作，以点带面，扎实推进机关档案管理工作水平。全年，有10个机关分别通过省特级和省一级、省二级验收。

【强化企业档案工作】 2009年，本市合理处置破产转制企业档案归属与流向。进一步建立健全破产转制企业档案处置工作长效监督机制，对锦化化工集团有限责任公司等24个国有破产转制企业档案依法实施有效监管。召开全市企业档案工作座谈会，进一步明确企业档案工作发展思路，积极引导扶持服务民营企业档案工作。完成了宏运集团、葫芦岛港集团有限责任公司等民营企业档案指导服务工作。开展企业档案规范化管理评估工作。完成了葫芦岛港集团有限公司申报企业档案规范化评定工作。

【建设项目档案指导工作】 2009年，本市积极开展新增投资项目、省市重点项目、"三点一线"及"一线七区"建设项目档案指导工作。下发了《关于加强新增中央投资项目、市重点建设项目档案管理的通知》等文件，指导项目档案工作。加强项目档案监管工作。对全市205项新增投资项目、省市重点项目全部进行了登记。积极为项目建设单位培训档案专业人才。举办业务培训班2期，义务为基层单位培训档案专业干部160人。强化重点建设项目全程跟踪服务。对全市120个中央投资项目、28个省重点建设项目、7个开发区建设档案提前介入服务指导，其中国华绥中发电厂等单位的28项重点建设工程建立了完整的档案体系。

【加强农村档案工作】 2009年，本市围绕新农合、农村低保、土地承包等积极开展村级建档和新农村建设服务工作。在全市217个新农村建设试点村推行村级标准化档案室建设和市级档案管理先进单位评定工作。积极开展新农村建设档案工作示范县、示范乡、示范村创建活动。多次深入建昌县及其所属的牤牛营子乡、雷家店乡政府，东马场村、彭杖子村就新农村建设档案工作开展专题调研，指导全市新农村建设档案工作。强化农村档案监管工作，完成了全市85个乡镇、779个行政村，累计107 662卷农村档案普查登记工作。

【县级档案馆建设规划申报工作】 2009年，本市共上报列入改造规划的县级档案馆房5个，总建筑面积16 100平方米，总投入资金4 411万元，其中中央投资1 661.8万元。

【加强档案法制工作】 2009年，本市不断完善档案行政法规体系建设。起草并以葫芦岛市第121号政府令正式文件颁发了《葫芦岛市档案登记管理实施办法》，对于有效掌控、整合档案信息资源具有深远的现实和历史意义。认真贯彻落实省委省政府关于加强档案工作的意见，起草并以市委市政府文件下发了《关于进一步加强档案工作的意见》，推动全市档案工作全面协调发展。加强教育、卫生等民生档案执法检查工作。采取试点先行全面推进的办法，重点对市第一高中、中心医院等20多个单位的档案工作进行了联合执法检查，有力推动《辽宁省学籍档案管理暂行办法》、《卫生档案管理暂行规定》贯彻实施，全市教育、卫生档案管理水平明显提高。

【推进政府信息查询服务工作】 2009年，本市深入贯彻落实全省政府信息查阅工作会议精神和《葫芦岛市政府信息查询服务暂行办法》，推进本市各级政府信息查询服务工作全面协调发展。首先，加强政府信息查询服务理论学术研究工作。组织开展了《市县两级已公开政府信息查询服务问题的研究》科研课题研究工作，积极探讨解决制约本市政府信息查询服务工作出现的新问题、新情况。其次，建立健全政府信息查询服务各项工作制度，规范全市各级政府信息查询服务工作。第三，建立健全政府信息报送考评机制。将政府信息报送工作纳入市政府政务公开考核标准，进一步畅通政府信息来源渠道。第四，完善网上政府信息查询服务。继续完善网上已公开政府信息数据库建设。档案信息网与有关网站建立有效链接，满足公民网上查询政府信息需求。第五，创新查询服务方式，全力推行省、市、县三级政府信息协助查询服务，效果良好（省内外多家档案行政管理部门纷纷来电咨询）。全年共接待现场查询8 960多人次，提供各类政府信息9 850多件次。

【强化馆藏民生档案资源建设】 2009年，本市加大档案工作服务民生力度，10月开始，市档案馆先后接收了物业管理中心自2007年1月1日始至2009年12月中旬以前形成的全部住宅维修资金档案6万多件。成立了住宅维修资金档案整理工作领导小组，制订了科学的住宅资金档案整理工作方案，集全局之力，对接收进馆的所有住宅维修资金档案规范化、标准化整理工作。针对住宅维修资金档案特点及查询需求，聘请专家制作了住宅维修资金档案管理软件，并积极组织开展住宅维修资金档案目录数字化工作。

【开展文化建设档案征集工作】 2009年，本市从加强和推进市档案馆爱国主义教育基地建设、积极筹办档案展览工作出发，进一步转变征集工作思路，本着重点先行，整体推进原则，除采取鼓励公民主动捐献、寄存、档案馆有偿征集传统征集方式方法的基础上，创新征集工作方式，通过开辟书法、绘画、刺绣创作室，聘请艺术名人担任教学顾问的方式，积极开展了名家书法、绘画、剪纸、刺绣、民间技艺作品及“老物件”实物、“文革”、“上山下乡”等档案征集工作。共征集到各种门类和载体的文化建设档案1127件。其中征集到以宋殿阳等全国书法、绘画、写作名家代表作品490件，满族刺绣、剪纸等非物质文化建设档案133件，见证20世纪初期人民生产生活的纺车、洋油灯等各种“老物件”186件，珍贵档案史料318件。

【加强馆藏档案规范化整理和安全保管工作】 2009年，本市进一步加强馆藏档案规范化整理工作，馆藏全部档案分别建立了手工和计算机检索目录。组织人力对馆藏档案进行彻底清查。馆藏档案账物相符、分类科学、排列有序，便于保管利用。进一步建立健全档案收集、整理、保管等制度，规范馆藏档案馆各项工作。加强档案馆硬件基础设施建设，确保馆藏档案安全。

（张久红）

地方志工作

【概况】 2009年，市地方志工作办公室以挖掘葫芦岛市文化底蕴，繁荣葫芦岛市文化为工作重点，圆满完成了《葫芦岛市志》（综合卷）、《葫芦岛年鉴》（2009）正式出版发行工作，为葫芦岛市在辽宁沿海经济带文化建设上做出了积极贡献。

【出版发行《葫芦岛市志》（综合卷）】 2009年，是市地方志事业取得重要成绩的一年，也是全市文化建设上取得重大突破的一年。市地方志工作办公室肩负历史的重托和时代的责任，编纂完成《葫芦岛市志》（综合卷），并在11月份出版发行，与全市人民见面，结束了葫芦岛市无市级志书的历史，开创了本市修志工作新局面，为辽宁省市级志书的完备作出了贡献。自2003年本市开展首届修志工作，市地方志工作办公室克服重重困难，在人员少、任务重等各种困难条件下，严格按照国务院《地方志工作条例》和国家中指小组下发的《地方志书质量规定》等相关法规和文件规定，以提高志书质量、打造精品志书为修志工作中心，多次审校，数易其稿，并按照上级要求进行了几次延伸志书时间下限的大规模资料补充，丰富了志书的最新内容。首卷市志着重对葫芦岛市现行区域内的地理环境、建置沿革、行政区划、人口民族宗教等方面作了全面记述，纵贯古今，横跨百界，全书总文字量为100万字，是葫芦岛市地方志最翔实、完整、权威的一部历史文献，对全市的经济建设和社会发展起到存史、资政、育人的重要作用。

【出版发行《葫芦岛年鉴》（2009）】 2009年，市志办围绕“创新手段、创新内容、创新形式”积极开展工作，以编纂精品年鉴为中心，自加压力，锐意进取，全力做好年鉴的编纂出版工作。《葫芦岛年鉴》（2009）全面系统反映了2008年度葫芦岛行政区域内自然、政治、经济、文化和社会等方面情况，组稿质量超过往年。整个版式更加庄重、美观、和谐、实用。11月底，《葫芦岛年鉴》正式出版发行，彩页70版，文字总量达80余万字。到2009年底，市地方志工作办公室共编纂出版年鉴10卷，是本市最具权威性的文献资料，为市、县级领导的决策提供了重要的作用。

【大力加强修志队伍的业务建设】 2009年，本市的修志队伍经过市志办近年来的大力建设，已经成为一个相对稳定，并有着较好的写作基础的业务队伍，在年鉴的编撰工作中发挥了重要的作用。市志办不断提高修志人员的专业素质。首先，加大提高编辑人员素质的力度，强化专业修养，加强对专业理论学习，同时，在全市深入开展学习贯彻国务院颁发的《地方志工作条例》以及《地方志书质量规定》和地方志专家编纂的方志学理论专著等等，进一步提高个人的专业理论知识，扩大交流、拓宽视野。其次，进一步培训修志人员，市志办每年都组织撰稿人员进行培训，学习方志学理论知识，并掌握本市有关旧志和前志及文史资料，加深对葫芦岛市的历史与现状的深刻了解，认真研究方志的结构体例和编写方法，掌握其内在规律，解决搜集资料，会用资料，会写分志的问题。

【不断拓展修志 用志领域】 2009年，本市各级各部门编纂的各类地方志书，以及在编纂过程中积累的资料都相当可观。市志办积极通过扩展地方志资源利用的广度和深度，把静态的资料变成动态的信息，把潜在的利用价值变成现实的使用价值。年内，辽宁省地方志办公室正在实施志书上网工作。市志办抓住这一有利时机，勇于创新，拓宽工作领域，积极开展多种形式的读志用志活动，推动修志工作向修志与用志相结合方面转变，逐步将市地方志办公室建设成为本市地方文献研究中心、地情开发中心和信息咨询服务中心。

【加强对县（市）区修志工作的指导】 2009

年，市志办全力以赴开创全市地方志工作新局面。全国第二轮修志工作开展到 2009 年底，本市已经出版市级志书 1 部，县级志书 3 部。尤其是 2009 年，本市共出版市级志书 1 部、县级志书 2 部，是全市开展首届修志工作以来出成果最多的一年。市志办在本级修志工作积极开展的同时，积极帮助部分市、县（区）及分志承编单位熟悉地方志编纂规范、地方志基础知识，提高地方志编纂质量。市本级和 6 个县（市）区的部分国有和私有企业也开始布置编纂部门志工作，部门志、厂矿志、专业志的编纂工作深入展开。修志工作在全市范围内已经掀起了一个新的高潮。市志办对本市已完成初稿的部门进行详细的评审，起到了全面的指导作用。

（徐忠义）

卫　　生

综　　述

2009年，全市卫生工作以稳步推进医药卫生体制改革为主线，以“建立覆盖城乡居民基本医疗卫生制度”为目标，全面加强农村卫生、城市社区卫生、公共卫生工作。

基础设施建设加快进行，城乡医疗卫生机构服务条件得到改善。自筹资金1.5亿元进行的市中心医院改扩建工程全部完成并投入使用。市中心医院基础设施、专用设备、诊疗环境、技术能力、经济收入均有明显改善和提高。市中心医院被卫生部授予“全国医药卫生系统先进集体”荣誉称号。在国家拉动内需政策支持下，基层医疗卫生单位基础项目建设力度加大，全年共安排县医院、县中医院、社区卫生服务中心、乡镇卫生院建设项目32个，总投资1.09亿元，建筑面积6.57万平方米；按照“集中财力，重点配置，效率优先”的原则，为16个乡镇中心卫生院配置彩超等诊疗设备，其诊疗设备已达到并部分超过国家要求的配置水平，初步形成覆盖本乡镇并辐射周边区域的基本医疗服务能力。

新型农村合作医疗稳步运行，农村医疗保障水平明显提升。2009年，全市有175万农民参加新农合制度，按农业人口统计口径参合率为91%；按常住人口统计参合率为106%；全市筹资标准为人均100元，全年筹资总额为1.72亿元；补偿比例已提高到40%～65%，住院补偿封顶线已提高到3.5万元。年度基金使用率为105%。省新农合领导小组对全省参合人数超过5万人的县（市）区新农合工作进行了考核评估。本市4个县区接受考核评估，其中3个县区被评为年度新型农村合作医疗工作先进县（市）区，并受到通报表扬。

社区卫生服务体系日臻完善，城市医疗服务新体系基本形成。2009年，本市继续以“控制总量、调整存量、优化增量、提高质量”为原则，采取对现有卫生资源进行重组、改建、转型、功能转换等方式，全力加强社区卫生服务机构建设，截止2009年末，全市已建成社区卫生服务中心29所，社区卫生服务站143个，全市社区卫生服务机构街道与人口覆盖率均达95%以上。年内，利用省专项建设资金，以每个社区卫生服务中心投入30万元为标准，为16所城区社区卫生服务中心购置了基本诊疗设备；在省市财政资金的支持下，市卫生局完成了市级社区卫生服务信息平台建设，实现了卫生行政部门、社区卫生服务中心（站）、社区居民家庭健康信息互动共享；全市社区卫生服务机构门诊诊疗人次占当地诊疗总人次的30%，居民“小病在社区，大病进医院，康复回社区”的医疗服务新体系正在形成。

甲型H1N1流感疫情有效防控，重大疾病发病率大幅下降。2009年，本市坚持“外堵输入，内防扩散”的防控策略，以“强化预防措施、严控社区传播、加强重症救治、减少疫情危害”为目标，全力以赴开展疫情防控工作。按照“知情、自愿、免费”的原则，安全地为重点人群注射甲流疫苗8万余人份。防控工作取得阶段性成果。艾滋病防治成果得到巩固，建昌县艾滋病综合防治示范区建设工作通过省卫生厅考核验收，并被国家卫生部确定为国家重点艾滋病防治示范区；国家扩大免疫计划得到有效落实，全市适龄儿童疫苗全程免疫覆盖率达90%以上。本年度全市无甲类传染病报告，乙类传染病报告13种，丙类传染病报告7种，发病总数6 838例，发病率258.64/10万，同比上升1.92%。依法管理和规范母婴保健技术服务，有效控制孕产妇、婴儿死亡率。全市孕产妇死亡率为8.14/10万；婴儿死亡率为6.60‰，大幅低于省政府规定的控制指标。

卫生监督执法工作得到加强，保证了医疗安全和食品卫生安全。2009年，本市依法加强行业监管，严厉打击非法诊疗行为，全年共组织各类监督检查59次，查处31户次，处罚11户次；依法严格血液管理，保证了临床用血100%来自无偿献血；认真履行食品安全监管职责，全年无重大食品安全事件发生。依法开展职业卫生监督，全市相关企业职工上岗前体检率为75.10%，对检出的51名职业禁忌症已依法全部调离岗位。依法开展饮用水卫生监督工作，圆满完成乌金塘水库除钼净化改造工程水质卫生学评价评审验收；认真开展水质监测，全年共检测各类水样本477个，检测样品合格率为85%。其中水厂出厂水合格率达100%。

农村卫生

【新型农村合作医疗工作成绩显著】 2009年，全市189万农业人口中，有175万农民参加了新农合制度，全市农业人口参合率为91.45%，其中连山区为 90.17%、龙港区为 95.27%、南票区为 94.28%、绥中县为 90.85%、建昌县为 91.38%、兴城市为 92.49%；全市常住农业人口参合率为 100.93%，其中连山区为 100.01%、龙港区为 95.27%、南票区为 96.88%、绥中县为 110.93%、建昌县为 112.12%、兴城市为 100.93%；年人均筹资水平从 2008 年的 50 元/人提高 2009 年的 100 元/人，全市应筹资总额为 17 514.47 万元，其中连山区为 2 883.00 万元、龙港区为 313.53 万元、南票区为 720.92 万元、绥中县为 4 786.93 万元、建昌县为 5 016.30 万元、兴城市为 3 793.79 万元；全市筹资总额为 17 077.16 万元，到位率 98%,其中，连山区 2 840.84 万元，到位率 99%；龙港区 311.84 万元，到位率 99%；南票区 700.73 万元，到位率 97%；绥中县 4 664.42 万元，到位率 97%；建昌县 4 892.68 万元，到位率 98%；兴城市 3 666.66 万元，到位率 97%；省以上财政应拨付资金为 8 582.09 万元，其中，为连山区应拨付 1 412.67 万元、龙港区应拨付 153.63 万元、南票区应拨付 353.25 万元、绥中县应拨付 2 345.60 万元、建昌县应拨付 2 558.31 万元、兴城市应拨付 1 858.9 万元；实际到位 8 182 万元，其中，为连山区拨付到位 1 370 万元，到位率 96.98%；龙港区拨付到位 148 万元，到位率 96.34%；南票区拨付到位 333 万元，到位率 94.27%；绥中县拨付到位 2 181 万元，到位率 92.98%；建昌县拨付到位 2 420 万元，到位率 94.59%；兴城市拨付到位 1 730 万元，到位率 93.06%。市级财政应拨付资金为 2 714.74 万元，其中为连山区应拨付 446.87 万元、龙港区应拨付 48.60 万元、南票区应拨付 111.74 万元、绥中县应拨付 741.97 万元、建昌县应拨付 777.53 万元、兴城市应拨付 588.04 万元；实际全部拨付到位，到位率为 100 %。县级财政应拨付资金为 2 614.42 万元，其中为连山区应拨付 446.87 万元、龙港区应拨付 48.60 万元、南票区应拨付 111.74 万元、绥中县应拨付 741.97 万元、建昌县应拨付 677.20 万元、兴城市应拨付 588.04 万元；实际拨付 2 618.75 万元，到位率为 100.17 %，其中建昌县拨付到位 681.53 元，到位率 100.54%，其他县区足额拨付，到位率均为 100%。全市个人筹资总额为 3 502.89 万元，其中连山区为 576.60 万元、龙港区为 62.71 万元、南票区为 144.18 万元、绥中县为 957.39 万元、建昌县为 1 003.26 万元、兴城市为 758.76 万元。全年新农合基金支出总额为 18 510.77 万元，基金使用率为 105.69%，首次基金使用率为 103.49%。其中连山区基金支出总额为 3 018.86 万元、基金使用率为 104.71%；龙港区基金支出总额为 359.15 万元、基金使用率为 114.55 %，首次基金使用率为 103.11%。南票区基金支出总额为 669.36 万元、基金使用率为 92.33 %，首次基金使用率为 114.55%。绥中县基金支出总额为 5 964.38 万元、基金使用率为 124.03%，首次基金使用率为 92.85%。建昌县基金支出总额为 4572.84 万元、基金使用率为 88.98 %，首次基金使用率为 121.50%。兴城市基金支出总额为 3 926.18 万元；基金使用率为 103.12%，首次基金使用率为 91.16%。全市住院补偿总额为 15 310.44 万元，平均实际住院补偿比为 43.87%，其中连山区住院补偿总额为 2 903.48 万元，平均实际住院补偿比为 46.48%；龙港区住院补偿总额为 345.05 万元，平均实际住院补偿比为 36.27%；南票区住院补偿总额为 659.05 万元，平均实际住院补偿比为 39.39%；绥中县住院补偿总额为 4 472.87 万元，平均实际住院补偿比为 47.33%；建昌县住院补偿总额为 3 703.24 万元，平均实际住院补偿比为 39.54%；兴城市住院补偿总额为 3 226.75 万元，平均实际住院补偿比为 44.74%。全市门诊补偿支出总额为 2 802.7 万元，其中连山区 85.19 万元、龙港区门诊补偿支出总额为 14.10 万元、南票区门诊补偿支出总额为 2.01 万元、绥中县门诊补偿支出总额为 1 491.51 万元、建昌县门诊补偿支出总额为 510.46 万元、兴城市门诊补偿支出总额为 699.43 万元；全市家庭账户补偿支出总额为万元，其中连山区家庭账户补偿支出总额为 30.19 万元，南票区家庭账户补偿支出总额为 8.30 万元，建昌县家庭账户补偿支出总额为 359.14 万元。全市年内补偿合计为 1 109 929 人次，受益率为 63.37%，其中连山区补偿合计为 104 151 人次，受益率为 36.13%；龙港区补偿合计为 9 595 人次，受益率为 30.60%；南票区补偿合计为 9 112 人次，受益率为 12.64%；绥中县补偿合计为 247 507 人次，受益率为 51.70%；建昌县补偿合计为 543 065 人次，受益率为 108.26%；兴城市补偿合计为 196 499 人次，受益率为 51.79%。全市住院补偿合计 109 814 人次，其中连山区住院补偿合计 18 956 人次，龙港区住院补偿合计 1 811 人次，南票区住院补偿合计 4 897 人次，绥中县住院补偿合计 26 116 人次，建昌县住院补偿合计 37 647 人次，兴城市住院补偿 20 387 人次。全市门诊补偿合计 598 067 人次，其中连山区门诊补偿合计 44 951 人次，龙港区门诊补偿合计 7 784 人次，南票区门诊补偿合计 1 554 人次，绥中县门诊补偿合计 221 391 人次，建昌县门诊补偿合计 146 275 人次，兴城市门诊补偿合计 176 112 人次。全市家庭账户补偿合计 402 048 人次，其中连山区家庭账户补偿合计 40 244 人次，南票区家庭账户补偿合计 2 661 人次，建昌县家庭账户补偿合计 359 143 人次。全市县外补偿 14 730 人次，补偿金额为 5 041.67 万元，占住院补偿比为 32.93 %。

【组织基层卫生技术人员培训】 2009 年，本市根据《辽宁省农村卫生人员培训项目方案》（[2008]507 号）、《辽宁省社区卫生人员培训方案》（辽卫函[2008]395 号），市卫生局组织开展农村乡镇卫生技术人员、社区卫生技术人员培训工作，完成省厅下达的培训任务指标。全市共培训农村卫生技术人员 1 342 人次，培训社区卫生技术人员 670 人次。巩固继续医学教育工作成果，开展继续医学教育单位达 100%，县级以上单位参加继续医学教育学习 6 236 人，参学率为 96%（省规定 85%）；农村乡镇卫生院卫生技术人员和乡村医生今年首次参加继续医学教育学习，学习人数为 2 903 人，参学率为75%。

【创建农村中医先进县工作】 2009年，本市继续以创建农村中医工作先进县、达标县为载体，加强中医药服务网络建设。到2009年末，全市99个乡镇卫生院中有76个设立中医诊疗科，占卫生院总数的76.8%；71个卫生院设立中药房，占卫生院总数的71.7%。先进县创建工作取得新突破，兴城市经过2年的创建工作，到2009年底，已达到省农村中医工作达标县验收标准，于12月14日通过省中医药管理局验收，被省中医药管理局命名为“省农村中医工作达标县”。

社区卫生

【巩固完善社区卫生服务网络】 2009年，本市根据《辽宁省人民政府关于加快发展城市社区卫生服务的意见》（辽政发[2006]42号），具体规划全市共设立社区卫生服务中心39个，其中连山区10个，龙港区5个，南票区4个，兴城市7个，绥中县8个，建昌县5个；社区卫生服务站210个，其中连山区90个，龙港区44个，南票区16个，兴城市21个，绥中县24个，建昌县15个。坚持政府主导、突出公益性质、充分利用和整合现有医疗卫生资源，采取“转、靠、建”等方式，构建社区卫生服务网络。“转”，重点是把政府举办的一级医院、部分二级医院和国有企事业单位所属医疗机构、具备条件的街道卫生院，进行改造、改制，整体转型为社区卫生服务中心或社区卫生服务站。“靠”，就是在没有街道卫生院和其他基层医疗机构或基层医疗机构不具备转型改造条件的地方，依靠就近的公立二、三级医院或企业职工医院分流部分资源，在街道居民区中单独组建或者与基层医疗机构联合举办社区卫生服务中心，并实行人事、业务、财务的单独管理。“建”，就是对个别现有医疗卫生资源不足的社区，由政府或国有医疗机构投资新建社区卫生服务机构。到年底，全市已建成社区卫生服务中心29个，其中由城区企业医院承办的10个，街道卫生院转型的7个，政府所属二、三级医院举办的6个，社会力量举办6个，基本形成了以政府举办为主体的社区卫生服务网络。

【社区卫生服务能力明显提升】 2009年，本市按照《葫芦岛市人民政府关于加快发展城市社区卫生服务的意见》的有关规定，市县两级财政不断加大社区公共卫生服务专项资金投入力度，市县两级政府按城市人口每人每年补助10元标准，以四六比例分担社区公共卫生服务经费并及时足额划拨到位。在各级财政资金的支持下，到2009年末，城市居民健康档案建档率达80%以上；全市所有社区卫生服务中心均成立社区慢性病、常见病、多发病防治管理服务责任团队，居民覆盖率达90%以上，社区孕产妇保健管理率达99.2%，7岁以下儿童保健管理率达96.1%；社区卫生服务机构门诊诊疗人次已占当地急诊诊疗总人次的30%以上。

公共卫生

【加强疾病预防控制体系建设】 2009年，本市根据《辽宁省市、县（区）疾病预防控制工作绩效评估标准》，制定了《葫芦岛市县级疾控工作绩效评估实施方案》，并召开会议安排部署。市县两级卫生行政部门及疾控机构以开展绩效考核工作为主线，全面加强疾病预防控制机构基础建设和业务能力水平的提高。1. 加强实验室建设。市政府投入56.5万元专项资金，为市疾控中心实验室购置流感监测专用设备，9月，市疾控中心实验室达到国家流感监测网络实验室标准并开展检测工作，年内，完成流感病毒核酸检测样品226份，流感阳性样品144份，其中甲流106份，为阳性标本的73.61%，为防控甲型H1N1流感疫情提供了技术支持；2. 大力实施疾病预防控制机构规范化管理。通过建立并实施技术人员岗位责任制、仪器设备使用管理制度、检验检测工作规程和各项工作质量考评体系，强化了内部管理，提高了工作效率，促进了业务能力的提高。3. 加强传染病疫情直报网络系统建设。在全市县级以上医疗卫生单位全部进入国家传染病疫情直报网络系统的基础上，将传染病疫情直报网络系统向乡镇卫生院延伸。到2009年底，全市乡镇以上医疗机构传染病网络直报率达100%。

【规范乡镇防保组织 村卫生室公共卫生工作】 2009年，本市根据《辽宁省乡镇防保组织、村卫生室公共卫生工作规范》，制定了《葫芦岛市实施乡镇防保组织、村卫生室公共卫生工作规范实施方案》，在2008年确定6个乡镇防保站、6个村卫生室进行试点的基础上，2009年全市铺开。截止2009年底，全市1/3乡（街道）、村（社区）稳步实施防保组织、村卫生室公共卫生工作规范，促进了公共卫生职能的发挥。

【全力做好甲型H1N1流感防控工作】 2009年4月，甲型H1N1流感疫情在本市显现流行趋势，市委市政府高度重视甲型H1N1流感疫情防控工作，市卫生局与全市相关部门密切配合，坚持“外堵输入，内防扩散”的防控策略，以“强化预防措施、严控社区传播、加强重症救治、减少疫情危害”为目标，全力以赴开展疫情防控工作。1. 加强组织领导，实行联防联控。市政府成立市卫生、出入境检验检疫、农业等19个部门组成的防控领导小组，市防控领导小组建立完善联防联控工作会商制度、例会制度、信息通报制度、信息发布制度，明确了有关部门的工作职责与防控任务。全市各级政府及相关部门普遍建立了组织领导机构，形成了主要领导负总责、分管领导具体负责、相关工作人员抓落实的工作机制。2. 建立防控工作方案，实行科学防控。

根据《辽宁省甲型H1N1流感防控工作卫生应急预案（试行）》，市卫生局编制了相关防控预案和技术方案，形成了预案体系。全市基本实现疫情防控、病例诊断治疗、疫情现场处置程序化、规范化。3.组建各级各类防控应急队伍，保证疫情及时处置。全市组建了"医疗救治、医院感染控制、公共卫生"3个专家组，成立了5支市本级卫生应急队伍，各种应急队伍建立值班制度，确保24小时随时待命。各部门、各单位防控疫情值班电话实行24小时无间断专人接听，确保人员到位、联络通畅、反应迅速，处置有效。4.稳步开展疫苗接种，建立免疫屏障。按省厅要求，市卫生局扎实、有序开展疫苗接种工作，共接种8万人次；5.加强重症病例救治，控制并减少重症病例和死亡病例。到2009年底，全市先后确诊9例甲型H1N1流感危重病例，全部收入市中心医院治疗。市卫生局市先后3次邀请省专家组来葫会诊，在省专家组指导下，经本市专家组积极救治，除2例死亡外，治愈7例。6.加强新闻宣传、健康教育和舆论引导工作，确保社会稳定。全市各级政府及相关部门积极开展新闻宣传、健康教育和舆论引导工作，以群众喜闻乐见的表现形式普及防治知识、介绍预防方法，让群众广泛认识到甲型H1N1流感是可防、可控、可治的。对群众关心的热点问题进行正面引导，并及时对不实报道和谣言予以澄清，使群众及时了解防控工作策略和疫苗、药品的保障情况。同时大力开展爱国卫生运动，普及防治知识，提高全社会防控意识和能力，增强公众对防控工作的信心，避免引起公众恐慌。11月13日，受市广播电台《政风行风热线》专题节目组邀请，市防控领导小组在葫芦岛广播电台《政风行风热线》专题节目中向广大听众详细介绍了本市采取的防控措施及取得的工作成果，向听众介绍了防控知识及办法，并当场回答了相关问题，受到广大听众的欢迎。到2009年底，全市确诊甲型H1N1流感病例165例，其中治愈163例。共确诊重症（危重）病例9例，其中治愈7例，死亡2例。

【扎实做好艾滋病防控工作】　2009年，本市采取以下几个方面措施，继续做好艾滋病防控工作。1.坚持协调会议制度。全市各级政府对防治艾滋病及疾病预防控制工作高度重视并建立协调会议制度，多年来市政府坚持每年至少召开1次～2次协调会议，研究部署防治工作。2.全面加强艾滋病防治疫情监测体系建设。到2009年底，全市基本建立以疾病预防控制中心为龙头，以重点乡镇卫生院为依托，市、县、乡三级贯通的监测网络，市县两级疾病预防控制中心全部建成了HIV实验室并开展检测工作，年内，共检测3 056人次；3.认真落实"四免一关怀"政策。市卫生局积极与相关部门协调，采取多种方式，解决艾滋病患者子女、遗孤免费义务教育问题。全市民政部门将艾滋病患者和感染者全部纳入低保户，全市民政部门共投入专项物资、款项合计30多万元；4.广泛开展艾滋病防治宣传教育。市县卫生行政及业务部门有针对性地开展艾滋病预防知识教育，以国际禁毒日、世界艾滋病日、国际献血日等活动为契机，大力宣传有关法律法规和艾滋病防治知识。全市共印发各种生殖健康、艾滋病预防小册子3万余册，宣传栏和公益广告100多个，宣传标语2万多条。5.全力加强建昌县艾滋病综合防治示范区建设。示范区建设工作于2009年通过省厅考核验收，并于3月被国家卫生部确定为国家重点艾滋病防治示范区。

【手足口病 霍乱 流行性出血热 计划免疫及相关传染病得到有效控制】　2009年，本市制定并印发《关于做好2009年手足口病防治工作的通知》，对暴发疫情、聚集性病例、重症及死亡病例、散发病例等病例调查和样品采集等工作进行了明确部署和安排，按要求对2起聚集性病例进行相应的处理。4月～8月，采集病例标本41份，其中阳性样本13份，总体阳性率31.71%。年内，全市共报告手足口病病例1 399例，发病数同比上升30.13%；霍乱防治工作按省卫生厅要求，全市医疗机构肠道门诊均于2008年5月1日～10月31日就诊人数882人次，便检303人次，便检率34.35%，未检出霍乱弧菌；流行性出血热防治工作按省卫生厅要求开展人、鼠疫情监测。送省疾控出血热急性期全血23份。年内，全市报告病例90例，同比上升52.54%，其中本地报告54例，个案流调率100%，采血复核率96.3%；根据省卫生厅安排，在全市开展了4岁儿童脊灰疫苗强化免疫和0岁～3岁儿童脊灰疫苗查漏补种工作共发放疫苗35 000粒。全市强化免疫常住儿童接种率98.64%、流动儿童接种率100%、查漏补种常住儿童接种率99.90、流动儿童接种率99.61%；积极贯彻落实《（2009年～2012年）辽宁省消除麻疹行动计划》，经省卫生厅、市政府批准，于8月～11月在全市部分重点人群开展了麻疹疫苗强化免疫工作，共补种60余万人次。疫情网络报告全市共发生麻疹病例157例，其中本地报告41例，本地报告病例流调率、流调及时率、急性期病例血清标本采集率均达100%，外地报告116例，完成流调104例。全年"四苗"接种率均达98%以上，脊灰、白百破、麻疹、乙脑、流脑A+C群强化免疫报告接种率达95%以上，新生儿乙肝疫苗接种及时率为98.06%。计划免疫相关疾病报告1906例。本年度全市无甲类传染病报告。报告乙类传染病13种，丙类传染病7种，发病总数6 838例，发病率258.64/10万，同比上升1.92%。流行性出血热、艾滋病等5种传染病发病率与上年同期略有上升。病毒性肝炎、肺结核等10种传染病略有下降。无伤寒、新生儿破伤风、流感病例报告。

【稳步实施世行贷款/英国赠款项目】　2009年，本市各级政府及时足额落实配套资金，市县两级财政共落实项目配套资金31万元，到位率100%；全地区现代结核病控制策略人口覆盖率以县区为单位达100%。结合"3・24世界结核病日"，向城乡居民宣传结核病防治知识及有关政策，共发放折页、传单 2 万余份。年内，全市发现新发涂阳病人 710 例，省定指标 707 例，超额完成 0.4%；对所有结核涂阳病人实行免费抗结核治疗，新发涂阳病人治愈率为 91.5%。

【地方病防治工作取得新成果】 2009 年，本市依据《辽宁省碘缺乏病监测方案》要求，完成碘盐监测 2 005 户次，碘盐覆盖率为 98.17%，碘盐合格率为 98.81%，合格碘盐食用率为 96.99%；年内对 8 岁～10 岁学龄儿童采尿样 603 份进行碘营养监测，对五年级学生、40 岁以下育龄妇女共 1 200 人进行了碘缺乏病防治知识问卷调查。进一步加强防氟防病工作，市县疾病预防控制机构对改水病区居民生活饮用水氟指标实行定期监测，监测与建档率均达 100%，水质符合国家饮用水卫生标准。布病防治在密切关注疫情动态的同时，在兴城等 4 个县区开展了监测工作，在兴城等 5 个县区开展了监测工作，与牲畜及其产品密切接触的职业人群流调 2 037 人次，采集血样 209 份，阳性 16 份，阳性率 7.66%，发病率与去年持平。

【加强慢性非传染性疾病防治工作】 2009 年，本市成立了市慢性非传染性疾病防治工作领导小组，并建立肿瘤、心血管、糖尿病、口腔及精神卫生防治专家指导组。加强慢病防治定点医疗机构建设，确定市中心医院为乳腺癌筛查定点医院，连山区医院、市中心医院为本市肿瘤防治试点医院。积极开展全人群死亡报告和肿瘤报告工作，全市确定 6 个县级疾控、25 个县级以上医院、31 个县以下医院为死因网络直报单位，发生死亡 2 847 例；肿瘤报告 1 690 例。

【扎实开展爱国卫生工作】 2009 年，本市继续开展卫生单位和卫生村镇创建工作，全市 6 个村被评为省级卫生村，4 个单位被评为省级卫生单位；根据《辽宁省建设“健康街道”活动指导意见》，在龙港区望海寺街道、连山区渤海街道开展健康街道建设工作，并上报省厅立项评估验收；积极开展辖区铁路沿线卫生专项治理工作，5 月 16 日～23 日，本市对 4 个县区铁路沿线整治工作进行检查，并于 8 月 25 日通过省爱卫会验收；继续开展以“除四害”为主的病媒生物防控工作，县（市）区平均鼠密度控制在 4%以下，农村平均鼠密度控制在 5%以下；全市农村改水改厕得到广大农民的支持，新建卫生厕所 2 000 座，全市卫生厕所普及率达 50.2%；大力开展健康教育工作，11 月 13 日，本市举办了健康素养及健康生活方式启动仪式，标志全市健康教育工作步入新阶段。继续开展“九亿农民健康教育行动”，学校健康教育基本普及，覆盖率为 100%，行为转变率为 60%。

【全面加强卫生应急工作】 2009 年，本市继续全面加强卫生应急工作。1. 完善各项应急工作预案。市卫生局先后制定了《葫芦岛市自然灾害卫生应急预案》、《葫芦岛市应对流感大流行准备计划与应急预案》、《葫芦岛市甲型 H1N1 流感防控工作卫生应急预案》、《葫芦岛市甲型 H1N1 流感医疗救治应急预案》、《葫芦岛市社区卫生服务机构甲型 H1N1 流感防控工作方案》、《葫芦岛市学校和托幼机构甲型 H1N1 流感防控应急预案》等 6 部预案，并报市政府、省卫生厅备案。2. 加强卫生应急管理队伍建设。县（市）区卫生局、市疾病预防控制中心均成立了应急办，并有专人负责；其他医疗卫生机构均有 1 名领导分管、具体科室及人员负责，并有效开展工作。3. 加强卫生应急物资储备工作。认真落实《辽宁省突发公共卫生事件应急物资储备目录（试行）》（辽卫函〔2008〕71 号），传染病类储备基本完成，并保障了甲型 H1N1 流感防控工作的需要。4. 加强应急培训和演练工作。市县两级卫生行政部门采取不同形式分别开展了人禽流感、甲型 H1N1 流感防控演练；开展了甲型 H1N1 流感、鼠疫、人禽流感的全员培训工作，市级培训 7 次，共 1 000 人次，合格率 100%。5. 规范突发公共卫生事件信息报告工作。全市已实现县（市）区卫生局 1 小时内电话报告市卫生局，市卫生局第一时间以电话形式报告省卫生厅，2 小时内报告文字材料，报告完整率、网络直报率、事件评估率和事件处置得当率均达 100%。

妇幼卫生

【稳步实施农村母婴安康工程】 2009 年，本市根据省卫生厅实施农村母婴安康工程的相关文件，制定了《葫芦岛市增补叶酸预防神经管缺陷项目实施方案（2009 年～2011 年）》（葫卫发[2009]122 号）、《葫芦岛市农村孕妇住院分娩补助项目实施方案》（葫卫发[2009]117 号）并组织实施。7 月 1 日，启动农村孕产妇住院分娩补助工作，补助标准不少于 500 元，超出部分由新农合定额补偿。10 月 1 日起，建昌县、连山区先期启动孕妇孕中期免费超声筛查工作，到年底，共筛查 75 名，未发现可疑病例。

【严格管理助产技术服务机构】 2009 年，本市对 67 个助产技术服务机构进行复审，复审结果为合格 39 个，限期整改 13 个，取消资格 15 个。加强全市高危孕产妇及儿童抢救绿色通道建设，兴城市、建昌县完成抢救中心建设工作。通过采取严格执业机构监管、高危孕产妇及儿童抢救绿色通道建设等综合性干预措施，有效控制了孕产妇、婴儿死亡率。全市活产数为 24 561 人，孕产妇死亡 2 人，死亡率为 8.14/10 万；婴儿死亡 162 人，死亡率为 6.60‰，两项指标均控制在省定指标之内。

医　　疗

【市中心医院整体实力大幅提升】 2009 年，

市中心医院继续以改扩建工程建设为重点，加强医院管理，改善服务条件，提高服务水平，努力打造诚信医院。1. 改扩建工程建设项目完成并投入使用。5 月,投入使用后，对原病房楼实施内部装修工程，工程总投资 1 500 万元，12 月完工并投入使用；2. 配置现代化医疗设备，增强综合办院实力。医院购入万元以上设备 68 台(件)，总金额达 142. 4 万元；万元以下设备 1 235 台件，金额为 151. 73 万元。到年底，医院共拥有万元以上设备 521 台(件)，设备固定资产总值 9 482. 58 万元。同时投入资金完善医院信息化管理系统，基本实现医院管理模式网络化、信息化、数字化、规范化。3. 加强医护队伍建设。医院共招聘专业人员 103 人,其中 12 名硕士研究生、12 名本科生、29 名大专学历的护理人员；加强在岗人员培训工作，全年外派短期学习 61 人次，外派进修 2 人次；31 名医生、28 名护士参加了全科医师、社区护士的岗位培训；1 024 人次参加双卫网继续医学教育。4. 注重科学管理，提高医疗质量。组织全院医生进行心电图知识的培训、“三基三严”训练、法律法规培训、病历评比等活动，在全市和全省病历评比活动中，荣获全市集体和个人第一名。以“辽宁省医院管理综合评价细则”为标准，加强护理人员的素质教育和业务技能培训，基础护理、危重患者护理达标率为 90%，整体护理、病房管理达标率为 95%，各种护理技术操作，制度执行达标率为 100%。全院护理人员对护理工作规章制度、岗位职责，应急预案掌握合格率达到 95%,护理核心制度落实率达到 96%。5. 完善市中心医院、市中心医院二部、市传染病医院、市紧急救援中心“四位一体”运行模式，获得良好经济效益与社会效益。截至 2009 年底，医院门诊量 495 699 人次，比上年同期增长 33 217 人次；住院人数 20 479 人，比上年同期增加 4 144 人；手术例数 4 629 例；总收入 2. 44 亿元，比上年同期增长 14. 2%，其中，医疗收入 1. 1049 亿元，增长 13. 3%；药品收入 1. 29 亿元，增长 13. 5%；门诊收入 6 400 万元，增长 7. 95%；病房收入 1. 76 亿元，增长 15%。市急救中心共计接听呼救电话 17 171 次，派出救护车 10 191 次，救治病人 8 139 人次，平均每天有效出诊 28 次，长途转运患者 347 人次，实现业务收入 13 万元。2009 年, 医院被国家卫生部授予“全国医药卫生系统先进集体”荣誉称号。

【依法严格医疗服务质量监管】 2009 年，本市严格医疗机构及技术人员资格准入，依法整治违规行为。加强医师资格考试注册工作，防止违规事件的发生。参加医师资格医学综合笔试 793 人，无违纪考生。护士执业证换发和首次注册工作圆满完成，全市换发护士证 3 428 个，首次注册 353 人。同时严格医疗机构医技岗位人员督察，严禁无资格人员上岗。严格医疗机构医疗服务行为监管，提高医疗服务质量。全市各级各类医疗机构进一步建立健全首诊负责制、三级医师查房制、疑难病例讨论制等各项规章制度，以健全的工作制度规范医疗服务行为。组织开展二级以上综合医院病历质量评比工作。根据省卫生厅《2009 年辽宁省“医疗质量万里行”活动方案》(辽卫函字[2009]337 号)，对全市 14 个二级以上综合医院、3 个民营医院的 51 份病历进行认真评审，葫芦岛市中心医院等 3 个医院被评为病历书写质量优秀医院，连山区人民医院等 5 个医院被评为病历书写质量优良医院。积极开展院务公开，努力构建和谐医患关系。各医疗机构普遍建立医疗服务公示制度，设立公示板、电子显示屏、电子触摸屏，完善住院患者“费用清单制”和费用查询机制，向群众公开服务项目、收费价格、办事程序等内容，增强了医疗卫生服务的透明度。同时建立患者投诉处理机制，积极化解医疗纠纷，全年共接待处理来信来访医疗纠纷 26 起，处理死亡医疗纠纷 6 起(组织尸检 2 起，协调解决 4 起)，未发生重大医疗事故及群体上访事件。

【依法严格管理血液质量】 2009 年，本市认真贯彻执行《中华人民共和国献血法》、《血站管理办法》和两个规范(《血站质量管理规范》、《血站实验室管理规范》),保证临床用血 100%来自无偿献血。全年自愿无偿献血(全血)8 768 人次，采血量 308 万毫升；临床用血 14 676. 25 单位(293 万毫升)。全年无经血液传染病例发生。

【积极开展“平安医院”创建工作】 2009 年，本市根据省卫生厅、省综治办的要求，在全市各级各类医疗机构深入开展“平安医院”创建工作。本市成立了“平安医院”创建活动领导小组，同时将创建工作纳入政府社会治安综合治理、平安创建整体规划和考核指标体系，与社会治安综合治理工作同步实施，一同考核；各级各类医疗机构对照平安医院创建目标和要求，以改善服务态度、优化就医流程、落实医疗安全措施为重点，全面加强医院安全生产管理，加强宣传教育，查找薄弱环节，制定整改措施，推动创建工作。全市卫生系统年内未发生重大刑事案件和重大安全事故，医院安全得到保证，创建活动取得初步成效。

卫生监督

【依法开展食品卫生监督工作】 2009 年，本市继续依法开展食品卫生监督工作. 1. 组织开展打击违法添加非食用物质和滥用添加剂专项整治工作。在制定《葫芦岛市打击违法添加非食用物质和滥用添加剂专项整治工作方案》(葫卫发[2009]6 号)的基础上，于 1 月 16 日召开了专项整治工作会议进行安排部署。各县区卫生局组织卫生监督人员对辖区内餐饮单位进行拉网式排查。全市共出动卫生监督员 258 人次，检查餐饮单位 1 946 个，未发现违法添加非食用物质行为。2. 组织开展春节期间餐饮消费安全监督检查工作。根据省卫生厅《关于 2009 春节期间餐饮消费食品安全监管工作的紧急通知》(辽卫传[2009]14 号),全市迅速开展春节期间食品安全专项检查工作，共出动车辆258车次，卫生监督员479人（次），检查餐饮单位834个，责令整改15个。3.认真贯彻《中华人民共和国食品安全法》，履行食品安全监管职责。6月22日，市长办公会专题研究并解决影响贯彻落实《中华人民共和国食品安全法》的相关问题，对相关部门职能进行了调整。按《中华人民共和国食品安全法》的有关规定，对原市食品安全委员会组成单位进行调整，建立新的市食品安全委员会，市食品安全委员会办公室改设在市卫生局。职能调整之后，市卫生局依法认真履行综合协调食品安全、组织查处食品安全重大事故的各项职责，采取各项工作措施，保证了食品安全。

【依法开展职业卫生监督工作】 2009年，本市继续依法开展职业卫生监督工作。1.开展职业健康监护管理整治工作。全市职业病危害因素用人单位519个，接触职业病危害人数35 751人，其中农民工接触职业病危害人数8 107人。通过专项整治，目前全市重点企业接触职业危害职工上岗前体检率为75.10%，在岗体检率为35.3%，离岗体检率100%，对检出的51名职业禁忌症已全部调离岗位。应建劳动者职业健康档案35 751份，现已建立21 047份，建档率为58.87%。全市共175个用人单位依法建立了职业卫生管理档案，建档率为35%；2.开展中小企业农民工健康监护专项行动。共检查用人单位850家次，对不符合卫生要求的用人单位下发了卫生监督意见书并责令限期整改；3.开展建设项目职业卫生审查和监督工作。全市重点建设项目124个，已依法受理、审查14个；4.加强职业卫生技术服务机构建设。本市将县区职业健康体检机构资质申报工作列为工作重点，全市8个职业卫生技术服务机构中，有1个企业医院获得资质并完成兴城市医院资质现场审核工作。建昌县医院、绥中县医院、连山区医院资质申报准备工作基本完成，近期将组织现场审核；5.深入开展《职业病防治法》宣传工作。根据省卫生厅《关于开展2009年〈职业病防治法〉宣传周活动的通知》，在全市组织开展了宣传周活动，全市共出动宣传人员110人次，宣传车辆31台次，发放宣传材料15 000份（张），新闻媒体报道36次，展出宣传板84块，条幅100多条。开展咨询活动8次，接待咨询人数3 700多人次。举办各类培训班28次，参加人数6 100人次。深入企业开展宣传32次，受教育人数近万人。

【依法开展公共场所卫生监督工作】 2009年，本市继续依法开展公共场所卫生监督工作。1.组织开展重点公共场所卫生专项整治工作。根据省卫生厅《关于进一步加强娱乐场所卫生安全管理工作的通知》（辽卫函字[2009]1号），在全市范围内开展了娱乐场所卫生专项整治工作。共检查舞厅5个，歌厅、卡拉OK厅238个，电子游艺厅25个，其他（包括台球厅等）33个。共下达卫生监督意见书115份，罚款2个企业，罚金400元人民币；2.积极开展公共场所卫生监督量化分级管理工作。根据省卫生厅要求，制定了《葫芦岛市公共场所卫生监督量化分级管理工作实施方案》并认真组织实施。全市住宿业及沐浴业量化分级管理工作已获得阶段性成效。全市共有旅店业346个，实行量化分级177个，量化率为51.2%。确定的卫生信誉度等级为A级12个，B级84个，C级81个；全市沐浴业180个，实行量化分级管理105个，量化率为58.3%。确定卫生信誉度等级为A级10个，B级33个，C级62个。

【依法开展饮用水卫生监督工作】 2009年，本市按照《2009年辽宁省饮用水卫生重点监督检查计划》、《辽宁省饮用水卫生安全专项行动》要求，在全市范围内开展了饮用水卫生监督检查和饮用水安全行动专项整治工作。1.开展相关人员培训工作。6月16日，举办了全市饮用水卫生安全行动培训班。共培训供水单位工作人员230人次，并对考试合格者颁发了培训合格证；2.积极开展新、改、扩饮用水卫生工程项目预防性卫生监督工作。在省卫生监督所、省疾控中心的指导下，在市政府及相关部门单位的大力支持配合下，完成了乌金塘水库除钼净化改造工程水质卫生学评价评审验收工作，此项工作填补了省、市饮用水供水工程卫生学专家评审方面的空白；3.集中开展各项生活饮用水卫生监督检查工作。全年共对244个供水单位进行了监督检查，对1家二次供水单位罚款2 000元；4.开展涉及生活饮用水安全产品卫生监督专项检查。按照省、市饮用水卫生安全专项行动方案要求，于7月15日～8月21日，抽查饮水机和水质处理器经销单位10个，矿化水器销售专柜2个。共检查净水器12个品牌58个规格型号，合格50件，合格率为86.2%；饮水机13个品牌65种规格型号，合格57件，合格率87.7%。对存在较多问题的4个经营单位下达了监督意见书；5.积极开展水质监测工作。全年共检测各类水样本477个，检测样品合格率为85%。其中出厂水、末梢水合格率达100%。

【依法开展学校卫生监督工作】 2009年，本市学校卫生监督工作以甲型H1N1流感防控为重点，依法加强学校卫生监督检查工作。在制定《葫芦岛市学校和托幼机构甲型H1N1流感防控应急预案》并建立市级卫生教育行政部门联席会议机制的基础上，加强指导和监督检查工作，共深入市直大中院校和托幼机构13所，县区学校24所，重点检查甲流防控措施的落实情况、学生饮用水卫生、学校食堂卫生、学校卫生组织机构建立及各项规章制度执行等情况，对在检查中发现的问题当场提出整改意见，促进了防控措施的有效落实。

【依法加强传染病监督管理工作】 2009年，本市根据《辽宁省传染病分级管理指导意见》，制订了《葫芦岛市2008年～2010年传染病分级管理防治规划》并分步实施，年内，监督重点为甲型H1N1流感防控工作监督、消毒产品专项整治、集中式餐（饮）具消毒服务机构卫生监督工作。全年开展3次医疗机构甲型 H1N1 流感防控监督检查工作，共监督检查 28 个医疗卫生机构，全市二级以上医疗机构监督覆盖率为 100%；根据省卫生厅《关于印发辽宁省开展整治消毒产品违法宣传疗效和添加药物专项行动工作方案的通知》（辽卫函字[2009]250 号），组织开展消毒产品专项整治工作，共检查医药经销单位 91 个，大中型超市 7 个，医疗卫生机构 88 个，查处不合格消毒产品 11 种，均责令停止销售；10 月，对 14 个餐具消毒机构进行了监督检查，对存在问题的单位依有关规定限期整改。在做好重点专项整治的同时，强化传染病经常性监督检查，全市传染病监督覆盖率达 95%以上。

（王克非　许　奇）

体　育

综　述

2009年，葫芦岛市体育局积极履行职责，扎实开展工作，以深入开展全民健身活动推进群众体育工作、以加强体育科研基础建设推进竞技体育工作，以规范、发展体育社团为主线加快体育组织建设，以体育彩票为龙头发展体育产业，抢抓机遇，锐意进取，真抓实干，开拓创新，推进体育事业全面、协调、可持续发展。实现了全民健身运动蓬勃开展，群众体育运动丰富多彩，竞技体育运动再创佳绩的工作目标，推动全市体育工作迈上了新台阶。

群众体育

【实施全民健身计划】 2009年，本市以开展创建健康机关为突破口，整体推进全民健身运动扎实开展，全面启动创建工作。各级领导带头参与，广大机关干部积极响应，创建工作蓬勃展开，活动内容丰富多彩，活动形式各具特色，84个创建单位均坚持每天做广播操，有80%以上的单位主要领导带头做操；有90%以上的单位开展各种健身活动和体育项目；有60%以上的单位积极参加市“三运会”比赛项目；有90%以上的单位为机关干部建立健康档案，进行体检，举办健身保健讲座；有15%的单位开展禁烟工作；有70%以上单位净化办公环境、改善饮食环境、优化人文环境。在创建健康机关活动中，通过开展形式多样的体育活动，有效提高了机关干部的健康水平，机关干部的精神面貌焕然一新，增强了机关的凝聚力、向心力，促进了机关的纪律作风建设，机关干部的工作作风明显转变，工作质量、效率显著提高，推动了各项工作的开展。

【开展公务员体质监测活动】 5月18日，省体育科研所“国民体质检测技术团队”一行10人，将国民体质监测车开到本市，进行为期10天的公务员体质监测活动。这次监测共有市委、市政府、市人大、市政协、市纪检委、总工会等38个单位参加，为836名公务员的体质进行检测。监测项目包括身高、体重、血压、反应时、坐位体前躯、纵跳、握力、肺活量、体成分、俯卧撑（男）、仰卧起坐（女）、骨密度、单脚站立（平衡能力）、台阶试验13项体质成分和身体机能进行逐个检验，专家根据检测数据对检测对象身体健康状况做出科学准确评估，然后因人制宜给每个被检对象提出科学健身所适项目、健身方法和生活饮食习惯的建议。市体育局根据专家意见，对全市党政机关公务员队伍的身体健康状况做出科学评价，向市委市政府提出在公务员队伍中强化健身、增强体质、促进健康方案，为广大公务员提高健康水平当好参谋和助手，保证其有一个健康的体魄、充沛的精力、良好的精神状态、扎实的工作作风完成好本职工作任务。

【全民健身基础设施建设】 2009年，本市以完善四级体育场地网络为重点，着力加快城乡体育设施建设，进一步加大基层公共体育设施建设力度，推动各地加快群众身边的健身设施建设，进一步完善市、县、乡（街道）、村（居委）四级体育健身场地设施网，不断满足人民群众的体育健身需要，切实维护广大群众的体育权益。1.加大农村体育基础设施建设力度。努力为广大农民群众提供优质便捷的公共体育服务。坚持统筹兼顾、均衡发展的指导思想和因地制宜、分类指导的工作方针，进一步加强农村体育工作调研，采取积极措施，加强农村体育设施建设，改善农民健身条件。以文明生态村为主要实施对象，向上争取100余万元，为17个村配备公益性健身器材，以满足农村群众的健身需求。2.着力改善社区体育设施。本着“一切从实际出发、因地制宜、服务群众”的原则，在街道、居民小区配备了实用的健身路径18套，以室外综合健身器材为主，适合群众开展一般性健身活动。“路径工程”亲民、便民、利民，不但改善了广大群众参加体育健身活动的条件，同时也美化了居民的生活环境，成为城市一道新的亮丽的风景线。

【群众体育活动丰富多彩】 2009年，本市精心策划有创意、有规模、有特色的全市全民健身大联动，推行“全民健身月”活动，在“全民健身月”中，基本做到天天有安排、周周有比赛、阶段有高潮。深入开展体育进农村、进社区、进校园、进工地、进机关、进军营等活动，推动全民健身活动向各类人群和城乡社区覆盖延伸，推动群众体育向社会化、市场化、生活化发展。

竞技体育

【举办葫芦岛市第三届全民运动会】 6月19日～9月13日，葫芦岛市第三届全民运动会举行，历时85天，共设14个比赛大项254个小项，设机关、企业、学校等七个组别，共有5 010人参与，在项目设置、参赛人员、运动成绩三个方面均创历史新高，有2人打破纪录，有4人达到国家一级运动员标准、75人达到国家二级运动员标准。本届全运会竞赛公正公平，运动成绩实现了历史新跨越，开幕式表演节目形式新颖、主题突出，其中150人威风锣鼓、600人学生团体操、400人太极功夫扇和1 000人全民健身大家跳场面蔚为壮观。机关广播体操18个队的决赛列为全运会正式项目，极大地推动了下步创建健康机关工作的深入。在本届运动会上，发现了一批优秀体育苗子，为竞技体育发展注入了新的活力。全运会的举行对推动全民健身运动，发展竞技体育，深化创建健康机关工作，提升城市品位，改变市民传统生活方式等方面都产生了积极影响。

【业余训练工作】 2009年，本市业余训练工作严格遵循“选好苗子、着眼未来、打好基础、系统训练、积极提高”的训练指导思想，创新管理机制，队伍整体活力不断增强，向管理要效益、要金牌、要人才。成立教练员管理委员会，通过政策引导、教育培训、竞争上岗优化教练队伍结构，激发教练员队伍的创造力、竞争力。加强项目规律研究，研讨竞技体育的发展趋势和应对措施。坚持“运动员第一”的思想，增强运动员自强意识，加强自我约束、自我教育、自我管理，提高运动员思想道德素质，增强运动员队伍的凝聚力、向心力、战斗力。同时，端正赛风，加强对运动员、教练员、裁判员体育道德教育，制定相应的奖惩措施，加大公平竞争力度，杜绝比赛中运动员使用禁用药物和从事赌博活动，不得弄虚作假、营私舞弊。坚持“三严”方针，层层签订《反兴奋剂责任状》，加大反兴奋剂工作力度，确保不发生兴奋剂事件，体育竞赛实现公平竞争。后备人才培养机制进一步健全，竞技体育可持续发展能力不断增强，在抓好竞技备战的同时，高度重视后备力量建设，切实加强学校体育工作，全面实施素质教育，源源不断地培养和输送体育后备人才，以县级业余训练考核评估为杠杆，推动学校体育全面发展，建立起体教结合、层层衔接、梯队管理、形式多样、与葫芦岛竞技体育发展需要相适应的业余训练体系。本市竞技体育工作取得较好成绩，参加辽宁省少年田径、摔跤、柔道、散打、跆拳道、乒乓球六项比赛，获得1枚金牌、2枚牌、5枚铜牌，获得总分67分。

【承办主办及参加的各级体育赛事】 1月9日～11日，在兴城举办市象棋协会换届大会暨全市象棋个人邀请赛，来自全市40余名选手参加了比赛。2月1日～12日，本市承办全省象棋、围棋裁判员培训班，来自全省14个市60多名二级裁判员参加了学习，同时进行了国家一级裁判员资格考试。2月5日～17日，本市承办全省象棋、围棋锦标赛（个人），有来自全省14个市、行业体协的近400名优秀棋手参加了比赛。3月5日～9日，本市组对参加了香港第七届国际武术节，本次赛会共有来自57个国家7 000余名武术高手参赛。市太极拳协会和育才武术学校共派8名选手参加比赛，参赛选手不畏强手，努力拼搏，共获得5枚金牌3枚银牌2枚铜牌的成绩。3月6日～7日，邀请著名围棋大师刘小光九段、李亚春七段莅临指导讲学。两位大师对本市良好的围棋氛围给予充分肯定，并大力支持葫芦岛市围棋事业。5月1日～3日，在葫芦岛山庄举办了葫芦岛市第二届风筝文化节，同时，举办了现场风筝制作、风筝文化展览等活动。5月2日～3日，举办“葫芦岛棋院杯”围棋天元赛，有来自辽西5个城市40余名选手参加比赛。5月16日，市委在市政府广场召开创建健康机关动员大会，市委、市人大、市政府、市政协领导及84个市直单位领导和机关干部近万人出席会议，会后举行发万人徒步健身走活动。5月16日～17日，在步行街优酷广场举行了“心伟武校杯”葫芦岛市第八届跆拳道锦标赛，近100名运动员参加了比赛。5月26日～29日本市参加在沈阳举行的辽宁省青少年摔跤比赛中，王博荣获男甲120公斤级第二名，张良荣获男乙83公斤以上级第四名。6月2日～5日本市参加在沈阳举行的辽宁省青少年柔道比赛中，李医莹荣获女甲52公斤级第四名。6月6～7日，举办了“朝代装饰杯”葫芦岛市台球大奖赛，有110余名选手参加了比赛，将混合团体比赛的形式纳入比赛正式项目，参加人数、比赛形式新颖。6月10日～15日本市参加在大石桥举行的辽宁省青少年跆拳道比赛中，谷宏图荣获男乙45公斤级第三名。6月20日晚7点在莲花广场举办了葫芦岛市2009年全民健身启动仪式，共演出太极拳、功夫扇、健身操、健身秧歌、篮球操、太极柔力球等9个项目。6月20日～7月3日，承办了2009年辽宁省第十九届老年人门球比赛，来自全省各市及行业老体协16支代表队，160名运动员参加了比赛。7月18～19日，在实验一小举办了2009年“联通杯”全市第四届少儿围棋锦标赛，有近300小选手参加了比赛。7月24～26日，在葫芦山庄举办了2009年“联通杯”葫芦岛—北京市朝阳区围棋夏令营，共有85名小营员参加此次活动。7月27日～8月15日，在老区体育休闲广场举办葫芦岛市第四届排球锦标赛，共有10支队伍，120名运动员参加了比赛。8月25日～28日本市参加在沈阳举行的辽宁省青少年田径比赛中，赵猛荣获男子甲组200米第一名、400米第三名，赵磊荣获男子甲组跳高第六名。9月15～21日，本市老年女子乒乓球被省老体协指定代表辽宁省加在福建省福州市举行全国第一届老年人体育健身大会。

（荣丰满）

社会生活

民　　政

【概况】　2009 年，全市民政部门深入学习贯彻科学发展观，以提高民生保障水平、加强民政基础设施建设为重点，统筹兼顾，全面推进，用心把握，积极作为，各项民政工作取得显著成绩，为保障和改善人民生活、促进社会和谐稳定作了贡献。

【社会救助水平明显提高】　2009 年，本市城市低保对象为 71 503 人，低保标准提高到每人每月 270 元，提高幅度为 20%，全年累计发放保障金 1.63 亿元；农村低保对象达到 10 万人，低保标准提高到年人均 1 240 元，提高幅度为 24%，全年累计发放保障金 6 425 万元。同时，全市重点提高了城市低保分类救助标准，由每人每月 50 元提高到不低于 70 元，其中“三无老人”的分类救助标准提高到每人每月不低于 200 元。五保供养条件进一步改善。五保供养标准年人均提高约 300 元，全市共有五保供养对象 14 810 人，全年共发放五保供养金 2 440 万元。

【低保体系不断完善】　2009 年，本市全年投入救助金 210.33 万元，救助患病困难群众 1 168 人次。发放救助金 317.84 万元资助贫困大学生 2438 名。全市共取暖救助 12 755 户，共减免和发放救助金 1 071.28 万元。本市连续第 3 年实现全市城乡低保春节临时救济全覆盖。临时救济金春节发放 3 000 万元，二、三、四季度各发放 100 万元，城乡贫困对象的临时困难得到及时救助。

【救灾应急反应机制日益完善】　2009 年，本市加强救灾应急工作，开展减灾活动，保障灾民的基本生活。全年争取上级救灾资金 2 174 万元，帮助 9.8 万受灾群众解决生产生活困难，为农村重灾民、低保户新建住房 661 户、1 755 间，维修 176 户、559 间。全市抗灾、减灾能力不断提高。

【慈善事业蓬勃发展】　2009 年，本市各级慈善组织进一步理顺了工作关系，慈善工作网络日臻完善。各级慈善组织围绕救灾、医疗救助、敬老院改造等积极开展专项募捐活动，取得了显著成果。开展了“健康快车”行动，为本市城乡低保户及困难户中的 176 名白内障患者实施了免费复明手术；实施“育龄妇女健康医疗救助工程”，为城乡妇女提供长期的免费医疗救助，已有 1 万多人受益；发放 40 余万元的款物对连山区化工地区的困难职工进行了救助。

【社会福利事业稳步发展】　2009 年，本市提高 60 年代精简退职职工生活待遇标准，民政部门负责人员的补助全部按新的标准足额发放到位。深入开展养老服务社会化示范活动，全市居家养老 900 人，其中由政府出资居家养老 400 人。推进福利机构建设，全市现有城镇养老服务机构 30 个，床位数 3 432 张。落实“蓝天计划”，做好建设市儿童福利院的前期准备工作。

【福利彩票发行平稳发展】　2009 年，本市积极应对福利彩票市场竞争压力，加强福利彩票发行管理，全年销售额达到 1.61 亿元，较 2008 年增加 2 600 万元。

【城乡社区建设成果丰硕】　2009 年，本市开展和谐社区示范单位创建活动。连山区化工街道被评为全国和谐社区建设示范街道，连山区化工街道惠民社区、渤海街道滨河社区被评为全国和谐社区建设示范社区。建立社区志愿者注册登记制度。全市社区志愿者已登记 21 776 人，并建档完毕。加强社区信息化建设。全市社区居民信息录入工作已基本完成，共收录 65.4 万名居民的基本信息。全市确定帮建的 34 个农村社区服务中心已全部完工。

【完成第七届城市社区居委会换届】　2009 年，本市根据国家 12 部委文件要求，开展了村务公开、民主管理“难点村”治理工作，为搞好第十届村民委员会的换届选举工作奠定了良好基础。

【双拥工作蓬勃发展】　2009 年，本市以建国 60 周年为契机，广泛开展双拥创建活动。不断加大军地相互支持力度，推进双拥政策法规落实，开展丰富多彩的拥军优属活动，顺利通过第七轮省双拥模范城中期评比检查。

【优抚政策全面落实】　2009 年，本市优抚医疗保障制度进一步落实，在老复员军人住院费 100%

报销的同时，将其他优抚对象住院费报销比例提高到90%。全年共为487人次报销医疗费100.1万元。切实抓好重点优抚对象抚恤金和生活补助标准的提标工作，残疾人员、“三属”抚恤金提高幅度为15%；在乡老复员军人定补达到每人每年6 360元，提高幅度为35%；其他优抚对象补助标准也得到相应调整。先后组织200名重点优抚对象、残疾军人进行康复疗养，提高了优抚对象的幸福指数。

【退役士兵安置稳步推进】 2009年，本市退役士兵安置工作继续采取政府指令性安置与扶持自谋职业相结合的安置办法，强化政府职能，确保退役士兵得到妥善安置。全市接收退役士兵1 376人，市本级安置392人。筹集退役士兵有偿转移金380万元，确保了退役士兵一次性经济补助费的及时发放。认真做好复员退伍军人稳定工作。军休工作以贯彻落实国家相关文件为核心，以构建和谐军休为主题，进一步深化军休服务管理改革，促进军休工作全面发展。接收无军籍职工和军队离退休干部83人，全部妥善安置。

【加强社会组织管理工作】 2009年，本市367个社会组织开展了学习实践科学发展观活动。以突出社会组织党组织建设为重点，充分发挥业务主管单位的作用，注意加强分类指导，推广典型经验，学习实践活动取得显著成效。加大了社会组织执法监察力度。全年共取缔非法社会组织2个，注销社会组织3个，新成立市级社会组织6个。新培育发展农村专业经济协会13个，全市农村专业经济协会已达115个，对农村经济发展起到了积极推动作用。

【平安边界创建示范活动扎实开展】 2009年，本市完成了省界“辽冀线”、市界“葫朝线”和部分县界的联检任务。城市地名规划、地名标志设置管护和地名数据库建设取得了新的进展。

【殡葬管理工作】 2009年，本市开展公墓清理整顿，规范殡葬管理服务，清明节期间群众祭扫活动安全有序。做好免除城乡低保对象基本丧葬费用工作，共为1 244户减免丧葬费用128万元。

【婚姻登记服务工作】 2009年，本市加强婚姻登记规范化建设，全市7个婚姻登记处，已有5个进入国家婚姻登记规范化单位行列。成立了市婚姻家庭建设协会，推动了全市婚姻登记和服务的规范化建设和管理。

（刘　兴）

民族 宗教

【概况】 2009年，市民族事务委员会上下同舟共济、共谋发展，呈现出政通人和、团结向上的良好局面。开创了全市民族宗教工作的新局面，机关管理上了新台阶。

【加快少数民族地区经济社会发展】 7月3日，本市建立了葫芦岛市少数民族培训基地，提高少数民族人民的致富本领，培养致富带头人。此举在省内各市民族工作中是首创，得到省民委及市委、市政府领导的高度评价。建立了全省首家少数民族发展项目库。库内收存项目160个，实行了项目动态管理，资金集中使用，集中力量发展优势产业。编制了《葫芦岛市少数民族地区近期及十二五发展规划》。为实现少数民族地区及全市经济社会可持续发展奠定了基础。继续实施少数民族群众“百村千户”电脑致富示范行动，全市90个少数民族电脑示范户逐步成为当地科技致富的经纪人和带头人。积极争取省民委资金发展少数民族经济项目，推动新农村建设。并对资金使用管理建立新的机制。

【努力推动民族团结进步事业发展】 2009年，本市积极对外来少数民族及流动少数民族人口实行有效管理，维护民族的团结和社会稳定。积极开展了民族政策法规宣传月活动，通过在《葫芦岛日报》上发布民族团结进步知识竞赛答题、在市区摆放展板，向群众发放宣传单等形式，宣传民族政策、法规和民族知识，使社会各界对民族团结进步的意义有了更深层次的了解。进一步做好少数民族文化教育工作。积极参加省民委组织的少数民族文化教育活动，取得了可喜成绩。

【切实解决少数民族四大热点问题】 2009年，本市切实解决了少数民族四大热点问题。1.开展清真食品检查，为穆斯林群众打造食品安全网。本市的清真食品生产、经营还存在很多隐患和不安全，极易引发群体事件，市民委会同工商、卫生、食品药品监督等有关部门和县区民委、伊斯兰协会，对全市清真饭店、清真食品专柜等进行了检查，对存在的问题限期整改。同时聘请清真食品义务监督员，建立了清真食品管理长效机制，保证穆斯林群众食品安全。2.解决回民墓地问题。经过协调连山区政府、龙港区政府，在连山区寺儿堡镇选取了一块3.33万平方米的荒山作为回民墓地，广大穆斯林群众非常满意。3.争取省民委资金28万元，使3座清真寺得到维修。4.解决宗教人员的社保问题。

【加强宗教管理】 2009年，本市及时调整了市宗教工作领导小组，并成功筹备召开了全市宗教工作领导小组扩大会议。进一步完善了宗教三级管理网络和两级责任制。加强了基层宗教工作力量。保证了宗教工作的正常开展。对宗教场所和宗教活动进行全面检查，加强对宗教活动和宗教人员的依法管理，做好换发登记证工作。对乱建寺庙和基督教乱设堂点进行了全面治理。严格执行大型宗教活动审批程序。对宗教重大朝圣活动做出妥善安排，保证宗教依法依规开展活动。抵御境内外宗教渗透，保持宗教和谐稳定。积极开展打击非法传教活动。

与河北、辽宁、天津、北京的部分所辖城市建立宗教联席会议制度，共筑宗教防渗透保护墙。

【引导宗教与社会主义社会相适应】 2009年，本市注重宗教团体建设。成功指导了佛教、天主教换届。在全市开展了创建平安宗教场所工作。积极组织开展宗教“双文明”创建工作，在全省双文明表彰大会上，本市有9个宗教场所和10名信教公民受到了表彰。

（宋广军）

人口和计划生育

【概况】 2009年，全市出生人口18972人，比计划少出生2488人；人口出生率为6.8‰，比省政府下达的7.62‰的控制指标降低了0.82个千分点，人口控制指标完成情况良好。全市出生人口性别比为105.88，基本趋于正常。

2009年，本市被省人口计生委确定为全省3个家庭健康促进计划示范市之一，连山区荣获全国优质服务先进区，并通过了省家庭健康促进计划检查验收，成为即绥中县之后第二个省级家庭健康促进计划示范县区。

【加强计划生育综合治理】 2009年，本市加大计划生育依法治理力度，开展综合治理专项检查。全市有16名党员干部受到党纪处分，其中警告2人、严重警告13人、撤职1人。全市依法强制执行计划生育案件38件，征收社会抚养费658万元。

【加强出生人口性别比治理】 2009年，本市把出生人口性别比治理纳入人口和计划生育目标管理责任制，与各县（市）区和相关部门签订了《目标管理责任书》，健全各项制度，坚持“一票否决”。市人口计生委在卫生、药监等部门的配合下，开展了打击“两非”活动，对全市所有医疗保健机构、个体诊所、计生服务机构、批发零售药店进行了“拉网式”排查。有5个药店出售的终止妊娠药品被当场没收。

【开展“关爱女孩”活动】 2009年，本市出台了《关于在全市进一步开展关爱女孩行动的意见》，在女孩升学、就业、扶贫救助等方面提出了具体的优惠政策。同时明确了教委、财政等各职能部门在关爱女孩方面的具体职责，制定了帮助千名困难女孩家庭脱贫致富的近期规划，协调市民政、教育、科协、扶贫办等相关部门落实了帮扶责任制，建立了帮扶档案。

【落实计划生育奖励政策工作】 2009年，全市农村部分计划生育家庭奖励扶助对象10 321人，落实奖扶资金743.11万元；计划生育家庭特别扶助对象968人，落实特扶资金116.16万元；全市城市双无人员独生子女父母奖励费应兑现17 082户，兑现14 610户，兑现资金176.8万元，兑现率达到了85.5%。市人口计生委与市财政局、国资委、中省直有关部门配合，对全市与企业脱离劳动关系职工独生子女父母退休补助费落实情况进行了调查，为进一步落实独生子女父母退休补助政策提供了依据。

【加强计划生育技术服务机构建设】 2009年，省政府对本市下达了两批30个乡级计划生育中心服务所基础设施建设任务，涉及国债资金1 160万元，重点对基层技术服务环境进行改善。市人口计生委还从加强技术服务队伍培训入手，先后开展了技术服务人员和药具管理人员“科技大练兵”活动，举办了技能知识大赛，进一步提高了基层技术服务人员的业务素质和服务能力。本市在全省计划生育科技大练兵、药具知识大练兵竞赛活动中分别获得了优秀组织奖。

【开展婚育新风进万家活动】 2009年，本市以建国60周年和建市20年为契机，开展了自下而上的计生原创歌曲征集、评选、学唱和歌咏比赛等活动，并按要求向省人口计生委报送了5首原创计生歌曲，有2首获奖。绥中县以家庭健康促进计划为载体，新型生育文化建设成果明显，被本市确定为人口和计划生育宣传先进先导县。全市共建设新家庭文化屋541个，新家庭文化图书角1 000多个，每个乡镇至少有2个新家庭文化图书屋样板间。

【深化优质服务工作】 2009年，本市各县（市）区组成生殖健康服务小分队，深入基层为育龄妇女开展免费生殖健康体检及孕环情检测。全市避孕措施及时率达90%以上，双情检测覆盖率达到已婚有偶育龄妇女的90%以上。连山区荣获了全国优质服务先进区。在基础好、技术力量强的县级服务站开展“夕阳关爱”行动，为全市300多例绝经期妇女免费摘取了宫内节育器，受到了群众的欢迎。计划生育“三送”服务得到进一步加强。全市7个婚姻登记机构、61个有资质的助产单位和6个计划生育技术服务部门全部开展了“三送”服务，覆盖率达到100%；应享受“三送”服务对象39 164人，实际享受38 480人，受益率达98%以上。

【推进计划生育政务公开】 2009年，本市利用“葫芦岛人口网”、《葫芦岛人口》期刊、计划生育政务公开橱窗以及葫芦岛人民广播电台、葫芦岛电视台、报纸等各种新闻媒介，全面加大了政务公开力度。实行了行政审批网上公开工程，及时公布行政审批事项，广泛接受群众监督。计划生育政务公开和村（社区）务公开达到了100%，群众知晓率达到80%以上。市人口计生委与兴城市人口计生局联合开展了“5·15政务公开日”宣传活动。现场发放各种宣传资料2.3万份，各种避孕药具2 150多盒。政务信息工作得到全面加强，建立了市县乡三级信息员报道员队伍，完善了政务信息专报制度、政务信息考评制度、政务信息奖励制度。

【加强流动人口服务管理工作】 2009 年，本市将 14.5 万元的流动人口计划生育管理和服务经费纳入了市财政预算，并实行专款专用。各县（市）区流动人口计划生育管理和服务经费合计 30 多万元，也已纳入了各级财政预算。市人口计生委设置了流动人口管理办公室，并有专人负责。绥中、连山设立了经编制部门批准的内设流动人口管理机构，其他县（市）区配备了专职人员。制定下发了《葫芦岛市流动人口计划生育免费技术服务规定（试行）》，为全市符合条件的流动人口提供与户籍人口同等计划生育免费技术服务。全市流动人口免费计划生育服务落实 3 241 人，落实率达到 90%以上。加强了流动人口计划生育服务管理工作平台建设。制定下发了《葫芦岛市流动人口计划生育服务管理工作平台使用管理规范》。流动人口信息反馈率达到 95%以上。

（谭　畅）

城乡居民生活

【概况】 2009 年，葫芦岛市委、市政府始终把改善和提高人民生活作为经济社会发展的出发点，相继出台一系列“保增长、扩内需、调结构、惠民生”的政策和措施，社会经济和谐发展，城乡居民收入稳定增长，居民生活质量进一步提高。

【城乡居民收入实现平稳增长】 2009 年，本市城镇居民人均可支配收入为 15 305.3 元，增长 9.8%。农村居民人均纯收入达到 5 595 元，增长 8.6%。城乡居民收入平稳增长，收入结构各具特点。城镇居民总收入的四项构成呈现“三升一降”，农村居民收入构成是“两升两降”。1. 城镇居民人均工资性收入 8 569.2 元，增长 11.1%。其主要原因一是机关、事业单位政策性增资的翘尾因素影响。二是部分事业单位兑现并补发了绩效工资或提高了工资、津补贴标准。农民人均纯收入中工资性收入为 2 229.3 元，增长 16.57%。2. 城镇居民人均转移性收入 5 434.6 元，增长 23.4%，这主要是上年下半年以来养老金和离退休金两次政策性增资因素所致。农民转移性纯收入为 145.7 元，下降了 12.1%。3. 城镇居民人均财产性收入 230.5 元，增长 17.2%。主要原因是出租房屋收入、股息与红利收入和其他投资收入的快速增长。农民财产性纯收入为 83.9 元，下降 22.8%。4. 受国际金融危机不利因素的影响，城镇居民人均经营净收入 2 505.2 元，下降 10.2%。农民家庭经营纯收入达到人均 3 136.1 元，增长 5.8%，其中第一产业纯收入为 2 507.7 元，增长 2.18 个百分点。

【消费质量水平继续提高】 2009 年，本市城镇居民家庭人均消费性支出为 10 051.3 元，同比增长 11.5%；农村居民家庭人均消费性支出为 3 873.5 元。同比增长 14.8%，城乡居民消费性支出较快增长，生活质量继续改善，消费亮点呈现。1. 食品消费结构日趋合理，恩格尔系数下降。本市城镇居民人均食品支出 3 997.4 元，增长 2%，占消费支出的比重(恩格尔系数)为 39.8%，比上年下降 3.7 个百分点。农村居民人均食品消费支出为 1 349.6 元，增长 0.6%，农村居民恩格尔系数(食品消费占生活消费支出的比重)为 34.8%，比上年下降 4.9 个百分点。2. 保健意识增强，医疗消费快速增长。随着社会医疗保障体系的逐步完善，城乡居民在衣食住行有了保障之后，家庭医疗也开始从治病向防病转变，居民保健意识增强，按摩器、健身器、磁疗枕等保健器具已经步入居民家庭生活。城镇居民家庭人均医疗保健支出为 696.5 元，增长 23.9%，其中保健器具增长了 1.8 倍，药品费增长 20.7%；农村居民家庭人均医疗保健支出 309.8 元，增长 55.4%。3. 家庭信息化进程加快，交通通讯支出高速攀升。城镇居民家庭人均交通通讯消费支出为 1 266.2 元，增长 46.5%；农村居民交通通讯支出为 368.94 元，增长 0.5%。城镇居民家用汽车拥有量每百户达到 6.8 辆，是上年的 2 倍；每百户家庭拥有固定电话 81 部，移动电话 143 部，通讯设备拥有量增长 4.3 个百分点；每百户家庭拥有家用电脑 53 台，增长 28.8%。农村居民家庭每百户拥有家用汽车 3 辆，家用电脑 3 台，固定电话 89 部，移动电话 90 部。4. 家庭设备用品不断更新，耐用品拥有量增加。城镇居民家庭人均家庭设备用品与服务支出为 536.5 元，增长 51.6%；农村居民家庭此项支出人均为 211.3 元，同比增长 25.9%。城乡居民家庭的家电、家具等耐用消费品的数量和种类不断增加，档次越来越高，空调器、微波炉、彩色电视机、电冰箱、热水器、洗衣机、消毒碗柜等中高档耐用消费品拥有量逐年增加。城镇居民每百户家庭拥有空调器 20 台、微波炉 43 台、彩色电视机 116 台、电冰箱 96 台、热水器 45 台、洗衣机 91 台、消毒碗柜 4 台；农村居民家庭每百户空调器 4 台、微波炉 5 台、彩色电视机 105 台、电冰箱 58 台、热水器 10 台、洗衣机 89 台。5. 居住消费持续增长，住房拥有量悄然变化。城镇居民家庭人均居住类支出为 1 161.2 元，增长 7.7%；农村居民家庭居住类支出为 740.6 元，增长 51.3%。城乡居民在居住条件全面改善的基础上，拥有 1 套以上住房的家庭也在悄然增加，城镇居民除现住房外，每百户拥有其他住房 8 套，比上年增长了 33.3%。

（袁　玲）

县（市）区建设

连山区

【概况】 2009 年，连山区在市委、市政府的坚强领导下，认真贯彻党的十七大和十七届四中全会精神，全面落实科学发展观，积极应对国内外复杂经济形势的不利影响，全力抵御严重的自然灾害，团结和带领全区人民，奋力拼搏，攻坚克难，在最为困难的一年取得了令人欣慰的成绩，较好地完成了区五届人大二次会议确定的各项任务目标。

全年完成地区生产总值 104.5 亿元，同比增长 25.3%；一般预算收入实现 6.04 亿元，同比增长 19.5%；全社会固定资产投资完成 52.3 亿元，同比增长 40.1%；城镇居民人均可支配收入达到 14 465 元，同比增长 11.5%；农民人均纯收入达到 6 330 元，同比增长 11.9%。

化工街道获“全国和谐社区建设示范街道”荣誉称号；惠民社区、滨河社区获“全国和谐社区建设示范社区”荣誉称号。连山区获“全国百佳全民创业示范县区”荣誉称号。高桥镇高城子村获“辽宁省先进卫生村”称号。本区首次进入全国计划生育优质服务先进区行列。

【农村经济稳步发展】 积极落实惠农政策，加大农业基础设施投入，大力发展现代农业，努力实现农业增效、农民增收、农村稳定。全区农业总产值预计实现 24.4 亿元，同比增长 8.3%。粮食总产量实现 1.36 亿公斤，肉蛋奶产量实现 1.8 亿公斤，水果总产量实现 1.06 亿公斤。农业产业化进程进一步加快。农业产业化龙头企业已发展到 54 家，农民专业合作社发展到 105 家，“一村一品”专业村发展到 24 个。虹螺岘镇荣获“辽宁省特产之乡”荣誉称号，“虹豆香”干豆腐、“兴桥”洋葱被评为“辽宁名牌农产品”。设施农业快速发展。完成省级设施蔬菜小区面积 13.33 平方千米，新建畜禽标准化小区 58 个。农业基础设施不断改善。投资 7 000 万元，新建农建骨干工程 65 项。投资 2 700 万元，推进了虹螺山水库除险加固工程。投资 1 348 万元，完成抗旱浇灌和节水灌溉 66.67 平方千米。投资 2 288 万元，解决 45 个村屯 3.6 万人的饮水难问题。投资 367 万元，完成 720 户“一池三改”。惠农政策得到很好落实。共发放“粮食直补金”3 337 万元，受惠农户达 9.7 万户。土地承包经营权流转试点工作稳步推进，为 136 户农民办理了 425.6 万元土地经营权证抵押贷款。林权制度改革全面推进，完成人工造林 54 平方千米。西部乡镇扶贫开发工作卓有成效。投入 600 万元专项资金，扶持西部贫困乡镇改善农业生产条件，棚菜生产收益显著，仅此一项，4 个贫困乡镇人均增收 320 元。

【发展后劲显著增强】 面对全球金融危机的影响，连山区立足保增长，突出调结构，狠抓上项目，增强了发展后劲，拓宽了发展空间。打渔山园区建设全面推进。省发改委已批复同意将打渔山园区升格为省级独立开发区，规划面积调整至 33.56 平方千米。年内，园区内基础设施建设累计完成工程量达 7.9 亿元，三横两纵主干路黑色路面及沿线给排水管线铺设完毕，日处理 2 万立方米的净水厂和输水管线工程建设完成，三条主干路沿路绿化带、路灯及通讯工程已经完工，完全具备了项目入驻的基础条件。园区泵业基地、中小企业园正成为工业项目的投资洼地，滨海大道北侧近 5 平方千米的商业区更成为投资商追逐的热土。东城区开发取得长足进展。进一步完善了路网及连山河公园的基础设施，实施了抚民桥两侧护坡、绿化工程，众多开发商竞相在这里落户生根。招商引资取得重大突破。制定招商激励政策，设立了 3 个驻外省招商办事处，先后在沈阳、上海、温州、博山等地开展了多次大型主题招商活动；青海西部科技矿山泵、山东长志泵业、虹京泵业、国华消防泵等 15 个重大招商引资项目相继落户打渔山园区，总投资达 13 亿元，一个泵业及泵业相关产业集群正逐步形成。投资 9 800 万美元的特易购大型卖场项目已正式落地，投资 760 万美元的台湾大成饲料加工项目正式投入生产；易世达余热发电、塔山鸿达铸钢、威力耐火机械、兴达蔬菜深加工等一批重点项目陆续开工。全年新上重点项目 160 个，预计总投资 189 亿元。其中，亿元以上项目达 14 个，5 000 万元至亿元项目 12 个，1 000～5 000 万元项目 51 个。

【工业经济企稳回升】 年初，出台了扶持矿业企业发展优惠政策，制定实施了领导干部包扶企业制度，千方百计协调资金，切实为企业解决融资、生产等问题，促进了全区工业经济平稳健康发展。全口径工业总产值预计实现 96.2 亿元，同比增长 26.1%。规模以上工业企业发展到 153 家，预计完成总产值 68.5 亿元，同比增长 17.7%。为应对金融危机，以连山钼业公司为代表的矿业企业，通过调整经营方式，挖潜增效，逐步走出了发展困境。钼业公司7家采矿子公司全部获得采矿许可证，10个系统获得安全生产许可证。全年预计生产钼矿石40万吨，钼精砂2 300吨，实现收入1.9亿元，缴纳税金3 900万元。碳素、水泥、冶金、装备制造等行业总体形势回暖，对本区经济的拉动作用进一步增强。充分发挥了振连投资有限公司的融资平台作用，为中小企业协调贷款7 200万元，缓解了企业融资难问题。

【现代服务业繁荣活跃】 全区社会消费品零售总额预计实现67.6亿元，同比增长24.3%。现代服务业增加值占GDP的比重达到42%，已成为本区经济的重要支撑。以百货大楼、宏运商厦等大中型商场为主体，以家具、机动车交易、蔬菜批发等市场为配套的城区商贸体系更加完善。物流建设不断加速。以百大物流为核心，形成了较为完备的配送、销售体系。占地近千亩的东城区远达汽贸、虹京商贸中心等项目已破土动工。农村商贸服务体系更加健全。“万村千乡”市场工程农资农家店发展到135家，日用品农家店发展到63家。汽车、摩托车及家电下乡累计销售3 209万元，兑付财政补贴资金616万元，近万农户直接受益。旅游业得到长足发展。全年共接待游客52.5万人，创社会效益1.7亿元。投资3 600万元，完善了灵山寺、天然寺及塔山烈士陵园等景区基础设施，灵山寺风景区被评为国家AAA级风景区。

【城乡面貌大为改观】 以建设宜居城区为目标，坚持高起点规划、高标准建设，统筹城乡发展，优化人居环境。大力推进城区建设。山河半岛、水岸帝景、星河湾等商住项目相继开工建设。水泥中学棚改项目基本竣工，连山河南岸、铁路住宅棚改进入施工阶段。全年房地产开发总面积达105万平方米。市政设施管护不断加强。投资500万元，完成了城区路面、方砖、排水及路灯等设施维修工作。市容环境得到改善。全面整治了欺街占道、探头市场、露天烧烤等违章行为，拆除违章建筑1 000余平方米。公路网化进程进一步加快。投资4 400万元的滨海公路及路灯配套工程按期完成，寺缸线钢屯段和刘台子北出口改造工程竣工通车。投资3 680万元，完成葫六线、锦大线、新钱线等60.5千米路面大修工程。投资305万元，完成村通油路11.5千米。城乡电网不断完善。投资4 525万元，实施了城乡电网改造和农村“户户通电”工程。投资3 200万元，完成了山神庙子乡变电所工程。新农村建设取得明显成效。累计完成12个乡镇总体建设规划和34个村屯整治规划，6个市级试点村、33个区级试点村的村容村貌发生明显变化。街道、社区工作成果显著。

【民生工程扎实有效】 全年财政安排社会保障、劳动就业及教育支出达4.8亿元，惠及城乡群众的民生项目得到有效落实。公共事业投资规模明显扩大。借助国家拉动内需政策，积极向上争取资金，区医院门诊综合楼、社区服务中心、动物防疫体系、农村饮水安全等38个项目争得国债、省级财力资金共1.03亿元。社会保障体系进一步健全。社保金征缴实现8 059万元，参保人数达到3.35万人，支付社保金1.32亿元。医疗保险参保人数已达5.8万人，全区困难企业退休职工基本医疗保险实现了全覆盖。新型农村合作医疗政策进一步落实，新农合参合农民达28.8万人，9.1万人(次)享受到2 883万元新型农村合作医疗补偿基金。实施积极的就业政策。完成“普惠制”、“阳光工程”引导性培训1.2万人(次)，实现就业、再就业10 450人，零就业家庭动态为零。召开了首届连山区高校毕业生创业专场招聘会，近800名大中专毕业生实现了就业。社会救助工作不断加强。全面提高了城乡低保及农村优抚对象补助标准，共发放优抚定补费1 020万元。投资160万元，完成高桥、金星两所敬老院建设工程。补助131万元，为农村特困户建房104户。妥善开展大中型水库移民后期扶持工作，为1.1万人发放直补金1 125万元。总投资1.7亿元的钢屯兰家沟村、蛤蟆山煤矿后潘村采沉区搬迁工作取得实质性进展，已完成搬迁178户，维修危房348户。兰家沟新村一期4栋住宅楼主体和二期7栋楼基础工程全部完工。在财政相当困难的情况下，切实强化税收征管，千方百计筹措资金，确保了全区13 000名公教人员工资按时足额发放，确保了事业单位津补贴的及时调整并拨付到位。

【社会事业全面进步】 坚持教育优先发展。投入1 270万元，建设张相公、台集屯和白马石3所九年一贯制学校，完善大兴、山神庙两所学校附属设施。完成校舍危房改造4 500平方米。文化事业步伐加快。完成金星、寺儿堡、新台门3家综合文化站建设，建成农家书屋96个。成功举办14场以建国60周年、建区20周年为主题的系列大型文化广场活动。投资5 000万元的区文化中心已进入内部装修的收尾阶段。卫生工作得到加强。积极稳妥应对甲型流感疫情。投资1.2亿元的区医院门诊综合楼建设正式启动。殡葬管理得到加强。投资3 500万元的殡仪服务中心已正式投入运营。安全生产形势稳定好转。严格落实安全生产责任制，开展了安全生产隐患大排查及专项治理行动，实现了事故起数、死亡人数、受伤人数和直接经济损失“四个下降”。精神文明建设扎实深入。全面开展了群众性精神文明创建活动。虹螺岘镇荣获“全国文明村镇”称号，百货大楼荣获“全国文明单位”称号。稳定工作扎实有效。开展了区级领导大接访、千名机关干部大下访和“信访积案化解年”活动。全年受理来信来访584件(次)，投入资金450万元，着力处理了历史遗留问题，群众合理诉求得到妥善解决。城乡防控体系进一步强化。圆满完成国庆60周年安保任务。全年破获刑事案件605起，破案率同比提高39.4个百分点。

【领导成员名单】

中共连山区委员会

书　记　支剑锋

副书记　柴文海（2009年12月任职）

付维升　李长荣　刘　凯

连山区人大常委会
主　任　施德志
副主任　张彦平　金丽凡　杨宝泰
罗　敏

连山区人民政府
区　长　柴文海（2009 年 12 月任职）
副区长　熊玉辉　陈欲晓　付连刚
杨丽芳　陈　玮　刘玉安
杨洪波　冯建华　张少魁
吉银霞
政协连山区委员会
主　席　陈书元
副主席　刘大鹰　赵志华　杨德书
沈玉敏

（高　亮）

龙港区

【概况】　2009 年，龙港区政府坚持以科学发展为第一要务，以改善民生为根本目标，以安全稳定为第一责任，以自身建设为有效保证，沉着应对严峻挑战，积极克服各种困难，实现了全区经济社会的协调健康发展。2009 年，本区生产总值完成 42.8 亿元，同比增长 30.9%。其中，一、二、三产业增加值完成 1.9 亿元、23.7 亿元、17.1 亿元，分别增长 7%、32.9%、30.5%。固定资产投资完成 36.5 亿元，增长 40.9%。财政一般预算收入实现 4.39 亿元，增长 18.2%。城镇居民人均可支配收入达到 15 300 元，增长10%。农民人均纯收入达到7 204 元，增长12.5%。全区政治安定，社会稳定。

【工业强区凸显成效】　为有效应对国际金融危机冲击，变压力为动力，化危机为机遇，调整结构布局，加快产业升级，工业经济质量和效益稳步提升。全区规模工业总产值实现 46.8 亿元，增长 19.7%；规模工业增加值实现 7.12 亿元，增长 45.4%。船舶产业园区作为省“五点一线”和市“一线七区”重点组成区域，基础设施和项目建设快速推进。投资 6.5 亿元，完成一期 3.71 平方千米“六通一平”。现入驻企业 8 家，总投资 62 亿元。其中，泽洋、顺达、华越船舶分段、新宇重工 4 家企业正式投产，东宝造船、中泰造船、海通电气项目开工建设，华越重工完成项目选址和设计工作。船舶制造和配套产业全年实现产值 15.5 亿元，占全区规模工业产值的 34%，成为工业经济的主导产业。此外，渤船工贸组船模块、世星药化香兰素项目、七星钢管 630 大口径焊管生产线建成投产，天宝化工技改项目进展顺利。

【农业经济平稳发展】　在农业遭受特大旱灾、大田作物大面积减产的不利情况下，通过采取种植结构调整和农业保险等措施，实现农业效益不降、农民收入不减。全区农业总产值实现 3.1 亿元，增长 5%。发放农业保险 50 万元、粮食直补资金 43 万元、农资综合补贴 184 万元。投资 140 万元，完成双树至东砬村通油路工程，本区实现村村通油路目标。园区农业和设施农业取得明显成效，葫芦山庄迈入省级农业产业化龙头企业行列；北港街道牛营子村果业合作社成立，填补了本区农村专业合作经济组织的空白。小康示范村建设工程启动，连湾街道荒地村被授予“全省环境优美村”称号。

【招商引资成效显著】　重点围绕船舶海洋工程、药物化工和三产服务业，制定完善激励政策，分解细化招商指标，全力推进招商引资和项目建设。全年开展赴日、韩、新加坡、“长三角”、“珠三角”等国家和地区招商活动 26 次，邀请接待境内外客商 180 人次。成功引进新加坡海洋工程研发团队，实现七星钢管海外建厂，全区对外开放水平不断提升。全年引进域外内资 13 亿元，增长 40%；实际利用外资 900 万美元，增长近 1 倍。全区固定资产投资 1 000 万元以上生产经营性项目 29 个，投资总额 81 亿元。其中，续建项目 6 个，投资总额 5.4 亿元，实现投资 4 亿元；新建项目 18 个，投资总额 71.9 亿元，实现投资 5 亿元。当年建成投产项目 5 个，实现投资 4 亿元。

【第三产业蓬勃发展】　充分发挥中心城区优势，推动三产服务业蓬勃发展。全区社会消费品零售总额实现 27.7 亿元，增长 26.7%。商贸零售业取得新突破，总投资 13 亿元的富尔沃财富广场一期项目开工建设，大地数码影院等项目签约进驻。年销售收入超过10亿元的中石化昆仑燃气锦西分公司投入运营。兴宫商住开发项目完成土地整理和规划设计。房地产开发向好攀升，全年新开工面积 85 万平方米；商品房销售面积 95 万平方米，销售额 26.5 亿元。宾馆餐饮业迈上新台阶，全市首家五星级标准酒店——华泰国际酒店建成营业。汽车销售服务业又有新发展，总投资 6 500 万元的广汽丰田、雪弗兰 4S 店主体完工。总投资 9 000 万元的葫芦岛恒大物流中心投入运营。旅游业加快发展，葫芦山庄被授予“中国葫芦文化之乡”称号，龙湾海滨通过 4A 级景区复核验收。望海寺海滨等 8 处景区全年共接待游客 300 万人次，实现旅游综合收入 7.5 亿元。全区三产项目亮点纷呈，城区服务业迎来快速发展期。

【城市建设持续加强】　坚持高标准规划、高起点布局、高质量建设原则，基础建设步伐加快，城市品位不断提升。2008 年区政府承诺的为人民群众所办 7 件实事基本完成。其中，滨海大道龙港段建成通车，累计实现投资 7 000 万元；建设文萃路中段以及老城区中央路、新村路、英山路、鑫海路等道路 3.5 千米，实现投资 1 700 万元；实施滨海大道、生态公园绿化和龙程街、文化路、海飞路、海翔路等美化亮化工程，实现投资 1 500 万元。龙玉街动迁开始启动；老城区污水处理管网工程完工。实施“两河三村”改造，茨山河河道动迁、景观规划设计全部完成。山城子、大仙沟、小台湾、建北、南山跃进棚户区改造工程稳步推进，回迁率达到50%以上。加大节能减排和生态环境保护力度，主要污染物指标得到有效控制。加强城市管理，查处违章建房410处、52 000平方米，拆除违规广告600块，整治改造望海寺等占道市场，城市面貌明显改观，人居环境不断改善。

【社会保障日臻完善】 坚持以人为本，加强社会保障体系建设，让人民群众共享改革发展成果。全年投入就业专项资金 1 023 万元，城镇实名制就业 8 805 人；城镇登记失业率控制在 3.3%以下。实施农村劳动力转移培训阳光工程，全年培训农民 400 人。零就业家庭就业援助动态管理为零，棚户区回迁居民零就业家庭实现双就业。养老保险扩面工作扎实开展，城镇参保总人数 27 415 人；农村社会养老保险参保人数 6 080 人。累计发放养老金 9 789 万元，支付率 100%。城镇职工基本医疗保险实现全覆盖；新型农村合作医疗平稳运行，参合率达到 95.3%，全年支付费用 354.2 万元，受益农民 9 471 人。城市和农村低保标准从每月 225 元和 100 元分别提高到 270 元和 125 元，全年发放城市低保金 475 万元、农村低保金 110 万元，区中心敬老院主体完工，城乡弱势群体生活得到有效保障。全区立体化、全方位的社会保障和救助体系日臻完善。

【社会事业全面进步】 科技事业不断进步，本区被评为“全国科技进步先进县区”和“全省科普示范城区”。坚持教育优先发展，不断加大教育投入，中小学生均公用经费较上年提高 70 元，面向社会择优选拔 35 名教师充实到教育一线；教育教学质量不断提高，中考成绩继续位居全市首位。区幼儿园以全市第一的成绩通过省级示范园验收。文化体育事业蓬勃开展，本区获得市第三届全民运动会县区组第二名的好成绩；扎实推进“农家书屋”建设等文化惠民工程；成功举办“我爱你中国”大型演唱会、第三届葫芦岛国际葫芦文化节、葫芦岛民俗艺术节等系列活动。公共医疗投入逐年加大，区医疗服务中心主体竣工。疾病预防控制体系不断完善，甲型 H1N1 流感得到有效控制。计划生育工作得到加强，人口控制目标全面完成。广电事业又有新发展，数字网络信号实现全区域覆盖。婚姻登记工作有序开展，本区荣获“全国婚姻登记规范化单位”称号。街区建设迈出新步伐，新解决社区办公用房 5 个；双龙街道公共服务中心挂牌成立；全区 11 个村达到“一场、五室、一校”的省级农村社区建设标准。民族宗教侨务工作取得新成绩，本区被授予“全省民族团结进步模范集体”。金融服务作用得到增强，龙兴投资有限公司、区中小企业担保中心、乾源小额贷款公司等投融资平台，为政府关联类项目和中小企业融资 8 500 万元。双拥共建深入开展，本区继续保持“全省双拥模范区”称号。工商、物价、技术监督、人防、档案、监察、审计、统计、电力、通讯、残联、老龄、妇女儿童等工作也都取得了新成绩。

【精神文明建设扎实推进】 深入实践科学发展观，扎实推进精神文明建设，本区连续五届获得“全省文明城区标兵”称号。按照为民、务实、清廉的要求，切实加强政府自身建设，自觉接受人大依法监督和政协民主监督，广泛听取和采纳人大代表、政协委员合理化建议。全年共办理人大建议 62 件、政协提案 98 件，办结率 100%，见面率 95%，满意和基本满意率达到 96%以上。开展“法律六进”活动，扎实推进“平安龙港”建设；严厉打击各种违法犯罪活动，人民群众对社会治安满意度进一步提升；胜利完成国庆安保任务，本区连续四年荣获省“平安县区”称号，并被授予“全省社会治安综合治理先进县区”。强化应急管理宣传和队伍建设，妥善处置森林火灾、山体滑坡等突发事件。安全生产形势平稳，全年未发生较大安全生产事故。积极开展“信访积案化解年”和“大接访”活动，及时化解各类不稳定因素。全区政治安定，社会稳定。

【领导成员名单】

中共龙港区委员会
书　记　唐联众
副书记　闫庆礼（2009 年 2 月任职）
　　　　付海忠

龙港区人大常委会
主　任　王德瑞
副主任　杨　超　荣玉林　师庆江
　　　　孙学斌

龙港区人民政府
区　长　唐联众(2009 年 2 月离任)
　　　　闫庆礼(2009 年 2 月任代区长)
副区长　王洪升
　　　　赵家鹏（2009 年 9 月免职）
　　　　王铁刚　(2009 年 5 月任职)
　　　　刘　昕　高　翔　李　杰
　　　　王　杰
　　　　张英祥（2009 年 5 月省里下派任职）

政协龙港区委员会
主　席　赵德恩
副主席　赵恩东　刘金艳　田晓颖
　　　　张树军

（赵旭东）

南票区

【概况】 南票区位于葫芦岛市东北部，地处葫芦岛、锦州、朝阳三市交界处，总面积 512 平方千米，地形属典型的低山丘陵区，地理概貌为“八山半水分半田”。人口 14.61 万，其中农业人口 8.13 万，非农业人口 6.48 万，19 个民族，辖 4 个乡镇、7

个街道。区政府驻地九龙街道龙首路42号。

区内矿产资源丰富，已探明金属非金属矿产资源37种，其中煤炭储量居多，可采储量1.2亿吨。耕地72.96平方千米，占土地总面积的14.3%。粮食作物以高粱、玉米为主，果树品种主要有大枣、葡萄、苹果、杏、梨、李子等，这些果品在山区农民收入中占很大比重。境内有沙锅屯古人类洞穴遗址、金代石塔、暖池塘安昌岘舍利塔、缸窑岭明性寺等四处省级文物保护单位，还有市级爱国主义教育基地下五家子惨案遗址陵园以及风景秀丽的葫芦岛市唯一国家大型水库—乌金塘水库。

2009年，地区生产总值实现12.9亿元，同比增长15.1 %；全社会固定资产投资实现4.8亿元，同比增长65.5%；社会消费品零售总额实现4.9亿元，同比增长20.3%；地方财政一般收入实现9 658万元，同比增长 18.7%。全区农民人均纯收入实现 4 563元，同比增长10.6%；零就业家庭保持动态为零。治安案件发案率同比下降18.4%；道路交通和火灾事故同比下降42.4%、36.4%；食品安全和生产安全事故为零。

【重点项目建设有序推进】 坚持以招商引资和项目建设为重点，加快工业产业发展步伐，工业企业生产经营呈现企稳回升势头，规模以上工业实现总产值23亿元、主营业务收入16.1亿元，同比增长25.7%、0.7%。工业经济积蓄发展后劲，累计引进内资9.5亿元，同比增长90%。一批重点项目建设进展顺利，电厂二期工程第一台机组即将投产，宝丰石化项目投入试运行，宏峰碳素二期工程入驻下凌线两翼工业园区，双塔沟膨润土项目完成投资 1 000万元，鼎泰铸件项目落地建成，煤电公司水泥前期规划审批基本完成。

【新农村建设步伐加快】 以基地建设、新品种引进和扶持大户为重点，积极发展农业四大主导产业。新增蔬菜保护地0.15平方千米，建成标准化设施农业小区20个。成功争取国家农业综合开发项目，新发展优质晚红葡萄0.15平方千米。新建和完善标准化畜牧小区14个，建设标准走在全市前列。加大防疫物资储备力度，认真做好动物防疫工作。新建笔架山大枣新品种示范园0.13平方千米，扩大和完善沙锅屯大枣基地，天果枣业项目正在积极洽谈。加强农村生态建设，积极推广新能源。人工造林26.67平方千米，封山育林13.33平方千米，营造精品景观林0.13平方千米。完成农建骨干工程20项，治理小流域8.67平方千米，有望第14次夺得省“大禹杯”。建成户用沼气池600个，和尚沟秸秆气化项目基本完成。落实支农惠农政策，发放支农贷款2.4亿元、粮食直补和农资综合补贴732万元、农机购置补贴99万元。加强农业技术服务，培训新型农民 5 130 人次。启动农业保险工作，减少农民旱灾损失。落实“家电下乡”政策，受益农民达 2 700 户。积极应对严重旱灾，全力组织生产自救，优先保证人畜饮水，新建和维修水源102处。完善乡镇三年发展规划，新建村部4个。

【财税管理进一步规范】 全区税收形势极为严峻，受金融危机影响，有色金属行业税收下降70%；受国家税收政策调整影响，煤电公司等主导税源减收近 4 470 万元。同时，社会保障等刚性支出持续增长，导致财政收支矛盾异常尖锐。面对严峻形势，区政府一方面深入挖潜、广纳财源，加强煤炭税收征管和非税收入管理，促进财政收入增长，可支配财力预计实现 1.8 亿元。另一方面严格执行预算，努力降低行政成本，最大限度压缩一般性支出，努力提高财政保障水平，“三保”支出达2.1亿元，占财政总支出的81.6%。

【社会保障能力稳步提高】 统筹城乡就业工作不断加强，实现城镇实名制就业 4 550 人，组织化劳务输出 6 755 人，培训劳动力 7 370 人次。加大社会保障投入力度，社会保障支出达6 560万元，同比增长9.4%。低保、医疗、养老三条保障线进一步巩固，累计发放低保金 2 626 万元；新农合参合率达97%，位于全市前列；为360名困难企业退休职工办理基本医疗保险，参保人数增加26%；城镇居民医保参保人数净增2 000人，参保率达80%；养老保险扩面征缴工作取得阶段性成果，参保人数达7 400人。街道社区工作得到进一步强化，服务群众的能力逐步提高。启动实施老镇住宅改造工程，前期准备工作基本完成。实施寺缸线三家子和缸窑岭路段改造，完成下凌线安保工程。

【各项社会事业协调发展】 进一步巩固“提高水平普九”成果，全面启动名师名校创建工作，教育教学质量明显提高，在全市年度教育工作评估中获第二名，中、高考创历史最好成绩。成功举办第五届全民运动会，九龙九年一贯制学校高标准体育场投入使用。乡镇卫生院诊疗条件进一步改善，公共卫生应急体系建设得到加强，甲流防控工作有效开展。人口和计划生育各项指标均符合市定标准。建国60周年和建市20周年庆祝活动蓬勃开展，精神文明建设全面加强。安昌岘舍利塔和缸窑岭明性寺等重点文物修缮工程有序推进，沙锅屯烈士陵园整修工程圆满完成。“科普大篷车”、“专家下乡解难题”和“送农民上大学”等活动广受群众欢迎。申报省市科技立项8项，推广新技术2项，推介农业新品种 2 个。“环保攻坚惠民”活动扎实开展，污染源普查工作圆满完成，“十一五”二氧化硫减排提前一年达标。完成第二轮土地调查阶段性任务。顺利通过粮食清仓查库验收，粮食检测站投入使用。中心敬老院选址、规划和设计工作完成。

【依法整治力度加大】 深入排查调处矛盾纠纷，严格落实包保责任制，“信访积案化解年”活动取得实效，信访总量同比下降22%，息访率达62%。公安“三基工程”通过验收，建成区看守所、拘留所。集中整治超限运输和非法客运行为，道路交通安全得以巩固。人防工程建设制度不断规范，人民武装和双拥工作有效开展。社会治安综合治理工作成效明显，连续三年被评为省平安区。依法治理工作有序推进，民主法治建设得到加强。政府依法决策和依法行政水平稳步提升，应急预案得到完善，处置突发事件能力不断提高。科学制定地方煤矿资源整合和采煤方法改革方案，安全生产形势平稳。主动接受人大、政协监督，建立了人大、政协相关领导列席政府常务会议制度，建议、提案办理机制不断创新。

【地区经济转型有新起色】 全区在争取上级政策扶持方面，取得历史性突破，成功进入国家资源枯竭型城市行列，首批 7 100 万元转型扶持资金陆续拨付到账。以此为契机，经济转型工作得到有力推进，转型思路、发展定位、产业布局和预期目标基本确定，转型规划编制工作提上日程。同时，区政府努力争取上级资金支持，牢牢抓住国家“扩内需、保增长”的政策机遇，成功申报立项 14 个，争取国债资金 1 082 万元，公共卫生、污水处理、饮水安全等领域的建设，均不同程度得到了国债资金支持。区医院改扩建项目，计划申请国债资金 1 500 万元，已通过省级审核，待国家发改委批准。

【认真办理 6 件实事】 在七届人大二次会议上，区政府曾向全区人民承诺办好六件实事，经过不懈努力，除煤矿棚户区改造、采煤沉陷综合防治工程受土地、资金等条件制约进展较慢外，其他实事均得到较好落实。一是城区治河工程，完成新沙河生态治理 1 000 米，修建岸边公园 7 000 平方米，已通过省级验收。二是农村饮水安全工程，完成农村饮水安全工程 22 项，解决 8 600 人和 700 头大牲畜的饮水安全问题。三是污水处理厂和自来水厂工程，城区污水处理厂土建主体工程完工；城区自来水厂各项审批手续基本完备。四是一次变电项目，220 千伏一次变电项目已完成投资 500 万元，预计 2011 年竣工。五是工业园区建设，编制完成循环工业园区和下凌线两翼工业园区规划，成功组建投融资平台和中小企业贷款担保中心，成立中小企业协会，服务水平逐步提升。六是棚改和采沉综合防治工程，沙锅屯街道总库住宅棚户区顺利回迁，黄甲、下庙子棚改协议正在签订，年底前回迁入住；采煤沉陷综合防治方面，安置小区选址和拆迁安置补偿方案已确定，完成入户调查、房产评估及征地前准备工作，并已草签协议。

【领导成员名单】

中共南票区委员会
　书　记　孟兆林
　副书记　张　飚　王兴华
南票区人大常委会
　主　任　郭秀芝（女）
　副主任　娄长山　杜金梅（女）　马文玉
　　　　　刘多纯
南票区人民政府
　区　长　张　飚
　副区长　耿凤森　姜　涛　李树桓
　　　　　曲玮晶（女）　杜立新　张文贤
　　　　　栗恩秋（2009 年 12 月任职）
政协南票区委员会
　主　席　刘继舜
　副主席　孟祥前　王志海　顾　平
　　　　　韩丽荣（女）

（朱凤秋）

兴城市

【概况】 兴城市位于辽宁省的西南部，居“辽西走廊”中部偏西，在葫芦岛市西南。东北毗邻葫芦岛市连山区、龙港区，西北同建昌县接壤，西南隔六股河与绥中县相望，东南临辽东湾。地理坐标东经 120° 6′ ～120° 48′，北纬 40° 16′ ～40° 48′。市境东西宽约 55 千米，南北长约 52 千米，总面积 2 112.8 平方千米。市区在境内东北隅，面积为 83 平方千米，距辽宁省省会沈阳 314 千米，离首都北京 414 千米，距葫芦岛港 30 千米。京哈 102 国道、京哈铁路、秦沈高速铁路、京沈高速公路横贯市区，是山海关通往东北的咽喉，为关内外要冲，其战略位置十分重要，历来为兵家必争之地。市人民政府驻地兴海南路 84 号。

兴城西北依辽西松岭余脉，老黄顶、大青山、五顶山、大摸虎山、九龙山等 10 余座 500 米以上的山峰均在这一区域内，是兴城河、烟台河、女儿河发源地。地势依次由西北向东南倾斜，大体可分为西北低山，中部沙岗丘陵、东南近海平原三种地形。自然概貌是六山一水三分田。气候属北半球暖温带、半湿润大陆性气候。年平均气温 9.9℃，全年气候温和，四季分明。全市有耕地 580 平方千米，占全市土地面积的 28.3%；有水域 130 平方千米，矿泉水资源丰富；大陆海岸线长 76 千米，浅海滩涂面积达 80 平方千米，海产品尤为丰富，享有五大美誉的鱼、虾、蟹、贝、蜇等 60 余种；矿产资源有铅、锌、钼、铜、大理石、石灰石、硅石等。全市有林地面积 673 平方千米，有果树面积 267 平方千米、1 400 万株。兴城有旅游疗养院 36 所，床位近万个，是全国著名的海滨疗养区。堪称兴城“五宝”的“五景”——城、泉、山、海、岛珠联璧合，相映生辉。兴城古城是全国重点文物保护单位，兴城海滨风景区是国家重点风景名胜区，首山为国家级森林公园。

2009 年，全市辖 16 个乡（其中满族乡 15 个），4 个镇，7 个街道；239 个行政村，27 个社区。年底，全市总人口 555 957 人，比上年底增加 1 685 人。非农人口 134 972 人，比上年底增加 1 059 人；非农人口占总人口的比重为 24.27%；农村人口 420 985 人，比上年底增加 626 人，农村人口占总人口的比重为 75.73%。全年出生人口 3403 人，人口出生率为 6.14‰；死亡人口 2 364 人，死亡率为 4.27‰；自然增长率为 1.88‰；计划生育率为 97.38%。全市有满族、蒙古族、回族、锡伯族、朝鲜族等 16 个少数民族，其中以满族为最多，有少数民族人口 29.7 万余人。

全年，全市人民在市委、市政府的坚强领导下，以科学发展观为指导，以“保增长、保民生、保稳定”为重点，面对严峻复杂的国内外经济形势，坚定信心，主动应对，抢抓机遇，开拓进取，国民经济保持较快发展的态势，社会各项事业取得新成就。全年地区生产总值 48.06 亿元，按可比价格计算，同比增长 24.7%。其中，第一产业增加值 11.98 亿元，同比增长 5.0%；第二产业增加值 14.01 亿元，同比增长 75.8%；第三产业增加值 22.07 亿元，同比增长 14.2%。分季度看，一季度增长 24.5%，二季度增长 23.2%，三季度增长 21.5%，四季度增长 24.7%。全市 GDP 总量比 2005 年增加 20.9 亿元，年均递增 15.3%。全年全社会固定资产投资总额 400 841 万元，比上年增长 110.7%。其中，城镇固定资产投资 260 738 万元，比上年增长 90.7%；农村固定资产投资 140 103 万元，比上年增长 161.8%。房地产开发投资 52 627 万元，比上年增长 12.5%。年内新增固定资产 210 420 万元，全年固定资产交付使用率为 52.49%。全年社会消费品零售总额 319 217 万元，比上年增长 22 %。其中，批发零售贸易业实现零售额 284 984 万元，比上年增长 20.0%；住宿餐饮业实现零售额 34 233 万元，比上年增长 41.3%。外贸出口受全球金融危机的影响，全年出口商品交货总值 66 396 万元，比上年下降 11.75%。城乡居民生活收入不断增加，全年在岗职工工资总额 28 963 万元，比上年增长 25.08%；在岗职工人均工资 16 931 元，比上年增长 14.39%；年底全市在岗职工人数为 17 164 人，比上年增长 9.7%。全市抽样调查显示，农民人均纯收入 5 462 元/人，比上年增长 8.52%。劳动和社会保障体系进一步完善。全年安置城镇实名制就业 3 494 人，城镇失业登记率控制在 4.3%以下。基本养老和医疗保险扩面工作进展顺利，全年企业基本养老保险参保人员 36 164 人，新增参保人员 3 294 人，参保人员缴费率 90%；失业保险参保人数 20 472 人，新增 1 301 人，征收失业保险费 546 万元，支出 456 万元，企业参保人员全部建立个人缴费记录。城镇居民基本医疗保险参保登记人数 45 851 人（其中在校学生 15 744 人，低保居民 6 680 人），参保率达 83.45%。社会保障相关待遇标准有所提高。全市城乡享受低保总人数达到 43 039 人。全市享受城市最低生活保障的居民为 12 956 人，享受农村最低生活保障的农民为 30 083 人。

安全生产方面，全年发生各类生产安全事故 39 起，死亡 16 人，与上年同期相比，分别下降 34.5%，40.7%。亿元 GDP 生产安全事故死亡率为 0.43，工矿商贸从业人员 10 万人生产安全事故死亡率 0.18，煤矿百万吨死亡率为 0，道路交通万车死亡率为 2.9。其中，道路交通事故 14 起，死亡 13 人，与上年同期相比，事故起数下降 39.15%，死亡人数下降 43.5%；消防火灾事故 23 起，与上年同期相比，事故起数下降 17.9%，均无人员死亡；工矿商贸企业发生事故 2 起，死亡 3 人，与上年同期相比，分别下降 50%、25%。

【农业】 2009 年，兴城市农村经济发展平稳。全年实现农林牧渔业总产值 22.61 亿元，比上年增长 0.2%。其中，农业总产值 6.19 亿元，比上年下降 5.6%，林业总产值 0.22 亿元，比上年增长 5.6%，牧业总产值 4.99 亿元，比上年增长 5.9%，渔业总产值 10.63 亿元，比上年增长 1.4%。受旱情影响，全市粮食产量有所下降，全年粮食总产量完成 22.3 万吨，比上年下降 13.0%；蔬菜总产量 10.69 万吨，同比增长 8.0%；水果总产量 7.19 万吨，比上年下降 10.74%；肉蛋奶总产量完成 6.43 万吨，比上年增长 45.12%；水产品总产量实现 20.5 万吨，比上年增长 11.47%；林业生产稳步发展，全年实现荒山造林面积 19.27 平方千米，其中，人工造林 2.6 平方千米。

主要农副产品产量

表 1

指　标	单 位	2009 年	增长%
粮食总产量	吨	222 713	-13.0
蔬菜总产量	吨	106 940	8.00
水果总产量	吨	71 990	-10.74
肉蛋奶总产量	吨	64 287	45.0
水产品总产量	吨	205 050	11.47

年内，新农村建设取得新成效。全年推广农业新品种 20 个、农业实用技术 15 项。全市新建省级日光温室蔬菜小区 507 个，比上年增加 400 个；新建标准化畜禽养殖小区 80 个，比上年增加 51 个。改善农村生产生活环境，完成水利骨干工程 100 项，新修村通公路 72.4 千米，新建沼气池 720 座，植树造林 70 平方千米，新建农资农家店 85 个。扎实开展整村推进扶贫开发工程，实现 8 个村整体脱贫。落实惠农政策，发放粮食综合直补、家电下乡等各项补贴 6 735 万元。

2009 年，全市完成土石方 838.31 万立方米，投入人工 96.7 万个工日。新增灌溉面积 0.27 平方千米，改善灌溉面积 1.07 平方千米；新打机井 91 眼，方塘 11 座；修建塘坝 7 座，拦河截潜 1 处；水土保持治理面积 30 平方千米；新修河道堤防 8.5 千米，其中生态治河 3.5 千米，植物措施 0.4 平方千米，疏通河道 8 千米；水库除险加固 2 座；修建饮水安全工程 48 处，解决 3.52 万人口饮水困难问题；新增保护地 1.67 平方千米。全年农建工程总投资约 4 000 万元。全年化肥使用量（折纯）1.72 万吨，比上年增长32.3%。全市总用电量49 431.2万千瓦时，比上年增长4.0%,其中农村用电量26 579.2万千瓦时，比上年增长8.2%。

【工业和建筑业】 2009年初，兴城市121家规模以上工业企业三分之一停产，房地产业普遍低迷，企业发展信心动摇，经济发展陷入前所未有的困境。市政府面对严峻形势，认真落实中央各项宏观调控政策，坚持短期措施与长远谋划相结合，变压力为动力、化挑战为机遇，迅速扭转经济下滑的局面，实现全年经济协调快速增长，为兴城长远发展奠定坚实基础。及时出台扶持政策，促进经济快速回升。以稳定工业、激活房地产业为重点，迅速推出扩大内需拉动、加大财税金融支持、扶持工业企业、促进房地产稳定发展等一系列政策，对重点企业、重点项目实行应急扶持措施。全年共减免企业政策性税收1 900万元，取消涉企行政事业性收费9项、停止征收10项，投放工业企业贷款2.3亿元，争取企业技改贴息860万元，争取产业化项目贴息406万元，切实减轻企业负担，增强企业资金流动性，提振企业发展信心。工业生产逐月恢复，房地产业逐步回暖，全市经济逐渐回升。全年完成千万元以上工业新扩改项目29个，规模以上工业总产值555 768万元，比上年增长57.3%,工业增加值120 800万元，比上年增长102.6%。规模以上工业企业主营业务收入556 299万元,比上年增长56.3%；全年规模以上工业企业产品销售产值554 180万元，比上年增长58.6%，产销衔接良好，产销率达到98.9%。

年内，全市具有资质等级的总承包和专业承包建筑业企业总产值86 809万元,比上年增长63.8%；全年房屋施工面积706 753平方米,比上年增长11%;房屋竣工面积706 753万平方米,比上年增长59.0%。

主要工业产品产量

表2

产品名称	单位	年完成	比上年增长（%）
1、钢材	吨	1 461	-77.42
2、塑料制品	吨	4 055	16.52
3.粉末冶金制品	吨	2 770	22.30
4、水泥	吨	110 150	2.89
5.饮料酒	千升	74 633	0.38
其中：啤酒	千升	74 633	0.38
6.服装	万件	663.78	-2.35

【交通和邮电通信业】 2009年，兴城市交通运输仓储及邮政业增加值2.6亿元,按可比价格计算,比上年增长9.9%。年内完成全市境内滨海公路工程建设61.6千米。其中，国道102线与临海产业区连接线2.4千米、滨海公路与龙兴路连接线1千米；修建路基、路面工程59.1千米，大桥1 770.4米/6座，中桥327.46米/7座，小桥382.08米/28座，涵洞75道；工程总投资5.04亿元。同时，修建北关公铁立交桥引线1.4千米、古城北半环路0.9千米；完成农村公路网村通水泥路工程72.4千米，解决云台寺、陈良、长岭子等25个行政村通水泥路，桥梁工程建设893米/55座。全年客运总量达267万人次，旅客周转量达23 960万人/千米。

年内，全市实现邮政业务总量3 990.44万元，比上年增长26.4%；邮政业务收入实现2 512.35万元，比上年增长5.1%。电信业务收入实现4 950万元，比上年下降5.8%。年底全市固定电话及移动电话用户总数近13万户，其中农村电话用户突破8万户。

【旅游业持续发展】 2009年，兴城市继续实施“旅游兴市”战略，不断整合旅游资源，强化行业管理，全面提升“城、泉、山、海、岛”的内在品质和外在形象，全市旅游业呈现出健康、和谐、上升和良好态势。发挥旅游资源优势，增强消费拉动作用。采取多种方式，加大旅游资源宣传推介力度，旅游市场明显扩大，旅游产业活力显著增强，有力带动服务业的发展。全年共接待国内外游客290万人次，增长52.6%；旅游总收入实现15.9亿元，增长72.8%，其中景区景点门票收入2 856万元，增长199.4%。

【举办第二十三届七月海会】 2009年7月16日至18日,兴城市在海滨风景区举办第二十三届七月海会。该届海会由市风景区管理局主办，由中国移动兴城分公司、辽宁金鑫房地产开发有限公司协办。本着投资少、规模小、效果好的宗旨，突出群众性、传统性、娱乐性、多元化的特点。开幕式当天上午和晚上，主办方与协办方为游客和群众奉献精彩的文艺节目和秧歌会演，同时现场开展抽奖和有奖问答及互动游戏活动，形成场内与场外的互动。辽宁金鑫房地产开发有限公司邀请葫芦岛市艺术团的演员于当晚献上18个文艺节目。海会第二天主办方举办游园式猜谜活动。

【财税与金融】 2009年，兴城市财政一般预算收入 30 093 万元，比上年增长 25.6%；地方财政收入 36 847 万元，比上年增长 25.4%。全市地方财政支出 111 903 万元，比上年增长 39.3%。其中，农业支出 11 867 万元，比上年增长 29.6%；教育支出 19 214 万元，比上年增长 17.08%。全年各项税收总额实现 41 064 万元，比上年增长 10.2%。其中，国税实现 17 648 万元，比上年增长 0.6%；地税实现 23 416 万元，比上年增长 18.9%。

年底银行各项存款余额 902 077 万元，比上年增加 120 302 万元。其中，城乡居民储蓄存款余额 725 817 万元，比上年增加 106 451 万元。各项贷款余额 365 385 万元，比上年增加 104 701 万元。

【城市建设和环境保护】 2009 年，兴城市加大城市基础设施改造力度，全年投入资金 1.2 亿元，用于城市基础设施建设。实施美化亮化工程，投资 880 万元，改造兴海南路和兴海北路部分路段、河东路、龙湾大街南延路的人行步道方砖，铺设优质荷兰砖 9.6 万平方米；安装路灯 579 盏；完成热电二期改造，新增供暖能力 130 万平方米；继续实施城市配水管网改造，铺设配水管线 12 千米；启动温泉河改造工程，完成河道清淤 4.7 千米。加强城市管理，对南门外商业街和城市主干道违章建筑、占道经营、露天烧烤进行集中治理。加大城市建设管理力度，完善城市功能，提高城市品位，为房地产开发和旅游业发展奠定坚实基础。城市绿化工程进展顺利，全年新植树木 0.62 万株，新增城市绿地面积 3 500 平方米，人均公共绿地面积 11.2 平方米。城市绿化覆盖面积 11.16 平方千米，城市绿化覆盖率达到 41.06%

年内，环境保护工作取得重大进展。污染减排工作稳步推进，日处理 3 万吨的城市污水处理厂竣工，进入试运行阶段，正式运行后，每年可实现减排化学需氧量 105 万吨。葫芦岛市钼都实业有限公司反烧锅炉改回转窑的技改项目完成，每年实现减排二氧化硫 900 余吨。全年取缔 13 台散烧燃煤锅炉，二氧化硫排放量明显降低。加大对环境违法行为的整治力度，一是加大对水源保护区的整治力度。对兴城河，烟台河、六股河流域实施重点监管，取缔一、二级保护区内的直接排污口。二是严格实施环保专项行动后督察。对 8 家环境违法企业进行依法处理，有效地遏制环境违法行为发展。三是加强古城的烟尘整治。取缔城内燃煤洗浴锅炉。四是开展噪声扰民整治。对建筑施工噪声、企业生产噪声、中高考期间的干扰噪声、餐饮娱乐噪声等实施跟踪监管，环保宁静工程进一步强化。

【科教文卫体全面发展】 2009 年，兴城市科技管理取得突破，有 12 个科技项目分别列入国家、省、市计划。科技创新有新进展，有 6 家企业被评为高新技术企业，有 6 个产品被评为高新技术产品，全市高新技术产值达 600 万元，比上年增长 9%。兴城粉末冶金有限公司和辽宁万来轮胎有限公司被评为辽宁省科技创新示范企业。专利和成果转化工作有较大提升，全市专利总量达 260 项，推广实用科技成果 100 项，建立成果转化基地 10 个。增加经济效益 7 000 万元，科技服务体系进一步完善，以农民科技经纪人和农民大学生带办创办的各类协会、合作社和研究会成为农村经济和科技工作的主要载体。国家海上预警、测震台兴城菊花岛网址建成并投付使用。

教育事业取得新突破。坚持优先发展教育，启动“双高水平普九”工作，教学质量稳步提升，中、高考成绩实现历史性突破。市四中李媛森同学以 691 分夺得葫芦岛市中考状元。全市高考 600 分以上考生 53 人，是其他兄弟县区的 2～3 倍。一高中栗征获葫芦岛市文科状元，以辽宁省第 5 名的好成绩考入北京大学。年底全市拥有各级中小学校 194 所。其中，新建九年一贯制学校 2 所、农村小学 3 所；在校学生 64 493 人，比上年减少 1 780 人，下降幅度为 2.69%。其中高中在校生 8 640 人，减少 190 人；初中在校生 20 089 人，减少 580 人；小学在校生 35 764 人，减少 1 010 人。全年，为省内外各类大中专院校输送新生 2 263 人，其中本科生 1 046 人，专科生 1 217 人。新建校舍面积 11 170 平方米，投入资金 1 167 万元，减少危房 1 104 平方米。投入 280 万元为职教中心新建 2 300 平方米的实训楼，解决职教中心实训场地不足的问题。

竞技体育再创佳绩，在葫芦岛市全运会比赛中，兴城市获得田径男子、女子团体总分第一名。群众性的体育活动蓬勃开展。

文化、广播、电视事业发展良好。全市拥有文化站 27 个。年内新建 4 个乡镇综合文化站和 32 个农家书屋，丰富广大群众的文化生活。公共图书馆 1 个，图书馆藏书量达 6 万余册。城乡居民的文化生活有所提高，全市放映电影 300 余场。文化广场活动丰富多彩，城区文化建设健康发展。广播电视事业完成有线电视“村村通”工程，共架设主干线光缆 1 753 千米，投入资金 1 800 万元。在全市彻底实现光纤到乡镇、村屯的总体目标，实现国家广电总局提出的广播电视“村村通”工作任务。农村有线电视入户达 6 万户，传送 46 套高质量的电视节目。卫生事业健康发展。农村卫生服务条件得到进一步改善，服务功能明显增强。依托国家扩大内需资金，投资 630 万元，对沙后所、碱厂等 7 家乡镇中心卫生院进行新建和改扩建，总面积 5 904 平方米，全市卫生院的面貌焕然一新。年内向上级争取价值 350 万元的 B 超、X 光机、生化分析仪等设备，装备 10 家卫生院。有计划地组织 200 人次医务人员进修、培训和医学再教育。全市医疗卫生机构从基础设施建设到设备更新以及人员素质的提高取均得新的成绩，各家卫生院的服务能力显著增强。年底全市拥有各类卫生机构 41 个，拥有床位 5 358 个，剔除疗养院医务人员，全市从事医疗卫生工作的技术人员 1 435 人。同时，稳步推进新型农村合作医疗制度。年底，全市参合人数 379 379 万人，参合率达到 92%。参合农民受益面大幅度提高，群众“看病难、看病贵”问题得到有效缓解。各医疗机构的服务水平较以往有较大提高，医务人员服务态度明显改观，群众满意度、认同度有较大提升。

【精神文明和民主法制建设全面加强】

2009 年，兴城市开展精神文明创建活动，城乡居民素质和文明程度普遍提高。国防教育、双拥共建、人民防空和民兵预备役工作继续加强。自觉接受市人大依法监督和市政协民主监督，办理人大代表建议、批评和意见 43 件，政协委员提案 128 件。推进依法行政，受理行政复议 24 件，处理行政权属争议 17 件。加强社会治安综合治理，圆满完成“国庆安保”任务，连续三年获得“平安兴城”荣誉称号。保持严打高压态势，破获刑事案件 595 起、打掉黑恶团伙 5 个，社会治安明显好转。加强安全生产监管，安全事故起数下降 50%，死亡人数下降 25%，较大以上安全生产事故为零。完善市、乡、村三级接访工作体系，供暖、供水、交通、土地征占、企业改制等一批信访突出问题得到妥善解决。

【兴城市领导成员名单】

中共兴城市委员会
书　记　杨瑞祥（2009 年 2 月离任）
　　　　孙志浩（2009 年 2 月任职）
副书记　韩　平　金玉枝（女）　马华生
常　委　于学利　张儒林　崔海明
　　　　李兴玉　赵宜洋　邢文忠
　　　　赵兴华

兴城市人大常委会
主　任　康　伟
副主任　王英鹤　邱福顺　张文成
　　　　董永开　田克明

兴城市人民政府
市　长　韩　平
副市长　樊大成（2009 年 2 月离任）
　　　　于学利（2009 年 5 月任职）
　　　　鲁秀红（女，2009 年 2 月离任）
　　　　刘希杰（2009 年 5 月任职）
　　　　范立民
　　　　赵兴华（2009 年 11 月离任）
　　　　卢广金　王建华
　　　　吴少军（2009 年 3 月任职）
　　　　赵志民（2009 年 11 月任职）
　　　　宗明轩（2009 年 11 月任职）

政协兴城市委员会
主　席　蔡成利
副主席　姜　力　滕　林　张亦喆（女）
　　　　张永杰

（董晓雪）

绥中县

【概况】　绥中县位于葫芦岛市西南部，地处辽西走廊西端，被誉为“关外第一县”。东隔六股河与兴城市为邻，南滨渤海辽东湾，西与河北省秦皇岛市山海关区、抚宁县、青龙满族自治县接壤，北靠建昌县。所处经纬度为东经 119° 34′ ～120° 31′ 和北纬 39° 59′ ～40° 31′ 之间。全县划分为 25 个乡镇，总面积 2 765 平方千米，总人口 63 万。县人民政府驻地绥中镇。

境内地势自西北向东南倾斜。西北部山地约占全县总面积的三分之一，较高的山峰有平顶山、龙门山、三山等。中部为起伏平缓的丘陵，南部沿海地区为平原和洼地。主要河流有六股河、狗河、石河、王宝河、强流河、九江河等。气候季风性明显。四季分明，雨热同期，降雨集中，光照充足。年平均气温 9.1℃。1 月平均气温-8.3℃，最低气温-23.3℃；7 月平均气温 24.3℃，最高气温 36.7℃。年平均降水量 645 毫米，无霜期 174 天。县内耕地面积 546.67 平方千米，东南部平原是粮食主要产区，中部丘陵适合经济作物生长。北部山区盛产水果，年产水果 35 万吨，有梨果之乡美誉，绥中县由此成为国家优质水果基地县。海岸线 75 千米，主要海产品有鱼类、贝类、虾类、蟹类、蜇类等。交通尤为便利，京（北京）哈（哈尔滨）电气化铁路、京（北京）沈（沈阳）客运专线和 102 线公路、京（北京）沈（沈阳）高速公路东西横贯全境，306 线公路由绥中为起点一直到达内蒙古。绥中港泊位 3 000 吨，年吞吐量 55 万吨，是绥中海上货运的主要通道。境内山川秀美，名胜古迹颇多，人文自然景观独具风采。水上长城九门口是中国万里长城的一绝，成为世界历史文化遗产地。秦汉建筑遗址位于渤海岸边，与海中的“孟姜女坟”遥对相望。附近海域水清浪稳，是理想的天然浴场。绥中县山、海、城珠联璧合，独具特色，是镶嵌在辽西走廊的璀璨的明珠。2009 年，绥中县委、县政府团结和带领全县人民，牢固树立科学发展观，奋发图强、锐意进取，圆满完成保增长、保民生、保稳定的工作目标，全县上下呈现出政治和谐稳定、经济平稳发展、社会全面进步、人民安居乐业的良好局面。

经济工作更上一层楼。县内生产总值实现 107.3 亿元，同比增长 20%，其中第一产业增加值 27.5 亿元，同比增长 14.1%；第二产业增加值 27.9 亿元，同比增长 14.3%；第三产业增加值 51.9 亿元，同比增长 26.9%。全社会固定资产投资总额实现 61.8 亿元，同比增长100%。地方财政一般预算收入达到 3.74 亿元，同比增长 30.%。农民人均纯收入达到 5 995 元，同比增长 12%。城镇居民可支配性收入达到 11 520 元，同比增长 10%。

民生状况进一步改善。全县实名制就业新增 5 200 人，城镇登记失业率控制在 3.8%以下。不断健全民生保障体系，劳动保障服务中心投入使用。新型农村合作医疗参合率达到 93%，4 530 名被征地农民享受到社会保障，31 331 名城乡困难群众得到了最低生活保障，城镇职工和居民基本医疗保险参保人数分别达到 39 360 人和 46 305 人。继续开展“金秋助学”和“送温暖、献爱心”等助贫活动，为 850 名贫困家庭大学生筹集资金 144 万元，为 160 户低保户修建了住房。解决了城乡弱势群体的实际困难。各项事业全面进步。积极推进文化惠民工程，加强文化阵地建设。围绕庆祝建国 60 周年这个主题，广泛开展“百日文化广场”等群众性文体活动，城乡文化生活进一步丰富。完善 5 所九年一贯制学校附属设施，城郊九年一贯制学校投入使用，滨海经济区九年一贯制学校正在规划建设。大力实施城乡有线电视网络改造工程，有线电视用户能收看到45套优质电视节目。扎实做好计划生育工作，人口出生率控制在6.83‰。完善卫生、食品药品安全监管体制，加强服务网络和防疫体系建设，有效防控了H1N1流感。

【滨海经济区建设突飞猛进】 2009年，绥中滨海经济区建设工作紧紧围绕“海岸中关村，生态新城区”这一主题，在规划、建设、招商、管理等项环节搞好突破，取得了可喜的成绩。

编制完成各项规划。投入资金1 086.7万元，聘请知名专家，高标准编制滨海经济区总体规划、起步区控制性详细规划、旅游发展总体规划、道路绿化景观规划、产业发展规划和服务业发展规划，为经济区的发展提供了科学依据。

加快基础设施建设。投入9.1亿元用于经济区各项基础设施建设。其中主要有：一期路网工程投资1.45亿元，二期路网工程投资1.25亿元，2 600平方米服务中心工程投资400万元，供电工程投资3亿元，供水工程投资1.4亿元，九年一贯制学校投资7 000万元。

大力开展招商引资活动。全县组建80余支、200多人参加的招商队伍，以北京中关村为重点区域，大力开展招商引资活动。一年中共引进企业84家，总投资额达170.2亿元，建成达产后年销售收入可达494.9亿元，可实现利税110.4亿元，相当于过去8年全县引进项目的总合。其中，辽宁（万家）数字技术产业基地入驻企业70家，高岭产业园区入驻企业14家。投资2.3亿元的北京长力联合、投资2.2亿元的北京汉铭等39个项目已开工建设。

不断完善保障机制。县政府制定了《滨海经济区被征地农民社会保障暂行办法》，发放各类补偿款2.7亿，对经济区内1 500户、4 000人进行了动迁，被征地农民全部纳入社会保障体系。辽宁（万家）数字产业基地1.58平方千米用地指标被省政府列入重点项目审批名单，有效解决了经济区用地紧张问题。搭建绥中县滨海投资有限公司和绥中县长城投资有限公司两大融资平台，从农发行、中国银行争取到贷款6.5亿元，为经济区建设提供了强有力的资金保障。选聘各类人才34人，为经济区发展提供了人才保障。

【新农村建设工作】 绥中县新农村建设试点村120个，一批试点村实现“达标升级”，大架子村、洪家村、赵山嘴村成为高级村，试点村人均收入高于一般村20%以上。大力实施“五个三”工程和“一池三改”工程，普及村通油路、安全饮水工程，进一步改善了农村生产生活条件和生态环境。试点村路面硬化123千米，清柴垛4 000个、清垃圾2 500吨、清路障1万米，新建沼气池2 000个。新建文化体育广场38个，新建和改建村支部53个。村民的生活发生了明显变化，实现了“走平坦路、喝干净水、上卫生厕、住整洁房、用洁净能源”的目标。

县委、县政府在新农村建设工作中，特别注重用试点带全面的做法，新农村建设工作带动了全县农村工作的全面进步。2009年，全县农业总产值实现52.8亿元，同比增长10%。粮食、水果、蔬菜、水产品和肉蛋奶总产量分别达到31.5万吨、50万吨、160万吨、24.9万吨和23.7万吨。水果、蔬菜、水产品和肉蛋奶总产量分别比上年增长25%、3.2%、10.3%和10%。其中蔬菜、水产品出口达到60万吨，主要销往俄罗斯、韩国和日本。

建设现代农业。全县新建941个省级设施农业小区，投资1 640万元，为设施农业小区修建配电工程85处、配水工程13处。新建7个万亩粮食高产创建示范区，被国家确定为“全国产粮大县”。新建51个畜禽标准化养殖小区，肉类生产大县地位进一步巩固。新建45个水果先导示范园和3个千亩苹果新品种示范基地，新增水产品工厂化养殖面积5万平方米、筏式养殖4 000台筏、浅海底播面积3.33平方千米，新增干果经济林1.6平方千米，新建规模以上农业产业龙头企业5家，新发展农民专业合作社75个，农业产业化取得明显成绩。

不断加强基础设施建设。年内完成农建骨干工程75项，被评为“全国小型水利建设重点县”。完成王石灌区三期节水改造和网户乡末级渠系改造项目，工程质量、节水效果等方面名列全省第一名。新建农村安全饮水工程41处，解决了2万多人的饮水困难问题，成为葫芦岛市唯一的省免检县。完成龙屯水库和6座小型水库的除险加固工程，防洪能力显著增强。

积极推进生态建设。完成永安堡生态恢复工程和明水乡杨杖子水土保持示范区工程，修复生态面积33.33平方千米，被评为“全省水土保持示范县”。机械化保护性耕作面积达到133.33平方千米，人工造林53.33平方千米，建设绿化示范村屯30个，农村环境明显改善。

增加财政投入和金融支持。2009年，全县对新农村建设综合投入达2.5亿元。县财政投入专项资金1 000万元，发放“五补贴”资金7 584万元，投入综合开发资金2 694万元，投入基础设施建设、结构调整资金6 500万元；涉农贷款余额达到12.5亿元，比年初增长24.5%。

【深入推进平安创建活动】 绥中县是辽宁省的西大门，位居守护首都北京安全的前哨阵地，素称“关外第一县”。特殊的地理位置决定了绥中县抓好平安建设，维护好社会和谐稳定的重要性。几年来，县委、县政府始终把维护平安稳定当做头等大事来抓，取得了省级“平安县”五连冠的殊荣。2009年年初，县委明确提出“深化平安创建活动，争创全省综治工作先进县”的工作思路，成立由书记、县长为组长，综治委成员单位一把手为成员的争创工作领导小组，制发《中共绥中县委、绥中县人民政府关于开展“新一轮争创”活动的意见》，实施“1211”平安创建工作决策机制，即县、乡领导每月进行1次平安建设专题调研；各级平安建设领导小组每季度召开1次工作调度会；每年2次组织人大代表、政协委员视察平安建设工作；县、乡综治委成员单位建立工作联系点，承包1个乡镇、村、社区，指导协助做好“新一轮争创”工作。

进一步完善全县治安防控网络。在交通要道、主要街路、居民住宅区、繁华商业区安装电子监控探头412个，实施覆盖城区的科技网络监控。启动交巡警务工作平台，统一指挥，网格布警，步巡和车巡相结合，实现交通管理和社会治安全天24小时执勤，极大地提高了城区的治安防控能力，“两抢一盗”等可防性案件同比下降了38%。建立110、119、122三台合一的警务指挥体系，实现“三警联勤”，提高警务效率。组建出租车联防队、下岗职工护楼护院队、“夕阳红”义务看护队，提高社会方方面面的联防能力。加强集贸市场治安管理，在从业人员中选调200人组建联防组织，维护市场治安秩序。加强金融、供电、邮电等重点单位、重点部位的安全防范工作，落实“一企一警”措施，建立严密的安全防范制度。全县金融网点、企事业单位重点部位全部安装了与110警务平台联网的自动报警装置和内部安全监控系统。在农村，实施以“一村一警”为主框架的警务工作体制，从政法各部门抽调280名干警到村里任兼职治安特派员。乡镇组建起专职治安联防队伍，定时、不定时地在重点时段、重点路段、重点区域进行巡逻守护。各村组建以民兵为主体的治安联防队，完善菜农“十户联防”制度。推广使用农村技防设施，有很多村在输电线路及重点部位安装了断线、断电报警器和适合村民家庭使用的电子防盗报警器，进一步提升了村民的自我防范能力和农村的治安防控能力。

搭建四级调处平台，化解矛盾纠纷成效显著。县乡两级成立矛盾纠纷排查调处中心，各村设立调委会，形成“纵向到底、横向到边”的四级矛盾纠纷调解网络。严格执行“四项制度”，即民主议事制度、民情分析制度、领导接待日制度和定期排查制度。高台镇在全县率先实行信访听证会，把当事人代表、相关责任部门以及司法部门人员请到一起当场听证，做到上访内容、答辩、政策法规三公开。通过加强矛盾纠纷调处工作，全县90%以上的纠纷在基层和初始阶段得到解决。2009年，全县共调处各类矛盾918件，调处率100%，调解成功率达到96%，有力地促进了社会的和谐稳定。

【农业结构调整成效显著】 绥中县是农业大县。多年来，县领导班子一直把农业产业结构调整、提高农民收入作为为农民谋福祉的突破口，连续多年以“六项工程”竞赛为载体，开展秋冬攻势，逐步打牢了设施农业的基础，形成了品牌，走在了葫芦岛市的前列。如今的绥中，任何人都能感受到农村发生的划时代的变化。在渤海岸边，渔民忙着捕捞和渔业养殖；在中部平原，有机蔬菜生产基地、花卉种植小区、西红柿冷棚遍布田间；在西北部山区，精品果园里硕果累累，畜牧业养殖小区随处可见。

县委、县政府在充分调查研究的基础上，把农业结构调整的重点放在以发展棚菜、经济田为主要内容的高效农业上。出台多项优惠政策，先后制发“三项工程”、“秋冬攻势”、“1255工程”、“结构调整升级”、“四项工程”、“六项工程”等实施方案，从政策上保证高效农业的发展。在县级财力非常有限的情况下，采取多渠道、多形式的筹资办法，不断加大对发展高效农业的投入。为了解决资金缺口，千方百计争取省市银行支持，不断扩大支农贷款规模，积极出资为蔬菜大棚上保险。足额兑现资金补贴，每建设一个县级蔬菜小区，县政府给与补贴5万元。为调动农民进行农业结构调整的积极性，县政府负责棚菜区水、电、路等基础设施建设。几年中，县政府在农业结构调整方面投入资金近亿元。宽邦镇是棚菜生产重点镇。县政府在宽邦投资460万元，架设高低压供电线路45千米，安装变压器52台套，建成蓄水超1万立方米的水源16个，扶助农民打小眼井3 000多眼，全镇蔬菜大棚已发展到10.67平方千米。

把培养和扶持农业龙头企业作为发展农业和养殖业的切入点，积极推广“公司+农户”的发展模式，以“低风险”和“零风险”来调动广大农民发展高效种植业和养殖业的积极性。县委、县政府制定许多让企业落户的优惠政策，积极帮助龙头企业协调用地等问题。在宏伟禽业建设的过程中，县领导多次到现场了解情况，帮助解决资金、配套设施等问题。宏伟禽业集团日宰割生鸡3万只，带动养鸡户1 000余户，安排周边村民600多人就业。

为了不断推进高效农业的健康发展，县、乡、村三级及有关部门全力做好科技服务工作，主要包括提高农民科技素质、建立科技服务网络、建立科普示范基地和搞好品种更新选优。从2000年起，全县连续8年开展科技进万家、科普之冬活动。在科技培训活动中，采取集中培训与现场指导相结合的方式，即县里集中培训技术骨干，乡镇集中培训蔬菜生产和畜牧业养殖大户，村里科技明白人现场指导。县动监局、蔬菜办及有关部门经常组织技术人员深入基层，给农民以面对面的指导，解决生产中遇到的实际问题。蔬菜办先后编写了《日光温室黄瓜》、《芸豆高产栽培技术》、《黄瓜高产栽培技术》等15种技术指导资料，印发给农民。宽邦镇通过葫芦岛市有关部门的衔接，与国内外农业专家建立了长期合作关系，开展“棚菜诊疗服务”，使全镇9 000多人次受益。

县委、县政府的鼓励，龙头企业的带动以及科技人员的指导，使绥中县农业结构的调整大踏步向前推进，逐步形成了农业特色化生产。宽邦、西平坡的棚菜，李家堡、西甸子的冷棚韭菜、有机草莓，前卫的油桃，网户的花卉，大王庙的五彩椒，高甸子的冷棚西红柿，小庄子的早熟土豆等都具有非常强的市场竞争力，深受消费者的欢迎，也真正的给农民带来了实实在在的收益。

【财政收入实现3.8亿元】 2009年，由于受国际金融危机的影响，全县纳税企业经济效益滑坡。面对严峻形势，县财税部门迎难而上，培植财源，加强征管，努力做大做强财政“蛋糕”，为全县经济社会又好又快发展提供坚实的财力保障。到年底，财政一般预算收入实现38 099万元，比上年增长32.4%，首次突破3亿元大关，再创历史新高。

努力培植财政收入增长点。按照“工业强县、农业富民、沿海开发、项目牵动”的思路，充分利用财政政策，努力巩固现有财源，积极培育后续财源，确保财政收入有可靠来源。一是解决企业融资难问题，扶持民营企业发展。“想企业之所想，急企业之所急”，加强与上级部门沟通联系，积极上报项目，为宏伟禽业、天力成、帝华味精、铁山食品、茂华木业五家企业争取产业项目贴息资金 603 万元，解决了企业的燃眉之急。二是加大招商引资力度，培育新税源。财政局领导多次赴北京中关村，与多家高新技术企业洽谈、对接，积极推介绥中滨海经济区的区位优势和优惠政策，最终北京泰德尔有限责任公司在滨海经济区落户，项目投资 5 000 万元，年生产中央空调控制设备 3 万套，每年可实现产值 5 000 万元以上，上缴税金 1 000 万元。

积极组织财政收入。针对国家宏观调控政策对财政收入的影响，开展对全县税源结构、纳税对象、征管范围变化的分析和研究，确定征管重点，拓展纳税空间。加强财税联动，实行社会综合治税，定期召开财税联席会议，及时解决组织收入中遇到的困难和问题，不断完善收入征管机制。在加强对建筑安装、房地产等重点行业营业税征管的同时，大力规范餐饮娱乐业的税收征管，做到抓大不放小，不断挖掘增收潜力，严防偷税、逃税，确保应收尽收。

严管非税收入。严格落实“收支两条线”制度，加强对罚没收入、行政性收费收入管理，重点加强国有土地出让、海洋有偿使用收入的管理，采取出让前公告、挂牌竞价的方式出让或转让，收入全部上缴国库，防止国有资产流失。全年缴入财政专户的非税收入达 6 000 万元，比上年增长 10%。

争取上级各项财政补助资金。紧紧抓住辽宁沿海经济带上升为国家战略和扩大内需的发展机遇，最大限度地争取上级财政资金，全年得到上级资金帮助 78 000 万元，比上年增长 10%。

做好节支工作。认真执行县人大常委会批准的财政支出预算，优先安排保民生、保运转、保发展的重点支出，从严控制一般性支出，大力压缩会议费，严格控制公务用车费，严禁以任何形式、任何名目发放国家规定以外的奖金、补助和其他福利，坚决制止各种铺张浪费，真正把财政资金用在“刀刃上”，集中财力办大事。

【在京举行辽宁（万家）数字技术产业基地首批入驻企业签约仪式】 2009 年 3 月 8 日，由葫芦岛市人民政府、辽宁省科技厅主办，绥中滨海经济区承办的“海岸中关村、生态新城区”辽宁（万家）数字技术产业基地发展座谈会暨首批入驻企业签约仪式在北京举行。省长陈政高、副省长腾卫平及葫芦岛市、绥中县的主要领导出席座谈会和签约仪式。

陈政高在会议上讲话。他指出，绥中作为辽宁“五点一线”的西端起点，区位优势明显，交通便利，岸线资源丰富，生产要素充足，发展空间十分广阔，完全具备了承接北京中关村产业转移的各种条件。辽宁省委、省政府十分重视“海岸中关村、生态新城区”建设，大力支持园区建设，高起点规划，高标准建设，进一步完善配套政策，不仅要创造一流的投资环境，还要建设一流的人居环境，以高效、周到的服务，迎接各位朋友到绥中发展。要加大投入力度，把这里尽快建设成一个海滨城市，聚拢人气，提升招商引资的吸引力。要提供全国最优惠的政策，信守承诺，为入驻企业搞好服务，促进企业快速发展。要改变招商办法，进一步细化招商引资工作，通过制定奖励优惠政策，吸引更多的企业前来投资。

葫芦岛市委书记陈晓琨在致辞中说，从 2008 年 10 月 25 日省政府提出建设“海岸中关村、生态新城区”的要求以来，在仅仅 4 个月的时间里，绥中滨海经济区已有明确投资意向的企业达到 100 多家。市委、市政府全力支持绥中滨海经济区的建设，继续加大招商引资力度，力求基础设施建设与招商引资工作齐头并进。

绥中县委书记夏雨恩、县长田树槐介绍了绥中滨海经济区的招商引资政策。会议上，绥中县领导与北京汉铭信通集团、博唐北京科技公司、杭州杭科电子科技有限公司等 30 家企业签署了合作协议。

【领导成员名单】

中共绥中县委员会
　书　记　夏雨恩（2009 年 11 月离任）
　　　　　田树槐（2009 年 11 月任职）
　副书记　田树槐（2009 年 11 月离任）
　　　　　罗建彪　常春友
　　　　　韦跃清（2009 年 11 月任职）
绥中县人大常委会
　主　任　周素春
　副主任　田宝良　郭　伟　安　钢　王玉满
绥中县人民政府
　县　长　田树槐（2009 年 12 月离任）
　　　　　罗建彪（2009 年 12 月任职）
　副县长　罗建彪（2009 年 12 月离任）
　　　　　王跃明　刘　戈　江　山
　　　　　吕长松
　　　　　孟祥斌（2009 年 12 月离任）
政协绥中县委员会
　主　席　王士平
　副主席　赵志华　张秀英　齐维祥
　　　　　罗铁英

（刘宏伟）

建昌县

【概况】 2009 年，建昌县坚持以邓小平理论和科学发展观为指导，把“保增长、保民生、保稳定”作为全年的工作重心，解放思想、坚定信心、抢抓机遇、团结拼搏，努力克服金融危机的影响和农业自然灾害造成的损失，着力推进全县经济和社会各项事业又好又快发展，经济运行质量越来越高，经济活力明显增强，人民生活水平继续提高，圆满完成了县政府年初制定的各项任务。

全年实现地区生产总值（GDP）47 亿元，同比增长 20.7 %。（按不变价格计算、下同）。其中：第一、第二、第三产业分别实现 9.3 亿元、16.7 亿元、21 亿元，分别比上年增长 2%、25%、27.29%。在第二产业中工业实现增加值 14.3 亿元，比上年增长 27.7 %。在第三产业中交通运输业、仓储和邮政业实现增加值 1.8 亿元、批零贸易业和住宿餐饮业实现增加值 6 亿元，各比上年增长 25.8%和 22.4%。人均地区生产总值 7 460 元。三次产业占地区生产总值的比重为 19.8：35.5：44.7。全县用电量 49 223 万千瓦·时。

【农业生产在受损中得到发展】 2009 年，农业遭受了 50 年来最严重的旱灾，农业生产和农村经济受到了影响。全年实现农业总产值 180 350 万元，同比下降 16.8%。其中：种植业、林业、畜牧业、渔业和服务业分别实现产值 42 427 万元、11 350 万元、1 114 059 万元、798 万元和 14 416 万元，各比上年增长 50.2%、9.7%、5.8%、42%和 20%。粮食播种面积 482.05 平方千米，比上年增长 0.1%，蔬菜播种面积 25.01 平方千米，比上年下降 2%。

主要农产品产量表

表 3　　单位：吨

产品名称	产　量	比上年下降
粮豆	71 455	76.5
玉米	57 712	77.5
高粱	1 322	81.7
谷子	2 115	80.1
豆类	1 141	79.7
水果	101 731	18.9
蔬菜	105 420	10.1

畜产品产量和牲畜年底存栏

表 4

项目	单位	本年实际	比上年增长%
肉蛋奶产量	吨	86 780	12.51
水产品产量	吨	1 088	39.49
大牲畜存栏	万头	8.6	-21.1
牛存栏	万头	4.1	-28.07
生猪存栏	万头	24.4	-20.26
羊 存 栏	万只	23.5	6.82

农业基础设施建设得到加大。2009 年，在农业基础设施上投入资金 5 943 万元，建人畜饮水工程 46 处，解决了 3 240 户、11 984 名居民、3 775 头牲畜的饮水问题，打大小口井 252 眼，大小口井维修 204 眼，建方塘 1 座，截浅 2 座，果树上水 6 处，治理河道 29 处，达标长度为 60 千米，其中：一、二级达标 4 千米 。新增灌溉面积 14.67 平方千米，新增水土保持面积 46.67 平方千米。

农业产业结构得到明显优化。2009 年共建温室小区 398 个、13.27 平方千米，冷棚小区 20 个、1.33 平方千米。林业生产持续稳定发展。2009 年完成总造林 44.33 平方千米 13.27 平方千米。其中：人工造林 37.67 平方千米，封山育林 6.67 平方千米。在人工造林中：用材林完成 2.73 平方千米、防护林完成 32.27 平方千米 2.67 平方千米，经济林 2.67 平方千米。新增育苗面积 0.8 平方千米。森林覆盖率 32.4%，比上年提高 1 个百分点。

畜牧业生产不断发展。2009 年，建畜牧小区 49 个，引进新品种、新技术 1 项，建良种繁育基地 3 个，建养殖合作社 50 个。

农业生产条件有了较大幅度的改善 。2009 年年底农业机械总动力 32.16 万千瓦。其中：农用排灌动力 2.61 万千瓦，农用抬灌动力 2.6 万千瓦。拖拉机 4.58 万千瓦、2 362 台，机翻地 344 平方千米，机播种 260.67 平方千米。全年农村用电量 2.9 亿千瓦小时，比上年上升 16%。

【工业生产持续发展】 2009 年，全年实现工业生产总产值 52.7 亿元，同比增长 25.2%，实现增加值 12.6 亿元，按不变价格计算同比增长 46.6% 。全县规模以上企业 39 个（以下均为规模以上工业企业数据），实现总产值 44.7 亿元，同比增长 23.8%；产品销售收入 35.2 亿元，同比增长 2.6%；产品销售率达 78.7%；完成增加值 11.5 亿元，按不变价格计算同比增长 50 %；占全部增加值的 22.3 %；实现利税 12 114 万元，同比下降 77.1%；单位 GDP 能耗为 3.5 吨标准煤/万元，同比下降 0.1 个百分点。工业用电量 21 807 万千瓦·时。

规模以上企业产品产量

表 5

产品名称	单位	产量	比上年增长%
纱	吨	1 475	-40.3
棉　布	万米	5 015	593.6
硫铁矿石	万吨	20.3	-31.2
铁合金	万吨	16.1	32
原　煤	万吨	3.1	47.6
铅	吨	5 936	21.7
锌	吨	7 225	34.1
白　酒	吨	668	29.7

面对金融危机，老工业企业逐步实现技术改造，使其发展壮大，新增工业企业持续发展。天星集团总投资 10 亿元的 26 万吨锰系产品生产加工项目，正在建设之中；八家子经济开发区年产值可达 2.5 亿元的 20 万吨铁矿项目、6 万吨钼铁项目，均已竣工投入使用；总投资 4.5 亿元的 24 万千伏安输变电项目，即将正式投入使用。这些项目优化了工业结构，将为工业企业注入新的活力。

【经济贸易走势良好】 2009 年，全社会消费品零售总额实现 11.6 亿元，比上年增长 21.5%。按区域划分：县零售额实现 6.9 亿元、县以下零售额实现 4.7 亿元，分别比上年增长 25.5%和 14.8%，各占零售总额的 59.5%和 40.5%；按行业划分：批发零售贸易业实现零售额 10.4 亿元、住宿餐饮业实现零售额 1.1 亿元，分别比上年增长 19.2%和 36.4%。全县限额以上批零贸易业、住宿餐饮业企业 9 个，比上年增加 6 个。

【固定资产投资和建筑业快速增长】 2009 年，全县固定资产投资和建筑业仍然保持着快速增长的势头。

固定资产投资依然保持快速增长势头。2009 年，全社会固定资产投资完成 391 376 万元，比上年增长 76.6%。其中：城镇固定资产投资完成 207 722 万元，同比上升 73.1%；农村固定资产投资完成 183 654 万元，同比上升 80.8%。在城镇固定资产投资中：建设项目投资完成 188 110 万元、房地产开发投资完成 19 612 万元，分别比上年增长 89.8%和-6.2%。在农村固定资产投资中：农户投资完成 43 263 万元、农村非农户投资完成 140 391 万元，分别比上年增长 43.6%和 96.5%。

第一、第二、第三产业投资持续增长。2009 年，三次产业投资分别为 2.5 亿元、16.4 亿元、20.2 亿元，分别比上年增长 38.9%、56.2%、98%。

投资效果不断显现。2009 年度内新增固定资产总量 356 862 万元，固定资产投资项目建成投产率 95.4%，房屋建筑面积竣工率 97.4%。

投资规模持续增大。2009 年，投资额超过千万元的项目 58 个。天星集团总投资 10 亿元的 26 万吨锰系产品生产加工项目，正在建设之中；水利工程总投资 5 943 万元；污水处理厂投资 3 854 万元，已投入使用。

建筑业稳步发展。2009 年实现总产值 59 495 万元，比上年增长 32.7 %，实现增加值 2.4 亿元，按不变价格计算比上年增长 54.1 %。建筑业队伍平均职工人数 4 551 人，比上年增加 128 人，全县具有资质等级的建筑业企业 7 个。

【社会各项事业健康有序发展】 交通运输业继续发展。2009 年底，全县公路里程达 1 624 千米。公路客运量 217 万人次，公路客运周转量 11 059 万人千米；公路货运量 528 万吨，公路货运周转量 4 510 万吨千米。

邮政、电信业快速发展。2009 年底，城乡拥有固定电话 104 617 部，移动电话 228 900 部，电话普及率为 53 部/百人，宽带网用户 13 998 户。邮电业务总量 17 296 万元，同比增长 21%。

文化广播事业蓬勃健康发展。2009 年，文化娱乐活动丰富多彩。全县有艺术表演场所 1 个、文化馆 1 个、基层文化站 28 个、图书馆 1 个、电影院 1 个。全年举办大型文化活动 11 场，农民剧团巡回演出 220 场，放映电影 2 670 场。截肢 2009 年底全县的 28 个乡镇、276 个村全部开通了有线电视，全年广播综合人口覆盖率达 98 %，电视综合人口覆盖率达 98 %。体育场一个、体育馆一个。

教育事业不断发展，教学成果显著。2009 年考入大专以上院校学生 3 593 人。比上年增加 93 人. 其中：本科生 2 643 人，专科生 950 人，分别比上年增加 351 人和-258 人。年底有各类学校 245 所，全部在校生 75 673 人，儿童入学率、升学率均为 100%。卫生事业不断发展，医疗技术水平继续提高，医疗设备明显改善，疾病控制和救治能力进一步加强。全县共有各类卫生机构 49 所，其中：县级医院 3 所、病床 1 371 张、门诊人次 469 901 人、卫生技术人员 1 368 人。全县参加合作医疗人数 501 630 人，参合率达 91.38%，总投资达 4 788 万元，为农民补偿医疗费用 4 573 万元。

【财税工作保持稳定增长】 2009 年，全县财政收入、税收收入和金融市场基本保持稳定增长的态势。

财税收入平稳增长。全年地方财政收入完成33 193万元，比上年增长15.5%；一般预算收入完成32 855万元，比上年增长16.6%；各项税收完成17 976万元，比上年增长-5%。地方财政支出完成126 131万元，比上年增长15.7%；一般预算支出完成120 866万元，比上年增长15.1%。在财政支出中：教育支出为27 743万元，比上年增长1.8%；农业支出完成15 238万元，比上年增长29.6%；社会保障和就业补助支出为21 956万元，比上年增长23.6%。

金融市场基本稳定。2009年年底存款余额408 880万元；贷款余额258 467万元，分别比上年增长15.9%和26.1%。居民各项存款余额349 018万元，比上年增长19.9%。

【城市建设和环境保护工作进一步加强】 2009年，全县进一步加大了城市建设和环境保护工作的力度，强化了城镇功能，净化了城市环境。

城镇功能不断完善，城市品位大幅度提升。2009年底，投资866万元、长度2.87千米的黑山河改造治理工程顺利完成；在新城区投资9 350万元，新建了20 000平方米的城建大厦、24 192平方米的农贸大厦、28 126平方米的新区中学、20 946平方米的新区小学和教师进修学校，均已投入使用。完成了11 000米的道路改造工程；新铺城市燃气管网8 720米，新增用户1 800户；城区用水普及率90.66%；燃气普及率84.52%；公交车拥有情况7.94台/万人；城区绿化覆盖面积1.88平方千米，覆盖率16%；建成区绿地率14.04%；园林绿地面积1.25平方千米；人均公园绿地面积1.39平方米。八家子经济开发区完成城镇开发1.5万平方米，实施棚户区改造10 000平方米；玲珑塔、大屯和药王庙镇三个镇，分别完城镇区开发6 000平方米、4 560平方米、和4 556平方米。

农村基本环境改善效果明显，农村综合服务功能有了较大的提高。2009年，全县新建计生服务站、综合文化站、司法所、派出所等综合服务场所1万平方米。完成县级公路7.7千米；村村通工程54条、198千米；广播电视新增用户5 000户；完成“一池三改”项目3 000户；完成30个村绿化美化工程。环境保护工作不断加强。2009年共投入专项资金2 990万元，治理污染项目8个，大气平均降尘量18.2吨/月/平方千米。

【社会保障事业继续发展 人民生活水平不断提高】 2009年，全县社会保障事业继续发展，农村居民生活水平继续提高。

社会保障事业继续发展，保障体系不断完善。2009年基本养老保险费征缴完成7 260万元；失业保险费征缴完成316万元；城镇职工医疗保险费征缴完成2 137万元；工伤保险费征缴完成90万元；生育保险费征缴完成19万元。城市低保保障对象4 961户、11 856人、人均月保费167元；农村低保保障对象12 515户、24 722人、人均月保费55元。

全县总户数185 440户。总人口630 131人。其中：非农业人口78 533人、农业人口551 598人。在总人口中男性人口占331 928，女性人口占298 203人，男女性别比为113:100。全年出生人口7 670人，人口出生率12.22‰；全年死亡人口3012，人口死亡率4.8‰；全年自然增加人口4 658人，人口自然增长率7.42‰。

农村居民生活水平继续提高。2009年农民人均纯收入达到5 111元，比上年上升6%，农民人均消费支出2 934元，比上年下降1.7%，增长7.7个百分点；农村家庭恩格尔系数33.9%，比上年下降6.1个百分点。农村居民人均居住面积27.11平方米，比上年上升4.8%。

【领导成员名单】

中共建昌县委

书　记　王春奇

副书记　孙志浩（2009年2月离任）

苏英生

樊大成（2009年2月任职）

郭　毅（正县，挂职）

张　东（挂职扶贫）

建昌县人大常委会

主　任　韩维珩

副主任　李劲夫　屈德文　杨　毅（女）

李庆贵

建昌县人民政府

县　长　孙志浩（2009年2月离任）

樊大成（2009年12月任职）

代县长　樊大成（2009年2月任职）

副县长　于学利（2009年5月离任）

马文志　朱承玉（女，朝鲜族）

贾良平　袁国相　郭利军

李树兴（2009年11月任职）

李　峥（挂职2年，2009年11月任职）

政协建昌县委员会

主　席　郭　毅（2009年12月任职）

副主席　冀殿玉　张九彪（不驻会）

施化珍（女）　田广荣　吴秀芳（女）

（刘丽贤）

先进集体和先进人物

优秀公仆

郑宝林，男，1966 年 10 月出生，中共党员，市交通局交通管理科科长。

工作中，他坚持原则，让客户满意，全年共完成行政审批 23.1878 件。他参与制定了《葫芦岛市行政执法监督管理规定》等文件，举办执法人员培训班 5 期 560 人。参与了加强安全生产防患排查工作，共查处安全隐患 31 处。完成了交通道路抢修队、运输队调整上报工作。组织开展了部门甲型流感 HINI 预防工作。

王洪学，男，1952 年 9 月出生，中共党员，市国税局征收管理科科长。

他参与建立和规范了全市国税税收征管信息 CTAIS 系统，编写了 40 余万字的《中国税收征管信息系统操作指南》，参与制定了《葫芦岛市征管数据质量管理办法》，建立了连山家电大厦等 9 个“个体税收规范化管理示范园区”，增加各类税款收入共计 86 万元，全年共核实数据任务 51 338 条，超额完成省局规定任务 15 条。

赵磊，男，1968 年 6 月出生，中共党员，市经委中小企业科科长。

他组织开展了葫芦岛市第二届中小企业与邮政储蓄银行贷款洽谈会，协调银行为本市中小企业贷款 1.5 亿元。参与完成政府出资担保机构注资工作，为 312 户中小企业提供担保资金 3.5 亿元。撰写完成了《葫芦岛市担保机构调查报告》、《葫芦岛市产业集群基本情况报告》等，通过调研，形成 13 条有利于中小企业发展的意见和建议。

张文彬，男，1959 年 8 月出生，中共党员，市物价局价格监督监察局副局长。

他具有较高的价格政策水平，工作中熟练掌握价格检查方法，讲原则、顾大局，多次深入到矿区、井下，了解使用规程，敢于碰硬，共组织开展了涉企、粮食、涉农、民用爆破器材、医疗卫生、教育、旅游等 7 个专项检查工作，共为企业减负 1 200 多万元。

何宝财，男，1977 年出生，中共党员，葫芦岛气象局气象台副台长。2009 年 1 月获得辽宁省气象系统先进工作者；2009 年获得“2008 年度辽宁省优秀值班预报员”称号；2009 年获得第二届全省气象部门天气预报技能大赛实时天气预报单项三等奖。

他从事天气预报、专业气象服务、MICAP 系统管理、网络通信管理、科研开发工作。研制开发了《全区自动站实况逐时对比显示程》、《全省自动站数据文件统计程序》等 7 套程序运用到工作中效果良好；《葫芦岛市环境气象预报业务系统》获得市委市政府科技进步二等奖；全年发送各类气象信息共 4 000 余条。

齐威，男，1971 年 10 月出生，中共党员，市政法委办公室主任。2009 年被省政法委评为全省维护稳定工作先进个人。

他编写上报各类有价值的信息 300 余条，被中办采用的 6 条，省办采用的 26 条，市办采用的 63 条。参与筹备召开市委政法委员会议等大型会议 10 次，完成各类会议文稿文字量 40 余万字。参与开展学习实践科学发展观活动，共撰写综合材料、领导讲话 10 余篇，5 万字。精心编制和执行 2009 年部门预算，共接待各种会议 22 次。

康庆国，男，1972 年 2 月出生，中共党员，市安监局办公室主任。

他文字综合能力强。年内，共完成各类文件 270 多份，汇报材料 50 多篇，共计 15 余万字。综合协调能力强。共组织协调各类大型重要会议 40 多次，接待国家、省市检查 20 余次无一差错。他事业心强，有责任意识。工作细致求精，任劳任怨。坚持原则，热情服务群众。较好地完成办公室各项工作。他所负责的季评最佳实事工作连续两年都有 3 件实事当选市直机关最佳实事。

胡静茹，女，1961 年 8 月，中共党员，市总工会财务部副部长。

她配合部长组织 2 次财务培训，理顺了工会、地税、财政三方财务关系；协调经费收缴项目，联手清理 2008 年漏收单位的经费；与财政确立工作机制，解决了经费缺口问题；与企业建立了业务联络。

于桂贤，女，1968 年 8 月出生，中共党员，市妇联组宣部部长。

她组织成立万名巾帼志愿者队伍，开展扶贫帮困、为下岗母亲进行免费体检、一帮一扶贫等公益活动。组织开展了 2 000 名妇联干部走进妇女共创和谐主题活动，全年共为各类贫困家庭捐助人民币共计 100 多万元。组织开展“送资金、送和谐、送真情、送健康”，创建和谐家庭活动。她所做的组宣工作多次在全国和省妇联做经验介绍，25 篇论文和调研报告先后在国家、省、市报刊上发表，其中一篇经验材料入编全国妇女九大专刊。

崔晓东，男，1969 年 8 月出生，中共党员，市卫生局政治部主任。2009 年被卫生部精神文明办公室授予基层医疗卫生单位深入学习实践科学发展观活动指导工作先进个人。

他参与了对 6 个县（市）区甲型 H1N1 流感防控工作的检查、指导工作，组织培训医务人员 3 次、600 人次，培训合格率达 100%。在基层单位组织开展了“立足岗位、优质服务”活动，对入院患者实行了“五个一、四个到位”的服务举措。派出 56 名医生代表到 18 个村为 920 人开展免费体检活动，为贫困患者捐赠药品 1.2 万元。建立了葫芦岛卫生党建之窗，点击率达到了 1.6 万次，全年组织申报市直机关最佳实事 6 件，有 3 件实事当选。

市直机关 2009 年度获国家、省表彰的先进单位和个人

一、单位

市总工会　全国安康杯先进单位

市妇联　全国巾帼文明示范岗

市公安局交警支队　全国公安机关排查化解矛盾先进集体

市检察院 全国检察机关一级检察室驻市看守所检察室

市建委　全国文明单位

步行街　全国商业街先进集体

市统计局　全国统计系统先进集体

市审计局　全国三八红旗集体

市国税局　全国文明单位

市人保局　全国军队转业干部安置工作先进单位

市渔政处、渔监处　全国渔业文明执法窗口单位

市海洋与渔业环境监测中心　全国海洋系统先进集体

市纪检委、财政局、地税局、个体劳动者协会、审计局、图书馆、艺术团　辽宁省精神文明创建工作先进单位

市劳动局　省政务公开工作先进集体

市建委环卫处　省文明单位标兵

市建委开发办、拆迁办、供热办、自来水公司省政府文明单位

市安监局　全省安全生产先进市

二、个人

市政法委张富恩、仲建国　全国平安建设先进市领导

市财政局杨翠杰　全国三八红旗手

市农委赵旭伟　国务院农业技术事业突出贡献奖，享受国务院特殊津贴

（王耀仁　李国伦）

统计资料

人口 地理状况 行政区划

	单 位	全 市	连山区	龙港区	南票区	绥中县	建昌县	兴城市
年末总户数	户	961 123	231 271	79 892	53 720	216 637	185 440	194 163
年末总人口	人	2 822 680	632 412	213 310	146 102	644 768	630 131	555 957
其中：女性	人	1 375 291	315 029	107 165	70 052	311 874	298 203	272 968
非农业人口	人	880 787	304 091	179 634	64 812	118 745	78 533	134 972
年平均人口	人	2 813 388	630 747	210 882	145 867	642 992	627 787	555 115
地理状况								
土地面积	平方公里	10 415	1 651	138	512	2 765	3 195	2 154
海岸线长度	公里	261	8	57		105		91
行政区划								
乡、镇	个	93	15	1	4	25	28	20
乡	个	59	8	1	2	11	21	16
镇	个	34	7		2	14	7	4
街道办事处	个	33	9	10	7			7
社区居委会	个	220	106	56	16	9	6	27
村民委员会	个	1 067	192	19	61	280	276	239
村民小组	个	9 111	1 349	125	349	2 612	2 852	1 824
年末总户数	户	961 123	231 271	79 892	53 720	216 637	185 440	194 163

国民经济主要指标

	单位	2009 年	2008 年	2009 年比 2008 年增长
年末总人口	万人	282.3	280.4	0.7
其中：非农业人口	万人	88.1	86.7	1.6
地区生产总值	亿元	445.6	414.6	10.0
人均地区生产总值	元	15 838	14 829	6.8
农业总产值	亿元	117.1	120.4	-2.7
人均农业总产值	元	4163	4298	-3.1
规模以上工业总产值	亿元	684.5	735.9	-7.0
人均工业总产值	元	24 333	26 263	-7.3
全社会固定资产投资额	亿元	254.1	218.8	16.1
社会消费品零售额	亿元	198.4	167.8	18.2
人均社会消费品零售额	元	7 053	5 992	17.7
地方财政一般预算收入	亿元	37.3	31.4	18.8
人均地方财政一般预算收入	元	1 326	1 122	18.2
地方财政一般预算支出	亿元	92.6	70.5	31.3
金融机构存款余额	亿元	689.1	580.6	18.7
其中：城乡居民储蓄	亿元	462.4	397.8	16.2
金融机构贷款余额	亿元	451.7	358.0	26.2
城乡居民人均储蓄额	元	16 438	14 208	15.7
在岗职工年末人数	人	216 080	218 215	-1.0
在岗职工年平均工资	元	23 943	21 225	12.8
城镇居民人均可支配收入	元	5 305	13 942	9.8
农民人均纯收入	元	5 595	5 152	8.6
居民消费价格总指数	%	99.0	103.9	-4.7

农业主要指标及指数

	单位	2009 年	2008 年	2009 年比 2008 年增长
农业总产值	万元	1 171 238	1 203 533	-2.7
农作物总播种面积	公顷	231 095	233 234	-0.9
粮食作物	公顷	178 721	171 248	4.4
经济作物	公顷	25 234	32 116	-21.4
其它作物	公顷	27 140	29 870	-9.1
主要农产品产量				
粮食及大豆	吨	721 094	1 174 067	-38.6
棉花	吨	36	259	-86.1
花生	吨	45 573	74 112	-38.5
蔬菜	吨	2 043 707	2 142 453	-4.6
水果	吨	777 153	725 563	7.1
肉类	吨	307 143	257 499	19.3
水产品	吨	503 999	458 356	10.0
海水产品	吨	467 413	433 651	7.8
淡水产品	吨	31 831	24 705	28.8
大牲畜存栏头数	头、只	253 591	268 369	-5.5
造林面积	公顷	17 467	16 467	6.1

主要工业产品产量

	单位	2009年	2008年	2009年比2008年增长
原煤	万吨	262.3	261.4	0.3
水泥	万吨	206	211.0	-2.4
发电量	亿千瓦小时	113.8	104.2	9.2
民用钢质船舶	载重吨	113.9	31.5	261.6
锌	万吨	35.3	35.6	-0.8
钢材	万吨	30.6	33.0	-7.3
合成氨	万吨	32.6	34.1	-4.4
化肥（折纯）	万吨	26.7	27.5	-2.9
烧碱（折100%）	万吨	21.0	25.5	-17.6
配混合饲料	万吨	3.5	3.6	-2.8
服装	万件	2 333	2 189.0	6.6
白酒（折65度）	万升	1.3	1.1	18.2
啤酒	万升	7.5	7.4	1.4
原油加工量	万吨	419.6	628.1	-33.2
汽油	万吨	120.9	168.7	-28.3
柴油	万吨	175.5	246.9	-28.9
液化石油气	万吨	19.0	28.1	-32.4
硫酸（折100%）	万吨	61.0	58.8	3.7
布	万米	501	723	-30.7
纱	万吨	0.8	1.1	-27.3

规模以上工业企业主要指标

	单位	2009 年	2008 年	2009 年比2008 年增长
企业单位数	个	570	327	74.3
其中：亏损企业	个	194	135	43.7
工业总产值	亿元	684.5	735.9	-7.0
轻工业	亿元	42.8	35.8	19.6
重工业	亿元	641.7	700.0	-8.3
工业增加值	亿元	138.8	139.0	4.8
年末固定资产原价	亿元	533.2	495.7	7.6
年末固定资产净值	亿元	316.5	290.6	8.9
流动资产年平均余额	亿元	447.3	486.1	-8.0
产品销售收入	亿元	662.6	746.5	-11.2
产品销售税金及附加	亿元	39.1	13.1	198.5
利润总额	亿元	-6.9	-45.2	-84.7
利税总额	亿元	48.4	-11.5	

固定资产投资

	单位	2009 年	2008 年	2009 年比 2008 年±%
全社会固定资产投资额	万元	2 540 573	2 188 279	16. 1
城镇投资	万元	2 194 085	1 591 270	37. 9
建设项目投资	万元	1 786 647	1 281 370	39. 4
房地产开发投资	万元	407 438	309 540	31. 6
农村投资	万元	346 488	597 009	-42. 0
非农户投资	万元	202 196	505 666	-60. 0
农户投资	万元	144 292	91 343	58. 0

社会消费品零售总额

单位：万元

	2009 年	2008 年	2009 年比 2008 年增长
社会消费品零售总额	1 983 819	1 677 719	18.2
一、按销售单位所在地分			
市零售额	1 406 910	1 197 938	17.4
县零售额	257 322	219 711	17.1
县以下零售额	319 587	260 070	22.9
二、按行业分			
批发零售贸易业	1 725 221	1 468 635	17.5
限额以上	297 258	223 420	33.0
限额以下	1 427 968	1 245 215	14.7
餐饮业	258 598	209 084	23.7
限额以上	29 311	28 986	1.1
限额以下	229 287	180 098	27.3

职工人数与劳动工资

	单位	2009 年	2008 年	2009 年比 2008 年增长
一、单位从业人员期末人数	人	232 567	233 400	-0.4
其中：国有经济单位	人	131 517	131 475	0.0
城镇集体经济单位	人	31 218	30 957	0.8
其他各种经济单位	人	69 832	70 968	-1.6
二、在岗职工期末人数	人	216 080	218 215	-1.0
其中：国有经济单位	人	126 719	126 087	0.5
城镇集体经济单位	人	28 540	28 810	-0.9
其他各种经济单位	人	60 821	63 318	-3.9
三、单位从业人员劳动报酬	万元	550 436	490 272	12.3
其中：国有经济单位	万元	311 975	275 377	13.3
城镇集体经济单位	万元	49 283	38 167	29.1
其他各种经济单位	万元	189 178	176 729	7.0
四、在岗职工年平均工资	元	23 943	21 225	12.8
其中：国有经济单位	元	23 853	21 327	11.8
城镇集体经济单位	元	15 700	11 483	36.7
其他各种经济单位	元	28 366	26 082	8.8

交通运输主要经济指标

	单　　位	2009 年	2008 年	2009 年比 2008 年增长
境内等级公路里程	公里	6 555	6 355	3.1
公路货运量	万吨	4 407	3 110	41.7
公路客运量	万人	5 349	5 178	3.3
民用汽车拥有量	辆	124 340	105 118	18.3
其中：客车	辆	60 306	48 577	24.1
港口吞吐量	万吨	1 051	832	26.3

教育事业

	单位	2009 年	2008 年	2009 年比 2008 年增长
学校数	所	858	923	-7.0
招生数	人	86 885	93 710	-7.3
毕业生数	人	90 693	93 891	-3.4
在校生数	人	357 932	369 848	-3.2
教职工数	人	27 765	27 418	1.3
其中：专任教师	人	23 724	23 379	1.5

文化 广播 电视事业

	单位	2009 年	2008 年	2009 年比 2008 年增长
一、文化事业				
艺术表演团体	个	3	3	0.0
艺术表演场所	个	2	2	0.0
文化馆	个	6	6	0.0
基层文化站	个	119	119	0.0
博物馆	个	1	1	0.0
文物管理所	个	5	5	0.0
图书馆	个	7	7	0.0
图书馆藏书	万册	63.5	47.2	34.5
电影院	个	1	1	0.0
二、广播事业				
广播电台	座	1	1	0.0
调频转播发射台	座	7	7	0.0
广播综合人口覆盖率	%	97.7	97.7	0.0
三、电视事业				
电视台	座	1	1	0.0
电视转播发射台	座	14	14	0.0
电视综合人口覆盖率	%	96.9	96.5	0.4
有线电视台	座	6	6	0.0

（刘双元）

索　　引

编 制 说 明

1．本索引为音序索引。若第一个字声母音序相同，则以其第二个字声母排列，依此类推；彩色图片未作索引。
2．每条索引中的数字为页码。
3．索引中的“（表）”表示该项目条款为统计资料表格。
4．类目、分目采用黑体、大半号字表示，条目缩进一个字位置表示。
5．因各分目下均设有概况条目，本索引不列概况。

A

B

C

D

E

F

G

H

J

K

L

M

N

P

Q

R

T

W

X

Y

Z